Kohlhammer
Urban
-Taschenbücher

Band 401

Grundkurs Philosophie

Der Grundkurs Philosophie in den Urban-Taschenbüchern gibt einen umfassenden Einblick in die fundamentalen Fragen heutigen Philosophierens. Er stellt die wichtigsten Bereiche der Philosophie systematisch dar; ergänzend gibt er eine Übersicht über ihre Geschichte von der Antike bis zur Gegenwart. Anliegen des Grundkurses ist es, den Einstieg in die Philosophie zu ermöglichen und zu eigenständigem Denken anzuregen. Besonderer Wert wird deshalb auf eine verständliche Sprache und eine klare Gliederung der Gedankenführung gelegt; zu allen Abschnitten ist weiterführende Literatur angegeben.
Koordination: Friedo Ricken und Gerd Haeffner

Band 1
Gerd Haeffner
Philosophische Anthropologie

Band 2
Albert Keller
Allgemeine Erkenntnistheorie

Band 3
Béla Weissmahr
Ontologie

Band 4
Friedo Ricken
Allgemeine Ethik

Band 5
Josef Schmidt
Philosophische Theologie

Band 6
Friedo Ricken
Philosophie der Antike

Band 7
Richard Heinzmann
Philosophie des Mittelalters

Band 8
Emerich Coreth/Harald Schöndorf
**Philosophie des 17. und
18. Jahrhunderts**

Band 9
Emerich Coreth/Peter Ehlen/
Josef Schmidt
Philosophie des 19. Jahrhunderts

Band 10
Emerich Coreth/Peter Ehlen/
Gerd Haeffner/Friedo Ricken
Philosophie des 20. Jahrhunderts

Band 11
Edmund Runggaldier
Analytische Sprachphilosophie

Band 12
Hans-Dieter Mutschler
Naturphilosophie

Band 13
Walter Kerber
Sozialethik

Band 14
Norbert Brieskorn
Rechtsphilosophie

Band 15
Emil Angehrn
Geschichtsphilosophie

Band 16
Günther Pöltner
Philosophische Ästhetik
in Vorbereitung

Band 17
Friedo Ricken
Religionsphilosophie

Friedo Ricken

Religionsphilosophie

Grundkurs Philosophie 17

Verlag W. Kohlhammer

Alle Rechte vorbehalten
© 2003 W. Kohlhammer GmbH Stuttgart
Umschlag: Data Images GmbH
Gesamtherstellung:
W. Kohlhammer Druckerei GmbH + Co. Stuttgart
Printed in Germany

ISBN 3-17-011568-5

Inhalt

Abkürzungen

AA — Kants gesammelte Schriften, hrsg. von der königlich-preussischen Akademie der Wissenschaften, 9 Bde., Berlin 1902–1923 (ND 1968)

AW — John Henry Newman: Ausgewählte Werke, hrsg. von Mathias Laros, Werner Becker und Johannes Artz, 8 Bde., Mainz 1951–69 (siehe auch: E, G, U, Z)

BFBG — Ludwig Wittgenstein: Bemerkungen über Frazers Golden Bough, in: Vortrag über Ethik, Frankfurt a.M. 1989, 29–46 (s.u. LE)

BlB — Ludwig Wittgenstein: Das Blaue Buch, in: L.W.: Werkausgabe, Bd. 5, Frankfurt a.M. 1984

Br — Blaise Pascal: Pensées, hrsg. von Léon Brunschvicg, Paris 1897 (ND 1972)

Bw — Ludwig Wittgenstein, Briefwechsel, hrsg. von Brian F. McGuinnes u. Georg H. von Wright, Frankfurt a.M. 1980

CG — Friedrich Schleiermacher: Der christliche Glaube, 2. Bde, Krit. Ausgabe der 2. Aufl. (Berlin 1830/31), hrsg. von Martin Redeker, Berlin 1960

Conf. — Augustinus: Cofessiones – Bekenntnisse, lat./dt., übers. von Joseph Bernhart, Frankfurt 1987 ([1]München 1955)

CP — Charles Sanders Peirce: The Collected Papers of Charles Sanders Peirce, hrsg. von Charles Hartshorne u. Paul Weiss, 6 Bde., Cambridge, MA [3]1965–67

DnR — David Hume: Dialoge über natürliche Religion, übers. u. hrsg. von Norbert Hoerster, Stuttgart 1981

E — John Henry Newman: Über die Entwicklung einer Glaubenslehre, AW (s.o.) Bd. VIII, 1969

EP — Charles Sanders Peirce, The Essential Peirce, hrsg. von Nathan Houser u.a., 2 Bde., Bloomington, Ind. 1992 u. 1998

G — John Henry Newman: Zur Philosophie und Theologie des Glaubens. Oxforder Universitätspredigten, AW (s.o.) Bd. VI, 1964

GA — John Henry Newman: An Essay in Aid of a Grammar of Assent, hrsg. u. eingel. von Ian Ker, Oxford 1985 (ND 2001)

GMS — Immanuel Kant: Grundlegung zur Metaphysik der Sitten, AA (s.o.) Bd. 4, 1904 (ND 1968)

KGA — Friedrich Schleiermacher: Kritische Gesamtausgabe, hrsg. von Hans-Joachim Birkner u.a., Berlin/New York 1980– (noch nicht abgeschlossen)

KpV — Immanuel Kant: Kritik der praktischen Vernunft, AA (s.o.) Bd. 5, 1908 (ND 1968)

KrV — Immanuel Kant: Kritik der reinen Vernunft, A= 1. Auflage (1781), AA (s.o) Bd. 3, 1904 (ND 1968); B= 2. Auflage (1787), AA (s.o.) Bd. 4, 1903 (ND 1968)

KU — Immanuel Kant: Kritik der Urteilskraft, AA (s.o.) Bd. 5, 1908 (ND 1968)

La — Blaise Pascal: Pensées, hrsg. von Louis Lafuma, Paris 1952 (ND 1962)

LDH — David Hume: The Letters of David Hume, hrsg. von John Y.T. Greig, 2 Bde., Oxford 1932

LE — Ludwig Wittgenstein: Lectures on Ethics, in: Philosophical Review 74 (1965) 3–12, übers. von J. Schulte: Vortrag über Ethik, in: L.W.: Vortrag über Ethik, Frankfurt a.M. 1989, 9–19

LWJ — William James: The Letters of William James, hrsg. von Henry James, 2 Bde., London 1920

MS — Immanuel Kant: Metaphysik der Sitten, AA (s.o.) Bd. 6, 1907 (ND 1968)

MVT — Immanuel Kant: Über das Mißlingen aller philosophischen Versuche der Theodizee, AA (s.o.) Bd. 8, 1912/23 (ND 1968)

ND — Cicero: De Natura Deorum – Vom Wesen der Götter, lat./dt., übers., hrsg. u. erläutert von Wolfgang Gerlach und Karl Bayer, Darmstadt 1978

NR   – David Hume: Die Naturgeschichte der Religion, übers. u. hrsg. von Lothar Kreimendahl, Hamburg 2000

PP   – Charles Sanders Peirce: Schriften zum Pragmatisums und Pragmatizismus, hrsg. von Karl-Otto Apel, Frankfurt a.M. 1991

Pragm.   – William James: Pragmatism, Cambridge, MA u.a. 1975, Bd. 1 von: The Works of William James, hrsg. von Frederick H. Burckhardt, 17 Bde., Cambridge, MA 1975–1988

PR   – Ludwig Wittgenstein: Personal Recollections, hrsg. von Rush Rhees, Totowa, N.J. 1981 (zitiert nach der deutschen Übersetzung: L.W.: Porträts und Gespräche, übers. von J. Schulte, Frankfurt a.M. 1984)

PU   – Ludwig Wittgenstein: Philosophische Untersuchungen,in: L.W.: Werkausgabe Bd. 1, Frankfurt a.M. 1984

R   – Friedrich Schleiermacher: Über die Religion – Reden an die Gebildeten unter ihren Verächtern, Berlin 1799, in: KGA (s.o.) Bd. I.12, 1995; zitiert nach der Paginierung der Originalsausgabe; Rechtschreibung und Interpunktion wurden modernisiert nach der Ausgabe von Rudolf Otto, Göttingen [7]1991

RGV   – Immanuel Kant: Die Religion innerhalb der Grenzen der bloßen Vernunft, AA (s.o.) Bd. 6, 1907 (ND 1968)

RLT   – Charles Sanders Peirce: Reasoning and the Logic of Things, hrsg. von Kenneth L. Ketner, Cambridge, MA 1992

RS   – Charles Sanders Peirce: Religionsphilosophische Schriften, hrsg. von Hermann Deuser, Hamburg 1995

SPP   – William James: Some Problems of Philosophy – A Beginning of an Introduction to Philosophy, London u.a. 1948

S.c.g.   – Thomas von Aquin: Summa contra gentiles libri quattuor, Editio Leonina Bd. XIII–XV / Summe gegen die Heiden, hrsg. u. übers. von Karl Albert, Paulus Engelhardt u.a., 4 Bde., Darmstadt 1974–96

S.th.   – Thomas von Aquin: Summa Theologiae, Editio Leonina Bde. IV–XII / Summa Theologiae, vollständige, ungekürzte lat./dt. Ausgabe, Salzburg 1933– (noch nicht abgeschlossen)

TB   – Ludwig Wittgenstein: Tagebücher (1914–1916), in: L.W.: Werkausgabe Bd. 1, Frankfurt a.M. 1984

TLP   – Ludwig Wittgenstein: Tractatus logico-philosophicus, in: L.W.: Werkausgabe Bd. 1, Frankfurt a.M. 1984

U   – John Henry Newman: Vom Wesen der Universalität, in: AW (s.o.) Bd. 5, 1960

ÜG   – Ludwig Wittgenstein: Über Gewißheit, in: L.W.: Werksaugabe Bd. 8, Frankfurt a.M. 1984

VB   – Ludwig Wittgenstein: Vermischte Bemerkungen, in: L.W.: Werkausgabe Bd. 1, Frankfurt a.M. 1984

VRE   – William James: The Varieties of Religious Experience, Cambridge, MA u.a. 1985

WB   – William James: The Will to Believe and Other Essays in Popular Philosophy, Cambridge, MA u.a. 1979, Bd. 6 von: The Works of William James, hrsg. von Frederick H. Burckhardt, 17 Bde., Cambridge, MA 1975–1988

WCSP   – Charles Sanders Peirce: Writings of Charles Sanders Peirce – a Chronological Edition, 6 Bde., hrsg. von Max H. Fisch, Bloomington, Ind. 1982–2000
Bd. 1 (1857–1866), 1982
Bd. 2 (1867–1871), 1984

Z   – John Henry Newman: Entwurf einer Zustimmungslehre, in: AW (s.o.) Bd. 7, 1961

Zettel   – Ludwig Wittgenstein: Zettel, in: L.W.: Werkausgabe Bd. 8, Frankfurt a.M. 1984

Vorwort

Die Probleme, um die es in diesem Buch geht, beschäftigen mich seit Jahrzehnten. Seit 1967 hatte ich die Gelegenheit, sie im ‚Aidenriedkreis‘ mit Helmut Engel, Gerd Haeffner, Medard Kehl, Werner Löser, Klaus Schatz und Harald Schöndorf zu diskutieren. Bei einem Gespräch am 15. Juli 1987 im Biergarten vom ‚Mario‘ in München haben Hilary und Ruth Anna Putnam mich auf die Religionsphilosophie des amerikanischen Pragmatismus aufmerksam gemacht. Die Deutsche Forschungsgemeinschaft und das Rottendorf-Projekt an der Hochschule für Philosophie München haben mir im Herbst 1990 einen Forschungsaufenthalt in Harvard ermöglicht. Anregungen und Hilfe bekam ich durch das Graduiertenkolleg ‚Der Erfahrungsbegriff in der europäischen Religion und Religionstheorie und sein Einfluß auf das Selbstverständnis außereuropäischer Religionen‘, das von der Deutschen Forschungsgemeinschaft zum 1. November 1999 an der Hochschule für Philosophie München in Zusammenarbeit mit der Ludwig-Maximilians-Universität München errichtet wurde. Hanna Lauterbach, Manuel Fierlbeck, Bettina Kurz und Oliver Meys haben mir bei den Vorarbeiten geholfen. Oliver Meys hat die fertigen Kapitel durchgesehen und die Bibliographie betreut; Bernhard Koch hat die letzte Korrektur gelesen und die Register erstellt. Anfang 1991 sprach ich mit Jürgen Schneider vom Verlag W. Kohlhammer über das geplante Buch; er hat mich immer wieder ermutigt und bis heute mit mir Geduld gehabt. Allen sei auch an dieser Stelle herzlich gedankt.

München, im Februar 2003   Friedo Ricken

Eine englische Fassung von Kapitel B erschien in: Bijdragen, tijdschrift voor filosofie en theologie 60 (1999) 419–435; der deutsche Text wurde vorab veröffentlicht in: Klaus Dethloff, Ludwig Nagl, Friedrich Wolfram (Hrsg.), Religion, Moderne, Postmoderne, Berlin 2002, 137–150. Kapitel C erschien vorab in: Ludwig Nagl (Hrsg.), Religion nach der Religionskritik, Wien 2003, 148–176. Eine frühere Fassung von Kapitel K findet sich in: Markus Knapp und Theo Kobusch (Hrsg.), Religion – Metaphysik(kritik) – Theologie im Kontext der Moderne/Postmoderne, Berlin 2001, 127–144. Kapitel M erschien vorab in: Hannelore Eisenhofer-Halim, Wandel zwischen den Welten. Festschrift für Johannes Laube, Frankfurt a.M. 2003, 585–601.

Einleitung

> although all the special manifestations of religion may have
> been absurd (I mean its creeds and theories), yet the life of it as
> a whole is mankinds most important function
> *William James*, Letter to Miss Frances R. Morse (LWJ II 127)

> Eine Hauptursache philosophischer Krankheiten − einseitige
> Diät: man nährt sein Denken nur mit einer Art von Beispielen
> *Ludwig Wittgenstein*, Philosophische Untersuchungen § 593

I. Wovon dieses Buch handelt und wovon nicht

Das Phänomen Religion kann unter verschiedenen Rücksichten betrachtet 1
werden; es ist Gegenstand der Religionswissenschaft, der Theologie, der
Religionssoziologie, der Religionspsychologie und anderer Wissenschaften. Die Frage, welche die Philosophie an die Religion stellt, wurde für die
Neuzeit und Gegenwart von Hume und Kant formuliert: Welches
Verhältnis besteht zwischen Religion und Vernunft? Welche Grundlage,
so fragt Hume am Anfang der *Naturgeschichte der Religion*, hat die Religion in der Vernunft? Kant gebraucht das Bild von zwei konzentrischen
Kreisen und fragt nach dem engeren Kreis einer Vernunftreligion innerhalb des weiteren Kreises der historischen oder offenbarten Religion
(RGV, AA 6,12). Hume stellt eine zweite Frage: Was ist der Ursprung der
Religion in der menschlichen Natur? Bereits diese wenigen Bemerkungen
lassen den vielfachen Sinn der Frage nach dem Verhältnis von Religion
und Vernunft deutlich werden. Ist Religion in dem Sinn vernünftig, daß
sie sich auf Vernunft reduzieren läßt? Von welchem Begriff der Vernunft
sollen wir ausgehen? Bei Hume, der sich vor allem mit dem teleologischen Gottesbeweis (§ 263) beschäftigt, ist es die theoretische Vernunft,
bei Kant, der seine Religionsphilosophie im Anschluß an seine philosophische Ethik entwickelt, die praktische Vernunft. Hat die Religion ihre
Wurzeln ausschließlich in der Vernunft, was immer unter ‚Vernunft‘ zu
verstehen ist, oder hat sie noch eine andere Grundlage in der menschlichen Natur? Wie verhält diese Grundlage sich zur Vernunft? Steht sie im
Widerspruch zur Vernunft, oder ist sie eine notwendige Ergänzung oder
vielleicht sogar die Wurzel der Vernunft? Welche Methoden haben wir,
um das Verhältnis von Religion und Vernunft zu bestimmen?
Die Frage nach dem Verhältnis zur Vernunft wird hier aus der Perspektive 2
einer bestimmten historischen Religion gestellt, und das ist die jüdisch-
christliche Religion. Damit ist eine wesentliche thematische Einschränkung genannt. Es geht nicht um eine Philosophie des interreligiösen Dia-

logs, und es geht nicht um die Frage nach dem Wesen der Religion als solcher. Diese Beschränkung ist nicht willkürlich; sie ergibt sich aus den Möglichkeiten und Grenzen der Philosophie und ihrer Methode. „Jeder", so schreibt Aristoteles am Anfang der *Nikomachischen Ethik*, „beurteilt das richtig, was er kennt [...] Darum ist ein junger Mensch kein geeigneter Hörer für die politische Wissenschaft. Denn er ist unerfahren in der Praxis des Lebens; die Untersuchung geht aber von dieser aus und behandelt diese" (I 1, 1094b27–1095a4). Was hier von der Moralphilosophie gesagt ist, gilt in weitaus höherem Maß von der Religionsphilosophie. Sie ist Reflexion auf eine Lebensform und als solche nur dem möglich, der mit ihr vertraut ist. Religionsphilosophie ist nur aus der Innenperspektive möglich, und diese kann immer nur die Innenperspektive einer bestimmten geschichtlichen Form der Religion sein. Damit wird ein religiöser Synkretismus als Lebensform nicht ausgeschlossen; wogegen diese Voraussetzung sich wendet, ist ein Philosophieren über die Religion als solche, denn damit würde eine leere Abstraktion an die Stelle des zu reflektierenden Phänomens gesetzt. ‚Religion', das ergibt sich aus dieser Einschränkung, wird hier zunächst als Eigenname für ein historisches Gebilde gebraucht. Das genügt als Ausgangspunkt der Untersuchung; unter Religion wird das verstanden, was die hier zu interpretierenden Philosophen darunter verstanden haben. Ein Begriff der Religion kann und braucht nicht am Anfang zu stehen; es ist Aufgabe der Interpretation, Elemente eines solchen Begriffs und deren Zusammenhang aufzuzeigen.

3   Die Abfolge der Kapitel ist gegenläufig zur Chronologie der Geschichte der Philosophie; das Buch beginnt in der Gegenwart und führt zurück in die Antike. Es geht um eine wechselseitige Interpretation von Gegenwart und Tradition. Ausgehend von Wittgenstein soll ein Zugang zur Religionsphilosophie der Tradition erschlossen werden, und der Rückgang in die Tradition soll die gegenwärtige Diskussion bereichern, indem er den Blick auf die Vielfalt der Phänomene, Vernunftformen und Methoden lenkt. Er soll helfen, die durch eine einseitige Diät verursachten philosophischen Krankheiten zu heilen. Der Kreis beginnt mit Wittgenstein und schließt sich mit dem Werk, dem Wittgenstein seine größte Hochachtung bezeugt hat, den *Confessiones* des Augustinus. Mit Plotin wird die Tradition des Christentums verlassen. Das Kapitel soll eine Brücke zu anderen Religionen und zu einer außerchristlichen Mystik schlagen. Die Philosophie des Neuplatonismus wurde seit der Antike zur Interpretation der christlichen Botschaft herangezogen; die Mystik des Judentums, des Christentums und des Islam hat sich der Begriffe des Neuplatonismus bedient. Die Religionsphilosophie des Deutschen Idealismus geht von ihm aus. Plotin soll sich mit der Philosophie der Perser und Inder beschäftigt haben: Vielleicht kann seine Philosophie dem Gespräch zwischen den abrahamitischen und den fernöstlichen Religionen dienen.

Eine der Krankheiten des Verstandes, die eine richtig verstandene Philosophie heilen soll, ist nach Wittgenstein das „Streben nach Allgemeinheit" (BlB 37) oder die Frage nach dem Wesentlichen oder Gemeinsamen (PU § 65). Eine der Hauptquellen für das Streben nach Allgemeinheit ist „unsere Voreingenommenheit für die naturwissenschaftliche Methode", d.h. die Methode, die Naturerscheinungen auf eine möglichst kleine Zahl von Gesetzen zurückzuführen (BlB 39). Das religionsphilosophische Heilmittel gegen diese Krankheit findet sich bei William James; es trägt das Etikett ‚Die Vielfalt der religiösen Erfahrung'. Wie Wittgenstein die vielfältigen Sprachspiele beschreibt, so muß die Religionsphilosophie die vielfältigen Formen des religiösen Bewußtseins und seiner Äußerungen beschreiben. Eine Religionsphilosophie kann die Kenntnis des religiösen Phänomens nicht voraussetzen und sich auf dessen Reflexion beschränken; sie muß es in seinen vielfältigen Formen und Brechungen darstellen, und das ist oft nur durch das Mittel des wörtlichen Zitats möglich. Der Vielfalt des religiösen Phänomens entspricht die Vielfalt der Möglichkeiten, es zu reflektieren. Die Philosophen, die in diesem Buch zur Sprache kommen, sollen die Vielfalt des Phänomens und die vielfältigen Möglichkeiten der Reflexion zeigen. Sie dienen als Beispiele, an denen etwas gezeigt werden soll, und es ist die Auswahl der Beispiele, welche das sachliche Anliegen deutlich werden lassen soll.

Jedes Kapitel des Buches ist, um einen Vergleich von Wittgenstein zu 5 gebrauchen, eine „Landschaftsskizze" (PU, Vorwort). Die Skizzen sind von verschiedenen Künstlern und in verschiedenen Stilen gezeichnet, und jede Skizze greift eine andere Gegend oder ein anderes Detail der Landschaft heraus. Dennoch handelt es sich um ein und dieselbe unendlich vielfältige Landschaft. Sie erscheint in immer anderer Beleuchtung, und sie kann aus verschiedenen Perspektiven betrachtet werden. Der Charakter der Landschaft zeigt sich erst in der Zusammenschau der Skizzen. Wer den Spuren der Maler folgen und die in den Skizzen dargestellten Gegenden besuchen will, braucht außer den Skizzen eine Landkarte. Sie ordnet die Skizzen zu einem Ganzen, aber sie ist eine Zeichnung, die nur wenig vom Charakter, dem Reichtum und der Vielfalt der Landschaft erkennen läßt. Diese Landkarte sind die Sachüberschriften der Kapitel und der folgende Abschnitt, die den systematischen Zusammenhang andeuten.

III. Anliegen und Thesen

1. Religion und Metaphysik

6   ‚Religion' wird zunächst als Eigenname gebraucht. Dennoch soll, als
These, eine undifferenzierte negative Begriffsbestimmung am Anfang
stehen: Religion ist nicht Metaphysik. Der Unterschied wird deutlich,
wenn wir den Preis auf das selige Leben des Unbewegten Bewegers im
zwölften Buch der Aristotelischen *Metaphysik* (12, 7,1072b14–30) vergleichen mit dem Gebet um Vergebung, Erbarmen und Heil in Psalm 51.
Cicero wendet sich gegen den deistischen Gottesbegriff Epikurs; für ihn
gehören Kult, Ehrerbietung und Gebet (*cultus, honores, preces*) zum Wesen der Religion (ND 1, 3), und Augustinus unterscheidet zwischen den
Fragen, was Gott an sich und was Gott für ihn und er für Gott ist (Conf. 1,
4,4–5,5). „Die metaphysischen Gottesbeweise" sind nach Pascal „so ab-
seits vom Denken der Menschen und so verwickelt, daß sie wenig betroffen machen […] Während jene, die Gott durch den Mittler erkannt haben,
ihr Elend erkennen" (Pensées, La 190; Br 543). Schleiermachers *Zweite
Rede* will die Religion von den Schlacken der Metaphysik und Moral
reinigen. Es gibt einen Weg vom gelebten Glauben zur Metaphysik oder
Ontologie, aber es gibt keinen Weg von der Metaphysik oder Ontologie
zum gelebten Glauben. Die Ontologie kann als Mittel dienen, den Glauben zu reflektieren und zu entfalten, aber sie kann ihn nicht begründen.
Eine Religion ist ein Ganzes, und der Gottesbegriff erhält seinen Sinn aus
diesem Ganzen; er darf nicht aus diesem Ganzen herausgelöst werden.
Der Gottesbegriff der Metaphysik ist eine Abstraktion, der lediglich die
Aufgabe zukommt, eine Beziehung der Religion zu anderen Bereichen des
menschlichen Lebens herzustellen.
Die Entwicklung des menschlichen Denkens, so lautet ein bekanntes
Schema der Religionskritik, führt von der Magie zur Religion, von der
Religion zur Metaphysik und von der Metaphysik zur empirischen Wissenschaft. Religion wird zur Metaphysik, und eine positivistische Wissen-
schaft destruiert die Metaphysik und mit ihr die Religion. Die christliche
Philosophie kann von der Schuld an dieser Entwicklung nicht ganz freigesprochen werden. Durch die starke Betonung der philosophischen Gotteslehre mit ihren Gottesbeweisen hat sie entscheidend dazu beigetragen,
Religion auf Metaphysik zu reduzieren. Wer heute die Sache der Religion
verteidigen will, hat angesichts dieser Entwicklung zwei Möglichkeiten.
Er kann gegen den zweiten Schritt argumentieren und in der Auseinandersetzung mit der gegenwärtigen erkenntnistheoretischen und wissenschaftstheoretischen Diskussion die Existenz des Gottes der Metaphysik
verteidigen. Die zweite Möglichkeit besteht darin, die Reduktion der Religion auf Metaphysik zu bestreiten. Das ist der radikalere Weg, weil er am

Selbstverständnis des großen Stromes der europäischen und amerikanischen Zivilisation rüttelt, das bestimmt ist durch den Gedanken des Fortschritts und das Ideal der wissenschaftlichen Rationalität.

2. Rationalität

Eine Religion ist ein Ganzes. Bei der Frage nach dem Verhältnis von Religion und Vernunft müssen wir von diesem Ganzen ausgehen, das als Ganzes nicht mehr in einem deduktiven Sinn begründet werden kann. Peter Winch zieht einen erhellenden Vergleich zwischen einem religiösen Glauben und einer wissenschaftlichen Untersuchung: „which, to be sure, *seeks* explanations but is not itself to be explained" (Winch 1993, 112). Der religiöse Glaube sucht nach Erklärungen, aber er ist nicht selbst Gegenstand der Erklärung; seine Vernünftigkeit besteht in seiner Kraft zu erklären; danach wird er, wie das Ganze einer Wissenschaft, beurteilt; er kann dem Leben dadurch Sinn geben, daß er es deutet. 7

Notwendige, aber nicht hinreichende Bedingung für die hermeneutische Kraft eines religiösen Glaubens ist dessen Rationalität.

Eine religiöse Überzeugung beruht auf verschiedenen Grundlagen und umfaßt eine Mehrzahl von Elementen. Für das Christentum seien, ohne Anspruch auf Vollständigkeit, genannt (vgl. Alston 1999, 240f.): (1) Die Schriften des Alten und des Neuen Testaments. Sie sind eine oder die einzige letzte Instanz, auf die jede Begründung innerhalb des christlichen Glaubens zurückgreifen muß. (2) Die Tradition. Sie interpretiert die Schrift, und sie formuliert aufgrund der Schrift verbindliche Glaubenssätze. (3) Die religiöse Erfahrung. Beispiele sind die Berichte der Mystikerinnen und Mystiker und die anderen vielfältigen Formen der religiösen Erfahrung, wie sie etwa William James in den *Varieties of Religious Experience* beschreibt. (4) Die Ergebnisse der historischen Forschung. Das Christentum behauptet, daß Jesus von Nazareth eine historische Person ist; die historische Forschung darf diese Möglichkeit zumindest nicht ausschließen. (5) Die natürliche oder philosophische Theologie. Das mindeste, was sie leisten muß, ist der Aufweis, daß der in Schrift und Tradition implizierte Gottesbegriff nicht in sich widersprüchlich ist. 8

Die erste, elementare Forderung der Rationalität besteht in der internen Widerspruchsfreiheit dieser Daten. Die Aussagen der Schrift dürfen einander nicht widersprechen; die Tradition muß bei der Auslegung der Schrift gültigen hermeneutischen Regeln folgen; die religiösen Erfahrungen müssen sich in den von Schrift und Tradition vorgezeichneten Rahmen einfügen. Die Glaubensüberzeugung des einzelnen wird durch die genannten Gesichtspunkte gerechtfertigt. Das bedeutet nicht, daß er auf alle zurückgreifen muß. Er oder sie kann seinen oder ihren persönlichen 9

Glauben etwa ausschließlich aus bestimmten Stellen der Schrift begründen. Was dagegen verlangt wird, ist, daß diese Überzeugung sich ohne Widerspruch in das Ganze des Glaubens (des Glaubensinhalts: *fides quae*) einfügt.

Eine zweite Forderung ist die externe Widerspruchsfreiheit, d.h. die Vereinbarkeit des Ganzen der *fides quae* mit unserem sonstigen Wissen. Die im Glauben vorausgesetzten historischen Tatsachen dürfen den Ergebnissen der historischen Forschung nicht widersprechen. Schwieriger ist die Frage der Vereinbarkeit zwischen Glauben und Naturwissenschaft. Sie ist ohne Philosophie nicht zu lösen; zu reflektieren wäre etwa auf den Charakter und den Geltungsbereich der naturwissenschaftlichen Erkenntnis. Es handelt sich aber nicht um eine Frage, die ausschließlich den religiösen Glauben betrifft, sondern sie begegnet uns bereits als das Problem, wie sittliches Bewußtsein und Naturwissenschaft vereinbar sind.

Eine dritte Forderung ist in Wittgensteins Begriff der „übersichtlichen Darstellung" (PU § 122) formuliert. Der religiöse Glaube und seine einzelnen Inhalte dürfen nicht wie ein erratischer Block beziehungslos im Ganzen unserer vernünftigen Überzeugungen stehen; die ‚übersichtliche Darstellung' muß ihren Ort im Ganzen aufzeigen, und es müssen sich durch „Zwischenglieder" Verbindungen herstellen lassen. Es müssen sich Entsprechungen des religiösen Glaubens zu anderen Rationalitätsformen aufzeigen lassen; diese Entsprechungen werden einen unterschiedlichen Grad der Nähe haben. So ist es Aufgabe einer natürlichen Theologie im Sinne der Fünf Wege des Thomas von Aquin (§ 263), ‚Zwischenglieder' zwischen der christlichen Schöpfungslehre und dem Weltbild der Naturwissenschaften zu finden. Eine dieser Entsprechungen ist vor allen anderen ausgezeichnet, und es ist ein Anliegen dieses Buches, sie herauszuarbeiten. Kant hat sie in die Worte gefaßt, daß „der Begriff von Gott [...] ein zur Moral gehöriger Begriff" ist (KpV, AA 5,138). Die reine praktische Vernunft oder, mit der Tradition, das natürliche Sittengesetz ist die negative Norm für die Rationalität einer jeden Religion. Keine Form von Fundamentalismus oder Fanatismus, die gegen diese grundlegende Norm verstößt, kann den Anspruch erheben, ein gerechtfertigter religiöser Glaube zu sein. Die christliche Tradition und Kant haben sich nicht auf diese negative Beziehung beschränkt. Die Befolgung des natürlichen Sittengesetzes ist für die Bibel und die Tradition notwendige Bedingung, um zu Gott zu kommen. Die Moral führt nach Kant notwendig zur Religion, und nur die Religion kann eine Antwort auf die Frage geben, „was denn aus diesem unseren Rechthandeln herauskomme" (RGV, AA 6,5). Nach Thomas von Aquin ist der religiöse Glaube eine Tugend, die den Menschen auf das letzte Ziel seines Handelns ausrichtet. Eine Entsprechung zwischen Religion und Sittlichkeit besteht auch in der Form der Erkenntnis. Die sittliche Erkenntnis ist nach Kant der Ausgangspunkt des Ver-

nunftglaubens an Gott, und Newman entwirft eine Epistemologie des
religiösen Glaubens anhand der Aristotelischen Phronesis, der Tugend, die
zur sittlichen Erkenntnis befähigt.

3. Wechselseitige Interpretation

Ein religiöser Glaube ist, mit einer Formulierung von Basil Mitchell, „ein
Glaube, durch den wir leben" („‚a faith to live by'"); er ist ein umfassen-
der praktischer Sinnentwurf des menschlichen Daseins (Mitchell 1980,
138), und dazu reicht die bloße Widerspruchsfreiheit nicht aus. Das wi-
derspruchsfreie System braucht, um das leisten zu können, einen Bezug
zur Wirklichkeit. Die natürliche Theologie kann ihn nicht herstellen.
Selbst wenn sie die Existenz Gottes überzeugend aufweisen könnte, so
bliebe doch eine Kluft zwischen ihrem Gottesbegriff und der biblischen
Botschaft, denn diese läßt sich mit den Mitteln der natürlichen Theologie
nicht beweisen. Die Charakterisierung der Bibel als offenbart oder inspiriert ist eine theologische, also nur aus dem System begründbare Aussage;
historische Beweise sind hier nicht möglich. Wie ist ein Wirklichkeitsbezug der in sich widerspruchsfreien *fides quae* möglich? Wie können wir
uns ihrer sinngebenden Kraft vergewissern?
Es bedarf eines Prozesses der wechselseitigen Interpretation: die Schrift
muß durch das Leben und das Leben durch die Schrift gedeutet werden.
„Das Christentum", so beschreibt Wittgenstein diesen wechselseitigen
Prozeß, „ist keine Lehre, ich meine, keine Theorie darüber, was mit der
Seele des Menschen geschehen ist und geschehen wird, sondern eine Beschreibung eines tatsächlichen Vorgangs im Leben des Menschen. Denn
die ‚Erkenntnis der Sünde' ist ein tatsächlicher Vorgang, und die Verzweiflung desgleichen und die Erlösung durch den Glauben desgleichen"
(VB 488). Wir haben die Schrift verstanden, wenn wir wissen, von welchen tatsächlichen Vorgängen im Leben des Menschen sie handelt, und
wir verstehen diese tatsächlichen Vorgänge, wenn wir sie im Licht der
Schrift sehen; sie erhalten in dieser Sicht eine neue Dimension. Um bei
Wittgensteins Beispielen zu bleiben: Die Erkenntnis der Sünde erhält
ihren Sinn durch die Erlösung, und die Botschaft von der Erlösung bleibt
ein leeres Wort ohne die Erkenntnis der Sünde.
Die sinngebende Kraft des biblischen Textes kann erst im Prozeß dieser
wechselseitigen Interpretation erfahren werden, aber dazu muß man sich
zunächst auf diesen Prozeß einlassen, und wir müssen fragen, was uns
dazu bewegen kann. Voraussetzung einer jeden Interpretation ist ein positives Vorurteil; Gadamer nennt es „den ‚Vorgriff der Vollkommenheit'"
(Gadamer 1965, 277f.), und die analytische Philosophie spricht vom
Principle of Charity. Von einem Text einen umfassenden Sinnentwurf zu

erwarten und davon auszugehen, nur das Leben könne lehren, diesen Text zu verstehen, erfordert einen außerordentlich starken ‚Vorgriff der Vollkommenheit'; es bedeutet, dem Text vorgängig zum eigenen Verstehen höchste Autorität zuzubilligen. Wenn wir mit der augustinischen Formel *credo ut intelligam* zwischen Glauben und Verstehen unterscheiden, dann ist der starke Vorgriff der Vollkommenheit der Akt des Glaubens, der Voraussetzung des Verstehens ist. Die Theologie fordert und rechtfertigt diesen Vorgriff, indem sie von Offenbarung und Inspiration spricht, aber das ist lediglich eine interne Begründung der Autorität. Eine externe Begründung müßte auf die Begriffe Tradition, Lebensform und Gemeinschaft zurückgreifen. Die Interpretation beginnt nicht mit dem Individuum; sie hat eine lange Geschichte in der Glaubensgemeinschaft. Die Tradition berichtet von den Erfahrungen, welche die Gemeinschaft in ihrer Geschichte mit diesem Text gemacht hat und wie die vom Text vorgegebene Lebensform sich bewährt hat, und die Gemeinschaft leitet den einzelnen, nicht zuletzt in der religiösen Erziehung, an, diese Erfahrungen zu machen.

IV. Warum beginnt das Buch mit Wittgenstein?

11 Warum beginnt ein Buch, das von der gegenwärtigen Diskussion ausgehend einen Zugang zur Religionsphilosophie erschließen will, erst mit Wittgenstein? Seit Wittgensteins Tod sind fünfzig Jahre vergangen, in denen eine lebhafte religionsphilosophische Diskussion stattgefunden hat. Neben den Autoren, die an Wittgenstein anknüpfen, sind vor allem Richard Swinburne und die Reformed Epistemology, deren bekanntester Vertreter Alvin Plantinga ist, zu nennen. Gehen wir noch einmal zurück zu David Hume. Seine *Naturgeschichte der Religion* beginnt mit einer Unterscheidung, die das grundlegende Problem einer Religionsphilosophie formuliert. Eine Untersuchung über die Religion müsse sich vor allem mit zwei Fragen beschäftigen: Welche Grundlage hat die Religion in der Vernunft? Welches ist der Ursprung der Religion in der menschlichen Natur? Humes eigene, einflußreiche Antwort ist eindeutig: Religion ist entweder reine Vernunftreligion, oder sie ist Aberglaube. Die Vernunftreligion lasse sich reduzieren „auf den einen einfachen, wenngleich einigermaßen unklaren oder doch recht pauschalen Satz: Die Ursache oder Ursachen der Ordnung im Universum besitzen wahrscheinlich irgendeine entfernte Ähnlichkeit mit menschlicher Intelligenz". Dieser Satz erlaube keinen Schluß, „der das menschliche Leben berührt oder Anlaß zu irgendeiner Handlung oder Unterlassung werden kann" (DnR 141). Wer gegenüber Hume das Anliegen der Religion verteidigen will, hat zwei Möglichkeiten: Er kann sich gegen Humes These wenden, die Religion entspringe

ausschließlich der theoretischen Vernunft und nach der Grundlage der Religion in der menschlichen Natur fragen; oder er kann an dieser These festhalten und die Gottesbeweise der natürlichen Theologie gegen die Kritik in Humes Dialogen verteidigen. Ein entschiedener Vertreter der ersten Auffassung ist Ludwig Wittgenstein; den anderen Weg schlägt Richard Swinburne ein; sein Buch *The Existence of God* (1979) kann als Antwort auf Humes *Dialoge* gelesen werden.

1. Richard Swinburne

Bezeichnend für Swinburnes Ansatz ist, daß er den Gottesbeweis aus dem moralischen Bewußtsein und damit die Verankerung des Gottesbewußtseins im Gewissen ablehnt. Ein kurzer Vergleich soll zeigen, was das bedeutet. „Sobald die Menschen über Recht und Unrecht zu reflektieren anfingen", so Kant in der *Kritik der Urteilskraft*, „in einer Zeit, wo sie über die Zweckmäßigkeit der Natur noch gleichgültig wegsahen [...], mußte sich das Urteil unvermeidlich einfinden: daß es im Ausgang nimmermehr einerlei sein könnte, ob sich ein Mensch redlich oder falsch [...] verhalten habe" (AA 5, 458). Vor aller Reflexion auf die Ordnung der Natur impliziert das Gewissen das Bewußtsein von der Existenz Gottes. Der Gläubige, so argumentiert dagegen Swinburne, betrachte die Stimme des Gewissens als die Stimme Gottes. Diese Überzeugung bedürfe jedoch einer Rechtfertigung. „Der religiöse Glaube, daß die Stimme des Gewissens die Stimme Gottes ist, ist wahr, wenn es wahr ist, daß Gott das moralische Bewußtsein verursacht hat" (Swinburne 1991, 179). Das Gewissen als Stimme Gottes anzuerkennen setzt also voraus, daß die Existenz Gottes zuvor auf einem anderen Weg erkannt ist. Swinburne ist mit der scholastischen Tradition vom dreizehnten bis zum achtzehnten Jahrhundert, auf die er sich beruft, der Auffassung, daß sich in der Frage der Existenz Gottes durch rationale Argumente gerechtfertigte Folgerungen erreichen lassen. Seine Argumente sind Argumente aus der Erfahrung (experience); er arbeitet wie die Naturwissenchaften mit der Methode der induktiven Logik oder Confirmation Theory. „Diejenigen, die an die Fähigkeit der modernen Wissenschaft glauben, gerechtfertigte [...] Folgerungen zu erreichen über solche Dinge weit jenseits der Grenze der unmittelbaren Erfahrung wie subatomare Teilchen und nukleare Kräfte [...], sollten meinem Vorhaben große Sympathie entgegenbringen" (Swinburne 1991, 2). Der religiöse Glaube hat den Charakter einer wissenschaftlichen Hypothese. Er beruht auf den Gottesbeweisen und auf der religiösen Erfahrung. Swinburnes Begriff der religiösen Erfahrung orientiert sich am Vorbild der Sinneswahrnehmung. Gott ist ein Gegenstand, der wahrgenommen wird. Wenn gezeigt werden kann, daß es diesen Gegenstand nicht gibt, ist

der Anspruch, ihn wahrzunehmen widerlegt. Die Behauptung, Gott erfahren zu haben, ist solange berechtigt, bis bewiesen ist, daß die Nichtexistenz Gottes weitaus wahrscheinlicher ist als seine Existenz; soll sie
verteidigt werden, so müssen die Beweise des Atheisten widerlegt und die
größere Wahrscheinlichkeit der Existenz Gottes bewiesen werden. Der
Glaube an Gott beruht nach Swinburne also auf einer zweifachen Grundlage: auf der Gotteserfahrung und auf einer kosmologischen Hypothese.
Dabei hängt die Gültigkeit der Erfahrung ab vom Grad der Wahrscheinlichkeit der Hypothese. Wenn mit anderen Gründen gezeigt wird, daß
diese Wahrscheinlichkeit sehr gering ist, kann die Gotteserfahrung keinen
Anspruch auf Gültigkeit mehr erheben. Swinburnes Antwort auf Humes
Frage ‚Welche Grundlage hat die Religion in der Vernunft?' lautet: Der
religiöse Glaube ist eine Form des Erfahrungswissens; er ist die bedingte
Zustimmung zu einer wahrscheinlichen Hypothese. Die Kriterien, anhand
derer die Frage nach der Vernünftigkeit des religiösen Glaubens entschieden wird, sind die der Naturwissenschaft.

2. Alvin Plantinga

13 Der Maßstab, den Plantinga an den religiösen Glauben anlegt, ist seine in
einem anderen Zusammenhang entwickelte Erkenntnistheorie. Der theistische Glaube, so läßt sich Plantingas Antwort auf Humes Frage nach dessen Grundlage in der Vernunft zusammenfassen, reflektiert seine eigenen
erkenntnistheoretischen Voraussetzungen. Diese vom theistischen Glauben entwickelte Erkenntnistheorie stimmt mit dem überein, was wir sonst
über den Erkenntnisprozeß wissen. Wie bei Swinburne wird ein einem
anderen Bereich entnommenes Kriterium an den religiösen Glauben angelegt, und wie bei Swinburne wird der religiöse Glaube der theoretischen
Erkenntnis zugeordnet.
Plantingas Erkenntnistheorie fragt mit Platons *Theaitet*: Was unterscheidet
Wissen von wahrer Meinung (true belief)? Welche weitere Qualität muß
eine wahre Meinung haben, wenn sie Wissen sein soll? Ich weiß p nur
dann, wenn ich p für wahr halte und p wahr ist; aber das sind zwar notwendige, aber keine hinreichenden Bedingungen dafür, daß ich p weiß.
Plantinga bezeichnet diese zusätzliche Qualität mit dem Terminus „warrant". Den Organen und Vermögen des Menschen liegt ein Plan zugrunde;
sie haben eine Funktion oder einen Zweck; sie können gut oder schlecht
funktionieren, je nachdem ob und in welchem Ausmaß sie diesen ihren
Zweck erfüllen. Eine Meinung oder Überzeugung (belief) hat die Qualität
‚warrant' dann und nur dann, wenn sie von den richtig arbeitenden Erkenntnisvermögen unter angemessenen Umständen hervorgebracht worden ist. Das trifft auf den theistischen Glauben zu. Er beruht, wie Calvin

lehrt, auf einem eigenen Vermögen, dem *sensus divinitatis.* Er wurde wie unsere anderen Erkenntnisvermögen von Gott geplant und geschaffen. Sein Zweck ist, uns zu wahren Überzeugungen über Gott zu befähigen. Wenn er richtig funktioniert, bringt er normalerweise wahre Überzeugungen über Gott hervor. Aus theologischen Gründen bedürfen diese Ausführungen jedoch der Ergänzung. Der *sensus divinitatis* gehört zu den natürlichen Erkenntnisvermögen, mit denen der Mensch von Gott bei der Schöpfung ausgestattet wurde. Die Ordnung, in der wir leben, ist jedoch nicht die der ursprünglichen Schöpfung, sondern der Schöpfung nach dem Sündenfall. Durch die Sünde ist der *sensus divinitatis* geschwächt; er wird geheilt und wiederhergestellt durch den Glauben und das Wirken des Heiligen Geistes.

Plantingas Ausführungen zum *sensus divinitatis* legen die Interpretation nahe, es gehe ihm um eine Phänomenologie des religiösen Bewußtseins oder um den Aufweis der anthropologischen Grundlagen des theistischen Glaubens. Die Ergänzung des Modells durch die theologischen Aussagen über die Sünde, den Glauben, die Schrift und den Heiligen Geist sprechen jedoch gegen diese Deutung. Es entsteht der Eindruck, Plantinga betreibe nicht Religionsphilosophie, sondern systematische Theologie. Was sagt Plantinga selbst über seine Methode? Was will er von welchen Voraussetzungen ausgehend zeigen? „[I]f theistic belief is *true*, then it seems likely that it *does* have warrant" (Plantinga 2000, 188). Denn dann gebe es eine Person, die uns nach ihrem Bild geschaffen hat, die uns liebt und die will, daß wir sie erkennen. Dann aber sei anzunehmen, daß die kognitiven Prozesse, welche den Glauben (belief) an Gott hervorbringen, von Gott zu diesem Zweck geplant sind, woraus folge, daß der theistische Glaube warrant habe. Diese Argumentation scheint zirkulär zu sein. Die Wahrheit des theistischen Glaubens wird vorausgesetzt, um zu zeigen, daß wir imstande sind, Gott zu erkennen. Daß wir Gott erkennen können, wird dadurch bewiesen, daß Gott uns geschaffen hat.

Plantinga, so seine Antwort auf den Einwand der Zirkularität, will nicht die Wahrheit der kategorischen Aussage, daß der theistische Glaube warrant hat, beweisen, sondern lediglich die Wahrheit der hypothetischen Aussage ‚Wenn der theistische Glaube wahr ist, dann hat er warrant‘. Er faßt sein Beweisziel in drei Thesen zusammen (Plantinga 2000, 168–170; 351–353): (1) Das entwickelte Modell ist möglich; folglich ist es möglich, daß der theistische Glaube warrant hat. ‚Möglich‘ bedeute: ‚epistemisch möglich‘, d.h. vereinbar mit dem, was wir wissen. (2) Es lassen sich keine Einwände gegen das Modell vorbringen, die nicht zugleich Einwände gegen den theistischen Glauben sind. Folgender Einwand sei deshalb nicht möglich: ‚Ich weiß nicht, ob der theistische Glaube wahr ist, aber ich weiß, daß er nicht vernünftig oder ohne warrant ist‘. Wer die Vernünftigkeit angreift, muß zeigen, daß der theistische Glaube nicht wahr ist. (3)

Wenn der theistische Glaube wahr ist, kommt das Modell der Wahrheit sehr nahe. Plantinga betont ausdrücklich, daß er es nicht sehe, wie man die Wahrheit der bedingenden Aussage „zeigen" könne. „I believe there is a large number of [...] good arguments for the existence of God; none, however, can really be thought of as *showing* or *demonstration"* (Plantinga 2000, 170), und die Aussichten, die Wahrheit des klassischen Christentums zu beweisen, seien noch erheblich geringer.

Plantingas Begründung des theistischen Glaubens beschränkt sich auf den Aufweis der Konsistenz. Der theistische Glaube ist in sich konsistent, und er ist konsistent mit unserem anderen Wissen. Diese Konsistenz wird ausschließlich für die Erkenntnistheorie gezeigt. Der theistische Glaube reflektiert, wie Calvins Lehre vom *sensus divinitatis* zeigt, seine eigenen erkenntnistheoretischen Voraussetzungen; sie stimmen mit dem überein, was wir sonst über den Erkenntnisprozeß wissen. Plantinga kommt nicht über eine hypothetische Aussage hinaus, und es ist schwer zu sehen, wie er dem Einwand der Zirkularität entgehen kann. Die Erkenntnislehre des theistischen Glaubens, so läßt seine Argumentation sich zusammenfassen, ist richtig; folglich ist es, wenn der theistische Glaube wahr ist, möglich, Gott zu erkennen. Das aber läuft offensichtlich auf folgenden Zirkel hinaus: Wenn der theistische Glaube wahr ist, dann ist es möglich, seine Wahrheit zu erkennen. Die Möglichkeit, seine Wahrheit zu erkennen, setzt bereits seine Wahrheit voraus.

Literatur:

Begriff der Religion
Feil 1986, 1997, 2001
Wagner 1986
Lott 1988

Religionswissenschaft
Cancik/Gladigow/Laubscher 1988–2001

Einführungen in die Religionsphilosophie
Niewöhner 1995
Yandell 1999
Schaeffler 2002

Systematische Entwürfe
Wuchterl 1989
v. Kutschera 1990
Welte 1997

Glaube und Vernunft; analytische Religionsphilosophie
Kenny 1992
Jäger 1998
Wolf, R. 1998
Loichinger 1999

Französische Religionsphilosophie
Wolf, K. 1999

Die Gottesfrage in der Philosophie der Gegenwart
Baumgartner/Waldenfels 1999

A. Dem Denken eine Grenze ziehen:
Ludwig Wittgenstein:

Warum beginnt diese Einführung in die Philosophie der Religion mit Ludwig Wittgenstein? Es ist umstritten, ob der Gebrauch des Wortes Religion in irgendeiner Form eine Einheit bildet. Wir können deshalb nicht von einem allgemein anerkannten Begriff der Religion ausgehen, und so bleibt nur der Weg, die Verwendung des Wortes durch Beispiele zu verdeutlichen, und dazu sollen die Aufzeichnungen dienen, die sein Freund M.O.C. Drury über die Gespräche mit Wittgenstein gemacht hat, und Aphorismen und Reflexionen über die Religion in den aus Wittgensteins Nachlaß herausgegebenen *Vermischten Bemerkungen*. Sie zählen für mich zum Tiefsten, was ich in der neueren philosophischen Literatur zu diesem Thema gefunden habe; aus ihnen sprechen ein tiefer Ernst und eine überzeugende Ehrlichkeit. Wittgenstein hat von sich gesagt, er sei kein religiöser Mensch. Seine Zeugnisse sollen dokumentieren, wie ein Mensch unserer säkularisierten Kultur und unserer naturwissenschaftlich-technischen Zivilisation das Phänomen Religion sieht. Zugleich bietet Wittgensteins Philosophie ein Instrumentarium, um über die Religion zu reflektieren. Es soll dazu dienen, einen ersten systematischen Entwurf zu skizzieren, der dann im Rückgang in die Tradition zu differenzieren und näher auszuführen sein wird.

I. Zeugnisse

1. Drurys Gespräche mit Wittgenstein

„Ich bin zwar kein religiöser Mensch, aber ich kann nicht anders: ich sehe jedes Problem von einem religiösen Standpunkt" (PR 121). Können, so fragt Drury im Anschluß an diese Bemerkung, die in den *Philosophischen Untersuchungen* erörterten Probleme – die Sprachspiele, die Familienähnlichkeiten, das Privatsprachenargument, die Philosophie der Psychologie u.a.m. – von einem religiösen Standpunkt gesehen werden? Mit Wittgensteins *Vortrag über Ethik* unterscheidet er zwischen dem Weg und dem Ziel. Eine Interpretation darf sich nicht auf dem Weg verlieren, sie muß vielmehr das Ziel zeigen; sie darf sich nicht die Mühe des Weges ersparen und mit einem weiten Sprung zu einer summarischen Schlußfolgerung kommen. Der Weg wird uns noch beschäftigen; hier geht es, so gewagt das ist, darum, eine erste Vorstellung vom Ziel zu vermitteln. Drury faßt es in zwei Zitate. „Es gibt", so schreibt Simone Weil (1957, 74), „eine Realität außerhalb der Welt, das heißt: außerhalb von Raum und

Zeit, außerhalb des geistigen Universums des Menschen, außerhalb jeglicher Sphäre, die den Vermögen des Menschen irgendwie zugänglich ist. Dieser Realität entsprechend gibt es im Innersten des menschlichen Herzens das Sehnen nach etwas absolut Gutem, ein Sehnen, das für immer besteht und durch keinen Gegenstand in dieser Welt jemals gestillt wird"ꟾ (PR 126). Augustinus schließt seine *Confessiones* mit den Sätzen: „Tu autem bonum nullo indigens bono semper quietus es … Et hoc intelligere quis hominum dabit homini? Quis angelus angelo? Quis angelus homini? A te petatur, in te quaeratur, ad te pulsetur; sic, sic accipitur, sic invenietur, sic aperietur": „Du aber, Gut, das keines Gutes bedarf, bist immer ruhevoll … Und das zu begreifen, wo ist der Mensch, der es dem Menschen, wo der Engel, der es dem Engel, wo der Engel, der es dem Menschen gäbe? Von Dir soll man's erbitten, in Dir es suchen, bei Dir darum anklopfen: so, ja so wird man empfangen, so wird man finden, so wird aufgetan werden" (Conf. 13, 38; PR 134). In diesen Sätzen kommen drei Leitmotive von Wittgensteins Philosophie zum Ausdruck: das absolut Gute oder das Mystische oder der Sinn der Welt, von dem die letzten Sätze des *Tractatus* und der *Vortrag über Ethik* sprechen; die Grenzen der Sprache und des Denkens; der vorrationale Charakter der Religion: das Sehnen des Herzens oder, in der Sprache des *Tractatus*, das „*Gefühl* der Welt als begrenztes Ganzes" (TLP 6.45 Hervorh. F.R.).

16   Betrachten wir nun einige charakteristische Züge des Phänomens Religion, wie es uns in den Gesprächen mit Drury begegnet. Als erstes sei die Ehrfurcht genannt. Drury erzählt Wittgenstein, er habe Origenes gelesen und dessen Lehre, daß am Ende der Zeiten alles wiederhergestellt werde und auch Satan und die gefallenen Engel ihre Stellung, die sie am Anfang der Schöpfung hatten, wiedererlangen, habe ihm zugesagt. Wittgenstein rechtfertigt die Verurteilung des Origenes: „Wenn unsere gegenwärtigen Handlungen letztlich belanglos sind, dann verliert das Leben seinen Ernst. Ihre religiösen Ideen sind mir immer schon eher griechisch als biblisch vorgekommen. Meine Gedanken dagegen sind hundertprozentig hebräisch." Der Unterschied zwischen Platon und der Bibel liege darin, daß wenn Platon über die Götter redet, sich jene Ehrfurcht nicht einstellt, die man in der Bibel überall fühlt: von der Genesis bis zur Offenbarung. ‚Doch wer wird den Tag seines Kommens erleben, und wer wird aufrecht stehen, wenn er erscheint?' [Mal 3,2]" (PR 221f.). Ein Vergleich zwischen Wittgenstein und Pascal hebt als wichtigsten Punkt hervor, daß gegen Pascal mitunter der Vorwurf des Fideismus erhoben worden sei. Dem wird die Warnung Wittgensteins entgegengestellt: „Drury, maßen Sie sich niemals an, sich den heiligen Dingen gegenüber allzu familiär zu geben." Der wesentliche Fehler des Fideismus, so kommentiert Drury, bestehe darin, „daß er allen Schwierigkeiten aus dem Wege geht, indem er sich gegenüber den heiligen Dingen eine allzu familiäre Haltung anmaßt" (PR

138). Für den Fideismus ist der religiöse Glaube Entscheidung, Setzung oder Konvention, aber nicht Begegnung mit einer anderen Wirklichkeit. Die Haltung der Ehrfurcht findet ihren Ausdruck in der Sprache des Gebets. Von den alten liturgischen Gebeten des lateinischen Ritus sagt Wittgenstein: Diese „Gebete lesen sich, als hätten sie Jahrhunderte der Anbetung in sich aufgesaugt. Als wir Kriegsgefangene in Italien waren, waren wir gezwungen, sonntags zur Messe zu gehen. Über diesen Zwang war ich sehr froh". Zweien seiner Schüler schenkt er die *Prayers and Meditations* von Samuel Johnson (1709–1784). „Ich glaube, dieses Buch hat ihm deshalb so sehr zugesagt, weil die Gebete kurz und überaus ernst sind und weil Johnson immer wieder um die Gnade fleht, sein Leben bessern zu können" (PR 139f.) Dury berichtet vom Besuch einer Abendandacht. „Als die Predigt begann, las der Pfarrer den gewählten Text vor: ‚Es ist gut für euch, daß ich weggehe. Denn wenn ich nicht weggehe, kommt der Beistand nicht zu euch.' [Joh 16,7] Nach wenigen Minuten lehnte sich Wittgenstein zu mir herüber und flüsterte: ‚Ich höre garnicht zu, was er sagt. Aber denken Sie einmal über den Text nach, der ist wundervoll, wirklich wundervoll.'" (PR 185). Die religiöse Sprache ist Ausdruck einer Haltung; sie kann die Haltung vermitteln; sie kann uns die Haltung bewundern lassen. Getrennt von der Haltung der Ehrfurcht und Anbetung wird sie zur „Schurkerei". „Ich möchte sagen", so heißt es im Vorwort der *Philosophischen Bemerkungen*, „‚dieses Buch sei zur Ehre Gottes geschrieben', aber das wäre heute eine Schurkerei, d.h. es würde nicht richtig verstanden werden." Wörter, deren Gebrauch zu einer bestimmten Zeit einwandfrei war, können später zu Wörtern von Schurken werden; denn, so Drury mit einer Metapher Wittgensteins, „wenn diese Wörter ständig in oberflächlicher Weise verwendet werden, setzt sich so viel Schlamm an ihnen fest, daß man auf diesem Weg nicht mehr gehen kann" (PR 120).
Im Verständnis der Bibel bedeutet Glaube Umkehr. Wittgenstein spricht mit Drury über das Vaterunser: „Es ist ein Gebet sondergleichen. Niemand hat je ein vergleichbares Gebet verfaßt. Bedenken Sie aber, die christliche Religion besteht nicht nur darin, daß man eine Reihe Gebete spricht, ja ganz im Gegenteil wird uns geboten: Um ein religiöses Leben zu führen, dürfen wir – Sie und ich – nicht nur eine Menge über Religion reden, sondern irgendwie muß sich auch unser Leben ändern" (PR 139). Sein Leben zu ändern bedeutet für Wittgenstein, frei zu werden von der Eitelkeit. Daß das Buch zur Ehre Gottes geschrieben ist, so fährt das Vorwort zu den *Philosophischen Bemerkungen* fort, „heißt, es ist in gutem Willen geschrieben und soweit es nicht mit gutem Willen, also aus Eitelkeit etc., geschrieben, soweit möchte der Verfasser es verurteilt wissen. Er kann es nicht weiter von diesen Ingredienzen reinigen, als er selbst davon rein ist." Hinter Wittgensteins Entscheidung, die Professur in Cambridge aufzugeben, stand, so berichtet Drury, der Wunsch, seine Eitelkeit loszu-

werden. „Intellektuelle Eitelkeit war etwas, was Wittgenstein verab-
scheute, ob er sie nun in sich selbst fand oder in anderen. Ich glaube, er
hielt es für wichtiger, sich von jeder Spur von Eitelkeit zu befreien, als
sich in der Philosophie einen bedeutenden Ruf zu erwerben" (PR 118).
Die *Confessiones* des Augustinus, so hat Wittgenstein einmal geäußert,
seien nach seiner Auffassung womöglich „das ernsteste Buch, das je geschrieben wurde" (PR 133). Damit verweist er für sein Verständnis des
religiösen Glaubens auf einen der Großen der christlichen Tradition. Weil
Gott den Eitlen und Hochmütigen widerstehe, beginnt Augustinus mit
dem Bekenntnis zur Niedrigkeit der *condicio humana*: Der Mensch
schleppt seine Sterblichkeit und seine Sünde mit sich herum. Die *Confessiones* haben die Form des Gebets und zeichnen dadurch diese Form der
religiösen Rede aus. Augustinus fragt, was früher ist: Gott im Gebet anzurufen und ihn zu preisen, oder ihn zu kennen, und es ist bezeichnend, daß
diese Frage selbst wiederum ein Gebet um Erkenntnis ist (Conf. 1, 1,1).
Sie sind ein „ernstes" Buch: Sie sprechen vom Ernst des Suchens und von
einem Menschen, der sein Leben geändert hat.

17 Werfen wir anhand von Drurys Gesprächen einen ersten Blick auf das
Verhältnis von Religion und Philosophie. Es habe in der jüngeren Vergangenheit in Europa nur zwei Autoren gegeben, „die zum Thema Religion wirklich etwas Wichtiges zu sagen hatten, nämlich Tolstoi und Do-
stojewski". Unter ihnen gibt Wittgenstein Tolstoi den Vorzug; seine kurzen Geschichten „wurden für alle Völker geschrieben". Wittgensteins
Lieblingsgeschichte sind *Die drei Starzen* (PR 129). Tolstoi hat ihr als
Motto zwei Verse aus der Bergpredigt vorangestellt: „Wenn ihr betet, sollt
ihr nicht plappern wie die Heiden, die meinen, sie werden nur erhört,
wenn sie viele Worte machen. Macht es nicht wie sie; denn euer Vater
weiß, was ihr braucht, noch ehe ihr ihn bittet" (Mt 6,7–8). Ein Erzbischof
hört, wie mitreisende Pilger von drei alten Starzen auf einer völlig abgele-
genen, winzigen Insel erzählen. Auf sein Drängen hin steuert der Kapitän
die Insel an und läßt ihn mit einem Boot übersetzen. Er fragt die Greise,
wie sie beten, und sie sprechen: „Ihr seid drei, wir sind drei, erbarme dich
unser!" Der Erzbischof verbietet ihnen, so zu beten, und lehrt sie mit großer Mühe das Vaterunser. Nach dem Anbruch der Dunkelheit kehrt er aufs
Schiff zurück. Er dankt Gott, daß er ihn hierher geführt hat, um die
Starzen das Wort Gottes zu lehren. In der Nacht sehen er und der Steuer-
mann, wie die Starzen über das Meer auf das Schiff zulaufen. Sie haben
vergessen, was der Erzbischof sie gelehrt hat, und sie bitten ihn, es sie
nochmals zu lehren. Da verneigt der Erzbischof sich tief vor den drei Alten und spricht: „Auch euer Gebet steigt zu Gott empor, ihr heiligen
Männer Gottes. Ich habe euch nichts zu lehren. Betet für uns arme Sünder!' Und er fiel vor den Starzen auf die Knie." Die Geschichte ist der
Perikope vom Gang Jesu auf dem Wasser (Mk 6,45–52) nachgebildet. Das

Gebet der Starzen hat eine Kraft wie das Gebet Jesu; wie die Jünger vor Jesus fällt der Erzbischof vor ihnen auf die Knie. Ihr Glaube und ihr Gebet sind nicht Frucht einer Belehrung; sie bedürfen nicht der Belehrung durch den Erzbischof, und der kann sie nichts lehren. Ihr Glaube und ihr Gebet wurzeln tiefer als Rechtgläubigkeit und Theologie.

Der Hinweis auf Tolstoi findet sich in einem Gespräch, in dem Drury mit Wittgenstein über seine Absicht spricht, anglikanischer Priester zu werden. Wittgensteins Reaktion und Tolstois Geschichte ergänzen einander. „Meine Befürchtung wäre, daß Sie versuchen würden, eine philosophische Rechtfertigung des christlichen Glaubens zu geben, als ob es hier eines Beweises bedürfte." Glaube und Gebet der drei Starzen beruhen nicht auf Beweisen. „Die Symbole des Katholizismus sind so wunderbar, das kann man gar nicht in Worte fassen. Aber jeder Versuch, ein philosophisches System daraus zu machen, ist anstößig" (PR 148). Der Glaube ist nicht auf einen Beweis und eine philosophische Rechtfertigung angewiesen. Die religiöse Sprache arbeitet mit Symbolen, und Symbole lassen sich nicht in ein argumentierendes philosophisches System auflösen. Drury erzählt, daß er das Buch *Philosophical Theology* von F.R. Tennant liest, der eine neue Version des teleologischen Gottesbeweises entwickelt und oft den Aphorismus von Butler zitiere „‚Wahrscheinlichkeit ist die Richtschnur des Lebens'". Wittgenstein: „Können Sie sich vorstellen, Augustinus würde sagen, die Existenz Gottes sei ‚höchst wahrscheinlich'!" (PR 133). Wenn wir uns an den *Confessiones* und an der Geschichte von den drei Starzen orientieren, dann ist ein Wesenszug des religiösen Glaubens die unreflektierte Gewißheit von der Gegenwart dessen, an den das Gebet sich richtet. Sie kann nicht auf einem philosophischen Beweis beruhen; hier wäre jeder Beweis zu schwach. Folgt daraus, daß die Philosophie keinerlei Bedeutung für den religiösen Glauben hat? Drury spricht von einem „indirekten Wege", und er trifft damit ein wesentliches Anliegen von Wittgensteins Philosophie. Er besteht darin, daß wir den Bereich dessen, was gesagt werden kann, derart begrenzen, „daß wir ein Gefühl geistiger Klaustrophobie erzeugen". Wenn wir uns die Grenzen dessen, was gesagt werden kann, deutlich machen, dann wird uns bewußt, wie eng dieser Bereich ist. Es entsteht eine Klaustrophobie, das beängstigende Gefühl, daß wir in diesem engen Raum nicht leben können. „Es gibt eine latente Metaphysik, die allen Naturwissenschaften und sogar den Formulierungen der Umgangssprache zugrunde liegt, und diese Metaphysik muß bloßgestellt und aus dem Wege geräumt werden" (PR 126f.). Es ist diese Metaphysik, welche die Klaustrophobie erzeugt. Metaphysik fragt nach den letzten Prinzipien und Ursachen des Seienden, und sie bestimmt damit die Grenzen der Wirklichkeit. Die in den Naturwissenschaften latente Metaphysik begrenzt unsere Welt, und wir empfinden diese Welt als zu eng. Wir müssen uns diese unbewußte Metaphysik bewußt machen, ihren

Anspruch als unberechtigt entlarven und uns so aus ihrem Gefängnis befreien. Der „tiefe Denker bringt uns zu der Einsicht, daß es etwas gibt, was nicht gesagt werden kann"; und Drury erinnert hier an die Befürchtung Wittgensteins, nicht verstanden zu werden, weil es für ihn unmöglich sei, in den *Philosophischen Untersuchungen* „auch nur ein einziges Wort zu sagen über alles das, was die Musik für mich in meinem Leben bedeutet hat" (PR 122;120). Die Sprache der Religion arbeitet mit Symbolen, und Symbole sagen nicht, sondern sie zeigen.

2. Vermischte Bemerkungen

18   Religion setzt ein augustinisches Bewußtsein der Erlösungsbedürftigkeit des Menschen voraus: „Menschen sind in dem Maß religiös, als sie sich nicht so sehr *unvollkommen*, als *krank* glauben. Jeder halbwegs anständige Mensch glaubt sich höchst unvollkommen, aber der religiöse glaubt sich *elend*" (VB 513). „Die christliche Religion ist nur für den, der unendliche Hilfe braucht, also nur für den, der unendliche Not fühlt […] Wem es in dieser Not gegeben ist, sein Herz zu öffnen, statt es zusammenzuziehen, der nimmt das Heilmittel in das Herz auf" (VB 514). Glaube entspringt aus der Sehnsucht nach Erlösung; weil es das Herz ist, das erlöst werden muß, kann der Glaube nicht eine Sache des Verstandes sein. Der Glaube „ist Glaube an das, was mein *Herz*, meine *Seele* braucht, nicht mein spekulierender Verstand. Denn meine Seele, mit ihren Leidenschaften, muß erlöst werden, nicht mein abstrakter Geist" (VB 496). Erlösen kann nur ein gewisser, nicht zweifelnder Glaube und nicht eine philosophische Spekulation: „Wenn ich aber WIRKLICH erlöst werden soll, – so brauche ich *Gewißheit* – nicht Weisheit, Träume, Spekulation – und diese Gewißheit ist der Glaube […] Was den Zweifel bekämpft, ist gleichsam die *Erlösung*. Das Festhalten an *ihr* muß das Festhalten an diesem Glauben sein" (ebd.). Eine Unterweisung im religiösen Glauben muß die Krankheit bewußt machen, sie muß „ein in's-Gewissen-reden" sein, und sie muß zugleich „das Rettungswerkzeug" zeigen. Der Akt des Glaubens ist mehr als das Annehmen einer Belehrung; er ist ein „leidenschaftliches Ergreifen". „Es ist, als ließe mich jemand auf der einen Seite meine hoffnungslose Lage sehen, auf der anderen stellte er mir das Rettungswerkzeug dar, bis ich, aus eigenem, oder doch jedenfalls nicht von dem *Instruktor* an der Hand geführt, auf das zustürzte und es ergriffe" (VB 541). „Weisheit ist leidenschaftslos. Dagegen nennt Kierkegaard den Glauben eine *Leidenschaft*". Wittgenstein hebt hervor, daß Leidenschaft mehr ist als Entscheidung; sie enthält ein Moment der Passivität; der Leidenschaftliche ergreift etwas, und er wird zugleich von etwas ergriffen; der religiöse Glaube ist also mehr als die Zustimmung zu einer Lehre: „Eine gute Lehre nämlich

muß einen nicht *ergreifen*; man kann ihr folgen wie der Vorschrift eines Arztes. – Aber hier muß etwas ergriffen und umgedreht werden" (VB 525). Dieses „leidenschaftliche Sich-entscheiden für ein Bezugssystem" (VB 540) muß dem Leben eine neue Richtung geben. „Das Christentum sagt unter anderem, glaube ich, daß alle guten Lehren nichts nützen. Man müsse das *Leben* ändern. (Oder die *Richtung* des Lebens.)" (VB 525). Wer die eigene unendliche Not erkennt und „das Herz so öffnet im reuigen Bekenntnis zu Gott, öffnet es auch für die Anderen. Er verliert damit seine Würde als ausgezeichneter Mensch und wird daher wie ein Kind. Nämlich ohne Amt, Würde und Abstand von den Andern. Sich vor den Andern öffnen kann man nur in einer besonderen Art von Liebe" (VB 514). So könnte die Religion „die Eitelkeit zerstören und in alle Spalten dringen" (VB 517).

Religiöser Glaube ist „ein Vertraun" (VB 551); er ist das habituelle Bewußtsein, im letzten nicht allein zu sein: „Welches Gefühl hätten wir, wenn wir nicht von Christus gehört hätten? Hätten wir das Gefühl der Dunkelheit und Verlassenheit? Haben wir es nur insofern nicht, als es ein Kind nicht hat, wenn es weiß, daß jemand mit ihm im Zimmer ist?" (VB 468). Er erschließt eine Dimension der Tiefe und der inneren Stille: „Die Religion ist sozusagen der tiefste ruhige Meeresgrund, der ruhig bleibt, wie hoch auch die Wellen gehen" (VB 525). Vielleicht darf auch das Licht, von dem die *Vermischten Bemerkungen* wiederholt sprechen, als Symbol für diese Dimension gedeutet werden: „Das Licht der Arbeit ist ein schönes Licht, das aber nur dann wirklich schön leuchtet, wenn es von noch einem anderen Licht erleuchtet wird" (VB 486; vgl. 531f.;543). „Das Unaussprechbare (das, was mir geheimnisvoll erscheint und ich nicht auszusprechen vermag) gibt vielleicht den Hintergrund, auf dem das, was ich aussprechen konnte, Bedeutung bekommt" (VB 472). Dieses Licht wird in einer Grundstimmung der Freude empfunden: „Die Lösung des Problems, das Du im Leben siehst, ist eine Art zu leben, die das Problemhafte zum Verschwinden bringt [...] Aber haben wir nicht das Gefühl, daß der, welcher nicht darin ein Problem sieht, für etwas Wichtiges, ja für das Wichtigste blind ist? [...] Oder soll ich nicht sagen: daß, wer richtig lebt, das Problem nicht als *Traurigkeit*, also doch nicht problematisch, empfindet, sondern vielmehr als eine Freude; also gleichsam als einen lichten Äther um sein Leben, nicht als einen fraglichen Hintergrund" (VB 487f.).

Das Christentum ist eine geschichtliche Religion. Wie verhalten sich historische Wahrheit und Glaubenszustimmung? Der Glaube an die Botschaft des Christentums ist mehr als der Glaube an eine historische Nachricht. Für Wittgenstein ist es wichtig, daß der Bericht der vier Evangelien nur eine „sehr gewöhnliche historische Wahrscheinlichkeit habe, *damit* diese nicht für das Wesentliche, Ausschlaggebende gehalten werde [...] Was Du sehen sollst, läßt sich auch durch den besten, genauesten Ge-

19

20

schichtsschreiber nicht vermitteln; *darum* genügt, ja ist vorzuziehen eine mittelmäßige Darstellung" (VB 493f.). Die historische Nachricht ist nicht mit einem Glauben zu glauben, „der zu einer geschichtlichen Nachricht gehört, – sondern: glaube, durch dick und dünn und das kannst du nur als Resultat eines Lebens" (VB 494). Weil der religiöse Glaube nur als „Resultat eines Lebens" möglich ist, kann Wittgenstein behaupten, das Christentum sei „eine Beschreibung eines tatsächlichen Vorgangs im Leben des Menschen. Denn die ‚Erkenntnis der Sünde' ist ein tatsächlicher Vorgang, und die Verzweiflung desgleichen und die Erlösung durch den Glauben desgleichen" (VB 488). Die historische Nachricht will den Menschen etwas sehen lassen, und nur das Leben kann ihm die Erfahrungen vermitteln, die ihn dazu befähigen. Wittgenstein spricht deshalb von Stufen der Religiosität. Nicht alle Wahrheiten der historischen Religion können von jedem Glaubenden eingesehen werden. „Für den jetzt auf der niedrigern Stufe Stehenden ist diese Lehre, die auf der höheren Bedeutung hat, null und nichtig; sie *kann* nur *falsch* verstanden werden, und dabei gelten diese Worte für diesen Menschen *nicht*" (VB 494). Wittgenstein bringt persönliche Beispiele. Die Lehre von der Gnadenwahl bei Paulus sei auf seiner Stufe Irreligiosität (ebd.); er könne Jesus nicht „Herr" nennen (vgl. 1 Kor 12,3), weil „*ich nicht glaube,* daß er kommen wird, mich zu richten; weil mir *das* nichts sagt. Und das könnte mir nur etwas sagen, wenn ich *ganz* anders lebte". Dagegen neige ihn etwas „zu dem Glauben an die Auferstehung Christi hin" (VB 495). Ein Text der Schrift kann in unterschiedlicher Tiefe verstanden werden; es gibt Texte von einer unauslotbaren Tiefe: „Auch im höchsten Kunstwerk ist noch etwas, was man ‚Stil', ja auch ‚Manier' nennen kann. Die Gleichnisse des N.T. lassen jede beliebige Tiefe des Verstandes zu. Sie sind ohne einen Boden. *Sie* haben weniger Stil, als das erste Sprechen eines Kindes" (VB 501). Stil ist Ausdruck einer Zeitgebundenheit; auch die höchsten Formen des Stils sind gewollt und nicht frei von einer Manier. Die Gleichnisse haben eine unauslotbare Tiefe, weil sie keinen Stil haben; sie sind, wie das erste Sprechen eines Kindes, ursprünglicher, natürlicher, unreflektierter Ausdruck (vgl. PU § 244).

21 Wie bei den Sätzen der historischen Religion, so ist es auch beim Gottesbegriff: auch hier ist ein Verstehen nur als „Resultat eines Lebens" möglich. Wittgenstein vergleicht das Erklären des Wortes Gott mit dem Erklären des Wortes Farbe. Was das Wort Farbe bedeutet, kann ich nur anhand eines Farbmusters erklären. In diesem Sinn verbürgt das Wesen der Farbe ihre Existenz; was Farbe ist, kann ich nur wissen, wenn ich weiß, daß es Farbe gibt; wenn ich weiß, was Farbe ist, dann weiß ich, daß es Farbe gibt. Ebenso verbürgt das Wesen Gottes seine Existenz. „Wie wird uns das Wort Gott beigebracht (d.h. sein Gebrauch)? Ich kann davon keine ausführliche grammatische Beschreibung geben. Aber ich kann sozusagen

Beiträge zu der Beschreibung machen; ich kann darüber manches sagen und vielleicht mit der Zeit eine Art Beispielsammlung anlegen" (VB 566f.). Diese Beispielsammlung müßte tatsächliche Vorgänge im Leben des Menschen beschreiben: die Erkenntnis der Sünde, die Verzweiflung und dergleichen. Nur das Leben kann zum Glauben an Gott erziehen, so wie uns nur das Leben die historische Botschaft des Christentums verstehen lassen kann. „Und es sind auch *Erfahrungen*, die dies tun; aber nicht Visionen, oder sonstige Sinneserfahrungen, die uns die ‚Existenz dieses Wesens' zeigen, sondern z.B. Leiden verschiedener Art. Und sie zeigen uns Gott nicht wie ein Sinneseindruck einen Gegenstand, noch lassen sie ihn *vermuten*. Erfahrungen, Gedanken, – das Leben kann uns diesen Begriff aufzwingen" (VB 571).

II. Philosophie

1. Sagen und Zeigen

Wittgensteins *Tractatus* stellt den Leser vor ein Rätsel. Die Sätze 1–2.063 entwickeln eine Ontologie oder Metaphysik. Die Welt ist die Gesamtheit der Tatsachen, nicht der Dinge. Die Tastsache ist das Bestehen von Sachverhalten. Der Sachverhalt ist eine mögliche Verbindung von Gegenständen oder Dingen. Gegenstände haben eine Form; durch sie wird bestimmt, in welchen Sachverhalten ein Gegenstand vorkommen kann, d.h. welche Gegenstände miteinander zu Sachverhalten verbunden werden können. Die Gegenstände sind einfach. Sie bilden die Substanz der Welt. Die Substanz der Welt ist das, was allen möglichen Welten gemeinsam ist; sie ist das, was unabhängig von dem, was der Fall ist, besteht. Wittgenstein bringt in den Tagebüchern (22.6.15 TB 164) folgendes Beispiel: Nehmen wir an, ein Stab und eine Kugel seien ein einfacher Gegenstand, und nennen wir den Stab A und die Kugel B. Wir können dann sagen: ‚A lehnt an der Wand', aber nicht ‚B lehnt an der Wand'. Hier zeigt sich die Form von A und B; daß der Stab an der Wand lehnt, ist ein möglicher Sachverhalt, aber nicht, daß die Kugel an der Wand lehnt.
Dagegen heißt es am Ende des *Tractatus*: „Die richtige Methode der Philosophie wäre eigentlich die: Nichts zu sagen, als was sich sagen läßt, also Sätze der Naturwissenschaft – also etwas, was mit Philosophie nichts zu tun hat –, und dann immer, wenn ein anderer etwas Metaphysisches sagen wollte, ihm nachzuweisen, daß er gewissen Zeichen in seinen Sätzen keine Bedeutung gegeben hat. Diese Methode wäre für den anderen unbefriedigend – er hätte nicht das Gefühl, daß wir ihn Philosophie lehrten – aber *sie* wäre die einzig streng richtige." (TLP 6.53) Wie beides vereinbar ist, die Metaphysik des *Tractatus* und Wittgensteins Behauptung, daß

Philosophie die Sinnlosigkeit metaphysischer Sätze nachzuweisen habe, wird durch das Bild von der Leiter gezeigt. Die Sätze des *Tractatus* sind eine Leiter, auf der man über diese Sätze hinaussteigt und die man wegwirft, nachdem man auf ihr hinaufgestiegen ist. Das Bild von der Leiter ist keine Erfindung Wittgensteins; es findet sich bereits bei dem antiken Skeptiker Sextus Empiricus. Sextus will beweisen, daß es keinen Beweis geben kann. Wir würden sagen, das sei ein unsinniges Unterfangen: Wer beweist, daß es keinen Beweis gibt, zeigt eben durch seinen Beweis für die Nichtexistenz eines Beweises, daß es einen Beweis gibt. Die skeptische Antwort auf dieses Retorsionsargument besteht darin, daß wir das Wort Beweis in Anführungszeichen setzen. Der pyrrhonische Skeptiker behauptet nichts; er argumentiert nicht. Worauf es ihm ankommt, ist, den Schein eines Beweises zu erwecken. Er hat sein Ziel erreicht, wenn er den anderen durch diesen Schein verunsichert hat. Der Anschein eines Arguments ist wie ein Abführmittel, das zusammen mit den Stoffen, deren Ausscheidung es bewirkt, selbst ausgeschieden wird (Sextus Empiricus, Adv. math. VIII 480f.).

Der Hinweis auf die philosophiegeschichtliche Herkunft des Bildes von der Leiter will nicht behaupten, daß Wittgenstein ein Skeptiker ist. Es wird zu fragen sein, zu welchem Zweck Wittgenstein dieses Bild gebraucht. Dennoch gibt es eine Gemeinsamkeit, die hilft, Wittgensteins Anliegen zu verstehen. Wie die pyrrhonischen Skeptiker versteht Wittgenstein die Philosophie als eine Therapie, die zu einer neuen Einstellung führen soll. Der Skeptiker will durch den Verzicht auf die Wahrheit die innere Ruhe finden. Wittgenstein schreibt: „Friede in den Gedanken. Das ist das ersehnte Ziel dessen, der philosophiert" (VB 511). „Die eigentliche Entdeckung ist die, die mich fähig macht, das Philosophieren abzubrechen, wann ich will. – Die die Philosophie zur Ruhe bringt, sodaß sie nicht mehr von Fragen gepeitscht wird, die *sie selbst* in Frage stellen" (PU § 133). Der Skeptiker verzichtet auf die Wahrheit. Was Wittgenstein anstrebt, ist eine vollkommene Klarheit, in der die philosophischen Probleme vollkommen verschwinden (ebd.).

Das Vorwort des *Tractatus* beginnt mit den Sätzen: „Dieses Buch wird vielleicht nur der verstehen, der die Gedanken, die darin ausgedrückt sind – oder doch ähnliche Gedanken – schon selbst einmal gedacht hat. – Es ist also kein Lehrbuch. – Sein Zweck wäre erreicht, wenn es einem, der es mit Verständnis liest, Vergnügen bereitete." Wenn man den *Tractatus* durchblättert und liest, was dort über Logik, Semantik, die allgemeine Form des Satzes, Mathematik u.a.m. geschrieben ist, kann man diese Einleitung nur als Aufforderung verstehen, das Buch sofort wieder aus der Hand zu legen. Es wendet sich dann allenfalls an einen kleinen Kreis von Spezialisten, die sich mit diesen Fragen intensiv auseinandergesetzt haben. So schreibt Wittgenstein im Oktober oder November 1919 an den

Verleger Ludwig von Ficker, dem er das Manuskript des *Tractatus* anbietet: „Von seiner Lektüre werden Sie nämlich – wie ich bestimmt glaube – nicht allzuviel haben. Denn Sie werden es nicht verstehen; der Stoff wird Ihnen ganz fremd erscheinen" (Bw 96). Dem widerspricht aber die Aussage, das Buch sei kein Lehrbuch. Es geht also offensichtlich letztlich nicht darum, eine Theorie der Logik und Semantik darzustellen. Was sind also die Gedanken, die man selbst schon einmal gedacht haben muß, um einen Zugang zum *Tractatus* zu finden? Am Ende des *Tractatus* heißt es nach dem Bild von der Leiter: „Er muß diese Sätze wegwerfen, dann *sieht* er die Welt richtig" (TLP 6.54 Hervorh. F.R.). Der *Tractatus* ist also offensichtlich für Menschen geschrieben, die von der Frage beunruhigt sind, wie sie die Welt *sehen* sollen. Aber wann sieht man die Welt richtig? Warum braucht es einen solchen technischen Aufwand, wie der *Tractatus* ihn entfaltet, um die Welt richtig zu sehen? Wie lernt man es, die Welt richtig zu sehen?

In einem Brief an Russell (19.8.1919) schreibt Wittgenstein über den *Tractatus*: „Die Hauptsache ist die Theorie über das, was durch Sätze – d.h. durch Sprache – gesagt (und, was auf dasselbe hinausläuft, *gedacht*) und was nicht durch Sätze ausgedrückt, sondern nur gezeigt werden kann. Dies ist, glaube ich, das Hauptproblem der Philosophie" (Bw 88). Worauf es Wittgenstein ankommt, ist also die Unterscheidung zwischen Sagen und Zeigen. Bleiben wir zunächst beim Zeigen. In einem Brief an Ludwig von Ficker (wahrscheinlich Mitte Oktober 1919) heißt es: „Die Arbeit ist streng philosophisch und zugleich literarisch, es wird aber doch nicht darin geschwefelt" (Bw 95). Ähnlich spricht Wittgenstein im Vorwort von einem zweifachen Wert seiner Arbeit: der Wahrheit der Gedanken, die in ihr ausgedrückt sind, und der Art und Weise, wie sie ausgedrückt sind, „und dieser Wert wird umso größer sein, je besser die Gedanken ausgedrückt sind". Die Mitteilung des *Tractatus* bewegt sich also auf zwei Ebenen: der philosophisch-inhaltlichen Ebene und der Ebene der sprachlichen Form; letztere meint Wittgenstein, wenn er an von Ficker schreibt, die Arbeit sei „zugleich literarisch". Die sprachliche Form des *Tractatus* soll etwas zeigen, was nicht gesagt werden kann. Paul Engelmann, dem Wittgenstein während seines Aufenthalts in Olmütz im Jahr 1916 in vielen Gesprächen das Anliegen des *Tractatus* erklärt hat, sieht die Leistung Wittgensteins im Hinweis auf das, „was sich an einem Satz zeigt. Und das, was sich am Satz zeigt, kann der Satz nicht auch noch aussprechen" (Engelmann 1970, 63). Engelmann hatte Wittgenstein Uhlands Gedicht *Graf Eberhards Weißdorn* an die Front geschickt. Wittgenstein schreibt in dem Brief (9.4.1917), mit der er sich bei Engelmann bedankt: „Das Uhlandsche Gedicht ist wirklich großartig. Und es ist so: Wenn man sich nicht bemüht das Unaussprechliche auszusprechen, so geht *nichts* verloren. Sondern das Unaussprechliche ist, – unaussprechlich – in dem Ausgesprochenen *enthalten!*" (Bw 78). Engelmann (1970, 63) kommentiert: „Die Sätze der Dichtung z.B. wirken nicht durch das, was sie sagen, sondern, wie die Musik, die auch nichts sagt, durch das, was sich an ihnen zeigt."

Vom Unterschied zwischen Sagen und Zeigen her bestimmen sich Begriff und Aufgabe der Philosophie. „Die Philosophie ist keine Lehre, sondern eine Tätigkeit. Ein philosophisches Werk besteht wesentlich aus Erläuterungen" (TLP 4.112). Es „wird [...] an Beispielen eine Methode gezeigt" (PU § 133). „Das Resultat der Philosophie sind nicht ‚philosophische Sätze‘, sondern das Klarwerden von Sätzen" (TLP 4.112). „Wir wollen nicht das Regelsystem für die Verwendung unserer Worte in unerhörter Weise verfeinern oder vervollständigen. Denn die Klarheit, die wir anstreben, ist allerdings eine *vollkommene*. Aber das heißt nur, daß die philosophischen Probleme *vollkommen* verschwinden sollen" (PU § 133). Das Klarmachen von Sätzen dient dazu, die Grenze zu ziehen zwischen dem, was gesagt, und dem, was nur gezeigt werden kann. „Das Buch", so schreibt Wittgenstein im Vorwort des *Tractatus*, „will also dem Denken eine Grenze ziehen, oder vielmehr – nicht dem Denken, sondern dem Ausdruck der Gedanken". Diese Grenze wird „nur in der Sprache gezogen werden können". Wittgenstein teilt das Anliegen Kants: Philosophie ist Vernunftkritik; sie hat die Grenzen der Vernunft aufzuzeigen; Vernunftkritik ist nach Wittgenstein jedoch nur als Sprachkritik möglich. Vernunftkritik bedeutet für Wittgenstein nicht zuletzt Kritik und Grenzbestimmung der wissenschaftlichen Vernunft: „Die Philosophie begrenzt das bestreitbare Gebiet der Naturwissenschaft" (TLP 4.113). „Wir fühlen, daß selbst, wenn alle *möglichen* wissenschaftlichen Fragen beantwortet sind, unsre Lebensprobleme noch garnicht berührt sind" (TLP 6.52). In der ursprünglichen Fassung in den Tagebüchern (25.5.15) heißt es unmittelbar vorher: „Der Trieb zum Mystischen kommt von der Unbefriedigtheit unserer Wünsche durch die Wissenschaft" (TB 143).

Die Begrenzung hat die Aufgabe, auf das hinzuweisen, was jenseits der Grenze liegt: Die Philosophie „soll das Undenkbare von innen durch das Denkbare begrenzen. Sie wird das Unsagbare bedeuten, indem sie das Sagbare klar darstellt" (TLP 4.114f.). In dem Brief, den Wittgenstein zusammen mit dem Manuskript an von Ficker schickt, heißt es: Der „Sinn des Buches ist ein Ethischer. Ich wollte einmal in das Vorwort einen Satz geben, der nun tatsächlich nicht darin steht, den ich Ihnen aber jetzt schreibe, weil er ein Schlüssel sein wird: Ich wollte nämlich schreiben, mein Werk bestehe aus zwei Teilen: aus dem, der hier vorliegt, und aus alledem, was ich *nicht* geschrieben habe. Und gerade dieser zweite Teil ist der Wichtige. Es wird nämlich das Ethische durch mein Buch gleichsam von Innen her begrenzt; und ich bin überzeugt, daß es, *streng*, NUR so zu begrenzen ist" (Bw 96). Das Ethische oder Mystische kann *nur* von Innen her begrenzt werden. Diese Grenzziehung muß *streng,* d.h. mit den Mitteln der Logik und Semantik, vollzogen werden, aber diese erhalten ihren Wert allein durch die Aufgabe der Grenzziehung. Der *Tractatus* hat einen großen Einfluß auf den Wiener Kreis ausgeübt. Beiden gemeinsam ist das Anliegen, die Sprache der Wissenschaft zu klären. Dem Wiener Kreis, so sieht es Paul Engelmann, kommt es dabei ausschließlich auf das an, was diesseits der Grenze liegt; er hat nichts zu verschweigen. *„Während Wittgenstein davon durchdrungen ist, daß es für das Leben des Menschen allein auf das ankommt, worüber man, nach seiner Meinung, schweigen muß"* (Engelmann 1970, 77).

Die Unterscheidung zwischen Sagen und Zeigen spielt im *Tractatus* in zwei Zusammenhängen eine Rolle: einmal beim Verhältnis von Sprache und Welt; zum anderen, wo es um den ästhetischen oder ethischen Wert geht. TLP 4.0312 faßt die Semantik des *Tractatus,* die Bildtheorie des Satzes, zusammen: „Die Möglichkeit des Satzes beruht auf dem Prinzip der Vertretung von Gegenständen durch Zeichen." Ein Satz ist das Bild eines Sachverhalts. Die Elemente des Bildes vertreten im Bild die Gegenstände. Das Bild besteht darin, daß sich seine Elemente in bestimmter Art und Weise zueinander verhalten. Ein Beispiel für einen Satz ist ‚aRb'; er sagt, daß a in der Beziehung R zu b steht. Daß die Elemente des Bildes sich in bestimmter Weise zueinander verhalten, stellt vor, daß die Gegenstände sich so zueinander verhalten. Das ist nur möglich, wenn Bild und Wirklichkeit etwas gemeinsam haben: die Form der Abbildung. So stehen z.B. die räumlichen Verhältnisse der Zeichen auf einem Bild für räumliche Verhältnissse in der Wirklichkeit, Farben auf dem Bild geben Farben in der Wirklichkeit wieder. Wie sieht es aber aus, wenn eine Melodie in einer Notenschrift aufgezeichnet wird? In diesem Fall haben wir nicht mehr, wie bei den vorhergehenden Beispielen, eine kategoriale Entsprechung; hier werden nicht Töne durch Töne, sondern Töne durch räumliche Zeichen wiedergegeben. Dennoch muß die Notenschrift, um Töne abbilden zu können, etwas mit ihnen gemeinsam haben; Wittgenstein nennt es die *logische* Form. „Das Bild hat mit dem Abgebildeten die logische Form der Abbildung gemein" (TLP 2.2). Die für die Frage nach dem Zeigen entscheidende Folgerung lautet nun: Die gemeinsame logische Form ist die Voraussetzung dafür, daß das Bild die Wirklichkeit abbilden kann. Deshalb kann sie selbst nicht wiederum abgebildet, d.h. in der Sprache dargestellt oder gesagt werden. Sie kann vielmehr nur gezeigt werden. „Der Satz kann die gesamte Wirklichkeit darstellen, aber er kann nicht das darstellen, was er mit der Wirklichkeit gemein haben muß, um sie darstellen zu können – die logische Form. Um die logische Form darstellen zu können, müßten wir uns mit dem Satz außerhalb der Logik aufstellen können, das heißt außerhalb der Welt. Der Satz kann die logische Form nicht darstellen, sie spiegelt sich in ihm. Was sich in der Sprache spiegelt, kann sie nicht darstellen. Was *sich* in der Sprache ausdrückt, können *wir* nicht durch sie ausdrücken. Der Satz *zeigt* die logische Form der Wirklichkeit. Er weist sie auf." (TLP 4.12; 4.121). Die einzige Möglichkeit, die logische Form zu erkennen, besteht darin, daß wir anhand von Beispielen beobachten, was sich im Sprachgebrauch zeigt. Sie sprachlich zu formulieren ist sinnlos; es kann allenfalls dazu führen, daß die Unterschiede der Beispiele durch allgemeine Begriffe verdeckt werden.

2. Ethik und Ästhetik

24 Die Interpretation des *Tractatus* war ausgegangen von dem anscheinenden Widerspruch, daß Wittgenstein auf der einen Seite jede Form von Metaphysik als sinnlos ablehnt und auf der anderen Seite selbst eine Ontologie entwickelt. Die Lösung des anscheinenden Widerspruchs soll das Bild von der Leiter sein. Wir sind jetzt imstande zu verstehen, was dieses Bild sagen will und wie der anscheinende Widerspruch aufzulösen ist. Die Leiter dient dazu, einen Aussichtspunkt zu gewinnen, von dem aus wir etwas sehen, was wir vorher nicht gesehen haben. Die Ontologie des *Tractatus* dient der Bildtheorie, und die Bildtheorie soll das Hauptproblem der Philosophie klären, nämlich was durch Sätze gesagt und was nur gezeigt werden kann. Das Verhältnis von Sprache und Welt kann nicht mehr in der Sprache formuliert werden. „Ein Bild kann alles darstellen, nur nicht seine eigene abbildende Beziehung zu dem von ihm abgebildeten Inhalt [...] Sind nun die wahren Sätze ein Bild der Welt, so kann in ihnen nicht von ihrem eigenen Verhältnis zur Welt die Rede sein, das sie zum Bild macht" (Engelmann 1970, 81). Die Leiter, d.h. der ontologische Apparat des *Tractatus*, hat die Aufgabe, uns zu dieser Einsicht zu führen. Wir können die Ontologie und Bildtheorie des *Tractatus* auch mit einem Zeigestock vergleichen, der auf etwas deutet. Sobald wir auf diese Weise die Sache in den Blick bekommen haben, wird der Zeigestock überflüssig. Der ontologische Apparat des *Tractatus* dient dem Aufweis einer Unmöglichkeit: der Unmöglichkeit, das Verhältnis von Sprache und Welt in einer sinnvollen Sprache auszudrücken.

25 „Er muß", so heißt es im Abschnitt von der Leiter, „diese Sätze überwinden, dann sieht er die Welt richtig" (TLP 6.54). Worin besteht diese richtige Sicht der Welt? Inwiefern führen Ontologie und Bildtheorie des *Tractatus* zur richtigen Sicht der Welt? Damit sind wir bei der zweiten der beiden Dimensionen des Zeigens. Sie ist formuliert in TLP 6.522: „Es gibt allerdings Unaussprechliches. Dies *zeigt* sich, es ist das Mystische". Festzuhalten ist zunächst, daß hier eine klare Existenzaussage gemacht wird: Es *gibt* Unaussprechliches. Der Zusammenhang dieser zweiten nur dem Zeigen zugänglichen Dimension mit der Ontologie und Bildtheorie wird

aus TLP 5.552 deutlich: „Die ‚Erfahrung‘, die wir zum Verstehen der Logik brauchen, ist nicht die, daß sich etwas so und so verhält, sondern daß etwas *ist*: aber das ist eben *keine* Erfahrung. Die Logik ist *vor* jeder Erfahrung – daß etwas *so* ist. Sie ist vor dem Wie, nicht vor dem Was.“ Der Text unterscheidet zwei Erfahrungsbegriffe. Einmal ist die Logik Voraussetzung der Erfahrung, ein andermal die Erfahrung Voraussetzung der Logik. Der erste Erfahrungsbegriff ist der der Naturwissenschaften. Inhalt dieser Erfahrung ist, daß etwas so und so ist. Die Naturwissenschaft fragt, *wie* etwas ist. Diese wissenschaftliche Erfahrung setzt die Logik voraus; ohne die logische Form, die Bild und Wirklichkeit gemeinsam haben, könnte der Satz der Naturwissenschaft die Wirklichkeit nicht abbilden. Beim zweiten Erfahrungsbegriff ist die Erfahrung Voraussetzung der Logik. Auch hier können wir wieder von der Bildtheorie ausgehen. Der Satz ist ein Bild der *Wirklichkeit* (TLP 4.01). Die Sprache spricht über die Wirklichkeit. Indem die Bildtheorie behauptet, der Satz sei ein Bild der Wirklichkeit, setzt sie voraus, daß es die Wirklichkeit oder die Welt gibt. Die logische Form ist die Form der *Wirklichkeit* (TLP 2.18). In dem anschließenden Abschnitt heißt es: „Und wenn dies nicht so wäre, wie könnten wir die Logik anwenden?“ (TLP 5.5521). Das Verstehen und die Anwendung der Logik setzt die Erfahrung voraus, „daß etwas *ist*“; und das ist nach Wittgenstein keine Erfahrung. Diese zweite ‚Erfahrung‘ ist am Ende des *Tractatus* (TLP 6.44f.) beschrieben: „Nicht *wie* die Welt ist, ist das Mystische, sondern *daß* sie ist. Die Anschauung der Welt sub specie aeterni ist ihre Anschauung als – begrenztes – Ganzes. Das Gefühl der Welt als begrenztes Ganzes ist das mystische.“ Die Welt *sub specie aeterni* zu sehen besteht in der Erfahrung, *daß* etwas ist. Wittgenstein beschreibt sie im *Vortrag über Ethik*: Es ist das Erlebnis, „daß ich, wenn ich es habe, *über die Existenz der Welt staune*. Dann neige ich dazu, Formulierungen der folgenden Art zu verwenden: ‚Wie sonderbar, daß überhaupt etwas existiert‘, oder ‚Wie seltsam, daß die Welt existiert‘“ (LE 14). „Es ist das Erlebnis, bei dem man die Welt als Wunder sieht“ (LE 18).

„Die Tatsachen gehören alle zur Aufgabe, nicht zur Lösung“ (TLP 6.4321). Jede Tatsache kann unter einer zweifachen Perspektive betrachtet werden. Die eine Betrachtungsweise läßt sich in der Formulierung ausdrücken „daß sich etwas so und so verhält“. So betrachtet, ist die Tatsache Gegenstand der Wissenschaft. Die andere Betrachtungsweise sieht in der einzelnen Tatsache das Wunder, „daß etwas ist“. Ich staune nicht darüber, daß der Himmel blau und nicht etwa bewölkt ist, „sondern ich staune über das Dasein des Himmels, *egal, wie er aussieht*“ (LE 15). Ethik und Ästhetik haben es zu tun mit dem Staunen, von dem hier die Rede ist. Nach TLP 6.421 sind Ethik und Ästhetik „Eins“. Eine Erläuterung findet sich in den Tagebüchern: „Das Kunstwerk ist der Gegenstand sub specie aeternitatis gesehen; und das gute Leben ist die Welt sub specie aeternitatis gesehen. Dies ist der Zusammenhang zwischen Kunst und Ethik. Die gewöhnliche Betrachtungsweise sieht die Gegenstände gleichsam aus ihrer Mitte, die Betrachtung sub specie aeternitatis von außerhalb. So daß sie die ganze Welt als Hintergrund haben [...] Als Ding unter Dingen ist jedes Ding gleich unbedeutend, als Welt jedes gleichbedeutend" (7. und 8.10.1916, TB 178). Wir haben es hier nicht mit dem üblichen Ethik-Begriff zu tun, nach dem die Ethik nach dem sittlich richtigen und falschen Handeln fragt; nach Wittgenstein geht es in der Ethik vielmehr um eine Stellungnahme zur Welt und zum Leben als Ganzem; es geht um den Sinn des Lebens und der Welt. Das gute Leben ist eine Sicht der Welt als Ganzem von einem Standpunkt außerhalb der Welt, was bedeutet, daß diese Sicht nicht anhand innerweltlicher Tatsachen entschieden werden kann; die Wissenschaft kann einen Sinn der Welt weder beweisen noch widerlegen. Es lassen sich keine innerweltlichen Ereignisse anführen, die für oder gegen einen Sinn der Welt sprechen. Für Wittgenstein kann es daher kein Theodizeeproblem geben: Die Tatsache des Übels in der Welt kann nicht gegen den Sinn der Welt angeführt werden.

Der Sinn der Welt „zeigt" sich, wenn wir die Welt als begrenztes Ganzes betrachten; er zeigt sich im Erlebnis des Staunens. „Das Gefühl der Welt als begrenztes Ganzes ist das mystische [...] Es gibt allerdings Unaussprechliches. Dies *zeigt* sich, es ist das Mystische" (TLP 6.45; 6.522). Obwohl der Sinn sich zeigt, sind wir frei, ob wir ihn annehmen oder nicht; wir können uns für oder gegen den Sinn entscheiden. Das gute oder böse Wollen, d.h. das Wollen, das einen Sinn annimmt oder ablehnt, verändert die Welt als Ganzes. „Sie muß" durch das Dazukommen oder Wegfallen eines Sinns „sozusagen als Ganzes abnehmen oder zunehmen. Die Welt des Glücklichen ist eine andere als die des Unglücklichen" (TLP 6.43; vgl. TB 168). Die ästhetische Betrachtung sieht ein Ding nicht als ein Ding unter anderen, sondern als Welt. Hier ist wieder die Unterscheidung zwischen dem Wie etwas ist und dem Daß es ist wesentlich. „Das künstlerische Wunder ist, daß es die Welt gibt. Daß es das gibt, was es gibt." (TB 20.10.16, 181). Dieses Wunder läßt sich an jedem Gegenstand bestaunen. Die Einheit von Ethik und Ästhetik besteht darin, daß es um ein und dieselbe Einstellung zur Welt geht: die Betrachtung *sub specie aeterni* oder das „Gefühl der Welt als – begrenztes – Ganzes" (TLP 6.45). Die philosophische Tradition – genannt seien Aristoteles und Thomas von Aquin – kennt die These, daß die Kontemplation die höchste Form der Tätigkeit ist: Das letzte Ziel des Handelns ist das Glück, und die höchste Form des Glücks ist die Theoria, die forschende und bewundernde Betrachtung des Kosmos. Diese These kann uns helfen, Wittgensteins Einheit von Ethik und Ästhetik zu verstehen. Der archimedische Punkt aller Tätigkeit und allen Handelns ist die Bejahung der Welt und des Lebens. Dieses Zentrum kann nur in der Theoria, der Betrachtung der Welt *sub specie aeterni*, gefunden werden. „Ist es das Wesen der künstlerischen Betrachtungsweise, daß sie die Welt mit glücklichem Auge betrachtet?" Der Sinn erschließt sich im ästhetischen Erlebnis, wie Wittgenstein es versteht, in dem Wunder, daß „es das gibt, was es gibt" (TB 20.10.16, 181).

3. Sprachspiele

Das Wort Sprachspiel (language game) findet sich in einem Skriptum 26 (dem *Blauen Buch*), das Wittgenstein während des akademischen Jahres 1933/34 seinen Studenten in Cambridge diktierte. Unter ‚Sprachspielen' sind hier primitive Sprachformen oder primitive Sprachen verstanden. Sprachspiele sind „einfachere Verfahren zum Gebrauch von Zeichen als jene, nach denen wir Zeichen in unserer äußerst komplizierten Umgangssprache gebrauchen. Sprachspiele sind die Sprachformen, mit denen ein Kind anfängt, Gebrauch von Wörtern zu machen" (BlB 37). ‚Sprachspiel' ist hier ein methodologischer Begriff; das Studium primitiver Sprachformen dient einem zweifachen methodischen Zweck. (1.) Unsere Alltagssprache ist ein außerordentlich kompliziertes Gebilde. Wir greifen aus ihm primitive Sprachformen heraus, um sie ohne den komplizierten Hintergrund, in den sie eingebettet sind, zu betrachten. Auf diese Weise gewinnen wir Einblick in das Arbeiten der Sprache. „Wir sehen Tätigkeiten und Reaktionen, die klar und durchsichtig sind" (ebd.). (2.) Die Methode der Sprachspiele ist eine Therapie für eine geistige Krankheit, die Wittgenstein als „Streben nach Allgemeinheit" oder als die „verächtliche Haltung gegenüber dem Einzelfall" (BlB 39) bezeichnet. Wittgenstein führt im *Blauen Buch* eine Anzahl von Tendenzen auf, die zum Streben nach Allgemeinheit führen; zwei von ihnen seien genannt: (a) „die Tendenz, nach etwas Ausschau zu halten, das all den Dingen gemeinsam ist, die wir gewöhnlich unter einer allgemeinen Bezeichnung zusammenfassen"; (b) unsere Voreingenommenheit für die naturwissenschaftliche Methode, d.h. die Methode, „die Erklärung von Naturerscheinungen auf die kleinstmögliche Zahl primitiver Naturgesetze zurückzuführen" (ebd.). Das Wort Religion könnte dazu verführen, nach dem Wesen der Religion zu fragen. Dagegen war Wittgenstein nach dem Zeugnis von Drury schon früh beeinflußt von William James' Buch *The Varieties of Religious Experience*; die Kategorie der „Vielfalt" habe in seinem Denken eine wichtige Rolle gespielt. „Die Weisen", so äußert er gegenüber Drury, „in denen die Menschen ihre religiösen Überzeugungen zum Ausdruck bringen mußten, weisen enorme Unterschiede auf. Alle echten Ausdrucksweisen der Religion sind wundervoll, auch die der wildesten Volkstämme" (PR 138). Wittgenstein spricht, wie wir sahen (§ 20), von Stufen der Religiosität. „‚Die Weisheit ist grau.' Das Leben aber und die Religion sind farbenreich" (VB 538).

In PU § 7 unterscheidet Wittgenstein drei Bedeutungen von ‚Sprachspiel‘. (1.) Sprachspiele sind Spiele, durch welche die Kinder ihre Muttersprache lernen. (2.) Wir können aus diesem Lernvorgang nochmals einen Teilvorgang herausheben: „Der Lernende *benennt* die Gegenstände. D.h. er spricht das Wort, wenn der Lehrer auf den Stein zeigt." Diese Übung läßt sich nochmals vereinfachen: „der Schüler spricht die Worte nach, die der Lehrer ihm vorsagt". Hier ist ein sprachlicher Vorgang aus dem Handlungszusammenhang herausgelöst. (3.) „Ich werde auch das Ganze: der Sprache und der Tätigkeiten, mit denen sie verwoben ist, das ‚Sprachspiel‘ nennen." PU § 23 greift die dritte Bedeutung von § 7 auf: „Das Wort ‚Sprachspiel‘ soll hier hervorheben, daß das Sprechen einer Sprache ein Teil ist einer Tätigkeit, oder einer Lebensform." „Lebensform" bedeutet an dieser Stelle die Tätigkeit, in welche das Sprechen der Sprache eingebettet ist. Das führt uns nach der methodologischen zur zweiten, der epistemologischen Bedeutung der Sprachspiele. Sie wollen eine Antwort auf die Frage des Descartes nach dem Fundament unseres Wissens geben. Aber dieses Fundament ist nicht, wie in der rationalistischen Tradition, ein geistiges Sehen, eine Evidenz, sondern ein Handeln; das Sprachspiel oder das dem Sprachspiel zugrundeliegende Handeln ist ein „Urphänomen", das wir sehen sollen und an dem die Frage nach der Begründung an ein Ende kommt:

„Unser Fehler ist, dort nach einer Erklärung zu suchen, wo wir die Tatsachen als ‚Urphänomene‘ sehen sollten. D.h. wo wir sagen sollten: *dieses Sprachspiel wird gespielt.*" (Pu § 654)
„Habe ich die Begründungen erschöpft, so bin ich nun auf dem harten Felsen angelangt, und mein Spaten biegt sich zurück. Ich bin dann geneigt zu sagen: ‚So handle ich eben.‘" (PU § 217)
„Die Begründung aber, die Rechtfertigung der Evidenz kommt zu einem Ende; – das Ende aber ist nicht, daß uns gewisse Sätze als unmittelbar wahr einleuchten, also eine Art *Sehen* unsrerseits, sondern unser *Handeln*, welches am Grund des Sprachspiels liegt." (ÜG § 204)
„Du mußt bedenken, daß das Sprachspiel sozusagen etwas Unvorhersehbares ist. Ich meine: Es ist nicht begründet. Nicht vernünftig (oder unvernünftig). Es steht da – wie unser Leben." (ÜG § 559)

4. Urphänomene

27   Was ist dieses Handeln oder was sind diese Urphänomene? In Aufzeichnungen Wittgensteins vom Oktober 1937, die Joachim Schulte (in: L.W. Vortrag über Ethik und andere kleine Schriften) unter dem Titel *Ursache und Wirkung. Intuitives Erfassen* herausgegeben hat, lesen wir:

„Der Ursprung und die primitive Form des Sprachspiels ist eine Reaktion; erst auf dieser können die komplizierteren Formen wachsen.

Die Sprache – will ich sagen – ist eine Verfeinerung, ‚im Anfang war die Tat'.

Erst muß ein harter, fester Stein zum Bauen da sein, und die Blöcke werden *unbehauen* auf einander gelegt. *Dann* ist es freilich wichtig, daß er sich behauen läßt, daß er nicht gar zu hart ist.

Die primitive Form des Sprachspiels ist die Sicherheit, nicht die Unsicherheit. Denn die Unsicherheit könnte nicht zur Tat führen." (115)

Worum es in diesem Text geht, wird am besten deutlich auf dem Hintergrund der ersten Meditation des Descartes. Descartes bezweifelt alle lebensweltlichen Gewißheiten, um sie durch den Rückgang auf die Gewißheit des Ich denke zu begründen. Dagegen ist nach Wittgenstein eine letzte Gewißheit nicht im Denken, sondern in elementaren Reaktionen zu finden. Ursprung und Fundament der Sprache und damit des Denkens ist nicht die Reflexion, sondern die Reaktion. Der Glaube, daß mich das Feuer brennen wird, ist nicht das Ergebnis wissenschaftlicher Untersuchungen; er ist vielmehr eine Reaktion, er ist „von der Art der Furcht, daß es mich brennen wird". „Daß mich das Feuer brennen wird, wenn ich die Hand hineinstecke: das ist Sicherheit" (PU §§ 473f.). Das Denken, das immer weiter nach einer Begründung fragt, kann uns blind machen für das, was vor unseren Augen liegt: „Wenn wir die Frage ‚warum' unterdrücken, werden wir oft erst die wichtigen *Tatsachen* gewahr; die dann in unseren Untersuchungen zu einer Antwort führen" (PU § 471). Wir brauchen zunächst einen harten Stein zum Bauen, z.B. die eben beschriebene Reaktion gegenüber dem Feuer. Aber dieser harte Stein läßt sich behauen; die primitive Reaktion läßt sich ausbauen. Wir entdecken, daß wir das Feuer mit Wasser löschen können; wir konstruieren sichere Feuerstellen und Öfen; wir entwickeln eine Sprache, mit der wir die Kinder warnen; wir erlassen Gesetze gegen Brandstifter. Auf der Reaktion, der primitiven Form des Sprachspiels, können „die komplizierteren Formen", z.B. Wissenschaft und Technik, wachsen.

In PU II iv (495) nimmt Wittgenstein sich den Satz her „Ich glaube, daß er leidet". Der Philosoph, der über diesen Satz reflektiert, wird sofort fragen: Welchen Grund hast du, das zu glauben? Worauf beruht dein Glaube? Wittgenstein verschärft das Problem: „*Glaube* ich auch, daß er kein Automat ist?" Wenn wir von der cartesianischen Unterscheidung von *res cogitans* und *res extensa* ausgehen, können wir wiederum nach den Gründen für diesen Glauben fragen. Vielleicht können wir dann die Möglichkeit, daß er ein Automat ist, der sich wie ein Mensch benimmt, niemals mit Sicherheit ausschließen; wir können also niemals wissen, sondern allenfalls glauben, daß er kein Automat ist. „Nur mit Widerstreben könnte ich das Wort in diesen beiden Zusammenhängen aussprechen. (Oder ist es *so*: ich glaube, daß er leidet; ich bin sicher, daß er kein Automat ist? Un-

sinn!)". Die Ausdrücke Glauben und Sichersein drücken die Stellungnahme zu einem Sachverhalt aus, und diese Stellungnahme bringt die
Frage mit sich, welche Gründe wir haben, diesen Sachverhalt zu glauben
bzw. worauf unsere Sicherheit beruht. Wenn wir so denken, dann verstehen wir unser Verhältnis zu anderen Menschen als ein primär *kognitives*
Verhältnis; wir können einander nur dann als Menschen betrachten und
behandeln, wenn wir wissen oder zumindest glauben, daß wir Menschen
und keine Automaten sind. Wittgenstein lehnt es nicht rundherum ab, hier
von Glauben zu sprechen, aber er würde das Wort nur mit Widerstreben
verwenden. Wir können uns Umstände ausmalen, wo der Satz ‚Ich glaube
(oder: Ich bin sicher), daß er kein Automat ist' sinnvoll ist. Sein Widerstreben beruht darauf, daß das unter gewöhnlichen Umständen nicht der
Fall ist. Warum nicht? „Meine Einstellung zu ihm ist eine Einstellung zur
Seele. Ich habe nicht die *Meinung*, daß er eine Seele hat." Hier haben wir
einen Fall, wo unsere Begründungen sich erschöpft haben, der Spaten sich
zurückbiegt und die einzige Antwort ist „So handle ich eben" (PU § 217).
Wir stoßen auf eine vorsprachliche Einstellung oder Verhaltensweise, auf
der unsere Sprache beruht und die nicht mit den Mitteln der Sprache gerechtfertigt werden kann. „Sicher sein, daß der Andre Schmerzen hat,
zweifeln, ob er sie hat, u.s.f., sind so viele natürliche instinktive Arten des
Verhältnisses zu den andern Menschen, und unsre Sprache ist nur ein
Hilfsmittel und weiterer Ausbau dieses Verhaltens. Unser Sprachspiel ist
ein Ausbau des primitiven Benehmens. (Denn unser *Sprachspiel* ist Benehmen.)(Instinkt.)" (Zettel § 545). Das Wort primitiv, das uns bereits in
dem Text über Ursache und Wirkung begegnet ist, besagt, „daß die Verhaltensweise *vorsprachlich* ist: daß ein Sprachspiel *auf ihr* beruht, daß sie
das Prototyp einer Denkweise ist und nicht das Ergebnis des Denkens"
(Zettel § 541). Die Methode der Sprachspiele ist eine Therapie; eine der
philosophischen Krankheiten, von der sie uns heilen soll, ist eine falsche
Suche nach Begründungen; es ist Aufgabe der Philosophie zu zeigen, wo
die Frage nach der Begründung an ein Ende kommt: Der Ursprung und
die primitive Form des Sprachspiels, so Wittgensteins These, ist eine Reaktion.

5. Übersichtliche Darstellung

28 Die Philosophie des späten Wittgenstein löst auf; an die Stelle des ge-
schlossenen Weltbildes einer Metaphysik oder der Naturwissenschaft tritt
die unübersehbare, sich wandelnde Mannigfaltigkeit der Sprachspiele mit
ihren verschiedenen Wurzeln in der Naturgeschichte des Menschen. Bleibt
es bei dieser Auflösung, oder findet sich in Wittgensteins Philosophie
auch so etwas, was man mit aller Vorsicht als konstruktiven oder

systematischen Zug bezeichnen könnte? Eine Antwort gibt der methodologische Begriff der „übersichtlichen Darstellung".

„Es ist eine Hauptquelle unseres Unverständnisses, daß wir den Gebrauch unserer Wörter nicht *übersehen*. – Unserer Grammatik fehlt es an Übersichtlichkeit. – Die übersichtliche Darstellung vermittelt das Verständnis, welches eben darin besteht, daß wir die ‚Zusammenhänge sehen'. Daher die Wichtigkeit des Findens und Erfindens von *Zwischengliedern*. Der Begriff der übersichtlichen Darstellung ist für uns von grundlegender Bedeutung. Er bezeichnet unsere Darstellungsform, die Art, wie wir die Dinge sehen. (Ist dies eine ‚Weltanschauung'?)" (PU § 122)

Was ist diese übersichtliche Darstellung? Eine Vorform von PU § 122 findet sich in den *Bemerkungen über Frazers GOLDEN BOUGH,* einem der für die Philosophie der Religion wichtigsten Texte Wittgensteins, der einen Zusammenhang zwischen den Ausführungen zu Ethik und Ästhetik und denen zu den Urphänomenen erkennen läßt. Wittgenstein zitiert dort einen Vers aus Goethes Gedicht *Die Metamorphose der Pflanzen:* „Und so deutet das Chor auf ein geheimes Gesetz" (Hamburger Ausgabe Bd. 1 199). Diesem Hinweis ist Joachim Schulte (1984) nachgegangen; er hat gezeigt, daß Goethe und Wittgenstein sich einer gemeinsamen Methode bedienen. Goethe zitiert in seinen naturwissenschaftlichen Schriften zustimmend die Charakterisierung seiner „Verfahrensart" durch Johann Heinroth:

„Daß nämlich mein Denkvermögen *gegenständlich* tätig sei, womit er aussprechen will: daß mein Denken sich von den Gegenständen nicht sondere, daß die Elemente der Gegenstände, die Anschauungen in dasselbe eingehen und von ihm auf das innigste durchdrungen werden, daß mein Anschauen selbst ein Denken, mein Denken selbst ein Anschauen sei" (Hamburger Ausgabe Bd.13 37).

In den *Maximen und Reflexionen* (Hamburger Ausgabe Bd.12) beschreibt er das Ideal seiner „Verfahrensart" folgendermaßen:

„Das Höchste wäre: zu begreifen, daß alles Faktische schon Theorie ist. Die Bläue des Himmels offenbart uns das Grundgesetz der Chromatik. Man suche nur nichts hinter den Phänomenen: sie selbst sind die Lehre." (Nr. 488) „Kein Phänomen erklärt sich an und aus sich selbst; nur viele, zusammen überschaut, methodisch geordnet, geben zuletzt etwas, das für Theorie gelten könnte." (Nr. 500)

Man vergleiche damit etwa folgende Aussagen Wittgensteins:

„Und wir dürfen keinerlei Theorie aufstellen. Es darf nichts Hypothetisches in unsern Betrachtungen sein. Alle *Erklärung* muß fort, und nur Beschreibung an ihre Stelle treten [...] Die Probleme werden gelöst, nicht durch Beibringen neuer Erfahrung, sondern durch Zusammenstellung des längst Bekannten." (PU § 109)

„Wir wollen etwas *verstehen*, was schon offen vor unseren Augen liegt. Denn *das* scheinen wir, in irgendeinem Sinn, nicht zu verstehen." (PU § 89)

Im *Blauen Buch* vergleicht Wittgenstein die Arbeit des Philosophen mit einem Zusammensetzspiel. Wenn wir vor einem Problem stehen, scheint es uns zunächst, daß wir die falschen Stücke oder nicht genug Stücke haben. „Aber sie sind alle vorhanden, eben nur durcheinander; und es gibt eine weitere Analogie zwischen dem Zusammensetzspiel und unserm Fall: Es ist nutzlos, Gewalt anzuwenden, wenn man die Stücke zusammensetzen will. Sie *sorgfältig* zu betrachten und zu ordnen ist alles, was wir zu tun haben" (BlB 78).

29   Sir James George Frazer (1854–1941) war ein einflußreicher Anthropologe und Völkerkundler. Sein bekanntestes Werk, dem Wittgensteins Bemerkungen gelten, ist *The Golden Bough. A Study in Magic and Religion* (1890). Frazer vertritt dort eine Fortschrittstheorie. Aus dem magischen entwickelt sich das religiöse und aus diesem das wissenschaftliche Denken. Magie und Religion sind für Frazer ein auf wissenschaftlichen Irrtümern beruhender Versuch, die Herrschaft über die Natur zu gewinnen. Die Voraussetzung von Frazers Religionsphilosophie ist der Fortschrittsglaube. Wittgenstein distanziert sich von ihr, indem eine unüberwindliche Trennungslinie zwischen Magie oder Religion und Wissenschaft zieht: „So einfach es klingt: der Unterschied zwischen Magie und Wissenschaft kann dahin ausgedrückt werden, daß es in der Wissenschaft einen Fortschritt gibt, aber nicht in der Magie. Die Magie hat keine Richtung der Entwicklung, die in ihr selbst liegt"(BFGB 40). Es handelt sich um zwei verschiedene Sprachspiele oder Lebensformen; deshalb ist es verfehlt, die Magie als Vorform der Wissenschaft anzusehen; der Begriff des Fortschritts kann auf die Magie nicht angewendet werden. Der Fortschrittsglaube verführt dazu, daß wir unsere Zivilisation als Maßstab an eine fremde Kultur anlegen und dadurch blind werden für die Tatsachen; mit Hilfe der uns geläufigen Begriffe und Maßstäbe wollen wir etwas erklären:

„Alles, was Frazer tut, ist, sie [die religiösen Gebräuche] Menschen, die so ähnlich denken wie er, plausibel zu machen. Es ist sehr merkwürdig, daß alle diese Gebräuche endlich sozusagen als Dummheiten dargestellt werden. Nie wird es aber plausibel, daß die Menschen aus purer Dummheit all das tun." (BFGB 29)
„Welche Enge des seelischen Lebens bei Frazer! Daher: Welche Unmöglichkeit, ein anderes Leben zu begreifen, als das englische seiner Zeit!" (BFGB 33)

Die Erklärung erreicht nicht die Tiefe des Phänomens; sie „ist im Vergleich mit dem Eindruck, den uns das Beschriebene macht, zu unsicher" (BFGB 31). Wie würde der Primitive reagieren, wenn wir ihm erklärten, seine religiösen Riten beruhten auf einem wissenschaftlichen Irrtum und wenn wir ihn von unserem Wissensstand her über seinen Irrtum aufklären würden? Würden damit seine religiösen Überzeugungen verschwinden? Wittgenstein bringt einen Vergleich: Jemand ist „von der Liebe beunruhigt", und wir geben ihm eine hypothetische Erklärung. Wird sie ihn beruhigen, oder reicht seine Erfahrung tiefer als die Erklärung? (BFGB 31) „Frazer wäre im Stande zu glauben, daß ein Wilder aus Irrtum stirbt." (BFGB 36) Für eine religiöse Überzeugung kann man sterben; kann man es auch für eine wissenschaftlichen Irrtum?

Gegen Frazers Methode der Hypothese stellt Wittgenstein seine Methode der übersichtlichen Darstellung: „Ich glaube, daß das Unternehmen der Erklärung schon darum verfehlt ist, weil man nur richtig zusammenstellen muß, was man *weiß*, und nichts dazusetzen, und die Befriedigung, die durch die Erklärung angestrebt wird, ergibt sich von selbst" (BFGB 31). „Nichts ist so schwierig wie Gerechtigkeit gegen die Tatsachen" (BFGB 35). Es ist durchaus nicht so, als ob dem Wilden technisches Denken fremd wäre und er sich statt dessen der Magie bediente; vielmehr findet sich bei ihm die Technik ebenso wie die Magie: „Derselbe Wilde, der, anscheinend um seinen Feind zu töten, dessen Bild durchsticht, baut seine Hütte als Holz wirklich und schnitzt seinen Pfeil kunstgerecht und nicht in effigie" (BFGB 32). Wir müssen die magischen Operationen von Operationen unterscheiden, die auf einer falschen, zu einfachen Vorstellung der Dinge und Vorgänge beruhen. Wittgenstein stellt zwei Beispiele einander gegenüber. Man sagt, die Krankheit ziehe von einem Teil des Körpers in den anderen, und man trifft Vorkehrungen, die Krankheit abzuleiten, als wäre sie eine Flüssigkeit oder ein Wärmezustand. Hier haben wir es mit einer verfehlten Technik zu tun. Wenn dagegen „die Adoption eines Kindes so vor sich geht, daß die Mutter es durch ihre Kleider zieht, so ist es doch verrückt zu glauben, daß hier ein *Irrtum* vorliegt und sie glaubt, das Kind geboren zu haben" (BFGB 33). Frazer berichtet von Regenkönigen in Afrika, denen man die Fähigkeit zuschreibt, zum richtigen Zeitpunkt - und das heißt eben zur Regenzeit – für Regen zu sorgen. Wittgenstein kommentiert: Die Leute bitten den Regenkönig um Regen, *„wenn die Regenperiode kommt"* (BFGB 40). Sie können also nicht meinen, er könne den Regen machen, denn sonst würden sie den Ritus in den trockenen Perioden des Jahres vollziehen. Die Leute können also nicht aus Dummheit, wie Frazer annimmt, das Amt des Regenkönigs eingesetzt haben, denn sie sind sicher nicht so dumm, daß sie nicht die Erfahrung gemacht haben, daß im März der Regen ohnehin beginnt. „Oder auch so: Gegen morgen, wenn die Sonne aufgehen will, werden von den Menschen die Riten des Tagwerdens zelebriert, aber nicht in der Nacht, sondern da brennen sie einfach Lampen" (BFGB 40).

Die Zusammenstellung des längst Bekannten hat gezeigt, daß Frazers   30
Erklärung der Magie verfehlt ist; sie hat den Ritus neben die Technik

gestellt und ihn als eigenständiges Phänomen erwiesen. Wenn wir jetzt fragen, was Wittgenstein selbst zu Magie und Ritus sagt, dann dürfen wir die Frage nicht so formulieren: Wie deutet oder erklärt Wittgenstein den Ritus? Hier gibt es nichts zu deuten und zu erklären, sondern nur etwas zu beschreiben. „Nur *beschreiben* kann man hier und sagen: so ist das menschliche Leben" (BFGB 31). Wir stehen vor einem Urphänomen; wir sind auf dem harten Felsen angelangt, wo der Spaten sich zurückbiegt. Der Ritus kann nicht, wie Frazer das will, kritisiert und als Irrtum entlarvt werden. Die Prädikate Irrtum und Wahrheit können auf den Ritus nicht angewendet werden, weil er auf einer tieferen, ursprünglicheren Ebene anzusiedeln ist: „Ein Irrtum entsteht erst, wenn die Magie wissenschaftlich ausgelegt wird" (BFGB 32). Augustinus hat seine *Confessiones* im Stil eines Gebetes geschrieben. Wittgenstein richtet an Frazer die Frage: „So war also Augustinus im Irrtum, wenn er Gott auf jeder Seite seiner *Confessionen* anruft? Aber – kann man sagen – wenn er nicht im Irrtum war, so war es doch der Buddhistische Heilige – oder welcher immer – dessen Religion ganz andere Anschauungen zum Ausdruck bringt. Aber *keiner* von ihnen war im Irrtum, außer wo er eine Theorie aufstellte" (BFGB 29). „Einem religiösen Symbol liegt keine *Meinung* zu Grunde. Und nur der Meinung entspricht der Irrtum" (BFGB 32). Wenn Augustinus in den *Confessiones* zu Gott betet, so könnte man gegen Wittgenstein einwenden, dann glaubt er, daß Gott existiert; folglich liegt seiner rituellen Handlung, seinem Gebet, ein Glaube, eine Meinung zugrunde. Wittgenstein würde die Prämisse zugeben, aber die Folgerung ablehnen. Augustinus kann nicht beten, ohne an die Existenz Gottes zu glauben. Wittgenstein würde das zugeben, aber er würde eine Unterscheidung anbringen: Das Gebet des Augustinus *beruht* nicht auf der Anschauung, daß Gott existiert. Wo ein religiöser Gebrauch mit einer Anschauung verbunden ist, „dort entspringt nicht der Gebrauch der Anschauung, sondern sie sind eben beide da" (BFGB 29). Die Anschauung gehört zum Ritus, aber sie ist nicht Ursprung des Ritus. Das Charakteristische der rituellen Handlung, so stellt Wittgenstein fest, „ist gar keine Ansicht, Meinung, ob sie nun richtig oder falsch ist", aber er schränkt diese Behauptung sofort ein: „obgleich eine Meinung – ein Glaube – selbst auch rituell sein kann, zum Ritus gehören kann" (BFGB 35). Wenn eine Meinung, so interpretiere ich, Bestandteil des Ritus ist, dann verliert sie insofern ihren Charakter als Meinung, als sie nicht mehr wahr oder falsch sein kann. Sie ist keine Meinung, die den Ritus erklärt; sie hat vielmehr dieselbe Funktion wie die rituelle Handlung; sie ist, wie der Ritus, ein Ausdrucksgeschehen, ein Bekenntnis. Sie ist wie der Ritus ein religiöses Symbol, und sie kann ebensowenig wie der Ritus erklärt oder begründet werden.

31 Bisher wurde nur eine negative Beschreibung des Ritus gegeben: „Einem religiösen Symbol liegt keine *Meinung* zu Grunde" (BFGB 32). Aber wie

läßt er sich nach Wittgenstein positiv beschreiben? In Platons *Theaitet* (155bd) findet sich eine vielzitierte Stelle über den Ursprung der Philosophie. Der junge Theaitet ist mit einem Widerspruch konfrontiert worden, und er reagiert mit dem Ausdruck eines außerordentlichen Staunens. „Bei den Göttern, Sokrates, ich staune über die Maßen, wie das denn eigentlich ist, und manchmal wird mir geradezu schwindlig, wenn ich es betrachte." Sokrates sieht in dieser Reaktion ein Zeichen für die philosophische Begabung des Theaitet: „Denn gerade das ist das eigentliche Erlebnis des Philosophen, das Staunen, ja es gibt keinen anderen Anfang der Philosophie als diesen." Für Wittgenstein zeichnet das Erlebnis des Staunens nicht nur den Philosophen, sondern den Menschen als solchen aus. In einer Aufzeichnung von 1930, die sich mit dem französischen Religionswissenschaftlicher Ernest Renan (1823–1892) auseinandersetzt, heißt es, daß der primitive Mensch sich dadurch vom Hund oder Affen unterscheidet, daß er zum Staunen über die alltäglichen Dinge aufgewacht ist. Die Menschen beginnen auf einmal, über Dinge, die sie schon lange wahrgenommen haben, z.B. den Blitz, zu staunen. „Das aber hat wieder nichts mit ihrer Primitivität zu tun. Es sei denn, daß man es primitiv nennt, sich nicht über die Dinge zu wundern, dann aber sind gerade die heutigen Menschen und Renan selbst primitiv, wenn er glaubt, die Erklärung der Wissenschaft könne das Staunen heben. Als ob der Blitz heute alltäglicher oder weniger staunenswert wäre als vor 2000 Jahren. Zum Staunen muß der Mensch […] aufwachen. Die Wissenschaft ist ein Mittel um ihn wieder einzuschläfern." (VB 457). In den Bemerkungen zu Frazer ist nicht die Rede vom Staunen, sondern davon, daß die Dinge dem Menschen geheimnisvoll werden. Keine „Erscheinung ist an sich besonders geheimnisvoll, aber jede kann es uns werden, und das ist eben das Charakteristische am erwachenden Geist des Menschen, daß ihm eine Erscheinung bedeutend wird" (BFGB 35). Die rituelle Handlung drückt das Erlebnis des Geheimnisvollen aus. „Man könnte fast sagen, der Mensch sei ein zeremonielles Tier." Was ihn als Menschen auszeichnet ist, daß Erscheinungen auf ihn Eindruck machen, ihm bedeutend und geheimnisvoll werden. „Das heißt, man könnte ein Buch über Anthropologie so anfangen: Wenn man das Leben und Benehmen der Menschen auf der Erde betrachtet, so sieht man, daß sie außer Handlungen, die man tierische nennen könnte, der Nahrungsaufnahme, etc., etc., etc., auch solche ausführen, die einen eigentümlichen Charakter tragen und die man rituelle Handlungen nennen könnte" (BFGB 35).

Wir Menschen des dritten Jahrtausends erheben den Anspruch, keine Primitiven zu sein, sondern in einer wissenschaftlichen und hochtechnisierten Zivilisation zu leben. Wenn die von Wittgenstein erwogene Definition zutrifft, daß der Mensch ein „zeremonielles Tier" ist: sind wir dann noch Menschen, oder sind wir von den Primitiven durch eine unüberbrückbare Kluft getrennt? Um Zusammenhänge zu sehen, müssen wir Zwischenglieder erfinden. Solche hypothetischen Zwischenglieder haben die Aufgabe, „die Aufmerksamkeit auf die Ähnlichkeit, den Zusammenhang, der *Tatsachen* zu lenken" (BFGB 37). Läßt sich ein Zusammenhang zwischen unserer Welt und der der Primitiven sehen? Es geht nicht um eine Entwicklungshypothese, sondern um einen „formalen Zusammenhang". Was damit gemeint ist, verdeutlicht Wittgenstein an einem Beispiel: Wir illustrieren die Beziehung der Kreisform zur Ellipse dadurch, daß wir eine Ellipse allmählich in einen Kreis überführen. Das ist keine Entwicklungshypothese; wir behaupten nicht, daß die Ellipse tatsächlich, historisch aus einem Kreis entstanden wäre; worum es uns geht, ist, das Auge für den formalen Zusammenhang zwischen beiden Formen zu schärfen. Betrachten wir dieses Vorgehen anhand einiger Beispiele.

Frazer erzählt die Geschichte vom Priesterkönig von Nemi; ihr genauer Inhalt läßt sich Wittgensteins Bemerkungen nicht entnehmen; wir erfahren nur, daß er in der Blüte seiner Jahre getötet wird. Läßt sich eine Beziehung dieses Ritus zu unserem Leben herstellen? „Die Frage […] ‚warum geschieht dies?' wird eigentlich dadurch beantwortet: Weil es furchtbar ist". Damit haben wir ein Zwischenglied gefunden, das uns diesen primitiven Ritus verstehen läßt. Die Erzählung macht einen Eindruck auf uns, und der Eindruck, den sie auf uns macht, ist es, der diesen Ritus ins Leben gerufen hat. Dasselbe, „was uns bei diesem Vorgang furchtbar, großartig, schaurig, tragisch, etc., nichts weniger als trivial und bedeutungslos vorkommt, *das* hat diesen Vorgang ins Leben gerufen" (BFGB 31). Wenn wir eine Hypothese bilden, wie dieser Vorgang entstanden ist, dann berauben wir ihn genau dieses Eindrucks und machen ihn trivial. Nach Schuberts Tod zerschnitt sein Bruder Partituren Schuberts in kleine Stücke und gab seinen Lieblingsschülern solche Stücke von einigen Takten. Wir können versuchen, Zwischenglieder zu erfinden, welche diese Geschichte mit der des Priesterkönigs von Nemi verbinden. Die Handlung von Schuberts Bruder ist Zeichen der Pietät, und die Pietät hängt zusammen mit der Majestät des Todes. Derselbe Eindruck, dieselbe Erfahrung des Geheimnisvollen, kann sich in unterschiedlichen Handlungen ausdrücken. Hätte Schuberts Bruder die Partituren unberührt, niemandem zugänglich, aufbewahrt, oder hätte er sie verbrannt, so wäre auch das als Zeichen der Pietät verständlich.

Wenn Frazer die Gebräuche der Wilden beschreibt, dann gebraucht er die Wörter „ghost" und „shade". Das ist für Wittgenstein ein Zeichen unserer Verwandtschaft mit jenen Wilden. Wittgenstein macht darauf aufmerksam, daß wir wie über eine Selbstverständlichkeit über die Tatsache hinweggehen, daß die Wörter „Seele" und „Geist" „zu unserem eigenen gebildeten Vokabular zählen. Dagegen sei es eine Kleinigkeit, daß wir nicht glauben, daß unsere Seele ißt und trinkt" (BFGB 38). Wir werden erinnert an Wittgensteins bekannten Vergleich unserer Sprache mit einer alten Stadt: „Ein Gewinkel von Gäßchen und Plätzen, alten und neuen Häusern" (PU § 18). „In unserer Sprache", so heißt es in den *Bemerkungen über Frazer*, „ist eine ganze Mythologie niedergelegt" (BFGB 38). Die alten Gäßchen und Häuser wurden nicht abgerissen und durch gerade Straßenzüge mit modernen Bauten ersetzt; wir haben die Rede vom Geist und der Seele nicht durch die Rede von Gehirnprozessen oder eine ähnliche naturwissenschaftliche Sprache ersetzt. Der Mythos ist in unserer Sprache lebendig; die Rede von der Seele bildet eine Brücke zwischen unserer technischen Zivilisation und primitiven Kulturen; sie ist eine Frage an uns, ob die Wissenschaft das, was wir mit diesem Wort meinen, einholen kann. Wir können das mit ‚Seele' und ‚Geist' Gemeinte erhellen, indem wir es in einer übersichtlichen Darstellung mit primitiven Riten zusammenstellen.

III. Glaube und Erfahrung

Das Streben nach Allgemeinheit ist nach Wittgenstein eine der Krankheiten des Verstandes. Ein Rückblick, der nach dem sachlichen Ertrag der Interpretation fragt, kann es deshalb nicht darum gehen, nach einem Begriff oder einer Theorie der Religion zu fragen; wir müssen uns damit begnügen, Wittgensteins Andeutungen zu ordnen und zu fragen, in welche Richtung sie weisen. Das Material, das Wittgenstein betrachtet, sind Texte des *Neuen Testaments* und primitive Riten; es reicht von der rituellen Tötung des Priesterkönigs von Nemi bis zu den neutestamentlichen Auferstehungsberichten. Beiden Beispielen ist gemeinsam, daß es sich nicht um private Zeugnisse, sondern um autoritative Riten bzw. Texte einer religiösen Gemeinschaft handelt; sie zeigen zugleich, in wie unterschiedlicher Weise das Wort Religion verwendet wird. Wer das *Neue Testament* lediglich als einen historischen Text liest, verfehlt dessen Sinn; die Texte sprechen vielmehr von Erfahrungen. Sie können nur aufgrund von Erfahrungen verstanden werden, und sie leiten an, Erfahrungen zu machen; man kann sie nur als Resultat eines Leben verstehen. Der Glaube setzt den sittlichen Ernst des Lebens voraus. Das Verständnis einer überlieferten Religion entfaltet sich in Stufen; es gibt Texte, die sich erst einer höheren Stufe der Religiosität erschließen, und solche, die von einer unauslotbaren Tiefe sind. Der so durch die Erfahrungen des Lebens gewachsene Glaube ist ein Bezugssystem. Er bildet den Rahmen, welcher die *condicio humana* deutet und auf die Frage nach dem Sinn des Lebens und Handelns antwortet; in diesem Sinn hat er eine hermeneutische Funktion. Einem Beweis ist der Glaube nicht zugänglich, denn ein Beweis kann keine Erfahrung vermitteln, und kein Beweis ist stark genug, um das Bezugssystem eines Lebens zu tragen.

33

Die religiöse Sprache und der Ritus sind Symbole. Das Symbol ist Ausdruck einer Reaktion. Der religiöse Glaube ist eine Leidenschaft; er umfaßt ein aktives Moment der Zustimmung oder Entscheidung und ein passives der Reaktion. Reaktion ist Antwort auf eine Wirklichkeit; sie erschließt eine Wirklichkeit. Die Reaktion, die als der harte Felsen den Grund des religiösen Glauben und des Ritus bildet, ist ein Urphänomen; als solches kann sie verglichen werden mit der Reaktion, die uns den anderen Menschen als Menschen erschließt. Sie ist vorrational; auf ihr wachsen die komplizierteren Formen des Ritus und der religiösen Sprache; das Urgestein kann in verschiedenen Formen behauen werden. Als Ausdruck der Reaktion erschließt das Symbol die Wirklichkeit, aber es erklärt und beschreibt sie ebensowenig wie die Reaktion das tut.

34   Was kann die Philosophie für die Religion leisten? Sie kann sie nicht beweisen, aber sie kann das Urgestein freilegen, auf dem die Religion aufbaut. Sie kann zeigen, daß es sich um ein Urphänomen handelt; sie kann dieses Urphänomen aus seiner Isolierung befreien, indem sie es neben andere Urphänomene stellt; sie kann die vielfältigen Ausprägungen, in denen dieses Urphänomen sich zeigt, übersichtlich zusammenstellen. Sie kann die unverzichtbaren Spuren der religiösen Reaktion und Symbolik in einer säkularisierten Kultur aufdecken. Die Philosophie kann die Religion nicht beweisen, aber sie kann zu der Reaktion, auf welcher die Religion aufbaut, hinführen, indem sie zeigt, wie eng die Grenzen der Sprache und der Rationalität sind und auf diese Weise eine geistige Klaustrophobie erzeugt: der durch Sprache und Vernunft umgrenzte Raum ist zu eng, um darin zu leben. Indem die Philosophie dem Denken und der Sprache Grenzen zieht, *zeigt* sie, was jenseits dieser Grenzen liegt. Der *Tractatus* zieht eine Grenze für die Sprache der Wissenschaft; der spätere Wittgenstein zieht in dem Sinn Grenzen, daß er die vorsprachlichen Urphänomene aufweist, die den Grund der Sprache bilden. Einer der klassischen Gottesbeweise ist der Beweis aus der Kontingenz der Welt, d.h. der Tatsache, daß die Welt aufgrund ihrer ontologischen Endlichkeit nicht aus sich selbst sein kann. Auch der *Tractatus* spricht von der Welt als begrenztem Ganzem (TLP 6.45), aber diese ontologische Endlichkeit erschließt sich Wittgenstein nicht im begrifflichen Argument, sondern in Anschauung und Gefühl.

Literatur:

Kerr 1988
Barrett 1991
Putnam 1992, chap. 7
Malcolm 1993
Rhees 1997, Kap.8

Clack (Frazer) 1999; (Introduction) 1999
Laube 1999, Kap.6
Arnswald/Weiberg 2001
Koritensky 2002
Ricken 2002

B. Der religiöse Grundakt: William James

I. Zum Begriff des religiösen Grundaktes

Der Akt des religiösen Glaubens umfaßt eine Vielzahl von Elementen. 35
Glaube ist Erfahrung; der Gott des Neuen Testaments ist der „Gott allen
Trostes" (2 Kor 1,3). Glaube ist ein Akt der Entscheidung; er ist unmöglich ohne den Willen zu glauben. Der religiöse Glaube erhebt den Anspruch auf Rationalität; der Glaubende muß bereit sein, jedem Rede und
Antwort zu stehen, der nach Gründen für seine Hoffnung fragt (vgl. 1 Petr
3,15). Zum Inhalt des Glaubens gehört eine Existenzaussage: „Wer zu
Gott kommen will, muß glauben, daß er ist" (Hebr 11,6); in diesem Sinn
impliziert er eine Ontologie oder Metaphysik, die wie der Glaube als Ganzes rational sein muß. Nicht zuletzt muß der religiöse Glaube sich im sittlichen Handeln bewähren; nur wer das Rechte tut darf Gast sein in Jahwes
Zelt und auf seinem heiligen Berg wohnen (Ps 15,1f.).
In den verschiedenen Religionen und in den Theologien innerhalb einer
Religion können diese Elemente unterschiedlich gewichtet werden. Wird
eines von ihnen unter Ausschluß der anderen absolut gesetzt, so führt das
zu einem Reduktionismus: zur Reduktion der Religion auf Ontologie, auf
Moral, auf eine kosmologische Hypothese, oder zu ihrer Isolierung von
den anderen Bereichen des menschlichen Lebens. Aufgabe der Religionsphilosophie ist es, zu fragen, wie diese Elemente sich zueinander verhalten
und einander bedingen. Dabei wird entsprechend der Tradition, in welcher
ein Denker steht, jeder Entwurf die Akzente anders setzen; Beispiele sind
die Bedeutung der Moral in Kants Religionsphilosphie, das Gewicht der
Ontologie in der an die Gottesbeweise der Antike und die Fünf Wege des
Thomas Aquin anknüpfenden natürlichen Theologie, die Betonung der
Entscheidung bei Kierkegaard oder der hohe Stellenwert der Erfahrung in
der gegenwärtigen religionsphilosophischen Epistemologie.
Es sind verschiedene Gründe, die Sachfrage, wie die genannten Elemente 36
des religiösen Grundaktes sich zueinander verhalten, am Beispiel von
William James zu diskutieren. Wie kaum ein anderer hat James die Spannung zwischen Religion und naturwissenschaftlichem Denken erfahren.
Trotz aller Vorbehalte und Einschränkungen versteht er seine eigene Philosophie letztlich als Empirismus (vgl. etwa *The Sentiment of Rationality*
[1879], in: WB 57–89) und lehnt deshalb eine rationalistisch-metaphysi-
sche Religionsphilosophie ab. Die Zeit der teleologischen Gottesbeweise,
so heißt es in einem Vortrag von 1895, sei vorbei; der erste Schritt zur
Religion sei die Rebellion gegen den Gott der rationalistischen Metaphysik (*Is Life Worth Living?*, in: WB 42f.). Die Vorlesung über die Philosophie (Vorlesung XVIII) in James' religionsphilosophischem Hauptwerk

Die Vielfalt religiöser Erfahrung (The Varieties of Religious Experience, 1902) billigt dieser nur eine sekundäre Funktion zu.

Mit den *Varieties,* so schreibt James in einem häufig zitierten Brief, habe er sich eine zweifache Aufgabe gestellt. Es gehe ihm erstens darum, „Erfahrung" gegen „Philosophie" als das wahre Rückgrat des religiösen Lebens zu verteidigen. Dem entsprechen die *Varieties* nicht zuletzt durch die Auswahl ihrer Dokumente: James wählt Zeugnisse aus, die in einer normalen Sprache berichten, d.h. deren Verfasser ihre Erlebnisse nicht in einer philosophischen oder theologischen Fachsprache interpretiert haben. Die Formulierung der zweiten Aufgabe zeigt, daß James zutiefst vom Wert der Religion überzeugt war; es gehe ihm darum, „den Hörer oder Leser davon zu überzeugen, wovon ich selbst unerschütterlich überzeugt bin, daß, mögen auch alle besonderen Erscheinungen der Religion absurd gewesen sein (ich meine ihre Glaubensbekenntnisse und ihre Theorien), dennoch ihr Leben als Ganzes eine der wichtigsten Funktionen der Menschheit ist" (LWJ II 127).

Nicht zuletzt bietet James sich deswegen als Ausgangspunkt für unsere Sachfrage an, weil seine Religionsphilosophie Angriffsflächen für den Vorwurf des Reduktionismus bietet. Das bekannteste Beispiel dürfte sein umstrittener Essay *The Will to Believe* (1896) sein. James klagt darüber, daß der Titel im Sinn eines Dezisionismus verstanden worden sei; als alternative Formulierungen hätten die Kritiker vorgeschlagen „the ‚will to deceive', the ‚will to make-believe'" (Pragm. 124). Ebenso könnte man behaupten, die *Varieties* reduzierten die Religion auf Biologie und Psychologie oder auf ihre Funktion für den Lebenswillen und die Moral. „Wenn wir die Glaubensbekenntnisse und den Vertrauenszustand zusammen als das Formende der ‚Religionen' betrachten und diese als rein subjektive Phänomene behandeln, ohne Rücksicht auf die Frage nach ihrer ‚Wahrheit', so sind wir verpflichtet, sie wegen ihres außerordentlichen Einflusses auf das Handeln und die Leidensfähigkeit zu den wichtigsten biologischen Funktionen der Menschheit zu rechnen" (VRE 506/399). Kann James diese Kritiken widerlegen? Gelingt es seiner Religionsphilosophie, die verschiedenen Elemente des religiösen Grundakts in eine Ganzheit zu integrieren?

II. Glaube und Entscheidung

37   *The Will to Believe,* so korrigiert James später den mißverstandenen Titel, ist „ein Essay über unser *Recht* zu glauben" (Pragm. 124 Hervorh. F.R.). Es geht um das Verhältnis des in einem weiten Sinn verstandenen Willens zur Rationalität. Das Wahrheitsethos der Naturwissenschaften stellt die intellektuelle Redlichkeit des religiösen Glaubens in Frage: „Wenn wir

uns zum großartigen Gebäude der Naturwissenschaften wenden und sehen, wie es errichtet wurde: wieviel Tausende desinteressierter moralischer Menschenleben allein in seinen Fundamenten begraben liegen […] – wie berauscht und verächtlich erscheint dann jeder kleine dahergelaufene Sentimentalist, der seine willkürlichen Rauchkringel bläst und den Anspruch erhebt, die Dinge aus seinem privaten Traum zu entscheiden! Können wir uns wundern, wenn die, welche in der harten und männlichen Schule der Naturwissenschaft aufgezogen wurden, das Bedürfnis haben, einen solchen Subjektivismus aus ihrem Mund auszuspucken?" (WB 17). William Kingdon Clifford hat dieses Ethos in folgender Maxime formuliert: „Es ist immer, überall und für jeden sittlich falsch, etwas aufgrund unzureichender Gründe (evidence) zu glauben" (WB 18). In dem postum veröffentlichten Manuskript *Faith and the Right to Believe* bezeichnet James diese Position als „Intellektualismus", der darauf insistiert, „daß in unseren Konklusionen persönliche Präferenzen keine Rolle spielen sollen", und annimmt, „daß ,Grund' nicht nur keinen guten Willen für seine Aufnahme benötigt, sondern sogar imstande ist, wenn man geduldig darauf wartet, bösen Willen zu neutralisieren" (SPP 222). James' Kritik an Clifford arbeitet einmal den Unterschied zwischen der Entscheidung für eine wissenschaftliche Hypothese und der Entscheidung für einen religiösen Glauben heraus, und sie versucht darüber hinaus, die Selbstwidersprüchlichkeit des Intellektualismus zu zeigen: auch Cliffords Maxime beruhe auf einer Entscheidung oder emotionalen Einstellung.

James unterscheidet zwischen einer lebendigen und einer toten Hypothese. 38 Der Unterschied wird durch ein Bild verdeutlicht: Die lebendige Hypothese ist wie eine elektrische Leitung, die unter Spannung steht. Sie spricht an; sie löst etwas aus; es springt ein Funke über; sie zeigt eine reale Möglichkeit zu leben, zu handeln und die Welt zu verstehen. Lebendig zu sein ist keine intrinsische Eigenschaft einer Hypothese; vielmehr ist eine Hypothese immer für einen bestimmten Denker lebendig oder tot. Kriterium für den Grad der Lebendigkeit ist die Bereitschaft, entsprechend der Hypothese zu handeln. – Die Entscheidung zwischen zwei Hypothesen heiße eine Option. James unterscheidet verschiedene Arten von Optionen: „Sie können sein: 1. lebendig oder tot; 2. erzwungen oder vermeidbar; 3. bedeutsam oder trivial; und für unsere Zwecke können wir eine Option eine echte Option nennen, wenn sie unausweichlich, lebendig und bedeutsam ist" (WB 14). – 1. Eine lebendige Option ist eine solche, bei der beide Hypothesen lebendig sind. So wäre z.B. ,Entscheide dich zwischen dem Agnostizismus und dem Christentum' für James' Hörer eine lebendige Option. Aufgrund ihrer Erziehung und der kulturellen Umgebung, in der sie leben, wissen sie, was es bedeutet, ein Agnostiker oder ein Christ zu sein. Beide Möglichkeiten sprechen sie an; der Christ verspürt in sich die Versuchung zum Agnostizismus, und der Agnostiker bewundert Werte und Persönlichkeiten des Christentums 2. Ist die Entscheidung zwischen zwei Möglichkeiten unausweichlich, so handelt es sich um eine erzwungene Option: „Jedes Dilemma, das auf einer vollständigen logischen Disjunktion beruht, mit keiner Möglichkeit nicht zu wählen, ist eine Option dieser Art" (WB 15). 3. Eine Option ist bedeutsam, wenn es um eine einmalige Gelegenheit von großem Gewicht geht. „Im Gegensatz dazu ist eine Option trivial, wenn die Gelegenheit nicht einmalig ist, wenn das, was auf dem Spiel steht, belanglos ist oder die Entscheidung rückgängig gemacht werden kann, wenn sie sich später als unklug herausstellt" (WB 15).

Eine Entscheidung zwischen zwei naturwissenschaftlichen Hypothesen ist vermeidbar und trivial. Wir sind nicht gezwungen, zwischen zwei Theorien zu wählen oder eine Theorie für entweder wahr oder für falsch zu halten; hier können wir uns des Urteil enthalten und auf bessere Gründe warten (vgl. WB 14f.; 25f.). Wenn wir uns entscheiden, dann handelt es sich um eine triviale Option: „Ein Chemiker findet eine Hypothese lebendig genug, um ein Jahr auf ihre Verifikation zu verwenden: insoweit glaubt er sie. Aber wenn seine Experimente weder zu einem positiven noch zu einem negativen Ergebnis führen, dann hat er nur seine Zeit verloren, kein schwerwiegender Schaden ist entstanden" (WB 15). Cliffords Maxime wird also nicht grundsätzlich bestritten, aber der Bereich ihrer Geltung wird eingeschränkt. Bei der Entscheidung für oder gegen eine naturwissenschaftliche Hypothese hat der Forscher sich an sie zu halten; hier muß ihn die skeptische Furcht, einer Täuschung zu erliegen, bestimmen; er muß sich fragen, ob er hinreichende Gründe hat, der Hypothese zuzustimmen. Aber bereits dort, wo es darum geht, eine Hypothese *aufzustellen*, kommt der Intellektualismus an seine Grenzen; hier spielt bereits das Interesse des Forschers mit (vgl. WB 26f.). Kann Cliffords Maxime also nicht einmal für die Naturwissenschaften uneingeschränkte Geltung beanspruchen; so melden sich Zweifel, ob sie in anderen Bereichen des menschlichen Lebens moralisch bindend ist. Der religiöse Glaube braucht also dem Ethos der Naturwissenschaften nicht notwendig zu widersprechen.

Im Unterschied zur Option für eine naturwissenschaftliche Hypothese ist die Option für eine religiöse Weltsicht erzwungen, bedeutsam und lebendig. Die Religion, so führt James in *The Will to Believe* (29f.) aus, behaupte ein Zweifaches: „Erstens sagt sie, daß die besten Dinge im Universum die ewigen Dinge sind […], die Dinge im Universum, die den letzten Stein werfen […] und das letzte Wort sagen". James faßt diese erste Behauptung in die Formel „‚Vollkommenheit ist ewig", und er läßt keinen Zweifel daran, daß sie wissenschaftlich nicht bewiesen werden kann. Die zweite Behauptung ist, daß wir auch jetzt besser daran sind, wenn wir glauben, daß die erste Behauptung wahr ist. Das Thesenblatt *Faith and the*

Right to Believe bestimmt den Glauben (faith) als „den Gruß unserer gesamten Natur an eine Art von Welt, die als dieser Natur gut angepaßt vorgestellt wird" (SPP 221).

Die Religion vertritt also eine metaphysische und eine pragmatische These. Ihr Zusammenhang ergibt sich aus James' Konzeption des Universums, d.h. aus der Eigenart seiner Metaphysik. Die ewige Vollkommenheit ist eine dem Menschen gestellte Aufgabe und ein ihm vorgegebenes Ideal; sie liegt nicht hinter uns, sondern vor uns. Die Handlungen der Menschen sind ein wesentlicher Bestandteil des Universums; sie bestimmen dessen Charakter. „Obwohl wir in einem Sinn passive Teile des Universums sind, zeigen wir in einem anderen Sinn eine seltsame Autonomie, als ob wir kleine aktive Zentren auf eigene Rechnung wären" (WB 31). Das Universum ist „melioristisch", d.h. nicht fertig und determiniert, sondern offen für die Verbesserung durch den Menschen; es ist „kooperativ" (SPP 225), und das heißt in der schwächsten Interpretation, daß es sich dieser Verbesserung durch den Menschen nicht widersetzt. Das melioristische Universum entspricht der Natur des Menschen als eines handelnden und hoffenden Wesens; nur unter der Voraussetzung, daß Vollkommenheit ewig ist, kann es sinnvoll sein, das Gute zu tun. Der „will to believe" ist nichts anderes als unsere „guter Wille" (vgl. SPP 224), der Wille, das Gute zu tun, denn dieser setzt, um tätig werden zu können, eine bestimmte, die religiöse Gesamtinterpretation der Welt voraus.

Die Entscheidung für die religiöse Interpretation der Welt ist eine erzwungene Option. *Eine* Deutung der Welt ist unvermeidlich. James verweist auf Analogien: In wissenschaftlichen Fragen können wir unsere Zustimmung zurückhalten, bis sich eine objektive Bestätigung gefunden hat. Praktische Entscheidungen, etwa in der Rechtsprechung, lassen sich dagegen nicht immer aufschieben; hier können wir nicht auf eine objektive Bestätigung warten, sondern wir müssen nach den besten Gründen, über die wir im Augenblick verfügen, entscheiden (vgl. WB 25f.). – Wir sind entweder pyrrhonische Skeptiker, oder wir glauben, ausdrücklich oder unausdrücklich, an die Möglichkeit, die Wahrheit zu erkennen. Können wir dem pyrrhonischen Skeptiker durch Gründe beweisen, daß seine Position falsch ist, daß es eine Wahrheit gibt und daß die Erkenntnis der Wahrheit möglich ist? James' Antwort ist ein entschiedenes Nein. Um auf unsere Gründe zu hören, muß der Pyrrhoneer bereits die Wahrheit erkennen *wollen*. „Es steht genau im Wollen gegen ein anderes: wir wollen uns entscheiden für ein Leben auf einem Vertrauen und einer Voraussetzung, die zu machen ihm seinerseits gleichgültig ist" (WB 19). – Ebenso ist die Entscheidung zwischen einem naturalistischen Reduktionismus der Moral und der Überzeugung von der objektiven Gültigkeit moralischer Urteile eine echte Option. Auch sie kann keine Sache des bloßen Intellekts sein: „Wenn dein Herz eine Welt der moralischen Wirklichkeit nicht *will*, dann wird dein Kopf dich mit Sicherheit niemals daran glauben machen. Ein mephistotelischer Skeptizismus wird den Spieltrieb deines Kopfes weit mehr befriedigen als jeder rigorose Idealismus" (WB 28). – Geht es darum, soziale Beziehungen aufzubauen, so können wir nicht warten, bis wir sichere Beweise für die Zuverlässigkeit der anderen Menschen in der Hand haben. Wenn „ein Mann endlos zögerte, einer bestimmten Frau einen Heiratsantrag zu machen, weil er nicht vollkommen sicher ist, daß sie sich als ein Engel erweist, nachdem er sie heimgeführt hat, [… würde] er sich von dieser Engel-Chance ebenso entschieden abschneiden, als wenn er hinginge und jemand anderes heiratete" (WB 30). Wenn ich frage ‚Magst du mich oder nicht?', dann hängt die Antwort in unzähligen Fällen davon ab, „ob ich dich auf dem halben Weg treffe, willens bin anzunehmen, daß du mich mögen mußt, und dir Vertrauen und Erwartungen entgegenzubringen" (WB 28). „Ein sozialer Organismus gleich welcher Art, groß oder klein, ist, was er ist, weil jedes Glied mit dem Vertrauen an seine eigene Pflicht geht, daß die anderen Glieder gleichzeitig die ihre tun" (WB 29).

Aber zeigen nicht gerade diese letzten Beispiele, daß Clifford im Recht ist? Auch er fordert keine absolute Gewißheit, sondern *hinreichende* Gründe (sufficient evidence). Welches Ausmaß an Gründen hinreichend ist, so könnte man Clifford interpretieren, hängt vom Gewicht der jeweils zu entscheidenden Sache ab. James würde antworten: Um festzustellen, ob ein Mensch vertrauenswürdig ist oder nicht, muß ich mich zunächst auf ihn einlassen. Das Vertrauen in diesem Sinn ist der erste Schritt, und für diesen Schritt kann es keine Gründe geben; er ist die Voraussetzung dafür, daß ich überhaupt Gründe erkennen kann. Dieses ‚schwache' Vertrauen reicht jedoch nicht aus: Um soziale Beziehungen aufzubauen, muß ich voraussetzen, daß der andere vertrauenswürdig ist und aufgrund dieser Voraussetzung handeln; ein Mensch, der den anderen nicht entgegenkommt und für alles eine Garantie verlangt, isoliert sich von den anderen Menschen und beraubt sich aller Wohltaten der menschlichen Gemeinschaft. Entsprechendes fordert James für die religiöse Hypothese: Der Mensch muß ihr in dem Sinn auf halbem Weg entgegenkommen, daß er ihrer ersten Aussage Glauben schenkt und entsprechend handelt; nur so ist eine Bestätigung der zweiten Aussage möglich (vgl. WB 31).

Aus dem Inhalt der religiösen Hypothese und aus James' Analogien wird deutlich, daß es sich bei der Entscheidung für oder gegen die Religion nicht nur um eine erzwungene, sondern auch um eine bedeutsame Option handelt. Wenn wir glauben, daß Vollkommenheit ewig ist, so heißt es in *The Will to Believe*, „dann erweisen wir damit dem Universum den tiefsten Dienst, den wir ihm erweisen können" (WB 31). In *Faith and the Right to Believe* ist das näher ausgeführt: „Der Charakter der Ergebnisse der Welt kann zum Teil von unseren Handlungen abhängen. Unsere

Handlungen können von unserer Religion abhängen – davon, daß wir unseren Vertrauens-Tendenzen (faith-tendencies) nicht widerstehen oder sie unterhalten, obwohl die ‚Gründe' unvollständig sind. Diese Vertrauenstendenzen sind wiederum nur Ausdruck unseres guten Willens gegenüber bestimmten Formen von Ergebnissen" (SPP 223f.).

Hypothesen werden durch das, was James unsere „willing nature" nennt, 39 tot oder lebendig, und es ist dieselbe „willing" oder „passional nature", die in einer echten Option den Ausschlag gibt. Der Begriff der „willing nature" umfaßt nicht nur das überlegte Wollen, das zu einem jetzt für uns unabänderlichen Habitus geworden ist, sondern „alle solche Faktoren der Überzeugung wie Furcht und Hoffnung, Vorurteil und Leidenschaft, Nachahmung und Parteilichkeit" (WB 18). Die These von *The Will to Believe* ist, daß unsere „leidenschaftliche Natur eine Option zwischen Aussagen nicht nur rechtmäßig entscheiden darf, sondern muß, wenn es eine echte Option ist, die durch ihre Natur nicht anhand intellektueller Gründe entschieden werden kann; denn unter solchen Umständen zu sagen ‚Entscheide nicht, sondern laß die Frage offen' ist selbst eine leidenschaftliche Entscheidung" (WB 20). Was hier behauptet wird, ist, daß der religiöse Glaube dasselbe Recht hat wie der religiöse Unglaube; beide sind in dem hier beschriebenen Sinn nicht-rational. Die religiöse Weltsicht kann für sich dasselbe Recht beanspruchen wie die naturalistische, denn auch diese beruht nicht auf rationalen Gründen, sondern auf Vorurteilen und Emotionen. Das Recht, welches der religiöse Glaube für sich beanspruchen kann, ist, so scheint es, um den Preis des Dezisionismus erkauft; der religiöse Glaube ist *eine* nicht-rationale Weltsicht unter anderen.

Ein Bild, das James gebraucht, zeigt jedoch, daß die naturalistische und 40 die religiöse Interpretation der Welt für ihn nicht auf derselben Ebene liegen und sein Anliegen sich nicht in einem *Tu-quoque*-Argument erschöpft. Cliffords, von der Furcht vor dem Irrtum diktierte und insofern nicht-rationale Maxime fordert, „daß wir einen Pfropfen auf unser Herz, unsere Instinkte und unseren Mut setzen sollen" (WB 32). Das Wort „Herz" ist eine bewußte Anspielung auf Pascals Diktum „Das Herz hat seine Gründe, die die Vernunft nicht kennt" (Br. 277, La. XXX), das James einige Seiten vorher (WB 27) zitiert. Das Bild vom Pfropfen zeigt, daß ein szientistisch verengter Vernunftbegriff das Herz blockiert. Die Emotionen, welche zugunsten der religiösen, und die, welche zugunsten der szientistischen Hypothese entscheiden, wurzeln also in unterschiedlichen Tiefen des Menschen. In *Faith and the Right to Believe* spricht James von „faith-tendencies". Sie sind Ausdruck unseres *guten* Willens, und die Religion besteht darin, daß wir ihnen keinen Widerstand leisten oder sie unterhalten, obwohl unsere Gründe unvollständig sind (SPP 223f.). In dem Vortrag *Is Life Worth Living?* (1895), der ein Jahr vor *The Will to Believe* veröffentlicht wurde, heißt es, daß die Blockierung der faith-tendencies zum Suizid führen kann: „Pessimismus ist wesentlich eine religiöse Krankheit [...] Er besteht in nichts anderem als in einem religiösen Verlangen, auf das keine normale religiöse Antwort kommt" (WB 40).

III. Religion als Reaktion

41 Im Mittelpunkt der Interpretation der *Varieties* sollen die Vorlesungen II, III, XVI, XVII und XX stehen. Sie entwerfen den begrifflichen Rahmen; in ihnen finden sich James' Thesen zur Epistemologie der religiösen Erfahrung, zu der in ihr implizierten Ontologie, zum Verhältnis von Vernunft und Wille im religiösen Grundakt. Dabei arbeitet die zusammenfassende Vorlesung XX anscheinend mit einer anderen Ontologie als die einleitenden Vorlesungen II und III; die Interpretation muß daher fragen, wie beide Ontologien sich zueinander verhalten.

42 Vorlesung II entwickelt den Begriff der Religion, der den folgenden Vorlesungen zugrunde liegen soll. Das Wort ‚Religion‘, so stellt James mit Recht fest, stehe nicht für ein bestimmtes Wesen, sondern sei eine Sammelbezeichnung; was sich finden lasse, seien viele Charakterzüge, die abwechselnd gleichermaßen wichtig für eine Religion sein könnten. Aus den vielen Bedeutungen greift James die heraus, der sein besonderes Interesse gilt. Er unterscheidet zunächst zwischen der institutionellen und der persönlichen Religion. Wesentliche Merkmale der institutionellen Religion sind die verschiedenen Formen des Kultes, die kirchliche Organisation und die Theologie. Die persönliche Religion interessiert sich vor allem für den Menschen: sein Gewissen, seine Verdienste, seine Hilflosigkeit und seine Unvollkommenheit. Die „kirchliche Organisation mit ihren Priestern, Sakramenten und anderen Vermittlungsinstanzen werden völlig zweitrangig. Die Beziehung geht direkt von Herz zu Herz, von Seele zu Seele, zwischen dem Menschen und seinem Schöpfer" (VRE 29/32). Für James ist die persönliche Religion grundlegender als Theologie oder Kirche, denn alle Gründer einer Kirche verdanken ihre Kraft der direkten persönlichen Gemeinschaft mit dem Göttlichen. Er geht daher von folgender Definition von Religion aus: „die Gefühle, Handlungen und Erfahrungen von einzelnen Menschen in ihrer Einsamkeit, insofern als sie erfassen, daß sie in einer Beziehung stehen zu dem, was immer sie als das Göttliche betrachten mögen" (VRE 31/34). Problematisch ist hier der Begriff des Göttlichen, da es offensichtlich – James nennt als Beispiele den Buddhismus und Emersons transzendentalen Idealismus – „gottlose oder quasi-gottlose" (VRE 34/36) Religionen gibt. „Göttlich" sei deshalb als „gottähnlich" zu verstehen, und gottähnlich können wir das nennen, was „am meisten ursprünglich und umfassend und in einem tiefen Sinn wahr ist [...] und die Religion eines Menschen kann so identifiziert wer-

den mit seiner Haltung, welche immer es sein mag, gegenüber dem, was er als die ursprüngliche Wahrheit fühlt" (VRE 34/36). Religion sei also „die totale Reaktion eines Menschen auf das Leben". „Totale Reaktionen", so erläutert James, „sind verschieden von zufälligen Reaktionen, und totale Haltungen sind verschieden von gewöhnlichen oder professionellen Haltungen. Um zu ihnen zu kommen, muß man hinter den Vordergrund der Existenz gehen und hinabreichen zu jenem seltsamen Sinn für den gesamten übrigen Kosmos als einer immerwährenden Gegenwart, vertraut oder fremd, furchtbar oder komisch, liebens- oder hassenswert, den in einem gewissen Grad jeder besitzt" (VRE 35/36f.). Wie die Moral ist die Religion keine oberflächliche und spöttische, sondern eine ernste und bejahende Haltung. Aber während die Moral das Gesetz des Ganzen als Joch empfindet, ist in der Religion an die Stelle der Unterwerfung eine Stimmung des Willkommens getreten, „die jede Stelle auf der Skala zwischen heiterer Gelassenheit und enthusiastischer Freude einnehmen kann" (VRE 41/41). „Es gibt einen Geisteszustand, den religiöse Menschen, aber niemand anders kennt, in dem der Wille, uns selbst zu behaupten und unser Eigenes festzuhalten ersetzt worden ist durch die Bereitwilligkeit, unseren Mund zu schließen und nichts zu sein in den Fluten und Wasserhosen Gottes [...] Die Zeit der Anspannung in unserer Seele ist vorüber, und die einer glücklichen Entspannung, ruhigen tiefen Atmens, ewiger Gegenwart, ohne eine disharmonische Zukunft, die Sorgen macht, ist angebrochen" (VRE 47/46).

Der Begriff der Reaktion läßt fragen: Worauf wird reagiert? Was löst diese Reaktion aus? James erste Antwort, es sei der Kosmos, wird in Vorlesung III in präzisere ontologische Begriffe gefaßt. Alle unsere Haltungen, so argumentiert James, sind verursacht durch Gegenstände unseres Bewußtseins. Diese Gegenstände können unseren Sinnen oder nur unserem Denken gegenwärtig sein. In jedem Fall rufen sie in uns eine Reaktion hervor, und die Reaktion auf Gegenstände des Denkens kann sogar stärker sein als die auf gegenwärtige wahrnehmbare Gegenstände. James nimmt an, daß auch abstrakte Objekte eine Reaktion auslösen können: „Gottes Attribute als solche, seine Heiligkeit, seine Gerechtigkeit, sein Erbarmen, seine Absolutheit, seine Unendlichkeit, sein Allwissen [...] haben sich für die gläubigen Christen als ergiebige die Meditation inspirierende Quellen erwiesen" (VRE 54/52). Es sind nicht nur diese theologischen Prädikate, die eine solche Anziehungskraft ausüben. James entwickelt, unter ausdrücklicher Berufung auf das *Symposion*, eine platonische Ontologie. Für ihn gibt es keine Tatsachen ohne Werte. Das gesamte Universum konkreter Gegenstände erhält seine Bedeutung von einem weiteren und höheren Universum abstrakter Ideen, z.B. des Guten, der Schönheit, der Gerechtigkeit. Sie bilden den Hintergrund für alle Tatsachen; jedes einzelne Ding hat an ihnen teil; alles, was wir erkennen ist, was es ist, dadurch, daß es am Wesen einer dieser Abstraktionen teilhat. „Diese absolute Determinierbarkeit unseres Geistes durch Abstraktionen ist eine der Grundtatsachen in unser menschlichen Konstitution" (VRE 56f./54). James spricht von einem „Realitätssinn, einem Gefühl der objektiven Gegenwart, einer Wahrnehmung dessen, was wir nennen können ,da ist etwas'" (VRE 58/55). Dieser Sinn ist das Vermögen der totalen Reaktion und damit der Religion; er reicht tiefer und weiter als die Sinne; nicht nur die Sinneswahrnehmungen, sondern auch jede Idee kann ihn erregen: „So weit wie religiöse Vorstellungen imstande wären, dieses Realitätsgefühl zu berühren, würden sie trotz der Kritik geglaubt, auch wenn sie so vage und fernliegend sind, daß man sich fast kein Bild von ihnen machen kann" (VRE 58/55). James bringt als Vergleich das habituelle Bewußtsein der Liebenden voneinander. Ein Liebender hat einen Sinn für die Existenz seiner Geliebten; er kann sie nicht vergessen. Er hat das ständige Bewußtsein, daß sie ist, auch dann, wenn er nicht an sie denkt und mit anderen Dingen beschäftigt ist (vgl. VRE 72/66).

44   James vergleicht schematisierend zwei philosophische Positionen, und diese Gegenüberstellung enthält seine These zur Rationalität des religiösen Glaubens. Die Philosophie, die einen Realitätssinn annimmt, also seine eigene, bezeichnet er als „Mystizismus". Die dem Mystizismus entgegengesetzte Auffassung nennt er „Rationalismus": die Forderung, daß alle unsere Überzeugungen letztlich auf sprachlich formulierbaren Gründen beruhen müssen. James lobt die positiven Seiten des Rationalismus: Er sei eine großartige intellektuelle Tendenz, die alle Philosophien und die Naturwissenschaften hervorgebracht habe. Wenn wir aber auf das gesamte geistige Leben des Menschen schauten, was ihn außer der Wissenschaft innerlich beschäftige, so müßten wir zugeben, daß der Teil, den der Rationalismus erfaßt, relativ oberflächlich ist. Für James ist der Realitätssinn das tiefere Vermögen. Rationale Argumente können nicht überzeugen, wenn die nicht artikulierten Intuitionen des Realitätssinns ihnen entgegenstehen. Diese Unterlegenheit der rationalistischen Ebene bei der Begründung von Überzeugungen sei, wenn der Rationalismus für die Religion argumentiert, z.B. bei den verschiedenen Formen des teleologischen Gottesbeweises, ebenso offenkundig, wie wenn er gegen sie argumentiert. Die philosophische Theologie allein kann nicht zum religiösen Glauben führen; ihre Argumente sind nur dann zwingend, „wenn unsere unartikulierten Gefühle der Realität schon zugunsten derselben Konklusion geprägt worden sind" (VRE 74/67). Die These von der Inferiorität der rationalistischen Ebene besagt nicht, daß die Vernunft keinerlei positive Funktion für den religiösen Glauben hat. Die Vernunft artikuliert und interpretiert die Intuitionen des Realitätssinns. Wenn Intuition und Vernunft zusammenarbeiten, „können große weltbeherrschende Systeme, wie das des Buddhismus oder der katholischen Philosophie, entstehen" (VRE 74/67).

Die vielleicht positivsten Aussagen von James über die Bedeutung der Vernunft für den religiösen Glauben finden sich in seinem zwei Jahren nach Abschluß der *Varities* (März 1902) geschriebenen Brief an James H. Leuba (17.April 1904), der eine prägnante Zusammenfassung seiner religionsphilosophischen Position darstellt. Die Gefühle des Einflusses Gottes und die rationalen Gründe (evidence) „müssen zum Teil harmonieren, weil die mystische und die rationale Sphäre des Lebens nicht absolut diskontinuierlich sind. Es ist evident, daß unser intellektuelles Handwerkszeug eine suggestive Rolle in unserem mystischen Leben spielt [...] Der Intellekt ist interpretierend und kritisch gegenüber seiner eigenen Interpretation, aber es muß eine zu interpretierende These gegeben haben, und diese These scheint mir das nicht-rationale Gefühl einer ‚höheren‘ Kraft zu sein" (Perry 1935, II 349).

IV. Vertrauenszustand

James stellt zwei Erkenntnisinteressen einander gegenüber. Das eine 45 richtet sich auf das Individuum und sein persönliches Schicksal. Dieses Interesse ist egotistisch; im Mittelpunkt stehen die subjektiven Erfahrungen. Das andere Interesse richtet sich auf das Objektive, Allgemeine; es bestimmt die Sichtweise der Naturwissenschaften. Sie lehnen die persönliche Perspektive ab und konstruieren ihre Theorien, „ohne sich um deren Bedeutung für die Ängste und das Schicksal der Menschen kümmern" (VRE 491/387). James bezieht zwischen beiden eine entschiedene Position; wir können sie als sein ‚ontological commitment‘ bezeichnen. Er hält die unpersönliche Sicht und die Haltung der Naturwissenschaften für oberflächlich. Seine Begründung ist, daß „so lange wir uns mit dem Kosmischen und dem Allgemeinen befassen, wir uns nur mit Symbolen der Realität befassen, aber *sobald wir uns mit privaten und persönlichen Phänomenen als solchen befassen, wir uns mit den Realitäten im vollsten Sinn des Wortes befassen*" (VRE 498/393). Religion ist weder eine primitive, auf einem anthropomorphen Weltbild beruhende Form der Naturwissenschaften, noch ist sie Metaphysik im Aristotelischen Sinn, d.h. eine Wissenschaft, die den Schlußstein der Naturwissenschaften bildet. Religion und Naturwissenschaften beruhen auf einem unterschiedlichen Wirklichkeitsverständnis; sie geben verschiedene Antworten auf die Frage, was im eigentlichen Sinn wirklich ist. Der religiöse Glaube setzt voraus, daß wir uns von der naturwissenschaftlichen Weltsicht freimachen und uns für das egotistische Wirklichkeitsverständnis entscheiden; er setzt voraus, daß wir die Frage, wie James es formuliert, nach unserer „persönlichen Bestimmung", also nach dem Sinn unserer individuellen, persönlichen Existenz, stellen und so in Kontakt kommen „mit den einzigen absoluten Realitäten, die wir kennen" (VRE 503/396).

46 In aller Verschiedenheit der Religionen sieht James zwei gemeinsame Elemente: „die Gefühle auf der einen Seite und das Verhalten auf der anderen sind fast immer dieselben" (VRE 504/397). Für das Gefühl übernimmt James von Leuba die Bezeichnung „Vertrauenszustand (faith-state)", und er charakterisiert es mit dem Titel einer Novelle von Tolstoi als die Kraft, *von der die Menschen leben*" (VRE 505/398). Der Vertrauenszustand, der sich in einem bestimmten Verhalten zeigt, ist also für James das Wesen und die Mitte des religiösen Glaubens. Wie wird er näher bestimmt? Ist der Terminus im Sinn einer voluntaristisch-dezisionistischen Konzeption des religiösen Glaubens zu verstehen? Wie verhalten sich der Vertrauenszustand und die in den Vorlesungen II und III beschriebene Reaktion oder Haltung?

Der Vertrauenszustand *hat* einen kognitiven Gehalt. James Formulierung dieses Sachverhalts – er gebraucht das Verb „halten" – deutet an, daß dieses Haben ein entschiedenes, bewußtes Festhalten ist. Dieser kognitive Gehalt kann minimal sein; er kann aber auch das gesamte Glaubensbekenntnis einer Religion umfassen. Der Vertrauenszustand enthält seine Festigkeit nicht durch den kognitiven Gehalt; er darf also nicht als Zustimmung zu einer rationalen Einsicht verstanden werden. James sieht das Verhältnis vielmehr umgekehrt: Der kognitive Gehalt erhält seine Überzeugungskraft und sein Gewicht durch den Vertrauenszustand; er prägt den Vertrauenszustand und verleiht ihm so seine besondere Form. Daß der kognitive Gehalt in dieser Weise Ausdruck des Vertrauenszustandes ist, „erklärt die leidenschaftliche Treue religiöser Menschen zum kleinsten Detail ihrer völlig verschiedenen Glaubensbekenntnisse" (VRE 506/398f.). Eine Religion mit einem formulierbaren kognitiven Gehalt besteht also aus dem Vertrauenszustand und einem Glaubensbekenntnis; der *eine* Vertrauenszustand kann also offensichtlich verschiedene Formen annehmen. Dann müssen jedoch zwei Bedingungen erfüllt sein, soll der Vertrauenszustand keine willkürliche Dezision und der Pluralismus der Religionen kein Relativismus sein: erstens, daß unter allen Diskrepanzen der Glaubensbekenntnisse ein gemeinsamer Kern liegt, den sie einmütig bezeugen; zweitens, daß dieses Zeugnis wahr ist. Beide Bedingungen sieht James als erfüllt an.

47 Der gemeinsame Kern besteht aus zwei Teilen. Erstens einem Unbehagen: „einem Gefühl, daß *mit uns etwas verkehrt* ist, so wie wir von Natur aus daran sind". Zweitens dessen Lösung: „einem Gefühl, daß wir *von der Verkehrtheit erlöst werden*, dadurch daß wir die richtige Verbindung mit den höheren Kräften herstellen" (VRE 508/400). Beide Elemente dieses gemeinsamen Kerns lassen unterschiedliche Grade der Bewußtheit zu. Bei den ausgeprägten und extremen religiösen Persönlichkeiten an der Grenze des Pathologischen, deren Zeugnisse die *Varieties* studieren, hat das Gefühl der Verkehrtheit einen moralischen Charakter und das Gefühl der Erlösung einen „mystischen Hauch".

Wie ist der Zusammenhang dieser beiden Elemente mit dem Vertrauenszustand genauer zu bestimmen? Wie verhalten sie sich zu der Reaktion, von der in den Vorlesungen II und III die Rede ist? Beide Erfahrungen bilden insofern eine Einheit, als das Individuum, „soweit es unter seiner Verkehrtheit leidet und sie kritisiert, es in diesem Ausmaß bewußt über sie hinaus ist und zumindest in einem möglichen Kontakt steht mit etwas Höherem" (VRE 508/400), einem höheren Teil seiner selbst. Hier zeigt sich eine Entsprechung zwischen der religiösen Erfahrung und dem moralischen Bewußtsein; beide bringen uns in Verbindung mit etwas Höherem, wenn auch dem moralischen Bewußtsein der „mystische Hauch" fehlt. Aber in diesem ersten Stadium ist der höhere Teil nur ein „hilfloser Keim". Wie das moralische Bewußtsein, so fordert das religiöse Bewußtsein eine Entscheidung, und in dem beschriebenen ersten Stadium ist es der Person keineswegs klar, mit welchem Teil ihrer selbst sie sich identifizieren soll. Der Übergang vom ersten zum zweiten Stadium besteht darin, daß sie sich mit ihrem höheren Teil identifiziert. James beschreibt diesen Vorgang mit folgenden Worten: „*Er wird sich bewußt, daß sein höherer Teil angrenzt an und kontinuierlich ist mit einem MEHR derselben Qualität, das wirksam ist im Universum außerhalb von ihm und mit dem er in funktionierender Berührung bleiben und bei dem er gewissermaßen an Bord gehen und sich retten kann, wenn sein gesamtes niedrigeres Sein beim Schiffbruch zerborsten ist*" (VRE 508/400). Die Identifikation enthält also einmal ein kognitives Element. Die Person erkennt, daß ihr höherer Teil in eine Dimension hineinreicht, die ihre individuelle Existenz transzendiert. Dieser kognitive Vorgang, so interpretiere ich, entspricht der Reaktion, von der in den Vorlesungen II und III die Rede ist. An die Stelle der abstrakten platonischen Objekte von Vorlesung III ist jetzt das „Mehr" getreten, das ich als eine neuplatonisch zu verstehende Tiefendimension des Bewußtseins oder Subjekts deute. Was in diesem kognitiven Vorgang erfaßt wird, *muß* mit ontologischen Kategorien interpretiert werden; der kognitive Vorgang sichert den Wirklichkeitsbezug des religiösen Glaubens. Dennoch ist religiöser Glaube ohne Entscheidung nicht möglich. Der kognitive Vorgang oder die Reaktion zeigen der Person eine Möglichkeit, aber diese Möglichkeit muß in einer Entscheidung ergriffen werden; die Person muß sich dafür entscheiden, ihr reales Sein mit dem besseren Teil ihrer selbst, der in das „Mehr" übergeht, zu identifizieren; sie muß „an Bord" des „Mehr" gehen. Der Vertrauenszustand ist der Zustand, den die Person durch ihre Identifikation mit ihrem höheren Teil erreicht. Er ist, um James' Bild zu gebrauchen, das An-Bord-des-Mehr-sein und das Bewußtsein der absoluten Sicherheit, das damit gegeben ist. Der Vertrauenszustand beruht auf einer Entscheidung, aber er ist keine willkürliche Dezision, sondern er ergreift eine kognitiv vorgegebene Möglichkeit, die in einer ontologischen Sprache formuliert werden kann. Diese Interpretation bedarf jedoch zweier Differenzierungen.

1. James behandelt die Identifikation mit dem höheren Selbst in seinen Vorlesungen über die Bekehrung (IX und X). Dort unterscheidet er zwischen dem willentlichen Typ der Bekehrung und dem Typ durch Selbstübergabe. Im willentlichen Typ vollzieht die Bekehrung sich schrittweise; sie besteht darin, daß Stück für Stück eine Reihe neuer moralischer und geistlicher Gewohnheiten aufgebaut wird. Im Typ der Selbstübergabe wird die Bekehrung auf einem unfreiwilligen und unbewußten Weg vollendet. Ich gehe auf diese Unterscheidung ein, weil durch sie das voluntaristische Element im Vertrauenszustand nochmals eingeschränkt wird. Selbstübergabe besteht im letzten darin, daß der eigene Wille aufgegeben wird. Für James ist der Unterschied zwischen beiden Typen letztlich nicht grundlegend, denn auch im freiwilligen Typ finden sich Phasen teilweiser Selbstübergabe, und „wenn der Wille sein äußerstes getan hat, um einen nahe an die erstrebte vollständige Vereinigung zu bringen, dann scheint es, daß der allerletzte Schritt [...] ohne die Hilfe seiner Aktivität geleistet werden muß" (VRE 208/171). 2. Die Charakterisierung des gemeinsamen Kerns der Glaubensbekenntnisse und des Vertrauenszustands, die ich bisher gegeben habe, folgt der Zusammenfassung in Vorlesung XX, und dort beschreibt James die Erfahrung der religiös „mehr entwickelten Geister" (VRE 508/400). Aber wie steht es mit den weniger entwickelten normalen Gläubigen ohne „mystischen Hauch"? Eine Antwort gibt James' persönliches Zeugnis in seinem Brief an Leuba: „Ich habe kein lebendiges Bewußtsein des Verkehrs mit einem Gott [...] Für mein aktives Leben beschränkt das Göttliche sich auf unpersönliche und abstrakte Begriffe, die mich als Ideale interessieren und bestimmen, aber sie tun es so schwach im Vergleich mit dem, was ein Gefühl von Gott bewirken könnte, wenn ich eines hätte. Das ist tatsächlich eine Frage der Intensität, aber ein Schatten der Intensität kann bewirken, daß das gesamte Zentrum der moralischen Energie eines Menschen sich verlagert. Nun, obwohl ich so ohne *Gottesbewußtsein* im direkteren und stärkeren Sinn bin, ist doch *etwas in mir*, das *Antwort gibt*, wenn ich Äußerungen aus jenem Bereich höre, die andere machen [...] Nennen Sie das, wenn Sie wollen, einen mystischen *Keim*. Es ist ein weitverbreiteter Keim. Er schafft den Rang und die Reihe der Gläubigen" (LWJ II 211). Hier begegnet uns wieder die Reaktion auf abstrakte Begriffe aus Vorlesung III und der „Keim" aus Vorlesung XX. Die religiöse Erfahrung und der Vertrauenszustand lassen Grade zu, und die elementare Form ist die Reaktion des mystischen Keims auf unpersönliche und abstrakte Begriffe.

V. Die Frage nach der Wahrheit

Das Zeugnis des gemeinsamen Kerns der Glaubensbekenntnisse ist wahr. 48
James geht an zwei Stellen auf die Wahrheitsfrage ein. Vorlesung XX
beruft sich auf ein Bewußtseinsurteil, und nach Vorlesung XVII *Mystik*
sind die Erfahrungen des Mystikers für den Nichtmystiker eine Hypothese
oder eine Offenbarung, die er durch sein Leben verifizieren kann. Die
Aussage, um deren Wahrheit es in Vorlesung XX geht, lautet, *„daß die*
bewußte Person kontinuierlich ist mit einem weiteren Selbst, durch das
erlösende Erfahrungen kommen". Sie formuliert den Inhalt der religiösen
Erfahrung, und sie ist, so schreibt James, *„buchstäblich und objektiv wahr*
so weit wie sie geht" (VRE 515/405). Die Worte „so weit wie sie geht"
drücken einmal eine einschränkende Bedingung aus: Die Aussage wird
durch die Erfahrung nur insofern verifiziert, als sie ausschließlich diese
Erfahrung wiedergibt und von jeder Interpretation absieht. Ob diese Bedingung erfüllt werden kann, muß hier offenbleiben. Sie weisen außerdem
hin auf die unterschiedliche Intensität oder die unterschiedlichen Stufen
der religiösen Erfahrung. Hier können wir zur Interpretation wiederum
James' Brief an Leuba heranziehen. Für James ist die Erfahrung des Göttlichen „beschränkt […] auf unpersönliche und abstrakte Begriffe", aber er
bewundert die, welche ein „lebendiges Bewußtsein des Verkehrs mit
einem Gott" haben.

Die Ausführungen in Vorlesung XVII gehen insofern weiter, als sie über 49
die subjektive Ebene des Bewußtseinsurteils hinausführen und zeigen,
welche Bedeutung die Erfahrung des Mystikers für den Nichtmystiker
haben kann. Die beiden Vorlesungen über Mystik (XVI und XVII) sollen
die Frage nach der Wahrheit in Theologie und religiöser Erfahrung beantworten. „Religiöse Menschen haben oft, wenn auch nicht einheitlich,
bekannt, die Wahrheit auf eine besondere Weise zu sehen. Diese Weise ist
bekannt als Mystik" (VRE 378/300). James nennt zwei Charakteristika,
die uns berechtigen, einen Zustand als mystisch zu bezeichnen: 1. *Unaus-*
sprechlichkeit. Die mystische Erfahrung kann nicht in Worte gefaßt werden. Daraus folgt, daß sie direkt erfahren werden muß; sie kann anderen
nicht vermittelt werden. „Man muß musikalische Ohren haben, um den
Wert einer Symphonie zu kennen; man muß selbst verliebt gewesen sein,
um den Gemütszustand eines Liebenden zu verstehen". Unter dieser
Rücksicht gleichen mystische Zustände eher Gefühlszuständen als Zuständen des Intellekts. 2. *Noetische Qualität.* Dennoch werden sie als
kognitive Zustände erfahren. Sie schenken Einsicht in Tiefen der Wahrheit, in welche der diskursive Verstand nicht vordringt. „Sie sind Erleuchtungen, Offenbarungen, voll von Bedeutung und Wichtigkeit, obwohl sie alle unartikuliert bleiben" (VRE 380f./302).
Greifen wir aus James' zahlreichen Beispielen drei heraus. Eine rudimen-

täre Form der mystischen Erfahrung liegt vor, wenn uns auf einmal der tiefere Sinn eines Satzes, den wir oft gehört haben, aufgeht. „‚Als ein Mitbruder‘, sagt Luther, ‚eines Tages die Worte des Credos wiederholte: ‚ich glaube an die Vergebung der Sünden‘, sah ich die Schrift in einem völlig neuen Licht; und sofort fühlte ich mich, als wenn ich aufs neue geboren wäre‘‘‘ (VRE 382/304). James zitiert aus einer Biographie einen Bericht über die Erleuchtungen des Ignatius von Loyola in Manresa (VRE 410/325); hier stehe statt dessen die einschlägige Stelle aus dem *Pilger-bericht* des Ignatius: „Wie er nun so dasaß, begannen die Augen seines Verstandes sich ihm zu eröffnen. Nicht als ob er irgendeine Erscheinung gesehen hätte, sondern es wurde ihm das Verständnis und die Erkenntnis vieler Dinge über das geistliche Leben sowohl wie auch über die Wahr-heiten des Glaubens und über das menschliche Wissen geschenkt. Dies war von einer so großen Erleuchtung begleitet, daß ihm alles in einem neuen Licht erschien. Und das, was er damals erkannte, läßt sich nicht in Einzelheiten darstellen, obgleich es deren sehr viele waren. Nur daß er eine große Klarheit in seinem Verstand empfing [...]. Dieses Ereignis war so nachdrücklich, daß sein Geist wie ganz erleuchtet blieb. Und es war ihm, als sei er ein anderer Mensch geworden und habe einen anderen Verstand erhalten, als er früher besaß" (§ 30). Daneben stellt James (VRE 411f./326) zwei Texte aus dem *Leben* der Teresa von Avila: „Einmal wurde mir beim Gebet in einer ganz schnell vorübergehenden Vorstellung, doch nicht in einer bestimmten Form, mit aller Klarheit gezeigt, wie Gott alle Dinge in sich begreift, und wie sie alle in ihm geschaut werden. Ich weiß nicht, wie ich diese Vorstellung beschreiben könnte; sie blieb aber meiner Seele tief eingeprägt. Sie ist eine der größten Gnaden, die mir der Herr erwiesen hat [...] nur wird dieses Sehen auf eine so feine und zarte Weise geschehen sein, daß der Verstand es nicht erfaßte" (40. Hauptstück § 9). Als ich einmal das Athanasianische Glaubensbekenntnis *Quicumque vult* rezitierte, „ward mir die Art und Weise, wie nur ein Gott und drei Personen sind, so klar zu verstehen gegeben, daß ich mich darüber verwunderte und großen Trost empfand [...] und sooft ich an die allerheiligste Dreifaltigkeit denke, oder sooft von ihr die Rede ist, meine ich zu verstehen, wie dieses Geheimnis möglich ist; und dies bereitet mir große Freude" (39. Hauptstück § 25).

Den Zeugnissen von Luther, Ignatius und Teresa ist gemeinsam, daß theologische Wahrheiten in einer Tiefe erkannt werden, welche das Leben verändern. Teresa sieht die Immanenz der Dinge in Gott und das Geheim-nis der Trinität; von den Glaubenswahrheiten, deren Verständnis ihm in Manresa geschenkt wurde, nennt Ignatius an anderen Stellen des *Pilger-berichts* die Erschaffung der Welt, die Trinität, die Gottheit Christi und die Gegenwart Christi in der Eucharistie. Die mystische Erkenntnis kann also theologische Wahrheiten zum Inhalt haben; sie werden durch sie in ihrem vollen Gewicht und ihrer Bedeutung für das Leben erfaßt. Theologische Wahrheiten haben eine Tiefendimension, die der diskursiven Erkenntnis nicht zugänglich ist und die, nach James' erstem Kriterium, nicht mitgeteilt werden kann. Es führt ein Weg vom Begriff in eine Tiefe, die sich dem Begriff entzieht. Auch hier ist der von James wiederholt gebrauchte Vergleich mit der Musik hilfreich: Die Notenschrift ist eine Anleitung, eine Melodie zu spielen, aber das Erlebnis der Melodie läßt sich nicht in einer Schrift erfassen. Der umgekehrte Weg, von der noetischen Qualität zum Begriff, ist, wiederum nach dem ersten Kriterium, nicht möglich. Es lassen sich nach James nur „philosophische" Richtungen beschreiben, in welche die Mehrzahl der mystischen Zustände weisen: Optimismus und Monismus. „Wir gehen in die mystischen Zustände aus unserem gewöhnlichen Bewußtsein hinaus wie von einem Weniger in ein Mehr, wie von einer Kleinlichkeit in eine Weite und gleichzeitig von einer Unruhe zu einer Ruhe. Wir empfinden sie als versöhnende, einende Zustände. Sie wenden sich mehr an die Ja-Funktion als an die Nein-Funktion in uns. In ihnen absorbiert das Unbegrenzte die Grenzen und schließt friedvoll das Konto" (VRE 416/330). Das so beschriebene mystische Gefühl hat keinen ihm eigenen spezifischen intellektuellen Gehalt. Es ist verschiedener Interpretationen und der Einordnung in unterschiedliche Begriffssysteme fähig. Es kann „eheliche Verbindungen bilden mit Material, das von den unterschiedlichsten Philosophien und Theologien geliefert wird, nur vorausgesetzt, daß sie in ihrem Rahmen einen Platz finden für die ihm eigene emotionale Stimmung" (VRE 425f./337). Es ist also zwischen dem Noetischen und dem Intellektuellen zu unterscheiden. Der noetische Gehalt des Optimismus und Monismus kann intellektuell unterschiedlich entfaltet werden, und hier kommt, wie das Beispiel von Teresa und Ignatius zeigt, die theologische Tradition ins Spiel, in welcher die Mystikerin oder der Mystiker stehen.

Am Ende der beiden Vorlesungen über Mystik faßt James seine Überlegungen zur Wahrheit der religiösen Erfahrung in drei Thesen zusammen.

1. „Mystische Zustände, wenn gut entwickelt, sind gewöhnlich, und sie haben das Recht es zu sein, absolut autoritativ über die Individuen, zu denen sie kommen" (VRE 422/335). James bringt eine epistemologische und eine pragmatische Begründung. Der epistemische Wert und die epistemische Funktion der mystischen Erfahrung werden denen der Sinneserfahrung gleichgesetzt. Wie die Sinneserfahrung ist die mystische Erfahrung eine direkte Wahrnehmung von Tatsachen. ‚Wahrnehmen' ist ein Erfolgsverb; die Wahrnehmung erschließt eine objektive Wirklichkeit. James geht von einer empiristischen Erkenntnistheorie aus, nach der die Wahrnehmung die Gründe (evidence) für die „mehr ‚rationalen' Überzeugungen" (VRE 423/335f.) liefert. Das Fundament, auf dem die Überzeu-

gungen des Mystikers ruhen, hat denselben epistemischen Wert wie das Fundament unserer rationalen Überzeugungen. Für die epistemische Gleichsetzung der mystischen mit der Sinneserfahrung beruft James sich auf die von ihm zitierten Berichte; eine ausführliche phänomenologische und erkenntnistheoretische Begründung hat William P. Alston (1991) entwickelt. Pragmatisch weist die „mystische Wahrheit" sich dadurch als solche aus, daß sie eine Kraft ist, aus welcher der Mystiker leben kann. „Glaube, sagt Tolstoi, ist das, wovon die Menschen leben. Und Vertrauenszustand und mystischer Zustand sind praktisch konvertible Terme" (VRE 424/336). Die mystische Erfahrung muß sich, wie die beiden Vorlesungen XI bis XV über Heiligmäßigkeit zeigen, am Leben bewähren. Das „moralische Mysterium verschlingt und verbindet sich in allen mystischen Schriften mit dem intellektuellen Mysterium" (VRE 418/331).

2. Von den mystischen Zuständen „geht keine Autorität aus, welche es für die, die außerhalb von ihnen stehen, zu einer Pflicht machen würde, ihre Offenbarungen unkritisch anzunehmen" (VRE 422). Diese zweite These wendet sich gegen ein Konsensusargument und einen genetischen Fehlschluß. Die Mystiker könnten zumindest den schwachen Anspruch erheben, ihre Erfahrungen stellten Präsumtionen dar: Sie stimmten überein, und solch ein übereinstimmender Typ der Erfahrung könne sich nicht als völlig falsch erweisen. Die Wahrheitsfrage, so wendet James ein, lasse sich nicht durch Berufung auf Zahlen entscheiden; Zahlen seien weder ein Argument für eine mystische noch für eine rationalistische Weltsicht. Außerdem stehe die Voraussetzung, die Erfahrung der Mystiker stimme überein, auf schwachen Füßen. Mystik, so differenziert und korrigiert James seine vorhergehende vereinfachende Charakterisierung, sei ein vielgestaltiges Phänomen. Er verweist auf die vielen Formen innerhalb der religiösen Mystik, zum Beispiel auf den Unterschied zwischen den großen spanischen Mystikern und der pantheistischen Naturmystik eines Walt Whitman. Das mystische Gefühl habe keinen spezifischen intellektuellen Gehalt; wir dürfen uns daher für kein bestimmtes metaphysisches Weltbild auf sein Prestige berufen. Von der religiösen unterscheidet James die „diabolische Mystik, eine Art religiöser Mystik, in der das Unterste zuoberst gekehrt ist". Wir finden dieselben Texte und Worte mit neuer Bedeutung, dieselben Stimmen und Visionen, dieselbe Kontrolle durch äußere Mächte, nur daß dieses Mal die Stimmung pessimistisch ist: „anstelle der Tröstungen haben wir Trostlosigkeiten; die Bedeutungen sind schrecklich; die Kräfte sind Feinde des Lebens". Beide Formen der Mystik entspringen derselben Tiefenschicht der Seele, „jenem großen subliminalen oder transmarginalen Bereich […] Von dort zu kommen ist kein unfehlbares Zeugnis der Glaubwürdigkeit. Was kommt, muß gesiebt und geprüft werden" (VRE 426/337f.).

Alston (1991, 279–284) hat gegen diese These eingewandt, hier werde die

Sinneswahrnehmung und die mystische Wahrnehmung mit zweierlei Maß gemessen. Ein großer Teil unseres Wissens beruhe auf dem Zeugnis anderer; wir gehen allgemein davon aus, daß eine Rechtfertigung von einer Person, die etwas durch Wahrnehmung, Erinnerung, Denken erkannt hat, durch deren Zeugnis auf eine andere Person übertragen werden kann, die sich dann mit gutem Recht auf sie beruft. Warum sollte es im religiösen Bereich anders sein? „Wenn es in einer religiösen Gemeinschaft ein Ganzes eines gerechtfertigten Glaubens geben soll, dann muß das Zeugnis hier dasselbe leisten können wie bei der Sinneswahrnehmung" (Alston 1991, 282). Alstons Einwand hilft, die zweite These genauer zu lesen, und er macht zugleich eine Grenze von James' Ansatz deutlich. Eine bloße Theorie der übernatürlichen Wahrnehmung wäre für James nicht ausreichend. Die Erfahrung des Diabolischen hat für ihn dieselben *epistemischen* Qualitäten wie die des Göttlichen; auch hier handelt es sich um „direkte Wahrnehmungen einer Tatsache" (VRE 423f./336). Der Bereich des Übernatürlichen ist weiter als der des Göttlichen; wir brauchen deshalb eine Unterscheidung der Geister. Religionsphilosophie muß immer auch Religionskritik sein, und eine bloße Epistemologie kann diese Aufgabe nicht erfüllen. Die zweite These läßt fragen, ob das bloße Zeugnis als solches für den religiösen Glauben ausreicht oder ob der Glaube auch eine wie immer geartete Einsicht in den Inhalt des Zeugnisses oder eine eigene Erfahrung, die den Inhalt bestätigt, erfordert. James ist offensichtlich der Auffassung, daß das externe Kriterium der Tatsache des Zeugnisses durch ein internes Kriterium, durch welches der Inhalt als solcher sich als glaubwürdig erweist, ergänzt werden muß. Das Zeugnis eines anderen darf nur dann als Grund angeführt werden, wenn wir Gründe für die Glaubwürdigkeit des Zeugen haben. Sind diese Gründe dieselben, wenn es um ein auf der Wahrnehmung und wenn es um ein auf der religiösen Erfahrung beruhendes Zeugnis geht? James' Vorlesungen über Heiligmäßigkeit sind ein einziger großer Verweis auf das Wort der Bergpredigt „An ihren Früchten werdet ihr sie erkennen" (Mt 7,16). Dieses Kriterium ist notwendig, aber ist es auch hinreichend? Hier zeigt sich die Grenze eines Entwurfs, der sich auf das große religiöse Individuum beschränkt und für Begriffe wie Gemeinschaft, Institution und Tradition keinen Platz hat. Religiöse Glaubwürdigkeit ist eine Form der Autorität, die in einer Gemeinschaft anerkannt sein und sich in einer Tradition bewährt haben muß, wobei die (externe) Glaubwürdigkeit des Zeugen und die (interne) Glaubwürdigkeit des Inhaltes des Zeugnisses nur schwer voneinander zu trennen sind.

3. Mystische Zustände „brechen die Autorität des nicht-mystischen oder rationalistischen Bewußtseins, das allein auf dem Verstand und den Sinnen beruht. Sie zeigen, daß es lediglich *eine* Art des Bewußtseins ist. Sie eröffnen die Möglichkeit anderer Ordnungen der Wahrheit, in die wir, so lange wie etwas in uns ihnen vital antwortet, ungehindert Vertrauen haben

dürfen" (VRE 423/335). Ein Kommentar zu dieser dritten These ist eine Stelle aus der Autobiographie von J. Trevor, der über seine Erfahrungen von Gottes Gegenwart schreibt: Ich „stelle fest, daß sie nach allen Befragungen und Prüfungen heute als die realsten Erfahrungen meines Lebens dastehen, als Erfahrungen, die alle früheren Erfahrungen und Entwicklungen erklären, rechtfertigen und in Einklang bringen. Ihre Realität und weitreichende Bedeutung wird in der Tat immer klarer und deutlicher. Als sie kamen, lebte ich das vollste, stärkste, gesündeste, tiefste Leben" (VRE 397/315). Die mystische Erfahrung eröffnet eine neue Sicht des Lebens und der Welt. Diese Sicht darf der alltäglichen Erfahrung nicht widersprechen; sie muß vielmehr durch die Konfrontation mit dem „gesamten Kontext der Erfahrung" geprüft werden (VRE 426/338). Aber sie läßt die Daten dieser Erfahrung in einem neuen Licht erscheinen; sie deutet sie und zeigt vorher nicht sichtbare Zusammenhänge auf. Diese Deutung weist in dieselbe Richtung wie die religiösen Gefühle auch der Nicht-Mystiker. Sie befreit diese Gefühle und verleiht dadurch dem Leben nicht nur kognitiv, sondern auch emotional einen neuen Sinn. Mystische Zustände sind „Erregungen wie die Emotionen von Liebe oder Ehrgeiz, Geschenke an unseren Geist, durch welche die Tatsachen, die objektiv schon vor uns stehen, in eine neue Ausdruckskraft fallen und eine neue Verbindung mit unserem aktiven Leben herstellen" (VRE 427/338). Sie bieten uns „Hypothesen" an (VRE 428/339). Der Mystiker kann sie dem Nicht-Mystiker mitteilen, und der Nicht-Mystiker kann sie als solche übernehmen. Sie müssen sich für ihn ausweisen durch ihre hermeneutische Kraft, die neue und umfassendere Sicht seines Lebens, und dadurch, daß das Ideal, von dem sie sprechen, dem mystischen Keim in ihm antwortet und so neue Kräfte entbindet. Der Rationalist kann diese Hypothesen ignorieren, aber er kann sie nicht widerlegen, denn sie widersprechen den Tatsachen nicht, sondern ordnen sie in einen höheren Zusammenhang ein. Die hermeneutische und emotionale Kraft der religiösen Hypothese kann nur erfahren, wer versucht, nach ihr zu leben und ihr dadurch den Charakter einer Hypothese nimmt. Die Hypothesen, welche der Mystiker anbietet, zwingen nicht zum Glauben; sie sind lediglich ein Angebot, den Sinn des Lebens zu sehen. Aber sie zeigen durch ihren epistemischen Charakter, daß der religiöse Glaube sittlich berechtigt ist.

Literatur:

Smith 1983, Kap. 2
Proudfoot 1985
Bird 1986, Kap. 8 und 9
Myers 1986, Kap. 14
Barnard 1997

O'Connell 1997
R.A. Putnam 1997, Kap.4, 5 und 11
Lamberth 1999
Brown 2000

C. Religion und Wissenschaft: Charles Sanders Peirce

I. Das Programm: Die Ehe von Religion und Wissenschaft

Wesentlich für die Wissenschaft, so schreibt Charles Sanders Peirce 1893 51
in einem Essay mit dem programmatischen Titel *The Marriage of Religion
and Science*, sei der Geist, „sich entschieden nicht mit bestehenden
Meinungen zufriedenzugeben, sondern zur wahren Natur der Dinge vorzudringen" (CP 6.428; RS 208). Und was ist Religion? Peirce unterscheidet zwischen ihrer individuellen und ihrer sozialen Wirklichkeit. Im Individuum ist sie „eine Art Gefühl oder undeutliche Wahrnehmung oder tiefe
Erkenntnis von etwas im uns umgebenden All". Inhalt dieses Gefühls ist
„das Erste und Letzte, das A und Ω" und die Beziehung des Individuums
auf dieses Absolute, in der es sich selbst als ein abhängiges, kontingentes
Seiendes erfaßt. Von diesem Wesen der Religion sind ihre „mehr oder
weniger extravaganten, mehr oder weniger zufälligen" Ausdrucksformen
zu unterscheiden. Im Unterschied zu James beschränkt Peirce sich nicht
auf die Religion des Individuums. „Aber Religion kann in ihrer Totalität
nicht in einem einzelnen Individuum wohnen. Wie jede Art von Realität
ist sie wesentlich eine soziale, eine öffentliche Angelegenheit." Religion
ist an eine Kirche gebunden, welche die religiöse Erfahrung der einzelnen
Gläubigen zu einem organischen, systemischen Ganzen zusammen-
schweißt (CP 6.429).
Wissenschaft und Religion sind in einem unterschiedlichen Entwick- 52
lungsprozeß begriffen. Die Wissenschaft wird immer vollkommener. Dagegen dürfte sich wohl kaum eine Religion finden, die eine so große Lebenskraft hat, daß sie im Laufe ihrer Geschichte vollkommener geworden
wäre. Die Lebenskurve der Wissenschaft ist aufsteigend, die der Religion
abfallend. „Wie bei einer gepflückten Blume ist es das Schicksal der Religion, blaß zu werden und zu verwelken. Das Lebensgefühl, aus dem die
Religion hervorging, verliert nach und nach seine ursprüngliche Reinheit
und Kraft, bis es endlich von einem neuen Glauben ausgelöscht wird. So
ist es ganz natürlich, daß die vom Geist der Wissenschaft Inspirierten
vorandrängen, während die, denen die Interessen der Religion am Herzen
liegen, die Entwicklung eher zurückdrängen möchten." (CP 6.430; RS
209). Die Religion befindet sich gegenüber der Wissenschaft in einem
Rückzugsgefecht; der Fortschritt der Wissenschaft hat sie gezwungen,
etliche ihrer Sätze aufzugeben. Auf diese Weise werden Wissenschaft und
Religion in eine feindliche Haltung gedrängt. Hinzu kommt der Einfluß
der Wissenschaft auf die Philosophie. Die Philosophie übernimmt den
Fortschrittsgedanken, und sie sieht diesen Fortschritt in der Destruktion

der Metaphysik als einer Form des vorwissenschaftlichen, unaufgeklärten Denkens (CP 6.431).

53 Wie kann Peirce in einer solchen Situation eine Ehe von Religion und Wissenschaft fordern? Es kann nur eine Wahrheit geben; die eine Wahrheit kann sich nicht in zwei einander bekämpfende Lehren spalten. Diese Einsicht befähigt den zutiefst von seiner religiösen Erfahrung geprägten Menschen, das beschriebene Verhältnis von Religion und Wissenschaft anzuerkennen. Aus der Tatsache der einen Wahrheit folgt, daß jede Korrektur, welche die Wissenschaft vom Glauben fordert, nur dessen Ausdruck, aber nicht das tiefe Geheimnis, das er ausdrückt, betreffen kann. Es gilt, am Wesen der Religion festzuhalten und zugleich alle religiöse Ängstlichkeit abzuwerfen. Die Wissenschaft sucht die Wahrheit, und es ist der Herr der Geschichte, welcher die Menschen zur Wahrheit führt; Wissenschaftsfeindlichkeit ist deshalb für Peirce Ausdruck der Feigheit und eines religiösen, kirchlichen Kleinglaubens; eine Religion, die wissenschaftsfeindlich ist, wird ihrem eigenen Wesen untreu (CP 6.432).

54 Eine solche Einstellung, die gekennzeichnet ist durch das Selbstvertrauen des religiösen Glaubens und die Offenheit für den Fortschritt der Wissenschaft nennt Peirce eine „religion of science". Damit ist nicht eine Religion gemeint, die aus der Wissenschaft oder aus dem Geist der Wissenschaft entstanden wäre, „denn Religion, im eigentlichen Sinn des Wortes, kann aus nichts anderem als der religiösen Sensibilität hervorgehen". Religion hat ihren eigenen Ursprung; sie ist weder eine primitive Vorform noch ein Produkt oder eine Ergänzung der Wissenschaft, sondern ein Phänomen eigener Art. Es ist vielmehr eine Religion, die sich selbst so treu ist, „daß sie vom Geist der Wissenschaft inspiriert wird im Vertrauen darauf, daß alle Eroberungen der Wissenschaft ihre eigenen Triumphe sein werden, und die alle Ergebnisse der Wissenschaft so annimmt, wie die Wissenschaftler selbst sie annehmen, als Schritte zur Wahrheit, bei denen es für eine Zeit den Anschein haben kann, sie stünden im Konflikt mit anderen Wahrheiten, aber die in solchen Fällen lediglich auf eine Anpassung warten, welche die Zeit mit Sicherheit bewirkt". Die Einstellung der „religion of science" wird der Religion nicht durch ein Diktat der Wissenschaft aufgezwungen; sie ist kein Kompromiß, in dem die Religion ihrem eigenen Wesen untreu wird; sie ergibt sich vielmehr einzig und allein daraus, daß die Religion wieder zu einem mutigeren Selbstvertrauen findet (CP 6.433).

55 Es geht in Religion und Wissenschaft um die eine Wahrheit, aber dennoch sind Religion und Wissenschaft jeweils Phänomene eigener Art. Wie ist das miteinander zu vereinbaren? Peirce verweist auf den Instinkt als ihre gemeinsame Wurzel. „Es sind die Instinkte, die Gefühle, welche die Substanz der Seele ausmachen. Erkenntnis ist lediglich ihre Oberfläche, ihr Ort des Kontakts mit dem, was ihr äußerlich ist [...]. Wenn ich den Su-

premat des Gefühls in menschlichen Angelegenheiten anerkenne, dann tue ich das, weil die Vernunft selbst es diktiert, und ebenso lehne ich es, weil das Gefühl es diktiert, ab, dem Gefühl in theoretischen Fragen irgendein Gewicht zuzugestehen" (RLT 110,112).

II. Begriff und Funktionen des Instinkts

Kein Vermögen, so führt Peirce in einem etwa 1905 entstandenen unver- öffentlichten Manuskript (CP 5.522) aus, ist so unfehlbar wie der Instinkt, wenn er sich auf dem ihm eigenen Feld betätigt, während die Vernunft mindestens ebensooft wenn nicht öfter das Falsche trifft. Die vagen Über- zeugungen des Instinkts, die unbezweifelbar zu sein scheinen, haben die- selbe Grundlage wie die Ergebnisse der Wissenschaft, d.h. sie beruhen auf Erfahrung, und zwar auf der gesamten Alltagserfahrung vieler Generatio- nen in zahlreichen Völkern. Für spezifisch wissenschaftliche Zwecke ist diese Erfahrung wertlos, weil sie nicht die minutiösen Unterscheidungen macht, mit denen die Wissenschaft sich in erster Linie befaßt. Der Instinkt kann auch nicht die verborgenen Gegenstände der Wissenschaft, z.B. die chemischen Elemente oder die Atome, entdecken. Aber jede Wissenschaft setzt, ohne sich dessen bewußt zu sein, die Wahrheit der Resultate dieses unkontrollierten, auf den Alltagserfahrungen beruhenden Denkens prak- tisch voraus, und sie müßte ihr Geschäft schließen, wenn sie es schaffte, sie nicht zu akzeptieren. Kein Instinkt hätte jemals das Argon entdecken können. Sein Bereich sind Gegenstände von allgemeiner Bedeutung, und hier hat das instinktive Ergebnis der menschlichen Erfahrung weitaus mehr Gewicht als jedes wissenschaftliche Ergebnis. Wenn wir z.B. durch Experimente im Labor entscheiden wollten, ob es Uniformität in der Natur gibt oder nicht, so wäre das so, als gäben wir einen Löffel voll Saccharin in den Ozean, um ihn zu süßen.

Vor allem zwei Punkte verdienen in dem referierten Text Beachtung. Erstens entwirft der Instinkt so etwas wie ein Weltbild oder einen Hori- zont, in dem wir uns bewegen, und dieses Weltbild ist für unser Handeln von weitaus größerem Gewicht als die Ergebnisse der Wissenschaft. Der Instinkt hat es nicht mit Einzelheiten zu tun, sondern er gibt einen Rahmen vor, innerhalb dessen die Einzelheiten überhaupt erst ihren Platz finden. Ein Beispiel für einen solchen Horizont ist die lebensweltliche Annahme von der Uniformität der Natur. Zweitens arbeitet der Instinkt mit vagen Begriffen. Jeder Mensch handelt unter der Voraussetzung der Uniformität der Natur. Er vertraut auf sie. Niemand zweifelt daran, daß auch morgen die Sonne aufgehen wird. Aber der Instinkt kann keine Antwort auf die Frage geben, worin denn die Uniformität der Natur genauer besteht, und er kann das Vertrauen in sie nicht begründen.

57 In den *Lectures on Pragmatism*, die Peirce im Frühjahr 1903 in Harvard
gehalten hat, findet sich ein Abschnitt über Instinkt und Abduktion (CP
5.171–174; PP 400–403). Dazu ist zunächst anhand der frühen Schrift
Some Consequences of Four Incapacities (1868; CP 5.264–317; WCSP
Bd.2,211–242; PP 40–80) kurz der Begriff der Abduktion zu erläutern.
Erkenntnis ist der Prozeß des gültigen Folgerns (inference)(CP 5.267),
und die eine Gattung des Folgerns gliedert sich in drei Arten: Deduktion,
Induktion und Abduktion, auch Hypothese oder Retroduktion genannt.
„Alles gültige Folgern ist entweder deduktiv, induktiv oder hypothetisch"
(CP 5.274). Eine *Deduktion* ist ein einfacher kategorischer Syllogismus
mit zwei assertorischen Prämissen. Peirce bringt unter anderen folgendes
Beispiel:

„Eine Passage, die in einem solchen Alphabet abgefaßt ist, gibt einen Sinn, wenn
jeweils die und die Buchstaben für die und die Zeichen eingesetzt werden.
Dieses chiffrierte Schriftstück ist in einem solchen Alphabet abgefaßt.
Dieses chiffrierte Schriftstück ergibt einen Sinn, wenn die und die Einsetzungen
vorgenommen werden." (CP 5.276; PP 49).

Weil es hier zunächst nur auf die formalen Beziehungen zwischen Deduktion, Induktion und Abduktion ankommt (vgl. unten § 69), wähle ich
der Deutlichkeit halber ein triviales Beispiel. Die Deduktion laute:

Alle Hunde sind Säugetiere
x, y, z sind Hunde
x, y, z sind Säugetiere

Induktion und Abduktion haben die Aufgabe, die beiden Prämissen dieses
Syllogismus zu gewinnen. Eine *Induktion* ist „ein Argument, das annimmt, daß das von einer ganzen Menge wahr ist, was von einer Anzahl
von Beispielen wahr ist, die man ihr aufs Geratewohl entnommen hat"
(CP 5.275). Sie kann als Schluß aus dem Untersatz und der Konklusion
eines deduktiven Syllogismus auf dessen Obersatzes betrachtet werden
(CP 5.276):

x, y, z sind Hunde
x, y, z sind Säugetiere
Alle Hunde sind Säugetiere

Eine *Abduktion* oder *Hypothese* oder *Retroduktion* „kann definiert werden
als ein Argument, das von der Annahme ausgeht, daß eine Eigenschaft,
von der man weiß, daß sie notwendig eine gewisse Zahl von anderen impliziert, mit Wahrscheinlichkeit von jedem Gegenstand ausgesagt werden
kann, der all die Eigenschaften hat, von denen man weiß, daß diese Eigen-

80

schaft sie impliziert". Sie kann als Schluß aus dem Obersatz und der Konklusion eines deduktiven Syllogismus auf dessen Untersatz betrachtet werden.

Alle Hunde sind Säugetiere
x, y, z sind Säugetiere
x, y, z sind Hunde

„Die Funktion der Hypothese besteht darin, eine große Reihe von Prädikaten, die in sich selbst keine Einheit bilden, durch ein einzelnes Prädikat zu ersetzen (oder durch eine kleine Anzahl von Prädikaten), das sie alle impliziert, (vielleicht) zusammen mit einer unbestimmten Anzahl anderer." Wie die Induktion, so ist auch die Abduktion die Reduktion eines Mannigfaltigen auf eine Einheit (CP 5.276; PP 48f.).
Die Abduktion ist das einzige logische Verfahren, das uns auf eine neue Idee führt. Aber sie vermutet lediglich, daß etwas der Fall sein mag. „Kein Grund, wie er auch immer aussehen mag, kann zu ihren Gunsten angeführt werden [...] und sie braucht auch keinen Grund, da sie bloß Vermutungen anbietet" (CP 5.171; PP 400). Ihre einzige Rechtfertigung liegt darin, daß die Deduktion aus ihrer Vermutung eine Vorhersage ziehen kann, die durch Induktion getestet werden kann. Ohne Abduktion können wir nichts lernen und kein Phänomen verstehen. Peirce verweist nun auf die Trillionen von Hypothesen, die wir aufstellen können, um eine Beobachtung zu erklären. „Ein Physiker stößt im Laboratorium auf irgendein neues Phänomen. Wie weiß er, ob nicht die Konjunktionen der Planeten irgend etwas damit zu tun haben oder ob es vielleicht damit zusammenhängt, daß die Witwe des Kaisers von China ein Jahr zuvor zur gleichen Zeit zufällig irgendein Wort von mystischer Kraft ausprach oder ob nicht irgendein unsichtbarer Dschin gegenwärtig sein mag." Dennoch stößt der Physiker nach höchstens einem Dutzend Vermutungen fast genau auf die richtige Hypothese. „Daß er durch Zufall darauf gestoßen wäre, würde noch nicht einmal für die ganze Zeit, die verflossen ist, seit die Erde sich verfestigt hat, wahrscheinlich sein [...]. Sie mögen sagen, daß die Evolution die Sache erklärt. Ich bezweifle nicht, daß das richtig ist. Aber um die Evolution aus dem Zufall erklären zu können, ist der verflossene Zeitraum nicht groß genug" (CP 5.172; PP 401f.).
Peirce sieht die einzig mögliche Erklärung in einer „Einsicht" (insight) des Menschen in die „Drittheiten" (§ 65), die „allgemeinen Elemente" oder Gesetze der Natur. Diese Einsicht ist öfter falsch als sie richtig ist, aber dennoch ist sie stark genug, daß sie nicht in der überwältigenden Mehrzahl aller Fälle falsch ist. Peirce gebraucht das Wort Einsicht, weil diese Tätigkeit zu der Klasse von Tätigkeiten zu zählen ist, zu der auch die Wahrnehmungsurteile gehören. „Dieses Vermögen der Einsicht hat zur

selben Zeit die allgemeine Natur eines Instinkts, der insofern dem Instinkt der Tiere gleicht, als er über die allgemeinen Vermögen unserer Vernunft weit hinausgeht und uns führt, als ob wir im Besitz von Fakten wären, die gänzlich außerhalb der Reichweite unserer Sinne liegen. Es gleicht dem Instinkt weiterhin darin, daß es in geringem Maße dem Irrtum unterworfen ist; denn obwohl es häufiger den falschen als den richtigen Weg einschlägt, ist es im Ganzen gesehen doch das Wunderbarste unserer ganzen Konstitution" (CP 5.173; PP 402). Wenn wir einen Forscher fragen, warum er diese oder jene verrückte Theorie nicht ausprobiert, so wird er antworten, sie scheine ihm nicht „vernünftig" (resaonable). „Es ist seltsam, daß wir dieses Wort selten dort gebrauchen, wo die strenge Logik unseres Verfahrens klar einzusehen ist. Wir sagen nicht, daß ein mathematischer Irrtum nicht vernünftig ist. Wir nennen jene Meinung vernünftig, deren einzige Unterstützung der Instinkt ist ..." (CP 5.174; PP 402f.).

III. Theologische Voraussetzungen der Wissenschaft

58 Religion, so hieß es in *The Marriage of Religion and Science*, könne sich in ihrer Totalität nicht auf das einzelne Individuum beschränken; für sie sei die Idee einer umfassenden Kirche wesentlich. Peirce stellt in diesem Zusammenhang fest, daß diese Idee „von Generation zu Generation wächst und einen Vorrang in der Bestimmung unseres gesamten Verhaltens, des privaten und des öffentlichen, beansprucht" (CP 6.429; RS 209). Wissenschaft und Fortschritt der Wissenschaft sind für Peirce an die Idee einer Kirche und deren theologische Voraussetzungen gebunden.

59 Am Ende der frühen Schrift *Grounds of Validity of the Laws of Logic* (1879; CP 5.354–357; WCSP Bd. 2,270–272; PP 101–103) kommt Peirce auf die charakterlichen und ethischen Voraussetzungen der Logik zu sprechen. Kein Schluß des Individuums könne gänzlich logisch sein ohne gewisse Bestimmungen seines Verstandes, die nicht unmittelbar irgendeinen Schluß betreffen. Die Logik verlange einen überpersönlichen Standpunkt. Sie fordere mit aller Strenge, daß nichts, was mein Selbst treffen kann, mir wichtiger sei als alles andere. „Wer seine eigene Seele nicht opfert, um die ganze Welt zu retten, ist in all seinen Schlüssen insgesamt unlogisch." So ist das soziale Prinzip im Wesen der Logik verwurzelt". Ebenso impliziert, was Peirce in *Some Consequences of Four Incapacities* näher ausführt, der Begriff der Realität den der Gemeinschaft: „Das Reale ist also das, in dem schließlich früher oder später Information und Denken resultieren würden und das daher unabhängig von meinen und deinen Einfällen ist. So zeigt eben der Ursprung des Begriffs der Realität, daß dieser Begriff wesentlich den Gedanken einer GEMEINSCHAFT einschließt, die ohne definitive Grenzen ist und das Vermögen zu

einem definiten Wachstum der Erkenntnis besitzt. Und daher bestehen diese beiden Reihen von Erkenntnissen – das Reale und das Nicht-Reale – aus solchen, die in einer genügend weit in der Zukunft liegenden Zeit kontinuierlich von der Gemeinschaft immer wieder bestätigt werden, und aus solchen, die, unter denselben Bedingungen, immer wieder geleugnet werden" (CP 5.311; WCSP Bd.2,239; PP 76). Logik und Erkenntnis verlangen deshalb die völlige Selbstaufopferung des Individuums und die völlige Identifikation der eigenen Interessen mit denen der Gemeinschaft. Die ideale Vollkommenheit der Erkenntnis, durch die Realität konstituiert wird, ist nur möglich in einer Gemeinschaft, in der diese Identifikation vollständig ist. Diese Gemeinschaft muß jedoch, um zur Erkenntnis der Realität zu gelangen, ohne definitive zeitliche Grenzen existieren. Es gebe aber, so wendet Peirce ein, keinen Beweis, durch den man ausschließen könne, daß nicht zu irgendeiner Zeit alle Lebewesen vernichtet werden und daß es danach im Universum keinerlei Intelligenz, gleich welcher Art, mehr geben wird. Logik und Erkenntnis der Realität setzen daher auch die Hoffnung, daß dies nicht der Fall sein wird, voraus, für die wir jedoch keinerlei Gründe geltend machen können. „Diese unendliche Hoffnung, die wir alle besitzen (denn selbst der Atheist wird beständig seine stille Erwartung verraten, daß das, was das Beste ist, sich ereignen wird), ist so bedeutend und erhaben, daß alles Schlußfolgern in bezug auf sie eine läppische Anmaßung ist. Wir wollen es einfach nicht wissen, wie gewichtig die Gründe *dafür* und *dagegen* sind". Wir sind in der Lage eines Menschen, der um sein Leben kämpft: Die „einzige Annahme, unter der er rational handeln kann, ist die Hoffnung auf Erfolg". Die Hypothese, welche den Inhalt der unendlichen Hoffnung ausmacht, kann weder begründet noch von den Tatsachen widerlegt werden; „sie wird dadurch gerechtfertigt, daß sie unentbehrlich ist, um eine Handlung rational zu machen" (CP 5,357; WCSP Bd.2,272; PP 103).

Der theologische Charakter dieser Voraussetzungen wird unterstrichen in 60 dem neun Jahre später veröffentlichten Aufsatz *The Doctrine of Chances* (1878). „Es mag seltsam erscheinen, daß ich drei Gefühle als unerläßliche Forderungen der Logik in den Vordergrund stelle, nämlich das Interesse an einer unbeschränkten Gemeinschaft, das Anerkennen der Möglichkeit, dieses Interesse zum höchsten überhaupt zu machen, und die Hoffnung auf die unbegrenzte Fortdauer geistiger Aktivität" An die erste Stelle setzt Peirce das im Schlußfolgern implizierte soziale Gefühl; die beiden anderen Gefühle sind notwendig als Unterstützung und Ergänzung des ersten. „Es ist für mich interessant festzustellen, daß diese drei Gefühle wohl fast genau dasselbe zu sein scheinen, wie jenes berühmte Trio von Liebe, Glaube und Hoffnung, die nach der Einschätzung des heiligen Paulus die schönsten und größten geistlichen Gaben sind. Weder das Alte noch das Neue Testament ist ein Textbuch der Logik und Wissenschaft, aber das letztere ist sicher die höchste existierende Autorität in bezug auf die Haltungen des Herzens, die ein Mensch haben sollte" (CP 2.655; WCSP Bd.3,285; PP 220f.).

IV. Die Realität Gottes

61 In einem auf das Jahr 1905 datierten Manuskript beantwortet Peirce Fragen eines seiner Brüder über seinen Glauben an Gott; es geht um die Existenz und um Eigenschaften Gottes, Schöpfung, Wunder, Gebet und Unsterblichkeit. Hier sei nur eingegangen auf die Ausführungen zur ersten Frage, „Glaubst Du an die Existenz eines Höchsten Wesens?" (RS 287–303; CP 6.494–504 hat nach 6.501 eine Lücke, bringt aber alle für unseren Zusammenhang wichtigen Abschnitte.)
Peirce korrigiert zunächst die Formulierung der Frage. Er ersetzt ‚Existenz' durch ‚Realität'. ‚Existieren' bedeute in seinem philosophischen Sprachgebrauch, daß ein Ding mit den Dingen seiner Umgebung in einem Reaktionszusammenhang steht, und es wäre ein Fetischismus zu sagen, daß Gott in diesem Sinn existiert. Dagegen werde das Wort ‚Realität' in der normalen Sprache in seinem korrekten philosophischen Sinn gebraucht. Real, so definiert es Peirce, ist, was seine Eigenschaften in der Weise behält, daß es nicht den geringsten Unterschied ausmacht, was ein Mensch jemals darüber gedacht hat oder darüber denken wird. ‚Höchstes Wesen', so die andere Korrektur, sei kein Synonym für ‚Gott', und zwar deswegen nicht, weil ‚Gott' ein Wort der Alltagssprache ist. Wörter der Alltagssprache sind vage, und zwar unveränderlich vage, d.h. sie können nur durch ihre Vagheit ihre Funktion erfüllen. Trotz ihrer Vagheit werden keine Wörter so gut verstanden wie die Wörter der Alltagssprache. Wenn der Logiker versucht, präzise Äquivalente an die Stelle dieser vagen Wörter zu setzen, dann beraubt er sie damit ihrer Funktion. Die genau definierten Begriffe können die Zwecke, denen die Wörter der Alltagssprache dienen, nicht erfüllen. Dadurch, daß wir die vagen Begriffe definieren, verändern wir ihren Inhalt. Eine Präzisierung des Gottesbegriffes kann deshalb nach Peirce dazu führen, daß ein Mensch sich über seinen eigenen Glauben täuscht. Von „einem derart präzisierten Begriff läßt sich leicht zeigen, daß er sich nicht rechtfertigen läßt, selbst dann, wenn er nicht ganz zu widerlegen ist" (CP 6.496; RS 289).
Bevor Peirce auf die Frage nach der Existenz Gottes eingeht, fragt er zunächst allgemein nach dem Verhältnis von Instinkt und Vernunft. Unsere instinktiven Überzeugungen, die vage Begriffe enthalten, sind „weit vertrauenswürdiger als die am besten gesicherten Ergebnisse der Wissenschaft, wenn diese in ihrer wissenschaftlich präzisen Weise verstanden werden. Zum Beispiel denken wir alle, daß es ein Element der Ordnung

im Universum gibt. Kann irgendein Laborexperiment dieser Behauptung mehr Gewißheit verleihen, als ihr durch Instinkt und Common Sense schon zukommt? Es ist lächerlich, solch eine Frage überhaupt aufzuwerfen. Doch wenn es jemand unternimmt, *präzise* anzugeben, worin diese Ordnung besteht, wird er schnell entdecken, daß er alles überschreitet, was die Logik ihm garantiert. Wer zuviel definieren will, bringt sich zwangsläufig beim Umgang mit den vagen Begriffen des Common Sense selbst in Verwirrung" (CP 6.496; RS 289). Die Vernunft ergänzt lediglich den Instinkt. Sie überbrückt Bereiche, die vom Instinkt nicht erfaßt werden; sie lenkt ihn auf Bereiche, auf die er ursprünglich nicht ausgerichtet ist. Peirce wendet sich gegen einen falschen, „um nicht zu sagen absurden" Begriff der Vernunft. Wir könnten eine Konklusion vollkommen rational nennen, bei der alle Prämissen Wahrnehmungen sind und deren logische Prinzipien so klar sind wie das Nichtwiderspruchsprinzip. Aber auch hier wäre eine Täuschung weder bei den Wahrnehmungen noch bei den logischen Prinzipien ausgeschlossen. Wir haben jedoch dieses Ideal der Rationalität in keinem einzelnen Fall, wo es um Tatsachen, im Unterschied zu mathematischen Aussagen geht, erreicht. Wenn ein Kritiker uns nach Begründungen fragt, sind wir immer wieder gezwungen zu antworten: „„Die und die Aussage oder den und den Schlußmodus *kann ich nicht bezweifeln*; es scheint mir vollkommen klar, daß es so ist, aber ich kann nicht sagen *warum*'" (CP 6.497; RS 291). Diese Ausführungen zeigen, daß Peirce auf die Frage nach der Realität Gottes nicht mit einem Argument antworten will. Worauf es ihm ankommt, ist eine Apologie des Instinkts als des Felsengrundes, auf dem alles schlußfolgernde Denken aufruhen muß. Peirce' Strategie ist es zu zeigen, daß religiöse Überzeugungen, insofern sie auf einem Instinkt, dem Pascalschen Herz, aufruhen, keinen geringeren kognitiven Wert haben als wissenschaftliche Überzeugungen.

Peirce leitet an zu einer Meditation, in welcher die instinktive Überzeugung von der Realität Gottes lebendig werden soll. Bei einem nächtlichen Spaziergang auf freiem Feld meditiert er das All. Er nimmt an, daß auch andere Planeten in anderen Systemen als dem Sonnensystem bewohnt sind. Das Sonnensystem sei eines der einfachsten Systeme; die Wesen in einem anderen, komplizierteren System müßten eine größere Intelligenz haben als die Menschen. Wie muß das soziale Leben solcher Wesen aussehen! Seine Gedanken gehen zu den außerordentlichen mentalen Fähigkeiten auch der niederen Lebewesen auf unserer Welt. In einer solchen lockeren, völlig zweckfreien Meditation wird der Gedanke an die Realität Gottes oft aufkommen, und je mehr der Mensch diese Idee betrachtet, umso mehr wird er von Liebe zu ihr ergriffen werden. „Die Vorstellung, daß über allem ein Gott ist, wird sich oftmals wie selbstverständlich nahelegen; und je mehr er über sie nachdenkt, desto mehr wird er eingehüllt von Liebe zu dieser Vorstellung. Er wird sich fragen, ob es wirklich einen Gott gibt. Wenn er seinem Instinkt erlaubt zu sprechen und sein Herz fragt, dann wird er schließlich entdecken, daß er nicht anders kann, als es zu glauben" (CP 6.501; RS 295).

Wir hatten gesehen, daß ,Gott' ein vager Begriff ist. Was läßt sich über die Inhalte dieses Begriffs sagen? Peirce antwortet mit Hilfe eines eines Vergleichs. „Gerade so, wie eine lange Bekanntschaft mit einem Menschen von großem Charakter einen tiefen Einfluß auf die gesamte Lebensführung haben kann, so daß ein Blick auf sein Bild vielleicht schon von Bedeutung ist […]; gerade so, wie ein langes Studium der Werke des Aristoteles ihn zu einem Bekannten machen kann: so vermögen Kontemplation und Studium des physiko-psychischen Universums einen Menschen mit Prinzipien für seine Lebensführung zu erfüllen, analog zum Einfluß der Werke oder der Unterhaltung eines großen Mannes. Das Analogon eines [solchen großen] Geistes – denn es ist unmöglich zu sagen, daß *irgendein* menschliches Attribut wörtlich angewendet werden kann – ist es, was er [der Pragmatizist] mit ,Gott' meint" (CP 6.502; RS 301). Der vage Gottesbegriff hat also einmal, bedingt durch Peirce' Realismus, eine *kosmologische* Komponente: Indem wir die Gesetze der Natur erkennen, erfassen wir ,ein Fragment Seines Denkens" (ebd.). Er hat eine *emotionale* Komponente: Der Mensch soll sein Herz fragen und sprechen lassen; das Analogon für Gott ist die große bewunderte und geliebte Persönlichkeit. Schließlich muß er sich am *pragmatischen Kriterium* der Folgen ausweisen: Wie der Umgang mit einem großen Menschen, so prägt und bestimmt der Glaube an Gott das eigene Leben.

Soviel zum Begriff Gottes; wie aber steht es mit seiner Realität? Peirce gibt drei Hinweise. Der erste bezieht sich auf die Naturwissenschaft: Sollen wir annehmen, daß „alle Naturwissenschaft bloße Einbildung ist"? Wir dürfen diese Frage verstehen als eine flüchtige Erinnerung an den teleologischen Gottesbeweis. Der zweite ist ein Autoritätsargument. Wie sollen wir uns stellen zu Gestalten wie Buddha, Konfuzius oder Sokrates? Sie alle sprechen eine Sprache; ihr Leben wurde von ihrer Meditation des Universums bestimmt. Sollen wir annehmen, daß sie einer willkürlichen Vorstellung von der Welt und dem Leben nachhingen oder daß sie die Wahrheit hinter den Erscheinungen erfaßt haben? Sollen wir ihrer Lebensform oder einer oberflächlichen, trivialen Sicht des Lebens den Vorzug geben? Ist ein Missionar, der sein Leben unter Leprakranken verbringt, ein dummer Fanatiker, oder kommt seine Stärke aus der Kraft der Wahrheit? Entscheidend für Peirce ist der dritte Hinweis, der ähnlich bei Augustinus, Pascal oder Wittgenstein stehen könnte: „Die einzige Richtschnur zur Beantwortung dieser Frage liegt in der Kraft leidenschaftlicher Liebe, die mehr oder weniger jeden agnostischen Wissenschaftler und jeden, der ernsthaft und gründlich über das Universum nachdenkt, bezwingt. Doch was immer an *Argument* in all diesem sein mag: es ist nichts, das reinste Nichts, im Vergleich zu seiner Kraft als Aufruf an unseren eigenen Instinkt, der sich zum Argument verhält wie die Substanz zum Schatten, wie der gewachsene Felsen zu den gebauten Fundamenten einer Kathedrale" (CP 6.503; RS 302f.).

V. Meditation, Wissenschaftheorie, Theologie

Im Oktober 1908 erschien in *The Hibbert Journal. A Quarterly Review of*   62
Religion, Theology and Philosophy (Bd. 7,90–112) ein Aufsatz von Peirce mit dem Titel *A Neglected Argument for the Realitiy of God* (CP 6.452–485; RS 329–359; Anderson 1995,118–135; EP Bd.2, 434–450). Auf Wunsch der Herausgeber schrieb Peirce im selben Jahr einen dann doch nicht veröffentlichten Zusatz (CP 6.486–493; RS 359–367). Das *Vernachlässigte Argument* darf als Peirce' bedeutendster religionsphilosophischer Text und darüber hinaus als kurze Zusammenfassung seiner Spätphilosophie, des „Pragmatizismus", gelten.

1. Voraussetzungen und Aufbau des „Vernachlässigten Arguments"

Der Titel *Ein vernachlässigtes Argument* ist eine Kritik an der rationalen   63
oder natürlichen Theologie. Peirce unterscheidet zwischen „Argument" und „Argumentation". Ein Argument ist ein Denkprozeß, der eine bestimmte Überzeugung zum Ziel hat. Eine Argumentation ist ein Argument, das von genau formulierten Prämissen ausgeht. Peirce will ein Argument, aber keine Argumentation entwickeln. Er formuliert die Anforderungen, die sich aus dem Selbstverständnis der christlichen Religion an ein solches Argument ergeben. Das Christentum stellt einen Wahrheitsanspruch; es lehrt, daß Gott gütig ist und daß die Religion, wenn ihre Wahrheit gezeigt werden könnte, ein Gut ist, das alle anderen Güter des menschlichen Lebens überwiegt. Daraus folgt, daß es ein Argument für die Realität Gottes geben muß, das allen Menschen einleuchtet, die sich ernsthaft bemühen, die Wahrheit zu finden, und zwar unabhängig von ihren intellektuellen Fähigkeiten und ihrer intellektuellen Ausbildung. Man sollte ferner erwarten, daß dieses Argument seine Konklusion nicht als Aussage der metaphysischen Theologie präsentiert, sondern in einer Form, die sich unmittelbar auf das Leben anwenden läßt; sie muß, im Unterschied zu einer abstrakten Wahrheit, eine Quelle der Kraft für das Leben darstellen und das Wachstum der höchsten Fähigkeiten des Menschen fördern. Das *Vernachlässigte Argument* will diese Bedingungen erfüllen. Peirce ist der Auffassung, daß es keinem unbekannt ist und daß

jeder, der durch sein eigenes Nachdenken zum Glauben an Gott gefunden hat, in diesem Argument den Weg wiedererkennt, den er selbst gegangen ist. „Trotzdem findet es bei all den Theologen (innerhalb meines begrenzten Lesehorizontes), die mit lobenswertem Fleiß alle guten Gründe zusammengekratzt oder sich ausgedacht haben, um den ersten Grundsatz der Theologie zu beweisen, kaum Erwähnung; und wenn, dann in aller Kürze. Wahrscheinlich teilen sie jene gängigen Vorstellungen von Logik, die keine anderen Argumente außer Argumentationen zulassen" (CP 6.456f.; RS 331f.). Es ergibt sich für Peirce aus dem Selbstverständnis der christlichen Religion, daß der Glaube an Gott nicht von einem Studium der Metaphysik abhängig gemacht werden kann. Die Metaphysik kann die Kraft des *Vernachlässigten Arguments* eher schmälern als ihr etwas hinzufügen; es ist „genausogut, wenn nicht besser, in der Form, die es im Kopf eines Bauerntölpels annimmt" (CP 6.483; RS 355).

64   Im *Vernachlässigten Argument* sind drei Argumente miteinander verflochten; es handelt sich um ein „Nest von drei Argumenten" (CP 6.486; RS 359). Wir bewegen uns gleichzeitig auf der Ebene des religiösen Common sense, der Wissenschaftstheorie und der Theologie. Das Common sense-Argument wird theologisch und, was vor allem wichtig ist, wissenschaftstheoretisch reflektiert. Bevor ich auf diese drei Argumente eingehe, möchte ich zunächst etwas zu ihrem Verhältnis zueinander sagen. Das erste Argument, das „Bescheidene Argument", ist eine Anleitung zur Meditation, die gegenüber den Text von 1905 (§ 61) erheblich differenziert ist. Allein das *Bescheidene Argument* wird der Forderung gerecht, die Erkenntnis Gottes dürfe nicht von den intellektuellen Fähigkeiten abhängig sein. Es ist die Grundlage aller weiteren Überlegungen. Indem Peirce dem *Bescheidenen Argument* diesen Platz zuweist, betont er die Unentbehrlichkeit der phänomenalen, meditativen, gelebten, erfahrungsmäßigen Grundlage als Ausgangspunkt für jede Reflexion über die Religion. Nur das *Bescheidene Argument* kann den vollen phänomenalen Gehalt der Religion sichern: die Anbetungswürdigkeit Gottes, das Bewußtsein seiner Nähe, die Bestimmung des gesamten Lebens des Glaubenden. Es ist „jedem aufrichtigen Menschen zugänglich, und ich vermute, daß es für mehr Menschen der Anlaß ihrer Gottesverehrung war als jedes andere" (CP 6.486; RS 360).

Aber das *Bescheidene Argument* ist Einwänden ausgesetzt. Wo bleibt die von der Tradition immer wieder behauptete Rationalität der Religion? Wird Religion hier nicht zu einer Sache des Gefühls, der Sentimentalität? Kann man noch von einer Erkenntnis Gottes reden? Haben wir im *Bescheidenen Argument* nicht einen ad hoc erfundenen Erkenntnisbegriff vor uns, der mit dem Erkenntnisbegriff der Wissenschaften in keinem Zusammenhang steht? Das *Bescheidene Argument* bedarf daher der Verteidigung; sein Wissensbegriff ist aus seiner Isolierung zu befreien. Das geschieht in den beiden folgenden Argumenten. Dabei stehen das wissenschaftstheoretische und das theologische Argument in einer engen Beziehung zueinander; Peirce versucht hier, Galilei und Augustinus miteinander zu verbinden. Das wissenschaftstheoretische Argument ist für Peirce die höchste Stufe der Reflexion; es reflektiert über die Struktur des „bescheidenen" und des theologischen Arguments.

2. Versonnenheit

Das *Bescheidene Argument* ist eine Meditation. Peirce gebraucht dafür das 65
Wort „Musement" (RS übersetzt: „Versonnenheit"). „Es gibt eine bestimmte angenehme Beschäftigung des Geistes", so beginnt die Beschreibung des Musement, „die gewöhnlich nicht so gepflegt wird, wie sie es verdient hätte, was ich daraus schließe, daß sie keinen eigenen Namen hat. Denn wenn man sich ihr maßvoll hingibt – sagen wir während etwa fünf oder sechs Prozent des Wachzustandes, vielleicht während eines Spaziergangs – erfrischt sie schon mehr, als der Aufwand dafür ausmacht. Weil er keinen Zweck enthält außer dem, jeden ernsthaften Zweck fallen zu lassen, war ich manchmal halb-geneigt, ihn – mit einigen Qualifikationen – Träumerei zu nennen; aber für eine Geistesverfassung, die so antipodisch zu Untätigkeit oder Verträumtheit ist, wäre eine solche Bezeichnung entsetzlich unpassend" (CP 6.458; RS 332). Das Musement ist reines Spiel. Nur im Spiel können alle Kräfte des menschlichen Geistes sich entfalten. Außer dem Gesetz der Freiheit hat das reine Spiel keine Regeln. Der Geist weht, wo er will. Peirce gibt den Rat: „Steig in dein Boot der VERSONNENHEIT, stoße ab in den See des Denkens, und überlasse es dem Atem des Himmels, dein Segel zu schwellen. Mit offenen Augen werde wach für das, was um dich herum oder in dir ist, und eröffne ein Gespräch mit dir selbst, denn das heißt Meditieren" (CP 6.461; RS 335). Der Versonnene soll sich freimachen von allen vorgefaßten Meinungen: „Jemand, der sich hinsetzt mit der Absicht, von der Wahrheit der Religion überzeugt zu werden, fragt eindeutig nicht mit wissenschaftlich zielstrebigem Herz und muß sich selbst immer verdächtigen, unfair zu denken" (CP 6.458; RS 333). Er läßt Eindrücke passiv auf sich wirken und trinkt sie in sich hinein. Vom Eindruck geht er über zur Beobachtung, von der Beobachtung zum Nachsinnen und vom Nachsinnen „in lebhaftes Geben und Nehmen in der Gemeinschaft zwischen Selbst und Selbst (CP 6.459; RS 333). Das Musement soll keine Methode ausschließen, aber die Methoden werden hier nicht als Werkzeuge, sondern als Spielzeuge gebraucht. Es ist ein Selbstgespräch nicht lediglich in Worten, sondern verbunden mit Experimenten und dem Zeichnen von Diagrammen. Der Versonnene fragt z.B., ob die Theorie Darwins die Schönheit der Blumen und Schmetter-

linge erklären kann und warum „die Natur im ganzen – die Formen der Bäume, die Kompositionen der Sonnenuntergänge – derart erfüllt von Schönheit" ist (CP 6.462; RS 336). Schließlich wird er auf metaphysische Probleme stoßen.

Von den Inhalten, die Gegenstand des Musement werden können, zeichnet Peirce einen aus: Das reine Spiel „kann entweder die Form einer ästhetischen Kontemplation annehmen, oder die des Bauens von Luftschlössern […], oder die des Nachdenkens über ein Wunder in einem der Universen oder über eine Verbindung zwischen zweien der drei, mit einer Spekulation über dessen Ursache. Es ist diese letzte Art – ich werde sie im ganzen genommen, VERSONNENHEIT' nennen –, die ich besonders empfehle, denn sie wird mit der Zeit zum *Vernachlässigten Argument* aufblühen" (CP 6.458; RS 333). Die Rede von den drei Universen spielt an auf Peirce' Kategorienlehre, die Unterscheidung von Firstness, Secondness und Thirdness. Die Bezeichnungen Firstness, Secondness und Thirdness beruhen auf der Wertigkeit der Prädikatsausdrücke. Firstness wird durch einstellige Prädikataausdrücke dargestellt, Secondness durch zweistellige und Thirdness durch drei- und mehrstellige. Firstness, das erste Universum, ist die Welt der reinen Ideen, die von jeder Gegenständlichkeit, jedem faktischen Vorhandensein und jeder Ursächlichkeit abstrahiert. Das sind einmal die Qualitäten unserer Erfahrung, und zwar sowohl die Inhalte der Sinneserfahrung als auch unsere psychischen Erlebnisse. Wo ein Phänomen ist, da ist Qualität. Beispiele sind Rot, Bitter, Überdrüssig, Gelangweilt, Vornehm, Farben, Töne. Peirce rechnet dazu auch alle bloßen Vorstellungsinhalte: die Konstruktionen der reinen Mathematik oder die Phantasieschöpfungen des Dichters. Auch hier wird von jedem faktischen Gegebensein abstrahiert: Ihr Sein besteht nicht darin, daß sie gedacht werden, sondern daß sie gedacht werden können. Secondness, das zweite Universum, ist Tatsache, Ereignis, die bloße, vom Gedanken nicht erfaßte und strukturierte vereinzelte Faktizität. Die zweistellige Relation ist die von Aktion und Reaktion, Tun und Erleiden. Ihr Sein besteht in der Reaktion gegen blinde Kräfte. Tatsachen widerstehen unserem Willen. Tun und Leiden erfordern die Materie als ihr Substrat. Die bloße Qualität kann nicht auf etwas einwirken; es ist immer die Materie, die wirkt. Thirdness, das dritte Universum, ist alles, was die aktive Fähigkeit besitzt, Verbindungen zwischen verschiedenen Objekten, vor allem zwischen Objekten in verschiedenen Universen, herzustellen. Dazu rechnet Peirce das Gesetz und den Gedanken; das Zeichen, insofern sich in ihm der Gedanke darstellt und es die Kraft hat, die Verbindung zwischen dem Gedanken bzw. Geist und dem Gegenstand herzustellen; das aktuelle Bewußtsein und das Leben, auch das Leben der Pflanze, d.h. die Kraft des Wachstums; eine Tageszeitung, ein großes Vermögen, eine soziale Bewegung. Ein Gesetz und ein Gedanke sind allgemein. Eine Sammlung von Tatsachen kann niemals ein Gesetz ergeben. Das Gesetz geht über die Tatsachen hinaus und sagt, welche Tatsachen möglich sind (vgl. CP 1.418–420; 6.455; RS 330f.). Es sei der Leserin und dem Leser überlassen, Mediationen über den Zusammenhang der drei Universen anzustellen: Wie verhält sich der Farbeindruck in meinem Bewußtsein zu den chemischen Reaktionen in meinem Gehirn? Wie zeigt der Zusammenhang der drei Universen sich in der Musik, etwa in einer Symphonie: die physikalischen und physiologischen Prozesse im Vorgang des Hörens; die mathematischen Proportionen der Tonfrequenzen; die Gesetze der Harmonie; die schöpferische Phantasie des Komponisten; die Welt der Gefühle, die durch die Klänge wachgerufen wird; der kulturelle Hintergrund eines musikalischen Stils.

Die Überzeugung, zu welcher das Musement führen soll, hat Peirce in den einleitenden Zeilen seines Aufsatzes formuliert: „Das Wort ‚GOTT‘ […] ist *der* definierbare Eigenname zur Bezeichnung des *Ens necessarium*; nach meiner Überzeugung REAL der Schöpfer der drei UNIVERSEN DER ERFAHRUNG" (CP 6.452; RS 329). Der Terminus technicus *Ens necessarium* läßt fragen: Haben wir es im *Vernachlässigten Argument* also doch mit einem Gottesbeweis im Sinn der Metaphysik zu tun, genauer: mit dem Schluß vom kontingenten Seienden auf ein notwendiges Seiendes? Dem steht Peirce' Behauptung entgegen, auch ein Bauerntölpel ohne jede metaphysische Bildung könne das Argument einsehen. Die Realität des *Ens necessarium* wird nicht durch eine ontologische Argumentation bewiesen; sie leuchtet vielmehr im Prozeß der Versonnenheit auf. ‚Notwendiges Seiendes‘ ist eine definite Beschreibung, d.h. eine Beschreibung, die nur auf *ein* Seiendes zutrifft und dazu dient, den Referenten eines Eigennamens festzulegen. Aber sie ist nicht die einzig mögliche definite Beschreibung, mit der wir dem Wort ‚Gott‘ eine Bedeutung geben können; ‚Gott‘, so sahen wir (§ 61), ist ein Wort der Alltagssprache. Peirce spricht auch vom „unabhängigen SCHÖPFER" (CP 6.483; RS 355) der drei Universen, und diese Bezeichnung versteht auch der Bauerntölpel. Die metaphysische Sprache mag genauer sein, aber sie ist zugleich abstrakter und ärmer. Seinem Schöpfer kann der Mensch dankbar sein; ob er diese Haltung auch gegenüber dem *Ens necessarium* einnehmen kann, bleibe dahingestellt. Das *Bescheidene Argument* will zu einer Hypothese führen, welche das gesamte Leben des Menschen bestimmt, und dafür ist der Begriff des *Ens necessarium* zu leer und abstrakt.

Peirce bringt eine Charakterisierung des *Ens necessarium*, die an folgende Sätze von Wittgensteins *Tractatus* erinnert: „Die Tatsachen gehören alle nur zur Aufgabe, nicht zur Lösung. Nicht, *wie* die Welt ist, ist das Mystische, sondern *daß* sie ist" (TLP 6.4321; 6.44). Er spekuliert über eine perfekte Kosmologie der drei Universen. Sie würde bezüglich der drei Universen alles beweisen, was die Vernunft nur wünschen kann. Die Vernunft würde fordern, daß das bewiesen wird, aus dem alles folgt, was tatsächlich von den drei Universen wahr ist; „und das Postulat, aus dem all dies folgen würde, darf keine Tatsachen anführen, denn jede solche Tatsache würde dadurch unerklärt bleiben. Jene perfekte Kosmologie muß deshalb zeigen, daß die gesamte Geschichte der drei Universen, wie sie war und wie sie sein wird, aus einer Prämisse folgt, die nicht voraussetzt, daß sie überhaupt existieren" (CP 6.490; RS 364).

67 Der Ausdruck ‚notwendiges Seiendes' ist eine definite Beschreibung, aber keine Wesensbestimmung Gottes. Er sagt etwas über die Beziehung der Welt zu Gott, aber er sagt nicht, was Gott an sich ist. Gott ist für Peirce ein Geheimnis. „Die Hypothese von Gott ist insofern eine besondere, daß sie ein unendlich unbegreifliches Objekt voraussetzt, obwohl jede Hypothese, als solche, voraussetzt, daß ihr Objekt in der Hypothese wahrheitsgetreu erfaßt wird" (CP 6.466; RS 339). Peirce löst diesen anscheinenden Widerspruch in der Weise, daß er einen unendlichen Weg der Gotteserkenntnis annimmt. Die Hypothese von Gott ist vage, aber sie kann zunehmend bestimmt werden. Wir können wahre Aussagen über Gott machen; jede wahre Aussage schränkt die Vagheit des Gottesbegriffs ein. Dieser Prozeß kann jedoch nie zu einem Abschluß kommen; das Geheimnis Gottes ist unergründlich. In einem Artikel von 1893 wirft Peirce den Theologen vor, daß sie genau den umgekehrten Weg gehen. „Sie ertränken die Religion in logisch fehlerhaften Disputationen, und die natürliche Folge ist die Tendenz, ständig die engen Grenzen noch enger zu ziehen, wobei das lebendige Wesen der Religion immer weniger Beachtung findet; bis endlich – nachdem ein gewisses *Symbolum quicumque* erklärt hat, daß das Heil jedes einzelnen Menschen absolut und nahezu exklusiv davon abhängt, ob er eine richtige Metaphysik der Gottheit hegt – der lebendige Funke der Inspiration gänzlich ausgelöscht wird" (CP 6.438; RS 213f.).

Die vage Gotteshypothese hat so die Tendenz, sich in einem unendlichen Prozeß immer mehr zu bestimmen. Damit scheint sie – hier vollzieht Peirce einen Schritt von der Ordnung der Erkenntnis in die Ordnung des Seins – Gott darzustellen als ein Wesen, das in einem Prozeß des Wachstum begriffen ist. Das aber würde dem Gottesbegriff des *Ens necessarium*, von dem das *Vernachlässige Argument* ausgegangen war, widersprechen; das notwendige Seiende kann keiner Veränderung unterliegen. Peirce arbeitet die unlösbare Alternative heraus: Der Gedanke des Wachstums Gottes gehört wesentlich zur Hypothese. Die fortschreitende Erkenntnis Gottes ist bedingt durch die fortschreitende Entwicklung der drei Universen. Wir müssen Gott denken als ein Wesen, das Absichten hat; die Entstehung und das Wachstum der Universen ist von Gott beabsichtigt. Eine Absicht impliziert nach Peirce aber wesentlich Wachstum: Wenn ein Wesen seine Absichten verwirklicht, dann entfaltet es sich dadurch. Wir können Gott nicht ohne Absichten denken; wenn wir ihn aber so denken, müssen wir ihn als ein Wesen denken, das in einem Prozeß des Wachstums begriffen ist. Das aber widerspricht Gott als *Ens necessarium*. Peirce löst diesen Widerspruch nicht auf, aber er betont, daß es weniger falsch sei, Gott als veränderlich als ihn ohne Absichten zu denken (CP 6.466; RS 339f.).

Auch unter den Phänomen, die in der Versonnenheit meditiert werden können, hebt Peirce das Wachstum hervor. Es findet sich in jedem der drei Universen, und es zeigt, daß die drei Universen zusammenwirken; „ein universales Merkmal dafür ist Vorsorge in früheren Stadien für spätere". Aktion und Reaktion (Secondness), so können wir uns das Zusammenwirken verdeutlichen, werden durch ein Gesetz (Thirdness) gesteuert; die Materie (Secondness) erhält durch das Wachstum Gestalt und Qualitäten (Firstness). Das Wachstum ist „ein Muster für bestimmte Richtungen der Reflexion, die unvermeidlich die Hypothese von Gottes Realität nahelegen werden" (CP 6.465; RS 338). Wiederum wird, wie bei der Rede von den Absichten Gottes, Peirce' teleologische Weltsicht deutlich. Evolution und Schöpfung schließen nach Peirce einander nicht aus; vielmehr ist der Gedanke der Evolution untrennbar mit dem eines personalen Schöpfers verbunden (CP 6.157). Daß die eine die andere Erklärung nicht ausschließt, sondern erfordert, wird verdeutlicht durch die analoge Leib-Seele-Problematik: „Wenn mir jemand sagt […], daß alles Denken von Nervenzellen abhängt, die bestimmten physikalischen Gesetzen streng gehorchen […], dann bin ich bereit, es zu glauben. Wenn er aber weitergeht und sagt, damit sei die Theorie widerlegt, daß wir Menschen von Vernunft geleitet und denkende Wesen seien, dann muß ich offen sagen, daß ich seine Intelligenz nicht mehr sehr hoch einschätze" (CP 6.465; RS 339).

3. Die instinktive Vernunft

Jeder „normale Mensch, der die drei Universen im Licht von Gottes Realität betrachtet", so beschreibt Peirce die Wirkungen der Versonnenheit, „und diese Linie der Reflexion in wissenschaftlicher Zielstrebigkeit des Herzens verfolgt, wird bis in die Tiefe seiner Natur von der Schönheit der Idee und ihrer erhabenen Praktikabilität ergriffen werden, sogar bis zu dem Punkt, daß er seinen streng hypothetischen Gott aufrichtig liebt und anbetet, und bis dahin, daß er vor allem anderen danach verlangt, sein gesamtes Verhalten und alle Triebfedern des Handelns in Übereinstimmung mit dieser Hypothese zu bringen. Nun ist aber überlegt und durch und durch bereit zu sein, sein Verhalten in Übereinstimmung mit einer Aussage zu bringen, nicht mehr und nicht weniger als der Geisteszustand, der Überzeugtsein von dieser Aussage genannt wird" (CP 6.467; RS 340f.).

Gehen wir für die Interpretation dieses Zitats aus von Peirce' Begriff der Überzeugung (belief), der am Ende angedeutet ist. Wesentlich für eine Überzeugung ist die Bereitschaft, entsprechend zu handeln. Eine Überzeugung, so heißt es in der programmatischen frühen Schrift *How to Make our Ideas Clear* (1878), „ist die Halbkadenz, die eine musikalische Phrase in der Symphonie unseres geistigen Lebens abschließt. Wir haben gesehen, daß sie genau drei Eigenschaften hat: Erstens ist sie etwas, dessen wir uns bewußt sind, zweitens bringt sie die Erregung des Zweifels zur Ruhe, und drittens schließt sie die Einrichtung einer Regel des Handelns in unserer Natur ein – oder kürzer: eine *Verhaltensgewohnheit*" (CP 5.397; WCSP Bd.3,263; PP 190). Überzeugt von der Realität Gottes ist nur, wem es zutiefst ein Anliegen ist, sein gesamtes Leben in Übereinstimmung zu bringen mit der Aussage, daß Gott real ist. Aber wie kommt es zu dieser Überzeugung, und wie läßt diese Überzeugung sich rechtfertigen? Ein erster Schritt ist eine Erweiterung und Bereicherung des Gottesbegriffs. Das Wort Gott bezeichnet nicht nur das *Ens necessarium*; es steht auch für eine praktische Idee, welche dem Leben Sinn gibt und zugleich eine bestimmte Lebensführung fordert. Es steht auch für den Schöpfer der drei Universen der Erfahrung und damit für die Ursache der Schönheit dieser Welt. Die Hypothese von der Realität des so verstandenen Gottes spricht den Menschen in seinem Innersten an. Die Überzeugung beruht nicht auf einem wie immer zu verstehenden Beweis; sie beruht auf einer Resonanz. Durch die Hypothese werden die drei grundlegenden Erfahrungsbereiche des Menschen, das moralische Bewußtsein, das ästhetische Erleben und das theoretische Wissen, angesprochen und zu einer letzten Einheit verbunden. Der hypothetische Gott wird zum Gegenstand der Liebe, Bewunderung und Anbetung, weil der Mensch, indem er mit der Hypothese konfrontiert wird, erfährt, daß sie ihm das vorstellt, was er in seinem Innersten ersehnt. Die Überzeugung von der Realität Gottes kommt dadurch zustande, daß der Mensch, wenn die Versonnenheit ihn den ganzen Reichtum dieser Idee hat erfahren lassen, nicht anders kann als der Aussage, daß Gott real ist, zuzustimmen.

69 Aber wieder melden sich die oben (§ 64) vorgebrachten Einwände: Wo bleibt die von der Tradition immer wieder behauptete Rationalität der Religion? Wird Religion hier nicht zu einer Sache des Gefühls, der Sentimentalität? Kann man noch von einer Erkenntnis Gottes reden? Um auf sie zu antworten, bedient Peirce sich einer Methode, mit man mit Wittgenstein als „übersichtliche Darstellung" (§ 28) bezeichnen könnte. Er stellt die Schritte einer wissenschaftlichen Untersuchung dar und zeigt so die Entsprechungen zwischen wissenschaftlicher und religiöser Erkenntnis. Die religiöse Erkenntnis wird durch die Kritik an einem rationalistischen Wissenschaftsbegriff gerechtfertigt. Peirce unterscheidet zwischen Argument und Argumentation (§ 63). Wie in der Religion, so ist in der Wissen-

schaft das nicht formalisierbare Argument der entscheidende Weg, um zu Überzeugungen zu kommen; die mit formalen Mitteln arbeitende Argumentation ist nur von untergeordneter Bedeutung.

Jede wissenschaftliche Untersuchung wird ausgelöst durch ein Phänomen, das eine Erwartung des Forschers nicht erfüllt oder seiner Theorie widerspricht. Der Forscher betrachtet das Phänomen unter allen möglichen Rücksichten, um eine Sichtweise zu finden, die das Rätsel löst. Schließlich kommt er zu einer Vermutung oder Hypothese, die eine mögliche Erklärung liefert. Unter einer Erklärung versteht Peirce einen Syllogismus, „der die überraschende Tatsache als notwendige Schlußfolgerung und die Umstände ihres Auftretens [...] als Prämissen darstellt", also eine Deduktion (§ 57). Weil die Hypothese eine Erklärung liefert, wird sie vom Forscher mit Wohlwollen betrachtet. Seine Zustimmung zu ihr kann unterschiedliche Grade annehmen; sie reicht von der bloßen Frage bis zur unkontrollierbaren Neigung, die Hypothese für wahr zu halten. Die gesamte Abfolge mentaler Leistungen vom Wahrnehmen der „wunderbaren Phänomene" über die Suche nach den relevanten Umständen, das Tappen im Dunkeln und das plötzliche Aufbrechen der überraschenden Vermutung bis zur abschließenden Bewertung ihrer Plausibilität bilden das „Erste Stadium der Forschung", die Retroduktion, „d.h. das Denken vom Konsequens [des deduktiven Syllogismus] zum Antezedens". Es ist „eher eine Form des Arguments als der Argumentation" (CP 6.469; RS 342f.).

Die durch die Retroduktion gewonnene Hypothese bedarf der Überprüfung. Deshalb werden experimentell kontrollierbare Folgerungen aus ihr gezogen. Die Form des Folgerns, deren sich dieses zweite Stadium der Forschung bedient, ist die Deduktion. Ihr erster Schritt ist die Explikation der Hypothese durch logische Analyse; ihre Aufgabe besteht darin, die Hypothese so klar wie möglich darzustellen. Auch dieser Vorgang ist ein Argument und keine Argumentation. Der Explikation folgt die deduktive Argumentation. Aber auch sie erfordert wiederum eine nicht formalisierbare Leistung, die Interpretation; die Deduktion arbeitet hauptsächlich mit „Symbolen", d.h. Zeichen, die ihre Objekte deshalb darstellen, weil sie entsprechend interpretiert werden (CP 6.470f.; RS 343f.). Im dritten Stadium der Forschung wird festgestellt, wie weit die Ergebnisse der Deduktion mit der Erfahrung übereinstimmen. Die Form des Folgerns, die dazu angewendet wird, ist die Induktion. Auch sie ist ohne Argument nicht möglich. Ihr erster Schritt ist die Klassifikation, das „ist eine induktive nicht-argumentationale Art des Arguments, durch die allgemeine Ideen an Objekten der Erfahrung festgemacht werden; oder genauer: durch welche die letzteren den ersteren untergeordnet werden" (CP 6.472; RS 345). Mit anderen Worten: Die Anwendung von Allgemeinbegriffen auf Gegenstände der Erfahrung ist eine Leistung der Urteilskraft.

Weder Deduktion noch Induktion, so urteilt Peirce, „leisten den kleinsten positiven Beitrag zur endgültigen Konklusion der Untersuchung. Sie machen das Unbestimmte bestimmt; die Deduktion expliziert; die Induktion evaluiert: das ist alles". Jede „Planke" des „Fortschritts wird zuerst allein durch die Retroduktion gelegt, das heißt durch die spontanen Vermutungen der instinktiven Vernunft; und weder Deduktion noch Induktion tragen einen einzigen neuen Begriff zur Struktur bei" (CP 6.475; RS 347). Deshalb ist, wenn wir das Vorgehen der wissenschaftlichen Untersuchung kritisch beurteilen, die entscheidende Frage die nach der Gültigkeit der Retroduktion. Unsere erste, spontane Antwort lautet: Wir können nicht anders als die Hypothese mit dem epistemischen Wert oder dem Grad der Zustimmung anzunehmen, mit dem wir sie tatsächlich annehmen: als bloße Frage, als mehr oder weniger plausibel oder als unwiderstehliche Überzeugung. Aber daß wir nicht anders können, so wendet Peirce ein, ist keine logische Rechtfertigung, wie sie von einem vernünftigen Wesen verlangt wird; es läuft auf das Eingeständnis hinaus, daß wir nicht imstande sind, unser Denken zu kontrollieren. Das Nicht-anders-können braucht jedoch nicht negativ als Versagen des reflexiven Denkens verstanden zu werden. Wir können die Stärke des Impulses, die in dieser Wendung zum Ausdruck kommt, auch als Anzeichen dafür nehmen, daß es sich um eine *instinktive* Reaktion handelt. „Lebewesen aller Rassen erheben sich weit über das allgemeine Niveau ihrer Intelligenz in den Vollzügen, welche die ihnen eigene Leistung sind, so wie Fliegen und Nestbauen für gewöhnliche Vögel; und was ist des Menschen eigene Leistung wenn nicht allgemeine Ideen zu verkörpern in Schöpfungen der Kunst, in nützlichen Einrichtungen und vor allem in theoretischer Erkenntnis? [...] Ja, wir sind gezwungen zu erklären: *Wenn wir wüßten*, daß der Impuls, eine Hypothese einer anderen vorzuziehen, wirklich analog wäre zu den Instinkten von Vögeln und Wespen, wäre es töricht, ihm innerhalb der Grenzen der Vernunft keinen freien Lauf zu lassen; zumal wir irgendeine Hypothese in Erwägung ziehen müssen oder sonst auf alles weitere Wissen als das, welches wir bereits durch genau dieses Mittel erworben haben, verzichten müssen". Aber wissen wir, daß der Mensch diesen Instinkt besitzt? Nicht in dem Ausmaß, daß die Vermutung beim ersten oder bei zweiten Mal das Richtige trifft. Aber daß der gut vorbereitete menschliche Geist „wunderbar bald" jedes Geheimnis der Natur erraten hat, ist für Peirce eine historische Wahrheit, und eine Erklärung durch den Zufall lehnt er aus mathematischen Gründen ab (CP 6.476; RS 348).

70   Peirce sieht seine These von der instinktiven Vernunft bestätigt durch Galileis Lehre vom *lumen naturale*. Vom Galilei stamme der Satz, daß von zwei Hypothesen die einfachere vorzuziehen sei. Peirce lehnt die Interpretation, damit sei die logische Einfachheit gemeint, ab. Vielmehr sei es die einfachere Hypothese „im Sinn der leichteren und natürlicheren,

diejenige, welche der Instinkt nahelegt, die vorgezogen werden müsse; aus dem Grund, daß, wenn der Mensch keine natürliche Neigung in Übereinstimmung mit der der Natur hätte, er keine Chance hätte, die Natur überhaupt zu verstehen". Wenn Galileis Maxime in dieser Interpretation richtig sei, dann wimmle es von Beispielen, „daß ein bestimmtes, ganz und gar eigentümliches Vertrauen in eine Hypothese, das nicht mit einer voreiligen unkritischen Sicherheit verwechselt werden darf, einen sehr hoch einzuschätzenden Wert als ein Zeichen der Wahrheit der Hypothese hat". Das Ergebnis dieser wissenschaftstheoretischen Analysen für die Religionsphilosophie faßt Peirce in dem Satz zusammen: „Das N.A. [Neglected Argument] ruft dieses eigentümliche Vertrauen in allerhöchstem Grad hervor" (CP 6.477; RS 350f.).

Der kritische, reflektierte Wissenschaftler wird sich jedoch mit dieser Reaktion nicht zufrieden geben. So unwiderstehlich die Hypothese von der Realität Gottes auf den ersten Blick auch erscheint: sie bedarf dennoch wie jede andere Hypothese der Überprüfung. Der Forscher, der mit der von Peirce' beschriebenen Methode vertraut ist und weiß, daß Wissenschaft ohne ein im Feuer der Kritik geläutertes Vertrauen auf den Common sense und den Instinkt nicht möglich ist, sieht, daß das *Vernachlässigte Argument* mit derselben Methode arbeitet wie das erste Stadium einer wissenschaftlichen Untersuchung; die Erkenntnisform des *Vernachlässigten Arguments* ist nicht mehr isoliert; eine erste Entsprechung zur wissenschaftlichen Erkenntnis wird sichtbar. Aber wie steht es mit einer Entsprechung zu den beiden anderen Stadien? Lassen sich auch aus der Hypothese von der Realität Gottes Folgerungen deduzieren, die dann anhand der Erfahrung überprüft werden können? Das ist, wie Peirce in seinem unveröffentlichten Nachtrag zu *A Neglected Argument for the Reality of God* ausführt, nicht möglich. Die kritische Prüfung muß sich daher auf ein anderes Moment beziehen. Jede Überzeugung, so sahen wir (§ 68), bestimmt notwendig unser Handeln; der „endgültige Test" für die Plausibilität der Gotteshypothese muß daher für den von Peirce' Pragmatizismus überzeugten Wissenschaftler „in deren Wert für das selbstkontrollierte Wachstum der Lebensführung des Menschen liegen" (CP 6.480; RS 353). Letztlich muß die Hypothese von der Realität Gottes sich nicht als kosmologische Hypothese, sondern als Idee der praktischen Vernunft, durch ihre „erhabene Praktikabilität" (CP 6.467), bewähren. Die Zustimmung zu ihr hat den Charakter einer existentiellen Entscheidung. Das *Bescheidene Argument* „ist das erste Stadium einer wissenschaftlichen Untersuchung über den Ursprung der drei Universen, aber einer Untersuchung, die nicht lediglich wissenschaftliche Überzeugung hervorbringt, die immer vorläufig bleibt, sondern auch eine lebende, praktische Überzeugung, die logisch dadurch gerechtfertigt ist, daß sie den Rubicon mit aller Fracht der Ewigkeit überschreitet" (CP 6.485; RS 357).

72 Wenn ein erfolgreicher, geschickter, mit der Praxis der Forschung vertrauter Wissenschaftler, der zugleich imstande ist, sein Vorgehen reflektierend zu analysieren, den Prozeß der Versonnenheit mit den verschiedenen Stadien seiner eigenen Tätigkeit vergleicht, wird er nicht nur sehen, daß das *Bescheidene Argument* ein Fall des ersten Stadiums einer wissenschaftlichen Untersuchung ist; er wird auch feststellen, daß es von den anderen Fällen vor allem unter folgenden drei Rücksichten erheblich abweicht. Erstens erreicht die Hypothese von der Realität Gottes einen so hohen Grad von Plausibilität, daß sich dafür im Bereich der Wissenschaft nahezu keine Entsprechung findet. Wenn diese Idee erst einmal im Prozeß der Versonnenheit lebendig geworden sei, sei es so schwer, an der Realität Gottes zu zweifeln, daß die Gefahr bestehe, bei diesem ersten Stadium zu bleiben, weil der Versonnene gegenüber allen weiteren Argumenten gleichgültig geworden sei. Entsprechend seinem Instinkt-Kriterium sieht Peirce in dieser außergewöhnlichen Plausibilität „ein Argument von nicht geringem Gewicht zugunsten der Wahrheit der Hypothese" (CP 6.488; RS 361).

„Zweitens: Obwohl es eine Hauptfunktion einer erklärenden Hypothese ist [...], im Geist ein klares Bild hervorzurufen, durch das experimentelle Konsequenzen von feststellbaren Bedingungen vorausgesagt werden können, kann doch in diesem Fall die Hypothese nur so sehr undeutlich erfaßt werden, daß allein in Ausnahmefällen eine eindeutige und direkte Deduktion von ihrer gewöhnlichen abstrakten Interpretation gemacht werden kann" (CP 6.489; RS 361f.). ,Gott' ist nach Peirce, so sahen wir (§ 61), ein vages Wort der Alltagssprache, dessen Vagheit durch keine Definition ersetzt werden kann, ohne daß das Wort seine Funktion einbüßt. „Die Hypothese von Gott ist insofern ein besonderer Fall, daß sie ein unendlich unbegreifliches Objekt annimmt, obwohl jede Hypothese, als solche, voraussetzt, daß ihr Objekt in der Hypothese wahrheitsgetreu erfaßt wird" (CP 6.466; RS 339). Kein Begriff kann den Anspruch erheben, das Wesen Gottes erfaßt zu haben; jeder Begriff kann immer nur vorläufig sein, und er läßt die Frage offen, in welcher Weise er durch weitere Bestimmungen modifiziert und interpretiert wird. Ein Beispiel für eine deduktive Folgerung aus einem bestimmten Gottesbegriff und ihrer Konfrontation mit der Erfahrung wäre das Theodizee-Problem. Wenn Gott vollkommen gut und allmächtig ist, so folgt daraus, daß es kein Übel in der Welt geben kann; dem aber widerspricht die Erfahrung. Für Peirce ergäbe sich das Problem aus einem rationalistischen Gottesbegriff, welcher der unendlichen Unbegreiflichkeit Gottes nicht gerecht wird. Peirce fragt, wie das *Vernachlässigte Argument* sich auf die Weltsicht eines einfachen Menschen von großer menschlicher Weite, Aufgeschlossenheit und Herzensbildung, der aber nicht studiert hat und für den logische Überlegungen böhmische Dörfer sind, auswirken würde, und er kommt in diesem Zusammenhang auf das

Böse und das Übel in der Welt zu sprechen. Die Einstellung, zu welcher dieser einfache Mensch durch die Übung der Versonnenheit finden würde, läßt sich zusammenfassen in dem Satz des *Römerbriefs*: „Wir wissen, daß Gott bei denen, die ihn lieben, alles zum Guten führt" (Röm 8,28). Er „wird sich seligpreisen für seinen eigenen bittersten Schmerz und Gott preisen für das Gesetz des Wachstums mit all dem Kampf, den es ihm auferlegt". Und wenn er Unschuldige, die ihm nahestehen und die er über alles liebt, der Folter und Verzweiflung ausgeliefert sehen sollte, „darf er trotzdem hoffen, daß es das Beste *für sie* ist, und er wird sich sagen, daß Gottes geheimer Plan durch ihre Vermittlung vervollkommnet wird; und selbst während er noch vom Kampf erhitzt ist, wird er sich mit Anbetung Seinem Heiligen Willen unterwerfen. Er wird sich nicht sorgen, denn die drei Universen wurden nicht konstruiert, um in das Schema eines dummen zänkischen Weibes zu passen" (CP 6.479; RS 352).

Der Mangel der Gotteshypothese, der sich im zweiten Unterschied zeigt, wird durch den dritten Unterschied ausgeglichen. Er „besteht in ihrem gebietenden Einfluß auf die gesamte Lebensführung derer, die an sie glauben" (CP 6.490; RS 362), in ihrer „erhabenen Praktikabilität" (§ 71). Wir können, um diese Aussage zu interpretieren, nochmals auf die Weltsicht des einfachen, offenen Menschen zurückgreifen. Er weiß, daß es die Pflicht des Menschen ist, das Böse zu bekämpfen. „In diesem Kampf wird er sich anstrengen, genau die Pflicht zu erfüllen, die ihm auferlegt ist, und sonst nichts" (CP 6.479; RS 352). Er wird nicht nach Erfolg oder Mißerfolg fragen; ihm genügt das Wissen, daß er die Pflicht hat, gegen das Böse zu kämpfen. Die Überzeugung von der Realität Gottes verleiht seiner Pflichterfüllung Sinn, auch dann, wenn er im Kampf gegen das Böse eine Niederlage erleidet. Er weiß, daß ihm alles zum Guten gereicht; er darf hoffen, daß auch Leid und Mißerfolg für ihn das Beste sind und daß Gottes unerforschlicher Plan durch ihn verwirklicht wird. Peirce sieht in dieser Hoffnung die Vollendung einer natürlichen Anlage des Menschen. Voraussetzung dafür, daß das *Vernachlässigte Argument* einen Menschen überzeuge, sei dessen „normale" intellektuelle Disposition, und dazu zählt für Peirce der Optimismus, wie er ihn in bedeutendem Format bei Leibniz findet. „Ich gebe nicht zu, daß Pessimisten gleichzeitig von Grund auf geistig gesund und außerdem in normalem Maß mit intellektueller Kraft ausgestattet sind". Der „Unterschied zwischen einer pessimistischen und einer optimistischen Geisteshaltung ist von derart dominierenden Einfluß im Hinblick auf jede intellektuelle Funktion, daß es gar nicht in Frage kommt zuzugeben, daß beide normal sind" (CP 6.484; RS 356). Die Gottesidee findet deshalb eine so starke Resonanz im Menschen, weil sie die zum Wesen des menschlichen Geistes gehörende Ausrichtung auf das Gute anspricht. Gott ist Garant einer Ordnung, die diesen natürlichen Glauben an das Gute bestätigt. Die „erhabene Praktikabiliät" der Hypothese von der Realität Gottes besteht darin, daß sie auch die dem natürlichen Glauben widersprechenden Erfahrungen in die optimistische Sicht der Wirklichkeit integriert.

73 „Ein Nest von drei Argumenten für die Realität Gottes", so faßt der Zusatz den Artikel über das *Vernachlässigte Argument* zusammen, „ist jetzt skizziert worden" (CP 6.486; RS 359). Mit dem ersten und dem dritten, dem *Bescheidenen Argument* und dem wissenschaftstheoretischen Argument, haben wir uns beschäftigt. Seinen Namen hat das Nest vom zweiten, dem theologischen Argument, das von den Autoren der natürlichen Theologie „vernachlässigt" worden sei (CP 6.487; RS 360). Peirce will die Theologen hinweisen auf ein Argument, dem sie nicht genügend Beachtung geschenkt haben. Auch hier befinden wir uns auf einer Reflexionsebene, die den meditativen Vollzug des *Bescheidenen Arguments* voraussetzt. In diesem Sinn ist die Theologie eine Metadisziplin. Sie kann nichts beweisen, sondern nur beschreiben und verteidigen, was im *Bescheidenen Argument* eingesehen wird, Wie die Wissenschaftstheorie auf die Praxis der Forschung, so reflektiert die Theologie auf die Erfahrungen in Meditation und Gebet. Die Theologen „sind es gewohnt, von dem Prinzip Gebrauch zu machen, daß von dem, was einen normalen Menschen überzeugt, anzunehmen ist, es sei gesundes Denken; und deshalb sollten sie alles sagen, was wahrheitsgemäß vorgebracht werden kann, um zu zeigen, daß das N.A., wenn hinreichend entwickelt, jeden normalen Menschen überzeugen wird" (CP 6.484; RS 355). Das wissenschaftstheoretische Argument zeigt die Entsprechungen auf, die zwischen Versonnenheit und Abduktion bestehen. Die Theologen sind zu wissenschaftstheoretischen Überlegungen nicht imstande; sie bewegen sich auf der Ebene allgemeiner menschlicher Einsichten und Überzeugungen. Ihre Aufgabe wäre, wie die wissenschaftstheoretische Reflexion es tut, mit den ihr eigenen Mitteln die Erfahrung des Versonnen zu reflektieren und zu verteidigen. Wie die wissenschaftstheoretische Reflexion auf den für die Abduktion unentbehrlichen Instinkt verweist, so sollten die Theologen zeigen, daß der Mensch das *animal religiosum* ist: daß „eine verborgene Neigung zum Glauben an Gott ein fundamentaler Bestandteil der Seele ist und daß sie, weit davon entfernt depraviert oder abergläubisch zu sein, der natürliche Niederschlag der Meditation über den Ursprung der drei Universen ist" (CP 6.487; RS 360). Mit dem wissenschaftstheoretischen Argument ist das theologische durch einen analogen Begriff des Instinkts verbunden. Peirce vollzieht hier den Schritt von Galilei zu Augustinus; was er von den Theologen fordert, findet sich in der Tradition als die Lehre vom *desiderium naturale* (§§ 273f.;283).

Literatur:

Smith 1978, Kap.6; 1981
Orange 1984
Raposa 1989; 1991
Hookway 1991
Deuser 1993; 1999
Anderson 1995, 135–185

D. Religion, Philosophie, Vernunft: John Henry Newman

Wenn es um Gründe für die Religion geht, so schreibt Newman in seinem religionsphilosophischen Alterswerk *An Essay in Aid of a Grammar of Assent* (1870), dann „ist Egotismus echte Bescheidenheit. Beim religiösen Suchen kann jeder von uns nur für sich selbst sprechen, und für sich selber hat er ein Recht zu sprechen. Seine eigenen Erfahrungen sind genug für ihn selbst, aber er kann nicht für andere sprechen: er kann nicht das Gesetz aufstellen; er kann nur seine eigenen Erfahrungen zu dem gemeinsamen Bestand psychologischer Tatsachen hinzubringen. Er weiß, was ihn selbst befriedigt hat und befriedigt; wenn es ihn befriedigt, wird es wahrscheinlich auch andere befriedigen; wenn es, wie er glaubt und sicher ist, wahr ist, wird es sich auch bei anderen Geltung verschaffen, denn es gibt nur eine Wahrheit" (Z 270). Newman religionsphilosophische Einsichten sind erwachsen aus den Erfahrungen seines Lebensweges, seinen klassisch-philologischen, dogmen- und kirchengeschichtlichen Studien, seiner Tätigkeit als Prediger, Seelsorger und akademischer Lehrer. John Henry Newman (1801–1890) war Student am Trinity College in Oxford, Fellow des Oriel College und Pfarrer der Universitätskirche St. Mary's. 1845 bat er um Aufnahme in die katholische Kirche. 1849 gründete er das Oratorium des hl. Philipp Neri in Birmingham, und 1851 wurde er zum Gründungsrektor der Katholischen Universität Irlands in Dublin ernannt.

I. Was ist Religion?

Eine Religion, so Newmans Antwort im ersten Kapitel seines Essays über die Entwicklung der Glaubenslehre (1845 ³1878) ist eine *Idee*. Newman geht aus vom Begriff des Urteils. Einige unserer Urteile sind bloße Meinungen. Sie kommen und gehen; ein Zufall kann sie uns vergessen lassen; wenn sie einen Einfluß auf uns ausüben, dann ist er ebenso flüchtig wie die Meinungen selbst. Dagegen sind Ideen Urteile, die mit oder ohne Grund fest in unserem Geist verwurzelt sind; sie lassen uns nicht los, „mögen sie sich nun auf Tatsachen beziehen oder auf Prinzipien der Lebensführung, mögen sie Lebens- und Weltanschauungen sein oder auch Vorurteile, Einbildungen oder Überzeugungen" (E 35). Als eines der Beispiele einer objektiven Idee bringt Newman das Judentum; bei ihm lassen sich verschiedene Aspekte unterscheiden: der Monotheismus, eine Moral und eine geschichtliche Sendung.
Die Idee geht der diskursiven, begrifflichen Erkenntnis voraus; sie ist das

Ganze vor den Teilen. Newman nennt sie einen „Eindruck auf die Einbildungskraft" (E 52). Shakespeare hatte eine Idee seines Hamlet, Aristoteles eine Idee des großgesinnten Menschen, der das Ideal seiner Ethik verkörpert. Sie analysierten diese Idee, indem sie die einzelnen Charakterzüge zeichneten. Das geistesgeschichtliche Phänomen des Platonismus ist ebenso eine Idee wie der Protestantismus; hier finden wir wie im Judentum die Einheit von Lehre und Lebensführung. Jeder Versuch, sie in eine Formel einzufangen, müßte scheitern. Würde man etwa das Luthertum mit seiner Lehre von der Rechtfertigung gleichsetzen, so würde man einen Aspekt mit dem Ganzen verwechseln; es gibt „keinen Aspekt, der tief genug wäre, um den Inhalt einer realen Idee zu erschöpfen, keinen Ausdruck, keinen Satz, der sie zu definieren vermöchte". „Die Idee [...] ist gleichbedeutend mit der Gesamtsumme ihrer möglichen Aspekte, mögen diese auch noch so sehr im Einzelbewußtsein der Individuen variieren. Je mannigfaltiger die Aspekte sind, unter denen sich die Idee verschiedenen Geistern darbietet, umso größer ist auch ihre Kraft und Tiefe und umso stärker der Beweis für ihre Realität. Für gewöhnlich wird die Objektivität einer Idee dem Intellekt nicht anders nahegebracht als durch diese Mannigfaltigkeit. Es ist so wie bei den körperlichen Substanzen: [...] will man ihre Realität nachweisen, so kann man rund um sie herumgehen, sie sich von entgegengesetzten Seiten unter verschiedenen Perspektiven und in unterschiedlicher Beleuchtung ansehen" (E 36). Die Aspekte sind verschieden; dieselbe Sache erscheint unter jeder Perspektive anders. Aber gerade diese Unähnlichkeit ist ein Beweis für die Originalität, die Einheit und Ganzheit, den Reichtum und die Kraft der Idee.

76   Newman wendet sich deshalb gegen alle Versuche, eine „Leitidee" des Christentums zu formulieren. Ein solcher Versuch könne allenfalls von methodischer Bedeutung sein: Wir können nach einer Zentralidee oder einem Zentralaspekt fragen, um den herum die anderen Aspekte sich anordnen lassen. Dabei darf aber nicht ein Aspekt der Offenbarung einen anderen ausschließen oder verdunkeln. Die nicht auf einen Aspekt reduzierbare spannungsreiche Einheit des *mysterium tremendum et fascinosum* muß gewahrt bleiben: „Das Christentum ist dogmatisch, erbauend und praktisch, alles zugleich; es ist esoterisch und exoterisch; es ist nachsichtig und streng; es ist licht und dunkel; es ist Liebe, und es ist Furcht" (E 37). In seiner Oxforder Universitätspredigt über die Theorie der Entwicklung in der religiösen Lehre (1843) zitiert Newman die Areopagrede des Paulus: „Was ihr verehrt, ohne es zu kennen, das verkünde ich euch" (Apg 17,23). Gott ist dem Menschen als Gegenstand der Verehrung und Anbetung gegeben, und erst in einem zweiten Schritt wird der Geist „von Natur aus gedrängt, den Gegenstand seiner Anbetung mit frommer Wißbegier zu betrachten. Er beginnt Thesen über Gott zu formulieren, ehe er noch ahnt, wohin oder wie weit ihn seine Gedanken tragen werden" (G 243). Was

anfänglich ein Eindruck auf die Einbildungskraft war, wird in der Vernunft zu einem System oder Glaubensbekenntnis, das aber die ursprüngliche Idee niemals erschöpfen kann. Der Eindruck der Einbildungskraft, welchen der Mensch von Gott hat, ist individuell und in sich abgeschlossen, weil es der Eindruck *eines* Objektes ist. „Da Gott nur einer ist, ist auch der Eindruck, den wir von ihm empfangen, nur einer; kein Ganzes in Teilen; kein System; auch nicht etwas Unvollständiges, das einer Ergänzung bedürfte. Er ist der Anblick eines Objektes. Wenn wir beten, beten wir nicht zu einer Verbindung von Begriffen oder zu einem Credo, sondern zu dem einen einzigen individuellen Wesen. Und wenn wir von diesem sprechen, so sprechen wir von einer Person, nicht von einem Gesetz oder einer Manifestation" (G 243). Die Eindrücke, welche das Evangelium uns von Glaubensobjekten zukommen läßt, sind wie ihr Urbild ganz und unteilbar. „Sie können real genannt werden, weil sie Bilder dessen sind, was wirklich ist. Objekte, die uns durch die Sinne gegeben werden, sind unserem Geist gegenwärtig sozusagen mit ihren Dimensionen, Aspekten und Einflüssen, die alle verschieden sind und doch alle einander entsprechen. Viele Dimensionen und Aspekte liegen, während wir die Gegenstände selbst betrachten, außerhalb unseres Gedächtnisses oder gar unserer Kenntnis. Diese unmittelbare Zusammengehörigkeit und Gleichzeitigkeit der Begleiterscheinungen nötigen uns zu der Überzeugung von ihrer Wirklichkeit, davon, daß sie nicht Geschöpfe unseres Geistes sind, sondern Bilder äußerer, von uns unabhängiger Dinge. Dies wird natürlicherweise auch bei den göttlichen Ideen geschehen, die die Objekte unseres Glaubens sind. Religiöse Menschen haben in je verschiedenem Maß […] eine Anschauung von der heiligen Dreifaltigkeit in der Einheit […], und zwar nicht in der Form einer Summe von Qualitäten, Eigenschaften und Handlungen, nicht in der Form des Subjekts einer Summe von Behauptungen, sondern als eins und individuell und unabhängig von Worten, wie bei einem Eindruck, der durch die Sinne vermittelt ist" (G 244). Kein Satz eines Glaubensbekenntnisses, kein Dogma und keine Aussage der Theologie kann mehr sagen als in der Fülle der ursprünglichen Idee enthalten ist. Sie sind deshalb notwendig, weil wir Menschen nur in der Weise über die Idee reflektieren können, daß wir einzelne Aspekte und Beziehungen herausgreifen. Aber das Leben der Glaubensbekenntnisse, der Dogmen und der Theologie besteht in der einen Idee, die sie ausdrükken sollen. „So sind denn letzten Endes die katholischen Dogmen nur Symbole einer göttlichen Tatsache, die keineswegs gerade von diesen Sätzen umfaßt werden kann, ja nicht einmal durch tausend andere erschöpft und ausgelotet werden könnte" (G 245).

Wie James von einer lebendigen Hypothese (§ 38), so spricht Newman von einer lebendigen Idee. „Wenn eine Idee […] die Eigenschaft hat, den Geist zu fesseln und ihn in Besitz zu nehmen, dann kann man von ihr sagen, sie habe Leben, das heißt, sie lebe in dem Geist, der sie aufnimmt". Mathematische Ideen können schwerlich lebendig genannt werden. „Anders ist es, wenn eine [...] bedeutende Aussage über die Natur des Menschen, über die gegenwärtige Wohlfahrt, über die Regierung, oder über die Pflichten oder Religion vor die breite Öffentlichkeit gebracht wird und die Aufmerksamkeit auf sich zieht. Dann wird sie nicht bloß passiv in dieser oder jener Form von den vielen Geistern aufgenommen, sondern wird zu einem aktiven Prinzip in ihnen. Die Idee bringt sie dann nämlich dazu, sie immer wieder von neuem zu betrachten, sie auf verschiedene Gebiete anzuwenden und nach allen Seiten hin zu verbreiten" (E 38). Unter den Beispielen einer solchen lebendigen Idee, die Newman aufzählt, sind die Menschenrechte, der Utilitarismus und die Philosophie des Epikur. Eine solche Idee hat insofern eine *prima facie*-Realität, als sie von verschiedenen Seiten her betrachtet werden kann und in verschiedenen Geistern unterschiedliche Reaktionen ausübt. Sie wird von anderen Ideen und Systemen beeinflußt werden und ihrerseits auf diese einwirken. Die Menschen werden die Idee unterschiedlich auslegen; die Erfahrungen, die sie machen, wenn sie nach ihr leben, werden verschieden sein; sie werden ihre Interpretationen und Erfahrungen austauschen. Die Idee wird dadurch in das soziale Leben eindringen, „daß sie die öffentliche Meinung ändert und die Grundlagen der bestehenden Ordnung stärkt oder untergräbt. So wird sie sich mit der Zeit ausgewachsen haben zu einem ethischen Kodex oder zu einem Regierungssystem oder zu einer Theologie oder zu einem Ritual – entsprechend ihren Fähigkeiten" (E 39). Aber alle gestaltenden Kräfte und Gedankensysteme, die sich in diesem Prozeß herausbilden, sind nur die Entfaltung der ursprünglichen Idee in die Vielzahl ihrer theoretischen und praktischen, im Leben wirksamen Aspekte.

78   Eine lebendige Idee ist für ihre Entfaltung auf eine menschliche Gemeinschaft angewiesen; sie ist wie ein Keim, der einen Boden braucht, in dem er sich entwickeln kann. Eine sich entfaltende Idee setzt bereits bestehende Formen des Denkens und Handelns voraus; sie wird sie vernichten, modifizieren oder in sich aufnehmen. Sie gebraucht den Geist der Gemeinschaft, in die sie hineingeboren wird, als ihr Werkzeug. Sie entwickelt sich dadurch, daß sie Beziehungen herstellt zwischen sich selbst und den von ihr vorgefundenen Anschauungen, Überzeugungen, Lebensformen, Normen und Institutionen; „sie ist darauf aus, ihnen einen neuen Sinn und eine neue Richtung zu geben, und zwar dadurch, daß sie sich sozusagen eine Jurisdiktion über sie schafft und aus ihnen alles aussondert, was sie sich nicht assimilieren kann. Sie wächst mit der Einverleibung, und ihre Identität besteht nicht in Isolation, sondern in Kontinuität und Herrschaft." Dadurch erhält die Geschichte der Religionen einen kämpferischen Grundzug: „Es ist der Krieg der Ideen unter ihren verschiedenen Aspekten im Streben nach der Herrschaft" (E 40). Die Reli-

gion wird zu einem gestaltenden Prinzip der menschlichen Gemeinschaft und zu einem „machtvollen und fruchtbaren Prinzip der menschlichen Vereinigung" (E 50). Die Wahrheit, die sie verkündet, wendet sich an alle Menschen; ebenso sollen ihre Gebote und Verheißungen verbreitet werden; alle Menschen sollen an ihren Segnungen teilhaben. So führen die wesentlichen Elemente einer Religion aufgrund ihrer Natur zur Bildung einer religiösen Gemeinschaft. Wenn sich aber einmal eine religiöse Gemeinschaft gebildet hat, dann wird eine Form der Leitung notwendig. Newman zitiert den französischen Historiker und Politiker François Guizot (1787–1874): „Sobald die Religion im Menschengeist entsteht, kommt auch schon eine religiöse Gesellschaft zum Vorschein; und zugleich mit der Bildung einer religiösen Gesellschaft bringt sie auch ihre Regierung hervor" (G 51).

Was aber ist der ursprüngliche, anfängliche Eindruck auf die Einbildungs-   79
kraft, welcher den verschiedenen Formen der historischen Religionen zugrunde liegt, auf dem sie aufbauen und den sie entfalten? Newmans Antwort findet sich in seinen Ausführungen über ethische Entwicklungen (E 47–51). Der beste Ausgangspunkt, um sie zu interpretieren, ist der Satz der Areopagrede des Paulus, den Newman in seiner Predigt über die Theorie der Entwicklung in der religiösen Lehre zitiert (G 243): „Was ihr verehrt, ohne es zu kennen, das verkünde ich euch" (Apg 17,23). Der Entwicklungsprozeß, von dem Paulus hier spricht, läßt sich folgendermaßen beschreiben: Ein Phänomen, eine konfuse Einstellung oder ein konfuses Erlebnis erhält eine Deutung und kommt dadurch zum Verstehen seiner selbst. Die Wendung „was ihr verehrt, ohne es zu kennen" bezeichnet den Eindruck auf die Einbildungskraft und die Idee, die ihn hervorruft. Newman bringt mehrere Beispiele einer solchen „ethischen Entwicklung". Aristoteles geht in der *Nikomachischen* Ethik aus von der konfusen Vorstellung des Glücks, die er dann Schritt für Schritt analysiert und klärt; er will den Menschen zu einem klaren Verständnis dessen führen, was er in seinem Glücksstreben sucht. Oder dem Menschen sei ein „soziales Prinzip" eingeboren; es bedürfe der Entfaltung in Gesellschaft und Staat. Der Brauch, für die Toten zu beten, ist Ausdruck einer tiefen Einstellung. „Und Riten und Zeremonien sind natürliche Mittel, durch welche der Geist sich von frommen und reumütigen Emotionen befreit." Ehrfurcht und Liebe gegenüber dem „Großen, Hohen und Unsichtbaren" sind Maßstäbe, mit denen eine Religionsgemeinschaft beurteilt wird. Newman spricht von Menschen, die ihre Sekte verlassen haben, weil diese Haltungen in ihr nicht genug gepflegt wurden. Vor allem anderen steht für Newman jedoch das Phänomen des Gewissens (§§ 115–117). Wir können seine Existenz nicht leugnen, aber erst in seiner theologischen Deutung kann das Gewissen sich selbst verstehen. Allein „die Lehre von einem Herrn der sittlichen Ordnung" gibt dem Gewissen einen Sinn und eröffnet

ihm eine Zukunftsperspektive; „mit anderen Worten, die Lehre von einem Richter und einem künftigen Gericht ist *eine Entwicklung des Phänomens des Gewissens*" (E 48 Hervorh. F.R.).

Zustimmend zitiert Newman Guizots Ausführungen über das Wesen der Religion, in denen dieser sich gegen die Auffassung wendet, Religion lasse sich auf ein bloßes religiöses Gefühl reduzieren und sie sei eine ausschließlich persönliche Angelegenheit. „In der Menschennatur, in den menschlichen Schicksalen, liegen Probleme, die in diesem Leben nicht gelöst werden können, die von einer dieser sichtbaren Welt fremden Ordnung der Dinge abhängen, die aber unaufhörlich den menschlichen Geist in Bewegung halten mit einer Sehnsucht, sie zu verstehen. Die Lösung dieser Probleme ist der Ursprung aller Religion, deren primäres Ziel es ist, Bekenntnisse und Lehren zu finden, die diese Lösung enthalten". Als weitere Ursache, welche die Menschheit nötigt, Religion anzunehmen, nennt Guizot die Frage „Woher stammt das Ethische? Wohin führt es? Ist diese ganz aus sich selbst existierende Verpflichtung, gut zu handeln, eine ganz für sich abgesonderte Tatsache, ohne einen Urheber, ohne ein Ziel? Verbirgt sie – oder offenbart sie – nicht vielmehr dem Menschen einen Ursprung, ein Schicksal jenseits der Welt? Die Wissenschaft der Ethik führt den Menschen durch diese spontanen und unvermeidlichen Fragen an die Schwelle der Religion und enthüllt ihm eine Sphäre, aus der er sie nicht abgeleitet hat" (E 49f.).

II. Was ist Philosophie?

80 Philosophie, so heißt es in der vierzehnten Oxforder Universitätspredigt (1841), „ist Vernunft geltend gemacht gegenüber Wissen [*Reason exercised upon Knowledge*]; oder das Wissen nicht nur von Dingen im allgemeinen, sondern von Dingen in ihren Beziehungen zueinander" (G 215). Philosophie ist die Fähigkeit, Zusammenhänge zu sehen, oder, in Wittgensteins Formulierung (§ 28), die Fähigkeit zur übersichtlichen Darstellung, wie Newman sie exemplarisch verkörpert sieht in den großen Gestalten eines Thomas von Aquin, Newton, Goethe und vor allem in Aristoteles (U 143). „Auf vielen Gebieten heißt richtig zu denken wie Aristoteles zu denken; wir sind seine Schüler, ob wir wollen oder nicht, obwohl wir es vielleicht gar nicht wissen" (U 123). Die Unterscheidung, die Newman an dieser Stelle zwischen Vernunft und Wissen macht, entspricht der des Aristoteles zwischen Bildung (*paideia*) und Wissen (*epistêmê*). Bildung ist dem Wissen übergeordnet; sie ist die Fähigkeit zu urteilen, welche Methode und welcher Grad an Genauigkeit dem jeweiligen Gegenstandsbereich angemessen ist. So weiß der Gebildete, daß die Methode der Moralphilosophie eine andere ist als die der Mathematik; er weiß, welche Art

von Beweisen er von einem Redner und welche er von einem Mathematiker verlangen kann (vgl. Aristoteles, De part.an. I 1, 639a1–12; Nik. Eth. I 1, 1094b22–1095a2). Philosophie, das will Newmans Begriffsbestimmung sagen, steht über den Einzelwissenschaften; sie strebt nach einer Übersicht, die Unterschiede und Beziehungen der verschiedenen Wissensgebiete sehen läßt. Wissen auf einem bestimmten Gebiet ist eine notwendige Bedingung, um den geistigen Horizont zu erweitern; dennoch ist es selbst nicht das, was den Geist weitet. Vielmehr besteht diese Weitung im Vergleich der verschiedenen Gegenstände des Wissens miteinander. Wir beherrschen unser Wissen erst dann, wenn wir nicht lediglich etwas lernen, sondern auch imstande sind, das Gelernte in Beziehung zu setzen zu dem, was wir schon wußten. Weitung des geistigen Horizonts bedeutet nicht lediglich eine Vermehrung des Wissens, sondern einen Wechsel des Standorts, eine Veränderung der Perspektive, aus der wir die Dinge sehen. Newman spricht von einem Gravitationszentrum, das die gesamte Masse unseres Wissens anzieht. Philosophie soll bewirken, daß dieser geistige Mittelpunkt sich vorwärts bewegt zu einer neuen und tieferen Sicht der Wirklichkeit. Sie ist die Fähigkeit zu einer umfassenden Zusammenschau, darin vergleichbar mit der aristotelischen Phronesis, der praktischen Urteilskraft, „Wissen nicht nur von den Dingen, sondern auch von ihren gegenseitigen Beziehungen. Sie ist ein organisiertes und daher lebendiges Wissen" (G 213). „Sie läßt jedes Ding zu jedem anderen Ding führen; sie vermittelt jedem einzelnen Glied das Bild des Ganzen, bis das Ganze in der Einbildungskraft ein einziger Geist wird, der überall die sich ergänzenden Teile erfüllt und durchdringt und ihnen so ihren einen endgültigen Sinn gibt [...] sie sieht das Ganze in jedem Teil" (G 216).

Newman weist hin auf die Gefahr einer geistigen Verengung durch die Einzelwissenschaften und eine bloße Gelehrsamkeit. „Wenn wir den Intellekt vervollkommnen wollen, so müssen wir zunächst einmal emporsteigen; wirkliches Wissen läßt sich nicht auf einer Ebene gewinnen, wir müssen verallgemeinern, wir müssen auf die Methode reduzieren, wir müssen Prinzipien erfassen und was wir uns angeeignet haben mit ihrer Hilfe gruppieren und formen. Dabei ist es gleichgültig, ob das Feld unserer Tätigkeit weit oder begrenzt ist; in jedem Fall müssen wir, um es zu beherrschen, über es hinaufsteigen" (U 148). Wer nur seine Einzelwissenschaft sieht, läuft Gefahr, sie als Maßstab an alle Bereiche der Wirklichkeit anzulegen. „Menschen, die von einer einzigen Sache besessen sind, hegen eine übertriebene Meinung von deren Wichtigkeit. Sie verfolgen sie mit fieberhaftem Eifer, machen sie zum Maßstab für völlig fernliegende Dinge und sind entsetzt und verzweifelt, wenn es ihnen einmal nicht gelingt" (U 146). Wenn erfahrene Reisende in eine neue Gegend kommen, besteigen sie einen hohen Hügel oder einen Kirchturm, um ein Bild ihrer Umgebung zu gewinnen. „In gleicher Weise mußt du über deinem Wissen stehen, nicht unter ihm; sonst wird es dich erdrücken; je größer dein Besitz, desto größer wird die Last sein [...] Beispiele gibt es mehr als genug; manche Autoren sind ebenso witzlos wie unerschöpflich in ihren literarischen Quellen. Sie messen das Wissen nach seinem Umfang, wie es als roher Block daliegt, ohne Symmetrie, ohne Plan. Wie viele Kommentatoren gibt es zu den Klassikern, wie viele zur Heiligen Schrift, von deren Lektüre wir aufstehen, staunend über die Gelehrsamkeit, die an uns vorübergezogen ist, und staunend, warum sie vorübergezogen ist" (U 148).

82 Philosophie in ihrer vollkommenen Form ist kein Wissen, sondern eine Haltung und eine Tätigkeit: die Vollendung und Betätigung der Urteilskraft, der Newman die führende Rolle im geistigen Leben des Menschen zuspricht. Man gewinnt sie – Newman zitiert Edward Copleston (1776–1849), Provost des Oriel College – durch die Verbindung von „Wesen und Extrakten vieler verschiedener Dinge, gewonnen zunächst aus umfangreicher und vielseitiger Lektüre und verschiedenen Wissensgebieten und dann aus Beobachtung. Denn wenn in dieser Hinsicht etwas auf der Hand liegt, so ist es die Tatsache, daß ein Mensch, der darauf abgerichtet worden ist, all seine Gedanken einem einzigen Fach zuzuwenden, niemals auch nur für dieses ein guter Beurteiler sein wird. Andererseits verleiht ihm die Erweiterung seines Gesichtskreises in rasch steigendem Maß Wissen und Kraft." Unter Urteilskraft versteht Copleston „jenes Meisterprinzip allen praktischen und wissenschaftlichen Lebens, ja aller Begabung überhaupt, das ihm [dem Geist] Kraft gibt in jedem Gegenstandsbereich, mit dem er sich auseinandersetzen will, und ihn befähigt, den entscheidenden Punkt in ihm zu erfassen" (U 176f.). Die Urteilskraft lebt vom Vergleichen und Unterscheiden. Ihre Ausbildung erfordert Übung auf den entsprechenden Gebieten; Copleston nennt Religion, Ethik, Geschichte, Rhetorik, Dichtung, philosophische Prinzipienlehre, Kunst, Literatur. Sie bilden trotz aller Unterschiede eine Einheit: Ihr großer Gegenstand ist der Mensch als moralisches, soziales und fühlendes Wesen, und „sie alle stehen (mehr oder weniger streng) unter der Kontrolle derselben Kraft der moralischen Vernunft" (U 177). Copleston zeigt, wie diese verschiedenen Studien sich gegenseitig stützen und ergänzen, aber vor allem auch korrigieren. Sie „besitzen neben ihren besonderen Vorzügen auch ihre besonderen Mängel. Auch die gründlichste Bekanntschaft mit einer bringt nur einen Intellekt hervor, der entweder nur blendet oder zu dürftig oder mit einem anderen Fehler aufgrund einer zu engen Lektüre behaftet ist. Die Geschichte zum Beispiel zeigt die Dinge, wie sie sind, das heißt, die sittliche Haltung und das Streben des Menschen, verderbt und entstellt durch alle Unvollkommenheiten der Leidenschaft, der Torheit und des Ehrgeizes. Die Philosophie streicht zu viel vom Bild weg; die Dichtung schmückt es zu sehr aus. Erst die in eins gefaßten Strahlen der drei be-

richtigen die falsche besondere Farbtönung einer jeden und zeigen uns die Wahrheit" (U 178).

In einer fast hymnischen Schilderung hebt Newman hervor, daß Philosophie, als Bildung und Vollendung der Urteilskraft verstanden, mehr ist als eine lediglich kognitive Haltung. Sie ist „klare, ruhige Schau und Erfassen aller Dinge, soweit wie der endliche Geist sie ergreifen kann, jedes an seinem Platz und mit seinen eigenen Merkmalen ausgestattet". Wer sie hat, „ist fast prophetisch infolge seiner Kenntnis der Geschichte; er vermag beinahe die Herzen zu ergründen infolge seiner Kenntnis der menschlichen Natur; er hat eine fast übernatürliche Liebesfähigkeit infolge seiner Freiheit von Enge und Vorurteil; er besitzt beinahe die Ruhe des Glaubens, weil nichts ihn schrecken kann" (U 147).

Jede Wissenschaft neigt dazu, sich zum einzigen Maßstab und zur einzigen Deutung der Wirklichkeit zu machen. Sie ist in der Gefahr, auf Gebiete überzugreifen, für die sie nicht zuständig ist. Deshalb kann „jede Profanwissenschaft, die ausschließlich betrieben wird, der Religion gefährlich werden" (U 72). Jede Wissenschaft hat ihre eigene Methode, und sie tendiert dazu, sie über ihr eigenes Gebiet hinaus anzuwenden und sie nicht nur als die für ihre Zwecke beste, sondern als die schlechthin beste anzusehen und sie anderen Wissenschaften aufzuzwingen (U 256f.). Studien jeglicher Art machen den Geist anderen Wissensgebieten abgeneigt. Die Dominanz des naturwissenschaftlichen Denkens erschwert den religiösen Glauben; Newman verweist auf seine der Offenbarungswahrheit schädliche Wirkung auf die Einbildungskraft und das beherrschende Interesse, das ihm wegen seiner großartigen Erfolge zuteil wird (U 328). Die Naturwissenschaften stehen unter dem Gesetz des Fortschritts, während die Religion keinen Fortschritt kennt. Wenn es z.B. um das Schicksal des Menschen nach dem Tod geht, weiß ein hochgebildeter Europäer nicht mehr als ein Schwarzfuß-Indianer. „Nicht eine einzige von all den vielen Wissenschaften, in denen wir den Schwarzfuß-Indianer übertreffen, verbreitet auch nur im geringsten etwas Licht über den Zustand der Seele nach dem Erlöschen des leiblichen Lebens." Kein Fortschritt der Wissenschaft und Technik „hat die geringste Beziehung zu der Frage, ob der Glaube allein den Menschen rechtfertigt oder ob die Anrufung der Heiligen ein rechtgläubiger Brauch ist" (U 253). Die Philosophie hat die Aufgabe, den einzelnen Wissenschaften eine Grenze zu ziehen. Sie ist der „herrscherliche Intellekt", der alle Lehren und Wahrheiten unter seine Hut nimmt; er läßt „sie gelten und achtet keine gering; und weil er keine gering achtet, erlaubt er keiner, ihre Grenzen zu überschreiten und sich auf Kosten anderer auszudehnen [...] Er anerkennt die unüberschreitbaren Grenzlinien, die Wesen von Wesen trennen. Er achtet genau darauf, wie die verschiedenen Wahrheiten sich zueinander verhalten, wo sie sich vereinigen, wo sie auseinandergehen, und wo sie, zu weit getrieben, auf-

83

hören, überhaupt Wahrheiten zu sein. Sein Amt ist es, zu bestimmen, wieviel auf jedem Gebiet des Geisteslebens zu erkennen ist, wann wir uns mit dem Nichtwissen zufrieden geben müssen, in welcher Richtung ein Forschen aussichtslos und wo es vielversprechend ist, wo es sich in Schwierigkeiten, die für die Vernunft unlösbar sind, verwickeln wird" (U 273).

III. Religiöser Glaube und Vernunft

1. Die Übergriffe der Vernunft

84 Was für das Verhältnis der verschiedenen Wissenschaften zueinander gilt, gilt ebenso für das Verhältnis zwischen dem religiösen Glauben und der Vernunft. Auch hier handelt es sich um verschiedene Zugänge und verschiedene Sichten der Wirklichkeit, und auch hier kommen Übergriffe vor. Die Philosophie hat auch hier die Aufgabe, Eigenart und Unterschied von religiösem Glauben und Vernunft zu sehen und ihr gegenseitiges Verhältnis zu bestimmen; ihre Aufgabe ist nicht, „unbekannte Wahrheiten zu mutmaßen, sondern feststehende Tatsachen und Lehren miteinander zu vergleichen, einander anzupassen, zu verbinden und zu erklären" (G 218). Es gibt Übergriffe der Religion auf das Gebiet der Vernunft und der Wissenschaften, aber ebenso Übergriffe der Vernunft auf das Gebiet der Religion. Die Vernunft hat die Möglichkeit, die Religion zu destruieren, ist aber allein nicht fähig, sie in einem vollen Sinn zu erfassen. „Es gibt keine Tat Gottes und keine Wahrheit der Religion, gegen die eine hyperkritische Vernunft keine Einwände fände, und in Wahrheit sind die Beweisgründe und der Inhalt der Offenbarung nicht an die bloße unbeständige Vernunft des Menschen gerichtet, noch ist eine sichere und adäquate Aufnahme durch sie zu erhoffen" (G 49). In der Ausbreitung des Christentums sieht Newman, wie Paulus im ersten Korintherbrief (1 Kor 1,18–33), einen Sieg der Torheit Gottes über die Weisheit der Welt. „Die menschliche Philosophie wurde aus ihrer angemaßten Stellung vertrieben, aber nicht durch irgendeine Gegenphilosophie. Der ungelehrte Glaube, der durch die ihm einwohnende Kraft wirksam wurde, beherrschte die Vernunft [...]. Er hat sie seit jener Zeit in der Kirche benutzt, zuerst als Gefangene, dann als Dienerin; nicht als gleichberechtigt und in keiner Weise (das sei ferne) als Patron" (G 51).

85 Das klingt nach einem vernunftfeindlichen Fideismus, und um es richtig zu verstehen, ist zunächst ein Blick auf den hier vorausgesetzten Vernunftbegriff zu werfen. In einem weiten Sinn, so führt Newman aus, werde unter Vernunft alles verstanden, was den Menschen vom Tier unterscheidet, auch das Vermögen der sittlichen Erkenntnis. In diesem Sinn

werde das Wort hier nicht gebraucht. Wenn Newman von einem Gegensatz von Glaube und Vernunft spricht, dann verwendet er einen engeren Begriff; Vernunft wird „synonym mit den intellektuellen Kräften und als solche als entgegengesetzt zu den sittlichen Qualitäten und dem Glauben" gebraucht (G 52). Newman vergleicht das Verhältnis zwischen dem Glauben und der so verstandenen Vernunft mit dem zwischen Sinneswahrnehmung und Vernunft; zwischen beiden bestehe eine „starke Analogie". Ebensowenig wie die Vernunft die Aufgabe der Sinne übernehmen kann, kann sie den Glauben ersetzen. Damit werden die vielfältigen Leistungen der Vernunft für die Sinne und entsprechend für den Glauben nicht bestritten. „Unsere Vernunft unterstützt die Sinne in vielfacher Weise: Sie regelt ihre Anwendung und ordnet die Beweisgründe, die sie uns liefern; sie gebraucht die ihnen zugänglichen Tatsachen und zieht aus ihnen in unbegrenztem Umfang Schlüsse, sagt feststellbare Ereignisse voraus und bestätigt zweifelhafte" (G 53). Dennoch kann die Naturwissenschaft auf die Beobachtung und das Experiment nicht verzichten. „Der Blinde, der im Ernst Vorlesungen über Licht und Farben ankündigte, dürfte kaum hoffen, Hörer zu finden" (G 54).

Was auf dem Gebiet der Naturwissenschaften offensichtlich absurd ist, kommt in Religion und Theologie vor. Hier finden sich Theoretiker, die Spekulationen nachgehen, ohne einen Zugang zum Phänomen zu haben. Sie wissen nicht, was die Aufgabe der Theologie als Wissenschaft ist und wo hier die Grenzen der Vernunft und der Spekulation liegen. „Sie haben ihr Lehren auf bloßen Argumenten aufgebaut, anstatt auf die direkte Betrachtung ihres Gegenstands zu zielen" (G 55); sie sind mit denen zu vergleichen, die scharfsinnige Theorien über die Farben entwickeln, anstatt zunächst die Menschen anzuleiten, die Farben zu betrachten. Newman spricht über eine solche Vernunftreligion ein hartes und eindeutiges Verdikt aus: „Es ist ebenso sinnlos, einen Menschen durch Beweisführung wie durch Folter zum Glauben bringen zu wollen" (G 55). Diese Theoretiker schaden der Religion, weil sie nur Verwirrung stiften. Im Unterschied zu dem blinden Dozenten, der eine Vorlesung über die Farben ankündigt, finden sie eine breite und ebenso blinde Hörerschaft, der sie ungestraft ihre paradoxen Lehren vortragen können. Aber auch religiöse Menschen werden ihnen oft Gehör schenken, weil sie die eine oder andere scharfsinnige Vermutung bestätigt finden. Eine wichtige und umfangreiche Aufgabe der Vernunft auf dem Gebiet der Religion besteht darin, daß sie die auf diese Weise von ihr selbst verursachten Fehler berichtigt; sie muß die Krankheiten heilen, an denen sie selbst die Schuld trägt. „Welch übermenschliches Talent ist erforderlich, die buntscheckigen, ineinander verschlungenen Fäden des Gewebes wieder zu entwirren! Und welche Dankbarkeit schulden wir dem begabten Menschen, der durch sein Wissen oder seine Philosophie diese Aufgabe wenigstens teilweise durchführt!"

Aber die Dankbarkeit gilt nicht der Vernunft als Prinzip der Forschung, denn sie macht nur das Unheil wieder gut, das sie selbst verschuldet hat, „und zieht sich armselig und langsam aus dem Gebiet zurück, in das sie widerrechtlich eingedrungen war" (G 55).

Verdeutlichen wir uns die verbreitete Auffassung des Verhältnisses von religiösem Glauben und Vernunft, gegen die Newman sich mit seiner Analogie von der Sinneswahrnehmung wendet. Danach hängt der Glaube von der Vernunft ab; der Akt des Glaubens ist in einem Akt der Vernunft fundiert. Zwar beruhe der Glaube auf dem Zeugnis und nicht auf Vernunftschlüssen. „Aber jenes Zeugnis hängt für den Beweis seines Anspruchs seinerseits von der Vernunft ab, so daß die Vernunft eine unentbehrliche Voraussetzung ist" (G 140). Newman zitiert einen Prediger des siebzehnten Jahrhunderts: „Der Glaube ... ist eine Zustimmung zu einer Sache als einer von Gott geoffenbarten. Nun muß aber jede Zustimmung *auf Beweise gegründet* sein, das heißt niemand kann irgend etwas glauben, ohne daß er irgendwelche *Gründe* dafür hat oder zu haben glaubt. Denn eine Sache ohne Grund für gewiß halten, ist nicht Glaube, sondern vermessentlich festgehaltene Meinung und Eigenwilligkeit des Geistes" (G 194). Der Glaube wird an der Vernunft gemessen; die Vernunft gibt den Wertmaßstab für den Glauben ab. Die Vernunft, so die verbreitete Auffassung, verlange starke Beweisgründe, bevor sie zustimmt; dagegen sei der Glaube mit schwächeren zufrieden (G 141); die Vernunft fordert strenge Beweise, während „der Glaube schon mit vagen oder fehlerhaften zufrieden ist" (G 145). Damit rückt der Glaube in die Nähe der Leichtgläubigkeit. Er gibt sich mit wenig zufrieden, wo die Vernunft mehr verlangt. „Wenn also die Vernunft die gesunde Tätigkeit des Geistes ist, dann muß der Glaube seine Schwäche sein" (G 143).

2. Zur Phänomenologie des religiösen Glaubens

86 Gegen dieses rationalistische Verständnis spricht die Tatsache des Glaubens einfacher Menschen und die Phänomenologie des Glaubens im Neuen Testament. „Der Akt des Glaubens", so faßt Newman seine eigene Position einmal zusammen, „ist nur einer und elementar; er ist in sich selbst vollständig und hängt von keinem Prozeß des Geistes ab, der ihm vorhergeht" (G 154). Der Glaube besteht und handelt unabhängig von der *begründenden* Vernunft. „Wird jemand behaupten, ein Kind oder ein ungebildeter Mensch könne nicht im Glauben sein Heil wirken, ohne imstande zu sein, Gründe anzugeben, weshalb er so handelt? Welche hinlängliche Einsicht hat er in die Beweisgründe des Christentums? Welchen logischen Beweis seiner Göttlichkeit?" (G 141).

Es ist eine nicht zu bestreitende Tatsache, daß Kinder, Arme und Ungebildete und Menschen, die keine Zeit haben, sich mit theologischen Fragen zu beschäftigen, einen echten Glauben haben können, obwohl sie nicht imstande sind, die Gründe für den Glauben zu bewerten. Wenn Newman schreibt, die große Menge derer, die ernsthaft glauben, glaube nicht deshalb, weil sie die Gründe für den Glauben geprüft hat, „sondern weil sie in einer bestimmten Weise disponiert sind" (G 174), so erinnert das an James' Lehre vom mystischen Keim (§ 47). Ein einfacher, ungebildeter Bauer kann ein ebenso gutes Urteil in praktischen Fragen und menschlichen Angelegenheiten fällen wie ein Philosoph. Er kann wie der spekulativste Philosoph über eine umfassende Deutung des Lebens und der Welt verfügen und aus ihr leben – Newman spricht von den „Instinkten eines reinen Geistes". Aber wenn wir fragen, ob solche einfachen Menschen intellektuell begabt sind oder nicht, tun wir uns mit einer Antwort schwer. Sie widersprechen sich nicht, und sie können durchaus Wichtiges von Nebensächlichem unterscheiden. „Andererseits ist ihnen gar nicht bewußt, daß an ihren Urteilen etwas Außergewöhnliches ist. Sie verbinden niemals zwei Urteile miteinander und erkennen nicht die allgemeinen Prinzipien, die durch sie hindurchgehen [...] Verteidigen können sie sich nicht, und man kann sie leicht zum Schweigen bringen. Wenn sie anfangen zu folgern, so gebrauchen sie Argumente, die fehlerhaft zu sein scheinen, da sie nur Typen und Schatten dessen sind, was sie in Wirklichkeit fühlen, und nur Versuche, das ungeheure System von Gedanken zu analysieren, das ihr Leben ist" (G 225). Eine Analogie ist der außergewöhnliche Scharfsinn eines großen Generals, der genau weiß, was seine Feinde und Freunde vorhaben und was das Ergebnis ihrer kombinierten Bewegungen sein wird. Wie wäre es, wenn er für seine Sache in Wort und Schrift argumentieren müßte? Wäre es dann nicht ein Leichtes, seine genialen Vermutungen zu widerlegen und zu zeigen, daß alle Gründe, die er vorbringt, der Logik entbehren? (G 165).

Dem von den Griechen und der Aufklärung bestimmten Menschenbild stellt Newman die biblische Anthropologie entgegen. Wenn wir bedenken, daß nach allgemeiner Überzeugung „der Intellekt als der charakteristische Teil unserer Natur" angesehen wird, „dann ist das Stillschweigen der Heiligen Schrift über ihn (um nicht von ihrer positiven Herabsetzung zu sprechen) sehr auffallend". Das Alte Testament habe weder ein Wort für die Vernunft als Ganzes noch für ihre verschiedenen Vermögen. Das Bild Jesu im Neuen Testament zeige, welch einen untergeordneten Platz die bloße Vernunft in der Idee des vollkommenen Menschen einnehme. Während es keine Profanisierung ist, „wenn wir Christus die moralischen Attribute der Güte, Wahrhaftigkeit und Heiligkeit zuschreiben, die wir auf Menschen anwenden, wäre es eine ausgesprochene Ehrfurchtslosigkeit, die Kräfte seines Geistes mit einem Maßstab intellektueller Begabungen zu messen, deren Namen schon gemein und unverschämt klängen, wenn man sie ihm zuschriebe". Jesus verwerfe mit offensichtlicher Verachtung alle Zurschaustellung des Intellekts; er beschränkt sich darauf, „tiefe Wahrheiten auszusprechen, den Kindern der Weisheit verständlich, aber in einer Sprache vorgetragen, die von der Kunst der Argumentation und dem, was allgemein als Beredsamkeit gilt, gleich weit entfernt ist" (G 50). Wenn der Glaube ein Fürwahrhalten aufgrund von Beweisgründen (*evidence*) oder eine Art Schlußfolgerung aufgrund eines diskursiven Prozesses wäre, dann wäre der biblische Text aufgrund seiner literarischen Form ungeeignet, ihn zu vermitteln. Der literarische Charakter der Heiligen Schrift spricht also gegen ein rationalistisches Glaubensverständnis. Der Glaube im Sinne der Bibel „ist ein Werkzeug der Erkenntnis und des Handelns, wie es die Welt vorher nicht gekannt hat, ein Prinzip *sui generis*, verschieden von denen, welche die Natur uns gibt, und im besonderen [...] unabhängig von dem, was gemeinhin unter Vernunft verstanden wird" (G 138).

In seiner Exegese von Hebr 11,1 rückt Newman den Glauben in die Nähe des Wunschdenkens. „‚Der Glaube'", so übersetzt er den ersten Halbvers, „‚ist die Substanz' oder das Erkennen [*realizing*] ‚der erhofften Dinge'". Er ist, so kommentiert Newman, „das Rechnen, daß das sein wird, was er erhofft oder wünscht, daß es sei". Er ist nicht das Erkennen [*realizing*] von Dingen, die durch Beweisgründe [*evidence*] bewiesen sind". Der Hauptbeweisgrund für den Glauben ist das Verlangen nach den erhofften Dingen. Der Glaube ist sein eigener Beweisgrund. Newman übersetzt deshalb den zweiten Halbvers: „[Der Glaube] ‚ist der *Beweisgrund* von Dingen, die man nicht sieht'". Weil der Glaube seinen Beweisgrund in sich selbst trägt, erscheint er dem Außenstehenden, der Welt, wie es Paulus etwa am Anfang des ersten Korintherbriefs (1 Kor 1–2) ausführt, als irrational. Dieser Vorwurf beruht nicht darauf, daß der Glaube nicht durch die Vernunft begründet würde und keinen Beweisgrund anführen könnte. Der Beweisgrund ist die im Glauben zum Ausdruck kommende Tendenz des Geistes. Könnte er sich nicht auf diese Tendenz stützen, müßte er eine Menge von Gründen anführen. Weil jedoch diese Tendenz allein ein ausreichender Beweisgrund ist und der Glaube keiner anderen Gründe bedarf, erscheint er der Welt als unbegründet und irrational (G 145f.). Der Glaube setzt eine bestimmte moralische Verfassung voraus. Newman zitiert 1 Kor 2,14f.: „‚Der natürliche Mensch aber empfängt nicht die Dinge des Geistes Gottes, denn sie sind Torheit für ihn; noch kann er sie erkennen, weil sie geistlich unterschieden werden: aber der, welcher geistlich ist, beurteilt alle Dinge, er selbst aber wird von niemand beurteilt [...]'. Hier wird eine bestimmte moralische Verfassung, und nicht ein Beweisgrund, als Mittel genannt, um die Wahrheit zu gewinnen, und als Anfang der geistlichen Vollkommenheit" (G 178). Der Glaube hat sein Leben in einer bestimmten moralischen Disposition; sie ist die *condicio sine qua non* für die

Einsicht in die Prinzipien, denen der Glaube zustimmt. „Die Führung eines Beweises aber ist nicht moralischer Natur. Also stellt der Glaube nicht dieselbe Beweismethode dar wie die Vernunft" (G 138).

Newmans *Opus magnum*, die *Grammar*, schließt mit einem Zitat aus der Hirtenrede bei Johannes (Joh 10, 14.27f.). Das Gleichnis vom Guten Hirten, dessen Stimme die Schafe erkennen und dem sie folgen, ist für ihn bereits Ende der dreißiger und Anfang der vierziger Jahre in den Oxforder Universitätspredigten Symbol der Glaubenserkenntnis. Der Glaube, so lehrt das Gleichnis, ist ein Instinkt. „Wir *glauben*, weil wir *lieben*. Wie schlicht ist diese Wahrheit!" Die „minuziöse und willkürliche Philosophie kann die Einfachheit, die Wirklichkeit, die herrliche Freiheit" dieser inspirierten Lehre nur entstellen und so zum Hindernis des Glaubens werden. „Vertraut das Kind seinen Eltern, weil es sich selbst bewiesen hat, daß sie es sind und daß sie fähig und willig sind, ihm Gutes zu tun, oder aus dem Instinkt der Zuneigung?" Den Guten Hirten an seiner Stimme zu erkennen bedeutet, in Christus den Gegenstand zu erkennen, welcher der eigenen Zuneigung entspricht und sie erfüllt. Der geläuterte Geist sucht einen Gegenstand der Liebe und Anbetung, und er glaubt, weil er in Christus den Gegenstand erkennt, der diesem Suchen und Verlangen entspricht. „Er vertraut Ihm, oder glaubt, weil er Ihn liebt" (G 177f.). „Die Menschen wählen das Licht und die Finsternis nicht ohne Vernunft, aber es ist eine instinktive Vernunft, die dem Argument und dem Beweis vorausgeht." Die Schafe hätten nicht sagen können, *wie* sie den Guten Hirten erkennen; sie haben ihre Eindrücke nicht analysiert oder sich die Gründe ihres Wissens klar gemacht, obwohl es zweifellos Gründe gab; sie „handelten spontan aus einem liebenden Glauben" (G 208f.).

Der Glaube ist also nach der Lehre der Bibel ein einfacher, unreflektierter 88 Akt, „das einfache Erheben des Geistes zum unsichtbaren Gott, ohne bewußtes Schlußfolgern oder förmliche Beweisführung". Dieses Bild bedarf jedoch der Differenzierung. Newman verweist auf die Mahnung des Ersten Petrusbriefs, daß wir „„*immer* bereit sind, *jedem* eine Antwort zu geben, der von uns Rechenschaft fordert über die Hoffnung, die in uns ist"" (1 Petr 3,15). Im Neuen Testament fänden sich verschiedene Formen „des Glaubens. Wenn der Gelähmte in Lystra der Predigt des Paulus (Apg 14,8–10) oder der Gelähmte an der Schönen Pforte des Tempels an den Namen Jesu (Apg 3,1–8) glauben, dann ist ihr Glaube nicht ohne Gegenstand und Gründe, aber diese sind nicht bewußt und erkannt; die beiden glauben, aber sie können nicht sagen, was und warum sie glauben. Der Schriftgelehrte, der Jesu Antwort auf die Frage nach dem ersten Gebot bestätigt, indem er Dtn 6,4f. zitiert (Mk 12,32f.), hat einen „dogmatischen" Glauben: Er weiß, was er glaubt, und er glaubt es auf die Autorität der Überlieferung hin, in der er erzogen wurde und in der er lebt. Wenn schließlich Nikodemus zu Jesus sagt: „„Niemand kann die Zeichen tun, die du tust, außer wenn Gott mit ihm ist'" (Joh 3,2), dann ist das ein reflektierter, begründeter Glaube: Nikodemus kann sagen, was er glaubt und warum er glaubt. Der Glaube braucht nicht das Glaubensbekenntnis oder das Dogma und die Begründung, um ein echter Glaube zu sein. Jede Form des Glaubens hat einen Gegenstand und Gründe, aber nicht jede Form hat sie als ausdrückliches, formulierbares Wissen. Die Reflexion auf den Gegenstand und die Begründung des Glaubens ist möglich, aber sie ist nicht notwendig. Newman unterscheidet zwischen Glaube und Theologie. Das Kind und der Bauer glauben, aber sie sind keine Theologen. Das in Sätzen formulierte Credo und die Begründung des Glaubens entfalten den Glauben, aber sie zerstören ihn nicht. Sie sind jedoch keine notwendigen Bedingungen des Glaubens; der Glaube ist nicht auf Dogma und Theologie angewiesen. Solches Wissen kann nicht verkehrt sein, dennoch kann es nicht notwendig sein, „so lange wie die Reflexion zugleich eine natürliche Fähigkeit unserer Seele und dennoch keine anfängliche Fähigkeit ist." Die Reflexion steht nicht am Anfang des Glaubens; sie ist einem späteren Zustand des Glaubens zuzuordnen. Sie kann das, was von einer ursprünglicheren Fähigkeit der Seele erfaßt wird, entfalten, aber sie kann es nicht fundieren; sie setzt ein ursprünglicher Gegebenes voraus, dem sie sich zuwendet (G 189f.).

3. Implizite und explizite Vernunft

89 Dieses Verständnis des religiösen Glaubens ist jedoch einem Einwand ausgesetzt: Wie ist bei einer solchen Auffassung eine Religionskritik möglich? Wie kann ein wahrer von einem falschen religiösen Glauben unterschieden werden? Wann kann ein religiöser Glaube verantwortet werden? Stellt diese anscheinend irrationale Konzeption des Glaubens nicht einen Vorwand für den Unglauben dar? Der Glaube braucht einen Schutz und ein Korrektiv, das ihn davor bewahrt, in Aberglaube und Fanatismus abzugleiten. Eine verbreitete Antwort nennt die Vernunft; sie ist in einem Grundlage und Korrektiv des Glaubens. „„Der Glaube ist aufgebaut auf Vernunft, und die Vernunft ist sein Schutz. Man kultiviere die Vernunft, und in gleichem Maße wird man die Menschen sowohl zur Anerkennung wie auch zum nüchternen Gebrauch des Evangeliums führen. Ihre Religion wird rational sein, sofern sie wissen, warum sie glauben, und was'" (G 175). Der Glaube, so Newmans Antwort, ist selbst ein Akt der Vernunft. Wer den Glauben auf der Vernunft aufbaut und in der Vernunft das Korrektiv des Glaubens sieht, unterscheidet zwischen Glauben und Vernunft und reißt die Wand ein, welche den Glauben vom Aberglauben trennt. Newman leugnet, „daß für den richtigen Glauben irgend ein intellektueller Akt außer ihm selbst notwendig ist" (G 176). Der

Gegner könnte in der Weise insistieren, daß er verlangt, der Glaubensakt müsse reflektiert und seine Vernünftigkeit ausdrücklich gemacht werden. Der Glaube, so erwidert Newman, ist auch ohne Reflexion vollständig; dagegen kann die Reflexion den Glauben behindern und muß daher mit Vorsicht gebraucht werden (G 206). Damit ist Newmans Einschätzung der Glaubensbegründung durch die Philosophie und die einschlägigen theologischen Disziplinen, auf die jetzt näher einzugehen ist, umrissen.

Newman unterscheidet zwischen einer schöpferischen und einer kritischen Fähigkeit. So ist das Gewissen „ein einfaches Element in unserer Natur", aber seine Urteile können von der Vernunft überwacht und geprüft und in eine argumentative Form gebracht werden. Ein anderes Beispiel ist die Unterscheidung zwischen der schöpferischen Fähigkeit des Künstlers und der analytischen des Kunstkritikers (G 140f.). Entsprechend ist beim folgernden Denken zu unterscheiden zwischen dem ursprünglichen Folgerungsprozeß und dessen Analyse, etwa mit Hilfe der aristotelischen Syllogistik. Alle Menschen denken, denn Denken heißt eine Wahrheit aus einer vorhergehenden ohne Zuhilfenahme der Sinne gewinnen, auf die das Tier beschränkt ist. Aber „nicht alle Menschen reflektieren auf ihr eigenes Denken, noch weniger reflektieren sie so richtig und genau, daß sie ihrer eigenen Meinung gerecht werden [...]. Mit anderen Worten: Alle Menschen haben Gründe, aber nicht alle können begründen. Wir können diese beiden Tätigkeiten des Geistes als Denken und Argumentieren bezeichnen, oder als bewußtes und unbewußtes Denken, oder als implizite und explizite Vernunft. Und zur letzteren gehören die Begriffe Wissenschaft, Methode, Entwicklung, Analyse, Kritik, Beweis, System, Prinzipien, Regel, Gesetz und dergleichen." Diese beiden Akte dürfen nicht verwechselt werden. Die Analyse ist für die Integrität des zu analysierenden Vorgangs nicht notwendig. Der Prozeß des Denkens ist in sich vollständig und von der Analyse unabhängig; die Analyse *beschreibt* lediglich den Prozeß; sie macht die Konklusion und die Schlußfolgerung nicht richtig (G 193).

4. Religiöser Glaube und vorausgehende Gründe

Der Glaube, so definiert Newman, „ist ein Akt des präsumtiven Denkens, oder der Vernunft, die von vorausgehenden Gründen [*antecedent grounds*] ausgeht" (G 174). Der Akt des Glaubens geht aus von Voraussetzungen; er ist beeinflußt von Vorverständnissen, Einstellungen, Voreingenommenheiten, Ansichten, Wünschen und Vorurteilen in einem guten Sinn. „Der gläubige Geist steht unter dem Einfluß seiner eigenen Hoffnungen, Befürchtungen und Meinungen [...]. Der Glaube ist ein Prinzip des Handelns, und das Handeln läßt keine Zeit für minuziöse und abgeschlossene Untersuchungen. Wir können (wenn wir wollen) denken, daß solche Untersuchungen einen hohen Wert haben, obwohl sie in Wahrheit eine Tendenz haben, die praktische Energie des Geistes abzustumpfen, während sie seine wissenschaftliche Exaktheit verbessern; aber was immer ihr Charakter und ihre Folgen sein mögen, sie entsprechen nicht den Notwendigkeiten des täglichen Lebens" (G 143f.). Weil der Glaube ein Prinzip des Handelns ist, setzt er der Reflexion seiner Voraussetzungen und der Frage nach den Gründen Grenzen; wir müssen handeln aufgrund der Informationen, Einstellungen, Wünsche, über die wir im Augenblick der Entscheidung verfügen und die uns in diesem Augenblick bestimmen.

Unter dieser Rücksicht besteht kein Unterschied zwischen den religiösen und anderen Formen des Glaubens. Newman vergleicht ein Gerücht über ein Erdbeben in Syrien oder Südosteuropa mit dem Bericht über ein Erdbeben in einem benachbarten Land. Dem ersten werden wir leicht Glauben schenken: Das Erdbeben in diesen fernen Ländern betrifft uns nicht; wir haben schon oft von Erdbeben in diesen Gegenden gehört; es spricht nichts gegen das Gerücht; wir haben keine Möglichkeit, es nachzuprüfen. Dagegen werden wir dem Bericht über ein Erdbeben in einem benachbarten Land weniger leicht glauben: Erdbeben in Westeuropa sind außerordentlich selten; die „vorausgehende Wahrscheinlichkeit", daß der Bericht wahr ist, ist folglich gering. Wenn in einem Nachbarland ein Erdbeben auftritt, könnte es auch bei uns der Fall sein; der Bericht betrifft uns also. Über die Vorgänge im Nachbarland haben wir viele andere Informationen; wir werden fragen, ob der Bericht über das Erdbeben sich in dieses Netz einfügt. – Daß die Menschen glauben, was sie wünschen, ist fast eine sprichwörtliche Wahrheit. Nur widerstrebend glauben wir eine schlechte Nachricht. Man könnte einwenden, „daß uns oft auch die Erfüllung eines heftigen Wunsches ungläubig findet". Das ist jedoch nur dann der Fall, wenn die Erfüllung ebenso unwahrscheinlich wie wünschenswert ist. Wir glauben leicht Nachteiliges über Personen, die uns unsympathisch sind, oder die Bestätigung unserer eigenen Theorien (G 144f.).

92 Dieser Charakter des Glaubens schließt jedoch die Unterscheidung zwischen einem vernünftigen oder berechtigten und einem unvernünftigen oder unberechtigten Glauben und zwischen religiösem Glauben und Aberglauben nicht aus. Kriterien sind, ob unsere Voraussetzungen wahr sind, z.B. ob die angenommene vorausgehende Wahrscheinlichkeit zutrifft und ob unsere Neigungen, Einstellungen und Wünsche geordnet oder ungeordnet sind. Ein Glaube, der in einer übertriebenen Zuneigung wurzelt, ist ebensowenig vernünftig wie einer, der vom Haß bestimmt ist. Die Vernünftigkeit des Glaubens ist also nicht nur an kognitive, sondern auch an emotionale Voraussetzungen gebunden (G 145). In diesem Sinn ist der Glaube ein „moralisches Prinzip. Er entsteht im Geist nicht so sehr durch Tatsachen als durch Wahrscheinlichkeiten; und da Wahrscheinlichkeiten

keinen bestimmten festgestellten Wert haben und sich auf keinen wissenschaftlichen Maßstab zurückführen lassen, so hängt, was sie für jedes
Individuum sind, von dessen moralischem Temperament ab. Ein guter und
ein schlechter Mensch werden sehr verschiedene Dinge für wahrscheinlich halten" (G 146). Folglich ist der Mensch wie für seinen Charakter so
auch für seinen Glauben verantwortlich.

Newman erläutert seinen Begriff des religiösen Glaubens am Beispiel der 93
Areopagrede (Apg 17,22–30). Paulus geht vom Vorverständnis seiner
Hörer aus. Er verkündet, was sie verehren, ohne es zu kennen, und wovon
ihre Dichter reden, und er erinnert sie an ihre Überzeugung von der Geistigkeit und Einheit Gottes. Damit ist die „vorausgehende Wahrscheinlichkeit" genannt, an die Paulus anknüpft; sie wird von den einzelnen
Zuhörern entsprechend ihrer religiösen Sehnsucht verschieden einge-
schätzt. Die neue Botschaft des Paulus ist, daß dieser Gott einen Mann
eingesetzt hat, der an einem von ihm festgesetzten Tag die Welt richten
wird; sie ist der Brennpunkt, auf den Paulus alle „vorhergehenden Präsumtionen" bezieht. Welchen „Beweisgrund" führt Paulus dafür an, daß
seine neue Botschaft aus diesen vorausgehenden Annahmen folgt? Einen
sehr schwachen: kein Wunder, sondern nur sein eigenes Zeugnis, daß Gott
Jesus von den Toten auferweckt hat. Aber durch die Neuheit, oder nennen
wir es Originalität, des Anspruchs, durch seine Seltsamkeit und die Un-
wahrscheinlichkeit, daß es bloße Erfindung wäre, und unterstützt durch
die volle Kraft der vorausgehenden Wahrscheinlichkeiten, die da waren
und die er in ihnen wachrief, genügte der Beweisgrund. „Er genügte, denn
einige glaubten – genügte allerdings nicht an sich, wohl aber für die, welche die Liebe hatten und deshalb zum Glauben geneigt waren. Für die,
welche nichts von einer anderen Welt befürchteten, wünschten, ersehnten,
erwarteten, war der Apostel nur ‚ein Schwätzer'" (G 155).

5. Die Gefahren der Reflexion

Reflexion und Analyse können, so warnt Newman, zum Hindernis für den 94
Glauben werden und müssen daher mit Vorsicht gebraucht werden.
„Keine Analyse ist so feinfühlig und differenziert, daß sie den Geisteszustand, in dem wir glauben, oder die Gegenstände des Glaubens, wie sie
sich unseren Gedanken darstellen, adäquat wiedergeben könnte." Das Ziel
einer solchen Analyse wäre eine Zeichnung oder ein Gemälde dessen, was
der Geist sieht und fühlt. Wenn wir bedenken, wie schwer es bereits ist,
Gestalt und Farbe materieller Dinge zu treffen", dann werden wir sicher
die Schwierigkeit, oder vielmehr die Unmöglichkeit verstehen, den Umriß
und Charakter, die Farbtöne und Schattierungen wiederzugeben, in denen
eine intellektuelle Sicht tatsächlich im Geist existiert […] oder genügend

die winzigen Unterschiede hervorzuheben, die demselben allgemeinen Geisteszustand oder Ton des Gedankens, wie er sich in diesem oder jenem Individuum findet, jeweils anhaften [...]. Ist es dann nicht hoffnungslos, zu erwarten, selbst die genaueste und sorgfältigste Untersuchung könne mehr erreichen als eine sehr rohe Beschreibung des lebendigen Geistes, seiner Gefühle, Gedanken und Folgerungen?" (G 199).

Die Analyse wird nicht die Gründe formulieren, welche den einzelnen letztlich überzeugen, sondern die, welche sich am besten als Argument darstellen lassen. Die Aussagen der Wissenschaft sind in dem Sinn Allgemeingut, daß sie grundsätzlich allen zugänglich sein müssen. In ein wissenschaftliches Werk der Glaubensbegründung können deshalb nur die Gründe aufgenommen werden, welche „die Menschen im allgemeinen als wahr zugeben, das heißt, nur was auf gleichem Niveau für alle Geister, gute oder schlechte, primitive und gebildete, steht" (G 202). Die Wissenschaft von der Glaubensbegründung kann die verborgenen Gründe, welche den einzelnen Menschen bestimmen, den Glauben anzunehmen oder abzulehnen, nicht analysieren und darstellen. Ihre Gefahr liegt darin, daß sie dazu verführt, Punkte zweiter Ordnung für das Wesentlichste zu halten (G 203).

Aber auch wenn wir einmal von den persönlichen Vorurteilen und Einstellungen, also den der Argumentation vorausliegenden und in diesem Sinn apriorischen Gründen absehen und nur die von ihnen unterschiedenen und in diesem Sinn aposteriorischen Beweisgründe betrachten, so ergibt sich die Überzeugung meistens nicht aus einem förmlichen Beweis, der entscheidend wäre, „sondern aus der Gesamtheit recht geringfügiger Umstände, welche der Geist unmöglich aufzuzählen und methodisch in der Form eines Arguments zu ordnen vermag". Wie kommen wir, so Newmans Beispiel, zu der Überzeugung, daß ein Mensch unzufrieden oder mißtrauisch, glücklich oder unglücklich ist? Wie viel hängt hier ab „vom Verhalten, der Stimme, der Betonung, den geäußerten Worten, dem Schweigen anstelle von Worten und all den vielen unscheinbaren Zeichen, welche der Geist fühlt, die aber nicht reflektiert werden können" (G 204). Die Gründe, die sich formal für einen religiösen Glauben anführen lassen, sind eher Muster und Symbole der wirklichen Gründe als diese Gründe selbst. Man kann ihnen deshalb nicht wie bei einem mathematischen Beweis passiv folgen. Weil es sich nur um Andeutungen und Hinweise auf den eigentlichen Denkprozeß handelt, bedürfen sie der Interpretation und damit eines aktiven Geistes, der verstehen will und bereit ist, sich auf den Text einzulassen und seiner Intention nachzugehen, ohne an verbalen Schwierigkeiten hängen zu bleiben (G 205).

6. Physische Theologie

Eine besondere Bedeutung für die Begründung des religiösen Glaubens kommt nach verbreiteter Auffassung der Natürlichen Theologie zu, deren Aufgabe es ist, die Existenz Gottes aus der Natur oder Schöpfung, ohne Voraussetzung einer Offenbarung, zu beweisen. Newman unterscheidet zwischen Natürlicher Theologie (*Natural Theology*) und Physischer Theologie (*Physical Theology*) (U 61). Für die Natürliche Theologie steht für ihn die *Theologia Naturalis* der Tradition, die ihren klassischen Ausdruck in den Fünf Wegen des Thomas von Aquin (§ 263) gefunden hat (U 263 Anm. 187), aber vor allem das von ihm hoch geschätzte Werk von Bischof Joseph Butler, *The Analogy of Religion, Natural and Revealed* (1736). Natürliche Theologie im Sinne Butlers ist Theologie der natürlichen Religion. Für Butler ist die natürliche Religion die moralische Religion; Natur ist das moralische System der Natur, für das der Begriff der Vorsehung zentral ist; Inhalte der natürlichen Religion sind: daß der Mensch für ein zukünftiges Leben bestimmt ist; daß er dort für sein Tun in dieser Welt belohnt oder bestraft wird; daß unser Leben in dieser Welt eine Zeit der Prüfung und Erprobung ist. Im Mittelpunkt der Physischen Theologie steht der teleologische Gottesbeweis (§ 263); Newman versteht sie im Sinne des Werks des anglikanischen Apologeten William P. Paley, *Natural Theology or Evidences of the Existence and Attributes of the Deity collected from the Appearances of Nature* (1802)(U 263 Anm. 187). Newmans Urteil über die Physische Theologie reicht von kritischer Zu- 96 rückhaltung über größtes Mißtrauen bis zu offener Verachtung. Die Werke über sie sind schön und interessant für den, der an Gott glaubt; „aber wenn der Mensch Gottes Stimme in sich noch nicht erkannt hat, bleiben sie ohne Wirkung, und das möglicherweise auch noch wegen einer gewissen Anfechtbarkeit der intellektuellen Grundlage des Arguments" (G 59). Für Newman ist es „eine große Frage", ob philosophisch gesehen der Atheismus mit den Phänomenen der physischen Welt, wenn man diese in sich, d.h. unabhängig vom moralischen Bewußtsein, betrachtet, nicht ebenso vereinbar ist wie die Lehre von einer schaffenden und erhaltenden Macht (G 148). Die Physische Theologie ist, „als Wissenschaft betrachtet, ein äußerst geistloses Studium und in Wirklichkeit überhaupt keine Wissenschaft. Sie ist nämlich gewöhnlich nichts weiter als eine Anzahl frommer oder polemischer Ausführungen über die physische Welt in religiöser Bedeutung" (U 61 f.). Ihre Gefahr besteht darin, daß sie und ihr Gottesbild von Menschen, deren Denken von der Naturwissenschaft geprägt ist, an die Stelle des Evangeliums tritt, und unter diesen Umständen ist sie, so wahr sie in sich sein mag, ein falsches Evangelium. „Eine halbe Wahrheit ist eine Unwahrheit" (U 266). Die Physische Theologie lehrt ausschließlich drei Eigenschaften Gottes: Macht,

Weisheit und Güte. Ihnen stellt Newman die Eigenschaften entgegen, die am meisten dem religiösen Gefühl entsprechen: Heiligkeit, Allwissenheit, Gerechtigkeit, Barmherzigkeit, Treue. Über diese außerordentlich wichtigen und wesentlichen Bestandteile des Begriffs der Religion können uns die Physische Theologie und das teleologische Argument nichts lehren. Religion ist etwas, das auf uns bezogen ist; sie spricht nicht einfach von einem Gegenstand; wesentlich ist vielmehr unsere Beziehung zu diesem Gegenstand. „Was weiß die Physische Theologie von Pflicht und Gewissen oder einer besonderen Vorsehung zu sagen? Was lehrt sie, um schließlich zum eigentlich Christlichen zu kommen, von den vier letzten Dingen, Tod, Gericht, Himmel und Hölle, die doch nur die Anfangsgründe des Christentums sind? Sie kann uns überhaupt nichts über das Christentum sagen" (U 267).

Die Physische Theologie ist eine Abstraktion, weil sie nichts über die Beziehung Gottes zum Menschen und über die moralischen Eigenschaften Gottes weiß. Ihre Grundlage ist eine Natur, die bereits vor der Erschaffung des Menschen und vor dem Sündenfall so war, wie sie heute ist; Sünde, Gericht und Erlösung haben in ihr keinen Platz. Sie kann zu einem Hindernis für das Christentum werden. Für Newman gehören zum Begriff der Offenbarung Wunder; dagegen ist der Gott der Physischen Theologie der Gott einer feststehenden Ordnung, die zu kunstvoll, wohltätig und schön ist, als daß sie durchbrochen werden könnte. Schließlich wird der Gottesbegriff der Anhänger der Physischen Theologie sich immer mehr verengen, bis Gott mit der Welt gleichgesetzt wird, denn „ein Wesen, das nichts anderes hat als Macht, Weisheit und Güte, ist nicht sehr verschieden vom Gott der Pantheisten" (U 267). Innerhalb der eigentlichen Theologie kann die Physische Theologie jedoch eine Aufgabe übernehmen. Dort kann sie die „ehrfurchtgebietende, unfaßbare, anbetungswürdige Fruchtbarkeit der göttlichen Allmacht veranschaulichen", und indem sie uns die Unveränderlichkeit und Ordnung der Naturgesetze vor Augen stellt, bestätigt sie, daß die Offenbarung ein Wunder ist. Löst man dagegen die Physische Theologie von der Lehre der Offenbarung, „dann bin ich wirklich im Zweifel, ob ich den einzelnen Denker mit Rücksicht auf seinen Einfluß in der Welt und die Interessen der Religion nicht lieber sofort als Atheisten sähe, anstatt als einen solchen naturalistischen und pantheistischen Schwärmer (obwohl es natürlich für den einzelnen selbst das Bessere ist). Mit seinem Bekenntnis zur Theologie täuscht er andere, vielleicht täuscht er auch sich selbst" (U 268).

7. Religiöser Glaube, Aberglaube, Fanatismus

97 Wie kann, so fragten wir (§ 89), bei Newmans Begriff des religiösen Glaubens ein wahrer von einem falschen religiösen Glauben unterschie-

den werden? Wo finden wir den Schutz und das Korrektiv, das ihn davor bewahrt, in Aberglaube und Fanatismus abzuleiten? Reflexion und Analyse, so hat sich ergeben, sind nicht imstande, diese Aufgabe zu erfüllen. Die Oxforder Predigt, die sich mit dieser Frage auseinandersetzt, trägt den Titel „Die Liebe als Schutz des Glaubens gegen den Aberglauben" (21. Mai 1839), und ihr biblisches Motto (Joh 10,4–5) spricht von dem Instinkt, durch den die Schafe die Stimme des Hirten erkennen. Der Schutz des Glaubens, so die These der Predigt, ist nicht die Vernunft, sondern „der richtige Zustand des Herzens". Er bringt den Glauben hervor, und er diszipliniert ihn; er ist das Prinzip, das den Glauben erleuchtet und das Auge des Glaubens. Newman zitiert die scholastische Formel *fides caritate formata* (§ 276): Der richtige Zustand des Herzens, die Liebe, ist nicht nur eine Mauer, die den Glauben gegen Fanatismus und Aberglauben abgrenzt und schützt, sondern zugleich dessen Form und Seele, die ihm Gestalt und Leben gibt (G 176). Der richtige Zustand des Herzens ist der Schutz des Glaubens, und der Glaube läßt, ähnlich wie die sittliche Entscheidung, den Zustand des Herzens erkennen; er ist „ein Test des Herzens"; im religiösen Glauben drückt sich der moralische Charakter eines Menschen aus (G 171; 173).

Betrachten wir zunächst eines von Newmans Beispielen. Aberglaube in seiner gröbsten Form ist Anbetung der bösen Geister. Was man dort opfert, opfert man „nicht Gott, sondern den Dämonen" (1 Kor 10, 20); „sie brachten ihre Söhne und Töchter dar als Opfer für die Dämonen" (Ps 106, 37). Der (religiöse) Glaube als abstraktes Prinzip ist zu solchen Handlungen fähig; er tendiert dazu, die Vernunft allem unterzuordnen, was den Anspruch erhebt, übernatürlich zu sein. Dagegen ist ein „richtiger religiöser Glaube [...] Instinkt mit Liebe zu Gott und den Menschen". Die Liebe zu den Menschen wird ihn vor jeder Grausamkeit und die Liebe zu Gott vor jeder Form der Idolatrie zurückschrecken lassen. Diese Liebe handelt nicht aufgrund einer Untersuchung oder eines Arguments; sie reagiert spontan und als Instinkt. In der Reaktion auf die Idolatrie wird erfahren, daß ein Geschöpf nicht der letzte Ursprung der Vorsehung und der letzte Gegenstand unserer Verehrung sein kann. Es können Fälle vorkommen, in denen diese spontane Reaktion falsch ist, weil sie auf einer unvollständigen Sicht oder einem Mißverständnis beruht, aber im Ganzen ist sie ein richtiges Anzeichen für die Sachlage und eine sichere Anweisung für unser Verhalten (G 180f.).

Newmans These, die Liebe und nicht die Vernunft sei der Schutz des Glaubens gegen Fanatismus und Aberglauben, ergibt sich aus dem Gewicht, das er den vorausgehenden Gründen (§ 91) für den Glauben zuschreibt. Bereits für den alltäglichen, nichtreligiösen Glauben gilt: „Was jemand für wahrscheinlich hält, hängt ab von der allgemeinen Geisteshaltung des betreffenden Menschen, vom Stand seiner Überzeugungen,

Gefühle, Vorlieben, Wünsche" (G 171). Beweisgründe und Argumente sind in dem Sinn sekundär, daß ihre Überzeugungskraft durch die vorausgehenden Annahmen und Einstellungen bestimmt ist. Die Gesamtheit der vorausgehenden Gründe macht den moralischen Charakter (oder das Herz) eines Menschen aus, durch den die Instinkte und Reaktionen geprägt werden. Der moralische Charakter hat einmal eine schützende, abwehrende und in diesem Sinn negative Funktion; er bewahrt vor Aberglauben und Fanatismus. Instinkte und Reaktionen dienen aber nicht nur dazu, vor etwas zurückzuschaudern; moralische Emotionen sind auch positiv motivierend. Moral und moralischer Charakter sind deshalb nicht nur ein negatives Kriterium für die Richtigkeit eines religiösen Glaubens, sondern auch dessen Ausgangspunkt oder Ursprung; der richtige Zustand des Herzens diszipliniert den Glauben nicht nur, sondern er gebiert ihn auch.

Wiederum greift Newman auf die Areopagrede zurück; er entfaltet diese Zusammenhänge zwischen Moral und religiösem Glauben in einer Auslegung von Apg 17,23: „Was ihr verehrt, ohne es zu kennen, das verkünde ich euch". Paulus achtete die Wahrheiten, die seine Zuhörer bereits erkannt hatten, und er zeigte, daß das Evangelium Reinigung, Erklärung und Vollendung der zerstreuten Wahrheiten ist, die sich im Heidentum finden. Er sprach diejenigen Überzeugungen und Einstellungen in ihnen an, die durch ihre Wahrheit und Schönheit ihre eigene Anziehungskraft hatten und durch ihre bloße Gegenwart alles ausschlossen, was im Heidentum mit ihnen unvereinbar war. Was sie schon waren, sollte sie, wie durch ein Wagnis, zu dem führen, was sie nicht waren; was sie wußten, sollte sie, auf der Grundlage der Präsumtionen, zu dem führen, was sie noch nicht wußten. Er appellierte an das Ganze aus Meinungen, Affekten und Wünsche, welches das moralische Selbst eines Menschen ausmacht und die Richtung seiner charakterlichen und geistigen Entwicklung bestimmt. Wenn das moralische Selbst in der richtigen Verfassung war, löste dieser Appell eine Resonanz aus, so wie eine Saite eine andere zum Schwingen bringt. Er lehrte sie nicht nur die Existenz und Allgegenwart des allmächtigen Gottes, sondern auch seine moralischen Eigenschaften, daß er gerecht, wahrhaftig, heilig und barmherzig ist, und daß dieser Gott durch ihr Gewissen als Gesetzgeber und Richter in ihnen wohnt. Paulus erhob den Anspruch, daß er ihnen die Erfüllung dessen bringe, was durch die Natur in ihnen begonnen sei. Die Liebe zu dem Gott, den sie durch die natürliche Religion bereits kannten, sollte ihre Erfüllung finden im Glauben an den Gott des Evangeliums (G 185f.).

99 Der Glaube ist „ein Vorrücken im Zwielicht" (G 186). Er sieht das Ziel nicht, aber er kennt die Richtung; sie wird ihm gezeigt durch das ihm innewohnende Gesetz der Pflicht. Der Glaube ist ein Prinzip des Handelns; er kann sich nur im Handeln entfalten, und das Handeln ist auf

einen mehr oder weniger ausdrücklichen Glauben angewiesen. Der Glaube ist ein Akt der Vernunft, aber nicht ein Akt der theoretischen Spekulation, der Einsicht in theoretische Prinzipien, des Schlußfolgerns, des Beweisens, sondern ein Akt der praktischen Vernunft im vollen Sinn: der Erkenntnis des Sittengesetzes und, in unterschiedlicher Bewußtheit, aller in ihm enthaltenen Implikationen. Es ist daher ein und dasselbe Prinzip, das die Vernünftigkeit des Handelns bestimmt und den Glauben vor Fanatismus und Aberglauben bewahrt: das Gesetz der Pflicht oder die den Glauben formende und belebende *caritas*.

E. Natürliche und offenbarte Religion: John Henry Newman

Der Akt des religiösen Glaubens umfaßt, so sahen wir (§ 35), eine Viel-   100
zahl von Elementen: Glaube ist Erfahrung; Glaube ist ein Akt der Entscheidung oder des Willens; er erhebt den Anspruch auf Rationalität und
ist folglich ein Akt der Vernunft; und nicht zuletzt muß der Glaube sich
im Handeln bewähren. Die Ausführungen des Psychologen William James
zum religiösen Grundakt gehen aus von Erfahrungszeugnissen religiös
außergewöhnlich sensibler Menschen. Newman ist Seelsorger,
Dogmenhistoriker und systematischer Theologe; er will hinführen zum
Glauben an die christliche Offenbarung, wie sie sich in Schrift und Tradition findet. Glauben ist, so lautet eine auf Augustinus zurückgehende und
von Thomas von Aquin aufgegriffene Begriffsbestimmung, „mit Zustimmung denken" (*cum assensione cogitare*; S.th. II II 2,1). Im Mittelpunkt
von Newmans großem Alterswerk mit dem zurückhaltenden und bescheidenen Titel *An Essay in Aid of a Grammar of Assent* steht der Begriff der
Zustimmung. Newman will den religiösen Glauben aus seiner epistemologischen Isolierung befreien, indem er ihn neben den alltäglichen Glauben stellt und zeigt, daß wir hier nicht mit verschiedenen Maßstäben messen; die Kriterien, mit denen wir Rationalität und Zustimmung des religiösen Glaubens beurteilen, sind grundsätzlich keine anderen als die, die wir
in vielen Bereichen des alltäglichen Lebens gebrauchen. Die *Grammar*
verfolgt ein zweites Anliegen. Bei aller Betonung der Vernünftigkeit
wendet Newman sich gegen eine rationalistische Verengung des religiösen Glaubens. Im Unterschied zur Theologie als Wissenschaft hat Religion es nicht mit bloßen Begriffen zu tun; ein wesentliches Element des
religiösen Glaubens ist vielmehr die Erfahrung. So ist ein biblischer Text
erst dann im vollen Sinn erfaßt, wenn er Erfahrungen in uns anspricht.
Damit wird die Glaubenszustimmung an persönliche Voraussetzungen
gebunden; Newman betont den weiten Abstand zwischen dem, was die
christliche Offenbarung an sich und was sie für den einzelnen ist.

I. Eine Grammatik der Zustimmung

Die *Grammar* beginnt mit der Unterscheidung zwischen Proposition und   101
Sprechakt. Eine Proposition besteht aus einem Subjekt und einem Prädikat, die durch die Kopula miteinander verbunden sind. Wir können sie
äußern als Frage (z.B. ‚Bringt der Freihandel den ärmeren Klassen Nutzen?'), als Konklusion (‚Folglich bringt der Freihandel den ärmeren Klassen Nutzen') oder als Behauptung (‚Der Freihandel bringt den ärmeren

Klassen Nutzen'). Zwischen diesen drei Formen besteht eine natürliche Ordnung: Eine Frage kann zu einer Konklusion und dann zu einer Behauptung werden. Den drei Sprechakten sind drei mentale Akte zugeordnet: Zweifel, Schlußfolgerung und Zustimmung; eine Frage ist Ausdruck eines Zweifels, eine Konklusion ist der Ausdruck eines Aktes des Schlußfolgerns, und eine Behauptung drückt einen Akt der Zustimmung aus. Newman betont, daß es sich um drei voneinander verschiedene mentale Akte handelt: Wenn wir folgern, zweifeln wir nicht; wenn wir zustimmen, folgern wir nicht; wenn wir zweifeln, können wir nicht zustimmen (Z 3f.). Vor allem wichtig ist ihm der Unterschied zwischen Schlußfolgern und Zustimmung, den er besonders in seiner Auseinandersetzung mit Locke (Grammar, chap. VI § 1) herausarbeitet: Eine Schlußfolgerung ist die bedingte, der Akt der Zustimmung dagegen „in sich selbst die absolute Annahme einer Proposition ohne jede Bedingung" (Z 10), was nicht ausschließt, daß der Akt der Zustimmung den Prozeß des Schlußfolgerns voraussetzt.

1. Begriffliches und reales Erfassen

102 Alle diese mentalen Akte erfordern, daß wir die Terme der Proposition interpretiert und den Sinn der Proposition erfaßt haben; wir müssen wissen, was wir bezweifeln, was wir folgern, was wir behaupten. Erfassen ist zu unterscheiden von Verstehen; so können wir z.B. das Verhalten eines Menschen erfassen, ohne es zu verstehen. „Unter unserem Erfassen von Propositionen verstehe ich, daß wir den Termen, aus denen sie zusammengesetzt sind, einen Sinn beilegen." Diese Terme stehen manchmal für bloße Begriffe, manchmal für Einzeldinge. Es gibt Propositionen aus zwei generellen Termini, die für Begriffe oder Klassen stehen, z.B. ‚Ein Mensch ist ein Lebewesen'; sie nennt Newman „begriffliche Propositionen, und das Erfassen, mit der wir sie folgern oder ihnen zustimmen, begrifflich [*notional*]". Und es gibt Propositionen, die aus singulären Termini zusammengesetzt sind, die für Einzeldinge stehen, z.B. ‚Philipp war der Vater von Alexander'; Newman nennt sie „reale Propositionen, und ihr Erfassen real [*real*]" (Z 7).

103 Das Erfassen oder die Interpretation ist jedoch nicht, wie es bisher aussieht, durch die Syntax der Terme der Proposition festgelegt; Newman behauptet vielmehr, daß ein und dieselbe Proposition von einer Person notional, von einer anderen dagegen real erfaßt werden kann. „So kann ein Schüler die Worte des Dichters ‚*Dum Capitolium scandet cum tacita Virgine Pontifex*' [während das Kapitol besteigt mit der schweigsamen Jungfrau der Oberpriester; Horaz, Oden III 30, 8f.] vollkommen erfassen und mit Eifer konstruieren; er hat steile Hügel, Treppen und Prozessionen

gesehen; er weiß, was erzwungenes Schweigen ist; er weiß alles über den Pontifex Maximus und die Vestalischen Jungfrauen; er hat einen abstrakten Anhalt bei jedem Wort der Beschreibung, ohne daß jedoch die Worte im entferntesten das lebendige Bild vor ihn bringen, das sie würden aufleuchten lassen im Geist eines Zeitgenossen des Dichters, der das beschriebene Ereignis gesehen hätte, oder eines modernen Historikers, der sich entsprechend über die religiösen Phänomene informiert und sich durch Meditation das römische Zeremoniell im Zeitalter des Augustus vergegenwärtigt hätte" (Z 7f.). Newman erinnert daran, daß eine Vielzahl genereller Termini (sein Beispiel ist ein Massenterminus) singuläre Termini waren, so daß es nicht zu verwundern sei, wenn sie diesen Charakter beibehielten. Wenn ein Kind zum ersten Mal Zucker kostet und die Amme sagt ,Zucker ist süß', was sie im begrifflichen Sinn versteht, so kann das Kind mit demselben Satz antworten, dabei jedoch ,Zucker' im realen Sinn verstehen. Möglich ist auch, daß ein und dieselbe Personen eine Proposition zugleich begrifflich und real erfaßt. Vergil will mit seinen Worten „,*Varium et mutabile semper foemina*'" (etwas sich stets Wandelndes und Wandelbares ist die Frau; Aeneis IV 569f.) eine allgemeine Wahrheit mitteilen und eine Aussage über das Individuum Dido machen. „Er drückt in einem einen Begriff und eine Tatsache aus" (Z 8).

Reales Erfassen ist zunächst die Erfahrung des Konkreten oder die Information darüber. Die Äußerung eines Satzes schließt ein reales Erfassen der Dinge, über die er spricht, ein, wenn die entsprechenden Informationen uns entweder direkt gegeben sind, sei es durch unsere körperlichen Sinne oder, wie etwa ein ästhetischer Eindruck, durch unser Empfinden, oder wenn sie indirekt durch ein Bild oder eine Erzählung vermittelt werden; in diesem Fall können wir auf die Gegenstände oder das Bild zeigen oder auf die Erzählung verweisen, welche diese Eindrücke hervorrufen. Aber wie ist ein reales Erfassen möglich, wenn wir die Dinge nicht mehr in diesem Sinn vor uns haben? Es „bleibt unserem Geist durch die Fähigkeit des Gedächtnisses. Das Gedächtnis besteht in einer gegenwärtigen Vorstellung von Dingen, die vergangen sind; das Gedächtnis hält die Eindrücke und Abbilder fest von dem, was sie waren, als sie vor uns standen; und wenn wir Gebrauch machen von einem Satz, der sich auf sie bezieht, versieht es uns mit Gegenständen, durch die wir ihn interpretieren. Sie sind noch Dinge, weil sie die Spiegelbilder von Dingen in einem geistigen Spiegel sind. Darum nennt der Dichter das Gedächtnis ,des Geistes Auge'" (Z 17). Ein solches Bild braucht keine Abstraktion zu sein. Auch wenn ich in der vergangenen Zeit an die hundert Pfirsiche gegessen habe, so kann doch „der Eindruck, der vom Geschmack in meinem Gedächtnis bleibt, der eines jeden einzelnen von ihnen sein […], nicht ein allgemeiner Begriff, verschieden von jedem einzelnen von ihnen" (Z 18). Solche Gegenstände des realen Erfassens in unserem Geist sind nicht zuletzt vergangene mentale Akte jeder Art, der Hoffnung, des Forschens, der Anstrengung, des Triumphs, der Enttäuschung, des Hasses usw. Das Erfassen dieser vergangenen Akte durch das Gedächtnis ist ein Erfassen von Dingen und deshalb ein reales Erfassen. Solche Erinnerungen können eine Individualität und Vollkommenheit haben, welche sie die Eindrücke, die durch Sinnesgegenstände hervorgerufen werden, überdauern läßt. „Die Erinnerung an Gesichtseindrücke und Orte vergangener Zeiten mag dem Geist entschwinden, aber das lebhafte Bild gewisser Ängste oder Befreiungen niemals" (Z 18).

Das reale Erfassen dieser vergangenen Eindrücke und Akte dient dazu, Sätze zu interpretieren, welche die entsprechenden Ausdrücke gebrauchen; das Erfassen eines solchen Satzes ist dann nicht begrifflich, sondern real. Die Grenze zwischen der Leistung des Gedächtnisses und der Abstraktion ist nicht immer leicht zu ziehen; derselbe Satz kann für den einen ein Bild, für den anderen nur eine Verbindung von Begriffen sein. Dennoch gibt es eine Menge von Prädikaten verschiedenster Art, die, obwohl sie als Prädikate zu den generellen Termini zählen, von einzelnen Personen gebrauchte Bilder individueller Dinge vermitteln; Beispiele sind: „‚lieblich‘, ‚gemein‘, ‚ein eingebildeter Mann‘, ‚eine Fabrikstadt‘, ‚eine Katastrophe‘". Ein Erfindungs- oder Kompositionsvermögen befähigt uns, Beschreibungen von Dingen zu folgen, die wir niemals gesehen haben, und aus den vergangenen Eindrücken neue Bilder zu schaffen, die, „obwohl sie mentale Schöpfungen, in keinem Sinn Abstraktionen, und obwohl ideal, nicht begrifflich sind. Sie sind konkrete Einheiten im Geist sowohl der Partei, die sie beschreibt, als auch der Partei, die über sie informiert wird" (Z 19). Die Größe eines Dichters oder Historikers zeigt sich an der Individualität seiner Gestalten. Wir können die Gestalt des Tiberius, wie Tacitus sie zeichnet, förmlich vor uns sehen. „Das Gemälde von Caesars Tod, das Historiker vor uns bringen können, verdankt seine Lebhaftigkeit und seine Wirkung der Tatsache, daß es praktisch an die verschiedenen Bilder unseres Gedächtnisses appelliert" (Z 20).

Dieses Kompositionsvermögen ist, was das Material angeht, aus dem es seine Bilder schafft, auf den Gesichtssinn beschränkt. Keine Beschreibung kann mir einen Eindruck von einer Melodie, die ich niemals gehört, oder von einem Duft, den ich niemals gerochen habe, vermitteln. Ebenso schwierig ist es, daß eine Beschreibung in mir Bilder mentaler geistiger Tatsachen hervorruft, die ich selbst niemals direkt erfahren habe. Wer kann mir einen Eindruck der Eigenheiten von Ciceros oder Vergils Stil vermitteln, wenn ich selbst sie niemals gelesen habe? So sind auch die Gefühle und Leidenschaften unserer Natur *„sui generis* [...] und inkommensurabel und müssen, um real erfaßt zu werden, einzeln erfahren werden" (Z 21). Keine Predigt könne mir die Erfahrung eines guten Gewissens vermitteln, wenn ich von Kindheit an dazu erzogen worden sei, zu lügen, zu stehlen und jeder Neigung nachzugeben; wer im Gefängnis seiner Selbstsucht lebe, werde das Opfer einer großherzigen Tat als fanatisch und bemitleidenswert lächerlich machen.

Die Tätigkeit unseres Geistes erschöpft sich nicht darin, Bilder der verschiedenen Dinge aufzunehmen und zu behalten; vielmehr zeichnet es ihn aus, daß er diese Bilder ständig einander gegenüberstellt und miteinander vergleicht. Instinktiv und unbewußt stellen wir ständig Vergleiche zwischen den vielfältigen Phänomenen der äußeren Welt, die uns begegnen, an; wir beziehen sie auf Normen, sammeln, ordnen und analysieren sie. In diesen Tätigkeiten vollzieht sich ein Übergang vom Einzelnen zum Allgemeinen, von Bildern zu Begriffen. Wir betrachten die Dinge nicht mehr, wie sie in sich selbst sind und um ihrer selbst willen; was uns interessiert, sind vielmehr die Beziehungen, in denen die Dinge zueinander stehen. „‚Mensch‘ ist nicht länger, was er wirklich ist, ein Individuum, uns durch unsere Sinne präsentiert, sondern wie wir ihn lesen im Licht solcher Vergleiche und Gegenüberstellungen, die wir uns von ihm suggerieren ließen. Er ist verdünnt in einen Aspekt oder degradiert auf seinen Platz in der Klassifikation". Durch den Prozeß des Vergleichens wird die Semantik von ‚Mensch‘ verändert: Das Wort steht nicht mehr für das reale Seiende, sondern für eine Definition. Die Sprache wandelt sich von einer Repräsentation der Dinge zu einem System der Begriffe; Charaktere und Ereignisse der Geschichte, die in ihr dargestellt werden, verlieren ihre Individualiät. Der Reichtum der Bedeutung, der ihr aus der Erfahrung zuwächst, verkommt für die meisten Menschen zu einem Haufen von Begriffen, „nicht viel verständlicher als die Schönheit einer Aussicht für einen Kurzsichtigen oder die Musik eines großen Meisters für einen Zuhörer, der kein Gehör hat" (Z 22).

Jede dieser beiden Formen des Erfassens hat ihre eigenen Vorzüge, jede ist in ihrer Art nützlich, und jede hat ihre eigenen Schwächen. Begriffliches Erfassen bedeutet Breite des Geistes; der Preis ist Flachheit und Oberflächlichkeit; reales Erfassen bedeutet Tiefe um den Preis der Enge. Reales Erfassen ist das konservative und begriffliches Erfassen das fortschrittliche Prinzip des Wissens. „Dennoch hat reales Erfassen den Vorrang, weil es der Bereich, das Ziel und der Prüfstein des begrifflichen ist; und je vollständiger der Halt des Geistes an Dingen oder was er so betrachtet ist, umso fruchtbarer ist er in seinen Ansichten von ihnen und umso praktischer in seinen Definitionen" (Z 25). Das Konkrete übt einen stärkeren Eindruck auf uns aus als das Abstrakte; ein Bild ist stärker als ein Begriff oder eine Folgerung. Das reale Erfassen ist folglich stärker als das begriffliche, weil die Dinge, die sein Gegenstand sind, eindrucksvoller und affektiver sind als Begriffe. „Erfahrungen und Bilder treffen und nehmen den Geist in einer Weise in Beschlag, wie Abstraktionen und ihre Kombinationen es nicht tun" (Z 27).

2. Begriffliche und reale Zustimmung

106 Der Akt der Zustimmung, so sahen wir (§ 101), ist die „absolute Annahme einer Proposition ohne jede Bedingung". Zustimmen bedeutet, eine Proposition als wahr anzuerkennen (Z 10). Wahrheit läßt, im Unterschied zu Wahrscheinlichkeit, keine Grade zu. Einen Wahrheitsanspruch kann ich entweder anerkennen oder nicht anerkennen. Daraus folgt, daß der Akt der Zustimmung eine unteilbare Größe ist; er ist in jedem Fall vollkommen und läßt im Unterschied zu einer Folgerung, die stärker oder schwächer sein kann, keine Grade zu. Das gilt unabhängig davon, ob wir einer begrifflich oder real erfaßten Proposition zustimmen. Dennoch sprechen wir auch von einer schwachen und einer starken Zustimmung. Die Form des Erfassens berührt nicht das Wesen der Zustimmung, aber sie bestimmt, wie Newman es nennt, deren „äußeren Charakter"; sie verleiht ihm eine unterschiedliche Lebendigkeit, Stärke, Intensität und Tiefe. „Je vollkommener der Geist von einer Erfahrung in Beschlag genommen ist, umso begeisterter wird seine Zustimmung sein, wenn er zustimmt, und andererseits wird seine Zustimmung umso lustloser und umso weniger wirksam sein, je mehr er mit einer Abstraktion beschäftigt ist". Entsprechend den beiden Formen des Erfassens unterscheidet Newman deshalb zwischen begrifflicher und realer Zustimmung: der Zustimmung zu begrifflich und der Zustimmung zu real erfaßten Propositionen, oder kurz: „Zustimmung zu Begriffen und Zustimmung zu Dingen" (Z 25).
Betrachten wir vier seiner Beispiele einer realen Zustimmung. 1. Große moralische Wahrheiten können in einer Gesellschaft allgemein anerkannt sein und dennoch wirkungslos bleiben. Daß der Sklavenhandel ein zum Himmel schreiendes Unrecht ist, hätte von Anfang an von allen anerkannt werden müssen, und es wurde von vielen anerkannt. Diese begriffliche Zustimmung blieb jedoch ohne Folgen, bis eine organisierte Kampagne die Menschen so betroffen machte, daß ihre Anerkennung wirksam wurde. 2. Als Wilberforce den Herzog von Wellington drängte, sich für die Mißbilligung des Duells einzusetzen, erhielt er zur Antwort: „,Ein Relikt der Barbarei, Mr. Wilberforce'; als akzeptierte er einen Begriff, ohne eine Tatsache zu realisieren". Erst der Schock, den die tragischen Umstände eines bestimmten Duells auslösten, führte letztlich zu einer realen Zustimmung. 3. Ein junger und ein älterer Mensch werden von den Worten eines klassischen Autors, wie Homer oder Horaz, unterschiedlich berührt. Stellen, die ein junger Mensch auswendig gelernt hat und schön findet, gehen ihm nach der Lebenserfahrung vieler Jahre auf und „durchbohren ihn, als ob er sie niemals vorher gekannt hätte, mit ihrem traurigen Ernst und ihrer lebendigen Genauigkeit" (Z 54). 4. „Und was die Welterfahrung für die Veranschaulichung klassischer Autoren tut, dieses Amt erfüllt der religiöse Sinn, wenn er sorgsam gepflegt wird, gegenüber der

Heiligen Schrift." Für den geistlichen Menschen spricht die Schrift von Dingen und nicht nur von Begriffen. Die Niedergeschlagenen und Verzweifelten, die Angefochtenen, die Verwirrten, die Leidenden spricht sie gerade durch diese ihre Erfahrungen an, und sie läßt sie ihr Leben in einem neuen Licht sehen. So werden Lehren der Schrift für sie zu einer Wirklichkeit, „die sie als ein Argument, und das beste der Argumente, für deren göttlichen Ursprung erkennen". Wenn wir die Evangelien nur lesen, besteht die Gefahr, daß wir das Gespür für ihre Kraft verlieren und sie für uns zur bloßen toten Historie werden. Nur die Meditation kann uns zu einem realen Erfassen führen. „Der Zweck der Meditation ist also, sie zu realisieren; zu machen, daß die Tatsachen, die sie berichten, als Gegenstände vor unserem Geist hervortreten, so daß sie durch einen Glauben angeeignet werden können, der so lebendig ist wie die Einbildungskraft, die sie erfaßt" (Z 55).

Newman betont den persönlichen Charakter der realen Zustimmung und deren Abhängigkeit von der persönlichen Geschichte. Das begriffliche Erfassen ist ein gewöhnlicher Akt der uns allen gemeinsamen Natur. Wir alle besitzen das Vermögen der Abstraktion; wir können dieselben abstrakten Begriffe lernen und uns durch sie miteinander verständigen. Die Urteile, die wir mittels dieser Begriffe bilden, beruhen zu einem guten Teil auf logischen Prozessen, mit denen wir alle vertraut sind, und auf Tatsachen, die wir alle als gegeben ansehen. Dagegen hängen die Bilder und Gegenstände, die zur realen Zustimmung führen, von der jeweils verschiedenen persönlichen Erfahrung ab. Die reale Zustimmung hat folglich einen individuellen Charakter, und insofern steht sie einem Austausch unter den Menschen eher im Weg als daß sie ihm förderlich wäre; ein gegenseitiges Verstehen würde hier voraussetzen, daß die Gesprächspartner über dieselben Erfahrungen verfügen. Damit sind der diskursiven Begründung Grenzen gezogen. Die reale Zustimmung „schließt sich sozusagen in ihr eigenes Heim ein, oder zumindest ist sie ihr eigener Zeuge und ihre eigene Norm; [...] man kann nicht auf sie rechnen, sie nicht antizipieren, nicht erklären, insofern sie das Akzidens dieses oder jenes Menschen ist" (Z 58). Was Newman unter dem akzidentellen Charakter der realen Zustimmung versteht, erläutert er am Beispiel der Erscheinung des Auferstandenen vor „mehr als fünfhundert Brüdern zugleich" (1 Kor 15,6). Die gemeinsame Erfahrung der fünfhundert Brüder beruht nicht auf einem Gesetz, sondern auf einem kontingenten, nicht aus Gesetzen herleitbaren Ereignis. Ein von vielen geteilter Glaube, wie etwa der an die Gottheit Christi, braucht nicht deswegen, weil er allgemein ist, begrifflich zu sein. Er kann ein realer und persönlicher Glaube sein und trotz des gemeinsamen Inhalts in den einzelnen Individuen durch unterschiedliche Erfahrungen und Dispositionen, die auf verschiedenste Weise miteinander kombiniert werden, hervorgebracht werden. Newman listet einige dieser

Ursachen auf: eine warme und starke Einbildungskraft, eine große Empfindsamkeit, Reue und Abscheu vor der Sünde, der häufige Besuch von Gottesdiensten, Meditation der Evangelien, Vertrautheit mit Kirchenliedern und geistlicher Dichtung, Nachdenken über Beweisgründe, Beispiel und Unterricht der Eltern, religiöse Freunde, Erfahrung der Vorsehung, eindrucksvolle Predigten. Aber auch wenn wir einmal annehmen, die Zustimmung wäre nicht in dieser Weise das Ergebnis zufällig zusammenwirkender Ursachen, sondern sie hätte einen einzigen Ursprung, etwa das Studium der Schrift, eine sorgfältige religiöse Unterweisung oder eine religiöse Veranlagung, so hätte auch in diesem Fall die persönliche Geschichte eine Bedeutung, die sie bei einer begrifflichen Zustimmung nicht hat. „Denn eine Abstraktion kann willentlich gemacht werden und mag das Werk eines Augenblicks sein; aber die moralischen Erfahrungen, die sich in Bildern Dauer verschaffen, müssen gesucht, um gefunden zu werden, und ermuntert und kultiviert, um angeeignet zu werden" (Z 61).

108 Die reale Zustimmung hat, wenn auch nur indirekten, Einfluß auf das Handeln. Es sind die Affekte, die das Handeln verursachen: Hoffnung und Furcht, unsere Vorlieben und Abneigungen, Leidenschaft, Zuneigung, Selbstsucht und Selbstliebe. Die Leistung der Einbildungskraft besteht darin, daß sie Mittel findet, um diese Kräfte zu wecken; sie versieht uns mit Gegenständen, die stark genug sind, um sie zu stimulieren. Newman nennt die Gedanken an Ehre, Ruhm, Pflicht, Selbstverherrlichung, Gewinn, aber auch an die Güte Gottes, einen zukünftigen Lohn, das ewige Leben. Wenn eine entsprechende Disposition gegeben ist, führen das Verweilen bei diesen Vorstellungen und die dadurch bewirkte reale Zustimmung zum Handeln (Z 57f.). Reale Zustimmungen werden gelegentlich als Überzeugungen bezeichnet. Moralische und religiöse Überzeugungen, so betont Newman, sind keine alltägliche Erscheinung. Aber solange wir sie nicht haben, sind wir trotz allem begrifflichen Wissen ohne „intellektuelle Verankerung". Solche Überzeugungen prägen nicht nur den moralischen, sondern auch den intellektuellen Charakter eines Menschen; er reicht tiefer als die begriffliche Zustimmung. „Sie formen den Geist, aus dem sie hervorwachsen und verleihen ihm einen Ernst und eine Männlichkeit, die in anderen Vertrauen auf seine Anschauungen weckt und die eines der Geheimnisse der Überzeugungskraft und des Einflusses auf der öffentlichen Bühne der Welt sind [...]. Sie haben der Welt Männer *einer* Idee gegeben, von ungeheurer Energie, von stählernem Willen" (Z 62).

3. Religion und Theologie

109 Entsprechend den beiden Formen der Zustimmung unterscheidet Newman zwischen Religion und Theologie. Er geht dabei aus von einer Gemein-

schaft, die verbindliche Glaubensinhalte oder Dogmen kennt, etwa die Sätze eines Glaubensbekenntnisses oder die Aussagen ökumenischer Konzilien. Einem solchen Dogma real zuzustimmen ist ein Akt der Religion, ihm begrifflich zuzustimmen ein Akt der Theologie. Mit dieser Unterscheidung ist die Frage nach der Bedeutung der Vernunft für die Religion oder dem Verhältnis von Vernunft und Erfahrung in der Religion gestellt. Die religiöse Einbildungskraft nimmt das Dogma als eine Wirklichkeit wahr, durch sie machen wir es uns innerlich zu eigen, und sie bewirkt, daß wir in ihm Ruhe finden. Dagegen ist es Aufgabe des „theologischen Intellekts", an ihm festzuhalten, weil es wahr ist (Z 69).

Beide Formen der Zustimmung sind zu unterscheiden, wenn sich auch in der Wirklichkeit keine scharfen Grenzen ziehen lassen. Intellekt und Einbildungskraft sind allen Menschen gemeinsam, und insofern ist jeder religiöse Mensch in einem gewissen Sinn auch immer zugleich ein Theologe. Zwischen Religion und Theologie besteht ein Verhältnis wechselseitiger Abhängigkeit. Newman sieht eine Entsprechung zwischen einer allgemeinen und einer theologischen Erkenntnislehre. Sinne, Sinneswahrnehmung, Instinkt, Intuition liefern die Daten, welche der Intellekt gebraucht; in der Theologie entsprechen diesen Quellen die Natur und die Offenbarung; aus ihnen gewinnt die Theologie ihre Aussagen durch Abstraktion und Folgerung. Newmans Begriff der Offenbarung wird uns später (§ 118f.) beschäftigen; mit der Natur als Ort der Gotteserkenntnis befaßt sich der Abschnitt über das Gewissen (§§ 112–117). Die Religion ist die Wurzel und der Boden, aus dem die Theologie wächst: „keine Theologie kann anfangen und gedeihen ohne die Initiative und die bleibende Gegenwart der Religion" (Z 69). Aber wie die Theologie auf die Religion, so ist auch die Religion auf die Theologie angewiesen. Das ergibt sich daraus, daß Zustimmung notwendig Zustimmung zu einer Proposition ist. „Ohne eine Proposition oder These kann es überhaupt keine Zustimmung, keinen Glauben [belief] geben" (Z 84), und die Interpretation setzt eine zu interpretierende Proposition voraus. So kann z.B. die Proposition ‚Es existiert ein persönlicher Gott‘ „entweder als theologische Wahrheit oder als eine religiöse Tatsache oder Realität" (Z 84) interpretiert werden. Den unterschiedlichen Interpretationen und Formen des Erfassens entspricht ein unterschiedlicher Gebrauch der Proposition. „Wenn die Proposition erfaßt wird für die Zwecke des Beweises, der Analyse, des Vergleichs und ähnlicher intellektueller Tätigkeiten, wird sie gebraucht als Ausdruck eines Begriffs; wenn für die Zwecke der Verehrung, ist sie das Bild einer Realität" (Z 84). Auch die reale Zustimmung setzt voraus, daß vorgängig die Wahrheit der Proposition erfaßt ist, und das ist eine Leistung des „theologischen Intellekts" (Z 69).

Es ist Newmans Anliegen, gegen ein rationalistisches Mißverständnis der 110 Religion die reale Zustimmung zu betonen. Das darf jedoch nicht so verstanden werden, als würde damit die Wahrheitsfrage für sinnlos erklärt und einer nonkognitiven Auffassung der Religion das Wort geredet. Newman wendet sich gegen das verbreitete Mißverständnis, es bestehe ein Gegensatz und ein Antagonismus zwischen einem dogmatischen Glaubensbekenntnis und einer lebendigen Religion. Worauf es ankomme, so sage man, sei nicht der *Glaube daß* sondern der *Glaube an* (vgl. § 283); nicht der Glaube, daß ein Gott existiert, daß es einen Erlöser gibt, sondern der Glaube an Gott, an einen Erlöser; „sie wenden ein, daß derartige Sätze nur ein formales und menschliches Medium sind, das jede wahre Aufnahme des Evangeliums zerstört und die Religion zu einer Sache der Wörter oder der Logik mache, anstatt daß sie ihren Sitz im Herzen hat". An diesem Einwand ist richtig, daß die Menschen manchmal bei einer begrifflichen Interpretation und Zustimmung stehen bleiben; falsch ist dagegen, daß das immer und notwendig so ist. Die begriffliche oder theologische Zustimmung ist also kein Hindernis für die reale oder religiöse, und Newman läßt keinen Zweifel daran, daß die Propositionen als Ausdruck von Tatsachen und nicht von Begriffen gebraucht werden müssen. Dennoch sind Begriffe in zweifacher Hinsicht notwendig. Weil die reale Interpretation von persönlichen Erfahrungen abhängt, sind wir für das Gespräch mit anderen auf Begriffe angewiesen. Zum anderen sind die Propositionen in ihrer begrifflichen, theologischen Interpretation die Träger des Wahrheitswertes. Die Interpretation durch die religiöse Einbildungskraft setzt voraus, daß wir die Proposition für wahr halten; andernfalls wäre sie ein bloßes Spiel der Phantasie. „Wissen muß immer der Tätigkeit der Affekte vorhergehen. Wir empfinden Dankbarkeit und Liebe, wir empfinden Empörung und Abneigung, wenn wir die Informationen tatsächlich vor uns haben, die diese verschiedenen Emotionen wecken können. Wir lieben unsere Eltern als unsere Eltern, wenn wir wissen, daß sie unsere Eltern sind" (Z 84). In der Religion, so fordert Newman, sollten die Einbildungskraft und die Affekte immer unter der Kontrolle der Vernunft sein. Theologie ist ohne Religion denkbar; sie ist dann ohne Leben, hört aber nicht auf, eine eigenständige Wissenschaft zu sein. Dagegen kann die Religion nicht auf die Theologie verzichten. Religiöse Gefühle, so sahen wir, setzen wie alle Emotionen das Fürwahrhalten von Propositionen voraus. Zudem sind sie trotz aller Übungen nicht voll in unserer Gewalt; es gibt, wie die geistlichen Lehrer es nennen, Zeiten der Trostlosigkeit, in denen der Glaube auf einen anderen Halt angewiesen ist. Die Religion „kann ihr Gebiet ohne Theologie in keiner Weise behaupten. Das Gefühl, sei es imaginativ oder emotional, greift auf den Intellekt als seinen Halt zurück, wenn die Sinne nicht zur Tätigkeit gerufen werden können, und auf diese Weise greift die Verehrung auf das Dogma zurück" (Z 85).

111 Dennoch ist, wie wir sahen (§ 109), auch in der religiösen Erkenntnis der Intellekt auf Tatsachen angewiesen, aus denen er durch Abstraktion und

Folgerung das System einer theologischen Wissenschaft bildet. Wir wollen diesen erkenntnistheoretischen Zusammenhängen jetzt exemplarisch anhand der Frage nach der Existenz und dem Wesen Gottes nachgehen. Der entsprechende Abschnitt (Kap. V § 1) trägt die Überschrift *„Belief in One God“*. Newman unterscheidet zwischen ‚*belief*‘ und ‚*faith*‘ (Z 70). *Faith* im theologischen Sinn umfaßt einen zweifachen *belief*. Es ist einmal der *belief*, der darin besteht, daß eine Proposition für wahr gehalten wird; diese Proposition ist, in der Fachsprache der Theologie (vgl. § 283), das Materialobjekt des Glaubens. Gegenstand des *faith* ist zweitens der Grund, weshalb die Proposition für wahr gehalten wird, das Formalobjekt, und das ist die Tatsache, daß sie von Gott offenbart wurde. Im Akt des *faith* wird also eine Proposition für wahr gehalten, weil sie von Gott offenbart wurde. Der Begriff der Offenbarung wird uns später (§ 118) beschäftigen; vorerst haben wir es nur mit Glauben im Sinne von *belief* zu tun.

Newman geht aus vom Gottesbegriff der Theisten und der Christen: „einem Gott, der numerisch Einer ist, der persönlich ist; der Schöpfer, Erhalter und Vollender aller Dinge ist, das Leben von Gesetz und Ordnung, der sittliche Herrscher […]; der ganz Vollkommenheit ist und die Fülle und das Urbild jeglicher Vollkommenheit [….]; Einer, der allmächtig ist, allwissend, allgegenwärtig, unbegreiflich“. Die begriffliche Zustimmung zu der Proposition, daß der durch diese Eigenschaften charakterisierte Gott existiert, bereitet dem Theisten keine Schwierigkeiten. Newman fragt, ob über diese begriffliche Zustimmung hinaus eine reale Zustimmung zur Existenz Gottes möglich sei, eine persönliche Erkenntnis, ein imaginatives Erfassen. „Kann ich glauben, als ob ich sähe?“ (Z 71). Newman betont, daß es ihm dabei um Zustimmung und nicht um Folgerung gehe. „Ich habe nicht die Absicht, die Argumente vorzubringen, die in den Glauben an diese Lehre münden, sondern zu erforschen, was es ist, an sie zu glauben“ (Z 69). Er betrachte nicht die Frage, „ob es einen Gott gibt, sondern vielmehr, was Gott ist“ (Z 70). Aber lassen diese beiden Fragen in Newmans Erkenntnistheorie sich voneinander trennen? „Es ist wahr, daß dieselben elementaren Tatsachen, die ein Objekt für eine Zustimmung hervorbringen, auch die Materie für eine Folgerung liefern: und indem ich zeige, was wir glauben, werde ich unvermeidlich in einem gewissen Ausmaß zeigen, warum wir glauben“ (Z 70). Einige Seiten später unterscheidet Newman zwischen einem Beweis, dem begrifflichen und dem realen Erfassen der Attribute Gottes, und er betont nochmals, es gehe ihm in diesem Zusammenhang allein um das reale Erfassen. Aber dennoch sei es unmöglich, die beiden anderen Untersuchungen auszuschließen, weil alle drei eine gemeinsame Grundlage haben (Z 73). Newman führt keinen Beweis; er beschreibt und analysiert vielmehr ein Phänomen: das Gewissen. Dieses unbeweisbare Phänomen bildet das „erste Prinzip“

für alle drei Operationen: Es ist die „elementare Tatsache", aus welcher der Begriff Gottes abstrahiert wird, die als Grund in einem Beweis fungiert und durch deren Betrachtung das begriffliche Erfassen und die begriffliche Zustimmung zum realen Erfassen und zur realen Zustimmung werden.

II. Das Gewissen

112 Es ist wichtig, die Struktur von Newmans Vorgehen klar vor Augen zu haben. Seine Annahme oder unbewiesene und nach seiner Auffassung unbeweisbare Voraussetzung ist, daß das Gewissen ein Phänomen eigener Art und deshalb jede Form des Reduktionismus von vornherein verfehlt ist. Hier kann nichts bewiesen, sondern nur etwas gezeigt und beschrieben werden. Newman betont, daß diese seine Beschreibung die Grundlage aller weiteren Überlegungen ist; ein Grund, weshalb der Leser diese Beschreibung annehmen sollte, läßt sich nicht anführen. Es geht Newman um die reale Zustimmung, und sie ist, wie wir sahen (§ 107), ein persönlicher, durch die kontingente Geschichte des einzelnen bedingter Akt; sie ist nur möglich, wenn der einzelne selbst das Phänomen sieht; beweisen läßt sich hier nichts.

1. Die beiden Aspekte der Gewissenserfahrung

113 Newman geht davon aus, daß das Gewissen eine eigene, von allen anderen unterschiedene mentale Fähigkeit bzw. ein eigener mentaler Akt ist, wie das Gedächtnis, das Denken, die Einbildungskraft, der Sinn für das Schöne. Unsere Handlungen rufen in uns Billigung oder Tadel hervor; dementsprechend nennen wir sie sittlich richtig oder sittlich falsch; das damit verbundene spezifische Gefühl von Lust und Schmerz bezeichnen wir als gutes oder schlechtes Gewissen. Der entscheidende und charakteristische Schritt in Newmans Phänomenologie des Gewissens ist nun, daß er zwei Aspekte der Gewissenserfahrung unterscheidet: Sie ist die Erfahrung des sittlich Richtigen (*moral sense*) und die Erfahrung, daß das sittlich Richtige verpflichtet (*sense of duty*). Diese beiden Aspekte des einen, unteilbaren Akts des Gewissens lassen eine jeweils eigene Betrachtung zu. Ich kann den Sinn dafür, daß das sittlich Richtige verpflichtend ist, verlieren, und dennoch weiterhin fähig sein, zwischen dem sittlich Richtigen und dem sittlich Falschen zu unterscheiden. Newman hält auch das Umgekehrte für möglich: Ich kann den Sinn für die sittliche Häßlichkeit einer Handlung verlieren, ohne deshalb den Sinn dafür zu verlieren, daß sie mir verboten ist. Das Gewissen hat eine kritische und eine richterliche Funktion: Es entscheidet, ob eine Handlung sittlich richtig oder sittlich falsch

ist, und es gebietet unter Androhung von Sanktionen, das sittlich Richtige zu tun und das sittlich Falsche zu unterlassen.

Es ist der zweite Aspekt, das Gewissen als Sanktion des richtigen Verhaltens, den Newman weiter verfolgt. Hier haben wir nach ihm die gewöhnliche Bedeutung des Wortes vor uns; was mit ,*moral sense*' gemeint sei, wüßten nur die Fachleute, aber jeder wisse, was ein gutes oder ein schlechtes Gewissen ist. Newman vergleicht das Gewissen mit dem Geschmack. Der Geschmack erschöpft sich im Sinn für und in der Lust am Schönen und Häßlichen; ihm geht es allein um das Schöne und Häßliche um seiner selbst willen. Er ruht in der Weise in sich selbst, daß in ihm nur das Bewußtsein der eigenen Tätigkeit und ihres Gegenstands gegeben ist; indem er sein Urteil reflektiert, ist er sein eigener Richter, der selbst die Sanktionen für seine Tätigkeiten verhängt. Das Bewußtsein des Gewissens erschöpft sich nicht in der Reflexion seiner eigenen Tätigkeit. Es reicht in der Weise vage über sich selbst hinaus, daß nicht es selbst, sondern eine andere Instanz die Sanktionen verhängt. Das Bewußtsein der Verpflichtung und Verantwortung ist für Newman mehr als nur ein interpersonales Phänomen. Wir sprechen von der Stimme des Gewissens, aber nicht von der Stimme des Geschmacks oder des Schönen. Das ästhetische Urteil enthält keine Verpflichtung; dagegen ist das Gewissen eine Stimme oder das Echo einer Stimme, die „gebietet und zwingt wie kein anderes Diktat im Ganzen unserer Erfahrung" (Z 75).

Der Aufweis dieses zweiten Aspekts besteht in der Beschreibung und Analyse der für die Gewissenserfahrung charakteristischen und sie vom Geschmack und Moral Sense unterscheidenden Emotionen. Newman verweist vor allem auf bestimmte Formen der Furcht. Wer sieht, daß sein Verhalten nicht schön war, empfindet keine Furcht; sein Verhalten kann ihm unangenehm sein und er kann sich über sich selbst ärgern, vor allem, wenn er dadurch Nachteile hat. Damit ist aber das Phänomen des schlechten Gewissens nicht erschöpfend beschrieben; charakteristisch sind vielmehr Erfahrungen wie Verantwortung, Schuld, Reue, Scham, Selbstvorwürfe. Ihnen stehen die ebenso realen, wenn auch weniger aufdringlichen Emotionen des guten Gewissens gegenüber wie Selbstbilligung, innerer Friede, Leichtigkeit des Herzens. In den genannten Emotionen sieht Newman „eine spezifische Differenz zwischen dem Gewissen und unseren anderen intellektuellen Sinnen – gesundem Menschenverstand (*common sense*), Vernünftigkeit (*good sense*), Sinn für das Praktische, Geschmack, Ehrgefühl und ähnlichem" (Z 76).

2. Der Instinkt des Gewissens

Das Gewissen, das zeigt die Beschreibung des Phänomens, „ist immer emotional", und eine Emotion impliziert notwendig die Beziehung auf eine Person. Wiederum zeigt Newman, daß eine Moral Sense-Theorie dem Phänomen des Gewissens nicht voll gerecht wird. Der Moral Sense bewundert oder verabscheut, billigt oder tadelt die Handlung. Sein Akt ist also lediglich auf *einen* Terminus bezogen, auf die Handlung, die er beurteilt. Der Akt des Gewissens bezieht nach Newman einen weiteren Terminus ein: eine Person, die in einer Beziehung zu unserer Handlung steht. Das ergibt sich daraus, daß es sich bei den Gewissensphänomenen um Emotionen handelt. Leblose Dinge können wir bewundern; sie können uns gefallen oder nicht gefallen; wir können Freude an ihnen haben, oder sie können uns gleichgültig lassen oder Widerwillen hervorrufen. Emotionen oder Affekte können wir ihnen gegenüber jedoch nicht empfinden: „Leblose Dinge können unsere Affekte nicht erregen; diese sind korrelativ mit Personen". Prädikate von Affekten sind also dreistellig: x schämt sich vor der Person y wegen der Handlung z; x fühlt sich vor y wegen z verantwortlich. „Wenn wir, wie es der Fall ist, uns verantwortlich fühlen, beschämt sind, geängstigt sind, wenn wir gegen die Stimme des Gewissens verstoßen, dann impliziert das, daß da Einer ist, dem wir verantwortlich sind, vor dem wir uns schämen, dessen Ansprüche an uns wir fürchten." Auch Emotionen des guten Gewissens haben eine Beziehung auf eine Person: „wenn wir nach dem Rechttun die gleiche lichtvolle Heiterkeit des Geistes genießen, die gleiche beruhigende Freude und Befriedigung, die einem Lob folgt, das wir von einem Vater empfangen – so haben wir gewiß in uns das Bild einer Person, auf die unsere Liebe und Verehrung blickt; in deren Lächeln wir unser Glück finden; nach der wir uns sehnen; an die wir unsere Klagen richten" (Z 77).

116   Damit ist das Phänomen beschrieben. Wenden wir uns nun der Frage zu, wie Newman es anderen Phänomenen zuordnet und in dieser Weise erkenntnistheoretisch absichert. Newman arbeitet mit der Methode der Analogie; er weist auf Phänomene hin, die in ihrer Struktur dem Phänomen des Gewissens entsprechen, und er zeigt, daß unsere Erklärungen auch bei ihnen an eine Grenze stoßen; das Phänomen des Gewissens steht in seiner Unerklärbarkeit also nicht isoliert da. Tiere und Menschen nehmen nicht nur Sinneseindrücke wahr; sie verbinden diese zu Ganzheiten; auch Tiere sind imstande, trotz wechselnder Eindrücke und Umstände die Identität eines Individuums zu erkennen. Ein Lamm ist unmittelbar nach der Geburt imstande, seine Artgenossen als solche zu erkennen und seine eigene Individualität von der der anderen Lämmer zu unterscheiden; ein Kind identifiziert seine Mutter und seine Amme. Newman fragt, ob wir diese Identifikationsleistung von Tieren und Kindern in einer Welt von Vielheit und Veränderung erklären können; wenn aber nicht, „welchen Grund haben wir, Anstoß zu nehmen an der ebenso seltsamen und wie schwierigen Lehre, daß es [das Kind] nach und nach, ohne vorhergehende Erfahrungen oder analoges Denken, fähig ist, die Stimme oder das Echo

der Stimme eines lebendigen, personalen und souveränen Herrn zu erkennen?" (Z 78).

Wo Newman diese Analogie näher ausführt, fragt er, ob die Identifizierung von realen Individuen in einer bewußtseinstranszendenten Welt eine Leistung der Sinneswahrnehmung oder der Vernunft sei. Die Vernunft scheidet aus: Die Tiere haben keine Vernunft und können dennoch Individuen identifizieren. Die Sinne liefern uns eine Vielzahl von Eindrücken, sind aber nicht imstande, die verschiedenen Eindrücke realen Einheiten zuzuordnen. Wir sind deshalb gezwungen, ein drittes Vermögen anzunehmen: den Instinkt. Der Beweisgrund (*evidence*), daß es reale Individuen in einer Außenwelt gibt, „liegt in den Phänomenen, die sich an unsere Sinne wenden, und unsere Garantie dafür, daß wir diese als Beweisgrund nehmen dürfen, ist unsere instinktive Sicherheit, daß sie Beweisgrund sind" (Z 72). Die Phänomene sind wie Bilder, aber sie können das Ding, das sie abbilden, nicht als Ding oder Substanz oder Individuum zeigen. Entsprechend verhält es sich bei der Erkenntnis von Personen; „daß sie existieren, wissen wir durch Instinkt; daß sie so und so sind, erfassen wir aus den Eindrücken, die sie in unserem Geist hinterlassen". Wir lesen Schriften von Cicero, Hieronymus, Chrysostomos oder Dr. Johnson. Sie vermitteln uns einen unverwechselbaren Eindruck des intellektuellen und moralischen Charakters eines jeden von ihnen; wir erfassen ihre intellektuelle und moralische Individualität. Die Schriften bezeugen, daß sie von historischen Personen verfaßt worden sind; wir wissen durch unseren Instinkt, daß ein realer Mensch als Verfasser hinter ihnen steht. In einem zweifachen Sinn „sehen wir den Menschen in seiner Sprache" (Z 72): der Instinkt sagt uns, daß wir hier ein reales Wesen vor uns haben; aus der Qualität des Eindrucks erkennen wir dessen Eigenschaften.

Die Phänomene, aus denen ein entsprechender Instinkt die Existenz Gottes erfaßt, sind das Bewußtsein der sittlichen Verpflichtung und die mit ihr gegebenen charakteristischen Emotionen. „Wie wir aus einer Fülle instinktiver Wahrnehmungen, die als einzelne Beispiele von etwas jenseits der Sinne dienen, den Begriff einer äußeren Welt verallgemeinern und dann diese Welt mit und entsprechend jenen einzelnen Phänomenen darstellen, von denen wir ausgegangen sind, so gehen wir von der wahrnehmenden Kraft, welche die Andeutungen des Gewissens mit dem Widerhall oder (sozusagen) dem Echo einer Ermahnung von außen identifiziert, weiter zum Begriff eines höchsten Herrschers und Richters, und dann machen wir uns wiederum ein Bild von Ihm und Seinen Attributen in jenen sich wiederholenden Andeutungen, aus denen, als mentalen Phänomenen, unsere Anerkennung seiner Existenz ursprünglich gewonnen wurde" (Z 73). So können „die Phänomene des Gewissens als eines Diktats helfen, der Einbildungskraft das Bild eines höchsten Herrschers einzuprägen, eines Richters, heilig, gerecht, mächtig, allsehend, vergeltend, und es ist das schöpferische Prinzip der Religion, wie der Moral Sense das Prinzip der Ethik ist" (Z 77). Das Phänomen des Gewissens wird nicht erklärt, aber es wird mit analogen Phänomenen zusammengestellt; dadurch wird es in einen größeren Zusammenhang unserer Erfahrung eingeordnet und ihm der Charakter des gänzlich Einmaligen und Außerordentlichen genommen. Aus den Texten eines Cicero oder Hieronymus erkennen wir deren individuellen, unverwechselbaren Charakter; aus den Aufforderungen unseres Gewissens erkennen wir die Einzigartigkeit Gottes: das eine ist ebenso wie das andere ein Wunder und ein großes Geheimnis.

117 Weil das Gewissen ein Instinkt ist, der unabhängig von und vor aller begrifflichen Reflexion tätig ist, zeichnet Newman das von der Gewissenserfahrung eingeprägte Gottesbild am Beispiel des Kindes. Weil sein Erfassen nur wenig durch Begriffe bestimmt ist, reagiert sein Gewissen besonders spontan und tief. Ob alle Kinder das beschriebene Gottesbild haben, bleibt offen; jedenfalls ist es „bei Kindern möglich, denn wenigstens einige besitzen es, ob nun andere es besitzen oder nicht" (Z 80). Das Kind kann von einem Gottesbild beherrscht werden, das höher steht als alle Begriffe von Gott. Ob das im Herzen latent vorhandene Bild ohne äußere Hilfe ins Bewußtsein treten kann, ist zweifelhaft; sicher ist dagegen, daß es durch äußere Einflüsse im Lauf der Zeit bestärkt und verbessert werden kann. Wieder verweist Newman auf die persönliche Haltung und die Lebensumstände. Von ihnen hängt es ab, ob das anfängliche Bild, wie immer es entstanden sein mag, heller und stärker wird, oder ob es schwach und trübe, entstellt oder ausgelöscht wird. „Menschen verletzen ihr Pflichtgefühl, und nach und nach verlieren sie jene Gefühle von Scham und Furcht, das natürliche Korrektiv der Verletzung, welche die Zeugen des Unsichtbaren Richters sind" (Z 81). Selbst wenn es unmöglich wäre, daß Menschen, in deren Kindheit dieses Gottesbild lebendig war, es völlig verlieren, so kann es doch zu einem bloßen Begriff verkümmern. Umgekehrt kann das Gottesbild, wenn es entsprechend gehegt wird, sich entwickeln und vertiefen. Das Leben kann das Gottesbild reicher und lebendiger werden lassen; Newman nennt die Erziehung, die Begegnung mit anderen Menschen, die Erfahrung, die Literatur. Die Welt der Natur und des Menschen erscheinen dann in einem neuen Licht. Das Übel und das Böse werden gesehen, aber der Blick dringt durch zu der tieferen, lebendigen Wahrheit, „daß das Gute die Regel und das Böse die Ausnahme ist" und daß „die Naturgesetze, wenn auch unveränderlich, so doch mit einer besonderen Vorsehung vereinbar sind" (Z 82). Das reale Erfassen Gottes in der Gewissenserfahrung ist unabhängig von der offenbarten Religion; es setzt keinerlei Kenntnis der Bibel voraus. Aber es ist nur eine grobe Skizze, die genauer ausgeführt werden muß; hier liegt die Aufgabe der Schrift, und daß sie klar sehen läßt, was sich in der Gewissenserfahrung nur im Zwielicht zeigt, bezeugt für Newman ihren göttlichen Ursprung. Er

hebt ein Buch besonders hervor: die Psalmen. In ihnen ist der unmittelbarste Zusammenhang zwischen dem Gottesbild des Gewissens und dem der Bibel gegeben; sie sind eine Anleitung, dieses Bild in Gebet und Meditation zu vertiefen; hier läßt sich keine deutliche Grenze zwischen natürlicher und offenbarter Religion ziehen. „Und weil die Übung der Affekte unser Erfassen ihres Objekts stärkt, kann man unmöglich den Einfluß überschätzen, der auf die religiöse Einbildungskraft ausgeübt wird von einem Andachtsbuch, so erhaben, so eindringend, so voll von tiefer Belehrung wie der Psalter" (Z 83).

III. Natürliche und offenbarte Religion

1. Der Begriff der Offenbarung

Newman, so sahen wir (§ 111), unterscheidet zwischen *belief* und *faith*. 118
Beiden ist gemeinsam, daß eine Proposition für wahr gehalten wird; der Unterschied besteht darin, daß der Begriff des *belief* es offen läßt, aus welchem Grund sie für wahr gehalten wird, während der Begriff des *faith* diesen Grund einschließt: Sie wird für wahr gehalten, weil sie von Gott offenbart ist. Im Glauben als *faith* wird also nicht nur, wie im Glauben als *belief*, eine bestimmte Proposition, das Materialobjekt, für wahr gehalten, sondern außerdem eine Proposition zweiter Ordnung (das Formalobjekt), die etwas über die Proposition erster Ordnung, das Materialobjekt, aussagt: daß die Proposition erster Ordnung, das Materialobjekt, von Gott offenbart wurde. Damit wird die Frage der Begründung jedoch nicht beantwortet, sondern lediglich verschoben: Jetzt ist nach den Gründen für die Proposition zweiter Ordnung, dem Formalobjekt, zu fragen.

An den Beginn seiner Ausführungen über die Offenbarung stellt Newman 119
die Worte der Samariter zu der Frau, die Jesus am Jakobsbrunnen begegnet ist: „Nicht mehr aufgrund deiner Aussage glauben wir, sondern weil wir ihn selbst gehört haben und nun wissen: Er ist wirklich der Retter der Welt" (Joh 4,42). Er findet in diesem Vers drei Merkmale des Evangeliums: Es ist erstens göttliche Offenbarung, d.h. es lehrt eine Wahrheit, welche der Mensch aus eigenen Kräften nicht finden kann; es erhebt zweitens den ausdrücklichen Anspruch, göttliche Offenbarung zu sein, d.h. es gibt Auskunft über den Ursprung der Wahrheit, die es lehrt; es enthält drittens die Beweisgründe seines göttlichen Ursprungs in sich. Das Christentum ist „,*Revelatio revelata*'": Offenbarung Gottes, die den Anspruch erhebt, eine solche zu sein und als solche angenommen zu werden. Das Verhältnis zwischen dem zweiten und dem dritten Merkmal läßt eine Spannung und ein Problem des Glaubensakts deutlich werden. Als göttliche Offenbarung erhebt das Evangelium einen Anspruch auf unbedingte

Zustimmung. Wenn es für wahr gehalten wird, dann deshalb, weil es von Gott kommt, der nicht täuschen und nicht getäuscht werden kann. Man kann es nicht für wahrscheinlich wahr oder für teilweise wahr halten; wenn man es für wahr hält, weil es göttlichen Ursprungs ist, dann muß man es für ein absolut gewisses Wissen halten, „für gewiß in einem Sinn, in dem sonst nichts gewiß sein kann" (Z 272). Diese unbedingte Zustimmung setzt jedoch voraus, daß wir wissen, daß das Evangelium göttlichen Ursprungs ist. Wie aber kommen wir zu diesem Wissen? Hier können wir uns nicht auf eine göttliche Offenbarung berufen; das Wissen, daß das Evangelium Offenbarung Gottes ist, ist ein menschliches Wissen, das auf Beweisgründen beruht. Welchen Grad an Gewißheit können wir hier erreichen? Wie ist die uneingeschränkte Zustimmung zu Gottes Offenbarung möglich, wenn die Tatsache, daß das Evangelium von Gott offenbart wurde, Gegenstand des menschlichen Wissens ist? Wie stark sind die Beweisgründe für die Tatsache der Offenbarung?

Die Worte der Samariter enthalten den ersten Schritt zu einer Antwort. Sie glauben nicht aufgrund eines äußeren Zeugnisses, des Zeugnisses anderer Menschen, sondern sie glauben, weil sie Ihn selbst gehört haben. Für sie trägt die Botschaft Jesu ihre Beweisgründe in sich selbst. Die Offenbarung „legt für sich selbst Zeugnis ab". Das kann sie aber nur, wenn sie als Ganzes angenommen wird. Newman betont die Einheit der Offenbarung. Sie ist nicht eine bloße Sammlung von Wahrheiten, Meinungen, philosophischen Thesen oder religiösen Erfahrungen, sondern ein Ganzes, das „sich selbst als Eines zusammen hält". Sie kann nur als Ganzes verstanden werden; die einzelnen Teile müssen sich wechselseitig interpretieren; als Ganzes und nur als Ganzes trägt sie, wie ein Gewölbe, sich selbst. Wir dürfen „aus ihren Inhalten nicht etwas nach unserem Urteil herausgreifen und auswählen, sondern wir müssen es alles aufnehmen, wie wir es vorfinden, wenn wir es überhaupt annehmen" (Z 272). Dieses Ganze erhebt einen universalen Anspruch; es wendet sich an alle Menschen und fordert von ihnen eine vernünftige Zustimmung. Das setzt voraus, daß es auf die Fragen und Bedürfnisse aller Menschen antwortet. Die Offenbarung als Ganzes muß eine in sich überzeugende Deutung der *condicio humana* sein, die in der natürlichen Religion ihren Ausdruck findet; die Offenbarung muß sich an der natürlichen Religion ausweisen und bewähren. Das Christentum ist eine Ergänzung zur Religion der Natur; es tritt nicht an ihre Stelle und widerspricht ihr nicht. Es kann seine Ansprüche nur dadurch einlösen, daß es sich an etwas wendet, was die Menschen bereits haben; deshalb muß es die natürliche Religion anerkennen, und deshalb hängt es notwendig von ihr ab. Es ist die Ergänzung und Vollendung der natürlichen Religion, und es muß sich als solche ausweisen.

2. Die natürliche Religion

Unter Religion, so die lapidare Begriffsbestimmung, von der Newman ausgeht, verstehe er „das Wissen von Gott, Seines Willens und der Pflichten Ihm gegenüber" (Z 273). Er unterscheidet zwischen der natürlichen Religion auf der einen und der Religion der Zivilisation, der Philosophie und künstlicher Religion auf der anderen Seite. „Die Religion der Natur ist nicht eine Deduktion der Vernunft gewesen" (Z 284). Natürliche Religionen sind „solche Religionen, die ihren Ursprung in barbarischen Zeiten gehabt haben" (Z 277). In ihrer ursprünglichsten Form findet Newman sie bei dem wohl entschiedensten und erbittertsten Gegner und Kritiker der Religion in der Antike, bei Lukrez. Für ihn ist die Religion eine bedrückende, unerträgliche, entwürdigende Last und eine Quelle beständiger Angst. In ihrem Namen werden, was Lukrez durch eine beeindruckende Schilderung des Opfers der Iphigenie in Aulis zeigt, unmenschliche, grauenhafte Verbrechen begangen (T. Lucretius Carus, De rerum natura I 62–65; 80–101). Die Religion der Zivilisation hat den düsteren Ernst und die bedrückende Strenge verloren. „So war die griechische Mythologie zum größten Teil heiter und anmutig, und ihre neuen Götter gewiß freundlicher und nachsichtiger als die alten. In ähnlicher Weise ist die Religion der Philosophie edler und menschlicher als jene primitiven Vorstellungen, die für frühe Könige und Krieger genügten". Aber Newman sieht in dieser Entwicklung keinen Fortschritt, sondern einen Verlust der Erfahrung, in welcher die Religion wurzelt. Die Rituale der barbarischen Religionen entfalten und vollenden die Natur des Menschen. Die Zivilisation ist eine Entwicklung nicht dieser ganzen Natur, sondern lediglich des Intellekts; ihre Religion widerspricht deshalb der Religion der Barbaren; sie hat keine Sympathie für die Emotionen von Furcht und Hoffnung und die „schrecklichen Vorahnungen, die im Kult und den Traditionen der Heiden zum Ausdruck kommen" (Z 278). Die „breite und tiefe Grundlage" der Religion ist „das Bewußtsein der Sünde und Schuld, und ohne dieses Bewußtsein gibt es für den Menschen, wie er ist, keine echte Religion. Andernfalls ist sie nur eine Fälschung und hohl; und das ist der Grund, weshalb die sogenannte Religion der Zivilisation und Philosophie eine so große Farce ist" (Z 281).

Jede Interpretation geht von einem Vorverständnis aus, und Newman legt die hermeneutischen Prämissen, unter denen er das religionsgeschichtliche Material betrachtet, ausdrücklich dar. Er sieht die Tatsachen im Licht seiner eigenen Erfahrungen, wenn er auch zugleich davon ausgeht, daß seine Erfahrungen durch die anderer bestätigt werden, und er betrachtet sie als Ausgangspunkt für den Beweis des Christentums. Aber wird dadurch nicht die Absicht aufgegeben, zu beweisen, daß es eine natürliche und eine offenbarte Religion gibt? Wird der Versuch eines Beweises der offenbarten Religion durch diesen Ausgangspunkt nicht zirkulär? Newman antwortet mit einem eindeutigen Ja. Er will nicht bestreiten, daß Beweise möglich sind; es gebe Gründe, die in sich und objektiv und abstrakt betrachtet beweisend seien. Aus dieser objektiven und abstrakten Betrachtung folge jedoch nicht, daß die entsprechenden Argumente zwingend seien und jeden Einwand ausschlössen. Zwingend und unwiderlegbar sei ein Argument immer in Bezug auf eine Person; daraus, daß es objektiv zwingend sei, folgt noch nicht, daß es auch für eine bestimmte Person zwingend sei; es sei zu unterscheiden zwischen dem, was etwas an sich, und dem, was es für uns ist. Newman vergleicht die Wahrheit mit dem Licht; der Blinde kann das Licht nicht sehen, „und es gibt solche, die die Wahrheit nicht erkennen infolge eines Mangels nicht der Wahrheit, sondern ihrer selbst" (Z 288).

122 Es sind drei Kanäle, durch welche uns die Natur das Wissen von Gott, seinem Willen und unseren Pflichten ihm gegenüber zufließen läßt: „unser eigener Geist, die Stimme der Menschheit und der Lauf der Welt, das heißt des menschlichen Lebens und der menschlichen Angelegenheiten" (Z 273). Meine Interpretation beschränkt sich auf die beiden ersten: das Zeugnis des Gewissens und das „System der natürlichen Überzeugungen und Gefühle" (Z 287), wie es in den primitiven Religionen zum Ausdruck kommt. Der große innere Lehrer der Religion ist das Gewissen. Es ist die sicherste und persönlichste Quelle der Erkenntnis, und es ist die Instanz, an die ich mich letztlich halten muß. Das Gewissen ist unabhängig von allen anderen Formen des Wissens und damit von allen Unterschieden des Standes, des Alters, der Bildung; „unabhängig von Büchern, von geschultem Denken, von naturwissenschaftlichem Wissen oder von Philosophie" (Z 274). Je mehr ein Mensch seinen Anweisungen folgt, umso klarer wird es in seinen Vorschriften und umso weiter wird der Bereich, über den zu urteilen es imstande ist. Mit dieser Charakterisierung will Newman nicht ausschließen, daß jede geistige Tätigkeit auf äußere Anregungen und Austausch angewiesen ist, weil der Mensch immer als Glied der Gemeinschaft lebt. Die dominierende Norm, deren das Gewissen sich bewußt ist, ist die Gerechtigkeit; im Gottesbild, welches das Gewissen uns vermittelt, sind alle anderen Eigenschaften Gottes der der vergeltenden Gerechtigkeit untergeordnet. Das Gewissen sagt uns zugleich, daß wir weitaus mehr hinter seinen Forderungen zurückbleiben als daß wir sie erfüllen. Gott wird in der natürlichen Religion deshalb zuerst als der erfahren, der uns zürnt und Strafen androht. Die Religion wird, wie Lukrez es richtig gesehen hat, zunächst als bedrückendes Joch erlebt und bildet damit einen Kontrast zu der Freude, welche der Mensch bei der Betrachtung des Schönen in Natur und Kunst erfährt.
Diesem *prima-facie*-Aspekt der Religion in der Gewissenserfahrung des einzelnen stellt Newman das Bild der geschichtlichen Religionen gegenüber,

wie es sich in deren Riten und Lehren zeigt. „Es ist kaum notwendig zu betonen, daß wo immer die Religion in einer volkstümlichen Gestalt besteht, sie fast ständig ihre dunkle Seite nach außen gekehrt hat. Sie beruht in der einen oder anderen Weise auf dem Bewußtsein der Sünde; und ohne dieses lebendige Bewußtsein hätte sie schwerlich irgendwelche Vorschriften oder Gebräuche. Ihre vielfältigen Formen verkünden oder implizieren alle, daß der Mensch in einem erniedrigten, knechtischem Zustand ist und Sühne, Versöhnung und eine große Änderung der Natur braucht" (Z 275). Aber zusammen mit dieser düsteren, drohenden zeigt die natürliche Religion auch eine lichtere Seite: Die Menschen würden die Riten der Verdemütigung und Reinigung nicht vollziehen, wenn sie nicht auf eine bessere Lage hoffen würden. Alle echte Religion ist nicht nur ein Joch, sondern auch ein Segen. Nur so läßt sich nach Newman die Tatsache erklären, daß die Religion sich überall und zu allen Zeiten findet; einer bloßen Tyrannei würden die Menschen sich nicht unterwerfen; brächte sie nur Verzweiflung, würden die Menschen sich nicht um sie kümmern. Die Religion schenkt Hoffnung auf ein zukünftiges Gut und bringt damit Licht in das Leid. Die Güter dieses Lebens werden als ein Angeld auf ein zukünftiges großes Gut erfahren; sie lassen den Menschen ahnen, daß er trotz seiner Schuld nicht gänzlich verworfen ist. Beides, das Bewußtsein der Schuld und die Freude an den Gütern dieser Welt, sieht Newman in der Predigt des Paulus in Lystra miteinander verknüpft: Der Schöpfer „ließ in den vergangenen Zeiten alle Völker ihre Wege gehen. Und doch hat er sich nicht unbezeugt gelassen: Er tat Gutes, gab euch vom Himmel her Regen und fruchtbare Zeiten; mit Nahrung und Freude erfüllte er euer Herz" (Apg 14,16f.).

Auch in der natürlichen Religion könne die Welt als von der Vorsehung eines guten Gottes geleitet interpretiert werden. Diese Interpretation setze voraus, daß Welt und Geschichte von einem bestimmten Blickpunkt aus und aufgrund innerer Erfahrungen gesehen werden; es handelt sich also um eine persönliche, subjektive Sicht. Aber diese „persönlichen ersten Prinzipien und Urteile [...] können mit gutem Recht als gemeinsame Bedingungen des menschlichen Denkens angesprochen werden, das heißt bis sie willentlich oder zufällig verloren werden; und sie laufen tatsächlich darauf hinaus, daß sie die große Mehrheit der Menschen dahin führen, die Hand einer unsichtbaren Macht zu erkennen, die in Erbarmen oder im Urteil das physische und moralische System lenkt" (Z 282). Im Gerechtigkeitsempfinden des Gewissens wurzelt ein allgemeines Gefühl, daß eine ähnliche Führung sich auf jeden einzelnen Menschen erstreckt. Wir fühlen, so undurchsichtig das Geschehen für uns ist, instinktiv, daß Gott mit jedem von uns nach der Regel verfährt: Gutes dem Guten und Böses dem Bösen. Newman verweist, um diesen natürlichen Glauben zu belegen, auf die großen Sprichwörter der Völker, die von einem gerechten Tun-Ergehens-Zusammenhang handeln.

123 Wie der Vorsehungsglaube, so ist auch das Gebet, als persönliche und gemeinschaftliche Praxis, ein Wesensbestandteil der Religionen der Menschheit. Wo „Gebet ist, da ist eine natürliche Erleichterung und Trost in aller Bedrängnis, großer und alltäglicher". Um zu bestimmen, was natürliche Religion ist, greifen wir, so beschreibt Newman seine Methode, zurück „auf die spontanen Akte und Verhaltensweisen unserer Rasse, wie wir sie auf einem weiten Feld sehen" (Z 283). Die Gegensätze zwischen den vielfältigen Formen des Gebets und den mit ihm verbundenen Meinungen sind kein Einwand dagegen, daß es sich beim Gebet als solchem um einen Ausdruck der natürlichen Religion handelt, der sich überall und zu allen Zeiten findet. Wir können die Baalspriester und die tanzenden Derwische als Beispiele anführen, „ohne deshalb in unseren Begriff des Gebets die rasenden Exzesse der einen oder den artistischen Wirbel der anderen einzuschließen, oder ihre entsprechenden Objekte des Glaubens, Baal oder Mohammed, zu sanktionieren" (Z 284).

124 Zu den Ahnungen, welche die Dunkelheit und das Leid der Religionen der Menschheit aufhellen, zählt Newman auch, daß sie in der einen oder anderen Weise auf der Idee einer ausdrücklichen Offenbarung beruhen, „die von den unsichtbaren Mächten kommt, deren Zorn sie besänftigen". Der Mensch spricht im Gebet zu Gott, und Gott spricht in der Offenbarung zum Menschen. Der Begriff einer Offenbarung „spricht den menschlichen Geist in einer Weise an, daß ihre Erwartung mit Recht als integraler Teil der natürlichen Religion betrachtet werden darf" (Z 284). Die Riten und Gebräuche werden als von den Göttern selbst mitgeteilt und eingesetzt angesehen; Newman verweist auf Städtegründungen, die Göttern oder Heroen zugeschrieben werden, auf Vorzeichen, Orakel, Divination. So versteht die natürliche Religion sich selbst als eine Offenbarung. Sie ist keine Deduktion der Vernunft oder ein willkürlich festgesetztes Manifest, auf das Menschen sich in einer Versammlung gegenseitig verpflichtet haben, sondern „eine Tradition oder eine einem Volk von oben gewährte Intervention" (Z 284).

125 Das Christentum, so sahen wir (§ 119), versteht sich als „,Revelatio revelata'": Offenbarung Gottes, die den Anspruch erhebt, eine solche zu sein und als solche angenommen zu werden. Als göttliche Offenbarung erhebt es Anspruch auf unbedingte Zustimmung. Aber woher wissen wir, daß das Evangelium Offenbarung ist? Sind die Gründe dafür so stark, daß sie eine unbedingte Zustimmung rechtfertigen? Für eine Antwort ist zunächst auf zwei erkenntnistheoretische Thesen Newmans einzugehen.

3. Die Unbedingtheit der Zustimmung

126 Die erste These richtet sich gegen John Locke; es geht um das Verhältnis von Folgerung und Zustimmung; die Kontroverse entspricht der zwischen

James und Clifford (§ 37). Nach Locke gibt es Grade der Zustimmung, und sie entsprechen den Gründen für die betreffende Proposition; je nachdem, ob die Gründe stark oder schwach sie sind, muß die Zustimmung stark oder schwach sein (vgl. John Locke, An Essay Concerning Human Understanding, Book IV, chap. 15; 16; 19). Nach Locke sei es nicht lediglich „unlogisch, sondern unmoralisch" (Z 112), daß die Zustimmung stärker sei als die Beweisgründe für die Proposition. Newman kritisiert, daß diese Theorie letztlich nicht zwischen den Akten der Folgerung und der Zustimmung unterscheide; hier werde die Zustimmung als eine Art „Reproduktion und Doppel eines Aktes der Folgerung gesehen" (Z 113f.); die Folgerung bestimmt den Grad der Wahrscheinlichkeit, und die Zustimmung bringt ihn zum Ausdruck. Dagegen ist nach Newman die Zustimmung von der Folgerung unabhängig und in jedem Fall unbedingt. Die Proposition wird entsprechend der Stärke der Gründe, die für sie sprechen, qualifiziert: als wahr, als sehr wahrscheinlich, als wenig wahrscheinlich, als zweifelhaft usw.; wir bilden also eine Proposition zweiter Ordnung, die aussagt, daß die Proposition p wahr oder sehr wahrscheinlich usw. ist. Dagegen ist die Zustimmung, die wir zu dieser Proposition zweiter Ordnung geben, unbedingt. Wenn ich der Proposition zustimme, daß p zweifelhaft oder daß sie wahrscheinlich ist, dann ist meine Zustimmung ebenso vollkommen, wie wenn ich der Proposition zustimme, daß p wahr ist; sie „ist nicht ein gewisser Grad von Zustimmung. Und in gleicher Weise kann ich einer Ungewißheit gewiß sein; das zerstört nicht den spezifischen Begriff, der in dem Wort ‚gewiß' vermittelt wird" (Z 121).

Gegen Locke beruft Newman sich auf die „Tatsachen der menschlichen Natur, wie man sie in den konkreten Lebensvollzügen findet". Hier finden wir nur Fälle, in denen wir überhaupt nicht zustimmen, und solche, in denen wir unbedingt zustimmen, und zwar auch bei Materien, die nur „wahrscheinliches Denken" (*probable reasoning*) zulassen. „Wenn die menschliche Natur ihr eigener Zeuge sein soll, dann gibt es kein Mittleres zwischen Zustimmen und Nicht-Zustimmen" (Z 121f.). Newman bringt eine Liste von Beispielen aus verschiedenen Bereichen, wo die Menschen zustimmen aufgrund eines Beweisgrundes (*evidence*), der keine unmittelbare Einsicht und kein formeller Beweis (*demonstration*) ist, wo ihre Zustimmung aber dennoch so unbedingt ist, als hätten sie die höchste Evidenz: Wir glauben ohne jeden Zweifel, daß wir eine Individualität und Identität haben, daß wir einen Sinn haben für das, was gut und übel, recht und unrecht, wahr und falsch, schön und scheußlich ist, wie immer wir diese Vorstellungen analysieren. „Wir haben eine absolute Vision vor uns von dem, was gestern oder im letzten Jahr geschah, so daß wir ohne die Gefahr eines Irrtums vor Gericht Zeugnis dafür ablegen können, mögen die Folgen auch noch so schwerwiegend sein" (Z 122). Wir sind sicher, daß wir nicht das einzige existierende Wesen sind; daß es eine Außenwelt gibt, die ein von Gesetzen bestimmtes Universum ist. Wir stimmen ohne Einschränkung dem Satz zu, daß die Erde eine Kugel ist; daß alle ihre Teile abwechselnd die Sonne sehen; daß sie mit großen Flächen von Land und Wasser bedeckt ist. Wir lachen über den Gedanken, daß wir keine Eltern gehabt haben, obwohl wir uns nicht an unsere Geburt erinnern können; daß wir niemals sterben werden, obwohl wir keine Erfahrung von der Zukunft haben können; daß wir ohne Nahrung leben können, obwohl wir es niemals ausprobiert haben. Wir können ein tiefes, unverlierbares Bewußtsein haben, daß wir gegen andere grausam gewesen sind. Wir wissen, welche Nahrung und Lebensweise unserer Gesundheit zuträglich und welche ihr schädlich ist. Alle diese Wahrheiten ergreifen wir unmittelbar und ohne Zögern; wir kommen nicht auf den Gedanken, wir würden gegen das Wahrheitsethos verstoßen, wenn wir ihnen zustimmen, ohne sie aus in sich einsichtigen Wahrheiten gefolgert zu haben. „Zustimmung zu einem nicht beweisenden Denken ist ein Akt, der zu weit anerkannt ist, um irrational zu sein, es sei denn, die Natur des Menschen ist irrational, den Klugen und klar Denkenden zu vertraut, um eine Schwäche oder Extravaganz zu sein. Keiner von uns kann denken oder handeln ohne Wahrheiten anzunehmen, die nicht in sich einsichtig, nicht bewiesen und doch souverän sind" (Z 124).

4. Der Folgerungssinn

127 Der alltägliche Sprachgebrauch unterscheidet nicht zwischen Zustimmung und Gewißheit (*certitude*). Newman schließt sich dem mit einer Differenzierung an. Er nennt die Zustimmung „„materiale Gewißheit"" (Z 146) und unterscheidet sie von der reflexen Gewißheit. Gewißheit im Sinne von Zustimmung oder als mentaler Zustand (*certitude*) ist zu unterscheiden von Gewißheit als Eigenschaft einer Proposition (*certainty*). Eine Proposition ist gewiß, wenn ich mir ihrer gewiß bin. In der materialen Gewißheit bin ich mir nur der Proposition gewiß, in der reflexen Gewißheit bin ich mir auch meiner Gründe und der Tatsache, daß ich der Proposition gewiß bin, bewußt. Gewißheit (*certitude*) ist kein passiver Eindruck, welcher dem Geist sozusagen von außen durch ein Argument aufgezwungen wird, sondern sie ist, wenn wir einmal von abstrakten, streng formalen Beweisen absehen, „eine aktive Anerkennung von Propositionen als wahr" (Z 242). Wenn wir erkennen, daß die Proposition wahr ist, gebietet die Vernunft, die Wahrheit anzuerkennen. Aber wie erkennen wir in den oben angeführten Beispielen die Wahrheit? Bisher wurde diese Erkenntnisweise insofern nur negativ charakterisiert, als eine unmittelbare Einsicht und ein formeller Beweis ausgeschlossen wurden.

Betrachten wir noch zwei weitere Beispiele: „Wir wären entweder empört oder belustigt bei dem Bericht, daß unser enger Freund falsch zu uns ist; und wir sind manchmal imstande, ohne Zögern bestimmte Parteien der Feindseligkeit und Ungerechtigkeit uns gegenüber zu bezichtigen" (Z 123). In beiden Fällen handelt es sich in dem Sinn um eine persönliche Erkenntnis, daß ein Außenstehender den betreffenden Sachverhalt, die Beziehung zwischen mir und meinem Freund bzw. zwischen mir und den mir feindseligen Parteien, nicht feststellen könnte. Hier kommen kognitive Emotionen ins Spiel. Mein Gerechtigkeitsempfinden wurde, vielleicht nur durch eine Kleinigkeit, verletzt. Ich kenne meinen Freund seit vielen Jahren; das Vertrauen zu ihm ist in diesen Jahren gewachsen; wer diese Erfahrung nicht hat, kann den Charakter des Freundes keinesfalls so gut wie ich beurteilen. „Jeder, der denkt", so charakterisiert Newman diese Form der Erkenntnis, „ist sein eigenes Zentrum". Die Wahrheit, um die es hier geht, läßt sich nicht allgemein vermitteln; sie ist nur der betreffenden Person einsichtig. Aber sind damit die Begriffe Wahrheit und Gewißheit nicht aufgegeben? Bewegen wir uns hier nicht in einem ausschließlich subjektiven Bereich? Verfügen wir hier noch über Kriterien, um zwischen Wahr und Falsch unterscheiden zu können? „Gibt es ein Kriterium für die Genauigkeit einer Folgerung, das uns eine Garantie dafür sein kann, daß die Gewißheit mit vollem Recht zugunsten des gefolgerten Satzes hervorgerufen wird, weil unsere Garantie, wie ich gesagt habe, nicht wissenschaftlich sein kann?" Weil die Folgerung auf nur der betreffenden Person einsichtigen Voraussetzungen beruht, kann das Kriterium der Richtigkeit nicht die intersubjektive Überprüfbarkeit sein. Nur die Person selbst kann die Wahrheit der Prämissen und die Richtigkeit der Folgerung beurteilen. Dazu braucht sie die Fähigkeit, in diesem persönlichen Bereich zwischen Wahr bzw. Richtig und Falsch unterscheiden zu können. Diese Fähigkeit ist eine Vollkommenheit oder Tugend des Folgerungsvermögens. Newman nennt sie „*Illative Sense*" (Folgerungssinn), wobei er „,sense'" parallel zu „,common sense'", „,sense of beauty'" u.ä. positiv, im Sinn einer Vollkommenheit verstanden wissen will (Z 242).

Werfen wir hier zunächst einen Blick auf Newmans Methode. Er will keine Theorie oder gar eine Metaphysik der Erkenntnis entwickeln; wir könnten über sein Vorgehen den Satz Wittgensteins schreiben: „Alle Erklärung muß fort, und nur Beschreibung an ihre Stelle treten" (PU § 109). Sein ‚Beweis' ist der Apell „an die gemeinsame Stimme der Menschheit". „Das muß als normale Operation unserer Natur gelten, wofür die Menschen im allgemeinen tatsächlich Beispiele liefern. Das ist ein Gesetz unseres Geistes, was im Handeln auf einer breiten Skala exemplifiziert wird, ob es a priori ein Gesetz sein sollte oder nicht" (Z 241). Daß es einen Folgerungssinn gibt und wie er arbeitet, wird nicht bewiesen, sondern anhand von Beispielen gezeigt. Wiederum ist ein Vergleich mit

Wittgenstein erhellend. In den *Philosophischen Untersuchungen* fragt der fingierte Gesprächspartner, „was denn das Wesentliche des Sprachspiels und also der Sprache ist. Was allen diesen Vorgängen gemeinsam ist und sie zur Sprache, oder zu Teilen der Sprache macht". Wittgenstein antwortet: Es ist ihnen „gar nicht Eines gemeinsam [...] sondern sie sind miteinander in vielen verschiedenen Weisen *verwandt*" (PU § 65). Wittgenstein erläutert dann diese Art der Verwandtschaft am Beispiel der „Vorgänge, die wir ‚Spiele‘ nennen" (PU § 66). Newmans Beispiel ist das Wort ‚‚‚Geschick‘‘‘ (*skill*). Wir gebrauchen es für das Können des Ingenieurs, beim Schiffbau, beim Gravieren; ebenso beim Singen, beim Spielen von Instrumenten, bei einem Schauspieler, bei der Gymnastik. Was ist diesen Erscheinungen gemeinsam? Newman gebraucht einen Vergleich aus der aristotelischen Ontologie. Zwischen Materie und Form besteht ein Verhältnis der wechselseitigen Abhängigkeit. Das Geschick und das besondere Gebiet, auf dem es sich betätigt, sind ebenso „schlechthin eins [...] wie die menschliche Seele mit ihrem besonderen Körper". Der Genius eines Künstlers „ist unlöslich gebunden an einen bestimmten Gegenstandsbereich; ein Dichter ist nicht deshalb ein Maler oder ein Architekt ein Komponist". Das Wesen des Geschicks wird bestimmt durch den Gegenstandsbereich, in dem es sich betätigt; es gibt nicht das Geschick als solches, sondern entsprechend den unterschiedlichen Gegenstandsbereichen verschiedene Formen des Geschicks. Wie das Geschick, so betätigt der Folgerungssinn sich auf verschiedensten Gebieten: experimentelle Naturwissenschaft, historische Forschung, Theologie, Dichtkunst, sittliches Handeln, Umgang mit anderen Menschen, und er nimmt hier eine jeweils eigene, durch den Gegenstandsbereich bestimmte Form an. Newman wendet sich damit gegen einen szientistischen Vernunftbegriff. Sein Vergleich des Geschicks bzw. des Folgerungssinns mit der Seele zielt noch auf einen zweiten Punkt: Wie die Seele als inneres Prinzip, als Entelechie, die Prozesse des Körpers steuert, so ist der Folgerungssinn „eine Art Instinkt oder Inspiration, nicht ein Gehorsam gegenüber äußeren Regeln der Kritik oder der Wissenschaft" (Z 251).

129   Eine der Formen des Folgerungssinns und zugleich das große Paradigma für Newmans Vernunftbegriff ist die Phronesis, die Tugend der praktischen Einsicht oder der praktischen Urteilskraft im sechsten Buch der *Nikomachischen Ethik*. Sie ist eine „dianoetische Tugend", d.h. eine Tugend des Vernunftvermögens; ihr Bereich ist das Kontingente oder Konkrete; sie gewährleistet, daß die Seele nur wahren Propositionen zustimmt (Nik. Eth. VI 3, 1139b15; vgl. Z 248 Anm.228). Newman übernimmt diesen Begriff, aber er erweitert den Gegenstandsbereich dieser Tugend: Sein Folgerungssinn ist, wie wir sahen, nicht nur für sittliche Entscheidungen zuständig, sondern für alle Bereiche des konkreten Folgerns. Hier scheint der Vergleich mit Wittgensteins Begriff des Spiels an eine Grenze

zu kommen, denn den verschiedenen Formen des Folgerungssinns ist „Eines gemeinsam": Sie alle sind auf ihrem jeweiligen Gebiet Garanten der Wahrheit. Wittgensteins Problem kehrt jedoch wieder, wenn wir fragen, ob wir es dabei mit ein und demselben Wahrheitsbegriff zu tun haben, und wenn nicht, welcher Art dann die Einheit des Wahrheitsbegriffs ist.

Was im einzelnen Fall, so referiert Newman zustimmend die Aristotelische Lehre von der Phronesis, sittlich richtig oder sittlich falsch ist, kann durch keinen Gesetzeskodex und keine Abhandlung über Moral entschieden werden; eine „Wissenschaft des Lebens" (Z 248), die auf das Individuum in seiner jeweiligen Entscheidungssituation anwendbar wäre, kann nicht schriftlich niedergelegt werden. Eine philosophische Ethik kann Prinzipien und Gesichtspunkte für Entscheidungen formulieren, sie kann Grenzen ziehen, Unterscheidungen formulieren, Beispiele bringen und Kasuistik betreiben. Aber welche Instanz ist imstande, alles das „auf einen besonderen Fall anzuwenden? Wohin können wir gehen, außer zum lebendigen Intellekt, zu unserem eigenen oder dem eines anderen?" Die Autorität, bei welcher die Entscheidung liegt, was das Individuum hier und jetzt zu tun hat, hat ihren Sitz in der Vernunft des Individuums, das in diesem Bereich sein eigener Lehrer und sein eigener Richter ist. „Sie kommt aus einer erworbenen Haltung, obwohl sie ihren ersten Ursprung in der Natur selbst hat, und sie wird geformt und zur Reife gebracht durch Praxis und Erfahrung" (Z 248f.). Sie trifft keine hypothetischen Entscheidungen, sondern sie sagt, was wir hier und jetzt zu tun haben.

Aber es geht Newman nicht um die Moral, sondern um den religiösen Glauben, d.h. nicht um die praktische Entscheidung, sondern um die Zustimmung zu einer Lehre. Die Phronesis hat es insofern mit dem Besonderen zu tun, als sie erkennt und entscheidet, was hier und jetzt zu tun richtig ist. Was praktisch wahr oder richtig ist, ändert sich mit der jeweiligen Situation; Gegenstand des religiösen Glaubens sind dagegen Lehren, die sich nicht ändern. Worin besteht aber dann die Gemeinsamkeit zwischen dem Folgerungssinn auf dem Gebiet des religiösen Glaubens und der Phronesis? Was sich ändert, ist nicht die Wahrheit, sondern die Wege oder Folgerungen, welche den einzelnen zur Wahrheit führen. Obwohl „die Wahrheit immer eine und dieselbe ist und die Zustimmung der Gewißheit unveränderlich ist, so sind doch die Argumente, die uns zu Wahrheit und Gewißheit führen, viele und verschieden und ändern sich mit dem Fragenden; und es ist nicht die Zustimmung, sondern das kontrollierende Prinzip bei den Folgerungen, mit dem ich die *phronesis* vergleiche" (Z 249). Auf allen Gebieten des konkreten Folgerns ist der Folgerungssinn der einzige Garant der Richtigkeit. „Es ist der Geist, der folgert und der seine eigenen Folgerungen kontrolliert und nicht irgendein technischer Apparat von Wörtern und Propositionen. Diese Kraft des Urteilens und des Schließens nenne ich, wenn sie in ihrer Vollkommenheit ist, den Folgerungssinn" (Z 247f.). Newman betont das praktische Anliegen seiner Ausführungen; er verweist auf die Pflicht und die Notwendigkeit, den Folgerungssinn zu stärken und zu vervollkommnen (Z 252).

5. Die offenbarte Religion

130 Wenn wir nach der Wahrheit des religiösen Glaubens fragen, so kann die Antwort nicht auf dem Weg einer wissenschaftlichen Demonstration gefunden werden. Newman will die Wahrheit des Christentums in derselben formlosen Art beweisen wie sich zeigen läßt, daß ich in diese Welt geboren wurde und aus ihr hinaus sterben werde (vgl. § 126). Sein Beweis soll die Form der Anhäufung von Wahrscheinlichkeiten haben, die für die Gewißheit (*certitude*; vgl. § 127) hinreichend sind. Wiederum beruft er sich auf die Natur (vgl. § 129): Wie sie uns gebietet, in der Mathematik keiner Folgerung zuzustimmen, die sich nicht aus einer streng logischen Demonstration ergibt, so verbietet sie uns beim konkreten Folgern und besonders beim religiösen Suchen mit der Zustimmung zu warten, bis wir eine solche logische Demonstration haben; hier sind wir vielmehr im Gewissen verpflichtet, Wahrheit und Gewißheit durch Formen des Beweises zu suchen, welche den strengen Anforderungen der Wissenschaft nicht entsprechen. Newman weist ausdrücklich darauf hin, daß bereits seine Methode von theologischen Voraussetzungen bestimmt ist. Die Natur ist für ihn die Stimme der Vorsehung, und Gott „segnet solche Mittel des Arguments, wie es Ihm gefallen hat, sie uns in der Natur des Menschen und der Welt zu geben, wenn wir sie wie es sich gehört für die Zwecke gebrauchen, für die Er sie gegeben hat". Ebenso wie die Methode muß die inhaltliche Argumentation von – ausdrücklichen oder stillschweigenden – Voraussetzungen ausgehen, und die sind in konkreten Fragen von persönlichem Charakter; „wo es kein gemeinsames Maß der Geister gibt, dort gibt es kein gemeinsames Maß der Argumente, und [...] die Gültigkeit des Beweises wird nicht entschieden durch irgendeinen wissenschaftlichen Test, sondern durch den Folgerungssinn". Daß diese Voraussetzungen persönlich sind, bedeutet nicht, daß sie beliebig sind, denn der Folgerungssinn ist eine Tugend (§ 129). „Wenn jemand von anderen Prinzipien ausgeht als den unseren, habe ich nicht die Kraft, seine Prinzipien zu ändern, ebensowenig wie ich einen krummen Menschen gerade machen kann" (Z 289).

Um zu betonen, daß es sich um persönliche Voraussetzungen handelt, verweist Newman auf die Unterscheidung zwischen dem, was wahr ist, und dem, was ein Mensch für wahr hält; anstatt zu sagen, die Wahrheiten der offenbarten Religion hingen ab von denen der natürlichen, sei es angemessener zu sagen, der Glaube (*belief*) an offenbarte Wahrheiten hinge ab vom Glauben an natürliche. Der Glaube an die Offenbarung setzt natürliche Überzeugungen voraus, auf die er aufbauen kann. Zwei Abschnitte aus der *Nikomachischen Ethik* sollen belegen, daß abgesehen von den formalen Wissenschaften jede Untersuchung eine geistige Vorbereitung voraussetzt. Das gilt bereits für die Methode; allein ein gebildeter Mensch wird nur das Maß an Genauigkeit fordern, das der Natur der Sache entspricht. Nur der kann eine Sache beurteilen, der sie kennt, und das setzt eine Erziehung, d.h. eine intellektuelle und charakterliche Formung voraus (Nik. Eth. I 1, 1094b23–1095a2). Der zweite von Newman zitierte Text betont die Bedeutung der Erfahrung. Ein junger Mensch kann ein Mathematiker werden, aber er kann kein praktisches Urteil haben. Dieses bezieht sich auf das Einzelne, und das lernt man erst durch Erfahrung kennen, die der junge Mensch noch nicht hat. Die Mathematik hat es mit Abstraktionen zu tun; hier weiß ein junger Mensch, worum es geht. Wo es dagegen, wie in der Philosophie, um ein Wissen geht, dessen Prinzipien aus der Erfahrung gewonnen werden, da können junge Menschen zwar Behauptungen aufstellen, aber sie sind nicht imstande, ihnen zuzustimmen und sich so eine Überzeugung zu bilden (Nik. Eth. VI 9, 1142a12–20). Newman sieht in diesen Texten Prinzipien formuliert, die für jede Erkenntnis gelten und von der Bibel immer wieder bestätigt werden; er zitiert Ps 119,99; Mt 11,15; Jo 7,17; Jo 8,47; Lk 2,14; Apg 16,14; Apg 13,48; 1 Jo 4,6 (Z 290f.).

Fundament für den Glauben an die Offenbarung sind die Überzeugungen und Gefühle der natürlichen Religion, und Newman bringt zunächst eine Liste der „Meinungen, die ein zivilisiertes Zeitalter charakterisieren" und deren Vertreter für ihn keine möglichen Gesprächspartner sind, weil hier eine gemeinsame Grundlage fehle: daß es keinen Wesensunterschied zwischen physischem und moralischem Übel gebe und zusammen mit dem physischen notwendig auch das moralische Übel beseitigt werde; daß es einen Fortschritt der Menschheit gebe, der die Aufhebung des moralischen Übels zum Ziel hat; daß Gott nicht strafe außer um zu bessern; daß die Naturgesetze die einzige Quelle unserer Gotteserkenntnis seien; daß Gebet zu Gott Aberglaube sei; daß die einzig verständliche Gottesverehrung sei, unsere Rolle in der Welt gut zu spielen, und die einzig sinnvolle Reue, es in Zukunft besser zu machen. Newman hält dieses System für falsch, weil es den elementaren Lehren der Natur über den Menschen widerspricht, die sich in der Gewissenserfahrung und in den Religionen der Menschheit finden. „Ich setze die Gegenwart Gottes in unserem Gewissen voraus, und die universale Erfahrung – so scharf wie unsere Erfahrung des körperlichen Schmerzes – dessen, was wir Bewußtsein von Sünde oder Schuld nennen" (Z 292). Dieses Bewußtsein erfährt die Sünde nicht nur als Übel in sich, sondern auch als eine Beleidigung des guten Gottes. Mit der Ge-

131

wissenserfahrung als Grundlage der Religion ist zugleich ein Prinzip der Religionskritik gegeben: Das sittliche Bewußtsein ist Kriterium dafür, was natürliche Religion ist und was nicht; „keine Religion ist von Gott, die unserem Sinn für Recht und Unrecht widerspricht" (Z 294).

Die natürliche Religion bereitet die offenbarte vor allem dadurch vor, daß sie das Verlangen nach und die Erwartung einer Offenbarung weckt. „Wer nichts von den Wunden der Seele weiß, kommt nicht in die Lage, sich mit dieser Frage zu beschäftigen oder deren Umstände zu erwägen; aber wenn unsere Aufmerksamkeit geweckt ist, dann wird es, je beständiger wir bei ihr verweilen, umso wahrscheinlicher erscheinen, daß uns eine Offenbarung gegeben worden ist oder noch gegeben werden wird". Newman spricht von einer Vorahnung oder einem Vorgefühl (*presentiment*). Es beruht auf unserem Bewußtsein von der unendlichen Güte Gottes auf der einen und unseres äußersten Elends und unserer Not auf der anderen Seite; beide Erfahrungen sind im Gewissen gegeben und finden in den Lehren der natürlichen Religion ihren Ausdruck. Newman fragt, welches Gewicht wir dieser „vorausgehenden Wahrscheinlichkeit" zubilligen dürfen. Diese Vorahnung ist für Newman ein Instinkt, und welches Gewicht wir der vorausgehenden Wahrscheinlichkeit geben, ist keine Frage der Gründe; es hängt vielmehr davon ab, wie intensiv diese Vorahnung empfunden wird. Sie wurzelt in der Gewissenserfahrung und kann selbst nicht mehr begründet werden; wir können sie vergleichen mit der Annahme, von welcher die Naturwissenschaft ausgeht: daß die Natur Gesetzen gehorcht und daß diese Gesetze ausnahmslos gelten. Weil es um einen mehr oder weniger lebendigen Instinkt geht, ist es schwer, der legitimen Kraft dieser vorausgehenden Wahrscheinlichkeit eine Grenze zu ziehen. Sie könnte „nahezu als ein Beweis" (Z 296) für die Göttlichkeit einer Religion gelten, die zwei Voraussetzungen erfüllt: erstens lassen aus ihrer Geschichte und ihrer Lehre sich keine positiven Einwände gegen sie erheben, und zweitens findet sich keine andere Religion, die mit ebenso guten Gründen den Anspruch erheben könnte, offenbart zu sein. Wieder bringt Newman die Areopagrede als Beispiel: Es war allein dieser Instinkt, der Dionysios und Damaris dazu brachte, der Predigt des Paulus zu glauben, denn Paulus wirkte kein Wunder; derselbe Instinkt zeigte keinerlei Tendenz, sie an eine der vielen Mythologien zu binden, an denen Athen reich war (Apg 17, 34).

132 Diese Vorahnung und dieses Verlangen bestimmen die Haltung, in der wir in der Frage, ob es eine Offenbarung gibt, argumentieren. Wir nehmen nicht den Standpunkt eines unbeteiligten Dritten ein; wir kommen als Bittsteller und nicht als Richter; wir haben eine Frage, die uns persönlich betrifft und auf die wir eine Antwort suchen, und es geht uns nicht darum, eine Kontroverse zu entscheiden. Ich möchte nicht, so bekennt Newman, „durch einen eleganten Syllogismus bekehrt werden; und wenn man von

mir verlangt, andere durch ihn zu bekehren, dann antworte ich geradeher-
aus: mir liegt nichts daran, ihren Verstand zu überwältigen, ohne ihr Herz
zu berühren. Ich wünsche nicht mit streitenden, sondern mit suchenden
Menschen zu tun zu haben". Das eigene Suchen und die eigene Anstrengung sind eine notwendige Bedingung für den Glauben an eine Offenbarung. Wer keinen religiösen Ernst hat, hängt ab von den wechselnden
Argumenten, die für oder gegen eine Offenbarung vorgebracht werden;
wer niemals gefühlt hat, daß er nach dem Christentum verlangt und daß er
es braucht, ist für den Glauben an eine Offenbarung nicht disponiert.
„Andererseits, wenn er sich danach gesehnt hat, daß eine Offenbarung ihn
erleuchte und sein Herz reinige, warum darf er dann nicht in seinem Suchen nach ihr jene berechtigte und vernünftige Vorwegnahme ihrer Wahrscheinlichkeit verwenden, zu deren Erwägung ein solches Sehnen ihm den
Weg geöffnet hat?" (Z 298). Wir könnten einwenden, nur dann, wenn wir
die Haltung des unparteiischen Richters einnehmen, sei der Glaube an
eine Offenbarung moralisch zu verantworten. Wo Furcht vor dem Irrtum
ist, so interpretiert Newman den Einwand, gebe es keine religiöse Liebe
zur Wahrheit, und er antwortet, das Gegenteil sei der Fall. Es gibt keine
religiöse Liebe ohne Furcht vor dem Irrtum; echte Liebe zur Wahrheit
schließt notwendig die Furcht vor dem Irrtum ein. Die Bedeutung der
Sache, um die es geht, verlangt, daß die Untersuchung mit tiefem Verant-
wortungsbewußtsein geführt wird. Die Liebe zur Wahrheit erfordert eine
große Gewissenhaftigkeit, „und wo Gewissen ist, muß Furcht sein" (Z
299). Daß ich eine Möglichkeit, die Wahrheit zu finden und die Wunden
der Seele zu heilen, als ein Suchender ergreife und ihr nicht distanziert
gegenüberstehe, schließt nicht aus, daß ich sie verantwortungsbewußt
prüfe.
„Die Offenbarung", so faßt Newman seine Überlegungen zum Christentum zusammen, „beginnt, wo die natürliche Religion versagt. Die Religion der Natur ist ein bloßer Anfang und bedarf einer Ergänzung – sie
kann nur eine Ergänzung haben, und eben diese Ergänzung ist das Christentum" (Z 340f.). Die natürliche Religion beruht auf dem Sündenbe-
wußtsein; sie erkennt die Krankheit, sie sucht nach einem Heilmittel, aber
sie kann keines finden. „Dieses Heilmittel, sowohl für die Schuld wie für
die moralische Ohnmacht, findet sich in der zentralen Lehre der Offenbarung, dem Mittleramt Christi". Das Christentum hat die Gabe, die tiefe
Wunde der menschlichen Natur zu heilen, und das bedeutet mehr für seinen Erfolg „als eine volle Enzyklopädie wissenschaftlicher Erkenntnis
und eine ganze Bibliothek von Kontroversen, und darum muß es fortbe-
stehen, solange die menschliche Natur fortbesteht. Es ist eine lebendige
Wahrheit, die niemals alt werden kann" (Z 341). „Genau daß es unsere
Bedürfnisse erahnt, ist in sich ein Beweis, daß es tatsächlich deren Erfüllung ist" (Z 342). Das Christentum wendet sich mit seinen Inhalten und

seinen Beweisen an Menschen, die aufgrund ihrer Gewissenserfahrung an Gott und ein zukünftiges Gericht glauben. Es spricht ihren Intellekt und ihre Einbildungskraft an. „Es schafft eine Gewißheit von seiner Wahrheit durch Argumente zu verschieden für eine direkte Aufzählung, zu persönlich und tief für Worte, zu kraftvoll und übereinstimmend für eine Widerlegung". Es ist nicht so, daß die Vernunft an erster und der Glaube erst an zweiter Stelle kommen müßte; wir können den Beweis nicht von dem zu beweisenden Inhalt und den Akt der Folgerung nicht von dem der Zustimmung trennen, „sondern ein und dieselbe Lehre ist unter verschiedenen Aspekten zugleich Objekt und Beweis, und sie ruft *einen* komplexen Akt sowohl der Folgerung als auch der Zustimmung hervor. Sie spricht zu uns als einzelnen, und sie wird von uns als einzelnen angenommen, sozusagen als das Gegenstück unserer selbst, und ist wirklich wie wir wirklich sind" (Z 344).

Literatur:

Fries 1948
Culler 1955
Artz 1956; 1959; 1975; 1976
Dick 1962
Mitchell 1990
Ker 1995
Biemer 2002

F. Über die Hindernisse und das Wesen der Religion: Friedrich Schleiermacher

Friedrich Daniel Ernst Schleiermacher (1768–1834) stammt aus einer preußischen Pastorenfamilie; sein Vater war reformierter Feldprediger in Schlesien. In Breslau geboren, trat er mit vierzehn Jahren in das Pädagogium Niesky, ein Lehrinstitut der Brüderunität von Herrnhut ein. Die Spiritualität dieser Gemeinschaft war geprägt durch den Glauben an Gottes rettende Gnade, deren höchster Ausdruck der Kreuzestod Christi ist. 1787 wechselte Schleiermacher an die Hochschule der Gemeine, das Seminar in Barby an der Elbe südöstlich von Magdeburg, um im Einklang mit dem Wunsch seines Vaters Herrnhuter Lehrer oder Prediger zu werden. Seine Zweifel an der Gottheit und am stellvertretenden Leiden Christi zwangen ihn, die Brüderunität zu verlassen und sein Studium an der Universität Halle fortzusetzen. „Der Bruch mit der Gemeine ist nicht Schleiermachers letztes Wort gewesen. Er ist sich später dessen bewußt gewesen, in ihr Unverlierbares empfangen zu haben. Nach einem Besuch bei seiner älteren Schwester Charlotte, die in die Gemeine eingetreten war, hat er im Jahre 1802 geschrieben: ‚Ich kann sagen, daß ich nach allem wieder ein Herrnhuter geworden bin, nur von einer höheren Ordnung.'" (Birkner 1996, 194). 1796 wurde Schleiermacher reformierter Prediger an der Berliner Charité. Er gewann Anschluß an die philosophisch-literarische Bewegung der Frühromantik; Friedrich Schlegel, der 1797 nach Berlin kam, wurde Schleiermachers Freund. Bei der Feier von Schleiermachers 29. Geburtstag gelang es den Gästen, ihn zu dem feierlichen Versprechen zu bewegen, innerhalb eines Jahres ein Buch zu schreiben. 1799 erschien ohne Angabe des Verfassers *Über die Religion. Reden an die Gebildeten unter ihren Verächtern.*

I. Warum wird die Religion von den Gebildeten verachtet?

Wer etwas verachtet, muß eine Vorstellung von dem haben, was er ver- achtet, und einen Grund, weshalb er es verachtet. Er muß sich die Frage gefallen lassen, ob er sich Mühe gegeben hat, das, was er verachtet, wirklich kennen zu lernen, oder ob er von einer Abneigung bestimmt ist. Die Religion erscheint nie rein, und es ist zu prüfen, ob sie aufgrund ihres Wesens verachtet wird oder aufgrund von ihr fremden Elementen, mit denen sie in der Geschichte verbunden ist. Schleiermacher vergleicht sein Vorgehen mit dem eines Chemikers, der einen Stoff, welcher sich in der Natur immer nur in Verbindungen findet, rein darstellen will. „Liefert Euch doch die Körperwelt keinen Urstoff als reines Naturprodukt – ihr müßtet dann, wie es Euch hier in der intellektuellen ergangen ist, sehr grobe Dinge für Einfaches halten, – sondern es ist nur das unendliche Ziel der analytischen Kunst, einen solchen darstellen zu können" (R 48).

135 Wovon sind die Verächter der Religion bei ihrem Urteil ausgegangen? Haben sie sich mit den verschiedenen Formen der Religion beschäftigt, oder beziehen sie sich auf einen allgemeinen Begriff der Religion? Einige Verächter haben den leichteren Weg gewählt; sie gehen von einem Begriff aus und haben „sich nicht die Mühe genommen […], eine genaue Kenntnis der Sache, wie sie liegt, zu erwerben. Die Furcht vor einem ewigen Wesen und das Rechnen auf eine andere Welt, das, meint Ihr, seien die Angel aller Religion, und das ist Euch im Allgemeinen zuwider" (R 22). Aber wie kommen sie zu diesem Begriff? Schleiermacher unterscheidet zwei Möglichkeiten: Jedes Werk des menschlichen Geistes kann betrachtet werden von seiner Mitte oder seinem Wesen her – dann ist es ein Produkt der menschlichen Natur; oder von der äußeren Gestalt her, die es angenommen hat – dann ist es ein Erzeugnis der Zeit und der Geschichte. Die oben angeführte Definition beruht ohne Zweifel nicht auf der ersten dieser beiden Betrachtungsweisen. Aber wenn es sich auch um eine geschichtliche Gestalt der Religion handelt, die „nur aus Mißdeutungen oder falschen Beziehungen eines notwendigen Strebens der Menschheit entstanden" ist, so bleibt doch die Aufgabe, in ihr das herauszusuchen, „was davon wahr und ewig ist" (R 23). Die Religion, so antworten Schleiermachers Gesprächspartner, habe keine solche Mitte oder ein solches wahres und ewiges Wesen. Die geschichtlichen Erscheinungen der Religion seien leer; wenn wir zu ihrem Mittelpunkt vordringen, fänden wir etwas von der Religion Verschiedenes. Die geschichtliche Gestalt der Religion, „die Furcht vor dem ewigen Wesen und das Rechnen auf eine andere Welt", sei nichts „als ein leerer und falscher Schein, der sich wie eine trübe und drückende Atmosphäre um einen Teil der Wahrheit herumgelagert habe". Schleiermacher fragt seine Dialogpartner, ob sie die verschiedenen geschichtlichen Formen der Religion richtig beobachtet haben und ob ihre Definition deren gemeinsamen Inhalt richtig wiedergibt. „Ihr müßt Euren Begriff, wenn er so entstanden ist, aus dem Einzelnen rechtfertigen". Damit wendet er sich der zweiten Gruppe der Verächter zu, „welche gleich Anfangs richtiger aber auch mühsamer vom Einzelnen ausgegangen sind" (R 24f.).

136 Diese zweite Gruppe vertritt eine Entwicklungsgeschichte der Religion. „Ihr seid ohne Zweifel bekannt mit der Geschichte menschlicher Torheiten und habt die verschiedenen Gebäude der Religion durchlaufen, von den sinnlosen Fabeln wilder Nationen bis zum verfeinertsten Deismus, von der rohen Superstition unseres Volkes bis zu den übel zusammengenähten Bruchstücken von Metaphysik und Moral, die man vernünftiges Christentum nennt, und habt sie alle ungereimt und vernunftwidrig gefun-

den". Alle Entwicklungsstufen seien Übergänge und Annäherungen zur Endstufe, dem vernünftigen Christentum, auf das Schleiermacher sich deswegen beschränkt, und dieses ist für ihn ein intellektuelles Glasperlenspiel, das nichts mit Religion zu tun hat. Jedes Religionssystem „kommt etwas geschliffener aus der Hand seines Zeitalters, bis endlich die Kunst zu jenem vollendeten Spielwerk gestiegen ist, womit unser Jahrhundert sich so lange die Zeit verkürzt hat. Aber diese Vervollkommnung ist eher alles, nur nicht Annäherung zur Religion" (R 25f.). In „diesen Systemen der Theologie, diesen Theorien vom Ursprung und Ende der Welt, diesen Analysen von der Natur eines unbegreiflichen Wesens, wo alles auf ein kaltes Argumentieren hinausläuft und nichts anders als im Ton eines gemeinen Schulstreits behandelt werden kann" (R 26), ist die Religion nicht zu finden.

Kehren wir zurück zur Definition der Religion als der Furcht vor einem 137 ewigen Wesen und dem Rechnen auf eine andere Welt. Eine so verstandene Religion ist ein Schein, der sich um einen Kern legt, der nichts mit Religion zu tun hat: um ein übel zusammengeschustertes Ganzes aus Metaphysik und Moral. Aber brauchen wir die um diesen Kern gelagerte „trübe und drückende Atmosphäre" vielleicht nicht als Stütze der Moral und des Rechts? Können wir den Verächtern antworten, daß die Religion zwar kein ihr eigenes Wesen, aber doch eine unersetzliche Funktion hat? Ist die Religion nicht notwendig, „um Recht und Ordnung in der Welt zu erhalten und mit dem Andenken an ein allsehendes Auge und eine unendliche Macht der Kurzsichtigkeit menschlicher Aufsicht und den engen Schranken menschlicher Gewalt zu Hilfe zu kommen" (R 31)? Wer so redet, verachtet nicht nur die Religion, sondern auch Recht und Sittlichkeit und die Menschen, denen er auf diese Weise die Notwendigkeit der Religion erklären will. Die Religion wird zu einem Mittel degradiert; Recht und Sittlichkeit werden als einer Unterstützung bedürftig vorgestellt; den Menschen wird unterstellt, daß sie das sittlich Richtige nicht um seiner selbst willen tun. Wer „die Religion so empfehlen will, muß nur die Verachtung vergrößern, der sie schon unterliegt" (R 33).

Wenn wir nach dem Kern oder Wesen der geschichtlichen Formen der 138 Religion fragen, so der ungelöste Einwand der Gegner, stoßen wir auf etwas von der Religion Verschiedenes: auf ein Amalgam von Metaphysik und Moral. Schleiermacher gesteht ihnen zu, daß Metaphysik und Moral denselben Gegenstand haben wie die Religion, und er bezeichnet ihn, was uns später beschäftigen wird, als „das Universum und das Verhältnis des Menschen zu ihm". „Diese Gleichheit ist von lange her ein Grund zu mancherlei Verwirrungen gewesen; daher ist Metaphysik und Moral in Menge in die Religion eingedrungen, und manches, was der Religion angehört, hat sich unter einer unschicklichen Form in die Metaphysik oder die Moral versteckt" (R 41). Dennoch sprechen bereits intuitive Gründe dagegen, die Religion mit Metaphysik und Moral zu identifizieren: Eine Religion weist niemals den streng systematischen Charakter auf wie eine Metaphysik, und in der Geschichte der Religion gibt es „eine Menge garstiger unmoralischer Flecken". Religion hat denselben Gegenstand wie Metaphysik und Moral; soll sie sich von ihnen „unterscheiden, so muß sie ihnen ungeachtet des gleichen Stoffs auf irgend eine Art entgegengesetzt sein; sie muß diesen Stoff ganz anders behandeln, ein anderes Verhältnis zu demselben ausdrücken oder bearbeiten, eine andere Verfahrensart oder ein anderes Ziel haben" (R 42). Wir können deshalb das Wesen der Religion negativ in der Weise bestimmen, daß wir nach den Aufgaben von Metaphysik und Moral fragen, um so festzustellen, was die Religion nicht tun darf. Daß die Religion nicht, wie es der „gemeine Begriff" will, „nur aus Bruchstücken dieser verschiedenen Gebiete" (R 43) besteht, läßt sich dadurch zeigen, daß diese Bruchstücke sich nicht zu einem Ganzen verbinden lassen.

Was ist Aufgabe der Metaphysik oder, wie wir sie nach Kant nennen können, Transzendentalphilosophie? Sie fragt nach den Gattungen des Seienden und nach den letzten Ursachen oder Gründen. „In dieses Gebiet darf sich also die Religion nicht versteigen, sie darf nicht die Tendenz haben, Wesen zu setzen und Naturen zu bestimmen, sich in ein Unendliches von Gründen und Deduktionen zu verlieren, letzte Ursachen aufzusuchen und ewige Wahrheiten auszusprechen." Die Moral entwickelt ein System der Pflichten; sie stellt kategorische Gebote und Verbote auf. „Auch das also darf die Religion nicht wagen, sie darf das Universum nicht brauchen, um Pflichten abzuleiten, sie darf keinen Kodex von Gesetzen enthalten" (R 42f.).

Das Amalgam aus Metaphysik und Moral, das Religion sein soll und gegen das Schleiermacher sich wendet, läßt sich anhand von Platon und Kant illustrieren. Die Idee des Guten ist, wie ihr Name sagt, ein moralphilosophischer Begriff; sie wird aus der Moral in die Metaphysik übertragen „als Naturgesetz eines unbeschränkten und unbedürftigen Wesens". Die Idee eines Urwesens gehört in die Metaphysik; sie wird als sittlicher Gesetzgeber in die Moraphilosophie übertragen. „Mengt aber und rührt wie ihr wollt, dies geht nie zusammen, Ihr treibt ein leeres Spiel mit Materien, die sich einander nicht aneignen, Ihr behaltet immer nur Metaphysik und Moral [...]. Wie kommt ihr dazu, seiner zu erwähnen, wenn es auch nur geschieht, um es zu widerlegen?" (R 44). Schleiermacher fragt nach dem verbindenden Prinzip des Ganzen, und er prüft die möglichen Antworten. Das verbindende Prinzip ist: (a) die Religion. Dann ist die Religion das Höchste, und Metaphysik und Moral sind nur deren untergeordnete Abteilungen, „denn das, worin zwei verschiedene, aber entgegengesetzte Begriffe eins werden, kann nichts anderes sein als das Höhere, unter das sie beide gehören" (R 45); die Religion ist also nicht ein Flickwerk aus Metaphysik und Moral, sondern deren übergeordnete Einheit. (b) die Metaphysik. Damit wird die Eigenständigkeit der praktischen Philosophie aufgegeben; sie wird, und mit ihr die Religion, zu einer untergeordneten Disziplin der theoretischen Philosophie. (c) die praktische Philosophie. In diesem Fall verschwindet die Metaphysik als philosophische Disziplin; Metaphysik und Religion werden von der Moral verschlungen. (d) ein „Parallelismus zwischen dem Theoretischen und dem Praktischen" (R 46); Religion besteht darin, daß dieser Parallelismus wahrgenommen wird. Schleiermacher fragt, welche Instanz diesen Parallelismus wahrnehmen soll. Die praktische Philosophie geht aus vom Bewußtsein des Sittengesetzes; sie fragt nicht, ob und wie es mit dem theoretischen Weltbild der Metaphysik vereinbar sei. Die theoretische Philosophie nimmt keine Rücksicht auf die praktische; ihre Aufgabe ist es, ein kausal geschlossenes Weltbild zu entwerfen, in dem für Sittlichkeit und Freiheit kein Platz ist. (e) eine höchste Philosophie, welche die Einheit von theoretischer und praktischer Philosophie ist; diese Philosophie ist bisher aber lediglich eine Forderung oder ein Programm. Damit würde die Religion entweder, wie die postulierte höchste Philosophie, zu einer völlig unbekannten Größe, oder wir müßten zur gegenwärtigen, bekannten Philosophie zurückkehren und die Religion auf Metaphysik und Moral reduzieren.

Die Gegner können gegen diese, aus dem Selbstverständnis der philosophischen Disziplinen geführte Argumentation nichts einwenden, aber sie geben sich dennoch nicht geschlagen. Sie berufen sich auf „alle Urkunden der Religion [...] von den schönen Dichtungen der Griechen bis zu den heiligen Schriften der Christen" (R 47f.), also auf die Zeugnisse vor jeder philosophischen und theologischen Reflexion und Systematisierung. Dort sei überall von der Natur der Götter und ihrem Willen die Rede, d.h. auch hier begegne uns die Religion als Gebilde aus Metaphysik und Moral. Die Religion, so Schleiermachers Antwort, erscheint nie rein; sie ist immer eingebettet in eine Kultur. Die „Einmischung von Metaphysik und Moral" in den Urkunden der Religion ist „nicht bloß ein unvermeidliches Schicksal, sie ist vielmehr künstliche Anlage und hohe Absicht" (R 48). Die Religion will aus den Ungläubigen Proselyten machen, und deshalb fängt sie bei dem an, „wofür der Sinn schon da ist, damit gelegentlich und unbemerkt sich das einschleiche, wofür er erst aufgeregt werden soll". Es ist bezeichnend, daß Schleiermacher hier von einem „Sinn" spricht, der geweckt werden soll. Wenn Metaphysik und Moral zur Religion hinführen, dann reicht in der Weise, daß sie für die Religion argumentieren, denn „alle Mitteilung der Religion [kann] nicht anders als rhetorisch sein" (R 49). Rhetorik hat die Aufgabe, Gefühle zu wecken; Metaphysik und Moral sind dadurch Wege zur Religion, daß sie ein Gefühl oder einen Sinn für das Universum wecken. Aber sie verfehlen ihren Zweck, wenn das eigentliche Wesen unter der Hülle verborgen bleibt. „Darum ist es Zeit,

die Sache einmal beim andern Ende zu ergreifen und mit dem schneiden-
den Gegensatz anzuheben, in welchem sich Religion gegen Metaphysik
und Moral befindet" (R 50).

II. Die Hindernisse der Religion

1. Verstehen und Sinn

139 Wie mit seinen anderen Anlagen, so wird der Mensch auch mit einer religiösen Anlage geboren, und sie müßte sich in jedem Menschen unfehlbar
auf eine individuelle Art entwickeln, würde nicht die Zivilisation dem
unüberwindbare Hindernisse entgegenstellen. „Mit Schmerzen sehe ich
täglich, wie die Wut des Verstehens den Sinn gar nicht aufkommen läßt,
und wie Alles sich vereinigt, den Menschen an das Endliche und an einen
sehr kleinen Punkt desselben zu befestigen, damit das Unendliche ihm so
weit als möglich aus den Augen gerückt werde". Es sind nicht die Zweif-
ler, Spötter oder Sittenlosen, die verhindern, daß die religiöse Anlage der
jungen Menschen sich entfaltet, sondern es ist die zweckrationale, auf den
Nutzen ausgerichtete Mentalität der „praktischen Menschen" (R 144).
Schleiermacher beschreibt die erste Regung der Religion in den jungen
Menschen: „Schon mit dem Endlichen und Bestimmten zugleich suchen
sie etwas anderes, was sie ihm entgegensetzen können [...]. Eine geheime,
unverstandene Ahndung treibt sie über den Reichtum dieser Welt hinaus;
daher ist ihnen jede Spur einer anderen so willkommen; daher ergötzen sie
sich an Dichtungen von überirdischen Wesen" (R 145). Es sei zwar eine
Täuschung, das Unendliche außerhalb des Endlichen zu suchen, aber
dieser „von der Natur selbst veranstaltete Irrtum" sei im Verlauf der religiösen Entwicklung leicht zu berichtigen; entscheidend sei, daß sich im
jungen Menschen überhaupt ein Bewußtsein des Unendlichen entwickle.
Früher habe man diesen Irrtum hingehen lassen; „der Geschmack an gro-
tesken Figuren, meinte man, sei der jungen Phantasie eigen in der Religion wie in der Kunst; man befriedigte ihn in reichem Maß, ja man
knüpfte unbesorgt genug die ernste und heilige Mythologie, das, was man
selbst für Religion hielt, unmittelbar an diese lustigen Spiele der Kindheit
an: Gott, Heiland und Engel waren nur eine andere Art von Feen und
Sylphen" (R 146). Dagegen werde jetzt diese Anlage zur Religion von
Anfang an gewaltsam unterdrückt; „alles Übernatürliche und Wunderbare
ist proskribiert". Die Phantasie soll nicht mit leeren Bildern angefüllt werden; die Kinder sollen vielmehr von frühestem Alter an etwas lernen, was
ihnen später im Leben nützen wird. Schleiermacher spricht von einem
dem Menschen eingepflanzten Trieb zur Beschauung: „bisweilen jede
andere Tätigkeit ruhen zu lassen und nur alle Organe zu öffnen, um sich

mit Eindrücken durchdringen zu lassen" (R 147). Aber es werde den Kindern verwehrt, ihm nachzugeben, denn nach bürgerlichen Maßstäben wäre das Trägheit und Müßiggang. Alles Tun müsse einen Zweck haben; ist der Geist müde, dann sollen die Kinder den Körper trainieren; „Arbeit und Spiel, nur keine ruhige, hingegebene Beschauung" (R 148).

Dem Verstehen setzt Schleiermacher den Sinn entgegen. Er ist das Vermögen der Begegnung, des Einswerdens mit dem Gegenstand und der Ganzheit. Er geht den Objekten entgegen und „bietet sich ihren Umarmungen dar"; „er will finden und sich finden lassen" (R 148). „Der Sinn strebt, den ungeteilten Eindruck von etwas Ganzem zu fassen"; er will „jedes in seinem eigentümlichen Charakter erkennen". Die Kategorien, unter denen er das Wirkliche betrachtet, sind das Was und Wie. Dagegen fragt das Verstehen ausschließlich nach dem Woher und Wozu. Ihm kommt es nicht darauf an, den Gegenstand als ein in sich selbst geschlossenes Ganzes zu erfassen; das Verstehen sieht ihn nur als ein Glied in der Reihe der Erscheinungen; es interessiert sich ausschließlich für sein Anfangen und Aufhören. Die Objekte sind nicht ein Partner, den man sucht, dem man begegnet und mit dem man sich verbindet, sondern eine Sache, ein Besitz, über den man verfügt, den man definiert, klassifiziert und zählt. Das Verstehen ist ein analytisches Denken; es fragt nicht nach dem Ganzen, sondern immer nur nach den Teilen; es will „zerstückeln und anatomieren". „So gehen sie sogar mit demjenigen um, was eben dazu da ist, den Sinn in seiner höchsten Potenz zu befriedigen, mit dem, was gleichsam ihnen zum Trotz ein Ganzes ist in sich selbst, ich meine mit allem, was Kunst ist in der Natur und in den Werken des Menschen; sie vernichten es, ehe es seine Wirkung tun kann, im Einzelnen soll es verstanden und Dies und Jenes aus abgerissenen Stücken erlernet werden" (R 149). Das Verstehen ist die Mentalität des in seinen engen Horizont eingeschlossenen, um sich selbst kreisenden bürgerlichen Lebens. Alle Empfindungen, die über die Schranken des Nützlichkeitsdenkens hinausgehen, sind „gleichsam unnütze Ausgaben, durch welche man sich erschöpft und von denen das Gemüt möglichst abgehalten werden muß durch zweckmäßige Tätigkeit. Daher ist reine Liebe zur Dichtung und zur Kunst eine Ausschweifung, die man nur duldet, weil sie nicht ganz so arg ist wie andere" (R 150f.). Das nur nach dem Woher und Wozu fragende Verstehen verstümmelt jedes Phänomen und damit alles, was Ausgangspunkt für die Religion werden könnte; was es gelten läßt, ist ein enger und unfruchtbarer Kreis „ohne Wissenschaft, ohne Sitten, ohne Kunst, ohne Geist […], kurz, ohne alles, von wo aus sich die Welt entdecken ließe, wenn gleich mit viel hochmütigen Ansprüchen auf alles dieses" (R 152). An die Stelle der scholastischen Begriffsspalterei ist das flache Nützlichkeitsdenken getreten, das die Anlage zur Religion im Keim erstickt. Die Menschen, welche den Zeitgeist und die Erziehung bestimmen, bekämpfen die Religion nicht, sondern sie lassen sie durch Gleichgültigkeit ins Leere laufen; „sie verachten die Religion nicht, obgleich sie sie vernichten, und sie sind auch nicht Gebildete zu nennen, obwohl sie das Zeitalter bilden und die Menschen aufklären, und dies gern tun möchten bis zur leidigen Durchsichtigkeit" (R 155).

Es gibt im menschlichen Leben „durchgehauene Aussichten", die den Blick in eine andere Wirklichkeit eröffnen: Geburt und Tod. Jeder Mensch wird an diesen Öffnungen vorübergeführt, und der Blick durch sie erweckt Gefühle, „die zwar nicht unmittelbar Religion sind, aber doch, daß ich so sage, ein Schematismus derselben". Der Geist des Verstehens, einer falsch verstandenen Wissenschaft, des Analysierens und des Nützlichkeitsdenkens verstopft diese Ausblicke; sie „stellen in die Öffnung so irgend etwas, womit man sonst einen unansehnlichen Platz verdeckt, ein schlechtes Bild, eine philosophische Karrikatur" (R 153). Dringt durch diese Barrikaden dennoch einmal ein Lichtstrahl von außen, der eine schwache Empfindung für das Unendliche weckt, dann wird die Dimension, die sich so eröffnet, nicht zu einem Ziel, auf das sie sich hinbewegen. Geburt und Tod werden nicht zu Phänomenen, denen der Mensch sich stellt und die ihm Fragen stellen, sondern zu Ereignissen, vor denen er die Augen verschließt und die ihn umso entschiedener die Enge seines bürgerlichen Lebens suchen lassen. Das Unendliche, das sich in ihnen zeigt, ist nicht das Ziel, dem die Seele „zufliegt, um darin zu ruhen, sondern wie das Merkzeichen am Ende einer Rennbahn nur der Punkt, um welchen sie sich, ohne ihn zu berühren, mit der größten Schnelligkeit herumbewegt, um nur je eher je lieber auf ihren alten Platz zurückkehren zu können". Der Tod wird zu einem ausschließlich medizinischen Phänomen; die einzige Frage, zu welcher er herausfordert, ist die, wie die Wissenschaft das menschliche Leben verlängern kann (R 154).

140   Zu den Hindernissen der Religion zählt die Last mechanischer und menschenunwürdiger Arbeit. „Es gibt kein größeres Hindernis der Religion als dieses, daß wir unsere eigenen Sklaven sein müssen, denn ein Sklave ist Jeder, der etwas verrichten muß, was durch tote Kräfte sollte bewirkt werden können." Die Arbeit der Muskeln entzieht den Organen des Geistes alle Kräfte. Schleiermacher hofft, daß die Vollendung von Wissenschaft und Technik „uns diese toten Kräfte werden dienstbar machen", so daß der Mensch als Herr der Schöpfung „nur ein Zauberwort auszusprechen und eine Feder zu drücken braucht", damit geschieht, was er will. Er entwirft die Vision einer Gesellschaft, die an Verheißungen des Jesaja und Jeremia erinnert: „Du zerbrichst das drückende Joch, das Tragholz auf unserer Schulter und den Stock des Treibers" (Jes 9,3). „Keiner wird mehr den anderen belehren; man wird nicht zueinander sagen: Erkennt den Herrn!, sondern sie alle, groß und klein, werden mich erkennen" (Jer 31,34). Jeder Mensch wird ein Freigeborener sein, jedes Leben praktisch

und beschaulich zugleich, „über keinem hebt sich der Stecken des Treibers und Jeder hat Ruhe und Muße in sich, die Welt zu betrachten" (R 231). „In der glücklichen Zeit, wenn Jeder seinen Sinn frei üben und brauchen kann, wird beim ersten Erwachen der höheren Kräfte, in der heiligen Jugend unter der Pflege väterlicher Weisheit Jeder der Religion teilhaftig, der ihrer fähig ist", und der Vater geleitet seinen Sohn „nicht nur in eine fröhlichere Welt und ein leichteres Leben, sondern auch unmittelbar in die heilige [...] Versammlung der Anbeter des Ewigen" (R 232).

2. Die Kirche

Manche gebildete Verächter sehen in der Religion eine Gemütskrankheit. 141
Sie sei zu dulden und vielleicht auch zu heilen, solange nur einzelne von ihr befallen sind; dagegen werde sie zu einer Gefahr für die Allgemeinheit, sobald „unter mehreren Unglücklichen dieser Art eine allzu nahe Gemeinschaft bestände [...]; durch Wenige werde dann bald die ganze Atmosphäre vergiftet, auch die gesundesten Körper werden angesteckt", und es sei „um ganze Generationen und Völker unwiederbringlich getan". Noch mehr als gegen die Religion richtet der Widerwille der Verächter sich deshalb gegen die Kirche, und die Priester sind ihnen „die Verhaßtesten unter den Menschen". Aber auch die, welche in der Religion keine Zerrüttung des Gemüts sehen und sie eher für eine unbedeutende als eine gefährliche Erscheinung halten, urteilen über deren Institutionen nicht weniger hart (R 175).
Schleiermacher arbeitet die Züge an der Kirche heraus, die ein Hindernis 142
der Religion sind. Dabei hat er die Großkirchen, die im Unterschied zu den charismatischen Gemeinschaften das Bild der Kirche in der Gesellschaft bestimmen, im Auge. Er unterscheidet zwischen der streitenden und der triumphierenden Kirche; den Großkirchen stellt er das Idealbild der triumphierenden Kirche entgegen, die nicht mehr, wie die streitende, kämpft „gegen alle Hindernisse der religiösen Bildung, welche ihr das Zeitalter und der Zustand der Menschheit in den Weg legt, sondern [...] die schon alles, was ihr entgegenstand, überwunden und sich selbst konstituiert hat" (R 191). Er verwahrt sich gegen das Mißverständnis, er stimme dem immer lauter werdenden Wunsch zu, die Institution der streitenden, unvollkommenen Kirche zu zerstören (R 199f.). Dennoch gilt für ihn: Man „ist in dieser Verbindung nur deswegen, weil man keine Religion hat, man verharrt darin nur so lange, als man keine hat"; die Kirche wird „den Menschen umso gleichgültiger, je mehr sie zunehmen in der Religion" (R 197). Aber wenn auch die wahre Kirche immer nur denen offen stehen wird, „welche schon im Besitz der Religion sind, so muß es doch irgendein Bindungsmittel geben zwischen ihnen und denen, wel-

che sie noch suchen, und das soll diese Anstalt sein [...]. Und soll gerade die Religion die einzige menschliche Angelegenheit sein, in der es keine Veranstaltungen gäbe zum Behuf der Schüler und Lehrlinge?" (R 200). Daß es eine solche Institution aus Lehrern und Schülern der Religion geben muß, hindert Schleiermacher nicht daran, den Verächtern der Religion in vielen Punkten ihrer Kritik an den bestehenden Kirchen zuzustimmen. Der „ganze Zuschnitt dieser Anstalt müßte ein anderer sein, und ihr Verhältnis zur wahren Kirche ein ganz anders Ansehn gewinnen". Weil der Unterschied zwischen der wahren und der unvollkommenen Kirche aufgezeigt ist, können wir „sehr ruhig und einträchtig über alle Mißbräuche, die in der kirchlichen Gesellschaft obwalten, und über die Ursachen miteinander nachdenken" (R 200). Die Religion hat eine solche Kirche nicht hervorgebracht, und sie muß deshalb von aller Schuld an dem Unheil, das diese Kirche angerichtet hat und an dem verwerflichen Zustand, in dem sie sich befindet, freigesprochen werden, und zwar so, „daß man ihr nicht einmal den Vorwurf machen kann, sie könne in so etwas ausarten: denn wo sie noch gar nicht gewesen ist, kann sie auch unmöglich ausgeartet sein" (R 201).

Welches sind die Mißbräuche und Mißstände der Kirchen, die den Zugang zur Religion versperren? „Knechtische Aufopferung des Eigentümlichen und Freien, geistloser Mechanismus und leere Gebräuche" (R 176): Die Religion erstarrt zum geist- und gefühllosen Ritus; die Institution unterdrückt die Freiheit des Glaubens, und sie verhindert die Entfaltung der religiösen Individualität. Ein Lehrer der Religion, der diesen Namen verdient, müßte „seine klarsten individuellsten Anschauungen und Gefühle" mitteilen. Statt dessen werden den Äußerungen der Individualität von allen Seiten Schranken gesetzt; man verlangt vom Lehrer tote Begriffe, Meinungen, Lehrsätze, Resultate der Reflexion über die Religion, „kurz statt der eigentlichen Elemente der Religion die Abstraktionen". Für jede religiöse Gemeinschaft sind symbolische Handlungen wesentlich. Sie sind Ausdruck dessen, was im einzelnen vorgeht, der Schlußchor, in den jeder einzelne mit seiner freien Begeisterung einstimmt; von diesem persönlichen Vollzug losgelöst werden sie jedoch „zu etwas für sich Bestehendes" (R 198) und erstarren zu einem mechanischen Ritus. „Ich gebe zu, daß es in dieser Gesellschaft mehr mit dem Verstehen oder Glauben und mit dem Handeln und Vollziehen von Gebräuchen als mit dem Anschauen und Fühlen gehalten wird und daß sie daher immer, wie aufgeklärt auch ihre Lehre sei, an den Grenzen der Superstition einhergeht und an irgendeiner Mythologie hängt" (R 202). Wo religiöse Meinungen als Methode gebraucht werden, um zur Religion zu gelangen, müssen sie in ein systematisches Ganzes gebracht werden. Hier ist Autorität der Lehre und der lehrenden Institution das notwendige Motiv, um den Glauben anzunehmen. Das führt zu Dogmatismus und Intoleranz, denn jeder Andersdenkende muß als ein Störer „des ruhigen und sicheren Fortschreitens angesehen werden, weil er durch sein bloßes Dasein und die Ansprüche, die damit verbunden sind, diese Autorität schwächt" (R 201). Verglichen mit einem dogmatischen Christentum war der antike Polytheismus erheblich humaner und toleranter, weil die Religion sich nicht als ein geschlossenes System darstellte, sondern jedem die Freiheit ließ, aus der Vielzahl der Götter auszuwählen. Erst „in den sonst besseren Zeiten der systematischen Religion" entfalten Intoleranz und Sektierertum ihre volle Kraft, „denn wo Jeder ein ganzes System und einen Mittelpunkt dazu zu haben glaubt, da muß der Wert, der auf jedes Einzelne gelegt wird, ungleich größer sein" (R 202). So kann die systematische Religion zu Religionskriegen führen; wieviel „von den verkehrten Bestrebungen und den traurigen Schicksalen der Menschheit ihr den Religionsvereinigungen Schuld gebt, habe ich nicht nötig zu wiederholen" (R 176).

Wenn die Großkirchen Anstalten für Lehrlinge der Religion wären, dann müßten ihre Priester, um zur Religion hinführen zu können, „Virtuosen der Religion" oder wenigstens Mitglieder der wahren Kirche sein. Aber wie können diese Virtuosen der Religion dort, wo sie herrschen, so vieles dulden oder mehr als dulden, was dem Geist der Religion zuwider ist? Warum „haben sie es geduldet, daß niedrige Leidenschaften das zu einer Geißel der Menschheit machten, was unter den Händen der Religion ein Segen geblieben wäre?" (R 204). Schleiermacher gibt die Antwort in seinem *ceterum censeo*: „Hinweg also mit jeder solchen Verbindung zwischen Kirche und Staat – das bleibt mein Catonischer Ratsspruch bis ans Ende, oder bis ich es erlebe, sie wirklich zertrümmert zu sehen" (R 224). Aber wieso macht die Verbindung mit dem Staat aus der Kirche eine Geißel der Menschheit? Jede neue Lehre erweckt das Feuer des Enthusiasmus, das gewaltsam um sich greift, „viele erwärmt und Tausenden den falschen oberflächlichen Schein einer inneren Glut mitteilt. Und diese Tausende sind eben das Verderben" (R 206). Es bildet sich in und mit jedem Bruchstück der wahren Kirche „eine falsche und ausgeartete Kirche. So ist es zu allen Zeiten, unter allen Völkern und in jeder besonderen Religion ergangen" (R 207). Wenn man alles sich selbst überließe, könnte dieser Zustand nicht lange andauern. „Gießt Stoffe von verschiedener Schwere und Dichtigkeit und die wenig innere Anziehung gegeneinander haben in ein Gefäß, rüttelt sie auch aufs heftigste durcheinander, daß Alles Eins zu sein scheint, und Ihr werdet sehen, wie Alles, wenn Ihr es nur ruhig stehen laßt, sich allmählich wieder sondert und nur Gleiches sich zu Gleichem gesellt. So wäre es auch hier ergangen, denn das ist der natürliche Lauf der Dinge" (R 208). Was hat ihn verhindert? Sooft ein Fürst eine Kirche zu einer Gemeinschaft mit eigenen Vorrechten erklärte, „war das Verderben dieser Kirche unwiderruflich beschlossen und eingeleitet [...]. Die größere und unechte Gesellschaft läßt sich nun nicht mehr trennen von der höheren und kleineren, wie sie doch getrennt werden müßte" (211f.). Die Mitglieder der wahren Kirche sind von nun an von der Regierung so gut wie ausgeschlossen. Denn jetzt gibt es mehr zu regieren als sie regieren können und wollen; sie müssen weltliche Dinge ordnen und Vermögen verwalten, und sie können nicht sehen, was das mit ihrem priesterlichen Amt zu tun hat und wie es dessen Zielen dienen soll. Zugleich werden durch die vom Staat verliehenen Privilegien alle die angelockt, die sonst draußen geblieben wären; nun ist es „das Interesse aller Stolzen, Ehrgeizigen und Habsüchtigen und Ränkevollen geworden [...], sich einzudrängen in die Kirche, in deren Gemeinschaft sie sonst nur die bitterste Langeweile empfunden hätten". Der Staat trägt also die Schuld daran, wenn unwürdige Menschen den Platz der „Virtuosen der Heiligkeit" einnehmen und wenn „unter ihrer Aufsicht sich alles einschleichen und festsetzen darf, was dem Geist der Religion am meisten zuwider ist" (R 213). Er glaubt, daß die Kirche ihm für die ihr erwiesenen Wohltaten Dank schuldet, und er nimmt sie in Dienst für seine Interessen. Er überträgt der Kirche die Aufsicht über die Erziehung; sie soll das Volk unterrichten in den Pflichten, die nicht durch Gesetze festgelegt sind; Taufe, Eheschließung und Beerdigung sind zugleich staatliche Akte. Wie „auch dies alles nur zum Verderben der religiösen Gesellschaft wirkt, ist klar genug. Nichts gibt es nun in allen ihren Einrichtungen, was sich auf die Religion allein bezöge oder worin sie auch nur die Hauptsache wäre". Alles ist „voll von moralischen und politischen Beziehungen, alles ist abgewendet von seinem ursprünglichen Zweck und Begriff". Die Kirche verliert ihre Freiheit; der Staat behandelt sie als eine Institution, die er eingerichtet hat; er nimmt ausschließlich für sich die Entscheidung in Anspruch, wer als Priester geeignet ist. Daß eine Gesellschaft, „welche mit einer Demut Wohltaten empfängt, die ihr zu nichts dienen, und mit kriechender Bereitwilligkeit Lasten übernimmt, die sie ins Verderben stürzen, welche sich mißbrauchen läßt von einer fremden Macht [...], daß dies nicht eine Gesellschaft von Menschen sein kann, die ein bestimmtes Streben haben und genau wissen, was sie wollen, das denke ich, springt in die Augen [... und ist] der beste Beweis davon, daß sie nicht die eigentliche Gesellschaft der religiösen Menschen ist" (R 216f.).

III. Was ist Religion?

1. Anschauen des Universums

143 Schleiermacher vergleicht sein Vorgehen in der zweiten Rede, die vom Wesen der Religion handelt, mit dem eines Geisterbeschwörers: Der Zuschauer muß sich innerlich vorbereiten, um dann, ohne sich durch den

Anblick fremder Gegenstände zerstreuen zu lassen, mit voller Aufmerksamkeit auf den Ort zu schauen, wo die Erscheinung sich zeigen wird. Wir haben uns mit den Gründen, weshalb die Gebildeten die Religion verachten, und mit den Hindernissen der Religion beschäftigt, ohne bisher zu wissen, was Religion ist, und uns so auf die Erscheinung vorbereitet. Wir werden uns schwer tun, sie zu erkennen; ihre Züge und ihr Verhalten sind uns nicht bekannt, „denn so unverkleidet, wie sie dem Beschwörer erscheint, wird sie unter den Menschen nicht angetroffen und hat sich in ihrer eigentümlichen Gestalt wohl lange nicht erblicken lassen" (R 39f.). „Anschauen des Universums [...] ist die höchste Formel der Religion, woraus ihr jeden Ort in derselben finden könnt, woraus sich ihr Wesen und ihre Grenzen aufs genaueste bestimmen lassen" (R 55); Religion, so heißt es wenige Seiten vorher, „ist Sinn und Geschmack fürs Unendliche" (R 53); ihr Wesen ist „Anschauung und Gefühl" (R 50). Der Begriff des Sinns ist uns bereits begegnet (§ 139); jetzt ist es unsere Aufgabe, dem Begriff der Anschauung und deren Verhältnis zum Gefühl nachzugehen und Hinweise zu suchen, was Schleiermacher unter dem Universum und dem Unendlichen versteht.

a) Anschauung und Gefühl

Zwei Merkmale der Anschauung werden besonders hervorgehoben: Sie ist rezeptiv, und jede Anschauung ist ein vom Standpunkt des Betrachters abhängiges einzelnes.

Das Tätige und Wirkende in der Anschauung ist das Angeschaute, und es wird vom Anschauenden „seiner Natur gemäß aufgenommen, zusammengefaßt und begriffen" (R 55). Würden die Lichtstrahlen nicht auf unser Auge, die Schallwellen nicht auf unser Ohr und die Körper nicht auf unseren Tastsinn einwirken, so würden wir nichts anschauen und wahrnehmen. Wir nehmen nicht die „Natur der Dinge" wahr, sondern wie sie auf uns wirken; die Wahrnehmungsqualitäten kommen nicht den Dingen an sich zu, sondern sie entstehen durch deren Einwirken auf unsere Sinne. „So ist die Religion; das Universum ist in einer ununterbrochenen Tätigkeit und offenbart sich uns jeden Augenblick". Jedes Lebewesen, das entsteht, ist ein Handeln des Universums auf uns; Religion besteht darin, daß wir es sehen als einen Teil des Ganzen und uns bewußt werden, daß in jedem endlichen Ganzen sich das unendliche Ganze ausdrückt. Die rezeptive Anschauung wird der Reflexion und metaphysischen Spekulation entgegengestellt: „was aber darüber hinaus will und tiefer hineindringen in die Natur und Substanz des Ganzen, ist nicht mehr Religion" (R 56). So war der antike Polytheismus, der „jede hilfreiche Begebenheit" einem Gott zuschrieb, Religion; wenn dagegen Hesiod die Götter in ein genealogisches System ordnete, so war das „leere Mythologie. Alle Begebenheiten in der Welt als Handlungen eines Gottes vorstellen, das ist Religion [...], aber über das Sein dieses Gottes vor der Welt und außer der Welt grübeln mag in der Metaphysik gut und nötig sein, in der Religion wird auch das nur leere Mythologie" (R 57f.).

Anschauung ist von ihrem Akt und von ihrem Inhalt her ein einzelnes: der einzelne Wahrnehmungsakt schaut diesen einzelnen Gegenstand an. Sobald wir versuchen, die verschiedenen Wahrnehmungsinhalte zu einem Ganzen zu verbinden, haben wir den Bereich der unmittelbaren Wahrnehmung bereits verlassen; das ist nicht das Geschäft der Sinne, „sondern des abstrakten Denkens. So die Religion; bei den unmittelbaren Erfahrungen vom Dasein und Handeln des Universums, bei den einzelnen Anschauungen und Gefühlen bleibt sie stehen; jede derselben ist ein für sich bestehendes Werk ohne Zusammenhang mit andern oder Abhängigkeit von ihnen". Die einzelnen Anschauungen lassen sich nicht in einem System miteinander verbinden; jede Deduktion oder Begründung widerstrebt dem Wesen der Religion, „sondern alles ist ihr unmittelbar und für sich wahr" (R 58). Das Ganze wird in der einzelnen Anschauung erfaßt; im einzelnen Menschen und im einzelnen Gegenstand wird das Ganze, das Universum, das Unendliche gefunden. Alles, was sein kann, ist für die Religion „ein wahres, unentbehrliches Bild des Unendlichen; wer nur den Punkt findet, woraus seine Beziehung auf dasselbe sich entdecken läßt" (R 65f.). „Welche jener Gegenstände Eures freien und kunstmäßigen Handelns Ihr auch gewählt habt, es gehört nur wenig Sinn dazu, um von jedem aus das Universum zu finden" (R 114). „So ist Jeder und Jedes in Jedem ein Werk des Universums, und nur so kann die Religion den Menschen betrachten" (R 143). Wenn der Betrachter den Standpunkt wechselt, erscheinen die Gegenstände, die er bisher gesehen hat, in einer anderen Anordnung und unter einer anderen Perspektive, und es treten neue Gegenstände in sein Blickfeld; kein Horizont umfaßt alles. „Von der Religion gilt dies in einem noch weit höheren Sinne; von einem entgegengesetzten Punkte aus würdet ihr nicht nur in neuen Gegenden neue Anschauungen erhalten, auch in dem alten wohlbekannten Raume würden sich die ersten Elemente in anderen Gestalten vereinigen und alles würde anderes sein. Sie ist nicht nur deswegen unendlich, weil Handeln und Leiden zwischen demselben beschränkten Stoff und dem Gemüt ohne Ende wechselt [...], sie ist unendlich nach allen Seiten, ein Unendliches [...] des Seins, des Sehens und des Wissens darum" (R 62).

145 Schleiermachers Begriff der Anschauung läßt sich verdeutlichen durch seine Interpretation der theologischen Begriffe des Wunders und der Offenbarung. Ein Wunder ist für ihn kein Ereignis innerhalb der raum-zeitlichen Welt und Offenbarung nicht Mitteilung eines bestimmten Inhalts. Wir gebrauchen diese Begriffe vielmehr, um über den religiösen Akt zu reflektieren; sie beschreiben die Art und Weise, wie wir in der Anschauung, welche die Religion ist, die Welt sehen; sie sind „freie Reflexion

über ursprüngliche Verrichtungen des religiösen Sinns, Resultate einer Vergleichung der religiösen Ansicht mit der gemeinen" (R 116). Wunder und Offenbarung besagen nichts „als die unmittelbare Beziehung einer Erscheinung aufs Unendliche, aufs Universum". Die natürlichste und alltäglichste Begebenheit ist ein Wunder, sobald sie unter dieser Rücksicht gesehen wird. „Mir", so bekennt Schleiermacher, „ist alles Wunder [...]. Je religiöser Ihr wäret, desto mehr Wunder würdet Ihr überall sehen". Jede „ursprüngliche und neue Anschauung des Universums" ist eine Offenbarung (R 118).

Unsere Sinnlichkeit zeigt uns, daß jede Anschauung ihrer Natur nach mit einem mehr oder weniger intensiven Gefühl verbunden ist. Ein Geschmack, ein Geruch, eine Tastempfindung sind angenehm oder unangenehm; das Hören einer Melodie, das Betrachten einer Landschaft oder eines Bildes ist von Empfindungen begleitet. „So die Religion; dieselben Handlungen des Universums, durch welche es sich Euch im Endlichen offenbart, bringen es auch in ein neues Verhältnis zu Eurem Gemüt und Eurem Zustand; nachdem Ihr es anschauet, müßt Ihr notwendig von mancherlei Gefühlen ergriffen werden". Die Stärke dieser Gefühle bestimmt den Grad der Religiosität. Schleiermacher gebraucht einen Vergleich: Die ewige Welt wirkt auf die Organe unseres Geistes so wie die Sonne auf unser Auge. In dem Augenblick, wo sie uns blendet, verschwindet alles übrige, und auch nachher sind noch alle Gegenstände, die wir betrachten, „mit dem Bild derselben bezeichnet und von ihrem Glanz übergossen" (R 67). Anschauen, so sahen wir (§ 144), liegt vor jeder Form des diskursiven und systematisierenden Denkens. Die Verbindung von Anschauung und Gefühl führt uns zu einer noch tieferen Wurzel und Einheit unserer geistigen Vermögen und einem noch ursprünglicheren Zugang zur Wirklichkeit. Schleiermacher bedauert, daß er von Anschauung und Gefühl nicht anders als nur getrennt reden kann; „der feinste Geist der Religion geht dadurch verloren für meine Rede, und ich kann ihr innerstes Geheimnis nur schwankend und unsicher enthüllen. Aber eine notwendige Reflexion trennt beide, und wer kann über etwas, das zum Bewußtsein gehört, reden, ohne erst durch dieses Medium hindurch zu gehen" (R 72). Er verweist auf den ersten, geheimnisvollen Augenblick bei jeder sinnlichen Wahrnehmung, wo die Reflexion noch nicht zwischen Subjekt und Gegenstand unterscheidet, sondern „der Sinn und sein Gegenstand gleichsam ineinandergeflossen und Eins geworden sind". In der „ersten Handlung des Gemüts" sind religiöse Anschauungen und Gefühle nicht getrennt. Anschauung ohne Gefühl und Gefühl ohne Anschauung sind nichts; „beide sind nur dann und deswegen etwas, wenn und weil sie ursprünglich Eins und ungetrennt sind" (R 73). Wenn wir das Ewige und Unsichtbare anschauen, werden wir vom Gefühl der Ehrfurcht durchdrungen. Wendet der Blick sich vom Universum zurück auf uns selbst, dann ergreift uns das Gefühl der aufrichtigen Demut. Wenn wir in jedem anderen Menschen, ohne auf die Unterschiede der Gesinnung und Begabung zu achten, die Menschheit und durch sie das Universum sehen, werden wir ihm mit Liebe und Zuneigung begegnen. Wenn wir Menschen begegnen, die von sich selbst und ihren eigenen Interessen absehen, um uns zu helfen, dann können wir uns des Gefühls der Dankbarkeit nicht erwehren, „welches uns antreibt, sie zu ehren als solche, die sich mit dem Ganzen schon geeinigt haben und sich ihres Lebens in demselben voll bewußt sind". Betrachten wir dagegen das gewöhnliche Treiben der Menschen, wie sie ihr Ich verschanzen und mit Mauern gegen den ewigen Strom der Welt absichern wollen „und wie dann notwendiger Weise das Schicksal dies alles verschwemmt und sie selbst auf tausend Arten verwundet und quält: was ist dann natürlicher als das herzlichste Mitleid mit allem Schmerz und Leiden, welches aus diesem ungleichen Streit entsteht"? Wenn wir das Gesetz erkannt haben, durch das die Menschheit erhalten und gefördert wird, und von diesem Gesetz auf unser eigenes Handeln hinsehen, „was ist natürlicher als zerknirschende Reue über alles dasjenige in uns, was dem Genius der Menschheit feind ist" (R 110)? „Alle diese Gefühle sind Religion und ebenso alle anderen, bei denen das Universum der eine, und auf irgendeine Art Euer eignes Ich der andre von den Punkten ist, zwischen denen das Gemüt schwebt" (R 111).

b) Das Universum

146   Immer wieder wurden die Termini ‚das Universum' und ‚das Unendliche' gebraucht, ohne daß bisher erklärt wurde, was unter ihnen zu verstehen ist. Schleiermacher verweist uns an Spinoza: „Opfert mir ehrerbietig eine Locke den Manen des heiligen, verstoßenen Spinoza! Ihn durchdrang der hohe Weltgeist, das Unendliche war sein Anfang und Ende, das Universum seine einzige und ewige Liebe, in heiliger Unschuld und tiefer Demut spiegelte er sich in der ewigen Welt und sah zu, wie auch er ihr liebenswürdigster Spiegel war; voller Religion war er und voll heiligen Geistes" (R 54f.). Nach Spinoza ist alles, was ist, entweder in sich oder in einem anderen, d.h. es gibt außerhalb des Verstandes nur Substanzen und ihre Affektionen (Ethica I, Prop. IV). Jede Substanz ist notwendigerweise unendlich (ebd. Prop. VIII). Außer Gott kann keine Substanz sein und begriffen werden (ebd. Prop. XIV). Folglich ist alles, was ist, in Gott, und nichts kann ohne Gott sein und begriffen werden (ebd. Prop. XV). Gott ist die immanente Ursache aller Dinge (ebd. Prop. XVIII). Alle Dinge sind also in der unendlichen Substanz, weil sie deren Affektionen sind, die ohne die Substanz nicht sein können, und die unendliche Substanz ist in allen Dingen, insofern sie deren immanente Ursache ist. Das Thema Schleiermacher und Spinoza soll hier nicht weiter verfolgt werden (dazu Cramer 2000); wir wollen vielmehr den Hinweisen nachgehen,

welche die Zweite Rede für das Verständnis der beiden genannten Termini gibt.

Der Sinn fürs Unendliche ergibt sich aus dem Bewußtsein der eigenen Kontingenz und Endlichkeit: daß der Mensch „seiner Beschränktheit sich bewußt wird, der Zufälligkeit seiner ganzen Form, des geräuschlosen Verschwindens seines ganzen Daseins im Unermeßlichen" (R 52). Das Unendliche zeigt sich im Reichtum und der schöpferischen Fülle der Natur; indem es sich begrenzt, bringt es eine unendliche Vielfalt von Arten und Individuen hervor. Symbol der „unendlichen und lebendigen Natur" ist „Mannigfaltigkeit und Individualität". „Alles Endliche besteht nur durch die Bestimmung seiner Grenzen, die aus dem Unendlichen gleichsam herausgeschnitten werden müssen. Nur so kann es innerhalb dieser Grenzen selbst unendlich sein und eigen gebildet werden" (R 53).

Schleiermacher übernimmt die Rolle eines Mystagogen, der Schritt für Schritt zum Geheimnis hinführt. Die äußere Natur ist nur äußerster Vorhof zum Heiligtum der Religion. Die Furcht vor den Naturgewalten und die Freude an der Schönheit der Natur bereiten auf die Religion vor, aber sie sind selbst nicht Religion. Das Suchen nach der ersten Ursache der Natur ist nicht religiös, sondern philosophisch. In der Natur, die wir durch unsere Technik beherrschen wollen, können wir das Universum nicht anschauen. Die Schönheiten der Natur erweisen sich als zufälliger Schein, wenn wir an die physikalischen Gesetze denken, durch welche sie hervorgerufen werden. Im unendlichen Raum des Weltalls die Unendlichkeit zu suchen, um die es in der Religion geht, „ist eine kindische Denkungsart […]. Ist nicht der begrenzteste Körper in dieser Rücksicht ebenso unendlich als alle jene Welten?" (R 82). Der Geist kann beide in Formeln fassen und mit ihnen rechnen. Was den religiösen Sinn in der äußeren Welt anspricht, sind nicht die Maße, sondern die Gesetze; die Sonnensysteme und das kleinste Stäubchen, das in der Luft umherflattert, werden nach denselben Gesetzen bewegt. Aber diese Anschauung des Kosmos ist unvollendet. Was seine Größe und Erhabenheit ahnen läßt, sind nicht die Einförmigkeiten, sondern die Abweichungen. „Die Perturbationen in dem Lauf der Gestirne deuten auf eine höhere Einheit, auf eine kühnere Verbindung als die, welche wir schon aus der Regelmäßigkeit ihrer Bahnen gewahr werden" (R 84); sie zwingen uns, nach einem höheren Standpunkt zu suchen, und wie weit sind wir von dem entfernt, welcher der höchste wäre. Daß trotz „aller Mannigfaltigkeit der Lebensformen und der ungeheuren Mengen von Materien, die jede wechselnd verbraucht, dennoch jede zur Genüge hat, um den Kreis ihres Daseins zu durchlaufen […], welche unendliche Fülle offenbart sich da". Schleiermacher erinnert an die Bergpredigt: „Sehet die Lilien auf dem Felde, sie säen nicht, sie ernten nicht, und Euer himmlischer Vater ernährt sie doch, darum sorget nicht" (R 85f.; vgl. Mt 6,25–34). Aber auch dieser „fröhliche Anblick, dieser heitere, leichte Sinn" (R 86) liegt nur im Vorhof der Religion.

Die Begriffe, mittels derer wir die Natur deuten, sind unserem Bewußtsein entnommen; nur durch das innere Leben wird das äußere verständlich. Aber auch das innere Leben, „das Gemüt muß, wenn es Religion erzeugen und nähren soll, in einer Welt angeschauet werden" (R 88). Solange Adam ohne Gefährtin war, ging ihm der Sinn für die Welt nicht auf. „Da erkannte die Gottheit, daß ihre Welt nichts sei, solange der Mensch allein wäre, sie schuf ihm die Gehilfin, und [...] nun erst ging seinen Augen die Welt auf" (R 88). Um die Welt anzuschauen und Religion zu haben, so interpretiert Schleiermacher Gen 2,18–23, „muß der Mensch erst die Menschheit gefunden haben, und er findet sie nur in Liebe und durch Liebe" (R 89). Für die Verächter der Religion ist die Menschheit selbst das Universum; alles andere gehöre nur insofern zum Universum, als es in einer Beziehung zur Menschheit steht. Schleiermacher gesteht ihnen das vorläufig zu, aber er macht deutlich, daß die Menschheit unter verschiedener Rücksicht betrachtet werden kann. Die Verächter nehmen den Standpunkt der Moral ein: ihnen geht es darum, die Menschheit zu bessern und zu bilden. Sie haben ein Ideal vom Menschen, und sie sehen, daß die einzelnen Menschen dem nicht entsprechen. Damit verwechseln sie den Gegenstand des Wirkens mit dem Gegenstand der Anschauung. Die Moral will auf den einzelnen Menschen einwirken und ihn bessern; die Religion sieht in jedem einzelnen Menschen eine Offenbarung der unendlichen, ungeteilten Menschheit. „Ich wenigstens rühme mich auch einer moralischen Gesinnung, auch ich verstehe menschliche Vortrefflichkeit zu schätzen, und es kann das Gemeine für sich betrachtet mich mit dem unangenehmen Gefühl der Geringschätzung beinahe überfüllen, aber mir gibt die Religion von dem allen eine gar große und herrliche Ansicht. Denkt Euch den Genius der Menschheit als den vollendetsten und universellsten Künstler. Er kann nichts machen, was nicht ein eigentümliches Dasein hätte" (R 91). „Die ewige Menschheit ist unermüdet geschäftig, sich selbst zu erschaffen und sich in der vorübergehenden Erscheinung des endlichen Lebens aufs mannigfaltigste darzustellen" (R 92). Kein Mensch ist dem anderen gleich; im Leben eines jeden gibt es einen Augenblick, in dem er „gleichsam aus sich herausgehoben und auf den höchsten Gipfel dessen gestellt wird, was er sein kann". Jedes Individuum ist „seinem innersten Wesen nach ein notwendiges Ergänzungsstück zur vollkommenen Anschauung der Menschheit" (R 94). Von dieser Betrachtung kehrt die Religion mit geschärftem Blick zurück zum eigenen Ich und findet auch dort das Unendliche, das sie in der Menschheit angeschaut hat. „Ihr selbst seid ein Kompendium der Menschheit, Eure Persönlichkeit umfaßt in einem gewissen Sinn die gesamte menschliche Natur, und diese ist in all ihren Darstellungen nichts als Euer eigenes vervielfältigtes, deutlicher ausgezeichnetes und in allen seinen Veränderungen verewigtes Ich" (R 99).

Vom Sein der Menschheit führt die Betrachtung zu ihrem Werden. Die höchsten Anschauungen der Religion liegen auf dem Gebiet der Geschichte. „Geschichte im eigentlichsten Sinn ist der höchste Gegenstand der Religion [...] – und alle wahre Geschichte hat überall zuerst einen religiösen Zweck gehabt und ist von religiösen Ideen ausgegangen" (R 100). Wie vorher die einzelnen Menschen, so werden jetzt Völker und Generationen als Momente eines Ganzen betrachtet, geistvoll und kraftvoll wirkend die einen, gemein und unbedeutend andere. Wie in der Pflanzenwelt Gattungen untergehen und aus ihren Trümmern neue entstehen, „so seht ihr auch hier die geistige Natur aus den Ruinen einer herrlichen und schönen Menschenwelt eine neue erzeugen, die aus den zersetzten und wunderbar umgestalteten Elementen von jener ihre erste Lebenskraft saugt" (R 102).

Schleiermacher war von der Voraussetzung der Verächter ausgegangen, daß Menschheit und Universum gleichzusetzen sind, und er hatte von dieser Voraussetzung her zur Religion geführt. Mit der Betrachtung der Geschichte ist für die, welche von dieser Gleichsetzung ausgehen, das Ende der Religion erreicht. Aber wenn es auch nicht möglich ist, die Verächter weiter zu führen, so ist dennoch die Grenze der Religion nicht erreicht. Vielmehr ist die Menschheit der Punkt, von dem aus sich der Blick ins Unendliche richtet. Die Menschheit ist dem Prozeß der Geschichte unterworfen und kann deshalb nicht das Universum sein. Sie verhält sich vielmehr zum Universum wie die einzelnen Menschen sich zu ihr verhalten; sie ist nur eine unter anderen, ihr entgegengesetzten Formen, in denen das Universum sich darstellt, sie ist nur „ein Ruheplatz auf dem Weg zum Unendlichen". Aber sie ist das letzte, was Gegenstand einer Betrachtung sein kann. Jede Religion strebt nach einer „Ahndung von etwas außer und über der Menschheit [...]; aber dies ist auch der Punkt, wo ihre Umrisse sich dem gemeinen Auge verlieren, wo sie selbst sich immer weiter von den einzelnen Gegenständen entfernt, an denen sie ihren Weg festhalten konnte, und wo das Streben nach dem Höchsten in ihr am meisten für Torheit gehalten wird" (R 105).

2. Sich als schlechthin abhängig fühlen

Schleiermachers berühmte Formulierung vom Bewußtsein der schlechthinnigen Abhängigkeit in der zweiten Auflage der Glaubenslehre (1830/31) findet sich nicht in einer Definition von ‚Religion', sondern von ‚Frömmigkeit'. Der Begriff der Religion wird mit Hilfe des Begriffs der Frömmigkeit bestimmt; „Religion schlechthin [... ist] die Richtung des mensch-

148

lichen Gemüts überhaupt auf die Hervorbringung frommer Erregungen, jedoch immer schon mit ihrem Äußerlichwerden und also dem Anstreben der Gemeinschaft zusammengedacht" (CG § 6.4 Zusatz). Um zu sehen, wie Schleiermacher den Religionsbegriff der Reden in der Glaubenslehre vertieft, müssen wir uns also mit dem Begriff der Frömmigkeit befassen; § 3 der Glaubenslehre, mit dem die Ausführungen über die Frömmigkeit beginnen, verweist ausdrücklich auf die Seiten 56–77 der Zweiten Rede. Um ein Mißverständnis von vornherein abzuwehren: Frömmigkeit erscheint uns, wenn wir von heutigen Sprachgebrauch ausgehen, als eines unter den vielen Gefühlen, die ein Mensch haben, aber ebenso gut auch nicht haben kann und die unterschiedlich bewertet werden können. Dagegen betont Schleiermacher, daß sie ein zum Wesen des Menschen gehörendes Vermögen ist. „Wenn fromme Gemeinschaften nicht als Verirrungen angesehen werden sollen: so muß das Bestehen solcher Vereine als ein für die Entwicklung des menschlichen Geistes notwendiges Element nachgewiesen werden können. [...] Die Frömmigkeit selbst ebenso ansehen ist der eigentliche Atheismus" (Kurze Darstellung[2] § 22; KGA I.6, 334). Das schlechthinnige Abhängigkeitsgefühl ist „ein der menschlichen Natur wesentliches Element" (CG § 6.1). Es beruht nicht „auf irgendeiner bestimmten Modifikation des menschlichen Daseins [...], sondern auf dem schlechthin gemeinsamen Wesen des Menschen, welches die Möglichkeit aller jener Differenzen in sich schließt, durch welche der besondere Gehalt der einzelnen Persönlichkeit bestimmt wird" (CG § 33.1).

149 Schleiermachers Ausführungen zur Frömmigkeit in den Paragraphen 3 bis 5 der Glaubenslehre haben den Charakter einer transzendentalen Deduktion. Das „Wesen der Frömmigkeit", so seine Definition, „ist dieses, daß wir uns unserer selbst als schlechthin abhängig, oder, was dasselbe besagen will, als in Beziehung mit Gott bewußt sind" (CG § 4). Es sind zwei Begriffe, die hier zu klären sind: Bewußtsein und schlechthinnige Abhängigkeit.

150 Schleiermacher unterscheidet zwischen Wissen, Tun und Gefühl. Die Frömmigkeit ist „weder ein Wissen noch ein Tun, sondern eine Bestimmtheit des Gefühls oder des unmittelbaren Selbstbewußtseins" (CG § 3). Das unmittelbare ist vom gegenständlichen Selbstbewußtsein zu unterscheiden, das durch „eine Vorstellung von sich selbst und als solche durch die Betrachtung seiner selbst vermittelt ist". Es ist nicht Vorstellung, sondern Gefühl, und Schleiermacher beschreibt eine „doppelte Erfahrung", die wir mit ihm machen; beiden Formen ist gemeinsam, daß das Selbstbewußtsein in einem gewissen Sinn von den Akten des Denkens und Wollens unabhängig ist. Es gibt erstens Augenblicke, in denen alles Denken und Wollen „hinter einem irgendwie bestimmten Selbstbewußtsein" zurücktritt. Wodurch, so fragen wir, wird dann das Selbstbewußtsein be-

stimmt? Zweitens dauert das Selbstbewußtsein „während einer Reihe verschiedenartiger Akte des Denkens und Wollens unverändert" fort; es bezieht sich also nicht auf diese, und es begleitet sie nicht im eigentlichen Sinn. Beispiele für eigentliche Gefühlszustände in diesem Sinn „sind Freude und Leid, diese überall auf dem religiösen Gebiet bedeutenden Momente"; dagegen gehören „Selbstbilligung und Selbstmißbilligung" als Ergebnisse einer analysierenden Betrachtung mehr dem gegenständlichen Bewußtsein an (CG § 3.2). Wissen und Tun sind vom Subjekt bewirkt; in ihnen tritt es aus sich heraus: Im Tun wirkt es auf die Welt ein, und im Wissen bezieht es sich auf einen Erkenntnisgegenstand. Dagegen wird das Fühlen „nicht von dem Subjekt bewirkt, sondern kommt nur in dem Subjekt zustande". Es ist ganz und gar „ein Insichbleiben: und in sofern steht es allein jenen beiden, dem Wissen und dem Tun, gegenüber" (CG § 3.3). Wäre Frömmigkeit Wissen, so wäre der Gelehrte, der das meiste Wissen über den christlichen Glauben hat, auch der Frömmste; gegen die Annahme, sie sei ein inhaltlich bestimmtes Tun, spricht die Tatsache, daß „neben dem Vortrefflichsten auch das Scheußlichste, neben dem Gehaltreichsten auch das Leerste und Bedeutungsloseste als fromm und aus Frömmigkeit getan wird". Es gibt Gefühlszustände „wie Reue, Zerknirschung, Zuversicht, Freudigkeit zu Gott", die wir ohne Rücksicht auf ein aus ihnen hervorgehendes Wissen oder Tun als fromm bezeichnen. Daß die Frömmigkeit weder ein Wissen noch ein Tun ist, bedeutet jedoch nicht, daß sie keinerlei Beziehung zu Wissen und Tun hätte; es gibt Wissen und Tun, das zur Frömmigkeit gehört, wenn auch keines von beiden ihr Wesen ausmacht. So sind Reue oder Zuversicht nur dann echt, wenn sie sich im Tun äußern, und sie können Gegenstand der Betrachtung werden und so zu einem Wissen führen. Ein Tun wird fromm sein, „sofern die Bestimmtheit des Selbstbewußtseins, das Gefühl, welches Affekt geworden und in den Antrieb übergegangen war, ein frommes ist" (CG § 3.4). Schleiermacher versteht also unter Gefühl weder „etwas Verworrenes [...] noch etwas Unwirksames"; vielmehr kann es „von der Betrachtung ergriffen und als das, was es ist, gedacht" (CG § 3.5) werden, und es liegt allen Willensäußerungen mittelbar oder unmittelbar zugrunde.

Das Gemeinsame, wodurch die verschiedenen Äußerungen der Frömmigkeit sich von allen anderen Gefühlen unterscheiden, „also das sich selbst gleichbleibende Wesen der Frömmigkeit ist dieses, daß wir uns unserer selbst als schlechthin abhängig, oder, was dasselbe besagen will, als in Beziehung mit Gott bewußt sind" (CG § 4). Schleiermacher geht aus von der „Selbstbeobachtung" des unmittelbaren, im Unterschied zum gegenständlichen (§ 150), Selbstbewußtseins. In jedem Selbstbewußtsein sind zwei Elemente: „Sichselbstsetzen und Sichselbstnichtsogesetzthaben, oder ein Sein und ein Irgendwiegewordensein"; wir sind uns unserer selbst und zugleich unseres veränderlichen Soseins bewußt. Das veränderliche So-

151

sein setzt außer dem Ich noch ein anderes voraus, von dem das Ich zu seinen verschiedenen Zuständen bestimmt wird, aber dieses andere wird im unmittelbaren Selbstbewußtsein nicht gegenständlich vorgestellt; seine Vergegenständlichung ist ein anderer Akt. Wir erfahren also im Selbstbewußtsein zwei Elemente: das Sein des Subjekts für sich und sein Zusammensein mit anderem und anderen. Diesen beiden Elementen entsprechen im Subjekt dessen Empfänglichkeit und Selbsttätigkeit. Ohne Zusammensein mit anderem, d.h. ohne daß die Empfänglichkeit von anderem affiziert wird, ist kein Selbstbewußtsein möglich. Jede Tätigkeit, worunter auch das Erkennen fällt, erhält ihre Richtung durch einen Eindruck, den die Empfänglichkeit aufgenommen hat (CG § 4.1). Innerhalb des unmittelbaren Selbstbewußtseins kann nun entweder das Bewußtsein des Bestimmtwerdens, der Empfänglichkeit, oder das der Selbsttätigkeit, durch die wir anderes bestimmen, überwiegen; das erste bezeichnet Schleiermacher als Abhängigkeitsgefühl, das zweite als Freiheitsgefühl. Schleiermacher entwickelt nun aus dem Begriff des Selbstbewußtseins den Begriff der Welt, um so zum Begriff des schlechthinnigen Abhängigkeitsgefühls hinzuführen. Wir denken uns Abhängigkeitsgefühl und Freiheitsgefühl in dem Sinn als eines, daß nicht nur das Subjekt, sondern auch das andere, von dem her das Subjekt bestimmt wird und auf das es bestimmend einwirkt, dasselbe ist. Das aus Abhängigkeitsgefühl und Freiheitsgefühl zusammengesetzte „Gesamtbewußtsein" ist dann das „der Wechselwirkung des Subjekts mit dem mitgesetzten Anderen", das wir uns ebenfalls als eine Gesamtheit, ein Ganzes denken; die Wechselwirkung besteht darin, daß wir vom anderen bestimmt werden (Empfänglichkeit) und daß wir unsererseits das andere bestimmen (Selbsttätigkeit). Welt ist das „gesamte Außeruns als Eines"; sie umfaßt auch die anderen Subjekte, zu denen wir ein Verhältnis haben, „mit uns selbst zusammen als Eines". „Demnach ist unser Selbstbewußtsein als Bewußtsein unseres Seins in der Welt oder unseres Zusammenseins mit der Welt eine Reihe von geteiltem Freiheitsgefühl und Abhängigkeitsgefühl". ‚Schlechthinniges Abhängigkeitsgefühl' ist der Gegenbegriff zu ‚geteiltem Abhängigkeitsgefühl', d.h. es ist ein Abhängigkeitsgefühl ohne Freiheitsgefühl; wir stehen zu dem Außeruns nicht in einem Verhältnis der Wechselwirkung, sondern wir erfahren uns ausschließlich als solche, die bestimmt werden, ohne selbst das Außeruns bestimmen zu können (CG § 4.2).

Ein schlechthinniges Freiheitsgefühl kann es nicht geben, weil jede Selbsttätigkeit einen Gegenstand haben muß, der uns irgendwie gegeben ist, was ohne Einwirken des Gegenstands auf unsere Empfänglichkeit nicht möglich ist, und „weil unser ganzes Dasein uns nicht als aus unserer Selbsttätigkeit hervorgegangen zum Bewußtsein kommt". Ein schlechthinniges Abhängigkeitsgefühl kann „auf keine Weise von der Einwirkung eines uns irgendwie zu gebenden Gegenstandes ausgehn, denn auf einen solchen würde immer eine Gegenwirkung stattfinden", und auch, wenn wir auf eine solche Gegenwirkung verzichten würden, würde das ein Freiheitsgefühl einschließen. Es kann auch nicht in einem einzelnen Akt gegeben sein, denn ein solcher müßte einen Inhalt haben, der ein Gegebenes ist, demgegenüber wir ein Freiheitsgefühl haben. Das Bewußtsein unseres Seins in der Welt, d.h. der Wechselwirkung des Subjekts mit dem „mitgesetzten Anderen", kann also niemals ein schlechthinniges Abhängigkeitsbewußtsein einschließen. Schleiermacher nimmt außer dem auf die einzelnen Inhalte bezogenen geteilten oder intentionalen Abhängigkeitsgefühl noch eine andere, höhere Form des Selbstbewußtseins an: „das unsere gesamte Selbsttätigkeit, also auch, weil diese niemals Null ist, unser gesamtes Dasein begleitende, schlechthinnige Freiheit verneinende Selbstbewußtsein". Es ist das Bewußtsein, daß unsere ganze Selbsttätigkeit „von anderwärts her ist". Dieses Bewußtsein schlechthinniger Abhängigkeit ist untrennbar mit dem Freiheitsbewußtsein verbunden; es ist das schlechthinnige Freiheit verneinende Selbstbewußtsein. „Ohne alles Freiheitsgefühl wäre ein schlechthinniges Abhängigkeitsgefühl nicht möglich" (CG § 4.3). Um Schleiermacher zu verstehen, ist es wichtig zu sehen, daß hier keine Folgerung aus dem Gegenstandsbezug unserer intentionalen Akte vorliegt; jede Form der Intentionalität bleibt innerhalb der Welt und ist eine Wechselwirkung. Wir setzen uns keinem anderen einzelnen entgegen; das schlechthinnige Abhängigkeitsgefühl ist kein Bewußtsein „von uns als jetzt so und nicht anders seienden Einzelnen, sondern nur von uns als einzelnem endlichen Sein überhaupt" (CG § 5.1). Das schlechthinnige Abhängigkeitsgefühl ist eine eigene Form des Selbstbewußtseins; hier ist nichts zu folgern und zu beweisen, sondern hier kann an die Selbsterfahrung appelliert werden; dieses Selbstbewußtsein läßt Grade zu und ist einer Entwicklung und Vertiefung fähig; wir können es reflektieren und thematisieren. In unserem Selbstbewußtsein ist ein „Woher unseres empfänglichen und selbsttätigen Daseins" mitgesetzt, das mit dem Ausdruck ,Gott' bezeichnet werden soll. Gottesbewußtsein und Selbstbewußtsein können nicht voneinander getrennt werden. Das Abhängigkeitsgefühl ist aber nicht durch ein vorhergehendes Wissen von Gott bedingt, vielmehr ist Gott uns im Gefühl auf eine ursprüngliche, nichtintentionale Weise gegeben. Der Mensch ist sich seiner Kontingenz, d.h. der Abhängigkeit von der Ursache seines Seins bewußt; ihm ist „mit der allem endlichen Sein nicht minder als ihm anhaftenden schlechthinnigen Abhängigkeit auch das zum Gottesbewußtsein werdende unmittelbare Selbstbewußtsein derselben gegeben" (CG § 4.4). „Die Anerkennung, daß dieses schlechthinnige Abhängigkeitsgefühl, indem darin unser Selbstbewußtsein die Endlichkeit des Seins im allgemeinen vertritt [...], nicht etwas Zufälliges ist, noch auch etwas persönlich Verschiedenes, sondern ein allgemeines Lebenselement, ersetzt [...] vollständig alle sogenannten Beweise für das Dasein Gottes" (CG § 33).

152 Wie verhalten sich die beiden dargestellten Formen des Selbstbewußtseins, das schlechthinnige Abhängigkeitsgefühl und das auf das endliche
Seiende, sich in geteiltes Abhängigkeitsgefühl und geteiltes Freiheitsgefühl spaltende Selbstbewußtsein? Schleiermacher unterscheidet drei Stufen des Selbstbewußtseins. Auf der untersten oder dritten, im tierischen
Selbstbewußtsein, sind Gefühl und Anschauung nicht getrennt, sondern
„noch unentwickelt ineinander verworren". Die zweite Stufe ist das Bewußtsein der Wechselwirkung, in dem wir uns als abhängig und frei gegenüber einem einzelnen anderen erfahren (§ 151). Im schlechthinnigen
Abhängigkeitsgefühl ist diese Entgegensetzung aufgehoben; hier erfahren
wir uns keinem anderen einzelnen entgegengesetzt, sondern nur als einzelnes endliches Seiendes, und als solches sind wir von keinem anderen
endlichen Seienden unterschieden. Es ist die erste, höchste Stufe des
Selbstbewußtseins, „in welchem dieser Gegensatz wieder verschwindet,
und alles, dem sich das Subjekt auf der mittleren Stufe entgegensetzte, als
mit ihm identisch zusammengefaßt wird" (CG § 5.1). Die erste Stufe ist an
die zweite gebunden; sie tritt erst zusammen mit der zweiten hervor. Um
das zu zeigen, geht Schleiermacher aus von dem Phänomen, daß das
schlechthinnige Abhängigkeitsbewußtsein keinem Wechsel der Zustände
unterworfen, sondern sich immer gleich ist, noch auch in dem einen
Augenblick gegeben ist, in einem anderen dagegen nicht. Diese Beharr-
lichkeit des Abhängigkeitsbewußtseins setzt das Bewußtsein der eigenen
Identität voraus, und dieses ist an die zweite Stufe gebunden. Das Bewußtsein seiner selbst als eines endlichen Seienden, so eine weitere
Überlegung, setzt die Begegnung mit anderen endlichen Seienden voraus,
und diese ist im geteilten Freiheitsgefühl und geteilten Abhängigkeitsgefühl der zweiten Stufe gegeben. Indem der Mensch sich partiell frei und
partiell abhängig fühlt gegen anderes Endliche, fühlt er sich „zugleich
gleichmäßig mit allem, wogegen er sich so fühlt, auch schlechthin abhängig". Dieses Zugleichsein kann nicht als ein „Verschmelzen" beider Stufen gedacht werden, sondern als ein Zugleichsein, das „ein Bezogensein
beider aufeinander in sich schließt. Niemand kann sich auch in einigen
Momenten ausschließend seiner Verhältnisse im Gegensatz und in anderen wiederum seiner schlechthinnigen Abhängigkeit an und für sich und
im allgemeinen bewußt sein, sondern als ein im Gebiet des Gegensatzes
für diesen Moment schon auf diese Weise bestimmter ist er sich seiner
schlechthinnigen Abhängigkeit bewußt" (CG § 5.3).

IV. Religiöser Pluralismus

153 Die Fünfte Rede trägt die Überschrift „Über die Religionen". Die Vielzahl
der positiven, historischen Religionen ist ein Ärgernis. Jede von ihnen

erhebt für sich einen absoluten Wahrheitsanspruch; gegen die Natur der wahren Religion greifen sie zu Beweisen und widerlegen einander; sie streiten gegeneinander, „sei es nun mit den Waffen der Kunst und des Verstandes oder mit noch fremderen und unwürdigeren". An den positiven Religionen haftet das Odium des Fanatismus, Dogmatismus und der Unfreiheit; sie legen ihre Anhänger auf dasselbe Bekenntnis fest, entziehen „ihnen die Freiheit, ihrer eigenen Natur zu folgen" und zwängen sie „in unnatürliche Schranken" ein (R 245f.). Die natürliche Religion ist von allen diesen Mängeln frei. So liegt es nahe, das Ärgernis des religiösen Pluralismus dadurch zu überwinden, daß wir die Vielzahl der positiven Religionen in die eine Vernunftreligion aufheben. Schleiermacher wendet sich mit aller Entschiedenheit gegen diesen Vorschlag. Es sind die positiven Religionen, in denen „die unendliche Religion sich im Endlichen darstellt", während die natürliche Religion „nur eine unbestimmte dürftige und armselige Idee ist, die für sich nie eigentlich existieren kann" (R 248). Aber wer an den positiven Religionen festhalten und dennoch das Problem des religiösen Pluralismus lösen will, sieht sich zwei Gefahren ausgesetzt: dem starren Dogmatismus und dem seichten Indifferentismus. Beide entstellen „den Geist jeder Religion". Von den ersten Zeiten der Religion an hat es „überall sehr bald solche gegeben, die ihn in einzelnen Lehrsätzen haben umgrenzen und das, was noch nicht ihm gemäß zur Religion gebildet war, von ihr ausschließen wollen, und solche, die, es sei nun aus Haß gegen die Polemik oder um die Religion den Irreligiösen angenehmer zu machen oder aus Unverstand und Unkenntnis der Sache und aus Mangel an Sinn, alles Eigentümliche als toten Buchstaben verschreien, um aufs Unbestimmte loszugehn" (R 285). Die „sogenannte natürliche Religion" kommt dem seichten Indifferentismus entgegen; sie läßt wenig vom eigentümlichen Charakter der Religion sichtbar werden. Sie ist „abgeschliffen" und „weiß so artig zu leben, sich einzuschränken und sich zu fügen, daß sie überall wohl gelitten ist" (R 243f.).

Die „Mehrheit der Religionen", so Schleiermachers These, ist „im Wesen 154 der Religion gegründet" (R 240). Niemand kann die Religion ganz haben, denn der Mensch ist endlich und die Religion unendlich. Das bedeutet nicht, daß die eine Religion in Teile zerstückelt würde und jede positive Religion ein Fragment wäre; vielmehr ist sie als Anschauung des Universums ein Ganzes, aber diese Ganzheiten sind voneinander verschieden. „Jede unendliche Kraft, die sich erst in ihren Darstellungen teilt und sondert, offenbart sich auch in eigentümlichen und verschiedenen Gestalten"; wir müssen daher „eine unendliche Menge endlicher und bestimmter Formen", in denen die unendliche Religion sich offenbart, „postulieren und aufsuchen" (R 241). Wir dürfen uns nicht mit einem allgemeinen Begriff der Religion begnügen; was Religion ist, läßt sich nicht in der Weise entdecken und verstehen, daß wir nach dem fragen, was den verschiedenen positiven Religionen gemeinsam ist (R 281). Vielmehr müssen wir unseren „Widerwillen" gegen die Tatsache, daß es viele Religionen gibt, überwinden und den „eitlen und vergeblichen Wunsch", es möge nur eine geben, aufgeben und die Vielfalt der historischen Religionen „mit Religion" anschauen „als ein ins Unendliche fortgehendes Werk des Weltgeistes" (R 242). Jede Anschauung des Unendlichen besteht völlig für sich; sie ist von keiner anderen abhängig und hat keine andere notwendig zur Folge. Das Unendliche erscheint von jedem Blickpunkt aus anders. Die ganze Religion kann daher nur gegeben sein in den unendlich vielen möglichen voneinander verschiedenen Perspektiven auf das Universum, also nicht anders „als in einer unendlichen Menge verschiedener Formen, deren jede durch das verschiedene Prinzip der Beziehung in ihr durchaus bestimmt und in deren jeder derselbe Gegenstand ganz anders modifiziert ist, das heißt welche sämtlich wahre Individuen sind" (R 249). Aber wodurch werden diese Individuen bestimmt und wodurch unterscheiden sie sich voneinander? Worin besteht die Einheit einer positiven Religion? Was ist die Form oder die Seele, welche die verschiedenen Bestandteile einer Religion zu einer Einheit verbindet? Schleiermachers Antwort zeigt, was den Geist einer Religion von einem starren Dogmatismus und einen religiösen Menschen von einem „steifen Systematiker" (R 285) unterscheidet. Sie macht deutlich, wie man die Vielfalt der Religionen anerkennen und achten kann, ohne in einen seichten Indifferentismus zu verfallen.

155 Die Einheit einer Religion kann nicht quantitativ bestimmt werden; sie besteht nicht darin, daß eine Religion eine bestimmte Summe von religiösen Anschauungen und Gefühlen fordert und andere ausschließt; die quantitative Betrachtung der Elemente „kann uns unmöglich auf den Charakter eines Individuums der Religion führen" (R 251). Wir würden nichts anderes tun als mehrere Ansichten zusammenzufassen, und dadurch würde keine dieser Ansichten bestimmt. Schon in der Religion eines einzelnen Menschen, die sich im Lauf seines Lebens bildet, ist „nichts zufälliger als die bestimmte Summe seines religiösen Stoffs. Einzelne Ansichten können sich ihm verdunkeln, andere können ihm aufgehen und sich zur Klarheit bilden, und seine Religion ist von dieser Seite immer beweglich und fließend. Dieses Fließende kann also unmöglich das Feststehende in der mehreren gemeinschaftlichen Religion sein" (R 252). Wer den Charakter einer besonderen Religion gleichsetzt mit einer bestimmten Menge von Anschauungen und Gefühlen, der muß nach einem inneren Zusammenhang suchen, der diese verbindet und alle anderen ausschließt, und das ist für Schleiermacher der Abgrund der Irreligiosität, der Wahn des „Systemwesens und des Sektierens" (R 253). Wenn wir die Entstehung der positiven Religionen betrachten, sehen wir, daß sie nach einem anderen Prinzip gebildet sind und einen anderen Charakter haben: Es ist nicht

der Weg vom Vielen zur Einheit, von außen zur Mitte, „sich konzentrierend und vieles aus sich ausscheidend", sondern der Weg vom Einen zum Vielen, von der Mitte zur Peripherie, „wachsend nach außen, immer neue Zweige treibend und immer mehr religiösen Stoffs sich aneignend und ihrer besonderen Natur gemäß ausbildend" (R 254f.). Diese Mitte beruht auf einem Akt der Wahl (griechisch: *hairesis*); jede positive Religion ist „in Beziehung auf das Ganze eine Häresis" (R 260), eine Häresie. Ein Individuum der Religion „kann nicht anders zustande gebracht werden als dadurch, daß irgend eine einzelne Anschauung des Universums aus freier Willkür – denn anders kann es nicht geschehen, weil eine jede gleiche Ansprüche darauf hätte – zum Zentralpunkt der ganzen Religion gemacht und Alles darin auf sie bezogen wird" (R 259f.). „Nur in der Totalität aller nach dieser Konstruktion möglichen Formen kann die ganze Religion wirklich gegeben werden […]. Jede solche Gestaltung der Religion, wo in Beziehung auf eine Zentralanschauung alles gesehen und gefühlt wird, wo immer und wie sie sich auch bilde und welches immer die vorgezogene Anschauung sei, ist eine eigene positive Religion" (R 260). Der Stifter einer Religion stellt diese Anschauung in den Mittelpunkt; Jünger ist, wer sich dieser Sichtweise anschließt.

Nur wer sich für einen solchen Mittelpunkt entscheidet, hat Religion. Es gibt keinen religiösen Standpunkt über den Religionen; ein religiöser Standpunkt ist nur innerhalb einer Religion möglich, wenn auch in dem vollen Wissen, daß es nur einer unter vielen anderen möglichen Standpunkten ist und in voller Achtung vor denen, die eine andere Mitte und einen anderen Standpunkt gewählt haben. Nur wer sich in einer positiven Religion niederläßt, hat „ein aktives Bürgerrecht in der religiösen Welt […]; nur er ist eine eigene religiöse Person mit einem Charakter und festen und bestimmten Zügen" (R 261). Religion kann „nur durch sich selbst verstanden werden"; allein die Innenperspektive erschließt das Phänomen; „ihre besondere Bauart und ihr charakteristischer Unterschied" werden nur dem klar, der „selbst irgendeiner angehört" (R 286). Jede positive Religion ist nach Schleiermacher ein Individuum. Er läßt die Möglichkeit offen, ob ein Mensch sich einer bereits bestehenden historischen Religion anschließt oder eine neue schafft. Die vorhandenen Formen hindern keinen Menschen, sich eine eigene, seiner Natur entsprechende Religion auszubilden. Nur der gehört einer bereits bestehenden historischen Religion an, der selbst imstande gewesen wäre, sie zu gründen. Ob ein Mensch in einer überlieferten Religion wohnen oder seine eigene erbauen wird, hängt davon ab, „welche Anschauung des Universums ihn zuerst mit rechter Lebhaftigkeit ergreift" (R 262). Auch die bestehenden Religionen lassen viel Raum für die persönliche Gestaltung: Jede Religion enthält eine unendliche Menge von Anschauungen, die in vielfältiger Weise um den Mittelpunkt angeordnet werden können. Die erste, einen Menschen bestimmende Begegnung mit dem Universum ist die „Fundamental-Anschauung, in Beziehung auf welche er Alles ansehen wird" (R 265).

Dogma, Überlieferung und gemeinsames Bekenntnis treten für Schleiermacher gegenüber der Individualität der Religion in den Hintergrund; entscheidend ist für ihn das Erweckungserlebnis, das eine persönliche, individuelle religiöse Sicht der Wirklichkeit erschließt. Der Individualität der Religion als Anschauung des Universums als der objektiven entspricht die Individualität der religiösen Persönlichkeit als die subjektive Seite; beide werden vom Erweckungserlebnis bestimmt. „So wie kein Mensch als Individuum zur Existenz kommen kann, ohne zugleich durch denselben Aktus auch in eine Welt, in eine bestimmte Ordnung der Dinge und unter einzelne Gegenstände versetzt zu werden, so kann auch ein religiöser Mensch zu seiner Individualität nicht gelangen, er wohne denn durch dieselbe Handlung sich auch ein in irgendeine bestimmte Form der Religion. Beides ist die Wirkung eines und desselben Momentes, und kann also Eins vom Andern nicht getrennt werden" (R 271). Die Gottheit bringt im Reich der Religion keine „leere Dublette" hervor (R 268); sie verherrlicht sich „durch die unerschöpflichste Mannigfaltigkeit der Formen in ihrem ganzen Reichtum" (R 269). Die religiöse Persönlichkeit eines jeden ist ein geschlossenes Ganzes, und sie kann nur verstanden werden, indem wir nach ihrer ersten, die gesamte weitere Entwicklung bestimmenden Offenbarung fragen. Der religiöse Charakter eines Menschen ist oft von dessen übrigen Anlagen verschieden; er ist nicht an natürliche Begabungen gebunden. Wir sehen, „wie das ruhigste und nüchternste Gemüt hier des stärksten der Leidenschaft ähnlichen Affektes fähig ist, wie der stumpfste Sinn für gemeine und irdische Dinge hier innig fühlt bis zur Wehmut und klar sieht bis zur Entzückung und Weissagung, wie der schüchternste Mut in allen weltlichen Angelegenheiten von allen heiligen Dingen und für sie oft bis zum Märtyrertum laut durch die Welt und das Zeitalter hindurch spricht" (R 270). Schleiermacher läßt keinen Zweifel daran, daß solche religiösen Persönlichkeiten selten sind, und er gibt uns zugleich einen Einblick in seine Methode. „Ich wenigstens bin immer wieder aufs neue erstaunt über die vielen merkwürdigen Bildungen auf dem so wenig bevölkerten Gebiet der Religion" (R 269f.), und er wirft den Verächtern vor: „Ihr habt wohl nie den Beruf gefühlt, Euch anzuschmiegen an die wenigen religiösen Menschen, die Ihr vielleicht sehen könnt" (R 269). Er hat alle diese Gestalten gesehen in den positiven Religionen, „unter den Heroen und Märtyrern eines bestimmten Glaubens, unter den Schwärmern für bestimmte Gefühle, unter den Verehrern eines bestimmten Lichtes und individueller Offenbarungen […] zu allen Zeiten und unter allen Völkern […], nur da können sie anzutreffen sein" (R 271).

157 Wenden wir uns von der individuellen religiösen Persönlichkeit den ver-

schiedenen Gestalten der historischen, systematischen Religion zu, um zu fragen, welche Stellung das Christentum unter ihnen einnimmt. Es gibt, so sahen wir (§ 1563), keinen religiösen Standpunkt über den Religionen. Vertritt Schleiermacher damit einen religiösen Relativismus, nach dem das Christentum eine unter vielen möglichen Weisen ist, das Universum zu betrachten? Wir müssen, um diese Frage zu beantworten, nach der ursprünglichen Anschauung des Christentums fragen. „Sie ist keine andere als die des allgemeinen Entgegenstrebens alles Endlichen gegen die Einheit des Ganzen und der Art, wie die Gottheit dieses Entgegenstreben behandelt" (R 291). Paulus formuliert sie, damit können wir Schleiermacher interpretieren, im Römerbrief mit den Worten: „Alle haben gesündigt und die Herrlichkeit Gottes verloren. Ohne es verdient zu haben, werden sie gerecht dank seiner Gnade, durch die Erlösung in Christus Jesus" (Röm 3,23f.). Die Erkenntnis der Sünde und der Glaube an die Erlösung sind die ursprüngliche Anschauung des Christentums. „Das Verderben und die Erlösung, die Feindschaft und die Vermittlung, das sind die beiden unzertrennlich miteinander verbundenen Seiten dieser Anschauung, und durch sie wird die Gestalt alles religiösen Stoffs im Christentum und seine ganze Form bestimmt". Das physische Übel ist Folge der Sünde, „des selbstsüchtigen Strebens der individuellen Natur, die sich überall losreißt aus dem Zusammenhang mit dem Ganzen, um etwas zu sein für sich; auch der Tod ist gekommen um der Sünde willen" (R 291f.).

Was ergibt sich aus dieser ursprünglichen Anschauung des Christentums für seine Stellung unter den Weltreligionen? Das Christentum ist „durch und durch polemisch", d.h. kritisch, auch in seinem Verhältnis zu den anderen Religionen und in seiner Beziehung zu sich selbst. Es geht aus vom Bösen und der Verderbnis, und es gehört zu seinem Wesen, jedes Verderben, in welchem Bereich des menschlichen Lebens es sich auch finde, aufzudecken, nicht zuletzt auch in der religiösen Welt. „Auch indem es das Universum anschauen will, strebt das Endliche ihm entgegen, sucht immer, ohne zu finden, und verliert, was es gefunden hat, immer einseitig, immer schwankend, immer beim Einzelnen und Zufälligen stehnbleibend, und immer noch mehr wollend als anschauen verliert es das Ziel seiner Blicke". Durch seine kritische Einstellung gegenüber der Religion, „weil es ein irreligiöses Prinzip als überall verbreitet voraussetzt", wird das Christentum gleichsam zu einer Metareligion, einer Religion zweiter Stufe. Es schaut das Universum „am meisten und am liebsten […] in der Religion und ihrer Geschichte" an und verarbeitet „die Religion selbst als Stoff für die Religion"; so ist es „gleichsam eine höhere Potenz derselben […], das macht das Unterscheidende seines Charakters, das bestimmt seine ganze Form" (R 293f.). Die Form des Christentums ist die aus dem Bewußtsein der allgemeinen Verderbtheit entspringende kritische Einstellung gegenüber jeder inhaltlichen, historischen Religion.

Von dieser Polemik nimmt das Christentum sich selbst nicht aus. „Nirgends ist die Religion so vollkommen idealisiert als im Christentum [...]; und eben damit zugleich ist immerwährendes Polemisieren gegen alles Wirkliche in der Religion als eine Aufgabe hingestellt, der nie völlig Genüge geleistet werden kann" (R 295f.). Es wendet „seine polemische Kraft gegen sich selbst, immer besorgt, durch den Kampf mit der äußern Irreligion etwas Fremdes eingesogen oder gar ein Prinzip des Verderbens noch in sich zu haben" (R 297). Dieser ständigen Kritik sind nicht nur die einzelnen Elemente des Christentums unterworfen; sie bezieht sich auch auf die subjektive religiöse Einstellung des einzelnen Christen. Schleiermacher leitet aus ihr die Forderung ab, beständig in der Gegenwart Gottes zu leben und Gott in allen Dingen zu finden. „Jede Unterbrechung der Religion ist Irreligion; das Gemüt kann sich nicht einen Augenblick entblößt fühlen von Anschauungen und Gefühlen des Universums, ohne sich zugleich der Feindschaft und Entfernung von ihm bewußt zu werden" (R 298). Das Christentum hat sich deshalb nicht damit zufrieden gegeben, daß Religion ein Bereich des menschlichen Lebens unter anderen ist und nur zu bestimmten Zeiten und bei bestimmten Gelegenheiten erfahren wird. Vielmehr soll sie nie ruhen, „und nichts soll ihr schlechthin so entgegengesetzt sein, daß es nicht mit ihr bestehen könne; von allem Endlichen sollen wir aufs Unendliche sehen" (R 298).

Die Feindschaft und die Vermittlung sind die beiden unzertrennlich miteinander verbundenen Seiten der Anschauung des Christentums, und Vermittlung ist nur möglich „durch einzelne Punkte", die „zugleich Menschliches und Göttliches sind" (R 293). Damit ist die Gestalt Christi und die Einheit der göttlichen und menschlichen Natur in seiner Person angesprochen. Das Bewußtsein Christi „von der Einzigartigkeit seiner Religiosität, von der Ursprünglichkeit seiner Ansicht und von der Kraft derselben sich mitzuteilen [...] war zugleich das Bewußtsein seines Mittleramtes und seiner Gottheit" (R 302f.). Christus ist Mittler, aber er hat nie behauptet, „der einzige Mittler zu sein" (R 304). Schleiermacher unterscheidet zwischen der Religion oder Schule Christi und dem Geist oder der Anschauung als dem Prinzip, aus dem diese Religion in Christus oder in anderen entwickelt wurde. Christus habe es geduldet, „daß man seine Mittlerwürde dahingestellt sein ließ, wenn nur der Geist, das Prinzip, woraus sich seine Religion bei ihm und anderen entwickelte, nicht gelästert ward" (R 304). Für die Frage, wer ein Christ sei, ist nicht die historische Abhängigkeit oder die Zugehörigkeit zu einer Schule, sondern dieselbe Grundanschauung entscheidend. Schleiermacher nimmt an, daß das Christentum trotz seines göttliches Ursprungs wie alles Irdische dem Verderben unterworfen ist und immer wieder der Reinigung durch neue Gottgesandte bedarf, „und jede solche Epoche der Menschheit wird die Palingenesie des Christentums und erweckt seinen Geist in einer neuen und schöneren Gestalt" (R 309). Es wird, so nimmt Schleiermacher an, also immer wieder Christen geben. Aber folgt daraus auch, daß das Christentum sich über die ganze Welt verbreiten und einmal „als einzige Gestalt der Religion in der Menschheit alleine herrschend" sein wird? Schleiermacher greift zurück auf den Gedanken der unendlichen Vielfalt der Formen der Religion. Das Christentum differenziert sich in sich aus; jedes seiner eigenen Elemente kann zum Mittelpunkt des Ganzen werden. Aber es will diese Mannigfaltigkeit bis ins Unendliche nicht nur in sich erzeugen, sondern auch von außen anschauen. Das Christentum hat den besten Beweis seiner Ewigkeit in seiner eigenen Verderblichkeit und seiner eigenen traurigen Geschichte, die ihm immer neu seine Grundanschauung vor Augen führt. Weil es auf eine Erlösung wartet, sieht es gern, wie außerhalb der Geschichte seines eigenen Verfalls andere und jüngere Gestalten der Religion entstehen, wie unvollkommen sie auch immer sein mögen; es sieht in ihnen das Verderben und die Erlösung. „Die Religion der Religionen kann nicht Stoff genug sammeln für die eigenste Seite ihrer innersten Anschauung, und so wie nichts irreligiöser ist als Einförmigkeit zu fordern in der Menschheit überhaupt, so ist nichts unchristlicher als Einförmigkeit zu suchen in der Religion" (R 310).

Literatur:

Niebuhr 1964, chap. 4, § 1
Dilthey 1966–70
Ebeling 1975
Proudfoot 1985
Birkner 1996, Kap. 12
Fischer 1999
Cramer 2000
Wenz 2000
Fischer 2001
Nowak 2001

G. Vernunft und Offenbarung: Immanuel Kant

Kants Name ist in der Religionsphilosophie vor allem verbunden mit sei- ner Kritik an den Gottesbeweisen. Kant, so eine verbreitete Meinung, habe die philosophische Theologie, das Erbe der Griechen, zerstört und damit der Religion die rationale Grundlage entzogen; er habe die Religion auf Moral reduziert. Wer die Sache der Religion gegenüber Kant glaubt verteidigen zu müssen, setzt sich deshalb mit seiner These von der Unmöglichkeit des ontologischen, des kosmologischen und des physiko-theologischen Gottesbeweises in der transzendentalen Dialektik der *Kritik der reinen Vernunft* auseinander.

„Es ist unmöglich", so schreibt Kant im Jahr 1799, „daß ein Mensch ohne Religion seines Lebens froh werde" (Reflexion 8106, AA 19,649). Auf die drei Kritiken folgt 1793 *Die Religion innerhalb der Grenzen der bloßen Vernunft*. Kants Kritik an den Gottesbeweisen, das sollen diese Hinweise zeigen, darf nicht mit einer Ablehnung des Glaubens an Gott und der Religion gleichgesetzt werden. „Ich mußte also", so formuliert Kant das religionsphilosophische Anliegen der ersten *Kritik*, „das Wissen aufheben, um zum Glauben Platz zu bekommen" (KrV, B XXXI). Der religiöse Glaube kann nicht von einer philosophischen Metaphysik abhängen; Kant will das natürliche religiöse Bewußtsein von der Herrschaft der Schulen befreien und von einem theoretischen Wissen und dem Streit der philosophischen Richtungen unabhängig machen. „Aber verlangt ihr denn", so fragt Kant die Gegner seiner Vernunftkritik, „daß ein Erkenntnis, welches alle Menschen angeht, den gemeinen Verstand übersteigen, und euch nur von Philosophen entdeckt werden solle?", und er behauptet, „daß die Natur, in dem, was Menschen ohne Unterschied angelegen ist, keiner parteiischen Austeilung ihrer Gaben zu beschuldigen sei, und die höchste Philosophie in Ansehung der wesentlichen Zwecke der menschlichen Natur es nicht weiter bringen könne, als die Leitung, welche sie auch dem gemeinsten Verstande hat angedeihen lassen" (KrV, A 831/B 859). Trotz des Verlustes, „den die spekulative Vernunft in ihrem bisher eingebildeten Besitze erleiden muß, bleibt [...] alles mit der allgemeinen menschlichen Angelegenheit, und dem Nutzen, den die Welt bisher aus den Lehren der reinen Vernunft zog, in demselben vorteilhaften Zustande, als es jemalen war, und der Verlust betrifft nur das Monopol der Schulen, keineswegs aber das Interesse der Menschen" (KrV, B XXXIf.). Die dogmatischen Beweise der Schulen für die Unsterblichkeit der Seele, die Freiheit des Willens und das Dasein Gottes hätten „wegen der Untauglichkeit des gemeinen Menschenverstandes zu so subtiler Spekulation" (KrV, B XXXII) auf die Überzeugung des Publikums nicht den mindesten Einfluß haben können. Die Kritik der spekulativen Vernunft tastet die

Überzeugung des gemeinen Menschenverstandes von Gott, Freiheit und Unsterblichkeit nicht nur nicht an; sie trägt vielmehr zu deren Ansehen bei, indem sie die Schulen belehrt, „sich keine höhere und ausgebreitetere Einsicht in einem Punkte anzumaßen, der die allgemeine menschliche Angelegenheit betrifft, als diejenige, zu der die große (für uns achtungswürdigste) Menge auch ebenso leicht gelangen kann". Aufgabe der philosophischen Schulen ist „die Kultur dieser allgemein faßlichen und in moralischer Absicht hinreichenden Beweisgründe" (KrV, B XXXIII). Philosophie erschließt keine neuen Wirklichkeitsbereiche, welche dem gemeinen Menschenverstand nicht zugänglich wären; was sie leisten kann und worauf sie sich zu beschränken hat ist, unsere alltäglichen Einsichten zu ‚kultivieren‘, d.h. ins ausdrückliche Bewußtsein zu heben, zu klären, zu entfalten und zu ordnen.

Für die durch die Religionsphilosophie zu ‚kultivierende‘ Intuition des alltäglichen Bewußtseins finden wir bei Kant verschiedene Formulierungen. „Wäre kein Gott", so heißt es in der Reflexion 6674, die wahrscheinlich in die zweite Hälfte der sechziger Jahre zu datieren ist, „so würden alle unsere Pflichten schwinden, weil eine Ungereimtheit im Ganzen wäre, nach welcher das Wohlbefinden nicht mit dem Wohlverhalten stimmete, und diese Ungereimtheit würde die andere entschuldigen. Ich soll gerecht gegen andere sein; aber wer sichert mir mein Recht?" (AA 19,130). „Sobald die Menschen über Recht und Unrecht zu reflektieren anfingen" führt die *Kritik der Urteilskraft* (1790) aus, „in einer Zeit, wo sie über die Zweckmäßigkeit der Natur noch gleichgültig wegsahen […], mußte sich das Urteil unvermeidlich einfinden: daß es im Ausgange nimmermehr einerlei sein könne, ob ein Mensch sich redlich oder falsch, billig oder gewalttätig verhalten habe, wenn er gleich bis an sein Lebensende, wenigstens sichtbarlich, für seine Tugenden kein Glück, oder seine Verbrechen keine Strafe angetroffen habe. Es ist: als ob sie in sich eine Stimme wahrnähmen, es müsse anders zugehen" (AA 5,458). Nach der Vorrede zur ersten Auflage der *Religion innerhalb der Grenzen der bloßen Vernunft* (1793) kann es „der Vernunft doch unmöglich gleichgültig sein, wie die Beantwortung der Frage ausfallen möge: was denn aus diesem unseren Rechthandeln herauskomme" (AA 6,5).

159 Der Begriff von Gott ist nach der zweiten *Kritik* ein nicht zur Metaphysik, sondern „ein zur Moral gehöriger Begriff" (KpV, AA 5,138). Das ist in einem eine moralphilosophische und eine religionskritische These. Nur sie gewährleistet die sittliche Autonomie des Menschen und die Reinheit und Selbstlosigkeit der Religion. „Es ist nötig", so notiert Kant etwa im Jahr 1772, „die Sittlichkeit vor der Religion zu schicken, daß wir eine tugendhafte Seele Gott darbringen; wenn die Religion vor den Sitten vorhergeht, so ist die Religion ohne *sentiment* eine kalte Einschmeichelei und die Sitten eine Observanz aus Not ohne Gesinnung" (Reflexion 6753, AA

19,148). Jede historische Religion muß sich der Kritik durch die praktische Vernunft stellen. „Wenn man Gott vor der Moralität erkennen will, so legt man ihm nicht moralische Vollkommenheiten bei. Daher kann Religion böse Sitten hervorbringen oder sie gesetzlich indeterminiert lassen" (Reflexion 6499 [ca. 1764–1766], AA 19, 35). „Die Religion ist nicht Grund der Moral, sondern umgekehrt", andernfalls würden wir nicht „die moralische Bonität des Göttlichen Willens erkennen können" (Reflexion 6759 [1772?], AA 19, 150). Damit sind die beiden grundlegenden Fragen von Kants Religionsphilosophie genannt: Wie läßt sich zeigen, daß Moral „unumgänglich zur Religion" führt (RGV, AA 6,6), und wie verhalten sich die historischen Religionen, und hier hat Kant vor allem das Christentum im Blick, zu dieser Vernunftreligion? Die Vorrede zur zweiten Auflage der Religionsschrift gebraucht das Bild zweier konzentrischer Kreise: Die historische Offenbarung beschließt als eine weitere Sphäre des Glaubens reine Vernunftreligion als eine engere in sich (vgl. AA 6,12). Wie ist das Verhältnis des äußeren zum inneren Kreis zu denken?

I. Die reine Vernunftreligion

1. Vom Ideal des höchsten Guts

a) Das höchste abgeleitete Gut

Den Fragen, welche die Religionen beschäftigen, kann der Mensch nicht ausweichen; sie sind mit seiner Vernunft gegeben, und in ihnen drückt sich das höchste Interesse seiner Vernunft aus; sie sind Aufgaben, die zu lösen der letzte Zweck der menschlichen Vernunft ist. „Alles Interesse meiner Vernunft (das spekulative sowohl, als das praktische)", so heißt es in der *Transzendentalen Methodenlehre* der ersten *Kritik* (1781), „vereinigt sich in folgenden drei Fragen: 1. Was kann ich wissen? 2. Was soll ich tun? 3. Was darf ich hoffen?". Es sind die zweite und vor allem die dritte Frage, auf welche die Religionen eine Antwort geben wollen: Zu einer Religion gehört eine Moral, und die Religionen machen Aussagen über das Schicksal des Menschen nach seinem Tod. Die *Kritik der reinen Vernunft* habe, so stellt Kant fest, eine Antwort auf die erste Frage gegeben; mit den „zwei großen Zwecken" habe sie sich jedoch nicht befaßt; sie habe lediglich geklärt, daß Wissen uns „in Ansehung jener zwei Aufgaben, niemals zuteil werden könne". Die zweite Frage sei bloß praktisch, während die dritte zugleich praktisch und theoretisch sei. Eine theoretische Frage erwartet eine Aussage, daß etwas *ist*, als Antwort. Das *Wissen* schließt daraus, daß etwas geschieht (aus der Wirkung), darauf, daß etwas ist (auf die Ursache), während das *Hoffen* auf den Schluß hinausläuft, „daß etwas sei (was den letzten möglichen Zweck bestimmt), weil etwas geschehen soll" (KrV, A 805f./B833f.); es schließt aus dem Bewußtsein der sittlichen Verpflichtung auf eine Instanz, die garantiert, daß es sinnvoll ist, das Sittengesetz zu erfüllen.

161 Zwei Aussagen über den Menschen bilden die Voraussetzungen der Kantischen Vernunftreligion: (a) Der Mensch ist ein Wesen, das nach Glückseligkeit verlangt und der Glückseligkeit bedarf. Sie ist „die Befriedigung aller unserer Neigungen (so wohl extensive, der Mannigfaltigkeit derselben, als intensive, dem Grade, und auch protensive, der Dauer nach)" (KrV, A 806/B 834). Hervorzuheben ist hier das „extensive": Kants Glückseligkeitsbegriff ist nicht im Sinn eines flachen Hedonismus zu verstehen; er läßt es offen, welche Neigungen der Mensch hat und schließt auch die, von denen die Dichter und die Mystiker sprechen, nicht aus. (b) Im sittlichen Bewußtsein erfährt der Mensch, daß es unbedingt, d.h. unabhängig von jedem Zweck, welchen ein Mensch verfolgen mag, verpflichtende praktische Gesetze gibt. „Ich nehme an, daß es wirklich reine moralische Gesetze gebe, die völlig a priori (ohne Rücksicht auf empirische Bewegungsgründe, d.i. Glückseligkeit) das Tun und Lassen, d.i. den Gebrauch der Freiheit eines vernünftigen Wesens überhaupt, bestimmen, und daß diese Gesetze *schlechterdings* (nicht bloß unter Voraussetzung anderer empirischen Zwecke) gebieten, und also in aller Absicht notwendig sein" (KrV, A 807/B 835). Dafür beruft Kant sich nicht allein auf die Beweise der Moralphilosophen, sondern auch auf das sittliche Urteil eines jeden Menschen.

Die praktische Vernunft gebietet, nach diesen praktischen Gesetzen zu handeln. Was sie gebietet, muß möglich sein. Moralische Vernunftprinzipien können also Handlungen in der Sinnenwelt hervorbringen, und in diesem Sinn kommt der praktischen Vernunft Kausalität und ihren Prinzipien objektive Realität zu. Wir können uns deshalb eine Welt vorstellen, in der alle Handlungen dem Sittengesetz gemäß wären; Kant nennt sie „eine moralische Welt". In ihr wird von allen Hindernissen der Moralität, d.h. von der Schwäche oder Unlauterkeit der menschlichen Natur, abstrahiert. „So fern ist sie also eine bloße, aber doch praktische Idee, die wirklich ihren Einfluß auf die Sinnenwelt haben kann und soll, um sie dieser Idee so viel als möglich gemäß zu machen. Die Idee einer solchen Welt hat daher objektive Realität" (KrV, A 808/B 836). Eine solche Welt wäre ausgezeichnet durch eine vollkommene Harmonie aller Zwecke, sowohl der Zwecke, die ein einzelner Mensch verfolgt, als auch der Zwecke aller Menschen untereinander. Damit ist die Anwort auf die Frage ‚Was soll ich tun?' gegeben: Ich soll, soweit das an mir liegt, in der Sinnenwelt die moralische Welt verwirklichen. „Tue das, wodurch du würdig wirst, glücklich zu sein." Wie aber steht es mit der zweiten Frage? Darf ich, wenn ich mich so verhalte, daß ich der Glückseligkeit nicht unwürdig bin, auch hoffen, dadurch der Glückseligkeit teilhaft zu werden? Hier darf ein wichtiger methodischer Hinweis Kants nicht übersehen werden: Es kommt bei der Beantwortung dieser Frage „darauf an, ob die Prinzipien der reinen Vernunft, welche a priori das Gesetz vorschreiben, auch diese Hoffnung notwendigerweise damit verknüpfen". In einer Vernunftreligion muß die Antwort auf die Frage ‚Was darf ich hoffen?‘ sich notwendig aus Prinzipien der reinen praktischen Vernunft ergeben. Die Vernunft, so Kants These, muß in ihrem theoretischen Gebrauch notwendig annehmen, „daß jedermann die Glückseligkeit in demselben Maße zu hoffen Ursache habe, als er sich derselben in seinem Verhalten würdig gemacht hat" (KrV, A 809/ B 837).

b) Das höchste ursprüngliche Gut

In der moralischen Welt, die keine Hindernisse der Sittlichkeit kennt, wäre   162
das sittliche Handeln notwendig mit der entsprechenden Glückseligkeit verbunden. Würden alle entsprechend dem Sittengesetz handeln, so wäre eine Harmonie der Zwecke und damit die allgemeine Glückseligkeit die Folge. „Aber dieses System der sich selbst lohnenden Moralität ist nur eine Idee, deren Ausführung auf der Bedingung beruht, daß *jedermann* tue, was er soll." Die Forderungen des Sittengesetzes bleiben für mich jedoch auch dann in Kraft, wenn andere sich nicht ihm gemäß verhalten, und so bleibt offen, ob das sittliche Handeln die Glückseligkeit zur Folge hat. Eine solche notwendige Verknüpfung ergibt sich nur dann, wenn wir eine höchste Vernunft annehmen, die nach moralischen Gesetzen gebietet und zugleich Ursache der dem moralischen Verhalten entsprechenden Glückseligkeit ist. Kant formuliert diesen Zusammenhang mit Hilfe eines nicht geklärten Begriffs der Natur (§§ 168;171): Die notwendige Verknüpfung der Glückseligkeit mit der Glückswürdigkeit „kann durch die Vernunft nicht erkannt werden, wenn man bloß Natur zum Grunde legt, sondern darf nur gehofft werden, wenn eine *höchste Vernunft*, die nach moralischen Gesetzen gebietet, zugleich als Ursache der Natur zum Grunde gelegt wird" (KrV, A 810/ B 838). Blicken wir auf die entscheidenden Schritte des Arguments zurück: Die Vernunft urteilt, daß Glückswürdigkeit und Glückseligkeit notwendig miteinander verknüpft sind. Diese notwendige Verknüpfung ergibt sich nur dann, wenn wir eine höchste Ursache annehmen, die in einem moralischer Gesetzgeber und Ursache der Natur ist. Die notwendige Verknüpfung von Glückswürdigkeit und Glückseligkeit wird hier lediglich behauptet; die zweite *Kritik* wird versuchen, diesen Zusammenhang aufzuzeigen.

Kant bezeichnet die moralische Welt, in der Glückswürdigkeit und Glück-   163
seligkeit notwendig miteinander verknüpft sind, als das höchste abgeleitete Gut, und er unterscheidet es von dem Grund der notwendigen Verknüpfung, dem höchsten ursprünglichen Gut. Daß wir Glückswürdigkeit und Glückseligkeit als notwendig miteinander verknüpft denken müssen,

bedeutet, daß wir uns durch die Vernunft als zur moralischen Welt gehörig vorstellen müssen. In der Sinnenwelt ist eine solche Verknüpfung nicht gegeben; hier wird sie durch die Schwäche oder Unlauterkeit der menschlichen Natur verhindert. Die moralische Welt, deren Wirklichkeit die praktische Vernunft annehmen muß, kann deshalb nur eine zukünftige Welt sein. „Gott also, und ein künftiges Leben, sind zwei von der Verbindlichkeit, die uns reine Vernunft auferlegt, nach Prinzipien eben derselben Vernunft nicht zu trennende Voraussetzungen." Durch die Verknüpfung mit der Glückseligkeit erhalten die sittlichen Gesetze eine Sanktion, d.h. sie werden zu Geboten. „Daher auch jedermann die moralischen Gesetze als *Gebote* ansieht, welches sie nicht sein könnten, wenn sie nicht a priori angemessene Folgen mit ihrer Regel verknüpften, und also *Verheißungen* und *Drohungen* bei sich führten. Dies können sie aber auch nicht tun, wo sie nicht in einem notwendigen Wesen, als dem höchsten Gut liegen, welches eine solche zweckmäßige Einheit allein möglich machen kann" (KrV, A 811f./B 839f.). Durch die notwendige Verbindung mit der Glückseligkeit wird der Selbstwert des Sittlichen nicht aufgehoben; es wird nicht zu einem Mittel für die Glückseligkeit. Die moralische Gesinnung ist Bedingung für die Glückseligkeit und nicht umgekehrt. Wäre die Glückseligkeit Bedingung für die moralische Gesinnung, so wäre eine solche Gesinnung nicht moralisch und also auch nicht der Glückseligkeit würdig. Das schließt jedoch nicht aus, daß die Sittlichkeit nicht, ebensowenig wie die Glückseligkeit, „das vollständige Gut" ist; vielmehr muß, wer der Glückseligkeit würdig ist, „hoffen können, ihrer teilhaftig zu werden". Auch eine von jedem eigenen Interesse freie Vernunft, die „sich in die Stelle eines Wesens setzte, das alle Glückseligkeit andern auszuteilen hätte, kann nicht anders urteilen; denn in der praktischen Idee sind beide Stücke wesentlich verbunden" (KrV, A 813/ B 841).

164 Die notwendige Verknüpfung von Glückswürdigkeit und Glückseligkeit führt zum Begriff eines einzigen, „allervollkommensten und vernünftigen Urwesens". Kant stellt nun einen Zusammenhang her zwischen dieser „Moraltheologie" und der Betrachtung der Natur. Die Harmonie oder Einheit der Zwecke in der moralischen Welt nach allgemeinen und notwendigen Gesetze führt unausbleiblich auf die Einheit der Sinnenwelt nach allgemeinen Naturgesetzen „und vereinigt die praktische Vernunft mit der spekulativen. Die Welt muß als aus einer Idee entsprungen vorgestellet werden", wenn sie mit dem moralischen Vernunftgebrauch, der „auf der Idee des höchsten Guts beruht, zusammenstimmen soll" (KrV, A 815f./B 843f.). Das moralische Bewußtsein führt so zu einer teleologischen Naturbetrachtung. Der Begriff des allervollkommensten und vernünftigen Wesens, zu dem uns das Sittengesetz führt, muß, wenn alles in der absoluten Notwendigkeit eines einzigen Urwesens seinen Ursprung haben soll, unsere Betrachtung der Natur bestimmen. Ein vernünftiges

Wesen kann nur eine zweckmäßige Natur hervorbringen. So liefert die „Moraltheologie" apriorische Gründe für die Zweckmäßigkeit der Natur; sie zeigt, daß die Natur nur als zweckmäßige möglich ist.

2. Die Postulate der reinen praktischen Vernunft

Die Vernunft urteilt, so argumentierte die *Transzendentale Methoden-lehre*, daß Glückswürdigkeit und Glückseligkeit notwendig miteinander verbunden sind; diese notwendige Verknüpfung setzt eine höchste Ursache voraus, die in einem moralischer Gesetzgeber und Ursache der Natur ist. Daß die praktische Vernunft die Entsprechung von Glückswürdigkeit und Glückseligkeit annehmen muß, wurde in der ersten *Kritik* lediglich behauptet; die zweite *Kritik* versucht mit ihrer Lehre von den Postulaten einen Aufweis.

a) Postulate und reiner praktischer Vernunftglaube

Der Gedankengang, der zu den Postulaten führt, sei zunächst in seinen Grundlinien umrissen. Ausgangspunkt oder *ratio cognoscendi* (KpV, AA 5,4) ist das Bewußtsein des Grundgesetzes der reinen praktischen Vernunft, „durch welches Vernunft unmittelbar den Willen bestimmt" (KpV, AA 5,132). Diese Willensbestimmung ist an keine theoretischen Voraussetzungen gebunden; das für sich selbst apodiktisch gewisse moralische Gesetz ist „keiner anderweitigen Unterstützung durch theoretische Meinung von der inneren Beschaffenheit der Dinge, der geheimen Abzweckung der Weltordnung oder eines ihr vorstehenden Regierers bedürftig, um uns auf das Vollkommenste zu unbedingt gesetzmäßigen Handlungen zu verbinden" (KpV, AA 5,142f.). Als vernünftiger Wille muß der durch das Sittengesetz bestimmte Wille jedoch davon ausgehen, daß die Befolgung des Sittengesetzes möglich ist. Er steht unter der unbedingten Forderung des Sittengesetzes, und er „fordert" seinerseits „diese notwendigen Bedingungen der Befolgung seiner Vorschrift". Wenn es heißt, die „Postulate sind [...] Voraussetzungen in notwendig praktischer Rücksicht" (KpV, AA 5,132), so ist von einer zweifachen Notwendigkeit die Rede: der unbedingten Verpflichtung durch das moralische Gesetz und den notwendigen Bedingungen seiner Befolgung. Die erste *Kritik* faßt den Gedankengang folgendermaßen zusammen: „Da es praktische Gesetze gibt, die schlechterdings notwendig sind (die moralischen), so muß, wenn diese irgendein Dasein, die Bedingung der Möglichkeit ihrer verbindenden Kraft, notwendig voraussetzen, dieses Dasein postuliert werden" (KrV, A 633f./B 661f.). ‚Postulieren' bedeutet ‚fordern'. Was nach der zweiten *Kritik* gefordert werden muß, ist die Möglichkeit des höchsten abgeleiteten Guts: „Ist also das höchste Gut nach praktischen Regeln unmöglich, so muß auch das moralische Gesetz, welches gebietet dasselbe zu befördern […] an sich falsch sein" (KpV, AA 5,114). (Wenn die *Kritik der praktischen Vernunft* ohne Zusatz vom höchsten Gut spricht, so meint sie das höchste abgeleitete Gut; dieser Sprachgebrauch wird im folgenden übernommen.)

166 Von der Bestimmung des Willens durch das moralische Gesetz ist das notwendige Objekt eines durch dieses Gesetz bestimmten Willens zu unterscheiden. Die Freiheit ist „die Bedingung des moralischen Gesetzes"; die „Ideen von Gott und Unsterblichkeit sind aber nicht Bedingungen des moralischen Gesetzes, sondern nur Bedingungen des notwendigen Objekts eines durch dieses Gesetz bestimmten Willens" (KpV, AA 5,4), d.h. des höchsten Guts. Die Postulate der Unsterblichkeit der Seele und des Daseins Gottes stehen und fallen danach mit Kants Lehre vom höchsten Gut. Sie sind nur schlüssig, wenn es Kant gelingt zu zeigen, daß die „Beförderung des höchsten Guts […] ein a priori notwendiges Objekt unseres Willens ist und mit dem moralischen Gesetz unzertrennlich zusammenhängt" (KpV, AA 5,114). Diese Frage muß zunächst offenbleiben; ich gehe auf sie bei der Interpretation des Postulats des Daseins Gottes ein. Bis dahin setze ich voraus, daß das moralische Gesetz verlangt, das höchste Gut zu befördern, und frage nach den Folgerungen, die Kant daraus zieht.

Der Wille kann der unbedingten Forderung, das höchste Gut zu verwirklichen, nur unter der Voraussetzung nachkommen, daß die Vernunft das höchste Gut für möglich hält. Daß das höchste Gut möglich ist, ist aber eine theoretische Proposition und damit Gegenstand der theoretischen Vernunft. Sie setzt drei andere Propositionen voraus: daß die theoretischen Begriffe Freiheit, Unsterblichkeit, Seele und Gott, die reine Vernunftbegriffe ohne entsprechende Anschauung sind und daher nicht zur „Erkenntnis dieser Objekte" dienen können, dennoch „Objekte haben". Die praktische Vernunft zwingt also die theoretische, die „objektive Realität" (KpV, AA 5,135) von Freiheit, Unsterblichkeit und Gott anzunehmen, „weil praktische Vernunft die Existenz derselben zur Möglichkeit ihres und zwar praktisch notwendigen Objekts, des höchsten Guts, unvermeidlich bedarf, und die theoretische dadurch berechtigt wird, sie vorauszusetzen" (KpV, AA 5,134). Die *Kritik der reinen Vernunft* bezeichnet die Idee als „die unentbehrliche Bedingung jedes praktischen Gebrauchs der Vernunft" (KrV, A 328/B 384). „Die Postulate", so ergänzt und interpretiert die zweite *Kritik*, geben „den Ideen der spekulativen Vernunft […] objektive Realität und berechtigen sie zu Begriffen, deren Möglichkeit auch nur zu behaupten sie sich sonst nicht anmaßen könnte" (KpV, AA 5,132). Was bedeutet hier ‚objektive Realität'? Wir können der Forderung der reinen praktischen Vernunft, das höchste Gut zu befördern, nur unter der Voraussetzung nachkommen, daß wir das höchste Gut für möglich halten. Die Annahme, daß das höchste Gut möglich ist und damit die Annahme der Existenz von Freiheit, Unsterblichkeit und Gott sind folglich notwendige Voraussetzungen für unser Bemühen, das höchste Gut zu verwirklichen und damit ein in die Welt der Erscheinung hineinwirkender kausaler Faktor. Die Ideen der spekulativen Vernunft werden „immanent und konstitutiv, indem sie Gründe der Möglichkeit sind, das notwendige Objekt der reinen praktischen Vernunft (das höchste Gut) wirklich zu machen" (KpV, AA 5,135).

Kant versteht unter einem „Postulat der reinen praktischen Vernunft [...] 167 einen theoretischen, als solchen aber nicht erweislichen Satz [...], so fern er einem a priori unbedingt geltenden praktischen Gesetz unzertrennlich anhängt" (KpV, AA 5,122). Bisher haben wir uns mit dem propositionalen Bestandteil dieses Satzes beschäftigt; wir haben gesehen, daß es sich um Existenzaussagen handelt: die Postulate nehmen an, „daß es solche Gegenstände [Freiheit, Unsterblichkeit, Gott] gebe" (KpV, AA 5,135). Wir wenden uns jetzt dem Akt des Fürwahrhaltens zu. Kant unterscheidet „drei Stufen: Meinen, Glauben und Wissen. Meinen ist ein mit Bewußtsein sowohl subjektiv, als objektiv unzureichendes Fürwahrhalten. Ist das letztere nur subjektiv zureichend und wird zugleich für objektiv unzureichend gehalten, so heißt es Glauben. Endlich heißt das sowohl subjektiv als objektiv zureichende Fürwahrhalten das Wissen" (KrV, A 822/B 850). Das Fürwahrhalten der Postulate ist „Glaube und zwar reiner Vernunftglaube [...], weil bloß reine Vernunft (sowohl ihrem theoretischen als praktischen Gebrauch nach) die Quelle ist, daraus er entspringt" (KpV, AA 5,126).

Das Fürwahrhalten eines Postulats kann kein Wissen sein, denn ein Postulat kann theoretisch nicht bewiesen werden; es handelt sich also um ein objektiv unzureichendes Fürwahrhalten. Wodurch wird es zu einem subjektiv zureichenden Fürwahrhalten, d.h. zu einem Glauben? Warum hat die reine Vernunft das Bedürfnis, die Postulate für wahr zu halten? Weil, so faßt die Definition die Antwort zusammen, ein Postulat „einem a priori geltenden praktischen Gesetze unzertrennlich anhängt" (KpV, AA 5,122). Der subjektive Grund des Fürwahrhaltens ergibt sich aus der Pflicht, mir das höchste Gut „zum Gegenstande meines Willens zu machen, um es nach allen Kräften zu befördern" (KpV, AA 5,142). Ich kann dieser Pflicht nur entsprechen, wenn ich die Möglichkeit des höchsten Guts voraussetze. Daß ich mir das höchste Gut zum Zweck mache, setzt also voraus, daß ich die Postulate für wahr halte. Der subjektive Grund des Fürwahrhaltens ist folglich der Gehorsam gegenüber dem moralischen Gesetz, das gebietet, das höchste Gut zu befördern. Das Bedürfnis, die Postulate für wahr zu halten, ergibt sich aus dem Willen, dem moralischen Gesetz zu gehorchen. Der reine Vernunftglaube ist subjektiv zureichend, weil „der subjektive Effekt dieses Gesetzes, nämlich die ihm angemessene und durch dasselbe auch notwendige Gesinnung, das praktisch mögliche höchste Gut zu befördern" ihn voraussetzt (KpV, AA 5,143).

Das Fürwahrhalten der Postulate ist deshalb nur bei dem subjektiv zureichend, der sich das höchste Gut zum Zweck gemacht hat. In der zweiten *Kritik* ist diese Folgerung nur angedeutet: Es ist „der Rechtschaffene", der sagt: „ich will, daß ein Gott" usw. sei (KpV, AA 5,143); der reine praktische Vernunftglaube ist „selbst aus der moralischen Gesinnung entsprungen" (KpV, AA 5,146). Dagegen hebt die erste *Kritik* ausdrücklich hervor, „daß sich dieser Vernunftglaube auf die Voraussetzung moralischer Gesinnungen gründet. Gehen wir davon ab, und nehmen einen, der in Ansehung sittlicher Gesetze gänzlich gleichgültig wäre, so wird die Frage, welche die Vernunft aufwirft, bloß eine Aufgabe für die Spekulation, und kann alsdann zwar noch mit starken Gründen aus der Analogie, aber nicht mit solchen, denen sich die hartnäckigste Zweifelsucht ergeben müßte, unterstützt werden." Es sei aber kein Mensch bei diesen Fragen frei von allem Interesse. Wem es an moralischer Gesinnung mangle, dem bleibe „genug übrig, um zu machen, daß er ein göttliches Dasein und eine Zukunft fürchte". Denn dazu sei letztlich nur gefordert, daß die Unmöglichkeit von beidem sich nicht apodiktisch beweisen lasse (KrV, A 829f./B 857f.).

b) Das Dasein Gottes

168 Die „Deduktion" des Postulats (KpV, AA 5,124f.) geht aus vom Begriff der Glückseligkeit. Sie ist „der Zustand eines vernünftigen Wesens, dem es im Ganzen seiner Existenz alles nach Wunsch und Willen geht". Sie beruht also auf der Übereinstimmung der Natur mit dem Wünschen und Wollen des Menschen und erfordert daher auch deren Übereinstimmung mit dem durch das moralische Gesetz bestimmten Willen. Das Handeln nach dem moralischen Gesetz kann diese Übereinstimmung jedoch nicht bewirken. Zum einen bestimmt die Natur nicht das moralische Gesetz, denn dieses gebietet „durch Bestimmungsgründe, die von der Natur und der Übereinstimmung derselben zu unserem Begehrungsvermögen [...] ganz unabhängig sein sollen". Zum anderen bestimmt das moralische Gesetz nicht die Natur, denn das sittlich handelnde Wesen „ist doch nicht zugleich Ursache der Welt und der Natur selbst". Dennoch wird in der praktischen Aufgabe der reinen Vernunft „ein solcher Zusammenhang als notwendig postuliert: wir sollen das höchste Gut (welches also doch möglich sein muß) zu befördern suchen. Also wird auch das Dasein einer von der Natur unterschiedenen Ursache der gesamten Natur, welche den Grund [...] der genauen Übereinstimmung der Glückseligkeit mit der Sittlichkeit enthalte, postuliert". Diese Ursache ist „ein Wesen, das durch Verstand und Willen die Ursache (folglich der Urheber) der Natur ist, d.i. Gott. Folglich ist das Postulat der Möglichkeit des höchsten abgeleiteten

Guts (der besten Welt) zugleich das Postulat der Wirklichkeit eines höchsten ursprünglichen Guts, nämlich der Existenz Gottes". – Schwierigkeiten für das Verständnis dieses Arguments bereiten vor allem die Termini „Welt" und „Natur". Werden sie in einer oder in verschiedenen Bedeutungen gebraucht? Als ersten Schritt versuche ich, den Begriff der besten Welt, mit der das höchste Gut identifiziert wird, zu klären.

Der „besten Welt" entspricht in der *Grundlegung zur Metaphysik der* **169** *Sitten* das „Reich der Zwecke", das hier ausdrücklich als „mundus intelligibilis" (GMS, AA 4,438) bezeichnet wird. Es ist die systematische Verknüpfung „der vernünftigen Wesen als Zwecke an sich als auch der eigenen Zwecke, die ein jedes sich selbst setzen mag" (GMS, AA 4,433). Kant nennt zwei Bedingungen, damit es zustande kommt: Der kategorische Imperativ müßte allgemein befolgt werden und „das Reich der Natur und die zweckmäßige Anordnung desselben" müßten mit dem vom Sittengesetz bestimmten Willen „zusammenstimmen" (GMS, AA 4,438). Die allgemeine Befolgung des kategorischen Imperativs ist hier, im Unterschied zur ersten *Kritik* (§ 162), nur eine notwendige, aber keine hinreichende Bedingung, damit alle Glieder den alle ihre eigenen Zwecke umfassenden Zweck der Glückseligkeit erreichen. Die Natur achtet nicht auf die Würdigkeit eines Menschen, glücklich zu sein, so daß durch sie, wie die Geschichte des Spinoza in der dritten *Kritik* zeigt, auch die Rechtschaffenen „allen Übeln des Mangels, der Krankheiten und des unzeitigen Todes gleich den übrigen Tieren der Erde unterworfen sein und es auch immer bleiben, bis ein weites Grab sie insgesamt [...] verschlingt" (KU, AA 5,452).

Das moralische Gesetz verpflichtet die Menschen, sich wechselseitig den „Naturzweck, den alle Menschen haben, ihre eigene Glückseligkeit", zum Zweck zu machen. „Denn das Subjekt, welches Zweck an sich selbst ist, dessen Zwecke müssen [...] soviel möglich meine Zwecke sein" (GMS, AA 4,430). Dieses Gesetz gilt, obwohl das vernünftige Wesen nicht damit rechnen kann, daß in dieser Welt die beiden für die Erreichung des vorgeschriebenen Zwecks notwendigen Bedingungen, die allgemeine Befolgung und das Zusammenstimmen der Natur, jemals erfüllt sein werden (GMS, AA 4,438f.). Wenn es aber Pflicht ist, die der Würdigkeit entsprechende Glückseligkeit zu befördern, dann ergibt sich daraus für die reine Vernunft „nicht allein Befugnis, sondern auch die mit der Pflicht als Bedürfnis verbundene Notwendigkeit, die Möglichkeit dieses höchsten Gutes vorauszusetzen" (KpV, AA 5,125). In welcher Weise ist diese Notwendigkeit mit der Pflicht verbunden? Die erste *Kritik* referiert Leibniz' Unterscheidung zwischen dem Reich der Gnade, d.h. dem Reich der Zwecke unter der Regierung des höchsten ursprünglichen Guts, und dem Reich der Natur, in dem die vernünftigen Wesen keinen anderen Erfolg ihres sittlichen Verhaltens erwarten „als nach dem Lauf der Natur unserer Sinnenwelt", und sie folgert: „Sich also im Reich der Gnaden zu sehen [...], ist eine praktisch notwendige Idee der Vernunft" (KrV, A 812/B 840). Die Annahme der noumenalen besten Welt ist also eine notwendige *Voraussetzung* (nicht die Triebfeder; vgl. A 807/B 835) für die Bestimmung des Willens durch das Sittengesetz. In der Vorrede zur ersten Auflage der Religionsschrift ist dieser Zusammenhang näher entfaltet.

170 Die Moral bedarf „keines materialen Bestimmungsgrundes, das ist keines Zweckes" (RGV, AA 6,3); ihre Gesetze verbinden durch die bloße Form der allgemeinen Gesetzmäßigkeit. Dadurch ist jedoch nicht ausgeschlossen, daß sie „eine notwendige Beziehung" auf einen Zweck habe, „nämlich nicht auf den Grund, sondern auf die notwendigen Folgen" der dem kategorischen Imperativ gemäßen Maximen. „Denn ohne alle Zweckbeziehung kann gar keine Willensbestimmung im Menschen stattfinden" (RGV, AA 6,4). Die Bestimmung der Willkür durch das moralische Gesetz hat, mittels der entsprechenden Handlung, eine Wirkung. Diese ist nicht der Zweck, um dessentwillen die Willkür sich bestimmt, sondern die Folge, die sich aus dieser Willensbestimmung ergibt. Nun genügt die Anweisung, *wie* sie zu wirken habe, der Willkür nicht; vielmehr stellt sie notwendig auch die Frage, *wohin* es führt, wenn sie nach dieser Anweisung handelt. Es „kann der Vernunft unmöglich gleichgültig sein, wie die Beantwortung der Frage ausfallen möge: was denn bei diesem unserem Rechthandeln herauskomme, und worauf wir, gesetzt auch wir hätten dieses nicht völlig in unserer Gewalt, doch als einen Zweck unser Tun und Lassen richten könnten, um damit wenigstens zusammenzustimmen". Es ist unser natürliches Bedürfnis, „zu allem unseren Tun und Lassen im ganzen genommen irgend einen Endzweck, der von der Vernunft gerechtfertigt werden kann, zu denken" (RGV, AA 6,5). Dieser Endzweck, das höchste Gut, ist die notwendige und hinreichende Bedingung aller übrigen Zwecke, die wir uns setzen (RGV, AA6,6). Würde dieses Bedürfnis, sich einen Endzweck zu denken, nicht erfüllt, so wäre das „ein Hindernis der moralischen Entschließung" (RGV, AA 6,5).

171 Fassen wir diese Interpretation zusammen und fragen wir, ob sie dem Text der Deduktion in der zweiten *Kritik* gerecht wird. Das moralische Gesetz fordert die „Bewirkung des höchsten Guts in der Welt" (KpV, AA 5,122) oder „die Bearbeitung zur Hervorbringung und Beförderung des höchsten Guts in der Welt" (KpV, AA 5,126.). Es verlangt also, in der Sprache der *Metaphysik der Sitten*, die eigene Vollkommenheit und die fremde Glückseligkeit zum Zweck zu machen (MS, AA 6,385f.). In der Sinnenwelt kann das Ziel dieser Forderung nicht erreicht werden, denn hier kann der Zusammenhang von Sittlichkeit und Glückseligkeit allenfalls zufällig sein (KpV, AA 5,115); „ein weites Grab" verschlingt „sie insgesamt (redlich oder unredlich, das gilt hier gleichviel)" (KU, AA 5,452). Die Pflicht beschränkt sich deshalb darauf, „das höchste Gut nach unserem größten

Vermögen wirklich zu machen" (KpV, AA 5,144). Die für den notwendigen Zusammenhang von Sittlichkeit und Glückseligkeit erforderliche Übereinstimmung des „Reichs der Natur mit dem Reich der Sitten" (KpV, AA 5,145) ist nur in der noumenalen Welt möglich. Der Wille kann sich jedoch nur dann dazu bestimmen, das höchste Gut in der Sinnenwelt zu befördern, wenn er es für möglich hält; die nur als noumenale denkbare beste Welt ist daher eine notwendige praktische Idee.

Nach dieser Interpretation führt das Argument zu Gott als Oberhaupt im Reich der Zwecke (GMS, AA 4,439); Beweisziel der Deduktion der zweiten *Kritik* ist jedoch Gott als „die Ursache (folglich der Urheber) der Natur" (KpV, AA 5,125). Als solcher soll er, wozu das vernünftige Wesen in der Welt nicht imstande ist, den „notwendigen Zusammenhang zwischen Sittlichkeit und der ihr proportionierten Glückseligkeit eines zur Welt gehörigen und daher von ihr abhängigen Wesens" (KpV, AA 5,124) bewirken. Was bedeuten hier „Natur" und „Welt"? In welcher Welt wird der Zusammenhang von Sittlichkeit und Glückseligkeit hergestellt? Die Rede von Gott als Urheber der Natur legt nahe, daß das Beweisziel dasselbe ist wie das der Gottesbeweise der theoretischen Philosophie und folglich die sichtbare Welt und Natur gemeint sind. Gott als Urheber der Natur bewirkt in dieser sichtbaren Welt die Übereinstimmung des Reichs der Sitten mit dem Reich der Natur. Er müßte also in die Naturordnung der Sinnenwelt eingreifen, um den Zusammenhang von Sittlichkeit und Glückseligkeit zu bewirken. Diese Annahme erscheint jedoch als absurd, denn es wird „immer bleiben", daß auch der Rechtschaffene „durch die Natur" den Übeln der Krankheit und des Todes unterworfen ist (KU, AA 5,452). Was das Argument beweist, so der Einwand, ist das Dasein Gottes als Oberhaupt des Reichs der Zwecke oder der Gnade; dagegen behauptet Kant, es beweise wie die traditionellen Gottesbeweise das Dasein Gottes als Schöpfer der sichtbaren Welt. Gegen diesen Einwand läßt die Deduktion sich nur dadurch verteidigen, daß Kant in ihr die Termini „Welt" und „Natur", ohne das deutlich zu machen, in zweifacher Bedeutung gebraucht. Beweisziel des Arguments wäre dann, daß das „Naturreich" und das „Reich der Zwecke als unter einem Oberhaupt vereinigt gedacht" werden müssen (GMS, AA 4,439). Das ergibt sich daraus, daß das Reich der Natur um des Reichs der Zwecke willen geschaffen wurde; der letzte Zweck Gottes in der Schöpfung ist das höchste Gut (KpV, AA 5,130). Zweck der sinnlichen Welt ist die noumenale Welt, in der Sittlichkeit und Natur übereinstimmen. Das höchste Gut, das in der sinnlichen Welt nach Kräften zu verwirklichen wir die Pflicht haben, ist nur in der noumenalen Welt möglich.

Der Begriff des höchsten Guts eröffnet eine neue Sicht auf das moralische 172 Gesetz: Es muß als göttliches Gebot gesehen werden, ohne daß dadurch die sittliche Autonomie aufgehoben wird. Durch das von ihm vorgeschriebene Objekt führt es „zur Religion, d.i. zur Erkenntnis aller Pflichten als göttlicher Gebote" (KpV, AA 5,129). Das moralische Gesetz schreibt mir einen Zweck vor, den ich aus eigener Kraft nicht erreichen kann. Ich muß daher ein Wesen annehmen, durch das erreicht werden kann, was mir unbedingt vorgeschrieben ist. Daß dieses Wesen den durch das moralische Gesetz vorgeschriebenen Zweck verwirklicht, setzt voraus, daß das moralische Gesetz vorschreibt, was dieses höchste Wesen will. Es würde den Zweck nicht verwirklichen, wenn es nicht sein eigener Zweck wäre und wenn das Gebot, diesen Zweck zu verwirklichen, nicht Ausdruck seines Willens wäre. Das Sittengesetz läßt also den letzten Zweck Gottes in der Schöpfung der Welt erkennen. Es ist der Zweck, den das Sittengesetz uns vorschreibt und der nur durch das höchste Wesen verwirklicht werden kann. Wenn „man nach dem letzten Zweck Gottes in der Schöpfung fragt", muß man „das höchste Gut nennen" (KpV, AA 5,130).

c) Reiner praktischer Vernunftglaube und Religionskritik

173   Der Vernunftglaube ist insofern auf die theoretische Philosophie angewiesen, als diese zeigen muß, daß die Gegenstände, deren Dasein er postuliert sich *denken* lassen. Um einen Gegenstand denken zu können, brauche ich einen Begriff, und es muß ohne Widerspruch möglich sein, die objektive Gültigkeit dieses Begriffs zu behaupten. Um die Ideen denken zu können, brauche ich Begriffe, die nicht aus der Erfahrung gewonnen und in ihrer Anwendung nicht auf die Erfahrung beschränkt sind, sondern auch auf Gegenstände jenseits der möglichen Erfahrung angewendet werden können. Diese Begriffe sind die Kategorien. Der praktische Vernunftglaube setzt daher die Deduktion der Kategorien in der *Kritik der reinen Vernunft* voraus, die zeigt, „daß sie nicht empirischen Ursprungs sind, sondern a priori im reinen Verstand ihren Sitz und Quelle haben" und „daß sie auf Gegenstände überhaupt, unabhängig von ihrer Anschauung bezogen werden" (KpV, AA 5,141). Die Dialektik der ersten *Kritik* hatte gezeigt, daß die Begriffe von Freiheit, Gott und Unsterblichkeit keinen Widerspruch enthalten und diese Gegenstände folglich logisch möglich sind (KrV, B XXVI–XXIX); es sind „(transzendente) Gedanken, in denen nichts Unmögliches ist" (KpV, AA 5,135).

174   Durch das Gesetz der reinen praktischen Vernunft erhalten diese Begriffe objektive Realität, ohne daß dadurch diese Objekte *erkannt* würden, weil dazu den Begriffen eine Anschauung entsprechen müßte. Die Postulate sind daher keine synthetischen Urteile der theoretischen Vernunft, denn diese setzen eine Anschauung voraus (KpV, AA 5,134). Die „theoretische Erkenntnis der reinen Vernunft" bekommt durch die Postulate einen „Zuwachs", der aber lediglich darin besteht, daß jene „bloß denkbaren" Begriffe „jetzt assertorisch für solche erklärt werden, denen wirklich Objekte zukommen" (KpV, AA 134), eine Behauptung, zu welcher die reine prak-

tische die reine theoretische Vernunft zwingt. Die Erweiterung der theoretischen Vernunft ist also keine Erweiterung der Spekulation. Wohl aber kann die theoretische Vernunft von diesem Zuwachs einen negativen, religionskritischen Gebrauch machen, um den Anthropomorphismus, der sich auf eine vermeintliche Erfahrung, und den Fanatismus, der sich auf eine übersinnliche Anschauung beruft, zu bekämpfen (KpV, AA 5,135f.).

„Die Einschränkung der Vernunft, in Ansehung aller unserer Ideen vom Übersinnlichen, auf die Bedingungen ihres praktischen Gebrauchs", so heißt es in der *Kritik der Urteilskraft*, „hat, was die Idee von Gott betrifft, den unverkennbaren Nutzen: daß sie verhütet, daß Theologie sich nicht in Theosophie (in vernunftverwirrende überschwengliche Begriffe) versteige, oder zur Dämonologie (einer anthropomorphistischen Vorstellungsart des höchsten Wesens) herabsinke; daß Religion nicht in Theurgie (ein schwärmerischer Wahn, von anderen übersinnlichen Wesen Gefühl und auf sie wiederum Einfluß haben zu können), oder in Idololatrie (ein abergläubischer Wahn, dem höchsten Wesen sich durch andere Mittel, als durch eine moralische Gesinnung, wohlgefällig machen zu können) gerate" (KU, AA 5,459).

Der Gottesbegriff des reinen praktischen Vernunftglaubens ist also ein Instrument der Religionskritik. Die oberste Ursache, so zeigt die Deduktion des Postulats des Daseins Gottes, muß Grund der Übereinstimmung der Natur mit dem obersten Bestimmungsgrund des Willens vernünftiger Wesen sein, d.h. sie muß eine „der moralischen Gesinnung gemäße Kausalität" haben. Daraus folgt, daß sie ein Wesen ist, das „durch Verstand und Willen Ursache […] der Natur ist" (KpV, AA 5,125). Die Prädikate, durch die wir Gott denken, sind „Verstand und Wille, und zwar so im Verhältnis gegeneinander betrachtet, als sie im moralischen Gesetz gedacht werden müssen, also nur, soweit von ihnen ein reiner praktischer Gebrauch gemacht wird". Obwohl diese Begriffe von unserer eigenen Natur hergenommen sind, handelt es sich nicht um einen Anthropomorphismus oder um eine überschwengliche Erkenntnis übersinnlicher Gegenstände, weil sie von allen anderen Eigenschaften des menschlichen Verstandes und Willens abstrahieren und nur so viel übrig lassen, „als gerade zur Möglichkeit erforderlich ist, sich ein moralisch Gesetz zu denken, mithin zwar eine Erkenntnis Gottes, aber nur in praktischer Beziehung" (KpV, AA 5,137). Der Gottesbegriff ist folglich ein zur Moral und nicht zur Naturphilosophie und Metaphysik gehöriger Begriff. Die zweite *Kritik* wiederholt die entscheidenden Schritte der ersten am ontologischen (KrV A 592–603/B 620–631) und am physikotheologischen (KrV A 620–630/B 648–658) Gottesbeweis. Weil jedes Existenzurteil synthetisch ist, kann die Existenz Gottes nicht aus dem bloßen Begriff des vollkommensten Wesens bewiesen werden. Der Schluß aus der Ordnung und Zweckmäßigkeit der Welt gelangt nur zu einem weisen, gütigen, mächtigen usw.

Urheber; der Begriff von Gott bleibt auf diesem Wege „immer ein nicht genau bestimmter Begriff von der Vollkommenheit des ersten Wesens, um ihn dem Begriff einer Gottheit für angemessen zu halten". Um zu einem allwissenden, allgütigen, allmächtigen Wesen usw. zu führen, bedarf er einer Ergänzung. Die einzige für die spekulative Vernunft mögliche ist der bereits widerlegte ontologische Beweis (KpV, AA 5,138f.).

d) Teleologischer und moralischer Gottesbeweis

175 Gibt es für Kant also keinen Zugang von der Natur zu Gott? Verwirft er den in der Antike vor allem von den Stoikern entwickelten Gedanken, der sich auch in der Bibel (z.B. Weish 13,5; Apg 14,17; Röm 1,20) findet, daß Gott aus der Zweckmäßigkeit, Ordnung und Schönheit der Natur erkannt werden könne? Die *Kritik der reinen Vernunft* spricht mit großem Respekt vom „physikotheologischen" oder teleologischen Gottesbeweis. „Dieser Beweis verdient jederzeit mit Achtung genannt zu werden. Er ist der älteste, klärste und der gemeinen Menschenvernunft am meisten angemessene. Er belebt das Studium der Natur, so wie er selbst von diesem sein Dasein hat und dadurch immer neue Kraft bekommt [...]. Es würde daher nicht allein trostlos, sondern auch ganz umsonst sein, dem Ansehen dieses Beweises etwas entziehen zu wollen. Die Vernunft, die durch so mächtige und unter ihren Händen immer wachsende, obzwar nur empirische Beweisgründe unablässig gehoben wird, kann durch keine Zweifel subtiler abgezogener Spekulationen so niedergedrückt werden, daß sie nicht aus jeder grüblerischen Unentschlossenheit, gleich als aus einem Traume, durch einen Blick, den sie auf die Wunder der Natur und der Majestät des Weltbaus wirft, gerissen werden sollte, um sich von Größe zu Größe bis zur allerhöchsten, vom Bedingten zur Bedingung, bis zum obersten und unbedingten Urheber zu erheben" (KrV, A 623f./B651f.). Es scheint, daß Kant sich widerspricht: Ein Blick auf die Natur, so behauptet er, überwinde alle spekulativen Zweifel und überzeuge die Vernunft unwiderstehlich von der Existenz eines unbedingten Urhebers der Natur, und dennoch bringt er in dem sich anschließenden Text die oben (§ 174) erwähnten spekulativen Gründe gegen den teleologischen Beweis vor. Die Lösung ist, wie wir bereits sahen (§ 162), in der *Transzendentalen Methodenlehre* der ersten *Kritik* angedeutet; die *Kritik der Urteilskraft* führt sie näher aus.

176 Wodurch gewinnt, so fragt Kant, das teleologische Argument seine gewaltige Überzeugungskraft, die es für die kalte Vernunft des subtilsten Denkers ebenso wie für den gemeinen Verstand hat? Die Natur sagt uns nichts von einem letzten Zweck, noch kann sie uns jemals etwas davon sagen; die physischen Zwecke können das Bedürfnis der fragenden Vernunft nicht befriedigen, weil sie keinen *bestimmten* Begriff von einem höchsten Wesen an die Hand geben können. Wozu ist die gesamte Natur

und der Mensch selbst, bei dem wir „als dem letzten uns denkbaren Zwecke der Natur stehen bleiben müssen"? Die Vernunft „setzt einen persönlichen Wert, den der Mensch sich allein geben kann, als Bedingung, unter welcher allein er und sein Dasein Endzweck sein kann, voraus" (KU, AA 5,477). „Auch stimmt damit das gemeinste Urteil der gesunden Menschenvernunft vollkommen zusammen: nämlich daß der Mensch nur als moralisches Wesen Endzweck der Schöpfung sein könne" (KU, AA 5,443). Als Argument der theoretischen, spekulativen Vernunft, das ist Kants Auffassung, überzeugt der teleologische Gottesbeweis nicht; die Einwände, welche die erste *Kritik* gegen ihn vorbringt, bleiben für Kant trotz aller Achtung, die er diesem Beweis entgegenbringt, gültig. Seine Überzeugungskraft erhält das teleologische Argument dadurch, daß „sich unvermerkt der jedem Menschen beiwohnende und ihn so innigst bewegende moralische Beweisgrund in den Schluß mit ein [mischt …] und also jenes Argument, in Ansehung des Mangelhaften, welches ihm noch anhängt, willkürlich ergänzt" (KU, AA 5,477). Die Überzeugung wird ausschließlich durch den moralischen Beweisgrund hervorgebracht; das teleologische Argument hat lediglich eine propädeutische Funktion; es leitet „das Gemüt auf den Weg der Zwecke, dadurch aber auf einen verständigen Welturheber" (KU, AA 5,478). Die Betrachtung der Zweckmäßigkeit und Ordnung der Natur lenkt die Aufmerksamkeit auf eine zwecksetzende Ursache und macht den Menschen so empfänglicher für das moralische Argument; indem die Zwecke der Natur als Analoga der sittlichen Zwecke gesehen werden, erfährt der moralische Beweisgrund eine Bestätigung. Aber dem gemeinen Menschenverstand fällt es schwer, diese beiden Argumente voneinander zu unterscheiden.

Der Gottesbegriff ist Grundlage und Mitte einer Religion, und Kant fragt, wie die philosophische Theologie zu einem solchen Gottesbegriff gelangen könne. Die Metaphysik oder theoretische Vernunft fragt nach Gott als letztem Grund oder letzter Ursache alles Seienden; sie ist getrieben vom Verlangen nach Wissen und sucht nach einer letzten Erklärung. Damit kann die Religion sich nicht begnügen; sie fragt vielmehr nach der Verbindlichkeit, welche der Mensch gegenüber dem höchsten Wesen hat, und sie fordert eine bestimmte Gesinnung ihm gegenüber. Aus dem Gottesbegriff der theoretischen Vernunft ergeben sich für den Menschen keinerlei Pflichten; er ist ausschließlich Gegenstand des Wissens. Wollte man aus diesem Gottesbegriff Folgerungen für das Verhalten des Menschen ableiten, so wäre das allenfalls über die Eigenschaften der Allmacht und Allwissenheit möglich. Damit würde jedoch die sittliche Autonomie des Menschen aufgehoben; die Furcht würde ihn zwingen, sich dem allmächtigen und allwissenden Wesen zu unterwerfen; die Haltung der Religion ist aber nicht die der Furcht, sondern der Ehrfurcht. Dagegen führt das moralische Argument zu einem Gottesbegriff, von dem der Begriff der

Verbindlichkeit nicht getrennt werden kann. Welche Verbindlichkeiten das auch immer sein mögen: die grundlegende und wichtigste Verbindlichkeit ist die des sittlichen Handelns. Religion ist nach Kant die „Erkenntnis unserer Pflichten als göttlicher Gebote". Man kann darüber streiten, ob dieser Begriff der Religion zu eng ist, aber auf keinen Fall kann der Begriff der Religion von dem der sittlichen Verbindlichkeit getrennt werden. Das moralische Argument führt zu einem Begriff von Gott, der „schon in seinem Ursprunge von der Verbindlichkeit gegen dieses Wesen unzertrennlich ist" (KU, AA 5,481). Die Hochachtung für das sittliche Gesetz stellt uns den Endzweck unserer Bestimmung vor, und wir unterwerfen uns Gott als dem sittlichen Gesetzgeber und der Ursache des höchsten Guts in Ehrfurcht.

II. „Über das Mißlingen aller philosophischen Versuche in der Theodizee"

178 Kants Schrift aus dem Jahr 1791, die diesen Titel trägt, setzt sich auseinander mit dem schwersten Einwand gegen den Glauben an einen guten und allmächtigen Gott: Wie ist seine Existenz zu vereinbaren mit dem Leid der Menschen und allem anderen Übel in der Welt? Kant kritisiert den theologischen Rationalismus und verweist auf die Grenzen der menschlichen Vernunft; es sind die *philosophischen* Versuche, die mißlingen. Er deckt die tief in der menschlichen Natur verwurzelte Unlauterkeit, Unehrlichkeit und Heuchelei auf und betont „die Aufrichtigkeit als das Haupterfordernis in Glaubenssachen" (MVT, AA 8,267). Wir begegnen der Frage, wie der reine praktische Vernunftglaube sich zur Bibel verhält: Kant findet seine Antwort wieder in einem der ältesten Zeugnisse zum Theodizeeproblem, dem biblischen Buch *Hiob* aus dem Anfang des 5. Jahrhunderts v.Chr.

179 „Unter einer Theodizee versteht man die Verteidigung der höchsten Weisheit des Welturhebers gegen die Anklage, welche die Vernunft aus dem Zweckwidrigen in der Welt gegen jene erhebt." Kant sieht sich vor einem Dilemma: ‚Theodizee' bedeutet „die Sache Gottes verfechten". Aber dieser Name verschleiert, worum es eigentlich geht; er ist Ausdruck einer Verlogenheit. In Wirklichkeit geht es nicht um die Sache Gottes, sondern „die Sache unserer anmaßenden, hiebei aber ihre Schranken verkennenden Vernunft". Trotz dieses Eigendünkels läßt das Anliegen sich jedoch nicht von der Hand weisen: Ein religiöser Glaube, der keine Antwort auf die gegen ihn erhobenen Einwände hat, kann nicht aufrichtig sein. Als vernünftiges Wesen ist der Mensch berechtigt, „alle Lehre, welche ihm Achtung auferlegt, zu prüfen, ehe er sich ihr unterwirft, damit diese Achtung aufrichtig und nicht erheuchelt sei" (MVT, AA 8,255).

Kant bringt keine Lösung des Theodizeeproblems; er zeigt vielmehr, daß alle philosophischen Lösungsversuche scheitern. Seine Antwort ist die des Buches *Hiob*: „So habe ich denn im Unverstand geredet über Dinge, die zu wunderbar für mich und unbegreiflich sind" (Hiob 42,3). Aber diese „negative Weisheit" muß bewiesen werden, „um diesen Prozeß für immer zu endigen" (MVT, AA 8,263), und dazu ist die Philosophie imstande.

1. Drei Arten des Übels und Versuche ihrer Rechtfertigung

Kant unterscheidet drei Arten des „Zweckwidrigen" oder Übels in der Welt, das als Einwand gegen die höchste Weisheit des Schöpfers vorgebracht werden kann: (a) das schlechthin Zweckwidrige, das weder als Zweck noch als Mittel gebilligt werden kann, d.h. das sittlich Schlechte (das Böse); es widerspricht der Heiligkeit Gottes; (b) das bedingt Zweckwidrige, das zwar nie als Zweck, jedoch als Mittel gebilligt werden kann: das physische Übel (der Schmerz); es widerspricht dem Gütigsein Gottes; (c) das Mißverhältnis zwischen den Verbrechen und den Strafen in der Welt; es widerspricht der Gerechtigkeit Gottes.

(a) Kant nennt drei Strategien, die Heiligkeit Gottes zu verteidigen. (aa) Es wird bestritten, daß es das Böse gibt. Das sittlich Schlechte sei ein Verstoß lediglich gegen die menschliche Weisheit. Die göttliche Weisheit urteile nach anderen, uns unbegreiflichen Regeln; was unsere praktische Vernunft verurteilt, könne für die göttliche Weisheit ein geeignetes Mittel für das Weltbeste sein. – Kant hält diese Apologie für schlimmer als den Einwand, auf den sie antworten soll. Sie widerspricht unserem sittlichen Empfinden. Das sittlich Schlechte ist in sich verabscheuungswürdig und kann deshalb niemals Mittel zu einem guten Zweck sein. (ab) Die Wirklichkeit des Bösen wird zugestanden, und der Schöpfer wird damit entschuldigt, daß er es nicht habe verhindern können, weil es sich aus der Endlichkeit des Menschen ergebe. – Diese Apologie hebt das sittliche Übel, das sie eingangs zugestanden hat, auf. Was sich aus der Endlichkeit des Menschen ergibt, kann ihm nicht zugerechnet und folglich nicht sittlich bewertet werden. (ac) Die Schuld für das Böse treffe den Menschen, nicht jedoch Gott, weil er das Böse nur zugelassen, aber nicht gebilligt oder gewollt habe. – Das läuft nach Kant auf dasselbe wie die vorhergehende Verteidigung hinaus: Es war Gott unmöglich, das Böse zu verhindern, ohne damit auf einen höheren Zweck zu verzichten. Das Böse wird also auf die Endlichkeit zurückgeführt und damit aufgehoben.

(b) Drei Argumente werden vorgebracht, daß die Schmerzen in der Welt der Güte Gottes nicht widersprechen. (ba). Es ist falsch, daß im Leben der Menschen die Übel gegenüber dem Angenehmen überwiegen, denn wie schlecht es einem Menschen auch gehen mag, er möchte lieber leben als tot sein; wer sich das Leben nehme, gehe in einen Zustand der Empfin-

dungslosigkeit über, in dem kein Schmerz gefühlt werden könne. – Die
Antwort darauf kann nach Kant einem „jeden Menschen von gesundem
Verstande, der lange genug gelebt und über den Wert des Lebens nachge-
dacht hat" (MVT, AA 8,259), überlassen werden. (bb) Das Übergewicht
der Schmerzen über das Angenehme ist mit der Natur des Menschen gegeben. – Warum hat der Urheber unseres Lebens uns ins Dasein gerufen,
wenn dieses Leben für uns nicht wünschenswert ist? (bc) Gott hat uns um
der künftigen Glückseligkeit willen das Leben gegeben; durch den Kampf
mit den Widerwärtigkeiten sollen wir der Herrlichkeit in einem anderen
Leben würdig werden. – Warum muß vor der künftigen Glückseligkeit
eine Prüfungszeit vorhergehen? Warum hat Gott nicht ein Geschöpf geschaffen, das mit jeder Epoche seines Lebens zufrieden ist?
(c) Auf den Einwand aus der Ungerechtigkeit in dieser Welt wird geant-
wortet: (ca) Jedes Verbrechen bringt schon hier seine Strafe mit sich, „indem die inneren Vorwürfe des Gewissens den Lasterhaften ärger noch als
Furien plagen" (MVT, AA 8,261). – Der Fehler liegt darin, daß der Tugendhafte seine Gewissenhaftigkeit auf den gewissenlosen Verbrecher
überträgt. (cb) Das Leiden an der Ungerechtigkeit in der Welt läßt die
Tugend wachsen und reifen. – Dann sollte man wenigstens für das Ende
des Lebens Lohn für die Tugend und Strafe für das Laster erwarten dürfen, was jedoch nicht zutrifft. Es sieht vielmehr so aus, daß das Leiden den
Menschen nicht trifft, damit er tugendhaft werde, sondern weil er
tugendhaft ist, und das ist genau das Gegenteil von Gerechtigkeit, wie wir
sie uns denken. Der Hinweis auf ein mögliches zukünftiges Leben kann
nicht zur Rechtfertigung für die Ungerechtigkeit in dieser Welt dienen;
durch ihn wird „der Zweifelnde zur Geduld verwiesen, aber nicht befriedigt". (cc) In dieser Welt ergeben sich Wohl und Übel daraus, wie der
Mensch mit seiner Geschicklichkeit die Naturgesetze anwendet, und aus
dem Zufall; die Entsprechung von Wohl und Übel zum sittlichen Verhalten des Menschen bleibt einer künftigen Welt vorbehalten. – Mit dieser
Antwort ist der Bereich der theoretischen Vernunft verlassen. Nach den
Regeln der theoretischen Erkenntnis muß die Vernunft annehmen, „daß
der Lauf der Welt nach der Ordnung der Natur, so wie hier, also auch
fernerhin, unsre Schicksale bestimmen werde. Denn was hat die Vernunft
für ihre theoretische Vermutung anders zum Leitfaden, als das Naturgesetz?" (MVT, AA 8,262).

181   Die bisherigen Versuche, die höchste Weisheit gegen die Einwände, die
sich gegen sie aus der Erfahrung unserer Welt erheben lassen, zu verteidigen, sind gescheitert; die apologetischen Argumente halten einer kritischen Prüfung nicht stand. Daraus, daß die Einwände bisher nicht widerlegt wurden, folgt jedoch nicht, daß sie nicht widerlegt werden können;
die Gültigkeit der Einwände ist nicht bewiesen; es ist nicht ausgeschlossen, daß sich bessere Argumente gegen sie finden. Kant will ein Zweifa-

ches zeigen: erstens, daß jede Apologetik, welche Gottes Heiligkeit, Güte und Gerechtigkeit gegen Einwände, die aus der Welt der Erfahrung gegen sie erhoben werden, verteidigen will, notwendig zum Scheitern verurteilt ist, daß also eine solche Apologetik nicht möglich ist; zweitens, daß alle Einwände, welche aus der Welt der Erfahrung gegen die Heiligkeit, Güte und Gerechtigkeit Gottes erhoben werden, ebenso notwendig zum Scheitern verurteilt sind, daß also eine Verteidigung Gottes gegen diese Einwände sich erübrigt. Beides ist aufgewiesen, wenn es gelingt, „mit Gewißheit darzutun: daß unsre Vernunft zur Einsicht des Verhältnisses, in welchem eine Welt, so wie wir sie durch Erfahrung immer kennen mögen, zu der höchsten Weisheit stehe, schlechterdings unvermögend sei" (MVT, AA 8,263). Anklage wie Verteidigung setzen voraus, daß wir dieses Verhältnis erkennen können; ist das nicht möglich, so sind beide gegenstandslos.

Kant unterscheidet zwischen der Kunstweisheit und der moralischen Weisheit Gottes. Die Kunstweisheit ist Gegenstand der theoretischen Philosophie; sie wird aus der Teleologie der Natur erkannt und führt in den Grenzen, welche die erste *Kritik* aufgezeigt hat, zu einer Physikotheologie (§ 174). Von der moralischen Weisheit haben wir einen Begriff durch die sittliche Idee der praktischen Vernunft. „Aber von der Einheit in der Zusammenstimmung jener Kunstweisheit mit der moralischen Weisheit in einer Sinnenwelt haben wir keinen Begriff und können auch zu demselben nie zu gelangen hoffen" (MVT, AA 8,263). Wir sind Naturwesen und zugleich der sittlichen Zurechnung fähige frei handelnde und deshalb von der Natur unabhängige Wesen. Wir müssen, in der praktischen Idee des höchsten Guts, annehmen, daß beides miteinander vereinbar ist, aber wir können diese Vereinbarkeit nicht einsehen. Die Lösung des Theodizeeproblems würde voraussetzen, daß wir die Art und Weise einsehen, wie die intelligible Welt der Sinnenwelt zugrunde liegt; das ist jedoch eine Einsicht, „zu der kein Sterblicher gelangen kann" (MVT, AA 8,264).

2. Doktrinale und authentische Theodizee

Alle philosophischen Versuche, das Theodizeeproblem zu lösen, sind also durch die Grenzen der menschlichen Erkenntnis notwendig zum Scheitern verurteilt. Die Zweifel an der unendlichen Weisheit lassen sich weder beweisen noch widerlegen. Aber das führt auf das zweite Horn des von Kant am Anfang seiner Schrift (§ 179) aufgezeigten Dilemmas: Kann ein Glaube, der von ungelösten Zweifeln bedrängt wird, aufrichtig sein? Kant bringt, um darauf zu antworten, einen neuen Begriff von ‚Theodizee‘: „Alle Theodizee sollte eigentlich Auslegung der Natur sein, sofern Gott durch dieselbe die Absicht seines Willens kund macht". Die Welt der

Erfahrung ist ein Text, welcher der Interpretation bedarf, und was das Verstehen vor allem erschwert, ist die Tatsache des Übels. Welche Absicht, so lautet die Frage, verfolgt Gott mit dem Übel in der Welt? Ein Text muß einen Sinn ergeben, und die Interpretation fragt: Was ist der Sinn des Übels? Kant hat einen Gesetzestext vor Augen, und er unterscheidet zwischen einer doktrinalen und einer authentischen Interpretation. Die doktrinale Interpretation erschließt den Willen des Gesetzgebers aus dem Wortlaut des Textes „in Verbindung mit den sonst bekannten Absichten des Gesetzgebers"; die authentische Interpretation „macht der Gesetzgeber selbst". Die philosophischen Versuche, die Endabsicht Gottes aus der Welt der Erfahrung zu erkennen, „sind doktrinal und machen die eigentliche Theodizee aus, die man daher die doktrinale nennen kann". Dieser doktrinalen stellt Kant eine authentische Theodizee entgegen. Sie ist nicht, wie die doktrinale, die Auslegung „einer *vernünftelnden* (spekulativen), sondern einer *machthabenden* praktischen Vernunft", die als die „Stimme Gottes angesehen werden kann, durch die er dem Buchstaben seiner Schöpfung einen Sinn gibt". Eine solche Interpretation findet Kant im biblischen Buch *Hiob* „allegorisch ausgedrückt" (MVT, AA 8,264).

Hiobs Freunde vertreten eine doktrinale Theodizee. Sie erklären alle Übel in der Welt aus der göttlichen Gerechtigkeit; sie sind Strafen für begangene Verbrechen. Zwar können sie keine Verbrechen nennen, deren Hiob schuldig sein sollte; dennoch folgern sie aus ihrer Theorie und Hiobs Leiden a priori, daß er solche begangen haben müsse. Mehr Aufmerksamkeit als ihre Argumentation verdiene ihr Charakter. Kant wirft ihnen Unaufrichtigkeit, Heuchelei und Opportunismus vor. Sie verteidigen die göttliche Gerechtigkeit, um sich dadurch Gottes Gunst zu erwerben, obwohl sie wissen, daß Hiob kein Verbrechen begangen hat; sie behaupten Dinge, von denen sie zugeben müßten, daß sie sie nicht einsehen, und sie heucheln eine Überzeugung, die sie nicht haben. Ihr Verhalten ist für Kant ein Anlaß, die Unaufrichtigkeit als ein in der menschlichen Natur tief eingewurzeltes Laster und die Lippenbekenntnisse in der Religion zu geißeln. Wer sagt, „er glaube, ohne vielleicht auch nur einen Blick in sich selbst getan zu haben, ob er sich in der Tat dieses Fürwahrhaltens oder auch eines solchen Grades desselben bewußt sei: der lügt nicht bloß die ungereimteste Lüge (vor einem Herzenskündiger), sondern auch die frevelhafteste, weil sie den Grund jedes tugendhaften Vorsatzes, die Aufrichtigkeit, untergräbt" (MVT, AA 8,268f.).

Wie stellt das Buch *Hiob* die authentische Theodizee dar? Die doktrinale Theodizee der Freunde scheitert für Hiob am unumstößlichen Zeugnis seines Gewissens. Gegenüber den Lügen der Freunde hebt Kant die Aufrichtigkeit des Hiob hervor. Er „spricht, wie er denkt, und wie ihm zu Mute ist, auch wohl jedem Menschen in seiner Lage zu Mute sein würde" (MVT, AA 8,265). Gott verurteilt die Heuchelei der Freunde und belohnt die Aufrichtigkeit des Hiob. Die „Aufrichtigkeit des Herzens, nicht der Vorzug der Einsicht, die Redlichkeit, seine Zweifel unverhohlen zu gestehen, und der Abscheu, Überzeugung zu heucheln, wo man sie doch nicht fühlt, vornehmlich nicht vor Gott (wo diese List ohnedas ungereimt ist): diese Eigenschaften sind es, welche den Vorzug des redlichen Mannes, in der Person Hiobs, vor dem religiösen Schmeichler im göttlichen Richterspruch entschieden haben" (MVT, AA 8,266f.). Als Lohn für diese Aufrichtigkeit stellt Gott dem Hiob „die Weisheit seiner Schöpfung, vornehmlich von Seiten ihrer Unerforschlichkeit, vor Augen" (MVT, AA 8,266). Er zeigt ihm die schönen Seiten der Schöpfung, welche den Menschen die Weisheit des Schöpfers erkennen lassen, aber auch schädliche und furchtbare Dinge, die mit einem durch Güte und Weisheit angeordneten Plan nicht zusammen zu stimmen scheinen. Wenn Gottes Wege ihm schon in der physischen Ordnung der Dinge verborgen sind, wieviel mehr dann in deren Verknüpfung mit der moralischen. Damit sind die beiden Elemente der authentischen Theodizee genannt, die im Buch *Hiob* allegorisch ausgedrückt ist: das Zeugnis des Gewissens und die Erkenntnis der eigenen Unwissenheit. Kant verweist auf die Verse Hiob 27,5f.: „Bis mein Ende kommt, will ich nicht weichen von meiner Unschuld. An meiner Gerechtigkeit halte ich fest und lasse sie nicht; mein Gewissen beißt mich nicht wegen eines meiner Tage." Aus dem Zeugnis des Gewissens entspringt der reine moralische Glaube an das höchste Gut. Seine Aufrichtigkeit wird ihm zuteil „durch eine so befremdliche Auflösung seiner Zweifel, nämlich bloß die Überführung von seiner Unwissenheit" (MVT, AA 8,267).

III. Reine Vernunftreligion und Offenbarung

In der Vorrede zur zweiten Auflage (1794) erläutert Kant den Titel seines religionsphilosophischen Hauptwerks *Die Religion innerhalb der Grenzen der bloßen Vernunft* (1793). Er gebraucht das Bild zweier konzentrischer Kreise: Der weitere Kreis der Offenbarung kann den engeren der reinen Vernunftreligion in sich begreifen, aber nicht umgekehrt die Vernunftreligion das Historische der Offenbarung. Die Religion innerhalb der Grenzen der bloßen Vernunft ist die Religion innerhalb der Grenzen des inneren Kreises. Eine solche Religion kann der Philosoph, wie Kant es in der *Dialektik* der zweiten *Kritik* tut, aus den bloßen Prinzipien der reinen praktischen Vernunft entwickeln. Für die Religionsschrift kündet Kant einen anderen Weg an, der zu demselben Ziel einer reinen Vernunftreligion führen soll: Er will „die Offenbarung als *historisches System* an moralische Begriffe bloß fragmentarisch halten und sehen, ob dieses nicht zu demselben reinen *Vernunftsystem* der Religion zurückführe" (RGV, AA 6,12). Die Religionsschrift setzt also das in der zweiten *Kritik* entwickelte

System nicht voraus; vielmehr sind es die sittlichen Einsichten des gemeinen Menschenverstandes, die an das historische System der Offenbarung gehalten werden sollen; „es bedarf, um diese Schrift ihrem wesentlichen Inhalt nach zu verstehen, nur der gemeinen Moral, ohne sich auf die Kritik der praktischen Vernunft, noch weniger aber der theoretischen einzulassen" (RGV, AA 6,14). Aber warum schlägt Kant, nachdem er in der zweiten *Kritik* das reine Vernunftsystem der Religion bereits entwickelt hat, nochmals diesen zweiten Weg ein, der doch zu demselben Ziel führen soll? Die Untersuchung, ob das historische System der Offenbarung zum reinen Vernunftsystem der Religion zurückführt, kann ein positives oder ein negatives Ergebnis haben. Geht sie positiv aus, so zeigt sie eine Übereinstimmung zwischen Vernunft und Schrift; wer der reinen Vernunftreligion folgt, hält sich damit an die Gebote der Schrift, und das bedeutet, daß er die Schrift nicht mehr braucht; der reine praktische Vernunftglaube tritt an die Stelle des Offenbarungsglaubens. Führt die Untersuchung zu einem negativen Ergebnis, dann zeigt sie damit, daß das historische System der Offenbarung keine Religion ist, denn die „eigentliche Religion" ist ein „Vernunftbegriff *a priori*"; sie ist „in moralisch-praktischer Absicht selbständig [...] und hinreichend" (RGV, AA 6,12).

Halten wir die programmatischen Thesen dieser Vorrede fest: (a) Der Begriff der Religion wird eingeschränkt auf die reine Vernunftreligion. Der weitere der beiden konzentrischen Kreise wird nicht als Religion, sondern als „eine weitere Sphäre des Glaubens" (RGV, AA 6,12) bezeichnet. (b) Ein Glaube, welcher den Anspruch erhebt, Religion zu sein, muß die Prüfung durch die moralischen Begriffe des gemeinen Menschenverstandes bestehen. Unsere moralischen Intuitionen sind notwendiges Kriterium dafür, ob wir es bei einem Glauben mit einer Religion zu tun haben. (c) Das reine Vernunftsystem der Religion ist „in moralisch-praktischer Absicht" selbständig und hinreichend. Wie ist diese These und die in ihr formulierte Einschränkung zu verstehen? Hat der Offenbarungsglauben eine Funktion für den reinen Vernunftglauben, oder wird er im reinen Vernunftglauben aufgehoben? Führt der Offenbarungsglauben in einem geschichtlichen Prozeß zum reinen Vernunftglauben hin? Erübrigt sich die Schrift, wenn sich herausstellt, daß Vernunft und Schrift übereinstimmen? Gehen wir in der Interpretation ausgewählter Abschnitte der Religionsschrift diesen Fragen nach.

1. Der biblische Bericht vom Sündenfall

184 Die moralische Intuition, von der Kant ausgeht, ist die Zurechnung der sittlich schlechten Handlung; sie läßt ihn nach dem Ursprung des Bösen in der menschlichen Natur fragen, und er vergleicht seine Antwort mit dem Bericht der *Genesis* (RGV, *Erstes Stück* IV, AA 6,39–44). Kant unter-

scheidet zwischen dem Vernunft- und dem Zeitursprung einer sittlichen Handlung. Der Zeitursprung ist ein in der Zeit vorhergehender Zustand, aus dem die Handlung als Begebenheit in der Zeit aufgrund der Kausalgesetze erfolgt. Als freie, sittlich zurechenbare Handlung kann sie jedoch nicht aus einem in der Zeit vorhergehenden Zustand abgeleitet werden; wir müssen den Ursprung vielmehr in einer Vernunftvorstellung suchen. Von den freien Handlungen als solchen den Zeitursprung zu suchen, ist ein Widerspruch, denn indem wir das tun, betrachten wir sie nicht als freie Handlungen, sondern als Naturwirkungen. Wenn wir nach dem Vernunftursprung einer bösen Handlung suchen, so muß sie so betrachtet werden, „als ob der Mensch unmittelbar aus dem Stand der Unschuld in sie geraten wäre". Wie immer das vorhergehende Verhalten des Menschen gewesen sein mag und welche Naturtatsachen außerhalb oder innerhalb des Menschen in die Handlung einfließen: die sittlich schlechte Handlung „muß immer als ein ursprünglicher Gebrauch seiner Willkür beurteilt werden. Er sollte sie unterlassen haben, in welchen Zeitumständen und Verbindungen er auch immer gewesen sein mag; denn durch keine Ursache in der Welt kann er aufhören, ein frei handelndes Wesen zu sein" (RGV, AA 6,41). Wie bei der sittlich schlechten Handlung, so müssen wir auch bei der sittlichen Beschaffenheit des Menschen (seinen Maximen) nach dem Vernunftursprung fragen, weil dieser „den Grund des Gebrauchs der Freiheit bedeutet" (RGV, AA 6,40).

Der biblische Bericht vom Ursprung des Bösen stimmt, so zeigt Kant, damit überein. Ursprung des Bösen ist nach der *Genesis* nicht ein Hang, weil es dann nicht der Freiheit entsprungen würde, sondern die Sünde, „worunter die Übertretung des moralischen Gesetzes als göttlichen Gebotes verstanden wird [...]; der Zustand des Menschen aber vor allem Hang zum Bösen heißt der Stand der Unschuld". Das moralische Gesetz hat für den Menschen, der von Neigungen versucht wird, die Form eines Verbots (Gen 2,16f.). Anstatt diesem Gesetz als hinreichender Triebfeder zu folgen, sieht der Mensch sich noch nach anderen Triebfedern um (Gen 3,6), und er macht es sich zur Maxime, dem Gesetz der Pflicht nicht aus Pflicht zu folgen, sondern nur, wenn die Pflicht mit seiner Neigung übereinstimmt, die damit als oberste Triebfeder seines Handelns gesetzt wird; der Gehorsam gegen das Gesetz wird so zum Mittel für die Erfüllung der Neigungen, „woraus dann endlich das Übergewicht der sinnlichen Antriebe über die Triebfeder aus dem Gesetz in die Maxime zu handeln aufgenommen und so gesündigt ward [...] Daß wir es täglich ebenso machen, mithin ,in Adam alle gesündigt haben' [vgl. Röm 5,12] und noch sündigen, ist aus dem Obigen klar". Einen Unterschied sieht Kant darin, daß bei uns ein angeborener Hang zur Übertretung, beim ersten Menschen dagegen „Unschuld der Zeit nach" (RGV, AA 6,42) vorausgesetzt wird; dieser Unterschied betrifft jedoch nicht den Vernunft-, sondern nur den Zeitursprung des Bösen; wir berufen uns auf den Hang zum Bösen, wenn wir die sittlich schlechte Handlung als ein Ereignis in der Zeit *erklären* wollen. Aber der Hang zum Bösen ist eine moralische Beschaffenheit, die uns zugerechnet wird, und von deshalb müssen wir nach dem Vernunft- und nicht nach dem Zeitursprung fragen. Dieser Vernunfturprung bleibt uns jedoch unerforschlich. „Das Böse hat nur aus dem Moralisch-Bösen (nicht aus den bloßen Schranken unserer Natur) entspringen können; und doch ist die ursprüngliche Anlage [...] eine Anlage zum Guten; für uns ist also kein begreiflicher Grund da, woher das moralisch Böse in uns zuerst gekommen sein könne" (RGV, AA 6,43). In der biblischen Erzählung sieht Kant diese Unbegreiflichkeit dadurch ausgedrückt, daß sie den ersten Anfang des Bösen nicht dem Menschen, sondern einem „Geist von ursprünglich erhabenerer Bestimmung" zuschreibt: „denn woher bei jenem Geiste das Böse?" (RGV, AA 6,44). Der Mensch sei nach dem biblischen Bericht nur durch Verführung ins Böse gefallen, also nicht von Grund auf verderbt, sondern im Gegensatz zum verführenden Geist der Besserung fähig.

185 Wie sieht Kant in diesem Abschnitt das Verhältnis von Vernunft und Schrift? Die Philosophie fragt nach dem Ursprung des Bösen, und das Datum, die alltägliche moralische Intuition, von der sie ausgeht, ist das Bewußtsein der sittlichen Zurechnung. Sie kann auf ihre Frage nur eine negative Antwort geben: Der Hinweis auf den Zeitursprung und der Versuch, das Datum in dieser Weise zu *erklären*, führt in einen Widerspruch. Der Begriff des Vernunfturprungs dient nicht der Erklärung, sondern dem Hinweis auf etwas, was für uns unerforschlich ist. Die Aussagen der Schrift stimmen mit dem, was die Philosophie zu dieser Frage sagen kann, überein. Die theologische Lehre von einer „angeborenen Bösartigkeit unserer Natur" (RGV, AA 6,42) nennt den Zeit-, aber nicht den Vernunfturprung. Die Schrift führt nicht weiter als die Philosophie; auch für sie ist der Vernunfturprung des Bösen unbegreiflich. Wir befinden uns also im inneren der beiden konzentrischen Kreise, in dem Offenbarungsglauben und Vernunftglauben sich decken. Dem Offenbarungsglauben wird keine positive Funktion für den Vernunftglauben zugesprochen; er bietet der Vernunft keine Hilfe, zu sich selbst zu finden; die Philosophie entwickelt ihre Einsichten selbständig und unabhängig von der Offenbarung. Der Vergleich dient nicht dazu, die Philosophie durch die Offenbarung zu bestätigen, sondern er soll zeigen, daß die Aussagen der Offenbarung mit der Vernunft übereinstimmen. Aber diese Vernunft ist keine rationalistische Vernunft, sondern eine Vernunft, die sich ihre eigenen Grenzen bewußt macht; sie führt hin zu dem Geheimnis, von dem auch der biblische Bericht spricht. Kants Schriftauslegung fragt nach dem moralischen Sinn. Er läßt es offen, ob das auch der vom Schriftsteller intendierte Sinn sei, aber er erhebt den Anspruch, dieser moralische Sinn sei „für sich und

ohne allen historischen Beweis wahr, dabei aber zugleich der einzige [...],
nach welchem wir aus einer Schriftstelle für uns etwas zur Besserung
ziehen können, die sonst nur eine unfruchtbare Vermehrung unserer historischen Erkenntnis sein würde" (RGV, AA 6,43).

2. Zur Christologie

Das zweite Stück der Religionsschrift *Vom Kampf des guten Prinzips mit*   186
dem bösen um die Herrschaft über den Menschen beginnt mit einem Lob
und einer Kritik der stoischen Ethik. Unter allen antiken Moralphilosophen hätten vor allem die Stoiker betont, daß es um ein sittlich guter
Mensch zu werden nicht genüge, den Keim des Guten in uns sich ungehindert entwickeln zu lassen, sondern daß auch eine in uns befindliche
Ursache des Bösen bekämpft werden müsse. Sie hätten jedoch fälschli-
cherweise diesen Feind in den Neigungen gesehen. Sie hätten die Bosheit
des menschlichen Herzens, die in der Wahl verkehrter Maximen besteht,
verwechselt mit der Torheit, „die sich von Neigungen bloß unvorsichtig
täuschen läßt" (RGV, AA 6,57). Gegen die Stoiker ergreift Kant Partei für
das Christentum: Die Stoiker hätten, obwohl sie das Moralprinzip richtig
erkannten, nicht gesehen, daß es mit dem Menschen „nicht mehr *res inte-
gra* ist, sondern daß wir davon anfangen müssen, das Böse, was schon
Platz genommen hat [...] aus seinem Besitz zu vertreiben". Aber es ist die
Vernunft, die zu dieser christlichen Position führt; die stoische Position
läßt sich argumentativ widerlegen. „Natürliche Neigungen sind, *an sich
selbst betrachtet, gut*, d.i. unverwerflich, und es wäre nicht allein vergeb-
lich, sondern auch schädlich und tadelhaft, sie ausrotten zu wollen; man
muß sie vielmehr nur bezähmen" (RGV, AA 6,58). Eine natürliche Anlage, die als solche nicht zugerechnet werden kann, kann nicht Ursache
des sittlich Schlechten sein. Der Stoiker dachte sich den moralischen
Kampf des Menschen als Streit mit seinen Neigungen, sofern sie als Hindernisse in der Befolgung der Pflicht überwunden werden müssen. Er
verstand das sittlich Schlechte demnach als Unterlassung: Es ist sittlich
schlecht, die Neigungen nicht zu bekämpfen, die als Hindernisse der Tugend zu bekämpfen sittlich notwendig ist. Die Ursache dieser Unterlassung kann jedoch, ohne in einen Zirkel zu geraten, nicht wiederum in den
Neigungen gesucht werden, sondern nur in dem unbegreiflichen Akt der
Willkür, die es sich zur Maxime macht, die Neigungen nicht zu bekämpfen. Kant findet diesen unsichtbaren, nicht zu fassenden Feind richtig
beschrieben im Epheserbrief: „‚Wir haben nicht mit Fleisch und Blut (den
natürlichen Neigungen), sondern mit Fürsten und Gewaltigen – mit bösen
Geistern zu kämpfen' [vgl. Eph 6,12]. Ein Ausdruck, der nicht, um unsere
Erkenntnis über die Sinnenwelt hinaus zu erweitern, sondern nur um den

Begriff des für uns Unergründlichen *für den praktischen Gebrauch* anschaulich zu machen, angelegt zu sein scheint" (RGV, AA 6,59).

a) Das Beispiel des vollkommenen Menschen

187 Nach dem bösen wendet Kant sich dem guten Prinzip zu. Er interpretiert die Glaubensartikel von der Präexistenz, der Inkarnation und der Passion Christi mit Hilfe seiner Lehre vom Endzweck der Schöpfung, die er in der zweiten und dritten *Kritik* entwickelt hat (§§ 170; 175–177). Zweck der Schöpfung ist „die Menschheit (das vernünftige Weltwesen überhaupt) in ihrer moralischen ganzen Vollkommenheit". Diese Idee geht vom Wesen Gottes aus; sie ist also nicht erschaffen, sondern Gottes eingeborner Sohn, das Wort, „,durch welches alle anderen Dinge sind, und ohne das nichts existiert, das gemacht ist;' [vgl. Joh 1,3]". Daß jenes Urbild vom Himmel herabgekommen ist und die Menschheit angenommen hat, besagt: Es ist allgemeine Menschenpflicht, dem Ideal der moralischen Vollkommenheit nachzustreben, wozu diese Idee, die uns von der Vernunft vorgelegt wird, Kraft geben kann; aber wir sind nicht Urheber dieser Idee, sondern sie hat im Menschen Platz genommen. Das Ideal der moralischen Vollkommenheit, wie sie an einem von Bedürfnissen und Neigungen abhängigen Wesen möglich ist, können wir uns nicht anders denken „als unter der Idee eines Menschen, der […] alle Leiden bis zum schmählichsten Tode um des Weltbesten willen und selbst für seine Feinde zu übernehmen bereitwillig wäre", denn der Mensch kann sich keinen Begriff von der Stärke der moralischen Gesinnung machen, „als wenn er sie mit Hindernissen ringend und unter den größtmöglichen Anfechtungen dennoch überwindend sich vorstellt" (RGV, AA 6,40f.). Diese Glaubensartikel sind also Wahrheiten der reinen praktischen Vernunft; für sie sind wir auf keine historische Offenbarung und damit nicht auf den historischen Jesus angewiesen. „Diese Idee hat ihre Realität in praktischer Beziehung vollständig in sich selbst. Denn sie liegt in unserer moralisch gesetzgebenden Vernunft. Wir *sollen* ihr gemäß sein, und wir müssen es daher auch *können* […]. Es bedarf also keines Beispiels der Erfahrung, um die Idee eines Gott moralisch wohlgefälligen Menschen uns zum Vorbild zu machen; sie liegt als ein solches schon in unserer Vernunft" (RGV, AA 6,62).

188 Welcher Platz kommt aber dann dem historischen Jesus in Kants Religionsphilosophie zu? Kant unterscheidet: Wir *brauchen* kein Beispiel der Erfahrung als Vorbild, aber ein solches Beispiel *ist möglich*, denn jeder Mensch hat die Pflicht, dem Vorbild in der Vernunft nachzustreben und so ein Beispiel zu dieser Idee abzugeben. Dabei ist der Unterschied zwischen dem beobachtbaren Verhalten und der inneren Gesinnung zu beachten: Die innere Gesinnung können wir lediglich, und das nicht mit strenger Gewißheit, erschließen. Von diesen Voraussetzungen ausgehend macht

Kant nun rein hypothetische Aussagen über die Person Jesu: „Wäre nun ein solcher wahrhaft göttlicher Mensch zu einer gewissen Zeit gleichsam vom Himmel auf die Erde herabgekommen, der durch Lehre, Lebenswandel und Leiden das *Beispiel* eines Gott wohlgefälligen Menschen an sich gegeben hätte, so weit als man von äußerer Erfahrung nur verlangen kann (indessen das *Urbild* eines solchen immer doch nirgend anders, als in unserer Vernunft zu suchen ist), hätte er durch alles dieses ein unabsehlich großes moralisches Gute in der Welt durch eine Revolution im Menschengeschlechte hervorgebracht: so würden wir doch nicht Ursache haben, an ihm etwas anders, als einen natürlich gezeugten Menschen anzunehmen" (RGV, AA 6,63). Jesus ist also ein Mensch von vollkommener moralischer Gesinnung: ein „göttlich gesinnter, aber ganz eigentlich menschlicher Lehrer" (RGV, AA 6,65), das gute Prinzip, insofern es „in einem wirklichen Menschen als einem Beispiele für alle andere erschien" (RGV, AA 6,82).

Wenn Jesus ein Beispiel des vollkommenen Menschen ist, dann müssen die Dogmen vom übernatürlichen Ursprung Jesu und der Einheit von Gottheit und Menschheit in seiner Person (‚hypostatische Union') abgelehnt werden, denn nur ein Mensch kann als Beispiel zur Nachahmung dienen. Diese Dogmen sind überflüssig und eher hinderlich als nützlich: Das Urbild ist, was für sich selbst schon unbegreiflich genug ist, immer schon in uns, so daß es nicht nötig ist, es „noch in einem besonderen Menschen hypostasiert anzunehmen"; das würde der Nachfolge eher im Wege sein. Der Gottmensch hätte zwar dieselben Neigungen und Bedürfnisse wie wir, und er wäre denselben Leiden unterworfen, aber er hätte einen heiligen Willen, dem es unmöglich ist, das Sittengesetz den Neigungen unterzuordnen. Wegen dieser unendlichen Distanz vom natürlichen Menschen könnte er kein Beispiel für uns sein, denn wir würden sagen: „man gebe mir einen ganz heiligen Willen, so wird alle Versuchung zum Bösen von selbst an mir scheitern" (RGV, AA 6,64).

b) Der Schematismus der Analogie

Die Evangelien berichten vom Leben, Leiden und Sterben Jesu, und Jesus ist ein mögliches, aber kein notwendiges Beispiel für das Ideal der moralischen Vollkommenheit. Die historische Offenbarung ist also, so das bisherige Ergebnis, für die Vernunftreligion entbehrlich; sie mag hilfreich sein, aber sie ist in keiner Weise notwendig. Diese Folgerung wird jedoch von Kant in einer ausführlichen Fußnote (RGV, AA 6,64f.) differenziert. Er unterscheidet dort zwischen dem Schematismus der Analogie und dem Schematismus der Objektbestimmung. Diese Unterscheidung leistet ein Zweifaches: Sie ist eine Kritik an den christologischen Dogmen, und sie läßt eine positive Funktion der Evangelien für die Vernunftreligion deutlich werden.

Machen wir uns, was Kant mit dieser Unterscheidung meint, zunächst an einem Beispiel aus der Naturphilosophie klar. Ich kann mir die Ursache einer Pflanze und eines jeden Organismus „nicht anders *faßlich machen*" als dadurch, daß ich ihr Verstand beilege; ich denke sie z.B. nach der Analogie eines Technikers, der eine Maschine herstellt. Diese Vorstellung, die wir aufgrund der Beschränktheit der menschlichen Vernunft brauchen, um einen Begriff, wie hier den der Ursache eines Organismus, überhaupt zu verstehen, nennt Kant den *„Schematismus der Analogie"*. Davon ist die Frage zu unterscheiden, ob die Ursache eines Organismus tatsächlich Verstand *hat*. Wenn ich sie bejahe, lege ich dem Objekt, der Ursache eines Organismus, Verstand bei und erweitere so meine Erkenntnis über den Bereich der möglichen Erfahrung hinaus. Diesen Gebrauch einer Analogie nennt Kant den *„Schematismus der Objektsbestimmung"*. Kant unterscheidet also zwischen der Bedingung, die erfüllt sein muß, damit ich den Begriff ‚Ursache eines Organismus' verstehe (Schematismus der Analogie), und der Bedingung der Möglichkeit, Ursache eines Organismus zu sein (Schematismus der Objektsbestimmung), oder zwischen dem Verhältnis eines Schemas zu seinem Begriff und dem Verhältnis „dieses Schemas des Begriffs zur Sache selbst". Der Schritt vom Schematismus der Analogie zum Schematismus der Objektsbestimmung ist also der Schritt von den Bedingungen unseres Verstehens zu den Bedingungen der Sache selbst, und auf die Frage, ob dieser Schritt berechtigt ist, antwortet Kant mit einem eindeutigen Nein.

Die Sprache der Religion bzw. Theologie ist auf den Schematismus der Analogie angewiesen, denn es ist eine Beschränktheit der menschlichen Vernunft, „daß wir keinen moralischen Wert von Belang an den Handlungen einer Person denken können, ohne zugleich sie oder ihre Äußerung auf menschliche Weise vorstellig zu machen; obzwar damit eben nicht behauptet werden will, daß es an sich […] auch so bewandt sei; denn wir bedürfen, um uns übersinnliche Beschaffenheiten faßlich zu machen, immer einer gewissen Analogie mit Naturwesen". Deshalb muß die Schrift auf menschliche Verhaltensweisen zurückgreifen, um uns die Liebe Gottes zu den Menschen faßlich zu machen. Kant bringt als Beispiel Joh 3,16: „Also hat Gott die Welt geliebt, daß er seinen eingeborenen Sohn gab", wo die Schrift Gott „die höchste Aufopferung beilegt, die nur ein liebendes Wesen tun kann […]; ob wir uns gleich durch die Vernunft keinen Begriff davon machen können, wie ein allergenugsames Wesen etwas von dem, was zu seiner Seligkeit gehört, aufopfern und sich seines Besitzes berauben könne". Wenn wir Gott dieses Verhalten tatsächlich zuschreiben, verwandeln wir, um unsere Erkenntnis zu erweitern, den Schematismus der Analogie in den Schematismus der Objektsbestimmung, und das ist „Anthropomorphismus, der in moralischer Absicht (in der Religion) von den nachteiligsten Folgen ist".

Eine kritische Auseinandersetzung mit Kants Lehre vom Schematismus
der Analogie muß zwischen Christologie und Gotteslehre unterscheiden.
Wir können, wenn wir von Gott sprechen, auf das Mittel der Analogie
nicht verzichten, und wir dürfen, wenn wir uns nicht des Anthropo-
morphismus schuldig machen wollen, diese Aussagen nicht als wörtliche
Aussagen über Gott verstehen. Aber ist die Analogie ausschließlich ein
Mittel, dessen wir bedürfen, um einen Begriff zu verstehen, oder ist sie
auch ein Mittel, um die Sache zu erfassen? Die platonisch-aristotelische
Tradition ist der Auffassung, daß eine Entsprechung zwischen Begriff und
Sache besteht. Wenn wir der Ursache eines Organismus Verstand zuschreiben, dann nicht in demselben Sinn wie einem Techniker, der eine
Maschine baut, aber wir nehmen an, daß zwischen dem Techniker und der
Ursache des Organismus eine Entsprechung besteht; daß wir uns einer
bestimmten Analogie bedienen müssen, um einen Begriff zu verstehen,
sagt also etwas aus über die Sache, von der wir den Begriff prädizieren.
Von diesen allgemeinen Überlegungen zur Notwendigkeit der Analogie in
der religiösen Sprache sind die christologischen Aussagen zu unterscheiden. Die Lehre des Konzils von Chalkedon (451) von der Einheit der
göttlichen und der menschlichen Natur in der Person Christi besagt, daß
die Aussagen, die Christus menschliche Eigenschaften und Verhaltensweisen zuschreiben, nicht analog, sondern wörtlich zu verstehen sind.
Dagegen stellen uns Kants christologische Aussagen vor folgende Alternative: Wenn diese Aussagen der Bibel wörtlich zu nehmen sind, dann ist
Christus ein Mensch wie wir alle; er ist ein moralisches Beispiel, wie wir
alle es sein sollen. Wollen wir daran festhalten, daß Christus Gott ist, dann
sind diese Aussagen als Schematismus der Analogie zu verstehen; Christus ist das durch unsere Vernunft gegebene Ideal des vollkommenen
Menschen, und um uns dieses Ideal denken zu können, sind wir wegen der
Beschränktheit unserer Vernunft auf Analogien aus dem menschlichen
Bereich angewiesen.

3. Das Reich Gottes und die Kirche

Die Geschichte der Religionen ist auch eine Geschichte der Religions-
kriege; sie muß berichten von Fanatismus, Haß, Intoleranz, Fundamentalismus, von der Verfolgung Andersgläubiger und vielem anderen, was das
Bild der Religionen trübt und ihre Glaubwürdigkeit erschüttert. Eine Vernunftreligion kann sich damit nicht abfinden. Aber welchen Weg soll sie
einschlagen, um die Religion von diesen Übeln zu befreien? Sollte sie es
sich nicht zur Aufgabe machen, historische Religionen, Kirchen und Konfessionen aufzuheben und den Einzelnen von jeder Bindung an eine Religionsgemeinschaft zu befreien, so daß er seine Vernunftreligion als auto-

nomes *Individuum* lebt? Kant schlägt diesen Weg nicht ein; vielmehr weist seine Religionsphilosophie den Religionen und Kirchen trotz aller Dunkelheiten ihrer Geschichte eine Aufgabe zu, die nur sie erfüllen können. Sich zu einer Kirche zusammen zu schließen, ist nicht in das Belieben der Einzelnen gestellt, sondern ist deren Pflicht. Kant begründet das durch seine Lehre vom ethischen gemeinen Wesen.

a) Das ethische gemeine Wesen

192 Auch wenn der Mensch von der Herrschaft des bösen Prinzips frei geworden ist, bleibt er dessen Angriffen und Versuchungen ständig ausgesetzt. Die Ursache dafür ist nicht in seiner eigenen Natur, sondern im Zusammenleben mit anderen Menschen zu suchen. Seine Natur ist an sich genügsam, aber wenn er unter Menschen ist, wird er von Neid, Herrschsucht, Habgier und den damit verbundenen feindseligen Neigungen angefochten. Dazu brauchen die Menschen nicht böse zu sein und einander kein schlechtes Beispiel zu geben; „es ist genug, daß sie da sind, daß sie ihn umgeben, und daß sie Menschen sind, um einander wechselseitig in ihrer moralischen Anlage zu verderben und sich einander böse zu machen" (RGV, AA 6,94; vgl. AA 6,27). Dieser Gefahr können die Menschen nur dadurch begegnen, daß sie sich zu einer Gemeinschaft zusammenschließen, welche die Beförderung des Guten zum Ziel hat, und aus der Pflicht, der Herrschaft des bösen Prinzips entgegen zu wirken, ergibt sich die Pflicht, sich zu dieser Gemeinschaft zu verbinden.

Kant nennt diese Verbindung ein „ethisches gemeines Wesen" oder einen ethischen Staat, „d.i. ein Reich der Tugend" (RGV, AA 6,94f.), und er unterscheidet es vom rechtlichen gemeinen Wesen, dem politischen Staat. Während in diesem öffentliche Rechtsgesetze herrschen, steht das ethische gemeine Wesen unter Tugendgesetzen; wie Menschen, die nicht unter öffentlichen Rechtsgesetzen stehen, im juridischen Naturzustand leben, so befinden sich Menschen, die nicht durch Tugendgesetze miteinander verbunden sind, im ethischen Naturzustand. Weil die Tugendpflichten für jeden Menschen gelten, „ist der Begriff eines ethischen gemeinen Wesens immer auf das Ideal eines Ganzen aller Menschen bezogen, und darin unterscheidet es sich von dem politischen". Wenn sich daher eine bestimmte Zahl von Menschen mit dem Ziel der Beförderung des Guten unter Tugendgesetzen zusammenschließt, so bilden diese noch nicht das ethische gemeine Wesen, sondern lediglich eine besondere Gesellschaft, die zur Einheit mit allen Menschen hinstrebt. Eine solche partiale Gesellschaft ist lediglich eine „Vorstellung oder ein Schema" des ethischen gemeinen Wesens. Das Verhältnis dieser verschiedenen partialen Gesellschaften zueinander ist zu vergleichen mit dem Verhältnis politischer Staaten, das nicht durch ein öffentliches Völkerrecht geregelt ist und die sich insofern im juridischen Naturzustand befinden; entsprechend befinden sich die partialen Gesellschaften unter Tugendgesetzen in ihrem Verhältnis zueinander im ethischen Naturzustand (RGV, AA 6,96).

Die Pflicht, aus dem ethischen Naturzustand herauszugehen und sich zum ethischen gemeinen Wesen zusammen zu schließen ist nicht eine Pflicht der Menschen gegen Menschen, sondern des menschlichen Geschlechts gegen sich selbst. Das höchste sittliche Gut kann durch die Anstrengung der einzelnen Person allein nicht verwirklicht werden; es erfordert vielmehr, daß die Menschen sich zu diesem Ziel zusammen schließen. Diese Pflicht ist jedoch von allen anderen Pflichten unterschieden. Alle anderen moralischen Gesetze betreffen das, wovon wir wissen, daß es in unserer Gewalt steht. Dagegen haben wir es hier mit einer Pflicht zu tun, die uns gebietet, auf ein Ganzes hinzuwirken, von dem wir nicht wissen können, „ob es als ein solches auch in unserer Gewalt stehe". Deshalb ist zu vermuten, „daß diese Pflicht der Voraussetzung einer anderen Idee, nämlich der eines höheren moralischen Wesens, bedürfen werde, durch dessen allgemeine Veranstaltung die für sich unzulänglichen Kräfte der einzelnen zu einer gemeinsamen Wirkung vereinigt werden" (RGV, AA 6,98).

Ein gemeines Wesen erfordert eine öffentliche Gesetzgebung und folglich einen Gesetzgeber. Im Unterschied zu einem juridischen gemeinen Wesen, das sich mit der Legalität der Handlungen begnügt, fordert ein ethisches gemeines Wesen deren Moralität, d.h. daß das sittlich Richtige um seiner selbst willen getan wird. In jedem gemeinen Wesen muß der Gesetzgeber darauf achten, daß die Gesetze befolgt werden, und er muß folglich ihre Übertretung bestrafen. Im Unterschied zu der von der Legalität geforderten äußeren Handlung kann die Gesinnung, in welcher ein Gesetz befolgt wird, von einem menschlichen Gesetzgeber nicht festgestellt werden. Der Gesetzgeber des ethischen Gemeinwesens muß imstande sein, eine Gesinnung vorzuschreiben und zu sanktionieren. Nicht nur die Rechtspflichten, sondern auch die Tugendpflichten müssen als seine mit Sanktionen verbundenen Gebote vorgestellt werden können, und er muß ein „Herzenskündiger" sein, der die Gesinnungen eines jeden Menschen zu durchschauen vermag. „Dieses ist aber der Begriff von Gott als einem moralischen Weltherrscher. Also ist ein ethisches gemeines Wesen nur als ein Volk unter göttlichen Geboten, d.i. als ein Volk Gottes und zwar nach Tugendgesetzen, zu denken möglich" (RGV, AA 6,99).

b) Die sichtbare Kirche

Das ethische gemeine Wesen ist eine Idee, die in dieser Welt niemals vollständig verwirklicht werden kann, weil sie den Einschränkungen durch die sinnliche Natur des Menschen unterworfen ist. „Wie kann man erwarten, daß aus so krummen Holze etwas völlig Gerades gezimmert werde?" (RGV, AA 6,100). Kant unterscheidet deshalb vom Volk Gottes nach Tugendgesetzen ein Volk Gottes nach statuarischen Gesetzen, von der

193

unsichtbaren die sichtbare Kirche und vom reinen Religionsglauben den historischen Offenbarungsglauben oder Kirchenglauben.

Ein Volk Gottes nach statuarischen Gesetzen ist ein juridisches gemeines Wesen, bei dem es nicht auf die Moralität, sondern bloß auf die Legalität der Handlungen ankommt. Auch hier ist Gott des Gesetzgeber, aber seine Gesetze sind nicht die Gesetze der reinen praktischen Vernunft, sondern es sind Gesetze, die in einer historischen Offenbarung erlassen werden. Die Regierung liegt in der Hand der Priester, denen die Offenbarung anvertraut wurde. Dem reinen praktischen Vernunftglauben des ethischen gemeinen Wesens stellt Kant den bloß auf Fakten gegründeten historischen Glauben eines Volkes Gottes nach statuarischen Gesetzen entgegen. Das Volk Gottes nach Tugendgesetzen ist eine Idee und als solche kein Gegenstand möglicher Erfahrung; Kant nennt es deshalb die unsichtbare Kirche. Die wahre sichtbare Kirche „ist diejenige, welche das (moralische) Reich Gottes auf Erden, soviel es durch Menschen geschehen kann, darstellt". Als eines der Merkmale der wahren sichtbaren Kirche nennt Kant die Allgemeinheit, aus welcher die numerische Einheit, d.h. die Einzigkeit, folgt. Die sichtbare Kirche wird diese Einheit niemals verwirklichen können, aber sie muß die Anlage zu ihr in sich enthalten. Trotz aller Meinungsverschiedenheiten muß sie doch „in Ansehung der wesentlichen Absicht auf solchen Grundsätzen errichtet" sein, „welche sie notwendig zur allgemeinen Vereinigung in eine einzige Kirche führen müssen" (RGV, AA 6,101).

Damit ist die Spannung zwischen dem historischen Offenbarungsglauben und dem reinen Religionsglauben bzw. zwischen einem Volk Gottes nach statuarischen und dem Volk Gottes nach Tugendgesetzen deutlich geworden: Wegen des krummen Holzes, der sinnlichen Natur des Menschen, ist in dieser Welt immer nur ein Volk Gottes nach statuarischen Gesetzen möglich; eine Kirche kann niemals auf den reinen Vernunftglauben gegründet werden, sondern sie bedarf notwendig eines historischen Offenbarungsglaubens. Dennoch kann die Pflicht der Menschheit gegen sich selbst, das ethische Gemeinwesen nach Kräften zu verwirklichen, nur dadurch erfüllt werden, daß die Menschen sich zu einem Volk Gottes nach statuarischen Gesetzen zusammenschließen; die Religionsgemeinschaften sind ein unverzichtbarer Schritt auf dem Weg zum Reich Gottes, der Einheit der Menschheit unter Tugendgesetzen. Das ethische gemeine Wesen als ein Reich Gottes kann „nur durch Religion von Menschen unternommen" werden, und „damit diese öffentlich sei (welches zu einem gemeinen Wesen erfordert wird)", kann es nur in „der sinnlichen Form einer Kirche vorgestellt werden [...], deren Anordnung also den Menschen als ein Werk, das ihnen überlassen ist und von ihnen gefordert werden kann, zu stiften obliegt" (RGV, AA 6,151f.). Aber nur die Kirche ist eine wahre Kirche, die ihre statuarischen Gesetze nicht absolut setzt, sondern weiß, daß sie auf dem Weg zum ethischen gemeinen Wesen, zum Reich Gottes, ist und daß sie die Aufgabe hat, die Einheit der Menschheit zu verwirklichen. „Wenn also gleich (der unvermeidlichen Einschränkung der menschlichen Vernunft gemäß) ein historischer Glaube als Leitmittel die reine Religion affiziert, doch mit dem Bewußtsein, daß er bloß ein solches sei, und dieser als Kirchenglaube ein Prinzip bei sich führe, dem reinen Religionsglauben sich kontinuierlich zu nähern, um jenes Leitmittel endlich entbehren zu können, so kann eine solche Kirche immer die wahre heißen, da aber über historische Glaubenslehren der Streit nie vermieden werden kann, nur die streitende Kirche genannt werden" (RGV, AA 6,115).

c) Offenbarungsglaube und Vernunftglaube

Wir fragen nach dem Verhältnis von Offenbarungslauben und Vernunftglauben, und wir wollen in einem ersten Schritt Kants Begriff des Offenbarungsglaubens klären. Kant versteht darunter einen bloß auf Tatsachen gegründeten historischen Glauben. Er kann als solcher nur eine zeitlich und räumlich begrenzte Verbreitung haben; er kann „seinen Einfluß nicht weiter ausbreiten […], als soweit die Nachrichten in Beziehung auf das Vermögen, ihre Glaubwürdigkeit zu beurteilen, nach Zeit und Ortsumständen hinlangen können" (RGV, AA 6,103). Weil er in diesem Sinn zufällig ist, kann er nicht „als den Menschen überhaupt verbindend betrachtet werden" (RGV, AA 6,104). Eine Rechtfertigung dieses Glaubens ist nur durch die historischen Wissenschaften möglich, was bedeutet, daß der Mensch in diesem Glauben von der Autorität der Gelehrten und der wissenschaftlichen Diskussion abhängig ist. Es ist „nicht zu ändern, daß der historische Glaube nicht endlich ein Glaube an Schriftgelehrte und ihre Einsicht werde; welches freilich der menschlichen Natur nicht sonderlich zur Ehre gereicht, aber doch durch die öffentliche Denkfreiheit wiederum gut gemacht wird". Die Gelehrten gewinnen dadurch das Vertrauen der Allgemeinheit, daß sie ihre Ergebnisse „jedermanns Prüfung aussetzen, selbst aber auch zugleich für bessere Einsicht immer offen und empfänglich bleiben" (RGV, AA 6,114). Die statuarische, uns nur durch Offenbarung kund werdende Gesetzgebung ist für Kant Menschenwerk. Sie darf nicht als Werk des göttlichen Gesetzgebers angesehen werden; vielmehr haben wir allen Grund anzunehmen, der göttliche Wille sei, daß wir der Vernunftidee des ethischen gemeinen Wesens selbst eine geschichtliche Form geben und diese Form beständig verbessern. „Man hat also nicht Ursache, zur Gründung und Form einer Kirche die Gesetze geradezu für göttliche, statuarische zu halten, vielmehr ist es Vermessenheit, sie dafür auszugeben, um sich der Bemühung zu überheben, noch ferner an der Form der letzteren zu bessern oder wohl gar Usurpation höheren Ansehens, um mit Kirchensatzungen durch Vorgeben göttlicher Autorität der Menge ein Joch aufzulegen" (RGV, AA 6,105).

Nur der allgemeine Religionsglaube kann eine allgemeine Kirche begründen, weil allein von ihm als einem bloßen Vernunftglauben jeder Mensch überzeugt werden kann. „Allein es ist eine besondere Schwäche der menschlichen Natur daran schuld, daß auf jenen reinen Glauben niemals soviel gerechnet werden kann, als er wohl verdient, nämlich eine Kirche auf ihn allein zu gründen" (RGV, AA 6,103). Diese Schwäche besteht in dem natürlichen Bedürfnis aller Menschen, „zu den höchsten Vernunftbegriffen und Gründen immer etwas Sinnlich-Haltbares, irgendeine Erfahrungsbestätigung u. dgl. zu verlangen" (RGV, AA 6,109). Deshalb sind sie nicht leicht zu überzeugen, daß die Befolgung des Sittengesetzes, und das ist die Erfüllung der Pflichten ausschließlich gegen Menschen (gegen andere und gegen sich selbst), alles sei, was Gott von ihnen verlangt, damit sie ihm wohlgefällige Untertanen in seinem Reich sind. Jeder große Herr der Welt hat das Bedürfnis, „von seinen Untertanen geehrt und durch Unterwürfigkeitsbezeigungen gepriesen zu werden", und auch der vernünftigste Mensch hat ein unmittelbares Wohlgefallen an Ehrenbezeigungen. So kommt es zu einer Umdeutung der Pflicht, sofern sie zugleich göttliches Gebot ist. Die Menschen können sie nicht anders denken als einen Dienst, den sie Gott zu leisten haben, bei dem es nicht auf den inneren moralischen Wert der Handlungen ankommt als vielmehr darauf, daß er Gott geleistet wird. Die Handlungen mögen in sich moralisch indifferent sein; worauf es nach dem Urteil der Menschen ankommt ist, daß sie einen passiven Gehorsam ausdrücken, um Gott so zu gefallen. So „behandelt man die Pflicht, sofern sie zugleich göttliches Gebot ist, als Betreibung einer Angelegenheit Gottes, nicht des Menschen, und so entspringt der Begriff einer gottesdienstlichen statt des Begriffs einer rein moralischen Religion" (RGV, AA 6,103).

Wenn wir fragen, wie Gott verehrt sein wolle, so ist die Antwort verschieden, je nachdem, ob wir uns als Menschen oder als Mitglieder einer Kirche betrachten. Die allgemeingültige Gesetzgebung Gottes für den Menschen als Menschen kann nur die moralische sein, denn die statuarische beruht auf einer Offenbarung, die nicht an alle Menschen ergangen ist; die statuarische Gesetzgebung ist in diesem Sinn zufällig und kann folglich nicht für den Menschen als Menschen verbindlich sein. Dagegen kann die Frage, wie Gott in einer Kirche verehrt sein will, nicht durch bloße Vernunft beantwortet werden. Eine Kirche „als eine Vereinigung vieler Menschen […] zu einem moralischen gemeinsamen Wesen bedarf einer öffentlichen Verpflichtung, einer gewissen auf Erfahrungsbedingungen beruhenden kirchlichen Form, die an sich zufällig und mannigfaltig ist, mithin ohne göttliche statuarische Gesetze nicht als Pflicht erkannt werden kann". Den Grund dafür sieht Kant in einem Hang der Menschen „zu einer gottesdienstlichen Religion (*cultus*) und, weil diese auf willkürlichen Vorschriften beruht, zum Glauben an statuarische göttliche Gesetze"

(RGV, AA 6,105f.). Sie gehen davon aus, daß zur moralischen Gesetzgebung noch eine durch die Vernunft nicht erkennbare, sondern der Offenbarung bedürftige göttliche Gesetzgebung hinzukommen müsse. In der Befolgung des von der Vernunft vorgeschriebenen Sittengesetzes sehen sie nur eine mittelbare Verehrung Gottes, während die Gesetzgebung der Offenbarung die unmittelbare Verehrung Gottes zum Ziel habe. Aber, so die Kritik Kants, alle religiösen Feierlichkeiten, Glaubensbekenntnisse, Observanzen usw., von denen die Menschen annehmen, daß sie nur um Gottes willen geschehen, sind moralisch indifferente Handlungen. Die Menschen müssen darüber aufgeklärt werden, daß die wahre Verehrung Gottes in der Befolgung der Pflichten gegenüber den Menschen, welche die einzigen Pflichten sind, besteht. Die Kirche ist ein bloßes, wenn auch notwendiges Mittel. Der Kirchenglaube ist Vehikel und Mittel des reinen Religionsglaubens. Die Menschen würden es niemals für notwendig halten, sich zur Beförderung der reinen Vernunftreligion zu verbinden, um so der Pflicht der Menschheit gegen sich selbst zu entsprechen, aber ihr Hang treibt sie, sich zu einer gottesdienstlichen Religion als einem ersten Schritt zum ethisch gemeinen Wesen zu verbinden. „Der Kirchenglaube geht also in der Bearbeitung der Menschen zu einem ethischen gemeinen Wesen natürlicherweise vor dem reinen Religionsglauben vorher"; moralischerweise, so ergänzt eine Anmerkung der zweiten Auflage, sollte es umgekehrt zugehen (RGV, AA 6,106).

d) Eine natürliche und offenbarte Religion
Drei Fragen seien hier an Kant gestellt. (a) Wie ist der Hang des Menschen zu einer unmittelbaren Verehrung Gottes zu beurteilen? Handelt es sich, wie etwa Wittgenstein (§ 27) es sieht, um ein Urphänomen, oder beruht dieser Hang, wie Kant annimmt, darauf, daß der Mensch ein krummes Holz ist, aus dem nichts völlig Gerades gezimmert werden kann? Ist das sittliche Bewußtsein der einzige und ausschließliche Maßstab, nach dem alle anthropologischen Phänomene zu beurteilen sind? Es ist bezeichnend, daß Kant zwar die zweite und dritte Bitte des Vaterunsers zitiert „„daß das Reich Gottes komme, daß sein Wille auf Erden geschehe‴" (RGV, AA 6,101), aber nicht die erste Bitte: „Dein Name werde geheiligt" (Mt 6,9). (b) Wie steht es mit der Vernünftigkeit des Offenbarungsglaubens? Kant kennt anscheinend nur eine historische Rechtfertigung. Die Offenbarung ist ein historisches Faktum, und sie muß wie jedes historische Faktum durch Urkunden und andere historische Fakten bewiesen werden. Die Glaubwürdigkeit der Offenbarung als eines historischen Faktums beruht ausschließlich auf historischen Beweisen. Hier ist zu fragen, ob nicht auch, wie es etwa Newman (§§ 130–132) und Pascal (§ 246–251) versuchen, eine immanente Begründung der Offenbarung möglich ist. Kann eine Offenbarung trotz ihrer Geschichtlichkeit in dem Sinn

195

vernünftig sein, daß sie eine überzeugende Deutung der *condicio humana* ist? (c) Wie ist das natürliche Bedürfnis der Menschen, zu den Vernunftbegriffen etwas Sinnlich-Haltbares zu verlangen, zu beurteilen? Ist es eine Schwäche und Unvollkommenheit des Menschen, der ein krummes Holz ist? Oder läßt es sich in der Weise deuten, daß Vernunft und Sinnlichkeit des Menschen eine Einheit bilden und der Akt des religiösen Glaubens folglich vom ganzen Menschen, auch als einem Sinnenwesen, vollzogen wird?

Der zweite Einwand bedarf der Differenzierung. Moralischer Vernunftglaube und Offenbarungsglaube stehen nicht beziehungslos nebeneinander. Der historische Offenbarungsglaube oder Volksglaube kann als Vehikel des Vernunftglaubens dienen, weil lange vor ihm „die Anlage zur moralischen Religion in der menschlichen Vernunft verborgen lag, wovon zwar die ersten rohen Äußerungen bloß auf gottesdienstlichen Gebrauch ausgingen und zu diesem Behuf selbst jene angeblichen Offenbarungen veranlaßten, hierdurch aber auch etwas von dem Charakter ihres übersinnlichen Ursprungs selbst in diese Dichtungen, obzwar unvorsätzlich, gelegt haben" (RGV, AA 6,111). Jede Religion, auch die offenbarte, muß gewisse Prinzipien der Vernunftreligion enthalten, denn „Offenbarung kann zum Begriff einer *Religion* nur durch die Vernunft hinzugedacht werden, weil dieser Begriff selbst, als von einer Verbindlichkeit unter dem Willen eines *moralischen* Gesetzgebers abgeleitet, ein reiner Vernunftbegriff ist" (RGV, AA 6,156). Auch eine *offenbarte* Religion ist eine *Religion*, und der Begriff des Vehikels impliziert den Begriff dessen, wofür das Vehikel ein Vehikel ist. Die Pflicht der Menschheit gegen sich selbst zu einem ethischen gemeinen Wesen kann nur durch die Gründung einer Kirche erfüllt werden, was wiederum ohne statuarische Gesetze, d.h. ohne historische Offenbarung, nicht möglich ist; die historische Offenbarung ist also ein Mittel, um die Pflicht der Menschheit gegen sich selbst zu erfüllen und daher ohne die Forderung der reinen Vernunftreligion nicht denkbar.

196 In höchstem Maß ist die Übereinstimmung von Vernunftreligion und Offenbarungsglaube in den Schriften des Neuen Testaments gegeben. „Glücklich! wenn ein solches den Menschen zu Händen gekommenes Buch neben seinen Statuten als Glaubensgesetzen zugleich die reinste moralische Religionslehre mit Vollständigkeit enthält". Das Neue Testament kann aus zwei Gründen „das Ansehen gleich einer Offenbarung behaupten": wegen des Zwecks, dem es dient, und wegen der Schwierigkeit, eine solche Erleuchtung des Menschengeschlechts durch natürliche Gesetze zu erklären (RGV, AA 6,107). Aber die Botschaft des Neuen Testaments erschöpft sich in der Vernunftreligion, und der einzige Schriftsinn, den Kant gelten läßt, ist der moralische; allein nach ihm ist das Neue Testament auszulegen. Er fordert die „durchgängige Deutung"

der Schrift „zu einem Sinn, der mit den allgemeinen praktischen Regeln der Vernunftreligion zusammenstimmt. Denn das Theoretische des Kirchenglaubens kann uns nicht interessieren, wenn es nicht zur Erfüllung aller Menschenpflichten als göttlicher Gebote [...] hinwirkt" (RGV, AA 6,110). Das Christentum ist in dem Sinn eine „natürliche" Religion, „daß die Menschen durch den bloßen Gebrauch ihrer Vernunft auf sie von selbst *hätten kommen können* und *sollen*"; es ist in dem Sinn eine offenbarte Religion, daß sie „nicht so früh oder in so weiter Ausbreitung, als verlangt wird, auf dieselbe gekommen sein *würden*". Aber wenn das Christentum durch die Offenbarung einmal da und öffentlich bekannt gemacht ist, kann sich jeder von seiner Wahrheit „durch sich selbst und seine eigene Vernunft überzeugen" (RGV, AA 6,155f.). Kant kennt also, um auf unsere zweite Frage (§ 195) zurückzukommen, eine immanente Begründung der Offenbarung, aber er beschränkt sie ausschließlich auf die sittliche Botschaft des Neuen Testaments. Die Offenbarung des Neuen Testaments ist lediglich eine psychologische oder didaktische Hilfe. Sie lehrt die Menschen etwas, auf das sie auch von selbst hätten kommen können und sollen, und dadurch, daß sie zu den Einsichten der praktischen Vernunft führt, hebt sie sich selbst auf.

Die Spannung zwischen dem historischen Glauben und dem reinen Religionsglauben findet sich nach Kant in der christlichen Lehre vom seligmachenden Glauben und „in allen Religionsformen"; es ist Aufgabe der Religionskritik, das Verhältnis dieser beiden Prinzipien richtig zu bestimmen. Im seligmachenden Glauben und in jeder Religion geht es einmal um das, was der Mensch selbst nicht tun kann, „nämlich seine geschehenen Handlungen rechtlich (vor einem göttlichen Richter) ungeschehen zu machen"; in allen Religionen finden sich „Expiationen" (Sühneriten). Inhalt des seligmachenden Glaubens ist zweitens, was der Mensch selbst tun kann: daß er sich durch einen guten Lebenswandel Gott wohlgefällig macht; in jeder Religion läßt die moralische Anlage des Menschen ihre Forderungen hören (RGV, AA 6,116;120). Der Glaube an eine Genugtuung, die wir nicht selbst leisten können, ist ein historischer Glaube; der Glaube, daß wir durch ein gutes Leben Gott wohlgefällig werden, ist praktischer Vernunftglaube. Kant fragt, wie beide Formen des Glaubens sich zueinander verhalten müssen: Muß der Glaube an die Genugtuung vor dem Streben nach guten Werken vorhergehen, oder können wir an Vergebung und Genugtuung nur dann glauben, wenn wir uns um ein gutes Leben bemüht haben? Muß also der historische Glaube vor dem praktischen Vernunftglauben oder muß der praktische Vernunftglaube vor dem historischen Glauben vorhergehen? Kant interpretiert die erste Möglichkeit so, daß der gute Lebenswandel die unausbleibliche Folge des Glaubens an die Genugtuung ist. „Diesen Glauben kann kein überlegender Mensch [...] in sich zuwege bringen" (RGV, AA 6,117). Ein solcher

197

Glaube würde die Moral zerstören; die notwendige Folge einer solchen Religion wäre der Verfall der Sitten. Es muß also der reine moralische Glaube dem Kirchenglauben als dessen Bedingung vorhergehen. Der bloße Kirchenglauben ohne den reinen Religionsglauben wäre „ein Frohn- und Lohnglaube"; er kann nicht als seligmachend angesehen werden, weil er nicht moralisch ist (RGV, AA 6,115). In „dem Grundsatze eines despo- tisch gebietenden [bloßen] Kirchenglaubens" sieht Kant die Wurzel für die dunklen Seiten in der Geschichte des Christentums (RGV, AA 6,131).

Literatur:

Silber 1959
Walsh 1963
Silber 1969
Wood 1970
Ricken/Marty 1992
Pirillo 1996
Guyer 1997
Winter 2000

H. Skeptizismus und Religionskritik: David Hume

In einem Buch über Religionsphilosophie darf ein Kapitel über Religionskritik nicht fehlen. Die Religionskritik stellt Fragen an die Religion, und
eine Religionsphilosophie, die versucht, die nicht reduzierbare Eigenständigkeit des Phänomens Religion aufzuzeigen und dessen Beziehungen zu
anderen Lebensvollzügen des Menschen zu klären, muß imstande sein,
diese Fragen zu beantworten. Wer fragt, ob eine bestimmte Form der Religionskritik berechtigt ist, muß zunächst klären, was das ist, das da kritisiert wird, d.h. gegen eine wie verstandene Religion oder gegen welche
Formen der Religion die Religionskritik sich richtet, und er muß seine
Sicht der Phänomene mit denen des Kritikers vergleichen. Dieses Kapitel
will die Vorwürfe wiedergeben, die Hume gegen die Religion erhebt; es
will sein Verständnis von Religion und seine Sicht der Phänomene beschreiben. Den kritischen Vergleich muß es den Leserinnen und Lesern
überlassen; er wäre nur in der Weise möglich, daß vieles, was vor allem in
den Kapiteln über Wittgenstein, James und Newman gesagt worden ist,
wiederholt würde.

David Hume (1711–1776) ist der heute in der angelsächsischen Philosophie wahrscheinlich einflußreichste Klassiker der Religionskritik. Die
Dialoge über die natürliche Religion (*Dialogues Concerning Natural Re-
ligion*), mit denen dieses Kapitel sich vor allem beschäftigen wird, zählen
zu den Klassikern der Religionsphilosophie und zu den umstrittensten
Werken der philosophischen Literatur; nach dem Urteil der Hume-Kenner
und nach Humes eigener Einschätzung sind sie vielleicht das Beste, das
Hume geschrieben hat. Außerdem besitzen wir von Hume folgende
Schriften zur Religionsphilosophie: 1. *Über Wunder* (*Enquiry Concerning
Human Understanding*, Section X). Die christliche Religion, so Humes
These, könne ohne die Annahme von Wundern von keinen vernünftigen
Menschen geglaubt werden; bloße Vernunft sei ungenügend, uns von ihrer
Wahrheit zu überzeugen; der Glaube an Wunder widerspreche aber der
Erfahrung. 2. *Über eine besondere Vorsehung und ein zukünftiges Dasein*
(*Enquiry Concerning Human Understanding*, Section XI). Hume will
zeigen, daß kein Zusammenhang besteht zwischen den politischen
Interessen der Gesellschaft und den Fragen der Religion und Metaphysik.
Wer eine Vorsehung und ein zukünftiges Dasein leugne, untergrabe damit
nicht die Grundlagen der Gesellschaft. Die einzige Begründung für die
„religiöse Hypothese", daß Gott existiert, sei die aus der Ordnung der
Natur. Sie sei ein Schluß von der Wirkung auf die Ursache, und ein solcher Schluß erlaube nicht, der Ursache mehr Eigenschaften zuzuschreiben
als erforderlich sind, um die Wirkung zu erklären. Die Annahme, es gebe
eine zukünftige Strafe oder einen zukünftigen Lohn, lasse sich daher aus

der religiösen Hypothese nicht ableiten. 3. *Die Naturgeschichte der Religion* (*The Natural History of Religion*) behauptet, die ursprüngliche Form der Religion sei der Polytheismus. Damit wendet Hume sich gegen den Anspruch der Aufklärung, sie kehre mit ihrer philosophischen Theologie zur ursprünglichen Form der Religion zurück.

Die genannten Werke sind alle mehr oder weniger innerhalb eines Zeitraums von etwa vier Jahren entstanden. Die *Enquiry* erscheint 1748 als Neufassung des ersten Teils des *Treatise of Human Nature* (1739 und 1740), von dem Hume in seiner Autobiographie schreibt: „als Totgeburt fiel er aus der Presse" (LDH 1,2). Die *Dialoge* waren mit Ausnahme von Teil 12 Anfang 1751 abgeschlossen; sie wurden etwa 1761 und dann nochmals 1776 überarbeitet. Die *Natural History* ist geschrieben zwischen Anfang 1749 und Anfang 1752. Auf den Rat seiner Freunde hin, die einen Skandal befürchteten, hat Hume die *Dialoge* zu seinen Lebzeiten nicht veröffentlicht. Er verfügte testamentarisch eine postume Publikation; die *Dialoge* erschienen 1779.

I. Die Dialoge über die natürliche Religion

1. Die Vorlage

200 Hume war ein großer Kenner und Verehrer der Philosophie Ciceros. „Meine Neigung zur Gewissenhaftigkeit, meine Nüchternheit und mein Fleiß ließen meine Familie zur Ansicht kommen, daß Jurist der geeignete Beruf für mich sei. Aber ich empfand eine unüberwindbare Abneigung gegen alles außer dem Streben nach Philosophie und allgemeiner Gelehrsamkeit; und während sie glaubten, daß ich Voet und Vinnius [holländische Juristen] studierte, waren Cicero und Vergil die Autoren, die ich heimlich verschlang" (LDH 1,1). Das Vorbild der *Dialoge* ist Ciceros Schrift *De natura deorum,* „Über das Wesen der Götter". Aufgrund erhaltener Notizen Humes ist vermutet worden, daß er den Plan hatte, einen Kommentar zu *De natura deorum* zu schreiben (Hendel 1963, 29–32). Wie immer es damit stehen mag: Ein Blick auf Ciceros Schrift ist eine unerläßliche Voraussetzung für die Interpretation von Humes *Dialogen.*

Cicero schildert ein Gespräch zwischen drei Vertretern der führenden Richtungen der hellenistischen Philosophie, einem Epikureer, einem Stoiker und einem Akademiker; Cicero selbst nimmt als stummer Zuhörer am Gespräch teil. Die Epikureer und Stoiker vertreten jeweils ein philosophisches System; sie sind, wie ihre skeptischen Gegner sie nennen, „Dogmatiker"; dagegen ist die spätere Akademie eine Form des antiken Skeptizismus. Der Stoiker und der Epikureer bekämpfen einander, und der Akademiker kritisiert beide Systeme, ohne selbst eine Lehre zu vertreten. Von der Position der drei Gesprächspartner ist nochmals die Ciceros zu unterscheiden. In der Einleitung weist er die Frage nach ihr zurück: „Diejenigen aber, die nun erfahren wollen, was ich persönlich über jedes einzelne Problem denke, zeigen dabei mehr Neugierde, als nötig ist; denn bei einer Erörterung ist weniger nach der Autorität der Person als nach den Gewicht der Gründe zu fragen" (ND 1,10). Dennoch finden wir am Ende des Gesprächs eine Andeutung: Die stoische Lehre, welche für die Existenz der Götter argumentiert, „schien mir der Ähnlichkeit mit der Wahrheit näher zu kommen" (ND 3, 16). Das ist eine außerordentlich vorsichtige Formulierung. Cicero ist nicht ein Skeptiker, der gegen jede Lehre argumentiert, aber seine Stellungnahme für die Stoiker ist mit der äußersten Zurückhaltung ausgedrückt.

Wie sehr auch Epikureer und Stoiker sich in ihren Lehren gegenseitig bekämpfen, so stimmen doch ihre Vertreter in Ciceros Gespräch in einem wichtigen Punkt überein: Der Glaube an die Götter findet sich bei allen Völkern; er ist angeboren oder von der Natur gegeben. Der Streit geht nicht um die Existenz, sondern um das Wesen der Götter. „Bei allen Menschen auf der ganzen Welt", so der Stoiker, „steht die Hauptsache fest; allen ist angeboren und gleichsam in die Seele eingemeißelt: es gibt Götter. Über ihr Wesen gehen die Meinungen auseinander; ihre Existenz wird von niemand geleugnet" (ND 2,12f.). Es gebe, so führt der Epikureer aus, kein Volk und keine Menschenart, die nicht auch ohne Belehrung einen bestimmten Vorbegriff von den Göttern besäße; die Natur selbst habe in den Seelen aller Menschen den Begriff der Götter eingeprägt (ND 1,43f.). Der akademische Skeptiker hat das Amt des Pontifex Maximus, d.h. er ist der höchste Vertreter der römischen Religion. Auch er teilt die natürliche Überzeugung von der Existenz der Götter. Die Philosophie kann seiner Ansicht nach diese natürliche Überzeugung zerstören, indem sie zu der Auffassung verführt, der Glaube an die Existenz der Götter beruhe auf Beweisen.

Gegenstand von Humes *Dialogen* ist die „natürliche Religion". Der Terminus ist das im achtzehnten Jahrhundert bevorzugte Synonym für *theologia naturalis*, die Bezeichnung der philosophischen Disziplin, die unabhängig von jeder Offenbarung, wie sie etwa in der Bibel oder im Koran enthalten ist, ausschließlich mit den Mitteln der Vernunft die Existenz und Eigenschaften Gottes zu beweisen versucht. Auch bei Hume begegnen wir drei Gesprächspartnern: Cleanthes, Philo und Demea. Der historische Kleanthes (gest. ca. 232 v. Chr.) ist nach dem Schulgründer Zenon und vor Chrysipp das zweite Schulhaupt der Älteren Stoa; der historische Philon von Larisa ist einer der Leiter der Akademie; er flieht 88 v.Chr. von Athen nach Rom, wo der junge Cicero ihn hört und entscheidend von ihm geprägt wird. Demea ist keine historische Figur. In *De natura deorum* bezieht der Verfasser, Cicero, am Schluß, wenn auch mit äußerster Zu- 201 rückhaltung, Stellung zu dem Gespräch. Humes Distanz zu den vorgetragenen Positionen ist erheblich größer als die Ciceros; er selbst tritt im Gespräch auch nicht, wie Cicero, als stummer Zuhörer in Erscheinung. Der stumme Teilnehmer ist vielmehr eine erfundene Figur mit dem Namen Pamphilus, der an einen Hermippus einen Bericht über das Gespräch schreibt. Im Unterschied zum lebenserfahrenen und leidgeprüften Cicero ist Pamphilus ein zwar wißbegieriger, aber junger und unerfahrener Zuhörer. Wie Cicero, so deutet Pamphilus am Ende des Dialogs seine eigene Position an: „Nichts machte jemals einen größeren Eindruck auf mich als die Diskussionen dieses Tages, und ich muß ehrlich sagen, daß ich zurückblickend an dem Gedanken nicht vorbeikann, daß Philos Thesen wahrscheinlicher sind als diejenigen Demeas, daß jedoch die Thesen des Cleanthes der Wahrheit noch näher kommen" (DnR 142). Indem Hume die Figur des Pamphilus vorschiebt, läßt er seine eigene Stellungnahme völlig offen. Am Ende seines Briefes an Hermippus, der die *Dialoge* einleitet, charakterisiert Pamphilus kurz die Personen: der genauen und sorgfältigen philosophischen Argumentation des Cleanthes werden der nachlässige Skeptizismus des Philo und die starre, unbeugsame Rechtgläubigkeit des Demea entgegengestellt.

2. Probleme der Interpretation

202   Der akademische Skeptiker Philo greift die Positionen der Dogmatiker Cleanthes und Demea an, vollzieht aber dann in Teil 12 sozusagen eine Konversion; er schließt sich der Auffassung des Cleanthes an und bekennt seinen Glauben an einen Schöpfergott, der sich in der Ordnung und Schönheit der Natur offenbart. Nach einer verbreiteten Interpretation ist Hume in der Figur des Philo zu finden. Wie aber ist dann diese ‚Konversion' zu deuten? Daß Hume, um nicht aus der Kirche ausgeschlossen zu werden, seine eigene Auffassung verschleiern wollte, ist deshalb nicht anzunehmen, weil die *Dialoge* auf den Rat seiner Freunde hin erst nach seinem Tod veröffentlicht wurden; zu einer solchen Vorsichtsmaßnahme bestand also kein Anlaß.

In einem Brief an Gilbert Elliot vom 10. März 1751 schreibt Hume, daß er Cleanthes zum Held der *Dialoge* macht. Er bittet Elliot, ihm alles mitzuteilen, was die Position des Cleanthes unterstützen könnte. Sollte der Eindruck entstehen, Hume neige der gegnerischen Position zu, so sei das gegen seinen Willen. Aber zugleich wird Humes Sympathie für den Skeptiker Philo deutlich: Wenn er das Glück hätte, in der Nähe von Elliot zu leben, dann würde er die Rolle des Philo übernehmen, und Elliot hätte sicher nichts dagegen, den Cleanthes zu spielen. „Der schlimmste spekulative Skeptiker, den ich jemals gekannt habe, war ein weitaus besserer

Mensch als der beste abergläubische Fromme und Bigotte." Der Brief spricht von einem Hang, aufgrund der Ordnung und Schönheit der Natur an einen Schöpfer zu glauben, und er fragt, ob dieser Hang einer kritischen Prüfung standhalte. Vor kurzem, so berichtet Hume, habe er ein Manuskript verbrannt, das er geschrieben habe, bevor er zwanzig wurde und in dem er Schritt für Schritt seine Gedanken zu dieser Frage entwikkelt habe. „Es begann mit einer ängstlichen Suche nach Argumenten für die allgemeine Meinung: Zweifel stahlen sich herein, zerstreuten sich, kehrten wieder zurück; und es war ein ständiger Kampf einer ruhelosen Einbildungskraft gegen Neigung, vielleicht gegen Vernunft." Er wünschte, so schreibt Hume einige Zeilen später, das teleologische Argument des Cleanthes könnte analysiert und auf seine logische Form gebracht werden. Unser Geist habe einen Hang zum teleologischen Argument. Aber, so fragt er, welcher Art und wie stark ist dieser Hang? Ist der Glaube an die Existenz Gottes ein natürlicher Glaube von derselben Stärke und Allgemeinheit wie unser Glaube an die Zuverlässigkeit unserer Sinne und die Existenz der Außenwelt? Ist das nicht der Fall, dann sei der Hang, dem teleologischen Argument Glauben zu schenken, ein verdächtiges Fundament. Hume bittet Elliot um Hilfe: „Wir müssen uns bemühen zu beweisen, daß dieser Hang etwas anderes ist als unsere Neigung, unsere eigenen Figuren in den Wolken zu finden, unser Gesicht im Mond, unsere Affekte und Gefühle sogar in der unbelebten Materie" (LDH 1,153–155).

Weshalb wählt Hume für seine Kritik an der natürlichen Theologie die Dialogform? Für die Darstellung eines *Systems*, so führt Hermippus in seinem einleitenden Brief an Pamphilus aus, sei die Dialogform aus zwei Gründen nicht geeignet. (a) Es bestehe die Gefahr, daß der Verfasser sich als Lehrer aufspielt, der dem Leser als Schüler den Inhalt in lockerer Form vermitteln will. (b) Der Reiz der Form gehe auf Kosten der Ordnung, Kürze und Genauigkeit. Dagegen gebe es Materien, bei denen die Dialogform einer methodischen Darstellung vorzuziehen ist: (a) Wenn eine Lehre so *offenkundig* sei, daß sie nicht bestritten, und so *wichtig,* daß sie nicht oft genug wiederholt werden könne. (b) Wenn eine philosophische Frage so *dunkel und ungewiß* sei, daß die menschliche Vernunft zu keiner festen Entscheidung kommen könne. Beides treffe für die natürliche Theologie zu: Keine Wahrheit ist so offenkundig und so wichtig wie die *Existenz* Gottes. Dagegen seien die Fragen bezüglich der *Natur* des göttlichen Wesens dunkel und umstritten; und doch seien sie so interessant, daß wir nicht anders können, als sie stets von neuem zu untersuchen.

Hume greift also Ciceros Unterscheidung zwischen der Existenz und dem Wesen der Götter auf. Cicero will zeigen, daß es ein vordiskursives, von jedem philosophischen Beweis unabhängiges Wissen gibt, daß ein vollkommenes Wesen existiert. Verfolgt Hume mit der Unterscheidung dasselbe Ziel? Aber lassen die beiden Fragen sich überhaupt trennen? Kann man von etwas wissen, daß es existiert, ohne einen Begriff davon zu haben, was es ist, oder scheitert mit der Frage nach dem Wesen auch die nach der Existenz Gottes? In welchem Sinn ist für Hume die Existenz Gottes offenkundig? „Welche Wahrheit liegt so offen zutage und ist so gewiß wie die Existenz eines göttlichen Wesens, die selbst in den unwissendsten Perioden der Geschichte anerkannt wurde und für die die gebildetsten Geister um die Wette immer neue Beweise und Argumente erdacht haben?" (DnR 4). Spricht Hume hier wie Cicero von einem vordiskursiven Bewusstsein der Existenz Gottes, oder ist auch folgende Interpretation möglich: Die unwissendsten Perioden waren von der Existenz Gottes oder der Götter überzeugt; sobald man jedoch begann, nach Gründen zu suchen, mußten immer neue Argumente erdacht werden, weil keines von ihnen sich als haltbar erwies; es kamen also wie bei der Frage nach dem Wesen Gottes „nichts als Zweifel, Ungewißheit und logische Widersprüche" (DnR 5) heraus?

3. Philosophischer Skeptizismus als Grundlage der Religion?

205 Die *Dialoge* beginnen (Teil 1) mit der Frage, ob man den religiösen Glauben auf dem philosophischen Skeptizismus aufbauen kann. Philosophie und Wissenschaft fördern Stolz und Selbstzufriedenheit und zerstören dadurch den naiven religiösen Glauben. Die Erziehung in Philosophie und Wissenschaft muß zeigen, wie ungewiß und umstritten alle diese Lehren sind; sie muß uns die Schwäche, Blindheit und Beschränktheit der menschlichen Vernunft bewußt machen. Philo weist auf die Unsicherheiten in den Grundlagen der als Paradigma des sicheren Wissens geltenden Physik hin: „die unüberwindlichen Schwierigkeiten, welche in allen Systemen die ersten Grundsätze begleiten; die Widersprüche, die bereits den Begriffen von Materie, Ursache und Wirkung, Ausdehnung, Raum, Zeit, Bewegung sowie, kurz gesagt, von jedweder Quantität anhaften – Gegenständen der einzigen Wissenschaft, die mit einigem Grund auf Gewißheit und Evidenz Anspruch erheben kann" (DnR 8). Wir flüchten aus der Ungewißheit der Wissenschaften in die Gewißheiten des religiösen Glaubens.

Den seit der Antike erhobenen Einwand, ein allgemeiner Skeptizismus lasse sich nicht leben – wir werden den Raum durch die Tür und nicht durch das Fenster verlassen und nicht an der Schwerkraft und daran, daß wir durch einen Sturz aus dem Fenster zu Schaden kommen, zweifeln – läßt Philo gelten. Ein theoretischer Skeptizismus braucht uns nicht am Handeln zu hindern; um zu wissen, daß ich den Raum durch die Tür und nicht durch das Fenster zu verlassen habe, brauche ich kein Studium der theoretischen Physik. Um leben, handeln und sich mit anderen Menschen unterhalten zu können, braucht jemand „keinen anderen Grund anzuführen als die Notwendigkeit, die ihn zu einem solchen Verhalten zwingt" (DnR 12). Philosophie ist nichts wesentlich anderes als ein Nachdenken über die alltäglichen Dinge; durch sie gewinnen wir eine größere Beständigkeit und Sicherheit in unserem alltäglichen Verhalten.

Aber was ist, wenn wir den Alltag verlassen und unsere Reflexionen auf die beiden Ewigkeiten richten, welche dem gegenwärtigen Zustand der Welt vorausgehen bzw. nachfolgen, auf die Schöpfung der Welt und auf „das Vermögen und Wirken eines einzigen allumfassenden Geistes, der ohne Anfang und ohne Ende, dazu allmächtig, allwissend, unveränderlich, unendlich und unbegreiflich ist"? Im Unterschied zu den Bereichen des Handels, der Moral, der Politik oder der Ästhetik können wir uns hier für unsere Überlegungen nicht an die Erfahrung und den gesunden Menschenverstand halten. „Wir gleichen Leuten, die in einem fremden Land leben [...] Wir wissen nicht, inwieweit wir unseren gewöhnlichen Denkmethoden auf einem derartigen Gebiet vertrauen sollen; denn selbst ihre Anwendung im Alltagsleben und in dem Bereich, auf den sie speziell zugeschnitten sind, läßt sich nicht weiter begründen, sondern geht ganz und gar auf eine Art von Instinkt oder Notwendigkeit zurück" (DnR 13f.). Die religiöse wird also von der alltäglichen Gewißheit unterschieden. Die alltägliche Gewißheit kann auf eine theoretische Begründung verzichten und sich auf Instinkt und Notwendigkeit berufen; der religiöse Glaube verfügt nach Philo über diese Möglichkeiten der Rechtfertigung nicht. Sobald wir uns vom gewöhnlichen Leben entfernen, gewinne der Skeptizismus seine volle Kraft; Argument und Gegenargument hätten dann das gleiche Gewicht, und es bleibe nur die Möglichkeit, sich des Urteils zu enthalten.

Philo hat zwei Gebiete unterschieden: die Alltagsgewißheit und die Fragen der Religion, und er will durch diese Unterscheidung einem allgemeinen, umfassenden theoretischen Skeptizismus das Wort reden: Wo es um Argumente geht, ist der Skeptizismus im Recht; unsere Alltagsgewißheiten beruhen nicht auf Argumenten, sondern auf Instinkt und Notwendigkeit. Diese Dichotomie, so wendet Cleanthes ein, sei nicht vollständig; nicht jede theoretische Begründung führe zu gleichgewichtigen Argumenten; es gebe theoretische Begründungen, die nach allgemeiner Überzeugung Zustimmung verdienten, und er nennt als ersten den Namen Newtons. „Und wie würdest du auf jemanden reagieren, der gegen die Argumente von Kopernikus und Galilei für die Erdbewegung zwar im einzelnen keine Einwände vorbringen könnte, diesen Argumenten jedoch aufgrund des allgemeinen Satzes die Zustimmung verweigern würde, daß diese Gegenstände zu gewaltig und abgelegen seien, als daß die beschränkte und trügerische menschliche Vernunft sie erklären könne?" (DnR 14f.). Cleanthes unterscheidet zwischen zwei Formen des Skeptizismus. Der ungebildete Skeptizismus suggeriert ein Vorurteil gegen alles, was schwer zu verstehen ist und eine komplizierte Beweisführung erfordert. Er ist wissenschaftsfeindlich, und wer ihn vertritt, erweist der Religion einen Bärendienst, denn er wird nicht nur den Sätzen der natürlichen Theologie, sondern auch einem abstrusen Aberglauben seine Zustimmung geben. Der gebildete, philosophische Skeptiker wird sich dagegen eines solchen pauschalen Vorurteils enthalten und die Argumente jeder einzelnen Disziplin gesondert prüfen. Warum soll er nicht auch in theologischen Fragen in dieser Weise vorgehen? Cleanthes behauptet, daß die natürliche Theologie den Vergleich mit anderen Wissenschaften nicht zu scheuen brauche. Die „religiöse Hypothese" sei unter wissenschaftstheoretischen Wertgesichtspunkten den Hypothesen anderer Wissenschaften, etwa denen der Mechanik oder des kopernikanischen Systems, überlegen, denn sie könne sich „auf die einfachsten und offenkundigsten Argumente" (DnR 17) stützen.

208 Damit ist die für die Religionsphilosophie und Religionskritik der *Dialoge* grundlegende methodologische Entscheidung gefallen: Maßstab für die Rationalität der Religion ist die Rationalität der Wissenschaft; die Religion muß zeigen, daß sie den wissenschaftstheoretischen Standards entspricht, und es sind nicht zuletzt wissenschaftstheoretische Argumente, mit denen die Religion kritisiert wird. Cleanthes beruft sich auf John Locke: Er „scheint der erste Christ gewesen zu sein, der offen zu behaupten wagte, daß der Glaube nichts anderes als eine besondere Form *vernünftigen Denkens*, Religion lediglich ein Zweig der Philosophie ist und daß man sich bei der Entdeckung sämtlicher Grundsätze der – natürlichen wie offenbarten – Theologie stets einer Argumentationsweise bedient hat, die dem Prozeß der Wahrheitsfindung in der Moral, in der Politik oder in der Physik durchaus ähnlich ist" (DnR 18). Hier wird offensichtlich ein Methodenmonismus gefordert. Wenn Religion ein Teil der Philosophie ist, dann sind philosophische Argumente epistemische Voraussetzung des religiösen Glaubens, der mit diesen Argumenten steht und fällt, und die Methode, mit welcher argumentiert wird, gleicht der Methode der Physik.

4. Das teleologische Argument des Cleanthes

209 Bevor Cleanthes sein ‚physikalisches' Argument darlegt, wird zunächst mit Ciceros Unterscheidung formuliert, worin die drei Gesprächspartner übereinstimmen und worum der Streit geht. „Nicht die *Existenz*, sondern das *Wesen* Gottes steht hier zur Debatte" (DnR 21). Für Demea ist das Wesen Gottes ein Geheimnis; er beruft sich auf 1 Kor 2,9 „was kein Auge gesehen und kein Ohr gehört hat, was keinem Menschen in den Sinn gekommen ist", und er zitiert Nicolas Malebranche: „‚Man sollte Gott nicht

so sehr deshalb einen Geist nennen, um positiv zu sagen, was er ist, als um deutlich zu machen, daß er nicht Materie ist'" (DnR 22). Für Philo ist die Existenz Gottes unbestreitbar, weil nichts ohne Ursache existiert, und „die ursprüngliche Ursache dieses Universums (wie immer sie beschaffen sein mag) nennen wir Gott und schreiben ihr in Ehrfurcht jede Art von Vollkommenheit zu" (DnR 23). Aber Philo lehnt jede Analogie oder Ähnlichkeit der Vollkommenheiten Gottes mit den geistigen Fähigkeiten des Menschen ab. Eine natürliche Theologie ist deshalb nicht möglich; Gott ist Gegenstand kirchlicher Verehrung, aber nicht der wissenschaftlichen Diskussion, denn dazu fehlen uns die Begriffe. „Unsere Vorstellungen [ideas] reichen nicht weiter als unsere Erfahrung, und wir besitzen keine Erfahrung von göttlichen Eigenschaften und Handlungen" (DnR 24). Dagegen bringt Cleanthes ein aposteriorisches Argument, das nicht nur die Existenz Gottes, sondern auch seine Ähnlichkeit mit menschlichem Geist und Verstand beweisen soll. Es ist ein Argument aus der Erfahrung, und es zeigt lediglich, daß die Aussage ‚Gott existiert' *wahrscheinlich* wahr ist. Die Art und Weise, wie in der Natur Mittel und Zwecke aufeinander abgestimmt sind, finde sich ebenso bei den Produkten menschlicher Tätigkeit. „Da also die Wirkungen einander gleichen, gelangen wir nach allen Regeln der Analogie zu dem Schluß, daß auch die Ursachen einander gleichen und daß der Urheber der Natur dem Geist des Menschen einigermaßen ähnlich ist" (DnR 24).

Betrachten wir zunächst die wichtigsten Einwände gegen das teleologische Argument des Cleanthes. 210

(1.) Der orthodoxe Theologe Demea, aber auch der Skeptiker Philo werfen ihm Anthropomorphismus und damit eine Herabwürdigung Gottes vor (DnR 25, 29). Dagegen besteht Cleanthes auf einer Gleichheit oder Ähnlichkeit Gottes mit den Geschöpfen. Wenn unsere Vorstellungen nicht dem wirklichen Wesen Gottes entsprächen, so hätten wir einen Namen ohne jeden Bedeutungsgehalt (DnR 45).

(2.) Eine zweite, damit zusammenhängende Gruppe von Einwänden bestreitet die Konsistenz von Cleanthes' Gottesbegriff. Er ist unvereinbar mit: (a) der vollkommenen Unveränderlichkeit und Einfachheit Gottes. Die menschliche Seele besteht aus einer Vielzahl von Fähigkeiten; ihre Emotionen und Vorstellungen sind einem beständigen Wandel unterworfen. Wenn wir ein Universum von Ideen in Gott als Ursache der Welt annehmen, so erfordert dieses Universum seinerseits wiederum eine Ursache (DnR 46, 48). (b) der Unendlichkeit Gottes. Die Ursache muß der Wirkung angemessen sein; die Wirkung ist aber nicht unendlich; also können wir nicht auf eine unendliche Ursache schließen (DnR 56). (c) der Vollkommenheit Gottes. Wir können nicht sagen, ob das vorliegende System, verglichen mit anderen möglichen oder wirklichen Systemen, schwerwiegende Mängel enthält oder ein besonderes Lob verdient. Aber auch wenn die Welt vollkommen wäre, bliebe es offen, ob diese Vollkommenheit dem Erbauer zugeschrieben werden könnte. Ein Handwerker ahmt andere nach, und die Kunst gewinnt erst in langer Zeit durch viele Fehler ein gewisses Niveau. Es kann vorher viele stümperhaft gebaute Welten gegeben haben (DnR 56f.). (d) der Einzigkeit Gottes. „Eine große Anzahl von Menschen tun sich zusammen zum Bau eines Hauses oder Schiffes, zur Gründung einer Stadt oder zur Bildung eines Staates. Warum sollten sich nicht verschiedene Gottheiten zum Entwurf und zur Gestaltung der Welt zusammentun? Das würde die Ähnlichkeit zum menschlichen Bereich nur noch vergrößern" (DnR 58).

(3.) Die erkenntnis- oder wissenschaftstheoretischen Einwände fragen nach den Bedingungen einer gültigen kausalen Erklärung. (a) Der Schluß auf dieselbe Ursache ist nur von derselben Wirkung aus möglich; ein Schluß auf eine ähnliche Ursache setzt die Ähnlichkeit der Wirkungen voraus. Je geringer die Ähnlichkeit, umso schwächer wird der Schluß. Beim teleologischen Argument haben wir es mit einer sehr schwachen Ähnlichkeit der Wirkungen zu tun. Wir haben in vielen Fällen die Erfahrung gemacht, daß Häuser von Architekten erbaut werden. Wenn wir ein Haus sehen, ohne zu wissen, wer es erbaut hat, können wir darauf schließen, daß es von einem Architekten erbaut wurde; wir schließen aus der gleichen Wirkung auf die gleiche Ursache. Wir können aber nicht behaupten, so Philos Einwand, das Universum habe eine derartige Ähnlichkeit mit einem Haus, daß wir mit derselben Gewißheit, wie wir vom Haus auf den Architekten schließen, vom Universum auf eine dem Architekten ähnliche Ursache schließen können. „Die Unähnlichkeit ist so augenfällig, daß du hier äußerstenfalls den Anspruch erheben kannst, im Wege des Ratens oder Vermutens auf eine ähnliche Ursache zu schließen" (DnR 26). (b) Die Ursache eines Phänomens kann niemals *a priori* erschlossen werden. Jedes Phänomen läßt eine unendliche Vielfalt von Erklärungen zu. Allein die Erfahrung kann uns die wahre Ursache eines Phänomens erkennen lassen. Die Anpassung der Mittel an Zwecke ist als solche noch kein Beweis für eine bewußte Planung, sondern nur dann, wenn uns die Erfahrung gezeigt hat, daß sie aus einer derartigen Planung hervorgehen. *„A priori* betrachtet, kann die Materie ebensogut wie der Geist das Entstehungsprinzip von Ordnung schon immer in sich enthalten […]. Beide Hypothesen sind gleichermaßen möglich" (DnR 28f.). (c) Ein Beweis aus der Erfahrung ist nur möglich, wenn zwei *Arten* von Dingen immer zusammen beobachtet werden. Denn dann kann ich, „aufgrund von Gewohnheit, die Existenz des einen *folgern*, wo ich die des anderen *wahrnehme*". Dieser Beweis ist jedoch dort nicht möglich, wo, wie im teleologischen Argument, die Dinge in ihrer Art einzig sind. Sollte das Argument gültig sein, so „müßte unsere Erfahrung die Entstehung von Welten umfassen; daß wir Schiffe und Häuser aus menschlicher Erfindung und Gestaltung haben hervorgehen sehen, reicht mit Sicherheit nicht aus" (DnR 34). (d) Die Naturwissenschaftler erklären besondere Wirkungen aus allgemeineren Ursachen oder Gesetzen. „Doch sie haben es gewiß nie für ausreichend gehalten, eine besondere Wirkung aus einer besonderen Ursache zu erklären, die ebenso schwer begreiflich war wie die Wirkung selbst" (DnR 53). (e) Mit dem Analogieprinzip des Cleanthes läßt sich eine Vielzahl von Hypothesen begründen, zwischen denen nicht mehr rational entschieden werden kann. Cleanthes erhebt die Wirkung eines kleinen Teils der Natur, nämlich des Menschen, auf einen anderen kleinen Teil, nämlich die unbelebte Materie innerhalb seines Wirkungskreises, zum Maßstab, nach dem er den Ursprung des Ganzen beurteilt. Es gibt aber andere Teile des Universums (außer den vom Menschen hergestellten Häusern oder Maschinen), die zur Struktur der Welt eine größere Ähnlichkeit aufweisen und daher eine zuverlässigere Vermutung über den Ursprung des Ganzen erlauben: die Pflanzen und Tiere. Dann aber ist der Ursprung des Universums nicht auf Vernunft, sondern auf Zeugung zurückzuführen (DnR 69f.). „,Zeugung' oder ,Vernunft' bezeichnen lediglich gewisse Kräfte und Energien in der Natur, deren Wirkungen wir kennen, doch deren inneres Wesen wir nicht erfassen können. Und keines der beiden Prinzipien verdient es, dem anderen vorgezogen und zum Maßstab der gesamten Natur gemacht zu werden." In dem uns bekannten Teil der Welt gibt es vier Prinzipien, die einander ähnlich sind und ähnliche Wirkungen hervorrufen: Vernunft, Instinkt, Zeugung und Wachstum; jedes dieser Prinzipien kann eine Theorie zur Entstehung der Welt liefern. Die Beschränkung auf die Vernunft wäre entschuldbar, wenn sie uns in ihrer Struktur besser bekannt wäre als Instinkt oder Wachstum; das ist jedoch nicht der Fall (DnR 71f.). In „Fragen wie der vorliegenden", so faßt Philo gegenüber Cleanthes diesen Einwand zusammen, „können wohl hundert entgegengesetzte Auffassungen eine Art von unvollkommener Analogie erhalten; der Erfindungskraft sind hier keine Grenzen gesetzt." Er könne ohne große Anstrengung noch weitere Theorien der Weltentstehung vorschlagen, „die irgendwie einen schwachen Anschein von Wahrheit hätten – obgleich die Wahrscheinlichkeit, daß entweder deine Theorie oder eine von meinen Theorien die wahre ist, sich eins zu eintausend oder zu einer Million verhält" (DnR 77). Deshalb ist eine „vollständige Enthaltung des Urteils hier unser einziger vernünftiger Ausweg" (DnR 84).

Die Existenz einer Gottheit, so faßt Philo in Teil 12 das Ergebnis seiner Kritik am teleologischen Argument des Cleanthes zusammen, ist durch die Vernunft eindeutig festgestellt. Wenn wir fragen, ob wir diese Gottheit als Geist oder Intelligenz bezeichnen können, so ist das letztlich ein Streit um Worte. Der Theist muß zugeben, daß zwischen dem menschlichen und dem göttlichen Geist ein unermeßlicher weil unfaßbarer Unterschied besteht. Der Atheist kann nicht bestreiten, daß jenes Prinzip, welches die

Ordnung im Universum schuf und bis heute aufrechterhält, „irgendeine entfernte, unvorstellbare Ähnlichkeit mit den übrigen Wirkungsweisen der Natur, unter anderem also auch mit der Organisation des menschlichen Geistes und Denkens, aufweist" (DnR 128). Die gesamte natürliche Theologie läßt sich reduzieren „auf den einen einfachen, wenngleich einigermaßen unklaren oder doch recht pauschalen Satz *Die Ursache oder Ursachen der Ordnung im Universum besitzen wahrscheinlich irgendeine entfernte Ähnlichkeit mit menschlicher Intelligenz*" (DnR 141).

5. Die natürlichen und die sittlichen Eigenschaften Gottes

Aber kann ein solcher Gott noch Gegenstand der Verehrung und Anbe-
212 tung sein? Kann der Mensch auf ihn noch sein Vertrauen und seine Hoff-
nung setzen? Ist ein solcher Gott noch von Bedeutung für unser sittliches Handeln? Wenn wir den Gottesbegriff von Philos natürlicher Theologie betrachten, wird deutlich, weshalb Cleanthes den Anthropomorphismus verteidigt. Wozu sollen wir, so läßt sein Einwand gegen die natürliche Theologie sich zusammenfassen, „die natürlichen Eigenschaften der Gott-heit ergründen, solange die sittlichen zweifelhaft und ungewiß sind?" (DnR 100). Die gelebte Religion, so das berechtigte Anliegen des Cleanthes, kann auf einen Anthropomorphismus nicht verzichten, und wo es zu einem Konflikt zwischen der gelebten und der natürlichen Religion kommt, stellt Cleanthes sich auf die Seite der gelebten Religion. Cleanthes will der Gottheit auch moralische Eigenschaften wie Gerechtigkeit, Güte, Barmherzigkeit und Rechtschaffenheit zusprechen (DnR 98f.). Er wendet sich gegen den häufigen Gebrauch des Wortes ‚unendlich' bei den Theo-logen; den Zielen der Religion wäre besser gedient, wenn wir uns mit „genaueren und maßvolleren Ausdrücken begnügen würden. Die Begriffe *bewundernswert, hervorragend, im höchsten Maß gewaltig, weise* und *heilig* geben dem menschlichen Vorstellungsvermögen hinlänglich Nah-rung. Was darüber hinausgeht, führt nicht nur zu Widersprüchen, sondern bleibt auch auf die Empfindungen oder Gefühle ohne Einfluß. Das be-deutet im vorliegenden Zusammenhang: Wenn wir auf alle menschliche Analogie verzichten […], so fürchte ich, verzichten wir auf alle Religion und behalten keine Vorstellung mehr von dem gewaltigen Gegenstand unserer Anbetung" (DnR 106).

213 Hinter diesem anthropomorphen Gottesbild der Religion bleibt das an-thropomorphe Gottesbild, zu dem das teleologische Argument des Cleanthes führt, weit zurück; es sagt lediglich etwas über die natürlichen, aber nichts über die moralischen Eigenschaften Gottes. Die Zweckmäßig-keit der Natur, so hebt Philo hervor, sei, auch wenn ihre Ursache offen-bleibt, ein unbestreitbares Phänomen. Aber, so fragt er, was ist „das Ziel dieser erstaunlichen Kunstfertigkeit und Organisation, die sie in allen Le-

bewesen erkennen läßt? Die bloße Erhaltung der Individuen und die Fortpflanzung der Art. Es scheint ihrem Zweck zu genügen, wenn eine derartige Aufeinanderfolge im Universum gerade eben gewährleistet ist – ohne daß sie dem Glück der einzelnen Glieder irgendwelche Sorge oder Aufmerksamkeit widmen würde. Für diesen Zweck stellt sie keine Mittel bereit". So ergibt sich für Philo das Theodizeeproblem: Gottes Macht und Weisheit sind unendlich; aber weder der Mensch noch irgendein anderes Lebewesen ist glücklich; also will Gott ihr Glück nicht. Es gebe keine Folgerung im gesamten Bereich des menschlichen Wissens, „die in höherem Maß gewiß und unumstößlich" sei (DnR 99). Das Theodizeeproblem ist für Philo ein Einwand gegen die philosophische Theologie, aber nicht gegen einen religiösen Glauben. Wenn ein beschränkter Verstand im voraus wüßte, daß das Universum „die Schöpfung eines sehr guten, weisen und mächtigen, wenngleich endlichen Wesens sei", so müßte er, wenn er das Übel in der Welt sieht, aufgrund seiner eigenen begrenzten Erkenntnis damit rechnen, daß es dafür Erklärungen gibt (DnR 107). Unter Voraussetzung gewisser Annahmen und Hypothesen könne die Welt mit der Vorstellung von einer solchen Gottheit vereinbar sein; sie ermögliche uns jedoch niemals den Schluß auf deren Existenz (DnR 109). Weil das Leben eine sonderbare Mischung von Gut und Übel bietet, lassen sich nach Philo vier Hypothesen über die ersten Ursachen des Universums aufstellen: „daß sie mit vollkommener Güte begabt sind; daß sie von vollkommener Bösartigkeit sind; daß sie gegensätzlicher Natur sind und sowohl Güte als auch Bösartigkeit besitzen; daß sie weder Güte noch Bösartigkeit besitzen. Gemischte Erscheinungen können niemals die beiden ersten, einheitlichen Prinzipien beweisen. Und gegen das dritte Prinzip dürfte die Gleichförmigkeit und Beständigkeit der allgemeinen Gesetzmäßigkeiten sprechen. Somit erscheint das vierte Prinzip als das weitaus wahrscheinlichste" (DnR 119).

Die natürliche Theologie führt nach Philo also zu einer ersten Ursache, die gleichgültig ist gegenüber Gut und Übel in der Welt. Das Theodizeeproblem läßt sich nach ihm nur unter zwei Voraussetzungen lösen: Wir müssen vorgängig zu unserer Erfahrung wissen, daß das Universum das Werk eines guten und weisen Schöpfers ist, und wir dürfen diesem Schöpfer keine unendlichen Eigenschaften zuschreiben. Auch Cleanthes muß zugeben, daß sich mit Hilfe des teleologischen Arguments keine moralischen Eigenschaften Gottes beweisen lassen und insofern die natürliche Theologie nicht zum Gott der Religion führt. Wenn wir Gott moralische Eigenschaften zuschreiben wollen, müssen wir die Phänomenbasis verbreitern und die Situation der Menschen miteinbeziehen. Philo behauptet, Gott sei gegenüber dem Wohl und Wehe der Menschen gleichgültig. Es gebe bei aller Zweckmäßigkeit der Natur „keine Sicht vom menschlichen Leben oder vom Zustand der Menschheit", unter der wir einigermaßen ungezwungen auf die unendliche Güte Gottes schließen könnten (DnR 104). Cleanthes gibt zu: Wenn diese Phänomenbeschreibung zutrifft, dann ist damit der Religion jegliche Grundlage entzogen. „Wenn du den vorliegenden Punkt glaubwürdig machen und beweisen kannst, daß die Menschheit unglücklich und verderbt ist, so ist es auf einen Schlag mit aller Religion zu Ende. Denn wozu soll man die natürlichen Eigenschaften der Gottheit ergründen, solange die sittlichen zweifelhaft und ungewiß sind?" (DnR 100). Wie zu den natürlichen, so will Cleanthes auch zu den moralischen Eigenschaften Gottes auf dem Weg über die Erfahrung kommen, und das ist nur in der Weise möglich, daß er eine fragwürdige optimistische Sicht des menschlichen Lebens zur Grundlage der Religion macht. „Der einzige Weg, die göttliche Güte zu verteidigen (und ihn schlage ich bereitwillig ein), liegt darin, Elend und Schlechtigkeit des Menschen ohne Einschränkung abzustreiten [...] Gesundheit ist häufiger als Krankheit, Freude häufiger als Schmerz, Glück häufiger als Elend. Für einen einzigen Kummer, der uns begegnet, erfahren wir schätzungsweise wohl hundert Freuden" (DnR 101f.). Wie Philo ist Cleanthes der Ansicht, daß eine philosophische Theologie, die Gott unendliche Eigenschaften zuschreibt, das Theodizeeproblem nicht lösen kann. Daß uns in der Welt und im menschlichen Leben Gutes und Schlechtes begegnet, ist mit unendlichen Eigenschaften Gottes nicht zu vereinbaren; noch weniger können wir aus diesem Phänomenbefund unendliche Eigenschaften Gottes beweisen. „Sofern wir jedoch die Vollkommenheit des Urhebers der Natur als endlich, wenngleich menschlicher Vollkommenheit weit überlegen betrachten, so ist eine zufriedenstellende Erklärung des natürlichen wie des moralischen Übels möglich" (DnR 106).

6. Deismus, Anthropomorphismus, Theismus

214   Humes *Dialoge* reißen eine anscheinend unüberbrückbare Kluft auf zwischen dem Gott der Philosophen und dem Gott der Bibel. Im Jahr 1783, also vier Jahre nach den *Dialogen*, erschienen Kants *Prolegomena zu einer jeden künftigen Metaphysik, die als Wissenschaft wird auftreten können*; sie setzen sich in § 57 und § 58 mit den *Dialogen* auseinander. Kant unterscheidet zwischen einem deistischen und einem theistischen Gottesbegriff. Der deistische Begriff denkt Gott durch reine Verstandesbegriffe, z.B. als Wesen, das alle Realität in sich enthält, ohne angeben zu können, worin diese Realität besteht, oder als Ursache, ohne zu sagen, wie seine Kausalität beschaffen ist. Der Theismus spricht Gott bestimmte Eigenschaften zu, z.B. Verstand und Wille; er bestimmt seine Kausalität, indem er behauptet, sie sei der Kausalität des Menschen bei der Herstel-

lung von Maschinen oder Häusern ähnlich. Humes Einwürfe gegen den Deismus, so urteilt Kant, seien schwach; sie träfen nur die Beweise, aber nicht die These des Deismus selbst, die gegen den Theismus jedoch sehr stark und „in gewissen (in der Tat, allen gewöhnlichen) Fällen unwiderleglich". Hume versuche zu zeigen, daß der Theismus nicht vom Anthropomorphismus getrennt werden könne und dadurch in sich widersprüchlich werde. Wolle man auf den Anthropomorphismus verzichten, so bleibe nichts als ein Deimus übrig, „aus dem man nichts machen, der uns zu nichts nützen und zu gar keinen Fundamenten der Religion und Sitten dienen kann" (AA 4,356). Hume stellt, so Kant, die philosophische Theologie also vor folgendes Dilemma: entweder ein in sich widersprüchlicher Anthropomorphismus oder ein religiös bedeutungsloser Deismus. Denken wir, so formuliert Kant das Dilemma, das Urwesen „durch nichts als reine Verstandesbegriffe", also etwa durch den Begriff der Ursache, „so denken wir uns dadurch wirklich nichts Bestimmtes, mithin ist unser Begriff ohne Bedeutung". Es genügt nicht zu sagen, Gott sei die Ursache des Universums; wir müssen auch angeben, wie seine Kausalität beschaffen ist. Denken wir es uns aber „durch Eigenschaften, die von der Sinnenwelt entlehnt sind, so ist es nicht mehr Verstandeswesen, es wird als eines von den Phänomenen gedacht und gehört zur Sinnenwelt" (AA 4,355). Wenn der Anthropomorphismus unvermeidlich wäre, „so möchten die Beweise vom Dasein eines höchsten Wesens sein, welche sie wollen, und alle eingeräumt werden, der Begriff von diesem Wesen würde doch niemals von uns bestimmt werden können, ohne uns in Widersprüche zu verwickeln" (AA 4,356).

Werfen wir einen Blick zurück auf den Text der *Dialoge*, um uns den Schritt vom Deismus zum Theismus, von dem Kant hier spricht, nochmals deutlich zu machen. Philo räumt, so referiert Kant, „als eine notwendige Hypothese, den deistischen Begriff des Urwesens" ein, „in welchem man sich das Urwesen durch lauter ontologische Prädikate, der Substanz, der Ursache etc. denkt" (AA 4,358). „Nichts existiert", so führt Philo in Teil 2 der *Dialoge* aus, „ohne Ursache. Und die ursprüngliche Ursache dieses Universums (wie immer sie beschaffen sein mag) nennen wir Gott und schreiben ihr in Ehrfurcht jede Art von Vollkommenheit zu." Philo bestreitet also nicht, daß die Welt eine Ursache hat; die Kategorie oder der Verstandesbegriff der Kausalität ist nicht auf den Bereich möglicher Erfahrung eingeschränkt, sondern es gilt uneingeschränkt, daß nichts ohne Ursache existiert. Sie führt jedoch nur zu einem deistischen Gottesbegriff, einem Wesen, das alle Vollkommenheiten besitzt. Aber von diesen Vollkommenheiten haben wir keinen Begriff, weil „jede erfahrbare Vollkommenheit ganz und gar relativ ist" (DnR 23). Der Schritt zum anthropomorphistischen Theismus wird dann von Cleanthes vollzogen. Er begnügt sich nicht mit der Feststellung, daß die Welt eine Ursache habe, sondern er fragt, wie diese Ursache beschaffen sei. Philos deistisches Argument ist ein Argument *a priori*. Dagegen will Cleanthes durch ein „Argument *a posteriori* – und durch dieses Argument allein – [...] zugleich die Existenz einer Gottheit und ihre Ähnlichkeit mit menschlichem Geist und Verstand" beweisen (DnR 25); dazu bedient er sich eines Analogieschlusses, der dann von Philo kritisiert wird. Es ist wichtig festzuhalten, daß die *Dialoge* zwei verschiedene Begriffe der Kausalität kennen: den, wie Kant es nennt, reinen Verstandesbegriff, der es offen läßt, wie die Ursache beschaffen ist (der Kausalbegriff des Philo), und nur empirisch zu begründende Kausalgesetze, die es erlauben, von der Art einer Wirkung auf die Art der Ursache zu schließen (der Kausalbegriff des Cleanthes)

215   Wie läßt Humes Dilemma ‚Entweder religiös bedeutungsloser Deismus oder in sich widersprüchlicher weil anthropomorphistischer Theismus' sich lösen? Der Weg, den Kant in den *Prolegomena* vorschlägt, zeigt bei allen nicht zu bestreitenden Unterschieden Gemeinsamkeiten mit dem des Thomas von Aquin. Thomas und Kant stimmen mit Philo darin überein, daß wir das Wesen Gottes nicht begreifen können. „Wir wissen von Gott nicht, was er ist", schreibt Thomas (S.th. I 2,1), und in den *Prolegomena* heißt es, „daß uns das höchste Wesen nach demjenigen, was es an sich selbst sei, gänzlich unerforschlich und auf bestimmte Weise sogar undenkbar sei" (AA 4,359). Wenn wir Aussagen über Gott machen, dann sprechen wir über das Verhältnis der Welt zu Gott und nicht darüber, was Gott an sich ist. Wir bestimmen ihn, so schreibt Kant, „respektiv auf die Welt und somit auf uns, und mehr ist auch nicht nötig" (AA 4,358); Humes Angriffe, daß der Theismus Aussagen darüber, was Gott an sich ist, macht, indem er die Materialien dazu aus der Welt und vom Menschen nimmt, treffen also nicht zu. Kant korrigiert Cleanthes' Begriff der Analogie: Analogie bedeute nicht eine unvollkommene Ähnlichkeit zweier Dinge, „sondern eine vollkommene Ähnlichkeit zweener Verhältnisse zwischen ganz unähnlichen Dingen" (AA 4,357), und er bringt folgendes Beispiel: „die Kausalität der obersten Ursache ist dasjenige in Ansehung der Welt, was menschliche Vernunft in Ansehung ihrer Kunstwerke ist". Hier sind zwei Wirkungen bekannt: die vernunftgemäße Weltordnung und die Wirkungen der mir bekannten menschlichen Vernunft. Das Verhältnis der obersten Ursache zur Weltordnung ist daher vollkommen ähnlich dem Verhältnis der menschlichen Vernunft zu ihren Produkten; in beiden Fällen handelt es sich um eine Kausalität, die ein zweckmäßiges Werk hervorbringt. Weil die oberste Ursache ebenso wie die menschliche Vernunft ein zweckmäßiges Produkt hervorbringt, also von ihrer Wirkung her, wird sie Vernunft genannt, „ohne darum eben dasselbe, was ich am Menschen unter diesem Ausdruck verstehe, oder sonst etwas mir Bekanntes ihr als ihre Eigenschaft beizulegen" (AA 4,360 Anm.); der Ausdruck ‚Vernunft' zeigt nur das Verhältnis an, „was die uns unbekannte oberste Ursache zur

Welt hat, um darin alles im höchsten Grad vernunftmäßig zu bestimmen" (AA 4,359).

Dagegen könnte Hume einwenden: Wir nehmen zwar nicht die Ähnlichkeit von zwei Dingen, aber doch die Ähnlichkeit von zwei Verhältnissen an. Was berechtigt uns zu der Annahme, daß das Verhältnis des Urwesens zur Welt dem Verhältnis der menschlichen Vernunft zu ihren Produkten ähnlich ist? Warum ziehen wir dieses Verhältnis zum Vergleich heran und nicht etwa das Verhältnis des Zeugenden zum Gezeugten oder das Verhältnis des Instinkts zu seinem Produkt? Wenn die Analogie auch keine Aussage darüber macht, was das Urwesen an sich ist, so macht sie doch eine Aussage über die Art seiner Kausalität, und warum nehmen wir diese und nicht eine andere Art der Kausalität an? Kant gibt eine transzendentalphilosophische Antwort: Wir müssen „eine höchste Vernunft als eine Ursache aller Verknüpfungen in der Welt" annehmen, weil das der einzig mögliche Weg ist, den Gebrauch der Vernunft, die nach der Einheit aller möglichen Erfahrung fragt, „auf den höchsten Grad zu treiben" (AA 4,358f.). Die *Prolegomena* entwickeln einen theistischen Gottesbegriff, der nicht dem Einwand des Anthropomorphismus ausgesetzt ist. Aber kann dieser Gottesbegriff, wie Kant es vom theistischen Begriff fordert, als Fundament der Religion und der Sittlichkeit dienen? Diese Frage wird in der zweiten *Kritik* beantwortet, wo Kant zeigt, daß der Begriff von Gott ein zur Moral gehörender Begriff ist (§ 174). 216

Nach Thomas wird Gott aus den Geschöpfen als deren Ursache erkannt. Die Prädikate, die wir von ihm aussagen, drücken nicht sein Wesen aus, was er an sich ist, sondern sie sprechen über sein Verhältnis zu den Geschöpfen. Wenn derselbe Terminus von Gott und den Geschöpfen ausgesagt wird, dann wird er nicht univok gebraucht. Die Vollkommenheiten, die in den geschaffenen Dingen voneinander verschieden und auf die einzelnen Dinge verteilt sind, existieren in Gott als ungeteilte Einheit. Wenn wir von einem Menschen sagen, er sei weise, dann bezeichnen wir damit eine von seinem Wesen und von seinen anderen Vollkommenheiten verschiedene Eigenschaft; wenn wir es von Gott sagen, dann bezeichnen wir damit nicht etwas von seinem Wesen und seinem Sein Verschiedenes. Vom Menschen ausgesagt, umschreibt und begreift der Terminus ‚weise‘ die gemeinte Sache; das ist nicht der Fall, wenn er von Gott ausgesagt wird; vielmehr bleibt dann die bezeichnete Sache unbegriffen und etwas, was die Bedeutung des Terminus übersteigt (S.th. I 13,1 und 5). Gottes Vollkommenheiten haben nach Philo zu denen eines menschlichen Geschöpfes keinerlei „Analogie oder Ähnlichkeit". Wir „sollten uns hüten zu denken, [...] daß seine Eigenschaften irgendeine Ähnlichkeit mit den entsprechenden Eigenschaften beim Menschen haben" (DnR 23). Thomas von Aquin fragt, ob irgendein Geschöpf Gott ähnlich sein könne, und er wendet ein, die Ähnlichkeit sei eine symmetrische Relation: Wenn ein 217

Geschöpf Gott ähnlich ist, dann ist Gott diesem Geschöpf ähnlich. Wir müssen, so könnte man diesen Einwand auch formulieren, uns entscheiden zwischen dem deistischen oder dem anthropomorphistischen Gottesbegriff. Dagegen stellt Thomas die Aussage der Schrift „Laßt uns den Menschen machen als unser Abbild, uns ähnlich" (Gen 1,26). Die Ähnlichkeit, so die Lösung des Thomas, ist keine symmetrische, sondern eine asymmetrische Relation; das Bild ist dem Menschen ähnlich, der auf ihm dargestellt ist, aber der Mensch ist nicht seinem Porträt ähnlich. Daraus, daß ein Geschöpf Gott ähnlich ist, folgt nicht, daß Gott einem Geschöpf ähnlich ist; wir können von einem Geschöpf sagen, daß es Gott ähnlich ist, aber nicht von Gott, daß er einem Geschöpf ähnlich ist (S.th. I 4,3 ad 4). Die unendliche Vollkommenheit Gottes schließt also einen theistischen Gottesbegriff nicht aus; wir können eine Ähnlichkeit zwischen den Geschöpfen und Gott behaupten, ohne einem Anthropomorphismus zu verfallen. Die Vollkommenheiten der Geschöpfe sind Wirkungen und unvollkommene Abbilder der einen unendlichen Vollkommenheit Gottes, „wie die Sonne entsprechend ihrer einen Kraft vielgestaltige und mannigfaltige Formen in jenen niederen Bereichen hervorbringt" (S.th. I 13,5). Ein solcher Gottesbegriff kann als Fundament der Religion und Sittlichkeit dienen. Gottes Sein schließt alle Vollkommenheiten, also auch die sittlichen Vollkommenheiten, in sich; Thomas handelt eigens über die Gerechtigkeit und Barmherzigkeit Gottes (S.th. I 21). Das letzte und vollkommene Glück des Menschen besteht in der Schau des Wesens Gottes (S.th. I 3,8), und Gott ist als der Ursprung alles Guten Gegenstand der Liebe (S.th. II II 26,3).

Was könnte Thomas antworten auf Philos Kritik am teleologischen Argument? Im Unterschied zu Cleanthes und Kant hat der Fünfte Weg des Thomas (S.th. I 2,3) nicht die Form eines Analogieschlusses; er ist daher dem Einwand des Anthropomorphismus nicht ausgesetzt. Thomas geht aus von einem Phänomen: Wir sehen, daß Wesen, die keine Erkenntnis haben, wegen eines Zieles tätig sind; sie sind immer oder häufig in der Weise tätig, daß sie das Beste erreichen; „von daher ist klar ersichtlich, daß sie nicht durch Zufall, sondern aufgrund einer Absicht zum Ziel gelangen". Die zweite Prämisse nennt die notwendige und hinreichende Bedingung dieses so beschriebenen Phänomens: „Was aber keine Erkenntnis hat, kann nur dann ein Ziel erstreben, wenn es von einem Erkennenden und Intelligenten gelenkt wird." Philo würde dem ersten Teil der Phänomenbeschreibung zustimmen: „Bei der Betrachtung des Universums, insbesondere seiner Teile, drängen sich uns [...] die Schönheit und Tauglichkeit der Zweckursachen so unwiderstehlich auf, daß alle Einwände lediglich als sophistische Spitzfindigkeiten erscheinen" (DnR 104). Er würde jedoch zögern zuzugeben, es liege auf der Hand, daß diese Ausrichtung auf ein Ziel nur durch eine Absicht möglich sei; Teil 8 der *Dia-*

loge erwägt die Möglichkeit eines atomistisch-mechanistischen Weltbildes. Philo würde Thomas fragen, wie er zu seiner zweiten Prämisse kommt, und er würde behaupten, daß sie Ergebnis eines nicht ausgesprochenen Analogieschlusses ist. Er würde behaupten, daß Thomas zwar eine hinreichende, nicht aber eine hinreichende und notwendige Bedingung für das zielgerichtete Verhalten nicht mit geistiger Erkenntnis begabter Wesen nennt, und er würde andere hinreichende Bedingungen nennen, die denselben Grad an Wahrscheinlichkeit haben. Thomas würde bestreiten, daß die anderen von Philo genannten Bedingungen im letzten hinreichend sind.

7. Religion und Moral

Teil 12 der *Dialoge* unterscheidet zwei Formen der Religion: die „wahre"   218
oder die philosophische oder rationale Religion und die Religion, „wie sie gewöhnlich in der Welt vorkommt" (DnR 136). Die wahre Religion ist auf sehr wenige Menschen beschränkt; die Kritik an der Religion muß sich deshalb gegen die verbreitete Form richten, in der wir die Religion gewöhnlich antreffen, und die ist für Hume ein letztlich gottloser Aberglaube. Die reine Vernunftreligion, wie Philo sie in der Kritik am anthropomorphistischen Gottesbild des Cleanthes herausgearbeitet hat, hat keinerlei Beziehung zum Leben und den Emotionen des Menschen; sie ist ein reines Konstrukt der Vernunft, eine Disziplin und Position innerhalb der theoretischen Philosophie. Sie hat allenfalls einen Zugang zu den natürlichen, aber nicht zu den sittlichen Eigenschaften Gottes, und sie führt zu der Folgerung, „daß die natürlichen Eigenschaften der Gottheit eine größere Ähnlichkeit mit denen des Menschen besitzen als ihre moralischen Eigenschaften mit den menschlichen Tugenden" (DnR 129). Philo faßt sie zusammen in den Satz Senecas: „‚Gott zu erkennen ist ihn zu verehren'" (deum colit, qui novit: Gott verehrt, wer ihn kennt; Seneca, Epistulae morales 95,47); jede andere Form der Verehrung sei „absurd, abergläubisch und sogar gottlos" (DnR 140). Erinnern wir uns an den Satz, auf den die gesamte natürliche Theologie sich reduzieren läßt: *„Die Ursache oder Ursachen der Ordnung im Universum besitzen wahrscheinlich irgendeine entfernte Ähnlichkeit mit menschlicher Intelligenz."* Er läßt, wie Philo betont, keinen Schluß zu, „der das menschliche Leben berührt oder Anlaß zu irgendeiner Handlung oder Unterlassung werden kann". Die einzigen Emotionen, die er auslöst und welche die Vernunftreligion zuläßt, sind ein wenig Staunen über die Größe des Gegenstands, etwas Melancholie über dessen Dunkelheit und etwas Verachtung für die menschliche Vernunft, daß sie für eine so erhabene Frage keine befriedigendere Lösung finden kann (DnR 141).
Die verbreitete, populäre Religion täuscht ihre Anhänger durch den blo-

ßen Schein, und in der Regel überwiegen die Schrecken, die sie den Menschen einflößt, den Trost, den sie schenkt. Philo verweist auf einen Widerspruch: Die Religion will Trost im Leben und Halt gegen die Schicksalsschläge schenken, und sie lehrt zugleich, „daß die Zahl der Verdammten die Zahl der Erwählten unendlich übersteigt" (DnR 138). Die treibenden Kräfte und tragenden Emotionen der Religion sind Furcht und Hoffnung, und jede formt sich ein Bild von der Gottheit, wie es ihr entspricht. Wer in einer heiteren, ausgeglichenen Verfassung ist, denkt an keine Religion; er sucht Arbeit, den Umgang mit anderen Menschen und Unterhaltung. Aber wenn die Religion auch zuweilen Zuversicht und ein eher exaltiertes Glücksgefühl schenken kann, so gilt doch, „daß der Schrecken als das Grundprinzip der Religion stets in ihr vorherrscht und nur für kurze Zwischenzeiten eine frohe Stimmung aufkommen läßt" (DnR 139). Die Religion spaltet das Gefühlsleben des Menschen; sie zerstört seine innere Ruhe und Ausgeglichenheit, indem sie ihn beständig in der Ungewißheit zwischen ewiger Glückseligkeit und ewiger Verdammnis schweben läßt. Gott wird auf die Stufe eines charakterlosen Menschen gestellt, der empfänglich ist für Schmeichelein und Geschenke; sie stellt ihn sogar „als einen launischen Dämon hin, der seine Macht ausübt ohne Vernunft und Menschlichkeit" (DnR 140).

„Jede Form der Religion, wie pervertiert sie auch sei", so argumentiert Cleanthes, „ist immer noch besser als gar keine." Die Lehre von einem zukünftigen Dasein sei eine so starke und notwendige Garantie der Moral, daß wir sie niemals aufgeben sollten (DnR 130f.). Dagegen stellt Philo die These, „daß die geringste Spur natürlicher Rechtschaffenheit und Güte eine größere Wirkung auf das menschliche Verhalten hat als die großartigsten Ausblicke theologischer Theorien und Systeme" (DnR 132). Die Religion schwächt die natürlichen Motive der Gerechtigkeit und Menschenliebe aufs äußerste. Die Rücksicht auf das ewige Seelenheil „ist geeignet, die wohlwollenden Gefühlsregungen zu ersticken und einen engherzigen, beschränkten Egoismus zu erzeugen. Wo eine solche Einstellung gefördert wird, gelingt es ihr ohne weiteres, sich den allgemeinen Geboten der Liebe und der Wohltätigkeit zu entziehen". Viele religiöse Übungen täuschen Andacht und Inbrunst lediglich nach außen vor und erziehen so zur Heuchelei; dies „ist der Grund für jene allgemeine Beobachtung, wonach die höchste religiöse Begeisterung und die tiefste Heuchelei – weit entfernt davon, einen Widerspruch zu bilden – sich häufig oder in der Regel in demselben Persönlichkeit vereint finden". Religion dient als Deckmantel für Zwietracht und Ehrgeiz; ihre Folgen für das öffentliche Leben sind Bürgerkrieg, Verfolgung, Unterdrückung. Wo es um die Interessen der Religion geht, ist die Moral machtlos; die „Heiligkeit der Sache rechtfertigt jedes Mittel, das sich zu ihrer Förderung einsetzen läßt" (DnR 134).

Humes Religionskritik in Teil 12 der *Dialoge* arbeitet mit einer Dichotomie: Religion ist entweder reine Vernunftreligion oder sie ist Aberglaube. Das erste Glied der Alternative ist eine Reduktion; das Phänomen der Religion kommt nicht in den Blick; Religion wird reduziert auf ein rationales Konstrukt, das ohne Bedeutung für das Leben ist. Die Kritik richtet sich gegen das zweite Glied der Dichotomie, und sie wird durch das Religionsverständnis, von dem sie ausgeht, tautologisch; kritisiert wird eine Fehlform der Religion, und daß eine Fehlform Kritik verdient, ist mehr als eine Trivialität. Daß es Fehlformen der Religion gibt und daß Religion einem vielfachen Mißbrauch ausgesetzt ist, davon spricht fast jede Seite der Bibel. Wenn Hume betont, daß der Schrecken das Grundprinzip der gewöhnlichen Religion ist, werden wir an Wittgensteins Beobachtung erinnert: „Religiöser Glaube und Aberglaube sind ganz verschiedene Dinge. Der eine entspringt aus *Furcht* und ist eine Art falscher Wissenschaft. Der andre ist ein Vertraun" (VB 551).

Gibt es – darin sehe ich die entscheidende Frage an die Religionskritik in Teil 12 der *Dialoge* – ein Drittes zwischen reiner Vernunftreligion und Aberglaube? „Philosophischer Skeptiker zu sein", so schließt Philo, „ist für den Gebildeten der erste und wichtigste Schritt auf dem Weg zu einem echten, gläubigen Christen" (DnR 142). Ist eine Form des Christentums das gesuchte Dritte? Kann ein echtes Christentum nur von Gebildeten gelebt werden, die zu den Grenzen der menschlichen Vernunft vorgestoßen und Skeptiker geworden sind? Gilt in diesem Sinn auch für Hume der Satz Kants „Ich mußte also das Wissen aufheben, um zum Glauben Platz zu bekommen" (KrV B XXX), was freilich bei Hume kein reiner Vernunftglaube (§§ 165–167), sondern allenfalls ein fideistischer Glaube wäre? Gibt es auch für die einfachen Menschen einen Weg zum echten, gläubigen Christen, oder ist das gewöhnliche Christentum notwendig eine Form des Aberglaubens? Humes *Dialoge* lassen uns mit diesen Fragen allein. Die Antwort seiner Zeitgenossen findet sich in einem 1777 in Oxford anonym publizierten Brief: „Wir alle wissen, Sir, was das Wort ABERGLAUBE in Mr. Humes Vokabular bedeutet und gegen welche Religion, unter diesem Namen, seine Speere gerichtet sind" (Gaskin 1978, 148).

II. Die Naturgeschichte der Religion

1. Zwei Fragen

Eine Untersuchung über die Religion, so beginnt die *Einleitung* in die *Naturgeschichte*, müsse sich vor allem mit zwei Fragen beschäftigen: (a) Welche Grundlage hat die Religion in der Vernunft? Es ist die Frage, welche die *Dialoge* diskutieren, aber im Unterschied zur unklaren und minimalistischen Antwort der *Dialoge* (§ 211) geht Hume in der *Naturgeschichte* davon aus, daß sie eine „sehr offenkundige, zumindest eine sehr klare Lösung" gestatte: „Die gesamte Struktur der Welt verrät einen intelligenten Urheber" (NR S. 1). Aber diese Überzeugung ist, wie Hume hervorhebt, das Ergebnis naturwissenschaftlicher Forschung, welche die das gesamte Universum bestimmenden einheitlichen Gesetze erkennt, und philosophischen Nachdenkens, das daraus auf eine einzige und ungeteilte Intelligenz als Urheber schließt (NR § 15). Wenn einem gebildeten Menschen diese Vorstellung einmal nahegebracht worden ist, kann er sie nicht verwerfen, aber daß sie ihm nahegebracht werden kann, dazu bedarf es vieler Voraussetzungen, nicht zuletzt der Entwicklung der Naturwissenschaften. (b) Welches ist der Ursprung der Religion in der menschlichen Natur? Wenn die erste Frage auch die wichtigere sei, so sei die zweite doch weitaus schwerer zu beantworten, weil die religiösen Vorstellungen der Völker und Menschen so verschieden seien. „Man hat einige Völker entdeckt, die [...] keinerlei religiöse Empfindungen besaßen, und keine zwei Völker, ja kaum zwei Menschen haben noch jemals in den gleichen Empfindungen genau übereingestimmt." Der „Vorbegriff" (preconception) von einer unsichtbaren, intelligenten Macht – und damit wendet Hume sich gegen die These von Ciceros *De natura deorum* (§ 200) – entspringe deshalb „nicht einem ursprünglichen Instinkt oder einem ersten Eindruck der Natur, wie etwa jener es ist, der die Selbstliebe, Zuneigung zwischen den Geschlechtern, Liebe zu den Nachkommen und das Gefühl der Dankbarkeit und des Neides hervorbringt; denn jeder derartige Instinkt ist ausnahmslos bei allen Völkern zu allen Zeiten angetroffen worden und hat immer einen genau bestimmten Gegenstand, auf den er immerfort gerichtet ist." Die Neigung, an eine unsichtbare, intelligente Macht zu glauben, erfülle dagegen diese Kriterien nicht; sie werde durch verschiedene Zufälle leicht entstellt oder sogar ganz aufgehoben. Es könne sich, so folgert Hume, also nicht um einen ursprünglichen Instinkt handeln, sondern die „grundlegenden Prinzipien der Religion müssen abgeleiteter Natur sein" (NR S. 1). Diese These wird im abschließenden § 15 jedoch modifiziert: „Die universale Neigung, an eine unsichtbare, intelligente Macht zu glauben, ist, wennschon nicht ein ursprünglicher Instinkt, so doch zumindest eine allgemeine Begleiterscheinung der menschlichen Natur" (NR S. 70). Damit sind die Aufgaben der folgenden Interpretation genannt: Woraus sind die Prinzipien der Religion abgeleitet? Welches sind die ursprünglichen Instinkte, auf welche die Religion zurückzuführen ist? In welchem Sinn ist die Religion dennoch eine allgemeine Begleiterscheinung der menschlichen Natur?

2. Der Ursprung der Religion in der menschlichen Natur

Hume beginnt mit einer negativen These: Der Theismus aufgrund von Vernunftschlüssen könne nicht die ursprüngliche Religionsform der Menschheit gewesen sein, die dann später zum Polytheismus degeneriert sei (NR § 1). Der Ursprung der Religion sei nicht darin zu sehen, daß der primitive Mensch die Gleichförmigkeit der Natur bewundert und nach der Ursache des Universums gefragt habe. Hume setzt einen natürlichen Fortschritt des menschlichen Denkens voraus; danach mußten die Menschen niedere und unkomplizierte Begriffe von einem höheren Wesen bilden, bevor sie den Begriff eines vollkommenen Wesens, das die Welt ordnet, bilden konnten. Je regelmäßiger und gleichförmiger dem primitiven Menschen die Natur erscheine, umso vertrauter sei er mit ihr und umso weniger sehe er sich veranlaßt sie zu untersuchen und zu erforschen. „Eine Mißgeburt weckt seine Neugier und wird von ihm als ein Wunder angesehen. Die Neuheit dieser Erscheinung bringt ihn zum Zittern, Opfern und Beten" (NR S. 4). Wären die Menschen durch teleologische Überlegungen zum Theismus gekommen, so hätten sie ihn unmöglich wieder aufgeben und sich zum Polytheismus bekennen können, denn eine „Lehre zu entwickeln und zu beweisen ist weitaus schwieriger als sie zu stützen und zu bewahren" (NR S. 5). Hume sieht diese Überlegungen durch die Ergebnisse der Religionswissenschaft bestätigt: „Es ist eine unbestreitbare Tatsache, daß vor etwa 1700 Jahren die gesamte Menschheit dem Polytheismus anhing [...]. Je weiter wir in das Altertum zurückgehen, desto tiefer finden wir die Menschheit im Polytheismus versunken" (NR S. 2). Wenn wir nach dem Ursprung der Religion in der menschlichen Natur fragen, dürfen wir daher nicht nach dem Ursprung des Theismus, wir müssen vielmehr nach dem Ursprung des Polytheismus, „der ersten Religion der noch unwissenden Menschheit" (NR S. 6), fragen.

Wenn wir die Betrachtung der Natur verlassen und uns den wechselnden, unberechenbaren Schicksalen des menschlichen Lebens zuwenden, werden wir notwendig dazu geführt, eine Vielzahl in ihrer Macht eingeschränkter und unvollkommener Gottheiten anzunehmen (NR § 2). „Stürme und Unwetter vernichten, was unter der Sonne gedeiht. Die Sonne zerstört, was die Feuchtigkeit von Tau und Regen wachsen läßt. Der Krieg kann für eine Nation günstig sein, die durch die Mißgunst der Jahreszeiten von einer Hungersnot heimgesucht wird" (NR S. 7). Der Lauf der Dinge ist von so großer Abwechslung und Ungewißheit, daß wir einen beständigen Kampf intelligenter Mächte, die ihre entgegengesetzten Zwecke verfolgen, annehmen müssen, wobei auch die Handlungweise ein und derselben Gottheit nicht immer unveränderlich und berechenbar ist. Hume folgert, daß die ersten religiösen Vorstellungen des Polytheismus „nicht von einer Betrachtung der Natur herrührten, sondern von der Sorge um das tägliche Leben und von den unaufhörlichen Hoffnungen und Ängsten, die den menschlichen Geist bewegen" (NR S. 8). Ursprung der Religion seien nicht Wißbegierde und Wahrheitsliebe; diese „Antriebe sind zu subtil für derart grobe Auffassungen" (NR S. 9), sondern die gewöhnlichen Affekte des menschlichen Lebens: die ängstliche Sorge um Glück und die Furcht vor zukünftigem Elend. Hoffnung und Furcht sind nach Hume der anthropologische Ursprung der Religion.

Der Polytheismus beruht auf Unwissenheit. „In steter Ungewißheit schweben wir zwischen Leben und Tod, Gesundheit und Krankheit, Überfluß und Mangel; Zustände, die durch geheime und unbekannte Ursachen unter der menschlichen Gattung verbreitet sind" (NR S. 9). Diese unbekannten Ursachen werden nun der beständige Gegenstand unserer Hoffnung und Furcht, und die Einbildungskraft personifiziert sie zu anthropomorphen Gestalten mit menschlichen Leidenschaften und Schwächen. „Es ist daher kein Wunder, daß die Menschen, die sich in einer so tiefen Unkenntnis der Ursachen befinden und zur gleichen Zeit so um ihr künftiges Glück bangen, sich sofort zu einer Abhängigkeit von unsichtbaren, mit Gefühl und Intelligenz versehenen Mächten bekennen" (NR S. 11). Die Philosophie würde diese ursprüngliche Form der Religion zerstören, denn die Menschen würden feststellen, daß diese ihnen unbekannten Ursachen „nichts als die besondere Zusammensetzung und Struktur der kleinsten Teile ihres eigenen Körpers und der äußeren Gegenstände sind, und daß alle Ereignisse, die sie so sehr beunruhigen, durch einen regelmäßigen und beständigen Mechanismus hervorgebracht werden" (NR S. 10). Kenntnisse in der Astronomie und der Anatomie der Pflanzen und Tiere würden die Menschen dahin führen, daß sie die „großartige Anordnung der Zweckursachen" bewundern und zur Erkenntnis jenes „unendlich vollkommenen Geistes" kämen, „der allein und durch seinen allmächtigen Willen dem Bau der Welt Ordnung verliehen hat" (NR S. 12). Aber das alles übersteigt die Fassungskraft der unwissenden Menge (NR § 3).

3. Eine „allgemeine Begleiterscheinung der menschlichen Natur"

222 Die ursprüngliche Form der Religion, der Polytheismus, ist ein Produkt der Affekte Hoffnung und Furcht zusammen mit der Vorstellungskraft, welche die unbekannten Ursachen vor allem des Unglücks zu anthropomorphen, uns überlegenen intelligenten Wesen hypostasiert. Diese Erklärung ist zugleich eine Wertung: Die ursprüngliche Form der Religion ist der aus dem Unwissen geborene Aberglaube. Hat man diese negative Kritik vor Augen, so ist man erstaunt, in der *Allgemeinen Schlußbetrachtung* (NR § 15) zu lesen: „Die universale Neigung, an eine unsichtbare, intelligente Macht zu glauben, ist [...] zumindest eine allgemeine Beglei-

terscheinung der menschlichen Natur, die als eine Art Kennzeichen oder
Mal angesehen werden darf, das der göttliche Werkmeister seinem Werk
eingeprägt hat" (NR S. 70). Die Neigung zum Aberglauben als das Bild
Gottes im Menschen? Spricht hier ein zynischer Spötter? Eine Hilfe für
die Interpretation ist Humes Feststellung am Anfang von § 4, der einzige
Punkt in der Theologie, wo wir „eine nahezu allgemeine Übereinstimmung der Menschen antreffen werden", sei, „daß es eine unsichtbare,
intelligente Macht in der Welt gibt" (NR S. 14). Unter den Begriff einer
unsichtbaren intelligenten Macht fallen sowohl die anthropomorphen
Götter des Polytheismus wie der unendlich vollkommene Geist des teleologischen Gottesbeweises. Welches Anliegen verfolgt Hume, wenn er
diese Gemeinsamkeit herausstellt? Will er sagen, der polytheistische
Aberglaube sei ein, wenn auch unvollkommenes, Abbild des philosophischen Gottesglaubens, um so auch dem Aberglauben einen gewissen Ver-
nunftcharakter zuzusprechen? Dagegen spricht seine in der Aufzählung
der Faktoren Affekt, Einbildung, Nichtwissen zum Ausdruck kommende
Wertung. Eine andere Deutung liegt deshalb näher: Es gibt nichts
Schlimmeres als eine Pervertierung des Besten, des göttlichen Ebenbildes
im Menschen. Durch den Aufweis der Gemeinsamkeit soll die Kluft zwischen dem Gottesbild der Philosophie und den volkstümlichen Religionen
noch vertieft werden. „Je vorzüglicher ein Gut, von dem uns eine kleine
Probe gewährt wird, desto bitterer ist das damit verbundene Übel [...]. So
wie wir das Gute, das Große, das Erhabene, das Entzückende vorzüglich
in den echten Prinzipien des Theismus antreffen, so dürfen wir nach
Analogie der Natur erwarten, daß das Niedere, das Absurde, das Gemeine,
das Schreckenerregende sich gleichermaßen in den religiösen Fiktionen
und Phantasien finden lassen wird" (NR S. 70). Wenn man die Religionen
betrachte, die tatsächlich in der Welt geherrscht haben, so könne man in
ihnen nur „die Träume kranker Menschen" (NR S. 71) sehen.
Auch Elfen, Feen und sogar Gespenster fallen unter den Begriff einer
unsichtbaren, intelligenten Macht. Der Unterschied zwischen einer Person, die an solche Wesen glaubt, und einem Theisten, so urteilt Hume, sei
unendlich größer als der zwischen dieser Person und jemand, der jede
unsichtbare, intelligente Macht überhaupt ausschließt. Die Gemeinsamkeit
des Begriffs darf über die entscheidenden Unterschiede nicht hinwegtäu-
schen. ‚Unsichtbare, intelligente Macht' ist lediglich ein gemeinsamer
Name, und „man begeht einen Trugschluß, wenn man lediglich aufgrund
der zufälligen Ähnlichkeit der Namen ohne jede Übereinstimmung in der
Bedeutung so entgegengesetzte Meinungen mit derselben Bezeichnung
belegt" (NR S. 15). Es komme einem Polytheisten niemals in den Sinn,
Ursprung und Bau des Universums seinen unvollkommenen Göttern zuzuschreiben. Es sei bloßer Zufall gewesen, wenn in der heidnischen Antike
die Frage nach dem Ursprung der Welt einmal Eingang in ein theologi-

sches System gefunden habe; sie sei das Geschäft der Philosophen gewesen. Die Götter der griechisch-römischen Antike seien von den Naturmächten hervorgebracht worden und dem Schicksal unterworfen gewesen. „Es ist in der Tat", so betont Hume am Ende von § 4 den Unterschied zwischen dem Polytheismus und der philosophischen Vernunftreligion, „ein großes Entgegenkommen, wenn wir ein derart unvollkommenes theologisches System mit dem Namen einer Religion auszeichnen und es auf eine Stufe mit späteren Systemen stellen, die auf viel richtigeren und erhabeneren Prinzipien errichtet sind" (NR S. 21).

4. Der Theismus der volkstümlichen Religionen

223 Humes Kritik am Polytheismus ist ein Angriff auf alle Formen der volkstümlichen Religion; der Polytheismus ist deren Ursprung, und ein schlechter Baum kann keine guten Früchte tragen. Der Theismus der volkstümlichen Religion, so argumentiert Hume, entwickelt sich aus dem Polytheismus, und wenn man beide miteinander vergleicht, so sieht man, daß die Krankheit sich nicht gebessert, sondern verschlechtert hat.

Die Lehre von dem einen höchsten Gott, der Urheber der Natur ist, ist alt und weit verbreitet. Wer jedoch annimmt, das beruhe auf der Überzeugungskraft des teleologischen Gottesbeweises, der zeige damit, wie wenig ihm Unwissenheit, Torheit und abergläubische Vorurteile des Volkes bekannt sind. „Fragt selbst heutzutage und in Europa irgend jemand aus der großen Masse, warum er an einen allmächtigen Schöpfer der Welt glaubt. Er wird niemals die Schönheit der Zweckursachen erwähnen, die ihm ganz und gar unbekannt sind [...]. Aber er wird euch von dem plötzlichen und unerwarteten Tod des einen und dem Sturz und der Verletzung des anderen erzählen" (NR S. 26f.). Der volkstümliche Theismus, das will Hume mit diesem Beispiel zeigen, widerspricht dem Theismus der Vernunftreligion. Für den einfachen Menschen sind Unglücksfälle und widrige Naturereignisse Anlaß seines Glaubens an den einen höchsten Gott; er schreibt sie einer besonderen Vorsehung zu, die in den Lauf der Natur eingreift; wer alles natürlichen Ursachen zuschreibt und das besondere Eingreifen der Gottheit bestreitet, wird von ihm des Unglaubens verdächtigt. Hume zitiert Lord Bacon: „,Ein wenig Philosophie macht die Menschen zu Atheisten; viel Philosophie versöhnt sie mit der Religion'" (NR S. 27). Wenn der einfache Theist seine abergläubischen Vorurteile aufgibt und durch ein wenig Nachdenken entdeckt, daß der Lauf der Natur regelmäßig und gleichförmig ist, so wird er seinen Glauben verlieren. Wenn er dann durch weiteres Nachdenken erkennt, daß eben diese Regelmäßigkeit der stärkste Beweis für die Existenz einer höchsten Intelligenz ist, wird er seinen Glauben wiederfinden und ihn auf eine feste Grundlage stellen.

Der Theismus der Volksreligion beruht nicht auf Vernunftgründen; sein Gottesbild widerspricht dem der Vernunftreligion. Aber wie ist dann die Entwicklung vom Polytheismus zum Theismus zu erklären? Wieder greift Hume auf die Affekte von Furcht und Hoffnung, auf denen die Religion beruht, zurück: Sie treiben die Menschen zur Schmeichelei, deren Produkt dann der Theismus ist. Auch im Polytheismus, so beschreibt Hume diese Entwicklung im einzelnen (NR § 6), kann ein einzelner Gott Gegenstand besonderer Verehrung und Anbetung sein, sei es, daß er als besonderer Schutzpatron oder daß er als Herrscher über die anderen Götter angesehen wird. In jedem Fall werden seine Verehrer sich bemühen, seine Gunst zu erlangen, und das beste Mittel dazu seien Lobpreisungen und Schmeicheleien. „In dem Maß, wie die Ängste und Sorgen der Menschen bedrohlicher werden, erfinden sie immer neue Schmeichelausdrücke [...], bis sie schließlich bei der Unendlichkeit selbst anlangen, über die es kein Hinausgehen gibt." Nach den Prinzipien des Aberglaubens muß diese unendliche Gottheit als Intelligenz gedacht werden (vgl. § 222). Insofern stimmt der Gottesbegriff des populären Theismus mit dem der wahren Philosophie überein, aber diese Übereinstimmung ist reiner Zufall; die volkstümliche Religion wird zu diesem Begriff nicht durch die Vernunft, „sondern durch die Schmeicheleien und Ängste des allergewöhnlichsten Aberglaubens" geführt (NR S. 28f.).

Weil der populäre Theismus nicht auf Vernunftgründen beruht, ist er instabil und in sich widersprüchlich (NR § 8, § 13). Die Attribute der Einheit, Unendlichkeit, Einfachheit und Geistigkeit übersteigen die Fassungskraft der breiten Masse; folglich bleibt das theistische Gottesbild nicht lange in seiner ursprünglichen Reinheit erhalten; es verlangt vielmehr „nach einer Unterstützung durch die Annahme von untergebenen Fürsprechern und untergeordneten Hilfskräften, die zwischen den Menschen und ihrer höchsten Gottheit vermitteln" (NR S. 34). Weil diese anthropomorphen Mittelwesen uns vertrauter sind, werden sie allmählich zum Hauptgegenstand der Anbetung, so daß die Entwicklung vom Theismus zurück zum Götzendienst führt. Weil dieser aber von Tag zu Tag in immer gröbere und vulgärere Ansichten verfällt, richtet er sich selbst zugrunde und bewirkt so, „daß der Strom sich wieder in Richtung Theismus bewegt" (NR S. 35). Hume weist auf den Widerspruch hin, der in diesem Prozeß zum Ausdruck kommt: Die Verehrung der höchsten Gottheit müßte an sich jeden anderen Gottesdienst ausschließen; trotzdem wende das Volk sich an die untergeordneten Schutzgottheiten. So sei in der vorreformatorischen Kirche „aus der Jungfrau Maria als einer lediglich frommen Frau eine Gestalt geworden, die viele Attribute des Allmächtigen an sich gezogen hatte" (NR S. 29). In die Religion gehen widersprüchliche Affekte und Neigungen der menschlichen Natur ein, und sie führen zu einem in sich widersprüchlichen Gottesbild. Aus der Furcht vor zukünftigen Ereignissen ergibt sich das Bild einer böswilligen, rachsüchtigen, strengen und grausamen Gottheit. Dieselbe Furcht veranlaßt uns zur Schmeichelei und zum Lobpreis Gottes, woraus sich das entgegengesetzte Gottesbild ergibt: Jede Tugend muß der Gottheit zugeschrieben werden, und keine Übertreibung kann ihren Vollkommenheiten gerecht werden. Hume schränkt diese allgemeine Behauptung jedoch ein: Wenn die Menschen ihre Vorstellung von der Gottheit läutern, „so ist es nur ihr Begriff von ihrer Macht und ihrem Wissen, nicht aber der ihrer Güte, der erhöht wird". Mit der Macht nehmen die Schrecken der Gottheit zu; jetzt glauben die Menschen, daß sie keinen Gedanken im Innersten ihres Herzens vor der Gottheit verbergen können. Deshalb müssen sie darauf bedacht sein, keinen Gedanken des Tadels und der Mißbilligung aufkommen zu lassen; alles „muß vielmehr Zustimmung, Entzücken und Begeisterung sein". So führt die Religion zur inneren Spaltung, Unehrlichkeit und Falschheit. Je mächtiger die Gottheit gedacht wird, umso furchtbarer ist sie, aber die Furcht zwingt zur Schmeichelei und verbietet das innere Urteil, die Gottheit sei furchtbar. „Im Geheimen verabscheut das Herz jene Maßnahmen einer grausamen und unversöhnlichen Rache, aber die Urteilskraft wagt es nicht, sie für etwas anderes als vollkommen und anbetungswürdig zu erklären. Und das zusätzliche Übel dieses inneren Kampfes verschlimmert noch die anderen Schrecken, von denen diese unglückseligen Opfer des Aberglaubens schon immer geplagt werden" (NR S. 60).

224 Hume vergleicht den populären Theismus mit dem Polytheismus hinsichtlich der Toleranz (NR § 9), des Menschenbildes (NR § 10) und der Vernünftigkeit (NR § 11), und jedesmal schneidet der Polytheismus besser ab. Wenige Entartungen des Götzendienstes seien für die Gesellschaft verderblicher als „die auf die Spitze getriebene Entartung des Theismus. Die Menschenopfer der Karthager, Mexikaner und vieler barbarischer Völker übertreffen kaum die Inquisition und die Verfolgungen Roms und Madrids" (NR S. 39). Die unendlich überlegene und Schrecken einflößende Gottheit des Theismus drücke den menschlichen Geist zur tiefsten Unterwürfigkeit und Erniedrigung herab, während die den Menschen nur wenig überlegenen Götter des Polytheismus zu Mut, Großherzigkeit und Freiheitsliebe motivierten. Die Philosophie sei geneigt, sich mit dem Theismus zu einem theologischen System zu vereinigen, aber dazu müsse sie auch die in den positiven Quellen einer Religion, wie der Bibel oder dem Koran, enthaltenen Glaubenssätze übernehmen. Dabei werde sie verdreht, damit sie den Zwecken des Aberglaubens diene; man dürfe behaupten, „daß jede herkömmliche Theologie und besonders die scholastische geradezu eine Begierde nach Absurditäten und Widersprüchen hat. Ginge diese Theologie nicht über Vernunft und gesunden Menschenverstand hinaus, so würden ihre Lehren ja zu einfach und alltäglich erscheinen" (NR S. 43).

Die gelebte volkstümliche Religion, sei sie polytheistisch oder theistisch, steht im Widerspruch zur Moral. Das ist die These des letzten Abschnitts (NR § 14) vor der *Allgemeinen Schlußbetrachtung* (NR § 15), und ihre so hervorgehobene Stellung zeigt, daß Hume ihr entscheidende Bedeutung beimißt. Religion und Sittlichkeit widersprechen einander und schließen letztlich einander aus. Religion motiviert nicht zum sittlichen Handeln, sondern sie hält davon ab, und oft sind die unsittlichsten Menschen die frömmsten. Hume geht davon aus, daß in jeder Religion ein großer, wenn nicht der größte Teil der Anhänger die göttliche Gnade nicht durch ein sittlich gutes Leben, sondern durch oberflächliche Observanzen erstreben. Wie läßt diese allgemeingültige Beobachtung sich erklären? Der Anthropomorphismus der Gottesbilder sei keine Antwort, denn *„niemand* ist so töricht, als daß er nicht nach dem Urteil seiner natürlichen Vernunft Tugend und Rechtschaffenheit für die wertvollsten Eigenschaften hielte, die jemand besitzen könne. Warum schreibt er nicht die gleiche Gesinnung seiner Gottheit zu?" (NR S. 65). Unzureichend sei auch die Behauptung, die Befolgung religiöser Vorschriften sei leichter als das sittliche Handeln; das werde z.B. durch strenge Fastenvorschriften widerlegt.

Hume sieht die Lösung in folgendem: Das tugendhafte Handeln werde als angenehm und in sich sinnvoll erfahren; die moralische Verpflichtung lasse keinen Gedanken an ein religiöses Verdienst aufkommen, „und das tugendhafte Verhalten wird für nicht mehr als was wir der Gesellschaft und uns selbst schuldig sind erachtet" (NR S. 66). Der abergläubische Mensch finde deshalb im sittlichen Handeln nichts, was er seiner Gottheit zuliebe getan und wodurch er sich deren Gnade und Schutz verdient hätte. Dagegen werde jedes Ritual oder jede Oberservanz, die entweder im Leben völlig unnütz sei oder den natürlichen Neigungen widerspreche, ausschließlich aus diesem Motiv vollzogen, und deshalb werde durch diese Handlungen ein Anspruch gegenüber der Gottheit erworben. Wer eine Schuld bezahlt, dem sei die Gottheit in keiner Weise dankbar, weil das seine Pflicht ist; wenn aber jemand einen Tag faste, so habe das seiner Meinung nach eine direkte Beziehung zum Gottesdienst. „Durch diese unverkennbaren Zeichen der Frömmigkeit hat er nun die göttliche Gnade erlangt und darf zur Belohnung Schutz und Sicherheit in dieser und ewige Glückseligkeit in der kommenden Welt erwarten" (NR S. 67). Die Religion zerstört die Motivation zum sittlichen Handeln. Sie lenkt die Aufmerksamkeit auf die Affekte Furcht und Hoffnung, und sie sucht Mittel, durch welche der Mensch Schutz und Sicherheit erlangen kann. Religion ist ein *Do ut des*: Der Mensch gibt der Gottheit etwas, das ausschließlich für sie einen Wert hat, um so ihr gegenüber einen Anspruch auf die Güter zu erwerben, um die es ihm in Furcht und Hoffnung geht. Die Schmeichelei wird durch das Tauschgeschäft mit der Gottheit ergänzt, und dadurch sollen alle für das menschliche Leben wesentlichen Güter gesichert werden.

Hume zieht aus diesen Überlegungen eine Folgerung, welche den Widerspruch zwischen Religion und Sittlichkeit noch schärfer ins Auge springen läßt: „Daher kommt es, daß man in vielen Fällen die größten Verbrechen mit einer abergläubischen Frömmigkeit und Gottesverehrung in Einklang fand", und es lasse sich mit Recht daran zweifeln, ob sich aus der Gewissenhaftigkeit, mit welcher ein Mensch seine religiösen Übungen erfülle, Folgerungen zugunsten seiner Moralität ziehen ließen. Er zitiert den griechischen Historiker Diodorus Siculus (1. Jh.v.Chr.) „„Diejenigen, die die verbrecherischsten und gefährlichsten Dinge unternehmen, sind gewöhnlich die abergläubischsten Menschen'", und er kommentiert: „Ihre Frömmigkeit und ihr innerer Glaube nimmt mit ihren Ängsten zu." Den Verbrechen folgten Gewissensängste, die dazu zwängen, bei religiösen Riten Zuflucht zu suchen. Wie die Religion die Sittlichkeit, so zerstört die Sittlichkeit die Religion: „Alles, was das seelische Gleichgewicht schwächt oder stört, leistet den Interessen des Aberglaubens Vorschub, und nichts ist für diese verderblicher als eine mannhafte, standfeste Tugend, die uns entweder vor unheilvollen und melancholischen Zufällen bewahrt, oder sie uns zu ertragen lehrt" (NR S. 67f.).

5. Rückblick: „Das Ganze ist ein Rätsel"

226 *Die Naturgeschichte der Religion* war von zwei Fragen ausgegangen: der Frage nach der Grundlage der Religion in der Vernunft und der Frage nach ihrem Ursprung in der menschlichen Natur. „Zweifel, Ungewißheit und Unentschiedenheit des Urteils", so Humes Antwort auf die zweite Frage, „scheinen das einzige Ergebnis unserer sorgfältigsten Untersuchung in dieser Angelegenheit zu sein" (NR S. 71). Die Religion beruht nicht auf einem ursprünglichen Instinkt der menschlichen Natur; sie hat lediglich eine Grundlage in der Vernunft. Aber es ist eine kleine Zahl von Menschen, denen diese Vernunftreligion zugänglich ist. Die *Dialoge* haben gezeigt, daß sie unzähligen Einwänden ausgesetzt ist und wie leer und armselig der Gottesbegriff ist, den sie schließlich vermitteln kann. Sie ist nicht mehr als eine Disziplin der Philosophie und als solche dem Streit der Meinungen unterworfen. Die andere Form der Religion, die Hume der Vernunftreligion gegenüberstellt, ist ein Produkt von Affekt, Nichtwissen und Phantasie. Ihr gegenüber hat die Philosophie eine ausschließlich negative Aufgabe: sie muß „die verschiedenen Arten des Aberglaubens durch ihre Gegenüberstellung in Streit miteinander" bringen, d.h. sie muß zeigen, daß wir es hier mit einem in sich widersprüchlichen Gebilde zu tun haben. Die *Allgemeine Schlußbetrachtung* listet einige von diesen Widersprüchen auf: Den verbalen Beteuerungen, nichts sei so gewiß wie die Religion, widerspreche der Lebenswandel, der zeigt, daß man nicht

das geringste Vertrauen in sie setzt. Der aufrichtigste Eifer schließe die Heuchelei nicht aus; die offensichtliche Gottlosigkeit sei von Gewissensbissen begleitet. Unwissenheit sei die Mutter der Frömmigkeit, aber ein Volk ohne Religion sei nur wenig von den Tieren unterschieden. Der Reinheit der Sittenlehre in einigen theologischen Systemen stehe die Verderbtheit der Handlungen entgegen, die von diesen Systemen veranlaßt werden. „Die tröstenden Aussichten, die uns der Glaube an ein zukünftiges Leben eröffnet, sind entzückend und herrlich. Wie schnell aber vergehen sie angesichts seiner Schrecken, die fester und dauerhafter Besitz von dem menschlichen Gemüt ergreifen? Das Ganze ist ein Rätsel, ein Änigma, ein unerklärliches Geheimnis" (NR S. 71).

Weil die volkstümliche Religion keine Grundlage in der menschlichen 227 Natur hat, reiche ihre Gewißheit nicht auch nur entfernt an die Gewißheit heran, die uns im Alltag leitet. Angst und Unehrlichkeit gingen bis in die Mitte der Person; die Anhänger der Religion wagten nicht einmal sich selbst gegenüber, ihre Zweifel einzugestehen; Fanatismus ersetze die fehlende Überzeugung. „Sie rechnen sich den blinden Glauben als Verdienst an und verbergen durch die stärksten Beteuerungen und den eifrigsten Fanatismus ihren tatsächlichen Unglauben vor sich selbst" (NR S. 51). Aber sehen die Anhänger der Religion nicht selbst die Widersprüche in ihren Lehren und ihrem Verhalten? Hume nennt die „Schwäche der menschlichen Vernunft" und die unwiderstehliche, „ansteckende Macht der Meinungen" (NR S. 71) als Ursachen dieser Blindheit, die keine Zweifel aufkommen läßt. Heilung sei nur von der skeptischen Philosophie zu erhoffen, welche immer wieder den Widerspruch in der Lehre und den zwischen Lehre und Leben aufzeigt und so zur Urteilsenthaltung zwingt.

Humes Religionskritik ist eine zutiefst beeindruckende Mahnung zur Ehr- 228 lichkeit; sie erinnert daran, wie nahe Frömmigkeit und Heuchelei beieinander liegen; sie weist hin auf die Gefahren der Religion bis zur psychischen Erkrankung; sie fordert die Aufrichtigkeit der religiösen Überzeugung und die Übereinstimmung von Bekenntnis und Leben. Notwendige Bedingung für die Rationalität einer religiösen Überzeugung, das mahnt Hume an, ist ihre Widerspruchsfreiheit und die (nicht reduktionistisch zu verstehende) Einheit von Religion und Moral. „In der Tat würde nichts überzeugender den göttlichen Ursprung einer Religion beweisen als die Feststellung […], daß sie von einem Widerspruch frei ist, der der menschlichen Natur so leicht unterläuft" (NR S. 31). Hume hat an dieser Stelle den Widerspruch im Auge, der sich aus dem Anthropomorphismus und dem Hang zur Schmeichelei ergibt, aber wir dürfen den Satz auch im Sinne einer allgemeineren Widerspruchsfreiheit verstehen.

Humes Anliegen ist es, die wahre Religion von ihren Fehlformen zu unterscheiden; seine Lösung ist radikal und rationalistisch. Die Frage nach dem Ursprung der Religion in der menschlichen Natur wird negativ entschieden; wenn überhaupt Religion, dann nur als Leistung der Vernunft; alle anderen Formen der Religion fallen unter das Verdikt des Aberglaubens. Wie könnte man gegenüber Hume die These von einem Ursprung der Religion in der menschlichen Natur, der tiefer reicht als die Vernunft, verteidigen? Die grundlegende Entscheidung fällt beim Sehen der Phänomene; hier könnte ein Vergleich zwischen Hume und der entgegengesetzten Position von James methodisch hilfreich sein. Ins Auge fiele bereits der Unterschied des ausgewählten Materials. James bringt persönliche Zeugnisse aus den Erweckungsbewegungen in New England und Texte aus der Geschichte der Mystik. Hume entnimmt sein Material überwiegend Autoren der griechisch-römischen Antike, und auch ein wohlwollender Interpret kann sich nicht ganz des Eindrucks erwehren, daß die Auswahl gelegentlich von einem leichten Zynismus bestimmt ist. Eine Kritik kann berechtigt und dennoch nicht zutreffend sein; James könnte Hume in allen Punkten seiner Kritik recht geben und zugleich behaupten, was Hume kritisiere, sei nicht Religion, sondern eine Fehlform. Hume könnte antworten, in der Geschichte der Menschheit finde in einer Gemeinschaft gelebte Religion sich gewöhnlich nur so, wie er sie beschreibe. James könnte das zugestehen und dennoch gegen Hume behaupten, die Religion habe einen Ursprung in der menschlichen Natur, der tiefer reicht als die Vernunft. Er würde Humes Reduktion der wahren Religion auf Philosophie und die Verurteilung aller anderen Formen als Aberglauben, d.h. ihre Reduktion auf die Affekte von Furcht und Hoffnung, bestreiten. Auch dann, wenn die Religion tief in der menschlichen Natur verwurzelt ist, das würde er Hume zugeben, gebe es Fehlformen der Religion; die Spannung zwischen dem Ideal und der gewöhnlich gelebten Wirklichkeit werde dadurch nicht aufgehoben.

Literatur:

Kemp-Smith 1935
Butler 1960
Gaskin 1978
Penelhum 1983, chap. 6
Kulenkampff 1989
Streminger 1994
Bonk 1998; 1999, Dritter Teil
Penelhum 2000, chap. 9–11
Badía Cabrera 2001

I. Die wahre Religion als Deutung der *condicio humana*: Blaise Pascal

„Die wahre Natur des Menschen", so lautet der Grundgedanke der von 229 Blaise Pascal (1623–1662) geplanten Schrift zur Verteidigung der christlichen Religion, „sein wahres Heil, die wahre Tugend und die wahre Religion; das sind Dinge, deren Kenntnis untrennbar ist" (La 393; Br 442). Einen Zugang zum christlichen Glauben findet nur, wer die wahre Natur des Menschen erkannt hat, und nur der christliche Glaube läßt uns die wahre Natur des Menschen erkennen. Wer die Oberflächlichkeit und den Schein durchschaut und die Gebrochenheit, den Zwiespalt und das Rätsel der menschlichen Existenz an sich erfahren hat, sucht nach einer Deutung und einem Weg zum Heil. Daß die biblische Botschaft wahr ist, zeigt sich daran, daß sie die Lage des Menschen richtig beschreibt, sie erklärt und einen Ausweg zeigt.

I. Der Text der Pensées

Es sind vor allem zwei Ereignisse im Leben Pascals, die in ihm den Plan 230 reifen ließen, eine Apologie der christlichen Religion zu schreiben. Im *Mémorial* berichtet Pascal von einem Erlebnis in der Nacht vom 23. November 1654: „Feuer. Gott Abrahams, Gott Isaaks, Gott Jakobs, nicht der Philosophen und Gelehrten. Gewißheit, Gewißheit, Empfinden, Freude, Friede. Gott Jesu Christi" (La 618; Br 479). Am 24. März 1656 fühlte sich Marguerite Périer, eine Nichte Pascals und Schülerin im Kloster Port Royal bei Paris, durch die Berührung mit einem Dorn aus der Dornenkrone Christi, einer Reliquie im Besitz von Port Royal, von einer eitrigen Fistel im rechten Auge geheilt (Schmidt-Biggemann 1999, 102–106). Pascal begann nachzudenken über die Bedeutung der Wunder für den religiösen Glauben. „Die Wunder und die Wahrheit sind notwendig, weil der ganze Mensch überzeugt werden muß, sowohl der Körper als die Seele" (La 848; Br 806). Den Plan zu seiner Apologie faßte Pascal 1657; der größte Teil der Aufzeichnungen dürfte 1658 entstanden sein. Im Januar 1659 erkrankte Pascal so schwer, daß er die Arbeit nicht weiterführen konnte. Er hat sich nicht wieder erholt; nach seinem Tod waren die Vorarbeiten weitgehend in dem Zustand, den sie 1658 erreicht hatten (Schmidt-Biggemann 1999, 108).

Pascals Nachlaß enthält etwa 1000 Fragmente von sehr unterschiedlicher 231 Länge auf Blättern von verschiedenen Formaten. Die Familie und Freunde des Verstorbenen ließen alles abschreiben und veröffentlichten die Fragmente 1670 unter dem Titel *Pensées*. Diese Ausgabe enthielt lediglich eine Auswahl der am meisten ausgearbeiteten Pensées, und die Anordnung der Fragmente war willkürlich. Seit 1935 haben Z. Tourneur, P.-L. Couchoud und L. Lafuma die Abschrift, die für die Erstausgabe angefertigt worden war, untersucht und sie mit den ursprünglichen Zetteln verglichen. Es konnte gezeigt werden, daß Pascal seine Notizblätter zu Bündeln zusammengefaßt hat. Dabei lassen sich zwei Teile unterscheiden. „Der erste, vor dem ein Inhaltsverzeichnis steht, umfaßt 27 Kapitel, welche den Kern der geplanten ‚Apologie' bilden. Der zweite ist weniger genau gegliedert und enthält Fragmente, die nicht zur ‚Apologie' gehören oder später als die ersten 27 Kapitel verfaßt worden sind. Nichts an diesem zweiten Teil läßt darauf schließen, daß Pascal seinen Plan zu modifizieren beabsichtigte. Aufgrund der Disposition der 27 Kapitel ist es möglich, sich ein genaues Bild von dem Verfahren zu machen, an das sich Pascal zu halten gedachte" (Mesnard 1993, 553). Die Ausgabe von Lafuma übernimmt diese Anordnung. Im ersten Kapitel gliedert Pascal sein Werk in zwei Teile, und er läßt damit die Argumentationsstruktur des Ganzen deutlich werden: „*Erster Teil*: Elend des Menschen ohne Gott. *Zweiter Teil*: Glückseligkeit des Menschen mit Gott. Anders: *Erster Teil*: Daß unsere Natur verderbt ist, an Hand der Natur selbst. *Zweiter Teil*: Daß es einen Heiland gibt, anhand der Schrift" (La 6; Br 60). Unser Elend und unsere Natur sind die Daten, welche der Deutung bedürfen; die Schrift gibt ihnen einen umfassenden Sinn und erweist so ihre Wahrheit. Die Interpretation folgt im wesentlichen dieser Zweiteilung, ohne sich jedoch an die Abfolge der einzelnen Kapitel zu halten.

II. „Elend des Menschen ohne Gott"

1. Der Mensch auf der Flucht vor sich selbst

232 „*Seinslage des Menschen*: Unbeständigkeit, Langeweile, Unruhe" (La 78; Br 126). Ein Beispiel, das diese Charakterisierung belegen soll, trifft heute ebenso wie zu Zeiten Pascals: „Die Menschen beschäftigen sich damit, hinter einem Ball oder einem Hasen herzulaufen" (La 39; Br 141). Zu Pascals Zeiten gab es noch keine Fußballweltmeisterschaft; er führt deshalb seine Gedanken am Beispiel der Jagd aus. Die Menschen verbringen einen ganzen Tag damit, hinter einem Hasen herzusein, den sie geschenkt oder gekauft nicht haben möchten. Wer sie deshalb tadelt, der kennt nicht das menschliche Herz. Daß die Menschen die Jagd als eine Form der Zerstreuung, der Unruhe, des Umtriebs, des Lärms suchen, entspringt einem inneren Zwiespalt. Pascal zeichnet ein pessimistisches Bild von der Seinslage (condition) und der Grundstimmung des Menschen. Der Drang sich zu zerstreuen zeigt, daß der Mensch nicht über sich selbst nachden-

ken möchte. „Nehmt ihnen doch die Zerstreuungen, dann werdet ihr sehen, daß sie vor Langeweile verdorren, sie spüren dann ihre Nichtigkeit, ohne sie zu kennen: denn was ist Unglücklichsein sonst, als unerträglich traurig sein, sobald man gezwungen wird, über sich selbst nachzudenken, und sich nicht zerstreuen kann" (La 36; Br 164). „Der Tod, an den man nicht denkt, ist leichter zu ertragen als der Gedanke an den Tod überhaupt" (La 138; Br 166). Der Mensch ist derart unglücklich, „daß er sich bekümmert, ohne irgendeinen Grund dazu zu haben, und allein durch die Anlage seines Gemüts". Der gekaufte oder geschenkte Hase „könnte uns nicht davor schützen, den Tod oder das Elend zu schauen; die Jagd aber, die uns davon ablenkt, schützt uns davor". Aber mit dem Gefühl der Seinslage, und darin besteht der innere Zwiespalt, ist ein Gespür für die wahre Glückseligkeit verbunden. Die Menschen meinen, der Besitz der Dinge, denen sie nachjagen, könne sie wirklich glücklich machen. Zerstreuung und Unruhe sind also nicht nur eine Flucht, sondern auch ein vermeintliches Streben nach Glück. Aber damit täuschen die Menschen sich selbst; sie wissen nicht, daß was sie suchen nur die Jagd ist, die fesselnde Beschäftigung, die sie hindert, über sich selbst nachzudenken, und nicht die Beute. Die Menschen haben den Trieb, Zerstreuungen zu suchen, und sie haben einen Trieb, der sie ahnen läßt, „daß das Glück in Wirklichkeit in der Ruhe und nicht im Lärm des Umtriebs liegt; und aus diesen beiden gegensätzlichen Trieben bilden sie einen verworrenen Plan, der sich im Unterbewußten ihrer Seele verbirgt und der sie dazu bringt, die Ruhe durch die Unruhe zu suchen" (La 136; Br 139). „Trotz dieses Elends will der Mensch glücklich sein und nichts als glücklich sein, und er ist nicht fähig zu wollen, daß er es nicht sei; wie aber könnte er es sein? Er müßte, um es wirklich zu sein, sich unsterblich machen; da er dies aber nicht vermag, verfiel er darauf, nicht daran zu denken" (La 133; Br 169). Die Flucht in die Zerstreuung ist eine Flucht aus der Gegenwart und damit aus dem eigenen Leben. Die „Zukunft allein ist unser Ziel. So leben wir nie, sondern hoffen zu leben". „Niemals halten wir uns an die Gegenwart. Wir nehmen die Zukunft vorweg, als käme sie zu langsam [...]; oder wir erinnern uns der Vergangenheit, um sie aufzuhalten, da sie zu rasch entschwindet: Torheit, in den Zeiten umherzuirren, die nicht unsere sind, und die einzige zu vergessen, die uns gehört, und Eitelkeit, denen nachzusinnen, die nichts sind, und die einzige zu verlieren, die besteht, nämlich weil es die Gegenwart ist, die uns gewöhnlich verletzt" (La 47; Br 172).

Das ganze Erziehungssystem ist darauf angelegt, den Menschen von sich selbst abzulenken. Man überhäuft die Menschen von Jugend an „mit Beschäftigungen, mit dem Lernen von Sprachen und Wissenschaften, und man schärft ihnen ein, daß sie nicht glücklich sein können, wenn ihre Gesundheit, ihre Ehre, ihr Vermögen und die ihrer Freunde nicht in Ordnung sind" (La 139; Br 143). Hohe Ämter sind deswegen begehrt, weil sie dem Menschen keine Zeit für sich selbst lassen. „Was ist der Vorzug, Finanzminister, Kanzler oder Parlamentspräsident zu sein, wenn nicht der, daß man einen Beruf hat, in dem man vom frühen Morgen an eine Menge Menschen empfängt, die kommen und gehen und die keine Stunde des Tages übrig lassen, wo man über sich selbst nachdenken könnte?" (La 136; Br 139). Derselbe Vorwurf trifft die Wissenschaften. Pascal unterscheidet zwischen den reinen Wissenschaften und dem Studium des Menschen. Nachdem er mit dem Studium des Menschen begonnen hatte, habe er erkannt, „daß die reinen Wissenschaften dem Menschen nicht angemessen sind und daß ich mich über meine Seinslage, während ich sie studierte, mehr irrte als die, die von ihnen nichts wissen". Aber soll man den Menschen studieren, oder ist es besser, „wenn er in Unkenntnis über sich selbst bleibt, um glücklich zu sein?" (La 687; Br 144). Aber auch das Studium des Menschen kann der Zerstreuung und Eitelkeit dienen. Pascal spricht von Philosophen, die alles das beobachten, worüber er schreibt. Sie „bringen sich schier um, alles das anzumerken, nicht etwa um daraus zu lernen, sondern um zu zeigen, daß sie es wissen; diese sind die törichste Sippschaft, denn sie sind es wissentlich, während man von den übrigen glauben könnte, sie würden sich ändern, wenn sie es wüßten" (La 136; Br 139).

2. Die Herrschaft des Scheins

233 Die Flucht des Menschen vor seiner wahren Seinslage führt zur Herrschaft von Einbildung (imagination) und Gewohnheit und damit in den Skeptizismus. Die Einbildung kann, was der Vernunft unmöglich ist: die Menschen glücklich machen. Die Vernunft vermag „ihre Freunde nur elend zu machen"; die Einbildung schenkt „den Ruhm, sie die Verachtung". „Die Einbildung ist der ihn beherrschende Teil des Menschen". Sie kann als solche nicht durchschaut werden; sie wäre untrügliches Kennzeichen des Wahren, wenn sie untrügliches Kennzeichen der Lüge sein würde. Aber obwohl sie meistens falsch ist, gibt es kein Merkmal ihres Wesens, „da das Wahre und das Falsche gleiches Zeichen tragen". Nicht die Vernunft, sondern die Einbildung bestimmt den Wert der Dinge; „sie bestimmt die Schönheit, das Recht und das Glück, das das Höchste auf der Erde ist". Die Einbildung hat im Menschen eine zweite Natur aufgebaut. Sie herrscht über die Vernunft und die Sinne: „sie macht, daß man der Vernunft glaubt, sie bezweifelt, leugnet; sie schaltet die Sinne aus und weckt sie". Menschen, welche das Instrument der Einbildung beherrschen, strahlen Sicherheit und Überzeugungskraft aus; sie „betrachten die Menschen herrisch, sie streiten kühn und zuversichtlich, die andern furchtsam und unsicher; und die Heiterkeit ihrer Miene verschafft ihnen oft genug

den Vorteil im Urteil ihrer Zuhörer". Die Vernunft hat abdanken müssen; sie überwindet niemals die Einbildungskraft, während das Gegenteil oft der Fall ist (La 44; Br 82).

Pascals Beispiele für die Herrschaft der Einbildungskraft sind verschiedenen Bereichen entnommen. Der würdige Ratsherr geht zur Kirche mit dem festen Vorsatz, der Predigt gesammelt zuzuhören und so die Festigkeit seiner Vernunft und die Glut der Frömmigkeit zu stärken. Der Prediger mag die erhabensten Wahrheiten mitteilen; der Ratsherr verliert seine Haltung, wenn der Prediger schlecht rasiert ist oder gar einen Flecken auf seinem Talar hat. Der größte Philosoph wird von Schwindel ergriffen, wenn er auf einer Planke, die breiter als notwendig ist, über einen Abgrund geht. Der Anblick von Katzen und Ratten bringt die Vernunft außer sich; der „Ton der Stimme beeindruckt die Klügsten, und er ändert eine Rede, ein Gedicht von Grund auf". Zuneigung, Haß und Geld ändern das Recht. Ärzte und Juristen dupieren die Menschen durch ihre weißen Kittel, ihre absatzlosen Pantoffeln, ihre viereckigen Hüte und ihre Talare; besäßen die Richter Wahrheit und Gerechtigkeit und die Ärzte die Heilkunst, „dann hätten sie viereckige Hüte nicht nötig, die Würde dieser Wissenschaften würde an sich selbst verehrungswürdig sein". Der Reiz der Neuheit besitzt in gleicher Weise eine verführerische Kraft wie das Ansehen, das eine lange und ehrwürdige Tradition verleiht (La 44; Br 82).

Einbildung und Gewohnheit bestimmen die Prinzipien, von denen die Vernunft in ihren Überlegungen ausgeht. „Was sind unsere natürlichen Prinzipien anderes als Prinzipien, an die wir uns gewöhnt haben?" Die Erfahrung zeigt, daß andere Gewohnheiten andere natürliche Prinzipien ergeben würden. Der Tatsache, daß es Prinzipien gibt, welche die Gewohnheit nicht aufheben kann, steht die andere entgegen, daß es Gewohnheiten gibt, die weder durch die Natur noch durch eine andere Gewohnheit aufgehoben werden können. Welche von beiden Alternativen der Fall ist, hängt von der Veranlagung ab (La 125; Br 92). Und läßt sich überhaupt zwischen Natur und Gewohnheit unterscheiden? „Die Gewohnheit ist eine zweite Natur, die die erste aufhebt. Was aber ist Natur? Weshalb soll die Gewohnheit nicht natürlich sein? Ich fürchte, diese Natur selbst ist nur eine erste Gewohnheit, wie die Gewohnheit eine zweite Natur ist" (La 126; Br 93). Das Gewicht dieser skeptischen Überlegungen wird besonders deutlich in Pascals Ausführungen zu Recht und Gerechtigkeit. „Wie die Mode bestimmt, was uns gefällt, so bestimmt sie auch das Recht" (La 61; Br 309). Man behaupte, so wendet Pascal gegen diesen Relativismus ein, das Recht liege nicht in den jeweils üblichen Gebräuchen, sondern in den Gesetzen der Natur, welche den unterschiedlichen Sitten der Völker gemeinsam sind. Seine Antwort unterscheidet: Es gibt kein menschliches Gesetz, das allgemein gültig wäre. „Der Raub, die Blutschande, der Mord an Kindern und Eltern, alles hat seinen Ort unter

234

den tugendhaften Handlungen. Nichts kann lächerlicher sein, als daß ein Mensch das Recht hat, mich zu töten, weil er jenseits des Wassers wohnt und weil sein Fürst mit meinem Krieg führt, obgleich ich keinen Streit mit ihm habe!" Damit ist der Gedanke des Naturrechts jedoch nicht aufgegeben: „Fraglos gibt es Gesetze des Naturrechts, aber diese prächtige, verderbte Vernunft hat alles verdorben". Das Naturrecht ist also eine bloße Idee; es taugt nicht zur Begründung des Rechts. Die Verderbtheit der Vernunft ist der Grund, „daß einer sagt, das Wesen des Rechts sei die Autorität des Gesetzgebers, ein anderer, der Nutzen des Herrschers, ein dritter, der gegenwärtige Brauch, und das einzig Gewisse ist: daß gemäß der reinen Vernunft nichts an sich gerecht ist, alles schwankt mit der Zeit. Die Gewohnheit allein macht das ganze Recht; daß es überliefert ist, ist sein einziger Grund; sie ist das mystische Fundament seiner Autorität. Wer es auf seinen wahren Grund zurückführen will, der hebt es auf" (La 60; Br 294).

235   Flucht und Schein verbinden sich in den Haltungen von Stolz, Eitelkeit und Neugierde. Der Stolz ist „das Gegengewicht alles Elends. Entweder verbirgt der Mensch sein Elend, oder, wenn er es aufweist, rühmt er sich, es zu kennen" (La 71; Br 405). So sehr besitzt uns der Stolz inmitten unseres Elends, daß wir sogar unser Leben hingeben, „wenn man nur davon spricht. Eitelkeit: Spiel, Jagd, Besuche, Schauspiel, falsche Dauer des Namens" (La 628; Br 153). „Neugierde ist nichts als Eitelkeit; meist will man nur etwas kennen, um davon reden zu können" (La 77; Br 152). Umtrieb, Geschäftigkeit, Zerstreuung, Einbildung, Gewohnheit, Eitelkeit und Stolz halten die Menschen vom Entscheidenden ab: sich selbst zu sehen und darüber nachzudenken, „was sie sind, woher sie kommen, wohin sie gehen" (La 139; Br 143). Die „Ordnung des Denkens fordert, daß man mit sich selbst beginne, und zwar mit seinem Schöpfer und mit seinem Ende" (La 620; Br 146). Pascal vergleicht unsere Situation mit der eines Menschen im Gefängnis, der nicht weiß, ob sein Urteil gesprochen ist. Er hat eine Stunde Zeit, es zu erfahren, und er hat die Möglichkeit, das Urteil widerrufen zu lassen. Es wäre widernatürlich, „wenn er diese Stunde nicht dazu benutzte, um sich zu unterrichten, ob das Urteil gesprochen wurde, sondern um Piquet zu spielen" (La1163; Br 200). „Sorglos eilen wir in den Abgrund, nachdem wir etwas vor uns aufgebaut haben, was uns hindert, ihn zu sehen" (La 166; Br 183). Ihren letzten Ernst erhält die Religion durch den Tod und die Frage, was uns danach widerfährt. Eindrucksvoll wird die Oberflächlichkeit des Lebens in der Gesellschaft mit der Einsamkeit des Todes konfrontiert: „Wir sind lächerlich, daß wir Ruhe in der Gesellschaft unserer Mitmenschen finden, die elend und ohnmächtig sind wie wir; sie werden uns nicht helfen: Man wird allein sterben. Man muß also handeln, als ob man allein wäre" (La 151; Br 211). Pascals ‚Philosophie' der Religion beginnt mit der Feststellung, daß die Flucht des

Menschen vor sich selbst und der Schein, den er aufbaut, die Fragen, auf welche die Religion eine Antwort geben will, erst gar nicht aufkommen lassen. Der Mensch weicht diesen Fragen aus. Die Dimension des Religiösen im menschlichen Leben ist verdeckt; sie muß allererst freigelegt werden.

3. Größe und Elend

Ein erster Schritt ist, daß ich mir der Nichtigkeit und Zufälligkeit meiner 236
Existenz in Raum und Zeit bewußt werde. „Bedenke ich die kurze Dauer
meines Lebens, aufgezehrt von der Ewigkeit vorher und nachher; bedenke
ich das bißchen Raum, den ich einnehme, und selbst den, den ich sehe,
verschlungen von der unendlichen Weite der Räume, von denen ich nichts
weiß und die von mir nichts wissen, dann erschaudere ich und staune, daß
ich hier und nicht dort bin; keinen Grund gibt es, weshalb ich gerade hier
und nicht dort bin, weshalb jetzt und nicht dann." Pascal zitiert das Buch
der Weisheit (15,14): Der Mensch vergeht wie „die Erinnerung an einen
Gast, der nur einen Tag bleibt" (La 68; Br 205). Aber der Mensch kann
über seine Vergänglichkeit nachdenken, und darin besteht seine Größe.
„Nur ein Schilfrohr, das zerbrechlichste in der Welt, ist der Mensch, aber
ein Schilfrohr, das denkt. Nicht ist es nötig, daß das All sich wappne, um
ihn zu vernichten: ein Windhauch, ein Wassertropfen reichen hin, um ihn
zu töten. Aber wenn das All ihn vernichten würde, so wäre der Mensch
doch edler als das, was ihn zerstört, denn er weiß, daß er stirbt" (La 200;
Br 347). Die Größe des Menschen besteht darin, daß er sein Elend erkennt. „Ein Baum weiß nichts von seinem Elend. Also: elend ist nur, wer
sich als elend kennt, aber nur das ist Größe, zu wissen, daß man elend ist"
(La 114; Br 397). Das Elend ist Erkenntnisgrund der Größe, und die
Größe ist Erkenntnisgrund des Elends. Das Elend ist die Erfahrung, daß
uns etwas fehlt. „Wer wäre unglücklich, weil er nur einen Mund hat, und
wer wäre nicht unglücklich, wenn er nur ein Auge hätte". Was „den Tieren natürlich ist, nennen wir Elend beim Menschen; es erinnert uns daran,
daß wir, deren Natur jetzt gleich der der Tiere ist, aus einer besseren Natur, die uns eignete, gestürzt sind" (La 117; Br 409). Der Mensch muß den
Bruch, den Zwiespalt und die Spannung in seinem Wesen erfahren. „Gefährlich ist es, wenn man den Menschen zu sehr darauf hinweist, daß er
den Tieren gleicht, ohne ihm zugleich seine Größe vor Augen zu führen.
Noch gefährlicher ist, wenn man ihm seine Größe ohne seine Niedrigkeit
vor Augen führt. Am gefährlichsten ist es, ihn in Unkenntnis über beides
zu lassen" (La 121; Br 418). Die beiden biblischen Gestalten, die das
Elend des Menschen am besten kannten, sind Salomon und Hiob; „der
eine war der glücklichste, der andere der unglücklichste der Menschen".

Salomon kannte aus eigener Erfahrung die Eitelkeit und Nichtigkeit der Freuden, und Hiob die Wirklichkeit der Leiden (La 403; Br 174).

237 Größe und Elend zeigen sich in den verschiedenen Bereichen des menschlichen Lebens. „Größe des Menschen sogar in seiner Konkupiszenz, da er es verstanden hat, aus ihr eine bewundernswürdige Ordnung zu schaffen und ein Bild der Liebe [charité] daraus zu formen" (La 118; Br 402). Pascals Gedanken zum Recht (§ 234) können helfen, dieses Fragment zu interpretieren. Die Konkupiszenz ist der Egoismus, der Trieb zur Selbsterhaltung und zur Macht, die verderbte Vernunft. Die Größe des Menschen besteht darin, daß er aus ihr eine Rechtsordnung geschaffen hat. Aber das Fundament, auf dem sie gebaut ist, steht im Widerspruch zu ihr; die Ordnung ist labil, ständig gefährdet und nur durch den Schein der Vernunft, also letztlich durch Täuschung, aufrecht zu erhalten. „Die Gerechtigkeit ohne Macht ist ohnmächtig; die Macht ohne Gerechtigkeit tyrannisch [...] Und da man nicht erreichen konnte, daß das, was gerecht ist, mächtig sei, machte man das, was mächtig ist, gerecht" (La 103; Br 298). „Der Brauch ist nur zu befolgen, weil er Brauch ist, aber das Volk befolgt ihn aus dem einzigen Grunde, weil es ihn für richtig hält [...], denn man will nur der Vernunft oder der Gerechtigkeit untertan sein" (La 525; Br 325).

Konkupiszenz ist „Begierde des Fleisches, Begierde der Augen, Stolz" (vgl. 1 Joh 2,16). Pascal unterscheidet drei Ordnungen: Fleisch, Geist, Willen. Die Fleischlichen sind die Reichen; ihr Gegenstand ist der Körper; hier herrscht die Konkupiszenz im engeren Sinn des Wortes. Die Geistigen sind die Gelehrten; hier herrscht die Neugierde. Den Bereich des Willens bilden die Weisen; ihr Gegenstand ist die Gerechtigkeit; hier herrscht der Dünkel. In allen drei Bereichen haben die Menschen eine bewundernswürdige Ordnung geschaffen: die Ökonomie, die Wissenschaft, das Recht. Der innere Zwiespalt des Menschen zeigt sich darin, daß diese Ordnung Ursache und Gegenstand des Stolzes ist. Die Reichen sind stolz auf den Besitz, den sie erworben haben, und die Gelehrten auf ihr Wissen. Am schärfsten zeigt der Widerspruch sich in der Ordnung des Willens. Gerecht handelt nur, wer das Gerechte um seiner selbst willen tut, aber der von der Konkupiszenz verdorbene Wille macht das sittliche Handeln zum Mittel des Stolzes; das gerechte oder sittlich richtige Handeln ist der eigentliche Anlaß des Dünkels; die Konkupiszenz äußert sich vor allem in der Selbstgerechtigkeit. Pascal sieht diese Pervertierung als unvermeidlich an: Man kann „nicht zugleich einem Menschen zubilligen, daß er zur Weisheit gelangt ist und sagen, daß er im Unrecht ist, weil man ihn deshalb rühmt, denn das ist gerecht" (La 933; Br 460). Auch die Philosophen sind von der Konkupiszenz bestimmt; auch ihr Verhalten ist widersprüchlich. „Sie glauben, daß Gott allein würdig ist, geliebt und bewundert zu werden, und sie haben gewünscht, von Menschen geliebt und bewundert zu werden, und sie kennen nicht ihre Verderbtheit […]. Sie haben Gott gekannt und wünschten nicht, daß die Menschen ausschließlich ihn lieben, sondern daß die Menschen sich mit ihnen begnügen" (La 142; Br 463).

4. Skeptizismus und Dogmatismus

Unglücklich zu sein bedeutet, etwas zu wollen und es nicht zu können. Der Mensch „will glücklich und einiger Wahrheit versichert sein; indessen kann er weder wissen noch wünschen nichts zu wissen" (La 75; Br 389). Er hat eine Ahnung vom Glück, aber er ist unglücklich; er hat eine Vorstellung von der Wahrheit, aber er hat kein Wissen. Pascal entfaltet diese Dimension des menschlichen Elends in der Auseinandersetzung mit dem Skeptizismus und dem Dogmatismus. Er unterscheidet zwei Formen der Unwissenheit (ignorance). Die erste ist „die reine, natürliche Unwissenheit, in der sich alle Menschen von Geburt an befinden, die andere ist die, wohin die wahrhaft großen Seelen gelangen, die, nachdem sie alles, was Menschen wissen [savoir] können, durchlaufen haben, erkennen, daß sie nichts wissen […]; das aber ist eine wissende Unwissenheit, die von sich weiß [une ignorance savant qui se connaît]. Die, die dazwischen bleiben, […] spielen die Wissenden. Sie sind es, die die Welt beunruhigen und falsch über alles urteilen" (La 83; Br 327). Das Fragment wendet sich gegen die Wissenschaftsgläubigkeit, und es unterscheidet zwischen Wissen (savoir) und Erkennen (connaître).

Die Konfrontation der radikalen Form des Skeptizismus, des Pyrrhonismus, mit dem Dogmatismus zwingt Pascal zu dem Ausruf: „Was für ein Hirngespinst ist dann der Mensch […], was für ein Ding des Widerspruchs, was für ein Wunder! Richter über alle Dinge, schwachsinniger Erdenwurm, Verwalter der Wahrheit, Kloake der Ungewißheit und des Irrtums, Ruhm und Abschaum des Universums". Die Hauptstärke des Pyrrhonismus sieht Pascal darin, daß es keinerlei Gewißheit für die Wahrheit der Prinzipien gibt, „soweit wir sie nicht natürlich in uns fühlen. Das natürliche Gefühl aber ist kein überzeugender Beweis ihrer Wahrheit, denn, abgesehen vom Glauben, gibt es keinerlei Gewißheit, ob der Mensch von einem guten Gott, von einem bösen Dämon oder vom Zufall geschaffen wurde", so daß es offen bleibt, ob wir uns auf dieses Gefühl verlassen können oder nicht. Die „einzige Feste" der Dogmatiker besteht darin, „daß man, wenn man ehrlich und aufrichtig spricht, nicht an den natürlichen Prinzipien zweifeln kann". Pascal denkt hier offensichtlich an das Argument, daß jedes Urteil die Gültigkeit des Nichtwiderspruchsprinzips voraussetzt. In diesem Krieg zwischen den Menschen muß jeder Partei ergreifen; „wer meint, er könne neutral bleiben, der ist Skeptiker

238

239

par excellence". Wie soll der Mensch sich entscheiden? Soll er daran
zweifeln, daß er wacht, daß man ihn brennt, daß er lebt, daß er zweifelt?
Pascal behauptet, es habe nie einen „wirklichen und vollkommenen"
Skeptiker gegeben. „Die Natur hilft der Unfähigkeit der Vernunft und
hindert sie, sich so weit zu verirren". Aber berechtigt das den Menschen
zu der Behauptung, er sei der Wahrheit gewiß, wo er doch durch jeden
Einwand verunsichert wird? „Die Natur verwirrt den Skeptiker, und die
Vernunft verwirrt den Dogmatiker". Der Mensch ist nicht imstande, durch
seine natürliche Vernunft seine wahre Seinslage zu erkennen. „Erkenne
also Hochmütiger, was für ein Widerspruch du dir selbst bist. Demütige
dich, ohnmächtige Vernunft, schweige still, törichte Natur, begreife: der
Mensch übersteigt unendlich den Menschen". Natur und Vernunft sind der
Mensch, der überstiegen wird, aber was übersteigt ihn? Die Fähigkeit, auf
die Offenbarung zu hören: „vernehme von deinem Herrn deine wirkliche
Lage, von der du nichts weißt" (La 131; Br 434).

III. Zur Epistemologie des religiösen Glaubens

1. Das Gefühl des Herzens

240   Es habe, so behauptet Pascal, nie einen wirklichen und vollkommenen
Skeptiker gegeben. Dennoch bleibt der Streit zwischen Skeptikern und
Dogmatikern offen; weder Natur noch Vernunft können ihn entscheiden.
Die ersten Prinzipien werden gefühlt, aber der Skeptiker greift zu einem
theologischen Einwand: Was wissen wir über den Ursprung unserer Natur
und folglich über die Zuverlässigkeit dieses Gefühls? Fragment La 110;
Br 282 bringt den Gedanken, daß die ersten Prinzipien gefühlt werden,
ohne den theologischen Einwand der Skeptiker, und es arbeitet den Unterschied zwischen diesem Gefühl und der Vernunft deutlicher heraus. Wir
erkennen (connaître) die Wahrheit durch die Vernunft, aber nicht ausschließlich durch sie, sondern auch und grundlegend durch das Herz, das
die ersten Prinzipien erkennt. Die schlußfolgernde Vernunft (raisonnement) ist an der Erkenntnis der Prinzipien nicht beteiligt, sie setzt sie
vielmehr voraus, und sie ist folglich auch nicht in der Lage, sie zu bekämpfen, so daß alle skeptischen Einwände gegen die ersten Prinzipien,
die sich auf die Vernunft berufen, zum Scheitern verurteilt sind. „Wir
wissen, daß wir nicht träumen, wie unfähig wir auch immer sein mögen,
das durch Vernunftgründe zu beweisen." Aus dieser Unfähigkeit folgt die
Schwäche unserer Vernunft (raison), aber nicht die Ungewißheit aller
unserer Erkenntnisse (connaissances). „Denn die Erkenntnis der ersten
Prinzipien, z.B.: es gibt Raum, Zeit, Bewegung, Zahlen ist ebenso gewiß
wie irgendeine, die unsere Schlußfolgerungen [raisonnements] uns geben.

Und es sind diese Erkenntnisse des Herzens und des Instinkts, auf die sich die Vernunft stützen muß [...] Die Prinzipien lassen sich erfühlen [se sentent], die Lehrsätze lassen sich erschließen, und beides mit Sicherheit, obgleich auf verschiedene Weise". Die Unfähigkeit, die ersten Prinzipien durch Vernunftgründe zu beweisen, zeigt die Grenzen der Vernunft, aber sie hat nicht den Skeptizismus zur Folge; sie hat „nur den Zweck, die Vernunft zu demütigen, die über alles urteilen möchte, nicht aber den, unsere Gewißheit zu erschüttern".

Pascal setzt nun den epistemischen Status des religiösen Glaubens mit 241 dem der ersten Prinzipien gleich; auch er ist ein Gefühl des Herzens; als solchem kommt ihm dieselbe Gewißheit zu wie den ersten Prinzipien, und wie bei den ersten Prinzipien ist beim religiösen Glauben eine Begründung durch die Vernunft weder notwendig noch möglich. „Und deshalb sind die, denen Gott den Glauben als Gefühl [sentiment] des Herzens gegeben hat, sehr glücklich und völlig rechtmäßig überzeugt". Aber das Zitat zeigt auch einen Unterschied zwischen dem Gefühl der natürlichen Prinzipien und dem Gefühl des religiösen Glaubens. Der Glaube gehört nicht, wie das Gefühl der ersten Prinzipien, zu unserer Natur, sondern er wird von Gott gegeben. Das Gefühl der ersten Prinzipien, so lautete der theologische Einwand des Skeptikers, vermittelt keine Gewißheit, weil wir nichts über die Ursache unserer Natur wissen. Aber Pascal hatte diesen Einwand mit der Klausel „abgesehen vom Glauben" (§ 239) formuliert. Der Glaube, den Gott als Gefühl ins Herz gibt, ist diesem Einwand nicht ausgesetzt, denn im Unterschied zu den natürlichen Prinzipien bezeugt er seine Ursache. „Denen aber, die ihn nicht haben, können wir ihn nur durch Argumente (raisonnement) vermitteln, und darauf wartend, daß Gott ihnen den Glauben als Gefühl des Herzens geben wird, denn sonst ist er nur menschlich und ohne Nutzen für das Heil" (La 110; Br 282). Ebensowenig wie die natürlichen ersten Prinzipien kann die Vernunft den Glauben als Gefühl des Herzens beweisen; Argumente können ihm lediglich den Weg bereiten. Dieser Glaube ist weder ein Werk der Vernunft noch des Herzens, das die natürlichen Prinzipien fühlt; in ihm übersteigt der Mensch unendlich den Menschen.

2. Urteil, Zweifel, Glaube

Pascal ist kein Gegner der Vernunft, aber er wendet sich gegen einen 242 Ausschließlichkeits- und Absolutheitsanspruch der Vernunft; das Extrem des Irrationalismus oder Fideismus ist ebenso zu meiden wie das des Rationalismus. „Zwei Maßlosigkeiten: die Vernunft ausschließen – nur die Vernunft gelten lassen" (La 183; Br 253). Die Vernunft hat die Aufgabe, nach ihren eigenen Grenzen zu fragen; das Vernünftigste, was die Vernunft tun kann, ist, sich selbst in Frage zu stellen. „Nichts ist so sehr der Vernunft gemäß wie dieses Nichtanerkennen der Vernunft" (La 182; Br 272).

Wo liegen die Grenzen oder die Voraussetzungen der Vernunft? Was kann die Vernunft leisten, für welchen Bereich ist sie zuständig? Pascal unterscheidet drei propositionale Einstellungen: die Behauptung oder das Urteil, den Zweifel und die „Unterwerfung" oder den Glauben (La 170; Br 268). Das Urteil ist ein Akt der Vernunft; sie entscheidet anhand der Gründe, daß die Aussage wahr oder falsch ist. Der Zweifel ist eine Urteilsenthaltung; er läßt es offen, ob die Aussage wahr oder falsch ist. Der Glaube oder die Unterwerfung der Vernunft wird vom Gebrauch der Vernunft unterschieden (La 167; Br 269): die Vernunft hält eine Aussage für wahr, obwohl sie selbst keine Gründe für sie hat. Aber mit Berufung auf Augustinus schreibt Pascal, daß die Vernunft sich nur deshalb unterwirft, weil sie urteilt, daß es Fälle gibt, wo sie sich unterwerfen muß. „Also ist es richtig, daß sie sich unterwirft, wenn sie urteilt, daß sie sich unterwerfen muß" (La 174; Br 270). Für welche dieser drei propositionalen Einstellungen ein Mensch sich jeweils enscheidet, ist keine Sache der Beliebigkeit. Es hängt ab von der epistemischen Situation, in der er sich befindet; die Entscheidung ist entweder richtig oder falsch. Pascal spricht deshalb von einem Wissen oder Verstehen oder einer Urteilskraft (savoir), die erkennt, ob es hier richtig ist zu urteilen oder zu zweifeln oder sich zu unterwerfen. Wer zu dieser Entscheidung nicht imstande ist, schätzt die Kraft der Vernunft falsch ein: er traut ihr entweder zuviel oder zuwenig zu; er behauptet entweder, alles könne bewiesen werden, oder er zweifelt an allem. Wer der Meinung ist, alles könne bewiesen werden, zeigt damit, daß er nicht weiß, was ein Beweis ist, denn jeder Beweis geht aus von Prinzipien, die selbst nicht wieder bewiesen werden können.

243 Aber wie kommen wir zu diesen Prinzipien? Sie werden, wie wir sahen (§ 240), durch das Herz oder das natürliche Gefühl erkannt. An diesem Punkt setzt der Skeptiker an, und hier haben wir einen Fall vor uns, wo die Vernunft sich unterwerfen muß. Der Skeptiker argumentiert theologisch: Es könnte sein, daß wir von einem bösen Dämon geschaffen sind, der uns durch unser natürliches Gefühl täuscht (La 131; Br 434; vgl. § 239). Auf den theologischen Einwand ist nur eine theologische Erwiderung möglich. Wir können uns auf unser natürliches Gefühl nur dann verlassen, wenn wir voraussetzen, daß unser natürliches Gefühl uns nicht täuscht, d.h. wenn wir eine zweckmäßige Naturordnung oder einen guten Schöpfer, der uns nicht täuschen will, annehmen. Aber diese Voraussetzung können wir weder begründen noch durch unser Herz erkennen; hier versagt jede Einsicht, und die einzige Möglichkeit ist, daß die Vernunft sich unterwirft. Pascal stellt uns also vor folgende Alternative: entweder ein pyrrhonischer Skeptizismus, der alles bezweifelt und sich eines jeden Urteils enthält,

oder ein Akt des Glaubens, der Unterwerfung der Vernunft, der Grundlage für jede Tätigkeit der Vernunft ist. Es ergibt sich also folgende Ordnung: In einem Akt der Unterwerfung nimmt die Vernunft eine zweckmäßige Naturordnung an; deshalb kann sie dem natürlichen Gefühl vertrauen; so kommt sie zu Prinzipien, von denen dann das schlußfolgernde Denken ausgehen kann. Alles Wissen beruht also auf einem Glauben; damit die Vernunft sich betätigen kann, muß sie sich zunächst unterwerfen. „Der Glaube", so läßt diese Überlegung sich zusammenfassen, „lehrt 244 wohl, was die Sinne nicht lehren, aber niemals das Gegenteil dessen, was diese sehen. Er ist darüber, aber nicht entgegen" (La 185; Br 265). Ohne den Glauben an eine zweckmäßige Naturordnung könnten wir uns nicht auf die Sinne verlassen; er ist in dem Sinn über den Sinnen, daß es ohne den Glauben keine Sinnes*erkenntnis* gäbe. Die Stärke der Vernunft besteht darin, daß sie über sich hinaus verweist. „Der letzte Schritt der Vernunft ist anzuerkennen, daß es unendlich viele Dinge gibt, die über sie hinausgehen. Sie ist nur schwach, wenn sie nicht soweit geht, das anzuerkennen." Der Glaube ist nicht auf die Religion beschränkt; unsere alltäglichen Gewißheiten, etwa daß wir wachen und nicht träumen, und die Grundlagen der Wissenschaften wie die Erkenntnis von Raum und Zeit beruhen auf dem Glauben und nicht auf der Vernunft. „Wenn die natürlichen Dinge schon über sie hinausgehen, was wird man dann von den übernatürlichen sagen?" (La 188; Br 267).

3. Glaube und Liebe

Ob wir, in welchem Bereich unseres Lebens auch immer, glauben oder 245 nicht glauben, liegt nicht in unserer Hand: Wir glauben immer. Auch der Zweifel braucht Gründe, und der Skeptiker, der an der Zuverlässigkeit unseres natürlichen Gefühls zweifelt, muß zumindest die Möglichkeit annehmen, daß der Mensch von einem bösen Dämon oder vom Zufall geschaffen wurde. „Der Geist glaubt von Natur aus, und der Wille liebt von Natur aus, so daß, wenn ihnen die wahren Gegenstände fehlen, sie sich an die falschen binden müssen" (La 661; Br 81). Pascal sieht einen Zusammenhang zwischen dem, was der Wille liebt und was der Geist glaubt. „Der Wille ist eines der wichtigsten Werkzeuge des Glaubens; nicht daß er den Glauben formte, sondern weil die Dinge wahr oder falsch sind je nach der Seite, von der man sie betrachtet". Weil der Geist Hand in Hand mit dem Willen geht, „heftet er seinen Blick auf die Seite, die dieser liebt" (La 539; 99 Br). Der richtige Glaube hängt also ab von der richtigen Liebe.
Wie aber findet der Wille zur richtigen Liebe? „Zwei Arten von Menschen gelangen zur Erkenntnis, diejenigen, die demütigen Herzens sind und ihre

Niedrigkeit lieben, welchen Grad an Geist sie haben, hoch oder niedrig, oder diejenigen, die genügend Geist haben, um die Wahrheit zu sehen, welche Widerstände sie auch haben mögen" (La 394; Br 288). Das Fragment stellt diese beiden einer dritten Gruppe gegenüber, die „hochmütigen Weisen, die unwürdig sind, einen so heiligen Gott zu erkennen". Der Erkenntnis Gottes oder dem Glauben stellen sich Widerstände im Menschen entgegen, und das sind vor allem die Selbstliebe und der Hochmut. Pascal nennt zwei Wege, wie sie überwunden werden können. Der eine ist eine tiefe Einsicht in die Wahrheit, die stärker ist als alles, was ihr widersteht. Aber sie dürfte nur wenigen Menschen geschenkt werden. Der andere, für alle gangbare Weg ist die Demut. Der Widerstand der Eigenliebe und des Stolzes wird nicht durch die Erkenntnis gebrochen, sondern die Einsicht in die eigene Niedrigkeit und die Liebe zu ihr bereiten den Boden für den Glauben. Wissen macht hochmütig; deshalb ist die Verborgenheit Gottes kein Grund zur Klage, sondern zur Dankbarkeit. „Gott will mehr den Willen als den Geist disponieren. Die vollkommene Klarheit würde dem Geist dienen und dem Willen schaden. Den Hochmut erniedrigen" (La 234; Br 581). Die Liebe zur eigenen Niedrigkeit ist die Disposition zum Glauben, und Pascal läßt es offen, inwieweit sie ein Werk des Menschen oder ein Geschenk Gottes ist. Er zitiert Ps 119,36 „„Inclina cor meum, Deus‘", und er benutzt die Mehrdeutigkeit von ‚inclinare‘ ‚geneigt machen‘ und ‚beugen‘: Gott macht das Herz dem Glauben geneigt, indem er es beugt, d.h. die Eigenliebe bricht. „Wundert euch nicht, wenn ihr seht, daß einfache Menschen glauben, ohne vernünftig zu überlegen. Gott gibt ihnen die Liebe zu ihm und den Haß auf sich selbst. Er beugt ihr Herz zum Glauben. Man wird niemals einen nützlichen und vertrauenden Glauben glauben, wenn Gott nicht das Herz beugt" (La 380; Br 284). Pascal beschreibt diesen einfachen ungelehrten und unreflektierten Glauben: „Sie fühlen, daß ein Gott sie geschaffen hat. Sie wollen allein Gott lieben, sie wollen allein sich selbst hassen. Sie fühlen, daß sie von sich aus nicht die Kraft haben, daß sie unfähig sind, zu Gott zu gelangen und daß sie, wenn Gott nicht zu ihnen kommt, jeder Verbindung mit ihm unfähig sind" (La 381; Br 286).

IV. Die christliche Religion als Deutung der condicio humana

1. Die Methode der wechselseitigen Interpretation

246 Zwei biblische Gestalten stehen im Mittelpunkt von Pascals Religionsphilosophie: Adam und Jesus Christus. „Der ganze Glaube besteht in Jesus Christus und in Adam" (La 226; Br 523). Der christliche Glaube „geht fast nur so weit, diese beiden Dinge festzustellen: die Verderbnis der Na-

tur und die Erlösung durch Jesus Christus" (La 427; Br 194). Pascal kreist also vor allem um zwei biblische Texte: Gen 1–3, die Erzählung von Schöpfung und Sündenfall, und Röm 5,12–21, wo Paulus von dem einen Menschen spricht, durch den Sünde und Tod, und dem einen Menschen, durch den Gnade und Rechtfertigung in die Welt kamen. Adam steht für zwei Glaubenswahrheiten: „daß der Mensch im Stande der Schöpfung oder der Gnade über die ganze Natur erhoben ist, gleichsam Gott ähnlich wurde und an der Göttlichkeit teilhat" und „daß er im Stande der Verderbnis und der Sünde von jenem Stand herabgesunken ist und den Tieren ähnlich wurde" (La 131; Br 434). Seine Sünde ist der Stolz. Er schaute den Glanz Gottes, aber er „konnte so viel an Herrlichkeit nicht ertragen, ohne in Anmaßung zu verfallen. Er wollte sich selbst zum Mittelpunkt und von meiner Gnade unabhängig machen" (La 149; Br 430).

Pascal arbeitet mit der Methode der wechselseitigen Interpretation: Er 247 interpretiert die Aussagen der Schrift mit Hilfe von anthropologischen Phänomenen, und er erklärt die Situation des Menschen durch die Aussagen des Glaubens. Durch die anthropologischen Phänomene wird deutlich, wovon die Schrift spricht; die Aussagen der Schrift sind wie ein Lichtkegel, der uns die Situation des Menschen erst in ganzer Klarheit sehen läßt, und sie können mit einer naturwissenschaftlichen Theorie verglichen werden, die eine Erklärung für die empirischen Daten gibt. Die Schrift konfrontiert uns mit unserer Situation; sie lehrt uns, uns selbst zu sehen; sie lenkt unseren Blick auf etwas, was uns bisher entgangen ist oder was wir doch noch nicht in dieser Schärfe gesehen haben. Die beiden Zustände des Menschen, von denen die biblische Erzählung von Schöpfung und Sündenfall spricht, können wir an uns selbst beobachten. „Ihr seid nicht im Zustand eurer Schöpfung. Da diese beiden Zustände offenbar sind, ist es unmöglich, daß ihr sie nicht erkennt. Geht euren Regungen nach. Beobachtet euch selbst und prüft, ob ihr in euch nicht die lebendigen Merkmale dieser beiden Naturen findet" (La 149; Br 130).

Der Zwiespalt dieser beiden Naturen begegnet uns in den Möglichkeiten 248 und Grenzen der menschlichen Erkenntnis; Pascals Deutung dieses Phänomens zeigt, wie er das Verhältnis von Philosophie und Theologie sieht (La 131; Br 434; vgl. § 243). Seit den Anfängen der Philosophie tobt der Krieg zwischen den Dogmatikern und Skeptikern. Jeder Mensch muß Partei ergreifen; wer glaubt, er könne neutral bleiben, ist Skeptiker par excellence. Die Vernunft ist nach Pascal unfähig, den Streit zu entscheiden. Für die Dogmatiker spreche, daß es nie einen wirklichen Skeptiker gegeben habe, der etwa daran gezweifelt hat, ob er wacht oder einen Schmerz empfindet. Aber damit hat der Dogmatiker nicht gewonnen. Er kann nicht sagen, daß er gewiß die Wahrheit besitzt, denn dafür kann er keinen Beweis vorbringen. „Die Natur verwirrt die Skeptiker, und die Vernunft verwirrt die Dogmatiker". Der Mensch ist sich selbst ein Paradoxon, das er selbst nicht entwirren kann. Die Auflösung des Widerspruchs sieht Pascal in der auf die augustinische Auslegung von Röm 5,12 zurückgehende Lehre von der „Vererbung der Sünde". Er hebt hervor, daß sie wie kein anderer Glaubenssatz unsere Vernunft empört. Hier wird etwas behauptet, das uns nicht nur unmöglich, sondern auch in höchstem Maß ungerecht zu sein scheint. Wie soll ein Kind, das noch zu keiner Entscheidung fähig ist, wegen einer Sünde verdammt werden, die Jahrtausende vor seiner Geburt begangen wurde? Aber gibt es eine andere Erklärung für unsere Lage? Wäre der Mensch nicht verderbt, „so würde er sich in seiner Unschuld vertrauensvoll der Wahrheit wie des Glücks erfreuen. Und wenn der Mensch nie etwas anderes als verderbt gewesen wäre, so hätte er weder von der Wahrheit noch von der Glückseligkeit eine Vorstellung".

249   Ohne das Geheimnis von der Vererbung der Sünde, das unser Begreifen übersteigt und unsere Vernunft provoziert, können wir, so stellt Pascal mit Erstaunen fest, keine Kenntnis von uns selbst haben. „Gewiß ist uns nichts stärker zuwider als diese Lehre. Und doch sind wir ohne dieses Mysterium, das unbegreiflichste von allen, uns selbst unbegreiflich [...]. So kommt es, daß der Mensch sich ohne dieses Mysterium noch schwerer begreifen läßt, als dieses Mysterium dem Menschen begreiflich ist" (La 131; Br 434). Warum, so müssen wir Pascal fragen, lassen wir es dann nicht bei der Unbegreiflichkeit des Menschen bewenden? Was soll eine Erklärung der paradoxen Situation des Menschen durch ein Geheimnis, das selbst unbegreiflich ist? Gibt es Grade der Unbegreiflichkeit? Warum soll das Geheimnis von der Vererbung der Sünde weniger unbegreiflich sein als die Lage des Menschen zwischen Dogmatismus und Skeptizismus? Das Geheimnis, das ein Ärgernis für die Vernunft ist, bringt uns das Paradox unserer Situation deutlicher zum Bewußtsein. Es will uns zeigen, daß die Vernunft es nicht lösen kann. Wir werden von unserer Vernunft weg auf eine andere Ebene der Erkenntnis verwiesen; es soll uns deutlich gemacht werden, daß wir uns selbst nicht „durch die hochmütigen und unruhigen Beschäftigungen unserer Vernunft, sondern durch die einfache Unterwerfung wahrhaft erkennen können". Aber hilft der Schritt von der Vernunft zum Glauben tatsächlich, uns zu verstehen, wenn der Glaube, auf den wir verwiesen werden, der Glaube an ein unbegreifliches Geheimnis ist? Oder könnte es sein, daß das Geheimnis Teil eines Ganzen ist, von dem her es, obwohl es selbst unbegreiflich ist, einen Sinn erhält?

250   Der Mensch erfährt, um ein anderes Phänomen zu nennen, die innere Spaltung in seinem Verhältnis zur Natur (La 429; Br 229). Was immer er in ihr sieht, ist für ihn Anlaß zu Zweifel und Unruhe. Die Natur gibt dem Menschen keine Antwort auf seine Frage nach Gott. Sähe er in ihr nichts, was auf Gott hinweist, so würde er die Frage, ob Gott existiert, negativ entscheiden; „sähe ich überall die Zeichen eines Schöpfers, so würde ich

in Frieden im Glauben ruhen. Aber da ich zuviel sehe, um zu leugnen, und zuwenig, um mir Gewißheit zu verschaffen, bin ich in einem beklagenswerten Zustand". Ich brauche eine Antwort auf die Frage nach Gott, denn „mein Herz strebt mit aller Kraft danach zu erkennen, wo das wahre Gut ist, um ihm zu folgen". Die Natur läßt mich im Stich; sie sagt mir nicht, was ich bin, was meine Lage ist, wie ich mich entscheiden soll und was meine Pflicht ist.

Religion setzt für Pascal einen letzten Lebensernst und das heißt die Aus- 251
einandersetzung mit der unvermeidlichen Tatsache des eigenen Todes voraus (La 427; Br 194). Er unterscheidet zwei Klassen von Menschen: diejenigen, welche nach einer Antwort suchen und diejenigen, die dahinleben, ohne sich dieser Frage zu stellen, die keine Lust haben, sich um sie zu kümmern und die Menschen verachten, die von ihr bedrängt werden. Wer die Religion angreift oder verachtet, weicht den letzten und entscheidenden Fragen aus, und Pascal ist entsetzt und empört über diese Oberflächlichkeit. Eine „derartige Nachlässigkeit ist unerträglich. Es handelt sich hier doch nicht um das unbedeutende Interesse irgendeines fremden Menschen, bei dem man so verfahren könnte, es handelt sich um uns selbst und unser alles". Pascal beschreibt die Situation des Menschen: „Ich weiß nicht, wer mich in die Welt gesetzt hat, noch was die Welt ist, noch was ich selbst bin [...]. Ich schaue diese grauenvollen Räume des Universums, die mich einschließen, und ich finde mich an eine Ecke dieser gewaltigen Ausdehnung gefesselt, ohne daß ich weiß, warum ich an diesen Ort und nicht vielmehr an einen anderen gestellt bin und warum die wenige Zeit, die mir zu leben gegeben ist, mir zu diesem Punkt und nicht zu einem anderen der ganzen Ewigkeit bestimmt wurde, die mir vorausgegangen ist, und der ganzen, die mir folgt [...]. Alles, was ich erkenne, ist, daß ich bald sterben muß, aber was ich am wenigsten kenne ist gerade dieser Tod, dem zu entgehen ich nicht wissen werde."

Es ist eine Mode, diesen Fragen auszuweichen. Es gehört zum guten Ton, sich treiben zu lassen und sich großzutun, man habe „das Joch abgeschüttelt", man glaube nicht, daß es einen Gott gebe, der über unsere Handlungen wache und man schulde nur sich selbst Rechenschaft für seine Handlungen. Pascals Reaktion auf diese Haltung sind Zorn und Verachtung. Durch solche Reden, so urteilt er, erwirbt ein Mensch sich weder Respekt noch Vertrauen; es fehlt ihnen an sittlichem Ernst. „Wer würde einen Menschen zum Freund haben wollen, der so redet? Wer würde ihn unter den übrigen auswählen, um ihm seine Angelegenheiten anzuvertrauen? Wer würde sich in seinem Kummer an ihn wenden?" (La 427; Br 194). Pascal hält diese Einstellung für widersprüchlich; sie ist gegen unsere natürliche Selbstliebe. Derselbe Mensch, „der so viele Tage und Nächte wütend und verzweifelt zubringt, weil er ein Amt verloren hat oder sich irgendeine Verletzung seiner Ehre einbildet, ist gerade jener, der, ohne sich zu beunruhigen und zu erregen, weiß, daß er durch den Tod alles verlieren wird". Wiederum sieht Pascal sich vor einem Rätsel der menschlichen Natur: der Empfindlichkeit, wo es um kleine Dinge, und der Gleichgültigkeit, wo es um das Größte geht. „Es muß eine sonderbare Verkehrung in der Natur des Menschen geben, daß man sich dieses Zustandes rühmen kann, von dem es unglaublich scheint, daß ein einziger Mensch darin verharren könnte." Wie kann einem Menschen die Frage, woher er kommt und wohin er geht, gleichgültig sein? Und wie ist es möglich, daß er sich auch noch dessen rühmt, daß sie ihn nicht berührt, wo es doch eine Schande ist, von der Seinslage des Menschen nicht betroffen zu werden? „Das ist eine unbegreifliche Verzauberung und eine übernatürliche Einschläferung, die eine allmächtige Kraft anzeigen, die sie verursacht". Wer den letzten Fragen ausweicht, so urteilt Pascal, bezeugt durch seine entarteten Empfindungen die Verderbnis der menschlichen Natur.

2. Das Dilemma von Hochmut und Verzweiflung

252 Der Mensch kann die Augen vor seiner Lage verschließen, oder er kann sich dem Widerspruch, welcher er ist, stellen: seiner Größe und seinem Elend, dem ohnmächtigen Drang nach Glück, der ihm von seiner ersten Natur geblieben ist, und der Blindheit und Begierde, die seine zweite Natur geworden sind. Der Blick auf sich selbst läßt dem Menschen nur zwei Möglichkeiten: Hochmut oder Verzweiflung. Der Blick auf sein Elend läßt ihn verzweifeln; wenn er den Spuren Gottes in der Schöpfung nachgeht und Gott aus eigener Kraft erkennen will, wird er hochmütig. Es ist für den Menschen gleichermaßen gefährlich, sein Elend zu kennen, ohne Gott zu kennen, und Gott zu kennen, ohne sein Elend zu kennen. „Die Erkenntnis Gottes ohne die Erkenntnis des eigenen Elends führt zu Hochmut. Die Erkenntnis des eigenen Elends ohne die Erkenntnis Gottes führt zur Verzweiflung" (La 192; Br 527). Pascals Kritik an den Gottesbeweisen der Metaphysik ist zusammengefaßt in einem Zitat aus Augustinus, Sermo CXLI: „„Quod curiositate cognoverunt superbia amiserunt"" („Was ihre Neugier sie erkennen ließ, hat ihr Hochmut sie verlieren lassen")(La 190; Br 543). Jeder Fortschritt in der natürlichen Gotteserkenntnis ist erkauft um den Preis eines wachsenden Hochmuts. Vergebens sucht der Mensch das Heilmittel gegen das Elend in sich selbst. Die Philosophen haben es versucht und sind daran gescheitert; weil sie das Übel nicht erkannt haben, konnten sie es auch nicht heilen. „Eure schlimmsten Krankheiten sind der Stolz, der euch von Gott abwendet, und die Begierde, die euch an die Erde fesselt". Die Philosophen haben jeweils eine dieser Krankheiten nur noch verschlimmert. Wenn sie die Existenz Gottes

gelehrt haben, haben sie die Menschen in ihrem Hochmut bestärkt, denn „sie haben euch auf den Gedanken gebracht, daß ihr Gott durch eure Natur ähnlich und ebenbürtig wäret". Die Materialisten und Hedonisten haben die andere Krankheit schlimmer gemacht, „indem sie euch zu verstehen gaben, daß eure Natur jener der Tiere ähnlich wäre, und sie haben euch bewogen, euer Glück in den Begierden zu suchen, die das Los der Tiere sind" (La 149; Br 430). Was dem Menschen von seiner ersten Natur her geblieben ist, läßt ihn zuviel sehen, um zu leugnen, und zuwenig, um gewiß zu sein. Die Welt zeigt weder eine völlige Abwesenheit noch eine offenbare Gegenwart Gottes, „sondern die Gegenwart eines Gottes, der sich verbirgt". Es ist nicht möglich, aber auch nicht nötig, daß der Mensch durch seine natürliche Erkenntnis von seiner Unruhe befreit werde, sei es, daß er keinerlei Anzeichen Gottes sieht, sei es, daß er genug von ihm sieht, um gewiß zu sein, sondern nötig ist, „daß er genug sieht, um zu erkennen, daß er ihn verloren hat; denn um zu erkennen, daß man verloren hat, muß man sehen und nicht sehen, und das ist genau die Lage, wo die Natur ist" (La 449; Br 556).

Wie kann der Mensch dem Dilemma von Hochmut und Verzweiflung 253 entgehen? Er muß Gott erkennnen, ohne dem Hochmut zu verfallen, und er muß sein Elend sehen, ohne in Verzweiflung zu stürzen, und das ist nur möglich durch das Geheimnis der Menschwerdung. Sie „zeigt dem Menschen die Größe seines Elends durch die Größe des Heilmittels, das notwendig gewesen ist" (La 352; Br 526). Indem er die Größe seines Elends sieht, wird er vor dem Hochmut, und indem er die Größe des Heilmittels sieht, wird er vor der Verzweiflung bewahrt. Er entgeht der Gefahr, Gott zu erkennen, ohne sein eigenes Elend zu erkennen, oder sein eigenes Elend zu erkennen, ohne Gott zu erkennen. „Die Erkenntnis Jesu Christi steht in der Mitte, weil wir in ihr sowohl Gott wie auch unser Elend finden" (La 192; Br 257). Man kann „sehr wohl Gott ohne sein eigenes Elend und sein eigenes Elend ohne Gott erkennen; aber man kann Jesus Christus nicht erkennen, ohne Gott und zugleich sein eigenes Elend zu erkennen" (La 449; Br 556). „Jesus Christus ist ein Gott, dem man sich ohne Hochmut naht und unter den man sich ohne Verzweiflung erniedrigt" (La 212; Br 528). Der Gott, den man ohne sein eigenes Elend kennt, ist der Gott der Metaphysik; ihn zu erkennen ist unnütz und unfruchtbar. „Wenn ein Mensch überzeugt wäre, daß die Verhältnisse unter den Zahlen immaterielle und ewige Wahrheiten sind, die von einer ersten Wahrheit abhängen, der sie ihren Bestand verdanken und die man ‚Gott' nennt, so fände ich, daß er damit keinen großen Fortschritt zu seinem Heil gemacht hätte". Die „Mitte" zwischen Hochmut und Verzweiflung ist Trost und Vertrauen. Nur wer das eigene Elend sieht, kann Gott erfahren als den „Vater des Erbarmens und den Gott allen Trostes" (2 Kor 1,3). Der Gott der Christen ist nicht lediglich der Urheber geometrischer Wahrheiten;

„das ist der Anteil der Heiden und Epikureer". Er ist nicht nur der Gott, dessen Vorsehung denen, die ihn verehren, ein langes und glückliches Leben schenkt; „das ist der Teil der Juden". Er ist vielmehr „ein Gott der Liebe und des Trostes", der diejenigen, die ihm gehören, „im Innern ihr Elend und seine unendliche Barmherzigkeit fühlen läßt, der sich mit ihnen in ihrer tiefesten Seele vereinigt und sie mit Demut, Freude, Vertrauen und Liebe erfüllt" (La 449; Br 556).

3. Die drei Ordnungen

254 Er wolle, so erläutert Pascal einmal sein Anliegen, weder die Existenz Gottes noch die Unsterblichkeit der Seele mit Vernunftgründen beweisen, nicht nur, weil er sich nicht stark genug fühle, in der Natur etwas zu finden, was einen entschiedenen Atheisten überzeugen könnte, „sondern auch, weil diese Erkenntnis ohne Jesus Christus unnütz und unfruchtbar ist" (La 449; Br 556). Religion ist keine Metaphysik; worauf es allein ankommt ist, das eigene Elend und den Erlöser zu kennen. Aber was kann dann die Philosophie noch für die Religion leisten? Was ist die Religion, wenn sie keine Form der Metaphysik ist? Worin besteht die Erkenntnis Jesu Christi, und wie kommen wir zu ihr? Pascal antwortet mit seiner Lehre von den verschiedenen Ordnungen der Wirklichkeit (La 308; Br 793).

„Der unendliche Abstand der Körper von den Geistern gibt ein Bild von dem unendlich viel unendlicheren Abstand der Geister von der Liebe [charité], denn diese ist übernatürlich." Der Satz spricht von drei Bereichen der Wirklichkeit: Körper, Geist und Liebe. Zwischen ihnen besteht jeweils ein unendlicher Abstand, d.h. sie sind wesensmäßig verschieden und der höhere Bereich kann nicht auf den niedrigeren zurückgeführt und durch ihn erklärt werden. Alle Körper zusammen können keinen Gedanken hervorbringen, und alle Körper und Geister keine wahre Regung der Liebe. Was sie miteinander verbindet, ist eine Ähnlichkeit, ein Verhältnis von Bild und Abgebildetem: Der unendliche Abstand zwischen Körper und Geist ist ein Abbild für den unendlich unendlicheren Abstand zwischen Geist und Liebe. Der Abstand zwischen Körper und Geist ist uns bekannt; aus ihm sollen wir schließen auf den Abstand zwischen Geist und Liebe, der uns nicht bekannt ist. Körper, Geist und Liebe unterscheiden sich dadurch, daß das Höhere nicht auf das Niedrigere zurückgeführt werden kann; die Rede von ‚höher' und ‚niedriger' sagt, daß es sich um Stufen auf einer Wertskala handelt. „Alle Körper im Himmelsgewölbe, die Sterne, die Erde und ihre Reiche wiegen nicht den geringsten der Geister auf. Denn der Geist erkennt dies alles und sich selbst, und die Körper erkennen nichts. Alle Körper zusammen und alle Geister zusammen und alle ihre Werke wiegen nicht die geringste Regung der Liebe auf."

Neben die Ordnung Körper, Geist, Liebe stellt Pascal eine zweite Dreiheit: die Könige, Reichen und Feldherrn; die Forscher; die Heiligen. Jede dieser drei Klassen hat ihre eigene Wertordnung, und auch hier gilt, daß die höhere Wertordnung nicht auf die niedrigere zurückgeführt werden kann. Jeder dieser Wertordnungen entspricht ein eigenes Erkenntnisvermögen. Die Werte der Könige und Reichen werden mit den Augen, die der Forscher mit dem Geist und die der Heiligen mit dem Herzen erkannt. Die Könige und Reichen sind für die Werte der Forscher und Heiligen blind, und die Forscher sind blind für die Werte der Heiligen; die Werte der Könige und Reichen haben für die Forscher keine Bedeutung, ebensowenig wie die Werte der Forscher für die Heiligen: sie haben „keine fleischliche oder geistige Größe nötig, zu der sie keine Beziehung haben, denn diese fügt ihnen nichts hinzu und nimmt ihnen nichts weg".

Wie verhalten diese beiden Dreiheiten sich zueinander? Worauf es Pascal ankommt, ist die zweite Dreiheit mit ihren drei Wertordnungen. Das Verhältnis der Körper zum Geist in der ersten Dreiheit dient als Beispiel für einen unüberbrückbaren Wesensunterschied, wie wir ihn zwischen den drei Wertordnungen Macht und Besitz, Geist und Heiligkeit finden. Die Heiligkeit in der zweiten dürfen wir mit der Liebe in der ersten Dreiheit gleichsetzen. So wie Körper und Geist für uns bekannte Größen sind, so sind wir mit den Werten Macht, Reichtum und Wissenschaft vertraut. Dagegen stößt die Heiligkeit, wo sie uns begegnet, auf Unverständnis; wir können in ihr keinen Wert sehen. Wir messen Jesus Christus mit der uns vertrauten Werteskala und nehmen an seiner Niedrigkeit Anstoß. Er hat keine Güter besessen, er hat nichts in der Wissenschaft geleistet und nichts erfunden, er hat keine Macht ausgeübt. Indem wir so urteilen, zeigen wir, daß wir blind sind für den Wert der Heiligkeit und die Größe Christi. „Es ist vollkommen lächerlich, Anstoß an der Niedrigkeit Jesu Christi zu nehmen, als ob diese Niedrigkeit zu derselben Ordnung wie die Größe gehörte, die er mit seinem Kommen offenbarte." Wenn wir von der Niedrigkeit Jesu sprechen, legen wir die Wertordnung der Macht oder der Wissenschaft an; in der Ordnung der Heiligkeit ist diese Niedrigkeit nicht Niedrigkeit, sondern Größe.

Religion, so die Antwort dieses Fragments, ist Liebe oder die Fähigkeit, mit dem Auge des Herzens die Wertordnung der Heiligkeit zu sehen und entsprechend zu leben. Bisher wurde der Unterschied zwischen den „Großen des Fleisches", den Königen, Reichen und Feldherrn, und den Großen des Geistes, für die Archimedes steht, betont. Sie sind jedoch auch durch eine Gemeinsamkeit verbunden. Für Pascal ist Erkenntnis, so sahen wir (§ 237), mit Hochmut verbunden. Beide Wertordnungen sind also Wertordnungen der zweiten, gefallenen Natur. Zwischen ihnen und der Wertordnung der Heiligkeit oder, wie Pascal sie im Anschluß an 1 Kor 1,24 auch nennt, der „Weisheit" besteht ein unendlicher Abstand; die Liebe „gehört zu einer anderen, übernatürlichen Ordnung". Deshalb ist sie den Menschen der gefallenen Natur unsichtbar. „Die Größe der Weisheit, die nur etwas gilt, wenn sie von Gott kommt, ist den fleischlichen und den Geistesmenschen unsichtbar". Aber wie kann man sie dann erkennen? Pascal nennt ein eigenes Vermögen, die „Augen des Herzens". Sie erkennen die neue Wertordnung, wenn sie die Gestalt und das Leben Jesu Christi betrachten. „Man betrachte diese Größe in seinem Leben, in seinem Leidensweg, in seiner Verborgenheit, in seinem Tod, in der Wahl der Seinen, in ihrem Verlassen, in seiner geheimen Auferstehung, und im übrigen. Man wird sie als so erhaben erkennen, daß man keinen Grund haben wird, Anstoß an einer Niedrigkeit zu nehmen, die es bei ihm nicht gibt."

255 Damit verweist Pascal uns auf die Schrift. Die Auslegung und Betrachtung der Schrift läßt uns eine neue Wertordnung sehen, welche die Ordnungen des Fleisches und des Geistes übersteigt und in diesem Sinn eine Offenbarung ist. Ausweisen und bewähren muß diese höhere Wertordnung sich dadurch, daß es dort Sinn gibt, wo die beiden anderen Wertordnungen an ihre Grenzen kommen und scheitern. Die Schrift des Alten und Neuen Testaments hat nach Pascal einen einzigen Gegenstand. „Alles, was nicht zur Liebe [charité] führt, ist Sinnbild. Der einzige Gegenstand der Schrift ist die Liebe" (La 270; Br 670). „Um den Sinn eines Autors zu verstehen, muß man alle gegensätzlichen Stellen in Einklang bringen. So muß man, um die Schrift zu verstehen, einen Sinn haben, in dem alle gegensätzlichen Stellen übereinstimmen." In „Jesus Christus sind alle Widersprüche in Einklang gebracht" (La 247; Br 684), und er zeigt uns, wie wir Gott lieben können. In jeder Religion gibt es, so stellt Pascal fest, zwei Arten von Menschen. Für die fleischlich Gesinnten verheißt die Religion Wohlergehen, Reichtum, Macht und die Reinigung von Schuld durch mechanisch wirkende Riten. „Die wahren Juden und die wahren Christen haben immer einen Messias erwartet, der sie Gott lieben läßt" (La 287; Br 607). „Die wahren Juden und die wahren Christen beten einen Messias an, der sie Gott lieben läßt" (La 286; Br 609).
Aus diesem Ziel der Schrift ergibt sich ihre „Ordnung": ihre literarische Form oder die Mittel, die sie anwendet, um zu überzeugen. Die Schrift will nichts beweisen und kein Wissen vermitteln; sie will vielmehr zur Demut und zur Liebe disponieren; ihre Darstellungsweise ist richtig, wenn sie das erreicht. „Das Herz hat seine Ordnung; der Geist hat die seine, die aus Grundsätzen und Beweisen besteht. Das Herz hat eine andere. Man beweist nicht, daß man geliebt werden muß, indem man die Ursachen der Liebe geordnet darlegt; das wäre lächerlich. Jesus Christus und Paulus haben die Liebe als ihre Ordnung, nicht den Geist, denn sie wollen demütigen, nicht belehren. Ebenso der heilige Augustinus. Diese Ordnung bezieht sich hauptsächlich auf die ausführliche Erörterung jeden Punktes, der sich auf den Endzweck bezieht, um ihn stets klar zu zeigen" (La 298; Br 283).

4. Die ‚Wette'

Steht das „Absolute am Ausgang einer Wette, die einem Sprung ins Unbekannte gleichkäme, oder ist es der Gegenstand eines Aktes des Glaubens und der Liebe? Zwischen diesen beiden Hypothesen hat sich die
Pascalinterpretation immer bewegt" (Mesnard 1993, S.564). Nach dem,
was wir bisher sahen, kann nur die zweite Hypothese richtig sein. Welche
Bedeutung hat aber dann die ‚Wette' (La 418; Br 233), der wohl bekannteste und am meisten diskutierte religionsphilosophische Text Pascals? Es
handelt sich möglicherweise um den Entwurf für einen Brief, der dann
„sicher ungerechtfertigt in die *Pensées* geraten" ist, „wo er stets als
Fremdkörper gesehen wurde. Die *Wette* ist nicht frei von einer gewissen
Frivolität, denn sie stellt die Religion als Kalkül dar" (Schmidt-Biggemann 1999, S.95). Das Gebet, von dem das Ende des Fragments spricht,
richtet sich nicht an den Gott Abrahams und Jesu Christi, sondern an den
Gott der Philosophen: diese Rede „wurde von einem Menschen verfaßt,
der vorher und nachher auf die Knie gefallen ist, um zu dem Wesen, das
unendlich und ohne Teile ist […], zu beten".

Der Text der ‚Wette' gibt einen Hinweis, wie diese Widersprüche aufzulösen sind: Pascal unterscheidet zwischen einer Sicht des Glaubens von
innen und von außen. Wer wird „die Christen tadeln, die sich ja gerade zu
einer Religion bekennen, die sie nicht begründen können; wenn sie diese
der Welt vortragen, erklären sie, daß sie eine Torheit ist, *stultitiam*. Und
dann beklagt Ihr Euch, daß sie sie nicht beweisen. Wenn sie sie bewiesen,
würden sie nicht Wort halten: gerade da ihnen Beweise fehlen, fehlt ihnen
nicht der Sinn". Pascal spielt an auf 1 Kor 1,22f.: „Die Juden fordern Zeichen, die Griechen suchen Weisheit. Wir dagegen verkünden Christus als
den Gekreuzigten: für die Juden ein empörendes Ärgernis, für Heiden eine
Torheit, für die Berufenen aber, Juden wie Griechen, Christus Gottes
Kraft und Gottes Weisheit". Pascals Religionsphilosophie beweist den
Glauben nicht, sondern sie reflektiert ihn; sie setzt die „Augen des Herzens" und die Erkenntnis der dritten der drei Ordnungen, der „Weisheit"
(§ 254), voraus. Diese Sicht kann der Gesprächspartner der ‚Wette' jedoch
nicht teilen; seine Werte sind die der beiden anderen Ordnungen, des Fleisches und des Geistes. Für ihn wäre es verantwortungslos, die Religion
ohne Gründe anzunehmen. „Ja, mag das auch diejenigen entschuldigen,
die sie als solche darbieten, und sie von dem Tadel befreien, daß sie diese
ohne Vernunft vorführen, es entschuldigt nicht die, die sie annehmen."
Die einzige gemeinsame Basis ist der im Gebet am Schluß des Fragments
genannte Gottesbegriff, welcher den Ausgangspunkt für die Frage nach
der Existenz Gottes bildet. Das Argument der Wette, so urteilt Guardini
(1991 S.164f. Anm.53) richtig, stellt „in keiner Weise den Unterbau von
Pascals eigenem Glauben" dar. „Es ist der Versuch, einem Skeptiker das

Äußerste an Beweisschwierigkeit vorzugeben und so das Problem des Beweises an der vorgeschobensten Stelle aufzunehmen." Die ‚Wette' will die Einsichten darlegen, die unserer gefallenen Natur in der Gottesfrage möglich sind, und deren Grenzen aufzeigen.

258   Das Argument geht aus von einem Vergleich mit der Mathematik. Wir wissen, *daß* es bei den Zahlen ein Unendliches gibt, denn es ist falsch, daß die Zahlen endlich sind, folglich ist es wahr, daß sie nicht endlich sind. Aber wir wissen nicht, *was* dieses Unendliche ist; es ist falsch, daß es eine gerade, und es ist falsch, daß es eine ungerade Zahl ist. Es ist also möglich zu erkennen, daß es einen Gott gibt, ohne zu erkennen, was er ist. Im Bereich von Zahl, Zeit und räumlicher Ausdehnung erkennen wir die Existenz sowie das Wesen des Endlichen und die Existenz, nicht aber das Wesen des Unendlichen. „Wir erkennen jedoch weder die Existenz noch das Wesen Gottes, weil er keine Ausdehnung und keine Grenzen hat" und folglich in keinem Verhältnis zu uns steht. Wenn es Gott gibt, ist er „unendlich unbegreiflich"; die Vernunft kann also auf die Frage, ob Gott existiert oder nicht existiert, keine Antwort geben. Also muß die Frage offenbleiben. Pascal geht jedoch davon aus, daß das nicht möglich ist. Er hält, ohne diese Voraussetzung weiter zu begründen, eine Entscheidung für unausweichlich. Weil die (erkennende) Vernunft sie nicht fällen kann, müssen wir uns nach anderen Kriterien umsehen, und Pascal fragt deshalb nach dem Gewinn und dem Verlust, welcher mit der Entscheidung für eine der beiden Alternativen verbunden ist. Bei einer Risikoabwägung sind zwei Faktoren zu berücksichtigen: (a) die Größe des zu erwartenden Gutes bzw. Übels; (b) die Wahrscheinlichkeit, mit welcher das Gut bzw. Übel eintreten wird. Der Faktor der Wahrscheinlichkeit braucht in Pascals Wette nicht berücksichtigt zu werden. Ob das Gut erlangt wird oder nicht, hängt davon ab, ob Gott existiert oder nicht, und die Wahrscheinlichkeit dafür, daß er existiert, und dafür, daß er nicht existiert, ist dieselbe. Betrachten wir nun die beiden Möglichkeiten der Wette unter der Rücksicht von Gewinn und Verlust.

(1.) Ich setze auf die Karte *Gott existiert*. Dann habe ich die Wette gewonnen, wenn er existiert, und sie verloren, wenn er nicht existiert. Mein Gewinn, wenn er existiert, sind die Wahrheit und das höchste Gut. Mein Verlust, wenn ich die Wette verliere, steht in keinem Verhältnis dazu. „Welches Übel wird Euch nun aber daraus erwachsen, wenn Ihr diesen Entschluss faßt? Ihr werdet getreu, redlich, demütig, dankbar, wohltätig, ein aufrichtiger, wahrer Freund sein. Freilich werdet Ihr ohne vergiftete Freuden sein, ohne Ruhm und Vergnügen, doch habt Ihr dafür nicht andere Freuden?"

(2.) Ich setze auf die Karte *Gott existiert nicht*, oder, was dasselbe ist, ich setze nicht auf die Karte *Gott existiert*. Dann habe ich die Wette gewonnen, wenn er nicht existiert, und sie verloren, wenn er existiert. Mein Gewinn, wenn er nicht existiert, sind bestimmte Güter in diesem Leben, auf die ich verzichten müßte, wenn ich glaube, daß er existiert. Mein Verlust, wenn er existiert, sind die Wahrheit und das höchste Gut; anstatt des höchsten Gutes erwartet mich nach diesem Leben das Elend. Wiederum stehen Gewinn und Verlust in keinem Verhältnis zueinander. Der Vergleich zeigt: Das Risiko ist am geringsten und die Gewinnchancen sind am größten, wenn ich auf die Karte *Gott existiert* setze.

Wenn ich auf die Karte *Gott existiert* setze, so ließe sich einwenden, ist der Verlust dessen, worauf ich verzichten muß, gewiß, aber der Gewinn ungewiß; die unterschiedliche Größe von Gewinn und Verlust wird also ausgeglichen durch die Sicherheit des Verlustes und die Unsicherheit des Gewinns. Pascal antwortet mit dem Verhalten der Spieler: „Jeder Spieler wagt mit Gewißheit, um mit Ungewißheit zu gewinnen, und dennoch wagt er mit Gewißheit das Endliche, um mit Ungewißheit das Endliche zu gewinnen, ohne sich an der Vernunft zu versündigen." Wenn es vernünftig ist, ein gewisses endliches Gut zu wagen, um ein ungewisses endliches Gut zu gewinnen, dann ist es *a fortiori* vernünftig, ein gewisses endliches Gut zu wagen, um ein ungewisses unendliches Gut zu gewinnen. Beim Glücksspiel ist die Gewißheit zu gewinnen erheblich geringer als die Gewißheit zu verlieren. Dennoch besteht ein angemessenes Verhältnis zwischen der Ungewißheit zu gewinnen und der Gewißheit, daß man den Einsatz verliert; dieses Verhältnis entspricht dem Verhältnis zwischen der Wahrscheinlichkeit, daß man gewinnt, und der Wahrscheinlichkeit, daß man verliert. Bei der Wette zwischen *Gott existiert* und *Gott existiert nicht* ist diese Wahrscheinlichkeit gleich groß; folglich sind die Gewißheit, daß man den Einsatz verliert, und die Gewißheit, daß man gewinnt, gleich groß. Damit ist der Einwand widerlegt. Bei gleicher Gewißheit oder Wahrscheinlichkeit von Gewinn und Verlust wagt man Endliches und kann Unendliches gewinnen. „Das ist beweiskräftig; und wenn die Menschen einige Wahrheiten einsehen können, diese ist eine davon." Pascals Gesprächspartner stimmt zu, aber er fragt, ob es nicht außerdem eine Möglichkeit gebe, hinter das Spiel zu schauen. „Ja, die Schrift und das übrige usw."

Das Argument beruht auf zwei Voraussetzungen, und es ist zu fragen, ob 259 Pascals skeptischer Gesprächspartner sie teilt. Die erste: Die Entscheidung zwischen beiden Möglichkeiten ist unausweichlich; ich muß mich auf die Wette einlassen; es ist nicht möglich, daß ich auf keine der beiden Karten setze, also keine Wette eingehe. Die zweite: Meine Seligkeit, das letzte Gelingen und Scheitern meines Lebens, hängt davon ab, ob ich an Gott glaube. Ist das nicht bereits eine theologische Voraussetzung, die Pascals Skeptiker nicht teilen kann? Es gibt, so würde Pascal die erste Voraussetzung stark machen, nur zwei Möglichkeiten, das eigene Leben und die Welt zu sehen: im Glauben an Gott oder ohne den Glauben an Gott. Wenn ich in der Frage nach der Existenz Gottes keine Entscheidung treffe, dann glaube ich nicht an Gott; dann habe ich mich also für die zweite Möglichkeit entschieden. Die beiden Möglichkeiten *glauben daß* und *nicht glauben daß* schließen einander aus; zwischen ihnen gibt es kein Drittes. Daß ich nicht glaube, daß Gott existiert, besagt nicht, daß ich glaube, daß er nicht existiert. Aber für Pascals Argument genügt, daß ich nicht glaube, daß er existiert. Indem ich nicht glaube, daß er existiert, habe ich mich auf die Wette eingelassen; wenn er existiert, habe ich die Wette verloren. Wer Pascals zweite Voraussetzung angreift, könnte hinweisen auf den Gottesbegriff, der sich in dem am Schluß erwähnten Gebet findet. Weshalb soll es für das Gelingen meines Lebens von Bedeutung sein, ob ich an die Existenz eines unendlichen und unteilbaren Wesens glaube oder nicht? Am Anfang des Fragments ist dagegen von der Gerechtigkeit Gottes die Rede. Nur mit diesem Gottesbegriff ist das Argument schlüssig. Die Alternative lautet dann: leben im Glauben, daß ein Gott existiert, der mich richten wird, und: ohne diesen Glauben leben. Das existentielle Gewicht der Entscheidung hängt vom Gottesbegriff ab. Der Glaube an einen richtenden Gott impliziert den Glauben an ein ewiges Schicksal.

260 Verstandesmäßig ist der Gesprächspartner überzeugt, aber dennoch kann er nicht glauben. „Ja, aber mir sind die Hände gebunden, und mein Mund ist stumm, man zwingt mich zu wetten, und ich bin nicht frei, man macht mich nicht los, und ich bin so beschaffen, daß ich nicht glauben kann. Was soll ich nach Eurer Meinung tun?" Er solle begreifen, daß die Ursache dafür nicht in der mangelnden Erkenntnis liegt. Die „Vernunft hat Euch ja soweit gebracht, und trotzdem könnt Ihr es nicht. Bemüht Euch daher, Euch nicht durch Vermehrung der Gottesbeweise, sondern durch Verminderung Eurer Leidenschaften zu überzeugen". Und nun gibt Pascal einen provozierenden Rat. Er solle von denen lernen, die in derselben Lage wie er waren und geheilt wurden. Sie „handelten in allem so, als glaubten sie, sie gebrauchten Weihwasser, ließen Messen lesen usw. Ganz natürlich wird Euch genau das glauben machen und verdummen [abêtira]".

Das harte und anstößige Wort „verdummen" will, unter anthropologischer Rücksicht, hinweisen auf die Grenzen der Vernunft. „Zwei Maßlosigkeiten: die Vernunft ausschließen – nur die Vernunft gelten lassen" (La 183; Br 253). Der Skeptiker hat dem Argument der Wette zugestimmt; es ist das einzige Argument für den Glauben, das ihm gegenüber vorgebracht werden kann. Die Vernunft wurde nicht ausgeschlossen; ihre Ansprüche wurden erfüllt, aber dennoch kann er nicht glauben. „Wir sind ebenso Automat wie Geist. Und daher kommt es, daß das Mittel, um zu überzeugen, nicht allein die Beweisführung ist. Wie wenig bewiesene Dinge gibt es doch! Die Beweise überzeugen nur den Geist, die Gewohnheit macht unsere Beweise zu den stärksten und glaubwürdigsten." Beweise überzeugen nur so lange, wie man sie vor Augen hat, und man kann sie nicht ständig gegenwärtig haben. Deshalb muß man sich das, was man einmal eingesehen hat, durch die Gewohnheit zu eigen machen. Durch sie müssen wir uns vom Glauben, der sich uns immer wieder entzieht, „durchtränken lassen und seinen Ton annehmen". Es ist zuviel verlangt, daß man um zu glauben stets die Beweise gegenwärtig haben muß. „Man muß einen leichteren Glauben gewinnen, den der Gewöhnung, der ohne Gewalt, ohne Kunst und Beweisgrund auskommt". Nicht nur die Vernunft, der ganze Mensch muß glauben: der Geist durch die Gründe, die er einmal eingesehen hat, und der Automat durch die Gewohnheit. Die Gewohnheit verbindet den Glauben mit dem Gefühl (sentiment). Das Gefühl ist für Pascal das Vermögen der intuitiven Erkenntnis und als solches dem diskursiven Denken entgegengesetzt. Es folgert nicht aus Prinzipien, sondern es erfaßt mit einem Blick das Ganze (vgl. La 751; Br 3). Die diskursive Vernunft ist schwerfällig; sie muß eine Fülle von Prinzipien und Gesichtspunkten gegenwärtig haben; das ermüdet sie, und da es ihr nicht immer gelingt, ist sie anfällig für den Irrtum. „Das Gefühl handelt nicht so: es handelt im Augenblick und ist immer bereit zu handeln. Wir müssen deshalb unseren Glauben in das Gefühl bringen, sonst wird er immer schwankend sein" (La 821; Br 252).

Literatur:

Rich 1953
Wasmuth 1962
Sellier 1970
Mesnard 1976; 1993
Gouhier 1986
Guardini (1935) 1991
Bouchilloux 1995
Schmidt-Biggemann 1999

K. Der religiöse Glaube als Tugend: Thomas von Aquin

Thomas von Aquin steht weithin unter dem Verdacht, das Schicksal der Religion unlöslich an das der Metaphysik gekettet zu haben. Wer im Zusammenhang der Religionsphilosophie seinen Namen hört, denkt als erstes an seine Gottesbeweise, die berühmten Fünf Wege. Ist Thomas der Auffassung, der religiöse Glaube beruhe auf Beweisen für die Existenz Gottes? Ist der Glaube nur für den möglich, der von der Richtigkeit der Gottesbeweise überzeugt ist? Steht und fällt für Thomas die Vernünftigkeit des religiösen Glaubens mit der Gültigkeit der Gottesbeweise? Das folgende Kapitel gibt auf diese Fragen eine negative Antwort. Religionsphilosophie, das ist die positive These, hat ihren Ort in der praktischen Philosophie; unter dieser Rücksicht besteht eine Gemeinsamkeit zwischen Thomas und Kant. Der religiöse Glaube ist kein theoretisches Wissen von der Existenz Gottes. Er ist vielmehr eine Tugend, und Tugenden sind Haltungen, die uns auf das Ziel unseres Handelns ausrichten und so ein gutes Leben ermöglichen. Der entscheidende Beitrag des Thomas von Aquin zur Religionsphilosophie sind nicht seine Fünf Wege, sondern sein Traktat über den Glauben (S.th. II II 1–7).

I. Die Fünf Wege

Die zweite Quästion des ersten Teils der *Summa theologiae* trägt die Überschrift „Über Gott, ob Gott ist". Thomas fragt zunächst, ob die Aussage ‚Gott ist' an sich, also ohne Beweis, einsichtig sei (per se notum), und er antwortet mit folgender Unterscheidung: Sie ist, wenn wir sie *in sich* (in se) betrachten, *an sich* (per se) einsichtig, „weil das Prädikat dasselbe ist wie das Subjekt; denn Gott ist sein Sein [...] Aber weil wir von Gott nicht wissen, was er ist, ist sie uns nicht an sich einsichtig" (S.th. I 2,1). Thomas unterscheidet also zwischen der Ordnung der Wirklichkeit und der Ordnung unserer Erkenntnis. In der Ordnung der Wirklichkeit kommt Gott notwendig das Sein zu, denn Gott ist das Sein in seiner ganzen Vollkommenheit. Dagegen ist es in der Ordnung unserer Erkenntnis nicht an sich einsichtig, daß Gott ist, denn dazu müßten wir das Wesen Gottes erkennen. Hätten wir eine Erkenntnis des Wesens Gottes, so wäre es an sich einsichtig, daß Gott ist. Weil wir aber Gottes Wesen nicht erkennen können, sind wir, um zu wissen, ob Gott ist, auf den Weg des Beweises angewiesen. Thomas fragt dann, ob die Aussage ‚Gott ist' beweisbar sei, und seine Antwort lautet: „Daß Gott ist, kann auf fünf Wegen bewiesen werden" (S.th. I 2,3).

263 Erstens aus der *Bewegung* (ex parte motus). Wir nehmen wahr, daß in dieser Welt etwas bewegt wird. Alles, was bewegt wird, wird aber von einem anderen bewegt. Wir können aber die Reihe der Bewegenden nicht bis in Unendliche fortsetzen. Es ist folglich notwendig, zu einem ersten Bewegenden zu kommen, das von keinem anderen bewegt wird. Zweitens aus der *Wirkursache* (ex ratione causae efficientis). Wir finden in der wahrnehmbaren Welt eine Ordnung der Wirkursachen vor. Nichts kann die Wirkursache seiner selbst sein. Wir können aber in der Reihe der Wirkursachen nicht bis ins Unendliche zurückgehen. Jede Wirkung ist, vermittelt durch eine endliche Anzahl von Zwischenursachen, auf eine erste Ursache zurückzuführen. Wäre die Reihe der Ursachen unendlich, so gäbe es keine letzte Wirkung und keine Zwischenursachen. Drittens aus dem *Möglichen und Notwendigen* (ex possibili et necessario). Die Erfahrung des Entstehens und Vergehens zeigt uns Seiendes, das sein und nicht sein kann. Es ist aber unmöglich, daß das, was auch nicht sein kann, immer ist. Könnte aber alles Seiende auch nicht sein, dann wäre einmal nichts gewesen, und es wäre folglich auch jetzt nichts. Es ist also unmöglich, daß alles Seiende auch nicht sein kann; es muß vielmehr notwendig Seiendes geben. Was notwendig ist, hat aber die Ursache seiner Notwendigkeit entweder in einem anderen oder in sich selbst. Die Reihe der Notwendigen, die ihre Ursache in einem anderen haben, kann aber nicht unendlich sein. Es ist also notwendig, ein Seiendes anzunehmen, das aus sich notwendig ist. Viertens aus den *Graden der Vollkommenheit* (ex gradibus). Die Erfahrung zeigt uns, daß positive Bestimmungen (z.B. Gut, Wahr, Edel, Seiend) den Dingen in unterschiedlichem Grad zukommen. Das bedeutet aber eine unterschiedliche Annäherung an eine höchste Verwirklichung dieser Bestimmungen. Diese höchste Verwirklichung ist aber Ursache der unterschiedlichen unvollkommenen Verwirklichungen. Es existiert also etwas, das für alle Seienden die Ursache des Gutseins und jeglicher Vollkommenheit ist. Fünftens aus der *Teleologie* (ex gubernatione rerum). Wir beobachten, daß Seiende, die keine Erkenntnis haben, um eines Zieles willen wirken. Das ist aber nur möglich, wenn sie von einem intelligenten Wesen auf ihre Ziele hin ausgerichtet werden.

264 Für diese Fünf Wege ist folgendes charakteristisch: (a) Jeder von ihnen geht von Erfahrungstatsachen aus, d.h. jeder enthält eine empirische Prämisse. Es handelt sich also um *aposteriorische* Beweise. (b) Es ist logisch unmöglich, daß sämtliche Prämissen wahr sind und daß zugleich die Konklusion falsch ist. Die Fünf Wege sind also *deduktive* Beweise, im Unterschied zu induktiven und Wahrscheinlichkeitsbeweisen. (c) Die Konklusion nennt eine *notwendige* Bedingung für die zu erklärende empirische Tatsache. Die Existenz Gottes ist also nach den Fünf Wegen nicht lediglich eine Hypothese, welche die Phänomene erklärt, die aber als bloß hinreichende, aber nicht notwendige Erklärung andere Hypothesen nicht

ausschließt. (d) Die Fünf Wege sind nach S.th. I 2a,2c keine *Warum* (propter quid)-Beweise, sondern *Daß* (quia)-Beweise. Diese Distinktion ist nicht zuletzt wegen theologischer Einwände gegen die Gottesbeweise von Bedeutung. Durch sie unterscheidet Thomas zwischen dem Gott der Philosophen und dem Gott der Offenbarung. Thomas übernimmt die Aristotelische Distinktion zwischen dem an sich Bekannteren und dem für uns Bekannteren. An sich bekannter ist die Ursache, denn nur sie erklärt die Wirkung. Eine solche Erklärung setzt aber voraus, daß wir wissen, was die Ursache an sich ist, d.h. daß wir eine Realdefinition der Ursache haben, und eine solche Erkenntnis der ersten Ursache ist dem Menschen nicht möglich. Für uns bekannter sind die Wirkungen der ersten Ursache; sie lassen aber nur erkennen, daß Gott ist und nicht, was er ist. Die Subjektsterme in den Beweisletztgliedern der Fünf Wege (‚erstes Bewegendes‘, ‚erste Ursache‘ usw.) sagen, was der Name ‚Gott‘ bedeutet, aber nicht, was Gott ist. Die Wirkungen entsprechen der Ursache nicht; deshalb erlauben sie zwar den Schluß, daß die erste Ursache existiert, aber sie können keine vollkommene Erkenntnis der ersten Ursache vermitteln. Wir erkennen von Gott nur sein Verhältnis zu den Geschöpfen und den Unterschied zwischen ihm und den Geschöpfen, d.h. daß er selbst nicht eines der Seienden ist, die von ihm verursacht werden. Dabei ist zu beachten, daß die Terme in den Beweisletztgliedern von Gott nur in der Zeit ausgesagt werden. Sie bezeichnen eine reale Relation (relatio realis) der Geschöpfe zu Gott, aber nur eine logische Relation (relatio rationis) Gottes zu den Geschöpfen. Es handelt sich also bei diesen Termen um Charakterisierungen, die ausschließlich auf der Perspektive des Menschen als Geschöpf beruhen. Sie legen einen Referenten für den Eigennamen ‚Gott‘ fest. Was die Vernunft von diesem Referenten erkennen kann, ist nur die Beziehung der empirisch gegebenen Wirklichkeit auf ihn und was sich aus dieser Beziehung notwendig ergibt; alles andere ist ihr unzugänglich.

II. Funktion und Grenzen der Gottesbeweise

1. Der wissenschaftstheoretische Ansatz

Thomas handelt über die Gottesbeweise im Zusammenhang der Frage, ob 265 die Theologie eine Wissenschaft sei. Er braucht die Fünf Wege, um die Wissenschaftlichkeit der Theologie zu sichern. Dabei setzt er den Wissenschaftsbegriff der *Zweiten Analytiken* des Aristoteles voraus. Danach ist Wissenschaft ein von in sich einsichtigen, unbeweisbaren Prämissen ausgehendes deduktives System von Aussagen. Wie jede Wissenschaft kann die Theologie ihre Prinzipien nicht beweisen, sondern sie kann nur ausgehend von ihren Prinzipien, den Glaubensartikeln, argumentieren (S.th. I

1,8). Den erkenntnistheoretischen Einwand, im Unterschied etwa zu den Prinzipien der Arithmetik oder Geometrie seien die Glaubensartikel nicht in sich einsichtig, kann Thomas nur theologisch beantworten: Sie seien für Gott einsichtig, und die Theologie glaube sie, weil sie von Gott offenbart seien (S.th. I 1,2).

266 Nach den *Zweiten Analytiken* muß jede Wissenschaft außer den in sich einsichtigen Prinzipien zwei weitere Voraussetzungen machen, die sie nicht beweisen kann. Sie muß erstens die Bedeutung der Wörter kennen, mit denen sie arbeitet, und sie muß zweitens die Existenz der Gegenstände annehmen, von denen sie handelt. Diese zweite Voraussetzung will Thomas durch die Fünf Wege sichern. Diese Gottesbeweise sind kein wissenschaftlicher Beweis im Sinne der *Zweiten Analytiken*, denn ein solcher würde, wie Thomas hervorhebt, eine Kenntnis des Wesens Gottes voraussetzen; die Fünf Wege arbeiten jedoch nicht mit einer Realdefinition, sondern lediglich mit einer Nominaldefinition des Wortes ‚Gott‘ (S.th. I 2,2 ad 2). Die Gottesbeweise zeigen nicht, *warum* Gott existiert, sondern nur, *daß* er existiert (S.th. I 2,2).

Betrachten wir diese Ausführungen auf dem Hintergrund der *Zweiten Analytiken*, so wird ein Bruch in ihnen deutlich. Die Gottesbeweise sollen die Existenz des Gegenstands der Theologie sichern, indem sie von einer philosophischen Nominaldefinition des Wortes ‚Gott‘ ausgehen und zeigen, daß das Definiens existiert. Aber von dieser Nominaldefinition führt kein Weg der (philosophischen) Erkenntnis zu den Aussagen der Theologie, da diese auf den offenbarten Glaubensartikeln beruhen. Man könnte behaupten, dieser Dualismus sei dadurch überwunden, daß die Kennzeichnungen ‚die erste Ursache‘ und ‚der Gott der Offenbarung‘ denselben Referenten haben. Das ist richtig, aber es löst das Problem deshalb nicht, weil das bereits eine theologische Aussage ist.

2. Starke und schwache Begründungen

267 In der *Summa contra gentiles* (I 3) zitiert Thomas einen der methodologischen Grundsätze der *Nikomachischen Ethik*: „Da nun nicht jede Weise, die Wahrheit darzulegen, die gleiche ist, es aber Sache ‚eines geschulten Menschen ist, zu versuchen, über jedes Ding soviel Gewißheit zu erlangen, wie die Natur des Dinges es erlaubt‘, wie dies nach dem Urteil des Boethius Aristoteles sehr gut gesagt hat, ist es notwendig, zunächst zu zeigen, auf welche Weise eine gegebene Wahrheit dargelegt werden kann". Thomas unterscheidet bei dem, was wir über Gott bekennen, zwei solcher Weisen; ich nenne sie den starken und den schwachen Begründungsbegriff. Den starken Begründungsbegriff finden wir in den Fünf Wegen. Es handelt sich um deduktive Beweise, in denen aus der Existenz

der Welt auf Gott als deren notwendige Bedingung geschlossen wird. Aber abgesehen von den Gottesbeweisen muß die Theologie sich mit einem schwachen Begründungbegriff begnügen. Thomas nennt u.a. folgende Kennzeichen (vgl. § 282): Die Wahrheiten des Glaubens dürfen den Wahrheiten der natürlichen Vernunft nicht widersprechen (S.c.g. I 7). Die Einwände, die von Nichtgläubigen gegen die Glaubensartikel vorgebracht werden, müssen sich lösen lassen (S.th. I 1,8). Es lassen sich Wahrscheinlichkeitsgründe sammeln, die aber nicht ausreichen, die Glaubenswahrheiten zu beweisen oder in sich einsichtig zu machen (S.c.g. I 8). Die Philosophie als der Theologie untergeordnete Disziplin kann die Glaubensaussagen entfalten und in eine Beziehung zueinander bringen, und sie kann sie durch Analogien verdeutlichen.

Bei dem, was Thomas über die Rationalität der Theologie sagt, müssen   268
wir unterscheiden zwischen theologischen und den eigentlich epistemologischen Aussagen. So beruft Thomas sich z.B. auf die Unterscheidung der *Zweiten Analytiken* zwischen dem, was bekannter für uns, und dem, was an sich bekannter ist, um den geringen Gewißheitsgrad theologischer Aussagen zu erklären. Aber das ist trotz der erkenntnistheoretischen Terminologie eine theologische Aussage. Als Antwort auf die Frage nach der Rationalität der Theologie bleiben nur der schwache Begründungsbegriff und der Begriff der Offenbarung, bei dem wir wiederum zwischen dem theologischen und dem erkenntnistheoretischen Begriff unterscheiden müssen. Erkenntnistheoretisch betrachtet ist die Berufung auf die Offenbarung ein Autoritätsargument, und Autoritätsargumente sind nach Thomas die schwächste Art von Argumenten (S.th. I 1,8 ad 2).

3. Die Gottesbeweise und das religiöse Phänomen

Die Gottesbeweise erreichen nach Thomas das religiöse Phänomen nicht.   269
Das wird deutlich, wenn wir den Gottesbegriff der Fünf Wege dem Gottesbegriff gegenüberstellen, von dem die *Summa theologiae* ausgeht. Durch die Gottesbeweise erkennen wir nur Gottes Beziehung zu den Geschöpfen (S.th. I 12,12). Der erste Artikel der *Summa theologiae* begründet die Notwendigkeit der Theologie damit, daß der Mensch auf Gott als auf ein Ziel ausgerichtet sei, das die Fassungskraft der Vernunft übersteige. Er zitiert als Beleg die Stelle Jes 64,3, mit der Paulus am Anfang des ersten Korintherbriefs (1 Kor 2,9) den Inhalt seiner Verkündigung zusammenfaßt: „Außer dir hat kein Auge gesehen, was du, o Gott, denen bereitet hast, die dich lieben" (S.th. I 1,1). In dem Artikel über den ontologischen Gottesbeweis fragt Thomas, ob jeder Mensch eine natürliche Gotteserkenntnis habe. Wir haben von Natur, so seine Antwort, eine konfuse Gotteserkenntnis, und zwar ist sie uns durch die allgemeine, inhaltlich

nicht bestimmte Vorstellung der Glückseligkeit gegeben. „Denn der Mensch ersehnt von Natur aus die Glückseligkeit; und was von Natur aus vom Menschen ersehnt wird, das wird von Natur aus von ihm erkannt" (S.th. I 2,1 ad 1). Beide Stellen ordnen den Gottesbegriff einem praktischen Kontext zu. Die anfanghafte, konfuse Gotteserkenntnis ist nicht in den intellektuellen Vollzügen des Menschen, sondern in seinem Streben impliziert. In S.c.g. I 5 heißt es: „Nur dann nämlich erkennen wir Gott wahrhaftig, wenn wir glauben, daß er über all dem ist, was der Mensch sich von Gott denken kann". Von Gott als dem Ziel seines Lebens kann der Mensch nur durch die Offenbarung Kenntnis erhalten.

270 Beruht die Gewißheit des Glaubens auf der Einsicht in die Gültigkeit der Gottesbeweise? Ist diese Einsicht notwendige Bedingung für die Gewißheit und Festigkeit des Glaubens? Ist die Gewißheit des Glaubens so stark wie die Überzeugungskraft der Gottesbeweise? Diese Frage wird von Thomas eindeutig verneint. Thomas geht davon aus, daß die Frage nach der Existenz Gottes unter den Philosophen immer kontrovers und die menschliche Vernunft hier immer dem Irrtum ausgeliefert sein wird (S.th. I 1,1). Die natürliche Gotteserkenntnis ist zu unsicher, als daß der Mensch auf ihr sein Leben aufbauen könnte. Auch das, was der Mensch grundsätzlich durch seine Vernunft von Gott erkennen kann, muß offenbart und im Glauben angenommen werden. Der gelebte und das Leben tragende Glauben kann sich also nicht auf deduktive Gründe stützen; er kann vielmehr auch was die Existenz Gottes angeht nur im Sinn des schwachen Begründungsbegriffs rational sein. Aber sind diese schwachen Gründe ausreichend, um die Glaubensgewißheit zu rechtfertigen? Worauf beruht nach Thomas die Gewißheit des Glaubens?

III. Der religiöse Glaube als Tugend

1. Der Bruch in der CONDICIO HUMANA

271 Die Quästion über die theologischen Tugenden Glaube, Hoffnung und Liebe (S.th. I II 62) folgt in der *Prima Secundae* der theologischen Summe den Ausführungen über die antike Tugendlehre, die ethischen und dianoetischen Tugenden des Aristoteles und die vier Kardinaltugenden Platons. Damit sind zwei Fragen gestellt: Was bedeutet es, daß der Glaube eine Tugend ist? Wie verhalten sich die theologischen zu den anderen Tugenden?

272 Nach der Aristotelischen Kategorienlehre fällt der Begriff der Tugend unter den der Haltung (*hexis*; habitus) und dieser wiederum unter den der Qualität. Die Kategorienschrift unterscheidet zwischen Haltung und Zustand (*diathesis*); während Zustände schnell wechseln, ist eine Haltung

bleibend und dauerhaft (Cat.8, 8b25–28). Die *Metaphysik* nennt ein anderes Unterscheidungsmerkmal: Die Haltung ist ein Zustand, nach dem das in diesem Zustand Befindliche sich gut oder schlecht befindet (Met. V 20, 1022b10f.). Der Begriff der Haltung impliziert also zusätzlich zum Begriff des Zustands eine Wertung. Eine gute und eine schlechte Haltung unterscheiden sich nach Thomas durch ihr Verhältnis zur Natur; die gute Haltung entspricht der Natur des Tätigen, während die schlechte nicht mit ihr übereinstimmt (S.th. I II 54,3). Tugend als gute Haltung ist die Vollendung eines Vermögens, die zu dessen vollkommener Tätigkeit befähigt (S.th. I II 55,1–3). Sie ist angewiesen auf eine Praxis, die sie lebendig erhält (S.th. I II 53,3). Von besonderem Gewicht ist die Haltung des Willens, weil er es ist, der die anderen Vermögen, auch den Intellekt, zu deren Tätigkeit bewegt (S.th. I II 50,5; 56,3). Daß der Glaube eine Tugend ist, bedeutet nach dieser ersten, groben Begriffsbestimmung: Er ist, wie eine Charaktereigenschaft, eine Haltung, die das Leben eines Menschen von Grund auf prägt; er geht tiefer als das Fürwahrhalten einer metaphysischen These, die dem jeweils neuesten Stand der Wissenschaft angeglichen wird. Eine Haltung läßt sich nur in einem langen Prozeß ändern; man kann sie nicht wie eine Meinung, die man einmal vertreten hat, vergessen. Als Tugend ist die Haltung des Glaubens notwendige Bedingung für ein gelingendes Leben.

Daß der Mensch außer den ethischen und dianoetischen Tugenden der 273 Aristotelischen Ethik auch die theologischen Tugenden braucht, folgt für Thomas aus seiner Lehre von der zweifachen Glückseligkeit des Menschen (S.th. I II 65,1), die wir als eine Phänomenologie der *condicio humana* lesen können. Thomas übernimmt die These des Aristoteles, daß das Glück des Menschen in der ihm wesensgemäßen Tätigkeit der theoretischen und praktischen Vernunft besteht, und er sieht damit wie Aristoteles im Glück eine Aufgabe, welche der Mensch in diesem Leben erfüllen soll und erfüllen kann. Aber das konkrete Glück, das der Mensch so erreichen kann, bleibt hinter dem *Begriff* des Glücks zurück. Das Glück ist das vollkommene und autarke Gut („perfectum et sufficiens bonum":S.th. I II 5,3), das erstens jedes Übel ausschließt und zweitens alles Verlangen und Sehnen erfüllt. Keines von beiden ist in diesem Leben möglich; viele Übel lassen sich nicht vermeiden, und die Güter sind wie das Leben selbst vergänglich (S.th. I II 5,3). Thomas sieht eine Diskrepanz zwischen dem, was der Mensch ersehnt und erstrebt, und dem, was er aus Eigenem erreichen kann. Worauf es mir ankommt, ist die Diskrepanz oder der Bruch in der *condicio humana*; auf welche Werte Thomas sich dabei bezieht, ist für meine Argumentation von untergeordneter Bedeutung. Thomas sieht im ersten Kapitel der Aristotelischen *Metaphysik* das Grundverlangen des Menschen beschrieben: Er will die erste Ursache erkennen, und diese Sehnsucht ist erst erfüllt, wenn er das Wesen Gottes schaut (S.th. I 12,1).

Was Thomas hier mit Aristotelischen Begriffen beschreibt, ließe sich leicht in die Sprache biblischer Texte oder die Sprache der Mystik übersetzen. Mit einer philosophischen Argumentation zeigt Thomas, daß der Mensch durch seine natürlichen Kräfte dieses Ziel nicht erreichen kann (S.th. I 12,4). Das natürliche Menschenbild, für das hier das Aristotelische steht, weist also einen Bruch auf: Der Mensch ist nicht imstande, sein wesentliches Verlangen mit den ihm wesentlichen Fähigkeiten zu erfüllen; seine Vernunftnatur bestimmt ihn für die Schau des Wesens Gottes als seine Vollendung (S.th. I 12,1) und macht ihn zugleich unfähig, sie aus Eigenem zu verwirklichen.

Dieser Bruch im natürlichen Menschenbild ist der Ort der theologischen Tugenden. Thomas formuliert ein Sinnpostulat: Das natürliche Verlangen (desiderium naturale) kann nicht unerfüllt bleiben (S.th. I 12,1); der Widerspruch im Wesen des Menschen kann nicht das letzte Wort sein. Diese Sinnvoraussetzung ist der metaphysische Angelpunkt für die Religionsphilosophie des Aquinaten, und diese Metaphysik ist eine Metaphysik der menschlichen Handlung. Thomas geht aus von der Analyse des Aristoteles im ersten Kapitel der *Nikomachischen Ethik*, nach der jede menschliche Handlung ein letztes, vollkommenes, autarkes Gut erstrebt (S.th. I II 1,5). Er zeigt, daß ein Leben allein nach den Aristotelischen Tugenden dieses Streben nicht erfüllen kann. Dennoch hält er an der idealen Sinnvoraussetzung fest, und er fragt, ob sie auf andere Weise verwirklicht werden kann. Die Antwort gibt die Offenbarung; sie löst den Widerspruch der *condicio humana*. Die theologische Tugend des Glaubens ist die Haltung, die das gesamte Leben des Menschen, sein Denken, Fühlen und Handeln, nach dieser Antwort ausrichtet. Wie die anderen Tugenden ist sie eine Vollkommenheit oder Vollendung der menschlichen Fähigkeiten, weil sie einen absoluten Sinn erschließt und damit Zuversicht und Halt gibt.

274 Es dürfte schon jetzt klar geworden sein, daß die Rede von den beiden Formen des Glücks und die Unterscheidung zwischen den Aristotelischen und den theologischen Tugenden nicht im Sinne eines supranaturalistischen Dualismus verstanden werden darf. Die theologischen Tugenden vollenden die Aristotelischen in der Weise, daß sie ihnen eine neue Sinndimension und damit eine neue Motivation schenken. Zwischen den beiden Formen des Glücks besteht nach Thomas das Verhältnis der Ähnlichkeit (similitudo/S.th. I II 3,6) oder der Teilhabe (participatio/S.th. I II 3,2 ad 4; 5,3). Offenbarung und menschliche Erfahrung sind nicht durch eine Kluft getrennt. Die Offenbarung ist nicht nur die Antwort auf das *desiderium naturale*; ihre Verheißungen können vielmehr durch die Erfahrungen des unvollkommenen menschlichen Glücks mit Inhalt gefüllt und in analoger Form vorweggenommen werden.

275 Für das Verhältnis von Glaube und Metaphysik liegt eine Folgerung auf

der Hand: Die natürliche Gotteserkenntnis im Sinne des Buches Lambda der Aristotelischen *Metaphysik* oder der Fünf Wege kann den Widerspruch der *condicio humana* nicht auflösen, denn sie ist, wenn sie überhaupt einen Bezug zur Glückseligkeit hat, dem unvollkommenen Glück der Aristotelischen Tugenden zuzuordnen. „Objekt der theologischen Tugenden ist Gott selbst, der das letzte Ziel der Dinge ist, so wie er die Erkenntnis unserer Vernunft übersteigt. Objekt der intellektuellen und moralischen Tugenden ist dagegen etwas, was mit der menschlichen Vernunft erfaßt werden kann." (S.th. I II 62,2) Thomas unterscheidet zwischen dem, was an sich (per se) und dem, was *per accidens* Objekt der Tugend des Glaubens ist. „Objekt des Glaubens an sich ist das, wodurch der Mensch glücklich wird" (S.th. I II 62,2); „an sich gehören zum Glauben die Inhalte, die uns direkt auf das ewige Leben hinordnen, z.B.: es sind drei Personen, die Allmacht Gottes, das Geheimnis der Inkarnation Christi" (S.th. II II 1,6 ad 1). Es sind vor allem zwei Schriftstellen, auf die Thomas sich in diesem Zusammenhang beruft: Hebr 11,6 „Wer zu Gott kommen will, der muß glauben, daß er ist und daß er denen, die ihn suchen, ihren Lohn geben wird" (S.th. II II 2,5) und 1 Kor 2,9 „Was kein Auge gesehen und kein Ohr gehört hat, was keinem Menschen in den Sinn gekommen ist: das Große, das Gott denen bereitet hat, die ihn lieben" (S.th. I II 62,3). Objekt an sich der Tugend des Glaubens ist also der Gott, welcher den Menschen, der ihn liebt und sucht, in einer Weise beschenken wird, die alles Begreifen des Menschen übersteigt. Objekt an sich ist also, um es in der Fachsprache der Theologie zu formulieren, die Lehre von der Gnade und die Soteriologie, die nur durch die Offenbarung erkannt werden können. Nur sie können den Widerspruch der *condicio humana* auflösen und dem menschlichen Leben und Handeln einen letzten, unanfechtbaren Sinn verleihen.

2. Das Verhältnis von Glaube (fides) und Liebe (caritas)

Spätestens seit Platons *Protagoras* wird in der antiken Ethik über die Einheit der Tugenden diskutiert. In der entsprechenden Quästion der *Prima Secundae* fragt Thomas, ob Glaube und Hoffnung ohne die Liebe und ob die Liebe ohne Glaube und Hoffnung sein können (S.th. I II 65,4 und 5). Es geht um das Problem, ob der Akt des Glaubens ausschließlich ein Akt der Vernunft ist oder ob er auch von anderen Vermögen bestimmt wird. In der Quästion der *Secunda Secundae* über die Tugend des Glaubens fragt Thomas, ob der Glaube die erste unter den Tugenden sei (S.th. II II 4,7). Er antwortet mit der Unterscheidung zwischen *per se* und *per accidens*. An sich sei der Glaube die erste unter allen Tugenden. *Per accidens* könne dagegen eine andere Tugend den Vorrang vor dem Glauben haben, und zwar deswegen, weil sie ein Hindernis für den Glauben beseitigen könne; so könne die Tapferkeit eine ungeordnete Furcht, die dem Glauben im Wege stehe, beseitigen, oder die Demut den Stolz, durch den der Intellekt sich weigere, sich der Wahrheit des Glaubens zu unterwerfen. Der Glaube, das wird hier deutlich, ist keine isolierte kognitive Einstellung; er ist vielmehr an andere Haltungen gebunden. Was uns hier jedoch eigentlich interessiert, ist die Begründung dafür, daß an sich gesehen der Glaube die erste unter allen Tugenden ist. Weil beim Handeln das Ziel das Prinzip ist, „so folgt notwendig, daß den theologischen Tugenden, deren Objekt das letzte Ziel ist, vor den anderen Tugenden der Vorrang zukommt. Das letzte Ziel muß aber früher im Intellekt als im Willen sein, weil der Wille sich nur so auf etwas richtet, wie es im Intellekt erfaßt ist. Weil aber das letzte Ziel im Willen durch die Hoffnung und die Liebe, im Intellekt aber durch den Glauben ist, ist der Glaube notwendig die erste unter allen Tugenden; denn die natürliche Erkenntnis kann Gott nicht erreichen, insofern er das Objekt der Glückseligkeit ist, so wie Hoffnung und Liebe sich auf ihn richten" (S.th. II II 4,7).

Der Glaube als ausschließlich intellektuelle Haltung hat lediglich eine vermittelnde Funktion. Die Tugend hat die Aufgabe, den Menschen auf sein höchstes Gut hinzuordnen. Das höchste Gut aber ist Objekt des Willens und nicht des Intellekts; der Intellekt muß es dem Willen vorstellen, aber nur der Wille kann es als höchstes Gut erstreben. Die Tugend, die ihn dazu befähigt, ist die Liebe (caritas); erst durch sie wird die Tugend des Glaubens vollendet, weil der Glaube nur durch sie sein Ziel erreichen kann. „Der Akt des Glaubens ist hingeordnet auf das Objekt des Willens, welches das Gute ist, als auf sein Ziel. Aber dieses Gut, welches das Ziel des Glaubens ist, das göttliche Gut, ist das der Liebe eigentümliche Objekt. Und deshalb wird die Liebe Form des Glaubens genannt, insofern durch die Liebe der Akt des Glaubens vollendet und geformt wird" (S.th. II II 4,3). Erst der durch die Liebe vollendete Glaube, die *fides formata*, ist eine Tugend, denn erst sie ist Ursprung des guten Handelns, indem sie es auf das letzte Ziel, die Gemeinschaft mit Gott, ausrichtet (S.th. II II 4,5; vgl. II II 23,7).

Dagegen ist der Glaube ohne die Liebe, die *fides informis*, keine Tugend. Die Tugend des Glaubens erfordert die Vollkommenheit zweier Vermögen: des Intellekts und des Willens; bei der *fides informis* ist zwar die erste, nicht jedoch die zweite gegeben. Thomas verdeutlicht das durch das Verhältnis zwischen ethischer Tugend (virtus moralis) und sittlicher Einsicht (prudentia). Wenn zwar, was unmöglich ist, im begehrenden Seelenvermögen die Tugend der Besonnenheit wäre, dagegen im vernünftigen Seelenvermögen nicht die Tugend der sittlichen Einsicht, dann wäre die Besonnenheit keine Tugend, denn zu einem Akt der Besonnenheit „ist ein Akt der Vernunft und ein Akt des Begehrungsvermögens erforderlich, so wie für einen Akt des Glaubens ein Akt des Willens und des Intellekts erforderlich ist" (S.th. II II 4,5). Eine Handlung ist erst dann eine Handlung der Besonnenheit, wenn wir einsehen, daß es richtig ist, so zu handeln, und wenn wir uns dafür entscheiden, so zu handeln, weil es richtig ist. Entsprechend ist ein Akt des Glaubens erst dann vollkommen oder ein Akt der Tugend, wenn der Wille sich auf den im Glauben, der *fides informis*, erkannten Gott als sein höchstes Gut und das letzte Ziel des Handelns richtet.

Die ethische Tugend und die Tugend des Glaubens umfassen beide die Vollkommenheit zweier Vermögen, und es ist zu fragen, wie weit diese Entsprechung reicht. Bei der ethischen Tugend besteht zwischen beiden Vollkommenheiten ein wechselseitiges Abhängigkeitsverhältnis. Es kann keine ethische Tugend ohne sittliche Einsicht geben, weil die ethische Tugend die Haltung ist, die zur richtigen Entscheidung befähigt und eine richtige Entscheidung ohne sittliche Einsicht nicht möglich ist. Umgekehrt kann es keine sittliche Einsicht ohne ethische Tugend geben, weil die ethische Tugend das Ziel vorgibt, von dem die sittliche Einsicht in ihrer Überlegung ausgeht (vgl. S.th. I II 65,1). Liegt eine entsprechende wechselseitige Abhängigkeit auch beim Glauben vor? Ist die Vollkommenheit des Intellekts abhängig von der Vollkommenheit des Willens und umgekehrt? Der Wille kann sich nur auf das richten, was der Intellekt erfaßt hat; seine Vollkommenheit ist also durch die des Intellekts bedingt. Aber ist auch die Vollkommenheit des Intellekts durch die des Willens bedingt? Die Formulierungen des Aquinaten geben darauf keine eindeutige Antwort. Die *fides informis* habe, wenn auch die Vollkommenheit des Willens fehle, die erforderliche Vollkommenheit von seiten des Intellekts. Danach liegt ein eindeutiges Fundierungsverhältnis vor; die Vollkommenheit des Intellekts ist nicht durch die des Willens bedingt. Aber Thomas formuliert das in einem vorsichtigen Konjunktiv: „mag der Akt der *fides informis* auch von seiten des Intellekts die erforderliche Vollkommenheit haben" (etsi *habeat* perfectionem debitam actus fidei informis ex parte intellectus / S.th. II II 4,5); er schließt die Möglichkeit nicht aus, aber er behauptet sie auch nicht. An einer anderen Stelle (S.th. I II 65,4) bezeichnet er die *fides informis* als „einen Anfang" (inchoationem quandam), und er vergleicht sie mit den ethischen Tugenden ohne sittliche Einsicht, die lediglich auf natürlicher Neigung oder auf Gewohnheit beruhen (vgl. S.th. I II 65,1); dieser Vergleich spricht dafür, daß beim Glauben die Vollkommenheit des Intellekts durch die des Willens bedingt ist. Ich lasse diese Frage zunächst offen, um bei der Analyse des Glaubensaktes auf sie zurückzukommen.

Thomas vergleicht die Hinordnung auf die übernatürliche Glückseligkeit durch Glaube und Liebe mit der Hinordnung auf das natürliche Ziel des Menschen (S.th. I II 62,3). Der Begriff, auf den es mir bei diesem Vergleich ankommt, ist der der natürlichen Neigung (inclinatio naturalis). Durch sie wird der Mensch auf sein natürliches Glück, die Aristotelische *eudaimonia*, hingerichtet. Die natürliche Neigung wird durch die Tugend vollendet. Für die Hinordnung auf das natürliche Ziel bedarf es deshalb der Tugend des Intellekts, welche den Menschen zur Erkenntnis der ersten allgemeinen Prinzipien befähigt, und es bedarf der Tugend des Willens, durch die dessen natürliche Neigung nach der Vernunfttätigkeit als seinem höchsten Gut vollendet wird. Thomas spricht dem Strebevermögen, das in der richtigen Verfassung ist, eine kognitive Funktion zu (vgl. Ricken 1998, 138–140). Durch die von der Tugend vollendete *inclinatio naturalis* des Willens wird die Vernunfttätigkeit als dessen höchstes Gut erfaßt. Die Reaktion des richtigen Willens auf die Tätigkeit des Intellekts zeigt, und nur sie kann es zeigen, daß diese Tätigkeit sein höchstes Gut ist. Thomas spricht vom naturgemäßen Ziel (*finis connaturalis*): Die Reaktion des richtigen Willens zeigt, daß die Tätigkeit des Intellekts das Ziel ist, in dem er aufgrund seiner Natur seine vollkommene Erfüllung findet.

Für die Hinordnung auf das übernatürliche Ziel brauchen beide Vermögen zusätzlich die theologischen Tugenden. Der Glaube ist der übernatürliche *intellectus principiorum*; er befähigt, die übernatürlichen Prinzipien, die Glaubensartikel, zu erfassen; die Tugend der Liebe bewirkt, daß was die Glaubensartikel vorstellen geliebt und ersehnt wird (S.th. I II 62,4 ad 3). Durch die *caritas* erfaßt der Wille das übernatürliche Ziel als *connaturalis*, als das Ziel, auf das er von seinem Wesen her ausgerichtet ist; er erfährt im Akt der Liebe seine Wesensverwandtschaft (conformitas) mit der in den Glaubensartikeln vorgestellten Sache. Thomas bedient sich hier der Sprache der Mystik: Die Liebe bewirkt eine Art geistlicher Vereinigung, durch welche der Wille gewissermaßen in jenes Ziel verwandelt wird (S.th. I II 62,3).

3. Ist die Glaubensbegründung zirkulär?

279 Die Ausführungen des Thomas über die Einheit der theologischen Tugenden verdienen ein sachliches Interesse, weil sie die Grenzen eines rein rationalen Verständnisses des religiösen Glaubens und damit den Unterschied zwischen religiösem Glauben und Metaphysik deutlich machen. Der religiöse Glaube ist eine Ausrichtung des gesamten Lebens, und als solche kann er sich nicht in einer ausschließlich rationalen oder intellektuellen Haltung erschöpfen; er muß ebenso Willen und Gefühl umfassen. Wenn Thomas nicht nur der Vernunft, sondern auch dem Willen und dem Gefühl eine kognitive Leistung zuspricht, so kann er sich dafür auf die Geschichte der christlichen Spiritualität berufen.

Die Grenzen der Rationalität, die Thomas dem religiösen Glauben zieht, werden noch deutlicher, wenn wir die Gründe betrachten, weshalb Glaube, Hoffnung und Liebe als *theologische* Tugenden bezeichnet werden. „Diese Prinzipien heißen *theologische* Tugenden einmal, weil sie Gott zum Objekt haben, insofern wir durch sie in der richtigen Weise auf Gott hingeordnet werden, dann weil sie uns von Gott allein eingegossen werden, und schließlich weil nur in der göttlichen Offenbarung, in der Heiligen Schrift, diese Tugenden überliefert sind" (S.th. I II 62,1). Die Aristotelischen Tugenden bauen auf der Natur auf; für sie haben wir eine natürliche Eignung; in elementarer Form sind sie uns von Natur aus gegeben. Dagegen sind, wie Thomas es formuliert, die theologischen Tugenden „vollständig von außen" (S.th. I II 63,1); im Unterschied zu den Aristotelischen Tugenden können sie nicht durch wiederholte Akte erworben, sondern nur durch das Wirken Gottes in uns verursacht werden (S.th. I II 63,2). Der Grund für diesen Extrinsezismus ist die Entsprechung zwischen Vermögen und Ziel: Die erworbenen Vollkommenheiten der natürlichen Vermögen können den Menschen nicht auf sein übernatürliches Ziel ausrichten. Dem Extrinsezismus des Glaubens als Tugend entspricht ein Extrinsezismus des Inhalts. Die Vernunft kann dem Menschen sein letztes Ziel nicht vorgeben, weil es alles menschliche Begreifen übersteigt. Aber auch das, was der Mensch durch die Vernunft von Gott erkennen kann, muß Inhalt der Offenbarung sein. Das ergibt sich für Thomas aus der praktischen Funktion des Glaubens. Die Erkenntnis Gottes durch die Vernunft ist nur wenigen möglich, zu ihr ist es ein langer Weg, der viel Zeit beansprucht, und sie ist mit vielen Irrtümern vermischt; sie kann deshalb das existentielle Gewicht, das der Ausrichtung auf das letzte Ziel zukommt, von der das gesamte Heil des Menschen abhängt, nicht tragen (S.th. I 1,1). „Damit es also bei den Menschen eine unbezweifelte und sichere Erkenntnis von Gott gäbe, war es notwendig, daß das Göttliche ihnen in der Form des Glaubens überliefert würde, gleichsam von Gott gesprochen, der nicht lügen kann" (S.th. II II 2,4). Der Verdacht des Fideismus, der sich hier erhebt, wird auch durch die Lehre von den *praeambula fidei*, wonach „der Glaube die natürliche [Gottes-]Erkenntnis voraussetzt, wie die Gnade die Natur und Vollkommenheit das, was vervollkommnet werden kann", und für die Thomas sich auf Röm 1,19 beruft (S.th. I 2,2 ad 1), nicht entkräftet. Sie kann nicht so verstanden werden, als sei die natürliche Erkenntnis Gottes notwendige Voraussetzung des Glaubens, denn auch für die Lehre von den *praeambula* gilt, was Thomas am Anfang der *Pars Prima* über die Mängel der natürlichen Gotteserkenntnis ausführt. Er betont deshalb, daß auch die *praeambula* von denen, welche die Gottesbeweise nicht verstehen, geglaubt werden müssen (S.th. I 2,2 ad 1; II II 1,5 ad 3), und das dürfte auf die meisten Glaubenden zutreffen. Thomas' Analyse des Glaubens scheint also in einen Zirkel zu führen: 280 Aus dem übernatürlichen Charakter des Ziels und den Grenzen und der

Schwäche der menschlichen Vernunft ergibt sich, daß der Mensch nur durch die Offenbarung das letzte Ziel seines Lebens und Handelns erkennen kann. Die Schwäche der menschlichen Vernunft kann nur dadurch überwunden werden, daß der Mensch sich auf die Autorität Gottes verläßt, der sich und andere nicht täuschen kann. Der Glaube stimmt einem Satz nur deshalb zu, weil er von Gott offenbart ist (S.th. I 1,1). Aber daß etwas von Gott offenbart ist, ist ebenso wie die Existenz des offenbarenden Gottes wiederum Gegenstand des Glaubens. Wir können von einer Autonomie des religiösen Glaubens sprechen. Die theologische Wissenschaft ist Weisheit im Sinn der Aristotelischen *Metaphysik*, das heißt Wissenschaft von den obersten Ursachen und Gründen (S.th. I 1,6; vgl. Aristoteles, Metaph. I 1); als solche kann sie keine Wissenschaft über sich haben, die ihre Prinzipien beweist; folglich kann die Philosophie die Glaubensartikel nicht begründen. Was bleibt, ist eine interne Rationalität des Glaubens, deren Kriterien im Folgenden dargestellt werden sollen. Sind sie stark genug, um den Anspruch der Offenbarung zu rechtfertigen?

4. Interne und externe Rationalität des Glaubens

281   Zwischen der menschlichen Vernunft und dem Willen zu glauben, so unterscheidet Thomas (S.th. II II 2,10), ist ein zweifaches Verhältnis denkbar. Die Vernunft kann dem Willen zum Glauben vorausgehen: Jemand ist nur bereit zu glauben, wenn die Vernunft ihm dafür die entsprechenden Gründe gibt. Auf diese Weise vermindert die Vernunft das Verdienst des Glaubens. Thomas vergleicht einen solchen Glauben mit einer Handlung, die zwar sittlich richtig, aber durch eine Leidenschaft und nicht durch das Urteil der Vernunft motiviert ist. Wie das sittlich Richtige um seiner selbst willen zu tun ist, so muß der Mensch wegen der Autorität Gottes und nicht wegen der menschlichen Vernunft glauben. Die Vernunft kann dem Willen zu glauben aber auch nachfolgen. Weil der Mensch die auf die Autorität Gottes hin geglaubte Wahrheit liebt, denkt er über diese nach und sucht nach Gründen für sie. Eine solche Begründung widerspricht dem Glauben nicht, sondern sie vermehrt sein Verdienst. Thomas zitiert Joh 4,42, wo die Samariter zu der Frau vom Jakobsbrunnen sagen: „Nicht mehr aufgrund deiner Aussage glauben wir". Wenn wir diesem Zitat sein volles Gewicht geben (die Samariter sagen: Wir „wissen": Er ist der Retter der Welt), dann kann die Reflexion des Glaubens, auf den der Mensch sich zunächst ohne Gründe, sondern einzig aufgrund der Autorität der Tradition eingelassen hat, zu einer Einsicht führen, welche den Anspruch, hier handle es sich um eine Offenbarung, bestätigt. Aber das ist, wie Thomas betont, an willensmäßige Voraussetzungen gebunden: den Willen zu glauben und die Liebe, welche die geglaubte Wahrheit „umfängt" und nach Gründen für sie sucht.

Ich nenne einige Rationalitätskriterien für eine solche Reflexion auf den Glauben; sie finden sich vor allem in der ersten Quästion der *Prima Pars*, die fragt, ob und in welchem Sinn die Theologie eine Wissenschaft ist. Die Theologie kann sich der Philosophie bedienen, um ihre eigenen Inhalte zu verdeutlichen und zu entfalten (S.th. I 1,5 ad 2). Sie bedient sich zum Beispiel der Ontologie in der Schöpfungslehre, der Trinitätslehre oder der Christologie. Damit wird der Glaube nicht auf Ontologie oder Metaphysik reduziert; die Glaubensinhalte werden nicht durch die Ontologie bewiesen. Die Begriffe der Ontologie sind vielmehr ein Hilfsmittel, um die Glaubensartikel zu interpretieren, oder, wie Thomas es formuliert, von dem, was durch die natürliche Vernunft erkannt wird, leichter zu dem hinzuführen, was über der Vernunft ist. Die Brauchbarkeit philosophischer Begriffe und Thesen bemißt sich an diesem Ziel. Die Theologie kann philosophisch argumentieren (S.th. I 1,8 ad 2), aber diese Argumente beweisen den Glauben nicht. Als philosophische Argumente gehen sie nicht von den obersten Prinzipien der Theologie, den Glaubensartikeln, aus, und deshalb sagt Thomas, sie seien der Theologie „äußerlich". Vom Glauben und der Theologie aus gesehen handelt es sich lediglich um Wahrscheinlichkeitsargumente; ob sie gültig sind oder nicht, ist für die Glaubenszustimmung ohne Folgen. Sie haben die Aufgabe, den Glaubensinhalt durch Analogien zu verdeutlichen, und sie dienen so, im Sinne der patristischen Apologetik, der Vorbereitung auf das Evangelium.

Die Vernunft kann einen Zusammenhang zwischen den Glaubensinhalten herstellen. Thomas erläutert die Bedeutung des Wortes ‚Glaubens*artikel*' durch den Vergleich mit den Gliedern eines Körpers, die aufeinander abgestimmt sind (S.th. II II 1,6). Die Vernunft kann versuchen, den Zusammenhang zwischen den Artikeln und damit den Glauben als Ganzes zu sehen. Sie kann aus den Glaubensartikeln wie aus den Prinzipien einer Wissenschaft Folgerungen ziehen (S.th. I 1,8). In umgekehrter Richtung kann sie, von den einzelnen Glaubensinhalten ausgehend, fragen, in welcher Beziehung sie zu den Wahrheiten stehen, die an sich und im eigentlichen Sinn Objekt des Glaubens sind, und das sind die Wahrheiten, welche den Menschen auf sein übernatürliches Ziel hinordnen (Vgl. S.th. II II 1,6 ad 1; II II 2,5); sie kann also eine Hierarchie der Wahrheiten aufstellen.

Vernunft und Philosophie können den Glauben nicht beweisen; in welchem Sinn können und müssen sie ihn verteidigen, d.h. inwieweit kommt dem Glauben außer der internen auch eine externe Rationalität zu? Thomas nennt einmal den Fall, wo die Gegner gewisse Glaubensüberzeugungen miteinander teilen, und er hält hier eine Art transzendentaler Argumentation im Sinne des vierten Buchs der *Metaphysik* für möglich (S.th. I 1,8): Das Gespräch muß klären, was mit den jeweils geteilten Überzeugungen bereits alles vorausgesetzt wird. Wo es keinerlei gemeinsame glaubensmäßige Grundlage gibt, kann es nur darum gehen, die Einwände gegen den Glauben zu widerlegen (S.th. I 1,8) und zu zeigen, daß was zu glauben vorgelegt wird nicht unmöglich ist (S.th. II II 1,6 ad 2). Glaube und Wissenschaft dürfen einander nicht widersprechen (S.th. I 1,6 ad 2). Die philosophische Reflexion hat daher die Aufgabe, den Unterschied zwischen einer religiösen und einer naturwissenschaftlichen Sicht der Welt herauszuarbeiten und die Grenzen, welche der Naturwissenschaft von ihrer Fragestellung und Methode her gesetzt sind, aufzuzeigen; sie hätte, was Thomas voraussetzt, zu zeigen, daß die Sprache der Religion sich nicht auf die der Metaphysik oder der Naturwissenschaft reduzieren läßt.

5. [Dem] Gott glauben, [den] Gott glauben, an Gott glauben

283 Daß diese Rationalitätskriterien das existentielle Gewicht, welches der Glaube für das Leben des Menschen hat, nicht tragen können, liegt auf der Hand; wir müssen deshalb fragen, wem, wenn es die Gründe nicht sind, der Glaube als Akt und als Haltung seine Festigkeit verdankt. Der eine Akt des Glaubens ist für Thomas zugleich ein Akt des Intellekts und des Willens; folglich ist die Tugend des Glaubens ein Habitus beider Vermögen (S.th. II II 4,2). Kennzeichnend für Thomas' Analyse ist, daß er die intellektuelle Unvollkommenheit des Glaubensaktes betont. Das *eine* Objekt des Glaubens, so führt er in seiner Interpretation der Augustinischen Formel ‚[dem] Gott glauben, [den] Gott glauben, an Gott glauben' (credere Deo, credere Deum, credere in Deum) aus (S.th. II II 2,2), kann unter dreifacher Rücksicht betrachtet werden. Eine erste Unterscheidung ergibt sich daraus, daß es Objekt des Intellekts und Objekt des Willens ist. Beim Objekt des Intellekts ist wiederum zu unterscheiden zwischen dem Materialobjekt, dem geglaubten Inhalt, und dem Formalobjekt, dem Grund, weshalb dieser Inhalt geglaubt wird, und das ist die Tatsache, daß er von Gott, der ersten Wahrheit (veritas prima*)*, offenbart wurde; man kann *Aussagen über Gott* (credere Deum) nur in der Weise glauben, daß man *Gott* glaubt (credere Deo/S.th. II II 1,1).

Wo Thomas von der intellektuellen Unvollkommenheit des Glaubensaktes spricht, unterscheidet er nicht zwischen dem Material- und dem Formalobjekt. Mit der Meinung hat der Glaube gemeinsam, daß der Intellekt von seinem Objekt nicht hinreichend zum Akt der Zustimmung bewegt wird; vielmehr muß der Wille sich für einen der beiden Wahrheitswerte entscheiden (S.th. II II 1,4; II II 2,1 ad 1). Daß das Materialobjekt nicht hinreicht, um den Intellekt zur Zustimmung zu bestimmen, wurde oben bei der Auflistung der Rationalitätskriterien deutlich. Wie steht es um das Formalobjekt: Welche Gründe hat der Glaubende, und wie stark sind sie, anzunehmen, daß die Glaubensartikel von Gott offenbart sind? Thomas nennt die Autorität derer, denen die Offenbarung zuteil wurde (S.th. II II 1,4; II II 2,1 ad 1), und wenn wir nach Kriterien für diese Autorität fragen, so werden wir auf Wunder und die Überzeugungskraft der Verkündigung verwiesen (S.th. II II 2,9 ad 3; II II 6,1); die Tatsache der Offenbarung muß also aus der Geschichte erkannt werden. Auch diese Gründe reichen nicht aus, den Intellekt zur Zustimmung zu bewegen; der Glaubende hat also kein Wissen, daß der Glaubensinhalt von Gott offenbart ist; das Formalobjekt teilt die Unvollkommenheit des Materialobjekts. „Von denen, die ein und dasselbe Wunder sehen und dieselbe Predigt hören, glauben die einen, und die anderen glauben nicht" (S.th. II II 6,1).

Die intellektuelle Unvollkommenheit teilt der Glaube mit der Meinung; sie unterscheiden sich durch die Festigkeit der Zustimmung; die Meinung ist mit dem Zweifel und der Furcht, das Kontradiktorium könne wahr sein, verbunden, wogegen der Glaube sich durch seine Sicherheit auszeichnet (S.th. II II 1,4). Aber was ist die Ursache dieser Sicherheit? Sie ergibt sich aus einer Entscheidung des Willens, der dem Intellekt die Zustimmung befiehlt. Die Formel *credere in Deum* beschreibt das Objekt des Glaubens, insofern es den Willen zu diesem Akt bewegt. Der Wille liebt den offenbarenden Gott, der als *veritas prima* Garant für die Wahrheit des Offenbarten ist (S.th. II II 2,2). Die theologische Tugend der *caritas* vollendet die natürliche Neigung des Willens (S.th. I 1,8 ad 2), die auf die Erkenntnis der ersten Ursache als auf sein höchstes Gut gerichtet ist. Was dem Akt des Intellekts fehlt, wird ergänzt durch den Akt des Willens, der die anfanghafte und unvollkommene Erkenntnis des Glaubens ergreift, weil sie seinem *desiderium naturale* entspricht; in diesem Sinn spricht Thomas von einem „inneren Instinkt des einladenden Gottes" (S.th. II II 2,9 ad 3).

IV. Religiöser Glaube und Metaphysik

Ich fasse meine Thomas-Interpretation in drei Thesen zusammen: 284
1. Die theologische Tugend des Glaubens ordnet den Menschen auf das letzte Ziel seines Handelns hin; die Religionsphilosophie hat also ihren Ort in der praktischen Philosophie. Religion ist nicht Metaphysik in dem Sinn, daß sie nach der letzten Ursache des Kosmos fragt. Die Artikel des Glaubensbekenntnisses sind als ein Ganzes zu lesen; die Schöpfungslehre darf nicht von der Soteriologie getrennt werden.
2. Im Unterschied zur Metaphysik ist der religiöse Glaube kein ausschließlich intellektuelles oder rationales Phänomen; er enthält als wesentliches Element die Liebe. Thomas spricht ihr in seiner Lehre von der *connaturalitas* eine kognitive Funktion zu und entgeht damit dem Dilemma zwischen einer rein intellektualistischen und einer voluntaristisch-dezisionistischen Analyse des Glaubens.

3. Der religiöse Glaube ist autonom. Er setzt nicht die Metaphysik als seine Grundlegung voraus, was einen internen Gebrauch der Metaphysik zur Entfaltung der Glaubensartikel nicht ausschließt. Die Autonomie des religiösen Glaubens zeigt sich auch darin, daß das Phänomen des religiösen Glaubens, wie der Begriff der theologischen Tugenden zeigt, nur in der Sprache der Religion oder Theologie beschrieben werden kann. Die Zuordnung des religiösen Glaubens zu den beiden Vermögen Intellekt und Wille ist nur eine Annäherung an, aber keine Beschreibung des Phänomens. Wir benötigen zur Beschreibung des Phänomens die religiöse Sprache, und die Beschreibung in dieser Sprache zeigt, daß das Phänomen des religiösen Glaubens nicht erklärt werden kann.

Literatur:

Seckler 1961
Penelhum 1977
Ricken 1991
Jenkins 1997
Berchtold 2000

L. Glaube, der nach Einsicht sucht: Augustinus

I. Der Text

1. Die *Confessiones* religionsphilosophisch gelesen

Über die *Confessiones* des Augustinus (354–430) könnte man den Titel
setzen, den Anselm von Canterbury ursprünglich für seine dann *Proslo-
gion* genannte Schrift vorgesehen hatte: *fides quaerens intellectum*
‚Glaube der nach Einsicht sucht‘. Man kann oft lesen, die *Confessiones*
schilderten die Bekehrung des heiligen Augustinus. Das ist in einem Sinn
richtig, in einem anderen nicht, und diese Unterscheidung führt in die religionsphilosophische Bedeutung der *Confessiones* und der Anselmschen
Formel. Augustinus war von seiner Kindheit an mit dem christlichen
Glauben vertraut, wenn er auch nicht getauft war. Die *Confessiones* schildern also keine Bekehrung in dem Sinn, daß er mit dem christlichen
Glauben bekannt wird und sich für ihn entscheidet. Ein Maßstab, den er
an jede Lehre anlegt, der er auf seinem Weg begegnet, ist, ob er dort den
„Namen Christi" (Conf. 3,4,8; 5,14,25) findet. Was Augustinus beschreibt
ist der Prozeß des Verstehens dieses seit der Kindheit vertrauten Glaubens
und das Ringen um die Entscheidung für den intellektuell eingesehenen
Glauben. Die *Confessiones* beschreiben die Hindernisse, welche dieser
persönlichen Aneignung im Weg stehen. Sie beschreiben die Entfaltung
einer in der Kindheit erfaßten Intuition, aber diese Entfaltung ist kein
linearer Vorgang; vielmehr kommt der Glaube über eine Fülle von Miß-
verständnissen, welche den Zugang zu ihm versperren, zum Verstehen
seiner selbst. „Hier vermag ein Mensch das, dessen er zutiefst inne ist,
nicht in sein offenes Denken aufzunehmen, weil dieses die Vorstellungen
nicht liefert, die dazu nötig sind, bzw. Vorstellungen enthält, die es verhindern. Hindernd sind sie aber deshalb, weil sich hinter ihnen ein Wille
verschanzt, der sich weigert, jene Folgerungen zu ziehen" (Guardini 1989,
144). Der Weg zu einem intellektuell verantworteten und persönlich
angeeigneten Glauben ist insofern kontingent, als er durch viele äußere
biographische Zufälligkeiten bedingt ist. Ein Glaube läßt sich nicht wie
eine mathematische Wahrheit andemonstrieren; er kann von der eigenen
Biographie nicht getrennt werden; er ist an die persönliche Lebenserfahrung gebunden und in diesem Sinn ein individueller Glaube. Die Religionsphilosophie kann einen solchen persönlichen Weg immer nur unter
allgemeinen Gesichtspunkten betrachten. Sie fragt nach der Art der Hindernisse, die sich der Entfaltung der Intuition entgegenstellen, sie fragt
nach den Mitteln, auf welche der Glaube angewiesen ist, um zur Einsicht
zu kommen; sie liest die *Confessiones* als eine auf die Zeitachse projizierte

Analyse des Glaubens, die in der Form einer autobiographischen Erzählung die für diesen wesentlichen Elemente entfaltet.

286 Der Weg zum Glauben und zu Gott ist für Augustinus der Weg zu sich selbst. Die *Confessiones* schauen vom Ziel her auf den Weg zurück. Deshalb ist der autobiographische Bericht ein Gebet.

Nachdem er den Bericht von seiner ‚Bekehrung‘ abgeschlossen hat, fragt Augustinus am Anfang des zehnten Buches, weshalb er die *Confessiones* schreibt. Der Abgrund des menschlichen Gewissens liegt vor Gott offen; Gott ist auf das Bekenntnis des Menschen nicht angewiesen. Aber wenn der Mensch nicht bekennt, wendet er sich von Gott ab, nicht Gott von ihm. „Aber nun, da doch mein Seufzen Zeugnis gibt, daß ich mir mißfalle, nun erstrahlst Du, und auf Dich geht Gefallen, Liebe, Verlangen" (Conf. 10,2,2). Das Bekenntnis ist Begegnung mit Gott; die Reflexion über sich selbst versetzt ihn in die Gegenwart Gottes. Aber warum beläßt er es nicht bei dem Bekenntnis des Herzens vor dem Angesicht Gottes, warum teilt er diese persönlichen Dinge den Menschen mit, die neugierig sind, das Leben anderer kennenzulernen, aber träge, ihr eigenes zu bessern (Conf. 10,3,3)? Die *Confessiones* argumentieren nicht; sie wollen nicht etwas beweisen, sondern etwas zeigen. Sie wollen sehen lehren; sie wollen zu dem Bewußtsein hinführen, aus dem heraus sie geschrieben sind; der Leser soll wie Augustinus sein Leben in der Gegenwart Gottes sehen; der Blick auf sich selbst soll zu einem Blick auf Gott werden. Das Bekenntnis des Augustinus, „wenn man es liest und hört, rüttelt das Herz auf, damit es nicht, in den Schlaf der Verzweiflung sinkend, sein ‚Ich kann nicht‘ sagt, sondern aufwache unter der Liebe Deiner Erbarmung, dem Trost Deiner Gnade, durch die zur Kraft kommt jeder Schwache, der sich an ihr seiner Schwäche bewußt wird" (Conf. 10,3,4). „Die dreizehn Bücher meiner *Confessiones*", so schreibt Augustinus wenige Jahre vor seinem Tod rückblickend in den *Retractationes* (2,32,1), „loben über mein Schlechtes und Gutes den gerechten und guten Gott, und sie erheben den menschlichen Intellekt und Affekt zu ihm; einstweilen haben sie, was mich betrifft, diese Wirkung auf mich gehabt, als sie geschrieben wurden, und haben sie, wenn sie gelesen werden. Was andere über sie denken, mögen sie selbst sehen; ich weiß jedoch, daß sie vielen Brüdern sehr gefallen haben und gefallen." Die *Confessiones* sind das Werk des Rhetors und Predigers, der sich an den Affekt wendet, aber durch den Affekt soll der Intellekt erreicht werden. Augustinus schreibt für Leser, die mit ihm in einer inneren Einheit verbunden sind. Er betont, wie sehr er, da er über persönlichste Dinge spricht, auf die Achtung, die Empfindsamkeit und das Einfühlungsvermögen seiner Leser angewiesen ist. Das Buch kann sein Ziel nur erreichen, wenn sie davon ausgehen, daß Augustinus aufrichtig und ehrlich ist. „Ich kann ihnen nicht beweisen, daß ich Wahres bekenne; aber die werden mir glauben, deren Ohr die Liebe mir öffnet" (Conf. 10,3,3).

2. Kontroversen

Die *Confessiones* umfassen dreizehn Bücher. In den *Retractationes* (2, 287
32,1) schreibt Augustinus: „Vom ersten bis zum zehnten Buch handeln sie
über mich, in den drei übrigen über die Heilige Schrift von dort an, wo es
heißt: *Am Anfang schuf Gott Himmel und Erde* bis zur Sabbatruhe [Gen
2,3]". Buch 11 enthält die berühmte Abhandlung über die Zeit. Wie die
Bücher 11 bis 13 mit den Büchern 1 bis 10 zusammenhängen, ist umstritten. Eine einleuchtende Lösung schlägt O`Donnell (1992, Bd. 1, XL) vor:
Durch die *Confessiones* ziehen sich zwei Stränge oder Wege zu Gott: der
philosophische, neuplatonische und der biblische Weg. Die Exegese in
Buch XI–XIII zeige die Verbindung des intellektuellen mit dem exegeti-
schen, des platonischen und des christlichen Weges zu Gott.

Eine anderer Streitpunkt ist die autobiographische Glaubwürdigkeit der in 288
den *Confessiones* beschriebenen ‚Bekehrung'. Um zu verstehen, worum
es hier geht, sind zunächst einige Daten zu nennen. Das in Conf. 8,12
beschriebene Bekehrungserlebnis fällt in den Sommer 386. Im Herbst ging
Augustinus mit seiner Mutter, seinem Sohn und einigen Freunden auf das
Landgut Cassiciacum (Conf. 9,3,5; 9,4,7), wo er unter anderen die
Schriften *Contra Academicos* und *De beata vita* verfaßte. Am Karsamstag
387 wurde er in Mailand von Ambrosius getauft (Conf. 9,6,14). 388
kehrte Augustinus nach Afrika zurück, 395 wurde er zum Bischof von
Hippo geweiht und zwischen 397 und 401 entstanden die *Confessiones*.
Die Frühschriften enthalten zwei Bekehrungsberichte, die mit Conf. 8,12
nicht übereinstimmen (beata v. 1.4; c.acad. 2.2.3–6). Nach dem Bericht
der *Confessiones* ist der entscheidende Anstoß Röm 13,13f., nach den früheren Berichten ist es die Begegnung mit der neuplatonischen Philosophie. Folgt daraus, daß Augustinus sich 386 nicht zum Christentum, sondern zum Platonismus bekehrt hat? „Besonders die *Confessiones*-Studie
von P. Courcelle (²1968) hat darin zu einem Forschungskonsens geführt,
daß christliche Momente von Anfang an prägend gewesen sind. Christliche und neuplatonische Elemente verbinden sich keineswegs zu einer
beliebigen Synthese; den Leitfaden bildet vielmehr Augustins Interesse an
einer philosophischen Rekonstruktion des Christentums. Das entscheidende Moment der Konversion liegt zwar in der Platonikerlektüre; dies aber
gerade deshalb, weil die philosophischen Vorzüge des Neuplatonismus die
kirchliche Lehre vom Anschein der Unhaltbarkeit befreiten" (Horn 1995,
27).

II. Was ist früher: Gott zu erkennen oder ihn anzurufen?

Die *Confessiones* beginnen mit zwei Psalmversen: „Groß bist Du Herr 289
und hoch zu loben" (Ps 145,3), „groß ist Deine Kraft und Deine Weisheit

unermeßlich" (Ps 147,5), und der gesamte Text ist mit Zitaten aus den und Anspielungen auf die Psalmen durchsetzt (vgl. Knauer 1955). Im neunten Buch schildert Augustinus seine erste Begegnung mit den Psalmen in der Stille von Cassiciacum. „Wie habe ich, mein Gott, zu Dir gerufen, als ich die Psalmen Davids las, Lieder des Vertrauens, fromme Weisen, die jeden Hochmut ausschließen" (Conf. 9,4,8). Der Text der Psalmen weckt in Augustinus den religiösen Grundakt des Glaubens und Vertrauens. Sie sprechen etwas in ihm an; Augustinus findet sich in den Psalmen wieder; sie drücken aus, was in seinem Tiefsten lebendig ist. Was er in ihnen liest, findet er in seinem Inneren bestätigt. Wenn er sie liest, erfährt er an sich selbst, was er durch seine Bekenntnisse bewirken will: daß sie „das Herz aufrütteln, damit es nicht, in den Schlaf der Verzweiflung sinkend, sein ,Ich kann nicht' sagt, sondern aufwache unter der Liebe Deiner Erbarmung, dem Trost Deiner Gnade durch die zur Kraft kommt jeder Schwache, der sich an ihr seiner Schwäche bewußt wird" (Conf. 10,3,4). „Wie rief ich auf zu Dir mit diesen Psalmen, wie entflammte ich an ihnen für Dich". Er berichtet, was ihm geschah, als er den vierten Psalm las. „,Da ich Dich anrief, erhörtest Du mich, Gott meiner Gerechtigkeit; in der Drangsal hast Du mir Raum geschaffen. Erbarme Dich meiner Herr, und erhöre mein Gebet.'" Die Stelle drückte den „vertrauten Affekt meines Herzens" aus. „Ich schauerte in Furcht, und an den gleichen Worten erglühte ich in Hoffnung und Frohlocken über Deine Erbarmung, Vater". „,Wer zeigt uns das Glück? [...]. Eingeprägt ist in uns Dein lichtes Angesicht, Herr.'" Drinnen, „wo ich zerknirscht war [...] dort hattest Du angefangen, mir köstlich zu sein, ,und Du hattest Freude in mein Herz gegossen'. Und ich stieß einen Schrei aus, als ich das alles außen las und innen erkannte". „Ich las und entbrannte" (Conf. 9,4,8–11).

290 Dem Lobpreis auf Gottes Macht und Weisheit folgt der Blick auf den Menschen, „irgendein Teil Deiner Schöpfung", auf seine Sterblichkeit, die Zeugnis seiner Sünde und des Gerichtes Gottes über seinen Stolz ist. Augustinus läßt eine Spannung deutlich werden: Trotz Sünde, Stolz und Tod will der Mensch Gott preisen. Er freut sich am Lob, weil er in ihm in der Form eines Affekts das Ziel seines Daseins erfährt; das Lob ist Ausdruck dieses Affekts, und es weckt diesen Affekt. „Du selber reizest an, daß Dich zu preisen Freude ist; denn geschaffen hast Du uns zu Dir, und ruhelos ist unser Herz, bis daß es seine Ruhe hat in Dir" (Conf. 1,1,1). Damit sind die Erfahrungen genannt, um welche die *Confessiones* kreisen: der Mensch in der Unendlichkeit des Kosmos, Tod, Sünde, Stolz, Gewissen, Sehnsucht nach Ruhe und Glück.

291 Augustinus richtet an sich als Beter der Psalmen die Frage ,Was ist früher: Gott zu wissen oder ihn anzurufen?' Die Antwort scheint klar zu sein: Wenn ich mich an jemand wende, muß ich wissen, daß er existiert, und ich muß wissen, wer er ist. Aber weiß der Beter der Psalmen unabhängig

von seinem Gebet, daß Gott existiert und wer Gott ist? Er glaubt an Gott, aber lebt dieser Glaube unabhängig von seinem Gebet? Augustinus formuliert seine Frage als Gebet, und darin liegt eine Antwort. „Laß mich Herr wissen und erkennen, was früher sei". Die *Confessiones* sind in der Form des Gebetes geschrieben; das Gebet ist der unüberschreitbare Horizont, innerhalb dessen jede Reflexion sich vollzieht und jede Frage überhaupt erst gestellt werden kann. Augustinus erwägt beide Möglichkeiten: „Aber wer riefe Dich an, ohne von Dir zu wissen?" „Oder ruft man zu Dir, auf daß man Dich wisse?", und für beide werden Gründe angeführt. Die Frage, was früher ist, kann nicht entschieden werden, weil eine falsche Alternative formuliert. Der Beter der Psalmen glaubt an Gott, aber der Gott, an den er glaubt, ist der Gott, den er im Gebet sucht. „Ich will Dich suchen Herr mit meinem Rufen, und ich will Dich rufen, indem ich an Dich glaube". Der Glaube ist geschenkt durch die Menschwerdung Gottes und die Predigt. Aber dieser Glaube ist immer ein rufender, betender, suchender Glaube: „Es ruft Dich Herr mein Glaube" (Conf. 1,1,1). Das Ende der *Confessiones* spricht von der Ruhe Gottes am siebten Tag der Schöpfung, nach welcher der Mensch sich sehnt, und das Letzte ist nicht die Erkenntnis oder die Gewißheit, sondern das suchende Gebet: „Du aber, Gut, das keines Gutes bedarf, bist immer ruhevoll, denn Du bist Deine Ruhe selber. Und das zu begreifen, welcher von den Menschen wird es dem Menschen geben? [...] Von Dir soll man es erbitten, in Dir es suchen, bei Dir darum anklopfen: so, ja so wird man empfangen, so wird man finden, so wird aufgetan werden" (Conf. 13,38,53).

Die Reflexion auf das Gebet führt zu einer ontologischen Spekulation 292 über die Immanenz und Transzendenz Gottes. Wenn ich Gott anrufe, will ich ihm begegnen; wenn ich ihn rufe, rufe ich ihn in mich herein. Wohin in mir soll Gott kommen, der Himmel und Erde gemacht hat und den Himmel und Erde nicht fassen können? Oder ist es so, daß alles, was ist, Gott faßt, weil es ohne Gott nicht wäre? „Nun aber bin auch ich, was bitte ich also noch, daß Du in mich kommst, der ich nicht wäre, wenn Du nicht in mir wärest? [...] Oder vielmehr, wäre ich nicht, wenn ich nicht in Dir wäre, ‚aus dem alles, in dem alles, durch den alles' [Röm 11,36]? Auch so ist es, Herr, auch so [...] Wohin sollte ich auswandern hinaus über Himmel und Erde, daß von dort in mich käme mein Gott, der gesagt hat: ‚Himmel und Erde erfülle Ich' [Jer 23,24]?" (Conf. 1,2,2).

Die literarische Form des Textes zeigt die sachliche Spannung. Es geht um abstrakte ontologische Wahrheiten, aber sie werden durch Bibelzitate ausgedrückt. Die ontologischen Überlegungen zeigen die Beziehung des Menschen zu Gott, ohne den Unterschied zwischen Mensch und Gott aufzuheben. Gott ist im Menschen, insofern er die Ursache dafür ist, daß der Mensch ist; der Mensch ist, wie es das Zitat aus Röm 11 ausdrückt, aus ihm und durch ihn. Der Mensch ist in Gott, insofern Gott allgegenwärtig ist. Augustinus zitiert Jer 23, und er spielt an auf Ps 139,8 „Steige ich hinauf in den Himmel, so bist du dort; bette ich mich in der Unterwelt, bist du zugegen". Die ontologischen Aussagen sind abstrakt. Lassen wir die Frage offen, ob und mit welchen Methoden sie sich beweisen lassen; in jedem Fall sind sie weit entfernt vom Denken und Leben der Menschen. Sie erhalten einen anderen Klang im Mund des Jeremia, des Psalmisten und des Paulus. Hier sind sie mit Leben gefüllt; sie sind Ausdruck einer Erfahrung. Die abstrakten Wahrheiten können Ausgangspunkt eines Weges sein, dessen Ziel die Erfahrung eines Jeremia oder Paulus ist. Die *Confessiones* schildern diesen Weg, und ihr Anfang zeigt den Ausgangspunkt und das Ziel. Was ist erforderlich, damit der Mensch diesen Weg gehen kann?

293 Im zehnten Buch fragt Augustinus, wo er Gott gefunden hat, als er ihn kennenlernte. Gott ist an keinem Ort, und trotzdem nähern wir uns ihm oder entfernen uns von ihm. Die Wahrheit ist überall, und sie antwortet allen, die nach ihr fragen, und sie antwortet auf alle Fragen, welche die Menschen stellen. Aber es genügt nicht, daß sie antwortet, sondern die Menschen müssen ihre Antwort auch hören wollen. Die Menschen dürfen alles fragen, was sie wissen wollen, aber die Antwort richtet sich nicht nach dem, was sie hören wollen, sondern danach, was wahr ist. „Alle fragen Dich, was sie wissen wollen, aber nicht immer hören sie, was sie hören wollen" (Conf. 10,26,37). Wer nur hören will, was er selber will, kann den Weg nicht gehen; gehen kann ihn nur, wer will, was er von Gott hört. Die Allgegenwart Gottes genügt nicht, um ihm zu begegnen; er kann bei uns sein, ohne daß wir bei ihm sind. „Du warst bei mir, ich war nicht bei Dir." Aber wie kommen wir zu ihm, wenn seine Allgegenwart nicht genügt, um bei ihm zu sein? Am Anfang der *Confessiones* heißt es, daß Gott selbst den Menschen „reizt", ihn zu loben. Das zehnte Buch gebraucht eine Reihe starker Metaphern: „Du hast gerufen und geschrien und meine Taubheit zerrissen; Du hast geblitzt, geleuchtet und meine Blindheit verscheucht, hast geduftet, und ich atmete ein und jetzt lechze ich nach Dir; ich habe gekostet, nun hungere ich und dürste; Du hast mich berührt, und ich bin nach Deinem Frieden entbrannt" (Conf. 10,27,38).

294 Psalm 139,7 fragt: Wohin könnte ich „mich vor Deinem Angesicht flüchten?" Augustinus hält diese Flucht für möglich und nicht für möglich. „Ja, das gelingt ihrer Flucht, Dich nicht mehr zu sehen, der Du sie siehst, und blind geworden geraten sie doch an Dich, denn nichts, was Du geschaffen hast, gibst Du auf". Diese Flucht vor Gott ist eine Flucht vor der Wirklichkeit, vor der grundlegenden Beziehung, in welcher der Mensch steht, und damit vor sich selbst. „Du allein bist auch in denen zugegen, die weit weg sind von Dir". Augustinus bekennt von sich selbst: „Du standest doch vor mir; ich aber war auch von mir hinweggegangen und fand nicht einmal mich, geschweige Dich". Woher weiß der Mensch, der in dieser

Weise vor Gott geflohen ist, von dessen Gegenwart? Augustinus spricht von einer Erfahrung der Schuld: blind geraten sie „an Dich als Ungerechte und leiden ihre gerechte Pein". Die Flucht ist eine Entfremdung des Menschen von seinem eigenen Herz; sie nimmt dem Menschen die Lebenskraft; aber das erfährt der Mensch in einem vollen Sinn erst in der Umkehr. „Sie sollen umkehren, und siehe, in ihrem Herzen bist Du da, bist denen im Herzen, die sich Dir bekennen, Dir in die Arme werfen [...] Du, Herr, der sie erschaffen, schaffst ihnen neu das Leben und den Mut" (Conf. 5,2,2). Der Weg der *Confessiones* ist der Weg des Augustinus zu sich selbst; er findet die Gegenwart Gottes in seinem Bewußtsein, und das Bewußtsein der Gegenwart Gottes drückt sich aus in der literarischen Form, welche er für die *Confessiones* wählt, der Form des Gebets. „Und siehe, Du warst innen und ich war draußen, und da suchte ich nach Dir [...] Du warst bei mir, ich war nicht bei Dir" (Conf. 10,27,38).

Die ontologischen Überlegungen münden in die Frage nach dem Wesen   295
Gottes: „Was also bist Du, mein Gott?" Die Antwort wird nicht durch einen Begriff der Metaphysik, sondern durch den Verweis auf die Schrift gegeben. „Ja, was anders denn als Gott der Herr? Denn ‚wer ist der Herr außer dem Herrn? Oder wer ist Gott außer unserm Gott'?" (Conf. 1,4,4). Augustinus zitiert Ps 18,32, und die Frage des Psalmisten findet sich ebenso in Jes 44,8 „Gibt es einen Gott außer mir?" Es gibt keinen Gott außer *unserem* Gott, und was *unser* Gott ist, sagt uns die Schrift. Die sprachlichen Mittel, deren Augustinus sich an dieser Stelle für seine Aussagen über Gott bedient, sind der Superlativ und die Antithese. Gott ist der „Barmherzigste und Gerechteste, der Verborgenste und der Gegenwärtigste". „Du liebest, doch ohne Wallung; Du eiferst, und bist gelassen [...] Du machst anders die Werke und doch nicht anders den Ratschluß." Augustinus rechtfertigt die anthropomorphe Sprache der Bibel, indem er durch den Superlativ und die Antithese zeigt, daß sie nicht zu einem anthropomorphen Gottesbild führt. „Und was ist nun gesagt", so schließt er seine Aussagen über Gott, „mein Gott, mein Leben, mein heilig Köstliches, oder was sagt jemand, wenn er von Dir etwas sagt?" Das Zitat zeigt eine Spannung zwischen dem Inhalt der Aussage und der Anrede. Wer über Gott spricht, sagt letztlich Sinnloses; er setzt sich über die Grenzen hinweg, welche der menschlichen Sprache gezogen sind. Aber dieser semantische Skeptizismus wird aufgefangen durch die Liebe, die im Sprechakt des Gebets, in der Anrede Gottes zum Ausdruck kommt. Die Aussage kann die Erfahrung, die im Sprechakt zum Ausdruck kommt, nicht einholen. Trotz der Sinnlosigkeit des Sprechens steht der Mensch unter dem Zwang zu sprechen. Er ist auch dann stumm, wenn er Worte macht, und dennoch zwingt ihn das unruhige Herz zu sprechen. „Und wehe denen, die über Dich schweigen, wo auch die Redseligen noch Stumme sind."

Aber Augustinus gibt sich auch mit der biblischen Aussage über das Wesen Gottes nicht zufrieden. Auch hier ist, wie bei dem Gottesbegriff der Metaphysik, eine Distanz möglich; der Mensch kann das biblische Gottesbild zur Kenntnis nehmen, ohne daß es ihn trifft. Wenn die Frage, was Gott ist, im Gebet gestellt wird, dann führt sie notwendig zur Frage nach der Beziehung zwischen dem Beter und Gott. Augustinus fragt deshalb: „Was bist Du mir?" und „Was bin ich Dir?" (Conf. 1,5,5). Er kann Gott nicht erkennen, ohne zu wissen, wer Gott für ihn ist, und er kann sich selbst nicht erkennen, ohne zu wissen, was er für Gott ist. Die Frage, was er für Gott ist, entspringt, wie die Pflicht trotz der Grenzen der Sprache über Gott zu sprechen, einer Notwendigkeit. „Und was bin ich Dir, daß Du von mir geliebt sein willst und, tu ich's nicht, in Deinem Zorn mit Elend drohest ohne Maß? Als ob es dann nur kleines Elend wäre, wenn ich Dich nicht liebte!" Das Gelingen seiner Existenz hängt für Augustinus davon ab, daß er Gott liebt; die Notwendigkeit, Gott zu lieben, ergibt sich aus der Alternative zwischen Sinn oder Sinnlosigkeit, Gelingen oder Scheitern des Lebens. Was Gott für ihn ist, kann ihm nur von Gott gesagt werden. Augustinus betet mit Ps 35 und 27 um eine Antwort, und sein Gebet sagt, welche Antwort er erhalten möchte. „„Sag meiner Seele: Dein Heil bin ich'[Ps 35,3]"; „„Verbirg nicht Dein Angesicht vor mir'[Ps 27,9]". Diese Antwort soll so gegeben werden, daß Augustinus sie hört: in einer Erfahrung. Der Text drückt „das Verlangen eines zutiefst skeptischen Geistes nach jener letzten Erfahrung aus, die nicht nur hilft, die verschiedenen Einwände der Wahrnehmung und Logik zu überwinden, sondern auch jenen letzten Schritt aus der Wahrscheinlichkeit in die Gewißheit zu tun, den kein bloßes Denken erzwingen kann" (Guardini 1950, S.73). Aber auch diese Erfahrung ist wiederum nur ein Anfang, ein Glaube der nach Einsicht sucht: „Ich will nachlaufen dieser Stimme, bis ich Dich fassen kann."

In Buch 10 werden die beiden Fragen erläutert und vertieft. Augustinus erinnert an die Lehre des Römerbriefs, daß Gott durch die Schöpfung erkannt wird und der Mensch deshalb unentschuldbar ist, wenn er Gott nicht verehrt und ihm nicht dankt (Röm 1,20f.). Die Pflicht, Gott zu lieben, die zur Frage ‚Was bin ich für Gott?' führt, wird aus der Schöpfung erkannt. „Himmel und Erde und alles, was sie füllt, das alles sagt es mir von überall her, daß ich Dich lieben soll". Die Erfahrung, von der das erste Buch spricht, ist das Getroffenwerden durch das Wort Gottes. „Du hast mein Herz mit Deinem Wort getroffen, und ich liebte Dich." Die Schöpfung sagt Augustinus, daß er Gott lieben soll, aber erst die Schrift sagt ihm, wer Gott für ihn ist. „Doch tiefer noch bist Du Erbarmung, wenn Du Dich eines Menschen erbarmst, und Erbarmung wirst Du schenken, wem Du gnädig bist: denn anders sprächen Himmel und Erde nur zu Tauben Dein Lob" (Conf. 10,6,8).

Der Glaube, der nach Einsicht sucht, ist abhängig von zufälligen Begeg- 297
nungen; der Weg des Glaubens kann vom Weg des Lebens, der persönlichen Biographie, nicht getrennt werden. Augustinus sieht darin ein Werk
der Vorsehung; er zitiert Ps 37,23: „„a domino gressus hominis diriguntur,
et viam eius volet'" „vom Herrn werden die Schritte des Menschen gelenkt, und nur so wird sich der Mensch für den Weg des Herrn entscheiden" (Conf. 5,7,13). „Ich war ein Spiel der Wellen, und Du saßest am
Steuer" (Conf. 6,5,8). Einige dieser Ereignisse und Begegnungen seien
hier wiedergegeben. Dabei geht es nicht um das Problem von Zufall und
Vorsehung; sie interessieren vielmehr als Bedingungen oder Elemente des
religiösen Glaubens.

1. Ciceros *Hortensius*

Der neunzehnjährige Student der Rhetorik kauft mit dem Geld, das seine 298
Mutter ihm gegeben hat, Ciceros Dialog *Hortensius*, eine Aufforderung
zum philosophischen Leben, um seinen Stil an dem des großen römischen
Redners zu bilden. Aber was ihn dann beeindruckt, ist nicht der Stil, sondern der Inhalt. Der Dialog ist nicht erhalten; wir können seinen Gang nur
aus Fragmenten rekonstruieren. Am Ende steht eine Lobrede Ciceros auf
die Philosophie, von der Bruchstücke in Augustinus, De trinitate 14,12
und 26 (Frg. 101–102 Straume-Zimmermann) erhalten sind. Wenn wir, so
argumentiert Cicero, wie die Mythen erzählen nach diesem Leben auf die
Inseln der Seligen kämen, so brauchten wir dort weder die Redekunst
noch die Tugenden. Wir wären „glückselig ausschließlich durch die eine
Kenntnis und das eine Wissen von der Natur, welche allein sogar das
Leben der Götter lobenswert macht" (Frg. 101). Wenn wir solche Betrachtungen Tag und Nacht anstellen, dann ist, wenn wir sterblich sind,
der Tod für uns ein angenehmer Untergang und ein Ausruhen vom Leben;
haben wir aber, wie die größten unter den alten Philosophen lehren, un-
sterbliche Seelen, dann wird für diese, je mehr sie sich bewegt haben „in
der Vernunft und in der Begierde des Forschens, und je weniger sie sich in
die Laster und Irrtümer der Menschen vermischt und verwickelt haben,
der Aufstieg und die Rückkehr in den Himmel umso leichter sein" (Frg.
102).
Der *Hortensius* erschließt dem ehrgeizigen, erfolgreichen und auf seine
Karriere bedachten jungen Augustinus eine neue Dimension des menschlichen Lebens. Es sind nicht Argumente, die ihn überzeugen; Ciceros
Lobrede auf die Philosophie hat vielmehr eine emotionale Wirkung; sie
begeistert den jungen Menschen für etwas, dessen Umrisse wenig klar

sind; entscheidend ist, daß sie den Affekt in eine bestimmte Richtung lenkt. Der Dialog „gab meinem Gemütsleben eine andere Richtung [...] und machte, daß mein Wünschen und Sehnen nun auf anderes ging". Cicero begeistert ihn nicht für eine bestimmte philosophische Richtung, sondern „für die Weisheit selbst, was sie auch sei, mich zu entscheiden, sie zu erstreben, sie zu erlangen, sie festzuhalten und sie mit aller Kraft zu umfassen" (Conf. 3,4,7–8).

2. Faustus

299 Trotz all dem kann der *Hortensius* den Glauben nicht zur Einsicht führen: „der Name Christi", so bemerkt Augustinus lapidar, „kam dort nicht vor" (Conf. 3,4,8). Er beschäftigt sich deshalb mit der Heiligen Schrift. Hatte Ciceros Stil ihm den Zugang zur Sache der Weisheit erschlossen, so stellt sich der Stil der Bibel zusammen mit seinem Stolz dem Verständnis in den Weg. Der Stil der Bibel duldet keinen Vergleich mit dem Ciceros. „Mein Stolz sträubte sich gegen ihre Form, und meine Sehkraft drang nicht in ihr Inneres ein" (Conf. 3,5,9). Augustinus wendet sich deshalb einer Richtung zu, die jüdisch-christliches Gedankengut in einer intellektuell und rhetorisch ansprechenden Form darbietet, den Manichäern. Sie versprechen Wissen (Conf. 6,5,7) und betonen die Wahrheit ihrer Lehre (Conf. 3,6,10); damit wollen sie ihren Anhängern das Wagnis des Glaubens ersparen. Kosmologie und Astronomie spielen bei ihnen eine große Rolle, und sie geben vor, über die entsprechenden naturwissenschaftlichen Kenntnisse zu verfügen (Conf. 5,7,12); sie sollen ihnen den wissenschaftlichen Charakter ihrer religiösen Lehre sichern. Ihr Gründer, der Perser Mani (216–276), erhob den Anspruch, der Heilige Geist wohne mit der ganzen Fülle seiner Autorität persönlich in ihm (Conf. 5,5,8). Augustinus ist fast neun Jahre Anhänger ihrer Lehre (Conf. 5,6,10). Außer dem Anspruch auf Wissenschaftlichkeit sind es vor allem drei Momente, auf denen die Anziehungskraft des Manichäismus für den jungen Augustinus beruht: (a) Epistemologie und Ontologie sind auf den Bereich der Anschauung begrenzt und folglich anspruchslos; es gibt nichts, was den Bereich der sinnlichen Vorstellung überschreitet. Die Manichäer verehren Sonne und Mond, und sie nehmen, ausgehend von den wahrnehmbaren Körpern, andere „größere und unendliche" Körper an. So verkehren sie, wie Augustinus rückblickend kritisiert, die Ordnung der Wirklichkeit. In ihr nehmen die vorgestellten Körper den untersten Rang ein; über ihnen stehen die wirklichen Körper, gefolgt von der Seele, welche den Körpern das Leben gibt, und über den Seelen steht das Leben der Seelen, „das Leben der Leben" (Conf. 3,6,10). (b) Augustinus glaubt, im Dualismus der Manichäer eine Antwort auf die Frage nach dem Ursprung des Bösen

zu finden (Conf. 3,7,12). Nach dem Abriß der manichäischen Lehre, den er in einem seiner Briefe (Epistola 236,2) gibt, kämpft der gute und wahre Gott mit dem Fürst der Finsternis. Das Böse wird vorgestellt als häßliche und gestaltlose dünne und feine Masse, die über die gesamte Erde hinschleicht (Conf. 5,10,20). Nicht der Mensch sündigt, sondern eine andere Natur sündigt in ihm (Conf. 5,10,18). (c) Der Manichäismus scheint die Schwierigkeiten zu lösen, die Augustinus mit dem Alten Testament hat. Der Mensch, so heißt es dort, ist nach dem Bild Gottes geschaffen. Hat Gott also einen Körper, Haare und Nägel wie der Mensch? Und können, wie das Alte Testament behauptet, Menschen gerecht sein, die in Polygamie lebten, Menschen töteten und Tieropfer darbrachten (Conf. 3,7,12)? Die Manichäer schreiben das Alte Testament deshalb nicht dem guten Gott, sondern dem Fürsten der Finsternis zu.

Der Bericht der *Confessiones* über die Loslösung vom Manichäismus 300 kann als ein Kapitel Religionskritik gelesen werden. Vor aller intellektuellen Auseinandersetzung erfährt Augustinus das existentielle Ungenügen des manichäischen Gottesbildes. Buch IV berichtet von einer schweren Depression, in die ihn der Tod eines Jugendfreundes stürzt. „Ich war mir selbst zur großen Frage geworden, und ich nahm meine Seele ins Verhör, warum sie traurig sei und mich so sehr verstöre, und sie wußte mir nichts zu sagen. Und wenn ich ihr sagte: ‚Hoffe auf Gott' [Ps 42,6], so gehorchte sie mir mit Recht nicht: denn wirklicher und besser war der Mensch, den sie als liebsten verloren hatte, als die Vorstellung, auf die zu hoffen ihr befohlen wurde" (Conf. 4,4,9). Zur Dir, so heißt es wenige Abschnitte später mit Ps 25, hätte meine Seele „sich erheben sollen, um Heilung zu finden, ich wußte es, aber ich wollte es nicht, und ich konnte es auch nicht, umso weniger, als Du mir nicht etwas Festes und Sicheres warst, wenn ich über Dich nachdachte. Denn es warst nicht Du, sondern eine leere Vorstellung, und mein Irrtum war mein Gott. Wenn ich versuchte, meine Seele dort zur Ruhe zu legen, so fiel sie ins Leere und stürzte auf mich zurück" (Conf. 4,7,12).

So einfach und einleuchtend Augustinus die Lehre Manis auf den ersten 301 Blick erschien: es blieben viele Bedenken. Die Manichäer, mit denen er zusammentrifft, können seine Fragen nicht beantworten, und sie vertrösten ihn mit dem Hinweis auf eine Autorität, den Bischof Faustus; ein Gespräch mit ihm werde alle von Augustinus vorgebrachten Einwände lösen (Conf. 5,6,10). In der Weise einer New Age Religion bindet Mani seine religiöse Lehre an kosmologische und naturwissenschaftliche Aussagen. Augustinus trennt beides; Theorien über den Himmel, die Sterne, die Bewegungen von Sonne und Mond gehören nicht zur Lehre der Religion. Man kann über ein großes kosmologisches und naturwissenschaftliches Wissen verfügen, ohne fromm zu sein, und man kann fromm sein ohne naturwissenschaftliche Kenntnisse. Das Lehren einer Wissenschaft wird dem Bekenntnis und Lobpreis, mit dem die *Confessiones* beginnen, gegenübergestellt: „Eitelkeit ist es, dieses Weltliche, auch wenn man es kennt, vorzutragen, Frömmigkeit dagegen, Dir zu bekennen" (Conf. 5,5,8). Wenn aber die Botschaft des Glaubens an naturwissenschaftliche Aussagen gebunden wird und sich auf sie stützt, dann verliert sie ihre Glaubwürdigkeit, sobald sich herausstellt, daß diese naturwissenschaftlichen Aussagen falsch sind. Der Glaubende braucht nicht über ein naturwissenschaftliches Weltbild zu verfügen, und wenn er naturwissenschaftliche Auffassungen hat, die nicht richtig sind, so schaden sie seinem Glauben nicht, immer eines vorausgesetzt: daß er das richtige Gottesbild hat. Aber er nimmt Schaden, „wenn er meint, diese Sache betreffe das Wesen der Heilslehre, und hartnäckig zu behaupten wagt, was er nicht weiß" (Conf. 5,5,9).

302 Die Begegnung mit Faustus, auf die er fast neun Jahre wartet, wird für Augustinus zu einer großen Enttäuschung. Faustus ist ein angenehmer Plauderer, dem man gern zuhört und der die Lehre der Manichäer lebendig, mit innerer Anteilnahme und in gewandten, ansprechenden Worten vorträgt. Diese rhetorischen Qualitäten, so betont Augustinus, sprechen weder für noch gegen die Wahrheit der Lehre. Aber sobald sich die Gelegenheit zu dem ersehnten Gespräch ergibt, muß Augustinus feststellen, daß Faustus allenfalls über eine sehr oberflächliche Bildung verfügt. „Er hatte ein paar Reden Ciceros gelesen, ganz wenige Schriften Senecas, etwas Dichtung und Bücher seiner Sekte, soweit sie lateinisch und in guter Form geschrieben waren, und jeder Tag bot ihm Gelegenheit zur Übung im Reden" (Conf. 5,6,11). Die *artes liberales* (Grammatik, Dialektik, Rhetorik, Arithmetik, Geometrie, Astronomie, Musik) beherrscht Faustus dagegen nicht, wenn man einmal von seinen durchschnittlichen grammatischen Kenntnissen absieht, und gerade sie wären wesentlich gewesen, wenn er den naturwissenschaftlichen Anspruch der manichäischen Lehre hätte glaubwürdig vertreten wollen. Augustinus sieht im Gespräch mit Faustus ein Werk der Vorsehung. Sein Eifer für den Manichäismus ist gebrochen; er gibt den Versuch auf, ihn zu verstehen. Dennoch trennt er sich, weil er nichts Besseres findet, nicht von der Sekte (Conf. 5,7,13). Was ihn trotz allem noch intellektuell an den Manichäismus bindet, ist dessen Materialismus; er sieht in ihm eine mit dem Materialismus vereinbare Auslegung der neutestamentlichen Botschaft. „Hätte ich mir eine geistige Substanz denken können, so wäre mit einem Schlag dieses ganze Machwerk zerbrochen und aus meiner Seele hinausgeworfen worden". Aber es ist ein dilettantischer Materialismus, den die Manichäer vertreten; der Vergleich zeigt Augustinus, daß „in Hinsicht des Weltkörpers und der gesamten, den fleischlichen Sinnen zugänglichen Natur die meisten Philosophen sich viel wahrscheinlichere Gedanken gemacht hatten" (Conf. 5,14,25).

3. Ambrosius

Die Stadt Mailand wendet sich an den Präfekten von Rom mit der Bitte,
ihr einen Lehrer der Rhetorik zu schicken. Augustinus bewirbt sich mit
Hilfe seiner manichäischen Freunde. Er wird zu einer Proberede vor dem
römischen Stadtpräfekten Symmachus eingeladen und erhält die Stelle.
Durch diesen äußeren Umstand kommt es zur Begegnung mit Ambrosius,
den Bischof von Mailand. Augustinus besucht seine Predigten; was ihn
interessiert, ist nicht deren Inhalt; vielmehr will er, wohl auch vom Ehrgeiz bestimmt, prüfen, ob das rhetorische Können des Ambrosius dem
hohen Ruf, in dem es steht, entspricht. Ambrosius beeindruckt ihn durch
die Güte, die er ausstrahlt. Augustinus' Aufmerksamkeit gilt der Sprache
des Bischofs; der Sache seiner Predigt bringt er nur Gleichgültigkeit und
Verachtung entgegen. Aber die Sprache läßt sich nicht von der Sache
trennen. „Ich hielt mein Herz nur aufgetan, um zu hören, wie beredt er
sprach, indessen trat zugleich die Erkenntnis ein, wie wahr er sprach –
allerdings nur Schritt um Schritt" (Conf. 5,14,24).

Die Predigten des Ambrosius verunsichern Augustinus; sie lassen in ihm
die Frage aufkommen, ob das, was er bisher für den „katholischen Glauben" gehalten hat, tatsächlich der katholische Glaube ist. Hat er sich überhaupt bemüht, den Glauben, den er ablehnt, zu verstehen? Es geht vor
allem um die Deutung von Gen 9,6: „Als Abbild Gottes hat er den Menschen gemacht". Besagt die Stelle, daß Gott einen menschlichen Leib hat?
Ambrosius weckt in Augustinus Zweifel daran, daß sie nur so verstanden
werden kann. Er zitiert in seinen Predigten immer wieder das Wort des
Apostels Paulus: „Denn der Buchstabe tötet, der Geist aber macht lebendig" (2 Kor 3,6), und er trägt eine mystisch-allegorische Auslegung des
Alten Testamentes vor, die alles Anstößige beseitigt. Ob sie wahr ist, kann
Augustinus nicht entscheiden, und er kann sie letztlich auch nicht verstehen, weil ihm die dafür erforderlichen ontologischen Kategorien fehlen; er
hatte vorerst „keine blasse und noch so schleierhafte Ahnung, was es mit
einer geistigen Substanz auf sich habe" (Conf. 6,3,4). Dennoch deutet sich
für ihn die Möglichkeit eines widerspruchsfreien Gottesbildes und eines
sinnvollen Verständnisses des Alten Testamentes an. „Und wenn er dann
von den Stellen, wo sich dem Buchstaben nach ein übler Sinn ergab, den
geheimnisvollen Schleier wegzog und ihren geistlichen Sinn erschloß,
lehrte er nichts, woran ich mich gestoßen hätte, wenngleich ich noch nicht
wußte, ob das, was er sagte, die Wahrheit sei" (Conf. 6,4,6). Als Augustinus die Bekenntnisse schreibt, blickt er auf seinen Weg zum richtigen
Verständnis von Gen 9,6 zurück: „Denn Du, Erhabenster und doch Aller-
nächster, Tiefstverborgener und doch Allgegenwärtigster, der Du keine
Glieder hast [...] sondern überall als Ganzer bist und an keinem Ort im
Raum bist, Du bist wahrhaft nicht Gestalt nach Menschenart – und hast

dennoch den ‚Menschen nach Deinem Bild erschaffen‘, und siehe, er ist
von Kopf bis Fuß im Raum" (Conf. 6,3,4).

4. Die Bücher der Platoniker

305 Als eine der Fügungen Gottes in seinem Leben betrachtet es Augustinus,
daß er „durch einen von maßlosem Stolz geblähten Menschen einige
Schriften der Platoniker, die aus dem Griechischen ins Lateinische übersetzt waren", erhielt (Conf. 7,9,13). Wir wissen nicht, um welche Schriften es sich handelt noch wer sie Augustinus gab (vgl. O'Donnell 1992,
Bd.2, S.413–426). *De civitate dei* 8,12 nennt als angesehene Platoniker
griechischer Sprache Plotin, Iamblichos und Porphyrios. In *Conf.* 8,2,3
schreibt Augustinus, er habe die Bücher der Platoniker in der Übersetzung
des Marius Victorinus gelesen; dieser Hinweis hilft jedoch nicht weiter,
weil sie der einzige Beleg für Victorinus' Übersetzertätigkeit ist
(O'Donnell 1992, Bd.3, S.14). In der wenige Monate nach der Bekehrung
auf dem Landgut Cassiciacum verfaßten Schrift *De beata vita* (1,4) berichtet Augustinus, er habe einige Bücher Plotins gelesen. Platonisches
Gedankengut kannte Augustinus bereits aus den Predigten des Ambrosius,
der wie die Alexandriner nach dem geistlichen Sinn der Schrift fragte.
Durch die Bücher der Platoniker begegnet Augustinus jetzt dem Platonismus außerhalb eines christlichen Kontextes. Die Schilderung dieser Begegnung macht die Ambivalenz des philosophischen Wissens deutlich.
Auf der einen Seite erschließt die Begegnung mit dem Platonismus ihm
eine neue Dimension der Wirklichkeit; durch sie überwindet er den manichäischen Materialismus. Die Schriften der Platoniker fordern ihn auf, von
der sichtbaren Welt zu sich selbst, in sein eigenes Inneres, zurückzukehren, und damit führen sie ihn zur Wirklichkeit des Geistigen. „Von dorther
aufgefordert, zu mir selbst zurückzukehren, betrat ich, von Dir geführt,
mein Innerstes" (Conf. 7,10,16). Auf der anderen Seite fällt auf, wie sehr
Augustinus den Stolz der Person betont, von der er die Bücher der Platoniker erhält. Die gesamte Darstellung dieser Begegnung steht unter der
Überschrift, daß „Gott den Stolzen entgegentritt, den Demütigen aber
seine Gnade schenkt" (1 Petr 5,5; vgl. Conf. 7,9,13). Die platonische Ontologie ist eine Hilfe für das Verständnis der christlichen Botschaft, aber
zugleich wird der Unterschied zwischen dem intellektuellen Stolz der
Platoniker und der Demut als Voraussetzung des christlichen Glaubens
unübersehbar deutlich.

306 Augustinus liest die Bücher der Platoniker auf dem Hintergrund des Jo-
hannesprologs und des ersten Kapitels des Römerbriefs (Conf. 7,9,13–15).
Er findet in ihnen, wenn auch mit anderen Worten, aber durch viele
Gründe glaubhaft gemacht die Lehre, daß das Wort Gott war und alles

durch das Wort geworden ist; daß die Seele des Menschen nicht selbst das Licht ist, sondern das Wort jeden Menschen erleuchtet. „Daß er aber ‚in sein Eigentum kam und die Seinen ihn nicht aufnahmen, denen aber, die ihn aufnahmen, die Macht gab, Kinder Gottes zu werden, denen, die an seinen Namen glauben '[Joh 1,11f.] – das habe ich dort nicht gelesen.“ Augustinus fand dort die Botschaft des Philipperbriefs von der Gottgleichheit des Sohnes, aber nicht die von seiner Entäußerung bis zum Tod am Kreuz (Phil 2,6–11). Das Geheimnis der Inkarnation und Passion hat Gott vor dem Weisen verborgen und es den Kleinen offenbart, um die Mühseligen und Beladenen zu erquicken. Den Unterschied zwischen der Erkenntnis der Platoniker und dem christlichen Glauben sieht Augustinus in Röm 1,21 auf den Begriff gebracht: Es ist eine Sache, Gott zu erkennen, und eine andere, ihn als Gott anzuerkennen, ihn zu verherrlichen und ihm zu danken. Gott zu erkennen und ihm die Anerkennung zu verweigern führt zum Götzendienst (Röm 1,23–25), den Augustinus den Platonikern zum Vorwurf macht. Die Bücher der Platoniker machen die Lehre des Römerbriefs von der natürlichen Gotteserkenntnis ausdrücklich; in ihnen findet sich, was Paulus in Athen, von wo diese Bücher stammen, gepredigt hat: „In ihm leben wir, bewegen wir uns und sind wir“ (Apg 17,28). Augustinus vergleicht ihre Lehre mit dem Gold, das Israel aus Ägypten mitgenommen hat, weil es Gott gehört. Aber sie haben dieses Gold den Götzenbildern, dem Götzen ihres Stolzes, geopfert.

5. Das glaubende Herz

„Der Name Christi“, so schreibt Augustinus über seine Begegnung mit Ciceros *Hortensius*, „kam dort nicht vor […] Diesen Namen meines Erlösers, Deines Sohnes, aber hatte mein zartes Herz schon mit der Muttermilch kindlich getrunken und bewahrte ihn in der Tiefe, und etwas mochte noch so gelehrt, ausgefeilt und redlich sein, es konnte mich ohne diesen Namen nicht völlig hinreißen“ (Conf. 3,4,8). Vor allem diskursiven Verstehen und Begründen steht ein intuitives und emotionales Erfassen, das den jungen Menschen bis in die Tiefe seines Gefühls und seiner Urteilskraft prägt. Diese unreflektierte und verschwommene Intuition wird als Maßstab an alle Welt- und Lebensdeutungen angelegt, die ihm später begegnen. Wir können von einer frühkindlichen Prägung sprechen, wenn wir dabei nicht übersehen, daß die prägende, vorrationale Intuition dieses formlosen Glaubens der späteren kritisch suchenden Reflexion standhält und so zu einer begründeten Einsicht reift. „Schon als Knabe“, so beschreibt Augustinus diese Intuition, „hatte ich von einem ewigen Leben gehört, das uns verheißen ist durch die Demut unseres Herrn und Gottes, der zu unserem Hochmut herabstieg“ (Conf. 1,11,17). Er berichtet von der

Gebetserfahrung des Kindes. Ich „traf auf Menschen, die zu Dir beteten, und ich lernte von ihnen, Dich wahrnehmend, so wie ich es konnte, daß Du ein Großer bist, der auch unseren Sinnen nicht erscheinend uns erhören und uns helfen kann" (Conf. 1,9,14). Die Auseinandersetzung mit dem Manichäismus führt dazu, daß er an allem zweifelt, und Augustinus überlegt, ob er sich der Akademischen Skepsis anschließen soll. „Aber ich weigerte mich entschieden, diesen Philosophen die Pflege meiner kranken Seele anzuvertrauen, weil sie ohne den heilbringenden Namen Christi waren. Ich beschloß also, in der von den Eltern mir ans Herz gelegten katholischen Kirche Katechumene zu bleiben, bis mir eine Gewißheit aufleuchte, wohin ich meinen Weg zu nehmen hätte" (Conf. 5,14,25). Die zermürbenden Fragen nach dem richtigen Gottesbild, dem Ursprung des Bösen und der Freiheit des Willens können die Intuition in der Tiefe des Herzens nicht erschüttern. „Trotzdem haftete fest in meinem Herzen der Glaube der katholischen Kirche an ‚Deinen Christus, unsern Herrn und Erlöser' [2 Petr 2,20], in vielem freilich noch unförmig und außerhalb der Norm der Lehre dahinfließend, aber dennoch ließ mein Geist nicht von ihm, trank ihn vielmehr von Tag zu Tag immer mehr in sich hinein" (Conf. 7,5,7).

308 Der Glaube braucht das überzeugend gelebte Beispiel, und in diesem Sinn ist Augustinus' Glaube von dem seiner Mutter Monica nicht zu trennen. Gegenüber dem des noch ungläubigen Vaters setzt sich der Einfluß der gläubigen und charakterlich überlegenen Mutter durch (Conf. 1,11,17). Augustinus rühmt die Ausstrahlung ihrer Persönlichkeit: „Sie war die Magd Deiner Diener. Wer von ihnen sie kannte, lobte viel an ihr und ehrte und liebte Dich, weil er Deine Gegenwart in ihrem Herzen spürte; die Früchte ihres heiligen Wandels bezeugten es" (Conf. 9,9,22). Unter diesen Früchten nennt Augustinus die Gabe, Menschen miteinander zu versöhnen. Sie hörte die Verfeindeten an und ließ sie ihrem Groll und Haß Luft machen, aber von dem, was sie von der einen gehört hatte, sagte sie der anderen nur das, was der Versöhnung dienen konnte. Augustinus hebt diese Gabe deshalb hervor, weil er bei unzähligen Menschen die traurige Erfahrung gemacht habe, daß sie nicht nur einem erbosten Feind erzählen, was dessen Feind Böses über ihn gesagt hat, sondern dem selbst noch etwas hinzufügen, was nicht gesagt worden ist, „wo es doch im Gegenteil einem menschlichen Menschen zu wenig sein sollte, Feindschaften unter Menschen nicht durch böse Reden hervorzurufen und zu vertiefen; vielmehr sollte er sich auch bemühen, sie durch gutes Reden auszulöschen" (Conf. 9,9,21). Die Kraft ihres Glaubens zeigt sich in der Lebensgefahr auf hoher See bei der Überfahrt von Afrika nach Italien. „In den Stunden der Seenot war sie es gewesen, die sogar den Matrosen Mut zusprach, während doch sonst die Matrosen den meerfremden Reisenden, wenn sie die Fassung verlieren, Mut zusprechen; und sie verhieß ihnen die heile

Ankunft, weil Du es ihr in einem Gesicht so verheißen hattest" (Conf. 6,1,1). Sie besitzt die Gabe der Unterscheidung der Geister. Sie erkenne, so behauptete sie, „an einer Art Geschmack, den sie mit Worten nicht beschreiben konnte, den Unterschied zwischen dem, was Du offenbarst, und dem, was ihre eigene Seele träumt" (Conf. 6,13,23).

IV. Glaube und Erkenntnis

Am Anfang des achten Buches der *Confessiones* markiert Augustinus 309 einen Einschnitt auf seinem Weg. „Deines ewigen Lebens war ich gewiß, obwohl ich es nur ‚im Rätsel' und wie ‚in einem Spiegel' [1 Kor 13,12] geschaut hatte. Dennoch war mir jeder Zweifel an einer unzerstörbaren Substanz genommen, weil von ihr jede Substanz ist, und mein Verlangen war nicht, größere Gewißheit über Dich zu erhalten, sondern fester in Dir zu sein" (Conf. 8,1,1). Der kognitive Prozeß der *fides quaerens intellectum* ist abgeschlossen; jetzt wird es darum gehen, eine Entscheidung zu treffen. Blicken wir, von der Sachfrage nach dem Verhältnis von Glauben und Erkenntnis geleitet, zurück auf die Einsichten, die Augustinus seit der Begegnung mit den Büchern der Platoniker gewonnen hat. Fragen wir nach der Ontologie, auf welche der sich verstehende Glaube angewiesen ist.

Die Bücher der Platoniker führen Augustinus zu einer Erfahrung, die er in ontologischen Reflexionen entfaltet. So gelingt es ihm, sich von den Fesseln des manichäischen Materialismus zu befreien. Buch VII bringt eine Ontologie der Schöpfung, des physischen Übels und des Bösen, die von zwei Beschreibungen einer Vision eingerahmt ist (Conf. 7,10,16 bis 17,23). Beide Beschreibungen tragen deutlich neuplatonisches Gepräge. Keine von ihnen ist biographisch genauer situiert; wir erfahren nichts über den Zeitpunkt, den Ort und die äußeren Umstände. Die umstrittene Frage, ob es sich um zwei verschiedene Erlebnisse oder lediglich um zwei verschiedene Beschreibungen ein und desselben Erlebnisses handelt, kann offenbleiben (vgl. O'Donnell 1992, Bd.2, S.434–459).

1. Die Mailänder Vision

„Von dorther aufgefordert, zu mir selbst zurückzukehren, betrat ich, von 310 Dir geführt, mein Innerstes, und ich konnte es, ‚weil Du mein Helfer geworden bist' [Ps 30,11]." Die Bücher der Platoniker leiten Augustinus an, in sein Inneres einzukehren; daß es ihm gelingt, verdankt er der Hilfe Gottes. Er beschreibt die Schau eines geistigen, unwandelbaren Lichts über dem Auge seiner Seele und seines Geistes, und er erfährt, daß er von diesem Licht geschaffen ist. „Wer die Wahrheit kennt, kennt es, und wer es kennt, kennt die Ewigkeit. Die Liebe kennt es." Augustinus erkennt, daß Gott da ist und er ihn sehen könnte, aber er erkennt zugleich, daß er selbst nicht der ist, der Ihn sehen kann; die Erkenntnis Gottes ist zugleich Erkenntnis der eigenen Sündhaftigkeit, die ihn von Gott trennt.

„Und heftig in mich einstrahlend schlugst Du die Schwäche meines Blicks zurück, und ich erbebte vor Liebe und Schauder. Und ich fand mich weit von Dir in der Fremde des entstellten Ebenbildes." Dennoch schenkt ihm das Erlebnis eine unbezweifelbare Gewißheit von der Existenz Gottes. „Eher hätte ich gezweifelt, daß ich lebe, als daran, daß die Wahrheit ist, die ‚durch das, was geschaffen ist, mit derVernunft geschaut wird' [Röm 1,20]" (Conf. 7,10,16).

311 Das visionäre Erlebnis läßt die Welt in einem neuen Licht erscheinen. Augustinus erkennt, daß die Seienden unter Gott weder im vollen Sinn sind noch gänzlich nicht sind; sie sind, insofern sie von Gott sind, und sie sind nicht, insofern sie nicht das sind, was ist, denn nur das ist in Wahrheit, was unveränderlich besteht. Für das eigene Leben folgert Augustinus daraus: „‚Für mich aber ist es das Gut, Gott anzuhangen' [Ps 73,28], denn wenn ich nicht in ihm bleibe, kann ich auch nicht in mir bleiben" (Conf. 7,11,17). Gegen den Dualismus der Manichäer wird ihm klar, daß das veränderliche und vergängliche Seiende als Ganzes gut ist. Was in einem weitesten Sinn einen Schaden erleiden kann, ist gut, denn ein Schaden besteht darin, daß ein Gut gemindert oder zerstört wird. Wenn etwas eines jeden Gutes beraubt ist, dann ist es nicht mehr; solange es ist, hat es ein Gut, das ihm genommen werden kann: sein Sein (Conf. 7,12,18). Es gibt kein Übel, das die gesamte Schöpfung betreffen könnte, denn außer dem guten Gott und seiner guten Schöpfung existiert nichts, das die Ordnung des Universums zerstören könnte. Das physische Übel innerhalb des Universums besteht darin, daß bestimmte Teile nicht mit bestimmten anderen zusammenstimmen; dafür stimmen sie zu anderen, und sie sind in sich selbst gut. Um das zu verdeutlichen, zitiert Augustinus aus Psalm 148: „Daß Du zu loben bist, das zeigen ‚von der Erde her die Ungeheuer und alle Abgründe, Feuer, Hagel, Schnee und Eis, das Brausen des Unwetters, die Deinem Wort gehorchen, die Berge und alle Hügel, die Fruchtbäume und alle Zedern, die wilden und zahmen Tiere'" (Conf. 7,13,10). Die Erkenntnis, daß alles Seiende insofern es ist gut ist, führt zur Antwort auf die Frage nach dem Wesen des moralischen Übels, des Bösen, der Sünde. Sie schließt eine dualistische Antwort, wie die Manichäer sie geben, aus. Das Böse ist keine Substanz, sondern die verkehrte Ausrichtung des menschlichen Willens, der sich von Gott, dem höchsten Gut, abwendet und das eigene Ich in den Mittelpunkt stellt. „Und ich forschte, was das Böse sei, und ich fand keine Substanz, sondern die Verkehrtheit des Willens, der sich von der höchsten Substanz, Dir Gott, zum Niedrigsten hin abwendet, sein Innerstes hinauswirft und sich außen aufbläht" (Conf. 7,16, 22).

Die Lichtvision hatte zu einer unbezweifelbaren Gewißheit der Existenz
Gottes, aber zugleich zu dem Bewußtsein geführt, von ihm getrennt zu
sein. Beides wird nun entfaltet und vertieft. Das Lichterlebnis wird durch
die Beschreibung eines neuplatonischen kognitiven Aufstiegs in Beziehung gesetzt zu anderen Bereichen der Erkenntnis. Aber dieser Neuplatonismus wird mit der christlichen Botschaft vermittelt; er dient Augustinus
zur Interpretation der Lehre des Römerbriefs von der natürlichen Erkenntnis Gottes: „Dein Unsichtbares wird seit Grundlegung der Welt durch das
Geschaffene mit der Vernunft geschaut, auch Deine ewige Macht und
Gottheit" (Conf. 7,17,23; vgl. Röm 1,20). Was sich in den Texten des
Neuplatonismus jedoch nicht findet, ist die Erfahrung des Getrenntseins.
Der Neuplatonismus bietet also keine zureichende Deutung der *condicio
humana* auf der höchsten Stufe ihres Bewußtseins; sie findet sich erst bei
Paulus.

Augustinus beschreibt seinen habituellen Bewußtseinszustand, und er
interpretiert Röm 1,20 mit Hilfe des ästhetischen Erlebnisses. Die Erinnerung an das Erlebnis und die Gewißheit der Existenz Gottes werden als
Forderung erfahren. „Aber mit mir war die Erinnerung an Dich, und ich
zweifelte in keiner Weise, daß der sei, mit dem ich verbunden sein sollte,
daß ich jedoch noch nicht der sei, der verbunden sein könnte". Das ästhetische Urteil ist ein Vergleich; ein veränderliches Ding wird mit einer
unveränderlichen Idee oder Norm verglichen, und wir urteilen: „,Dieses
ist, wie es sein soll, jenes nicht.'" Die Sinneserfahrung und die Tätigkeit
des Urteilens werden also auf den Bereich des Ewigen und Unveränderlichen hin überstiegen. Dieser Aufstieg wird nun in seinen einzelnen Stufen
beschrieben. Er führt von den leiblichen Sinnen, die uns Kunde über die
Außenwelt geben, zur diskursiven Vernunft, die über die Wahrnehmungen
urteilt. Aber auch das Urteil ist als ein der Zeit vollzogener Akt der
Veränderung unterworfen. Die Vernunft wendet sich deshalb auf sich
selbst zurück. Sie verfügt über Urteile oder Einsichten, die von sinnlichen
Vorstellungen unabhängig sind; so urteilt sie, „daß das Unveränderliche
dem Veränderlichen vorzuziehen ist". Diese Einsicht setzt voraus, daß die
Vernunft das Unveränderliche kennt, denn „würde sie es nicht irgendwie
kennen, so würde sie es dem Veränderlichen nicht mit Gewißheit vorzie-
hen". Wie kommt die Vernunft zu dieser Kenntnis? Sie muß imstande
sein, das Licht des Unveränderlichen zu schauen. Die urteilende Vernunft
setzt eine anschauende Vernunft voraus; die Reflexion auf die Tätigkeiten
der Vernunft führt zum Vermögen der Schau des Unveränderlichen. Aber
der Reflexionsprozeß, den Augustinus beschreibt, erschließt nicht lediglich das Vermögen der Schau als Voraussetzung des Urteilens; er führt
vielmehr zum Erlebnis der Schau. Die Vernunft „gelangt zu dem, was *ist*
im Aufblitzen eines zitternden Erblickens". Wieder erfährt Augustinus
seine eigene Schwäche. Er schaut, wie er es mit Röm 1,20 formuliert, das

Unsichtbare Gottes durch das Geschaffene, „aber mich daran festzu-
schauen, das vermochte ich nicht", und es bleibt nur das „liebende Gedächtnis" (Conf. 7,17,23).

2. Paulus

313 Die Bücher der Platoniker haben Augustinus zur Erkenntnis der Existenz
Gottes geführt. Sie haben ihm, gegen den Sensualismus und Materialismus der Manichäer, gezeigt, daß Gott unkörperlich und unräumlich ist,
daß er allein, keinem Wandel und keiner Veränderung unterworfen, im
eigentlichen Sinn des Wortes *ist* und daß alles andere sein Sein ihm verdankt. Aber alles das hat seinen inneren Zwiespalt nicht behoben, sondern
verschärft. Er hat etwas „erblickt", aber es hat ihn „zurückgestoßen"; die
Finsternis seiner Seele läßt nicht zu, daß er es „betrachtet". Augustinus
unterscheidet zwischen einer wenn auch durch ein ekstatisches Erlebnis
vermittelten metaphyischen Erkenntnis und dem religiösen Grundakt. Die
Erkenntnis trennt ihn vom Erkannten, weil sie ihn stolz und aufgeblasen
macht. Die Bücher der Platoniker zeigen ihm ein Ziel, und sie versperren
zugleich den Weg dorthin. Augustinus unterscheidet zwischen der durch
die platonische Erkenntnis bewirkten *praesumptio,* der Selbstgefälligkeit,
Anmaßung, Überheblichkeit, Hochmut, und der *confessio*, dem Lobpreis
Gottes, dem Dank, dem Bekenntnis der eigenen Sterblichkeit und Sündig-
keit. Die Platoniker und Augustinus in ihrem Gefolge trifft das Verdikt
von Röm 1,21f.: Sie „haben Gott erkannt, ihn aber nicht als Gott geehrt
und ihm nicht gedankt. Sie verfielen in ihrem Denken der Nichtigkeit, und
ihr unverständiges Herz wurde verfinstert. Sie behaupteten, weise zu sein,
und wurden zu Toren". Dem Hochmut der Erkenntnis wird die Liebe
entgegengestellt, die auf dem Fundament der Demut aufbaut (Conf.
7,20,26).

314 „So griff ich mit größter Gier nach den ehrwürdigen Schriften Deines
Geistes, und vor allen übrigen nach dem Apostel Paulus." Alle Wahrheiten, die Augustinus bei den Platonikern gelesen hatte, findet er auch bei
Paulus; wir sahen, daß er wiederholt Röm 1,20 zitiert. Aber für Paulus ist
die Erkenntnis Anlaß zum Lobpreis Gottes; für ihn ist es ein Geschenk,
daß der sieht und sehen kann, „denn ‚was hat er, das er nicht empfangen
hätte?' [1 Kor 4,7]". Die Bücher der Platoniker haben Augustinus zu einer
Erleuchtung geführt, die wegen seiner Schwäche nur das Erlebnis eines
kurzen Augenblicks war; Paulus zeigt einen Weg zur Heilung, durch die
das Erblickte zu einer tragenden Kraft im Leben wird. Augustinus erfährt
an sich den Zwiespalt, den Paulus in Röm 7 beschreibt: Er findet Gefallen
am Gesetz Gottes, aber erfährt zugleich das Gesetz der Sünde, das dem
Gesetz Gottes widerstreitet. „Denn gerecht bist Du Herr, wir aber haben

gesündigt, Unrecht getan, gottlos gehandelt, und Deine Hand hat sich lastend auf uns gelegt. Zu Recht sind wir dem uralten Sünder ausgeliefert worden, dem Fürsten des Todes, weil er unseren Willen überredet hat, sich seinem Willen anzugleichen". Mit Paulus fragt Augustinus, wer ihn von der Herrschaft der Sünde und des Todes befreien wird, und er antwortet mit ihm: „allein Deine Gnade, durch Jesus Christus unseren Herrn" (Conf. 7,21,27). Nicht die Platoniker, sondern erst Paulus erschließt Augustinus das Verständnis und die Deutung der *condicio humana*; erst er weist ihm den Weg, den er gehen und auf dem er seine Zerrissenheit heilen kann. Aber er braucht die Platoniker, um Paulus verstehen zu können. Die Manichäer hatten ihm den Zugang zur Schrift als einer Heilsbotschaft verschlossen. Die Bedeutung der platonischen Philosophie liegt darin, daß sie diese Hindernisse beseitigt und so den Blick für die wahre Botschaft der Schrift freigibt.

3. Die Vision in Ostia

„Schon als Knabe", so beschreibt Augustinus die Intuition seiner Kindheit 315 vom katholischen Glauben, „hatte ich von einem ewigen Leben gehört, das uns verheißen ist durch die Demut unseres Herrn und Gottes, der zu unserem Hochmut herabstieg" (Conf. 1,11,17). Die christliche Botschaft verheißt das ewige Leben, und es ist wiederum die Lehre der Platoniker, zu der Augustinus greift, um diese Hoffnung in ein umfassenderes Weltbild einzuordnen. Im Unterschied zur Mailänder Vision erfahren wir bei der Vision von Ostia (Conf. 9,10.23–25) Ort, Zeit und nähere Umstände. Nach Augustinus' Taufe sind er und Monica von Mailand nach Ostia an der Tibermündung gereist, wo sie sich nach den Strapazen des Landwegs für die Überfahrt nach Afrika erholen. Sie stehen an ein Fenster gelehnt, das auf einen Garten innerhalb des Hauses geht. Sie fragen, wie man sich das ewige Leben der Heiligen vorzustellen habe, jenes Leben, das „„kein Auge gesehen und kein Ohr gehört und das in keines Menschen Herz aufgestiegen ist' [1 Kor 2,9]". Der Text ist in zwei Teile gegliedert. Zunächst wird ein Aufstieg geschildert, den Augustinus und Monica gemeinsam im Gespräch erleben; dann wird das Erlebnis gedeutet und eine Antwort darauf gegeben, wie das ewige Leben ist.

Ausgangspunkt ist die Freude an der Wahrnehmung der leiblichen Sinne, 316 vor allem das Erlebnis des Lichtes. Ihr wird das Entzücken des anderen Lebens entgegengestellt, von dem sie eine erste Vorstellung vermittelt, das sich aber mit ihr nicht vergleichen läßt. Die brennende Sehnsucht nach diesem Leben und dem in ihm Geschauten ist die bewegende Kraft des Aufstiegs. „Wir durchwanderten stufenweise alle körperlichen Dinge, ja den Himmel selbst, von wo Sonne und Mond und Sterne auf die Erde

herableuchten. Und in unserm Innern stiegen wir noch höher, Deine
Werke erwägend, besprechend und bewundernd, und gelangten zu unseren Geistseelen". Über den der Veränderung unterworfenen menschlichen
Geist hinaus führt der Aufstieg zur Weisheit Gottes, „durch die alle diese
Dinge geschaffen werden, die gewesenen wie die kommenden; sie selbst
aber kennt kein Wandel, sie ist so wie sie war und immer sein wird". An-
klänge an die Bibel, neuplatonische Ontologie und platonische Bilder
dienen dazu, die „Weisheit Gottes" zu beschreiben. Sie wird gleichgesetzt
mit der zweiten Hypostase Plotins, dem Geist oder der Gesamtheit der
sich selbst denkenden Ideen (§ 332). Es ist die vom Psalmisten gepriesene,
in der Natur erfahrene Weisheit des Schöpfers: „Herr, wie zahlreich sind
Deine Werke! Mit Weisheit hast Du sie alle gemacht, die Erde ist voll von
Deinen Geschöpfen" (Ps 104,24). Der Aufstieg erinnert an die Auffahrt
der menschlichen Seelen und der Götter zum überhimmlischen Ort der
Ideen in Platons *Phaidros*. Die Schau der Ideen ist Nahrung der Seele
(246e1f.; 247d2–4) und ein Mahl für die Götter (247a8), und Augustinus
verbindet Platons Mythos mit dem alttestamentlichen Bild des Hirtens, der
seinen Schafen Nahrung, Sicherheit und Geborgenheit gibt: „Wir erreich-
ten die Gefilde unerschöpflicher Fülle, wo Du Israel auf ewig mit der
Speise der Wahrheit weidest" (vgl. Ez 34,14; Ps 80,2). Der Moment des
Erblickens ist ähnlich beschrieben wie in der Mailänder Vision (§ 312),
aber dieses Mal erfährt Augustinus sich nicht als getrennt von dem, was er
schaut. Vielmehr ist die Berührung eine „‚Erstlingsgabe' (Röm 8,23)", ein
erstes Aufleuchten des ewigen Lebens, das sich bleibend dem Gedächtnis
einprägt. „Und während wir so voll Sehnsucht über die Weisheit sprechen,
berührten wir sie leise mit einem vollen Schlag des Herzens; da seufzten
wir auf und ließen dort festgebunden die ‚Erstlingsgaben des Geistes'".
Vom ewigen Wort der göttlichen Weisheit, kehren sie zurück „zum Ge-
räusch unserer Lippen, wo das Wort einen Anfang und ein Ende hat"
(Conf. 9,10,24).

317 Das nachfolgende deutende Gespräch knüpft an das Erlebnis an, aber es
ist keine Beschreibung des Erlebnisses. Augustinus spricht in Bedin-
gungssätzen. Wie ist die eschatologische Vollendung des Lebens zu denken? Sie wäre gegeben, wenn das und das der Fall wäre. Die Seele muß
schweigen, sich selbst überschreiten und vergessen, indem sie sich selbst
nicht mehr denkt. Sie muß frei werden von allen Vorstellungen: „wenn die
Träume und die Offenbarungen der Einbildungskraft und alle Sprachen
und alle Zeichen und alles, was durch Vorübergang sich ereignet, völlig in
Schweigen versänke". In diesem Schweigen kann sie hören, daß alle
Dinge ihr sagen: „‚Nicht wir haben uns selber erschaffen, sondern der in
Ewigkeit bleibt, er ist unser Schöpfer'". Aber diese Botschaft der Schöpfung ist nur eine Aufforderung zum Hören, und die Dinge schweigen nach
diesem Wort, „weil sie das Ohr auf den hingerichtet haben, der sie ge-

schaffen hat". Für dieses Hören verweist Augustinus auf das gemeinsame Erlebnis. Es ist kein Hören von Worten, und dieses Hören ist zugleich ein Schauen. Wir hören den, den wir in allem Geschaffenen lieben, aber wir hören ihn ohne dieses, wie wir eben jetzt „mit einem augenblickshaften Gedanken an die ewige, über allem bleibende Weisheit rührten". Wenn dieses Erlebnis andauern würde und alle anderen Schauungen verschwänden und allein diese eine, eben erlebte, die zugleich ein Hören ist, „den sie Erblickenden hinrisse und erfüllte und in innere Wonnen versenkte: wenn dies das ewige Leben wäre [...] entspräche das nicht dem Sinn der Einladung: ‚Geh ein in die Freude deines Herrn'?" (Conf. 9,10,25).

V. Glaube und Entscheidung

1. Die Entscheidung für eine Lebensform

Ein religiöser Glaube ist mehr als eine theoretische Überzeugung; er ist   318
eine Lebensform. Zur Botschaft des Alten Testamentes gehören die am Sinai verkündeten Gebote (Ex 20) und zu der des Neuen Testamentes die Forderungen der Bergpredigt (Mt 5–7). Ein Mensch glaubt erst dann, wenn er entschlossen ist, diesen Weg zu gehen, wie unvollkommen auch immer ihm das gelingen mag. Der Glaube ist nicht nur ein Akt der Erkenntnis, sondern in einem zweifachen Sinn ein Akt des Willens: als Zustimmung zum Erkannten und als Entscheidung, den Weg der Gebote zu gehen. Die *Confessiones* lassen die biographische Bedingtheit auch dieses Schrittes deutlich werden. Was den Anstoß gibt, ist nicht zuletzt das Beispiel anderer.

Mein „Verlangen war nicht, größere Gewißheit über Dich zu erhalten,   319
sondern fester in Dir zu sein. In meinem weltlichen Leben aber schwankte alles, und das Herz mußte vom ‚alten Sauerteig' [1 Kor 5,7] gereinigt werden" (Conf. 8,1,1). Ehre und Geld hatten für Augustinus ihren Reiz verloren, „aber an die Frau war ich noch mit zäher Fessel gebunden. Der Apostel verbot mir die Heirat nicht, obwohl er zu etwas Besserem mahnt [...] Dazu war ich zu schwach". Aber die Lasten einer Ehe wollte Augustinus auch nicht auf sich nehmen (Conf. 8,1,2). Der Bericht, daß der berühmte Rhetor Marius Victorinus sich im Alter öffentlich zum Christentum bekannt und dadurch seinen Lehrstuhl verloren habe, löst in Augustinus den brennenden Wunsch aus, seinem Beispiel zu folgen, aber er erfährt seine Gewohnheiten als eiserne Kette. Es ist sein eigenes Wollen, das diese Kette geschmiedet hat. „Aus einem verkehrten Willen entstand die Wollust; wenn man der Wollust dient, entsteht die Gewohnheit; wenn man der Gewohnheit nicht widersteht, wird sie zur Notwendigkeit". Augustinus erfährt eine innere Spaltung. Er will dem Beispiel des Victori-

nus folgen und ist doch gebunden durch die Fesseln der selbstverschulde-
ten Gewohnheit. Er kann sich nicht mehr damit entschuldigen, daß er die
Wahrheit noch nicht hinreichend erkannt hätte, denn sie war ihm jetzt
gewiß (Conf. 8, 5,10–11).

320   Ponticianus, ein hoher Offizier am kaiserlichen Hof in Trier, erzählt seinem Landsmann Augustinus vom Leben des ägyptischen Einsiedlers Antonius und wie drei seiner Kameraden auf ihre Stellung am Hof verzichtet
und sich in Trier Einsiedlern angeschlossen hätten. Die Erzählung des
Ponticianus führt Augustinus zur Konfrontation mit sich selbst. „Du aber
Herr, wendetest während seines Redens mich zu mir selbst und holtest
mich von hinter meinem Rücken hervor, wo ich mich versteckt hatte, um
mich selbst nicht sehen zu müssen, und stelltest mich vor mein Gesicht,
damit ich sähe, wie häßlich ich sei, wie entstellt und schmutzig, voller
Flecken und Geschwüre. Ich sah es und war entsetzt, und es gab keine
Möglichkeit mehr, vor mir selbst zu entfliehen" (Conf. 8,7,16). Die Aus-
rede, er sehe nicht, welchen Weg er gehen solle, ist nicht mehr möglich.
„Der Tag war gekommen, wo ich nackt vor mir stand und mein Gewissen
mich anfuhr: ‚Wo bleibt dir die Sprache? Du sagtest doch, wegen der
Ungewißheit des Wahren wolltest du die Last der Eitelkeiten nicht abwer-
fen. Aber jetzt hast du Gewißheit, und sie drückt dich noch immer [...]‘"
(Conf. 8,7,18). ‚„Einfache Leute"', so schreit Augustinus seinen Freund
Alypius an, ‚„raffen sich auf und reißen den Himmel an sich, und wir mit
unserer herzlosen Wissenschaft wälzen uns in Fleisch und Blut"' (Conf.
8,8,19). „Alle Argumente waren erschöpft und widerlegt"; was ihn von
dem entscheidenden Schritt zurückhielt war allein die Angst, mit der Gewohnheit zu brechen (Conf. 8,7,18).

321   Augustinus ist in seinem Wollen gespalten. Er hat die Wahrheit erkannt
und will ihr folgen, aber er will auch nicht seine Gewohnheiten aufgeben
(Conf. 8,10,24). „Mehr vermochte über mich das altgewohnte Schlechtere
als das ungewohnte Bessere" (Conf. 8,11,25). Er vergleicht seinen Zustand mit dem eines Menschen, der morgens erwacht und wachsein und
aufstehen will, der aber doch wieder vom Schlaf übermannt wird. Kein
Mensch möchte immer nur schlafen, und jeder urteilt, daß es besser ist
wach zu sein als zu schlafen; trotzdem genießt er es, im Bett zu bleiben
und vor sich hin zu träumen, obwohl es Zeit wäre aufzustehen. „So war
ich sicher, daß es besser wäre, mich Deiner Liebe hinzugeben als meiner
Begierde nachzugeben, aber jenes empfahl sich und überzeugte, dieses tat
wohl und fesselte" (Conf. 8,5,12). Die Entscheidung für den Glauben im
vollen Sinn wird erfahren als Befreiung zu dem, was Augustinus eigentlich will, und als Schritt zur inneren Einheit. Augustinus, so die bekannte
Szene in einem Garten in Mailand, hört die Stimme eines Knaben oder
Mädchens, die wiederholt sagt: „„Nimm, lies, nimm, lies"'. Augustinus
greift zu dem Band mit den Briefen des Apostels Paulus, der noch vom

Gespräch mit Ponticianus her im Garten liegt. Er erinnert sich an die Vita des Antonius, der seine Berufung fand, als er zufällig im Gottesdienst die Aufforderung Jesu, alles zu verkaufen und ihm nachzufolgen (Mt 19,21), hörte. Die Stelle, die er zufällig aufschlägt und liest, lautet: „„Nicht in Schmausereien und Trinkgelagen, nicht in Schlafzimmern und Unzucht, nicht in Streit und Eifersucht, sondern zieht den Herrn Jesus Christus an, und pflegt nicht das Fleisch in seinen Lüsten' [Röm 13,13f.]." Es sind die Worte, mit denen Paulus die Christen auffordert, vom Schlaf aufzustehen. Wie Antonius versteht Augustinus die Worte der Schrift als an sich gerichtet. „Weiter wollte ich nicht lesen; es war nicht nötig. Denn kaum hatte ich den Satz zu Ende gelesen, strömte wie ein Licht Gewißheit in mein Herz, und alle Finsternisse des Zweifels verschwanden" (Conf. 8,12,29). In einem Augenblick wird der freie Wille, der lange verborgen war, aus einer geheimnisvollen Tiefe herausgerufen: der Willensentschluß, „durch den ich den Nacken Deinem sanften Joch und die Schultern Deiner leichten Bürde beugte, Christus Jesus, ‚mein Helfer und mein Erlöser' [Ps 19,15]. [...] Was zu verlieren Furcht gewesen war, das aufzugeben war nun Freude" (Conf. 9,1,1).

2. Der Alltag des Glaubenden

Die Visionen von Mailand und Ostia und das Erlebnis der Gewißheit im Garten sind nur eine ‚Erstlingsgabe'; für Augustinus gilt wie für Paulus, daß auch die, denen sie geschenkt wurde, weiterhin das Elend der *condicio humana* erfahren. Die Entschiedenheit bewahrt nicht vor Anfechtung. Vielmehr hat das Leben, in dem eine andere Dimension aufgeleuchtet ist, seine alltägliche Selbstverständlichkeit verloren. „Unter dem Blick Deiner Augen bin ich mir zur Frage geworden, und das ist mein Elend" (Conf. 10,33,50). „Du hast geblitzt, geleuchtet und meine Blindheit verscheucht, hast geduftet, und ich atmete ein, und jetzt lechze ich nach Dir; ich habe gekostet, nun hungere ich und dürste; Du hast mich berührt, und ich bin nach Deinem Frieden entbrannt" (Conf. 10,27,38). Augustinus erfährt Widerstreit und Wechsel der Stimmungen und Affekte. „Es streiten meine Freuden, über die ich weinen sollte, mit der Trauer, über die ich mich freuen sollte, und auf welcher Seite der Sieg sein wird weiß ich nicht [...]. Es streitet meine schlechte Trauer mit den guten Freuden, und auf welcher Seite der Sieg sein wird weiß ich nicht. Weh mir! Herr, erbarme Dich meiner! Weh mir! Siehe, meine Wunden verberge ich nicht: Du bist der Arzt, ich der Kranke; Du bist Erbarmen, ich bin erbärmlich. Ist nicht ‚Versuchung das menschliche Leben auf der Erde' [Hiob 7,1]?" (Conf. 10,28,39).

Greifen wir eine der zahllosen kleinen Anfechtungen, von denen das zehnte Buch der *Confessiones* berichtet, heraus. Wenn Augustinus unterwegs einen Hund sieht, der einen Hasen hetzt, dann folgt er zwar weiter seinem eingeschlagenen Weg und reitet nicht dem Hund nach, aber der Hund kann ihn doch von einem wichtigen Gedanken, der ihn gerade beschäftigt, abbringen. Eine Eidechse, die nach Fliegen schnappt, und eine Spinne, die sie umwickelt, wenn sie in ihr Netz geraten, fesseln zu Hause Augustinus' Aufmerksamkeit. „Ich gehe von da zu Deinem Lob über, wunderbarer Schöpfer und Ordner aller Dinge, aber das war es nicht, was meine Aufmerksamkeit erregte" (Conf. 10,35,57). Ist es nur die Zerstreuung, deren er sich hier anklagt? „Wie ein Hund einen Hasen hetzt, das schaue ich mir im Zirkus freilich nicht mehr an." Es ist die Lust an der Grausamkeit, die ihn diese Tiere beobachten läßt, dieselbe Neugier, mit der andere die Tierhetzen im Zirkus anschauen und die sie dazu bringt, „eine zerfetzte Leiche, die nur Grauen einflößt, zu betrachten" (Conf. 10,35,55). Daß die Eidechse und die Spinne kleine Tiere sind, tut ihrer Grausamkeit keinen Abbruch. Augustinus wird angefochten durch die Doppeldeutigkeit der Natur. In ihr herrscht das grausame Gesetz des Tötens, und es bedarf einer eigenen Betrachtung, in ihr dennoch die Weisheit und Ordnung des Schöpfers zu erkennen.

324 Wie kann der Glaube diese Krankheiten heilen? „Du hast mich zuerst geheilt von der Sucht, mich selber zu rechtfertigen, um daraufhin auch all meiner anderen Sündhaftigkeit gnädig zu werden und alle meine Schwächen zu heilen [...]. Durch die Furcht vor Dir hast Du meinen Hochmut gebeugt und meinen Nacken an Dein Joch gewöhnt" (Conf. 10,36,58). Augustinus verzichtet darauf, in sich selbst zu stehen und sich selbst zu rechtfertigen. Er steht zu seinen Schwächen und überläßt sich vertrauensvoll dem Arzt, der allein ihn heilen kann. Es ist die Haltung von Ps 103 und Mt 11,28–30, die in diesem Abschnitt der *Confessiones* zitiert werden. An anderer Stelle (Conf. 10,40,65) spricht Augustinus von einer Übung, die ihn für kurze Stunden Spaltung und Zerstreuung überwinden läßt. „Denn Du bist das bleibende Licht, das ich bei allen Dingen zu Rate zog: ob sie wären, was sie wären, welchen Wert sie besäßen [...]. Das tue ich oft, und es macht mir Freude, und soweit ich mich vom Zwang der Geschäfte freimachen kann, nehme ich Zuflucht zu dieser Wonne". Es ist eine intellektuelle Übung, die Frage nach der Wahrheit; sie sammelt, und gelegentlich läßt sie das Erlebnis von Mailand und Ostia wieder lebendig werden. „Und zuweilen läßt Du mich ein zu einem ganz ungewohnten Affekt auf dem Grund meiner selbst, zu einem unaussprechlichen Glück; würde es in mir vollendet, dann wird es etwas sein, was dieses Leben nicht sein wird. Aber dann falle ich mit Mühsal beladen in diese Wirklichkeit zurück."

325 Der Alltag ist nicht Erhebung, Trost und Beschauung, sondern Erleben der eigenen Misere, das an die Grenze von Resignation und Verzweiflung

führt. Nicht Platon, sondern allein Paulus sagt uns, wie wir geheilt werden können; der autobiographische Teil der *Confessiones* schließt mit der paulinischen Soteriologie als der einzigen Möglichkeit, das eigene Dasein zu verstehen und zu bewältigen. Nur der Glaube an den, der „„zu Deiner Rechten sitzt und Fürsprache einlegt für uns' [Röm 8,34]", schenkt Hoffnung auf Heilung. „Anders müßte ich verzweifeln. Denn zahlreich und groß sind meine Krankheiten, zahlreich sind sie und groß, aber größer ist Deine heilende Macht. Wir hätten glauben können, Dein Wort sei weit davon entfernt, sich mit dem Menschen zu verbinden, und an uns verzweifeln können, wäre es nicht Fleisch geworden und hätte unter uns gewohnt." Ein Zitat aus Psalm 22, das uns auch am Anfang der *Confessiones* (1,1,1) begegnet, schließt den Kreis der *fides quaerens intellectum*: Augustinus lebt aus dem Bewußtsein seiner Armut, und er sättigt sich als Armer an der paulinischen Botschaft von der Erlösung. Die Hochmütigen sollen ihn nicht schmähen, „denn ich habe meinen Lösepreis vor Augen und esse und trinke und teile aus und als Armer verlange ich mich aus ihm zu sättigen unter denen, die ‚essen und sich sättigen: und preisen werden den Herrn, die ihn suchen' [Ps 22,27]" (Conf. 10,43,69).

Literatur:

Guardini 1950
Knauer 1955
Knauer 1957
Henry 1962
Courcelle 1963
Guardini 1989 (1935)
Confessions (O'Donnell 1992)
Clark 1993
Horn 1995
Fischer 1998
Kienzler 1998

M. Ontologie und Mystik: Plotin

Zu den vieldiskutierten Fragen der Religionsphilosophie zählen die nach 326326
einem gemeinsamen – um einen Ausdruck von William James zu gebrauchen – „Nukleus" (VRE 507) der verschiedenen geschichtlichen Formen
der Religion und Glaubensbekenntnisse und den Beziehungen zwischen
tradierter Lehre und persönlicher religiöser Erfahrung. Christliche und
islamische Mystiker haben sich der Anthropologie und Metaphysik Plotins
bedient, um ihre Erfahrungen zu beschreiben und einzuordnen; Kennern
fernöstlicher Religionen muß es überlassen bleiben, zu entscheiden, ob
Plotins Begriffe auch dort brauchbar sind und ein entsprechender „Nukleus" sich auch dort findet. So kann Plotins Philosophie den Blick über
den Horizont der christlichen Offenbarungsreligion hinaus weiten. Sie
wirft nochmals, in anderer Form als bei Kant und Newman, die Frage nach
dem Verhältnis von Religion und Vernunft auf. Plotin entwirft aus
Elementen der platonischen und aristotelischen Epistemologie und Ontologie einen Rahmen, welcher die mystische Erfahrung mit den anderen
Bereichen der Wirklichkeit verbindet. Wie beurteilt er das Verhältnis von
Philosophie und Religion? Sieht er in der Metaphysik einen möglichen
oder gar einen notwendigen Weg zum religiösen Grundakt? Wie weit
führt dieser Weg? Wo endet er?

Im Mittelpunkt der folgenden Interpretationen stehen Plotins erste Schrift 327327
Das Schöne (I 6 [1]) und die ebenfalls frühe Abhandlung *Das Gute oder
das Eine* (VI 9 [9]). Plotins durch die platonisch-aristotelische Tradition
geprägte und daher in einem gewissen Sinn scholastische Begrifflichkeit
verführt zu einer doxographischen Darstellung. Aufgabe der Interpretation
ist es, den Phänomenen nachzugehen, die sich hinter dieser Sprache der
Schule verbergen. Bevor wir uns ihr zuwenden, sei unter der Rücksicht
unserer Fragestellung ein Blick auf die von seinem Schüler und Freund
Porphyrios (ca.233–301/305) verfaßte Lebensbeschreibung (in der Ausgabe von Harder: Band Vc) geworfen. (Poryphyrios hat Plotins Schriften
nach systematischen Gesichtspunkten in sechs Gruppen von jeweils neun
Schriften [Enneaden] geordnet, aber auch die chronologische Folge, in der
sie entstanden sind, überliefert. Die Stellenangaben bringen zunächst die
Enneadenzählung und danach in eckiger Klammer die chronologische
Zählung.)

Über seine Eltern und seine Heimat hat Plotin (204/5–270) Porphyrios 328328
nichts erzählt. Mit 28 Jahren begann er, sich mit Philosophie zu beschäftigen. Die berühmten Lehrer in Alexandreia enttäuschten ihn. Schließlich
fand er dort in Ammonios doch noch einen Lehrer, der ihn so beeindruckt
habe, daß er volle elf Jahre bei ihm blieb. Plotin sei „so tief in die Philosophie eingedrungen, daß er auch die bei den Persern und Indern ge-

bräuchliche und angesehene Philosophie kennenzulernen trachtete" (§ 15).
Zu diesem Zweck nahm er am Feldzug Gordians III. gegen die Perser teil.
Als Gordian bei Dura Europos in Mesopotamien von Philippus Arabs, der
ihm als Kaiser nachfolgte, ermordet wurde (Februar 244), floh Plotin nach
Antiochien und kam dann, im Alter von 40 Jahren, nach Rom, wo er zu
lehren begann. In den Vorlesungen ließ er zunächst die Kommentare zu
Platon und Aristoteles vorlesen; „niemals aber übernahm er einfach eine
ihrer Lehren, sondern er war originell und ungewöhnlich in seinem wissenschaftlichen Denken" (§ 73). Während der Zeit, in der Porphyrios bei
ihm war, sei Plotin viermal „jener Gott" erschienen, welcher keine Gestalt
und keine Form hat und oberhalb des Geistes und der gesamten geistigen
Welt thront". Plotin habe sich „mit seinem Denken" zum „Ersten, Jensei-
tigen Gott" hinaufgehoben, und es sei Platons *Symposion* gewesen, das
ihm die Wege dazu gewiesen habe (§ 130). Weil Platon für ihn die mystagogische Autorität schlechthin war, wendete Plotin sich mit einer eigenen
Schrift (II 9 [33]) gegen die Gnostiker, die behaupteten, „Platon sei nicht
bis in die Tiefe der geistigen Wesenheit vorgedrungen" und dadurch viele
irreführten (§ 80). Sie „nehmen ihre Lehre zumeist von Platon, während
die Neuerungen, auf die sie eine eigene Philosophie gründen wollen, Er-
findungen sind, die an der Wahrheit vorbeigehen" (§ 44). Mit verschiedenen Wendungen hebt Porphyrios hervor, daß Plotin bestrebt war, bewußt
und – um es in der Sprache der christlichen Spiritualität zu formulieren –
in der Gegenwart Gottes zu leben: „in dem Aufmerken auf sich selber ließ
er niemals nach" (§ 47); niemals ließ er, „solange er wachte, die auf den
Geist gerichtete Anspannung locker werden" (§ 51); „es war nämlich sein
Ziel und Richtpunkt, nahe und eins zu sein mit dem Gott, der über allem
ist" (§ 131).

I. Zwei Ausgangserfahrungen

329 Ein religiöser Glaube wird aus einer Tradition übernommen, aber er bleibt
leer und tot, wenn ihm nicht der Geist der persönlichen Erfahrung einge-
haucht wird. Für Plotin ist Platon nicht nur eine philosophische, sondern
auch eine religiöse Autorität, und Platons *Symposion* ist für ihn, so berichtet Porphyrios, ein mystagogischer Text. Es sind zwei bei Platon vor-
gezeichnete Grunderlebnisse oder Grunderfahrungen, welche für Plotin
am Anfang des Aufstiegs zum Einen oder Guten oder Göttlichen stehen
und die Suche nach ihm überhaupt erst lebendig werden lassen. Der Aufstieg zum göttlichen Schönen, so lehrt Diotima den Sokrates, beginnt
damit, daß ein junger Mensch den schönen Leibern nachgeht (Symp.
210a4–6). Nach dem Guten, so beschreibt die *Politeia* den anderen Ausgangspunkt, „strebt jede Seele, und um seinetwillen tut sie alles. Denn sie

ahnt, daß es etwas ist, fühlt sich aber unsicher und vermag nicht recht zu erfassen, was es eigentlich ist" (505d11–e2).

„Was ist es", so fragt Plotin, „das den Blick des Beschauers erregt, auf sich wendet und mitzieht und im Schauen sich ergötzen läßt?" (I 6 [1] § 4). Am Anfang steht nicht ein Tun: ein Denken, Fragen oder Reflektieren; die erste „Stufe" (§ 4) des Aufstiegs ist vielmehr ein Erleiden (*paschein*, § 21), und Plotin fragt, was es ist, das dieses Erlebnis der Freude und Erschütterung (§ 10) auslöst. Vom Erleiden der Schönheit sind Sinnlichkeit und Vernunft betroffen; es ist Erfahrung eines Inhalts und Erfahrung des wahrnehmenden Selbst. Plotin charakterisiert es als Verstehen und Erkennen (§ 9). Die Wahrnehmung vollzieht eine Synthesis: Sie faßt „das Vielfältige geschlossen zusammen, hebt es hinauf, bringt es ein in das Innere als ein nunmehr Unteilbares" (§ 15). Die Seele erfährt eine Entsprechung zwischen der wahrgenommenen Form und sich selbst. Wenn ihr Blick auf das Schöne fällt, „billigt sie es und paßt sich ihm sozusagen an; wenn ihr Blick dagegen auf das Häßliche trifft, so zieht sie sich zurück, weigert sich ihm und lehnt es ab, denn es stimmt nicht zu ihr und ist ihr fremd" (§ 9). Die Wahrnehmung überliefert dem Inneren die zu einer Einheit zusammengefaßte Form „als ein Übereinstimmendes, zu ihm Passendes, Verwandtes" (§ 15). Die Seele bezieht das wahrgenommene Schöne „auf sich selbst und erinnert sich ihres eigensten Wesens und dessen, was sie in sich trägt" (§ 10).

Steigen wir „hinauf zum Guten, nach welchem jede Seele strebt" (I 6 [1] § 33). Die zweite Ausgangserfahrung ist die eines unerfüllten Verlangens, das Erlebnis des Ungenügens. Plotin spricht von einer Schau, die allein unser Streben nach Glück erfüllen kann. „Wem es aber nicht glückt, der ist wahrhaft unglücklich; denn nicht wer schöne Farben und schöne Leiber, nicht wer Macht, Ämter, den Königsthron nicht erlangt, ist unglücklich, sondern allein, wer dieses eine nicht erlangt" (§ 36). Diese Schau läßt uns eine Beziehung bewußt werden, in der wir immer schon stehen; in ihr erreicht eine unbewußte Ausrichtung aller Lebensvollzüge ihre Vollendung. Plotin spricht von einer zweifachen Beziehung auf das Absolute. Es ist einmal die Beziehung der Abhängigkeit; sie ist formuliert mit einem Ausdruck, welcher dem zwölften Buch der *Metaphysik* entnommen ist. Nachdem Aristoteles die vollkommene Seinsweise des Unbewegten Bewegers beschrieben hat, fährt er fort: „Von einem solchen Prinzip also hängt der Himmel und die Natur ab" (1072b13f.). Ebenso spricht Plotin von einem, „von dem alles abhängt [...], denn es ist Ursache von Leben, Denken und Sein". Zugleich ist dieses Absolute das unbewußte Ziel und der Fluchtpunkt, auf den alle Tätigkeiten bezogen sind; auf es hin „blickt und ist und lebt und denkt" alles (§ 33). Wir können diese zweifache Beziehung symbolisieren durch das Bild des Kreises: Die Radien erwachsen aus dem Mittelpunkt und sie laufen auf ihn hin (VI 8 [39] § 160). Dieser unbewußte Ursprung und dieses unbewußte Ziel ist die Mitte des Menschen; wir leben in seiner beständigen Gegenwart. Wir finden uns selbst, wenn wir zu ihm hinfinden, und wir verlieren uns, wenn wir aus dieser unserer Mitte herausfliehen. „Jener [...] ist für keinen draußen, sondern ist bei allen, ohne daß sie es wissen. Sie selbst sind es, die aus ihm herausfliehen, oder richtiger, aus sich selbst herausfliehen" (VI 9 [9] § 53).

Plotin will von der Peripherie zum Mittelpunkt hinführen; er will uns anleiten, zum Ursprung der beiden Grunderfahrungen vorzudringen. Der Weg ist ein Weg der sittlichen Läuterung und des rationalen Arguments; es bedarf gleichermaßen des Lernens und der überzeugenden Beweisführung wie der Reinigung und der Tugend (VI 9 [9] § 29; VI 7 [38] § 278f.). Dem Zusammenspiel und wechselseitigen Bedingungsverhältnis dieser beiden Momente soll im folgenden nachgegangen werden: Wie weit führt das rationale Argument? Welche Argumente bringt Plotin? Ist das diskursive Argument notwendige Bedingung für den Weg zur Mitte, oder ist auch ein nicht-diskursiver Weg zum Absoluten möglich? Wie verhalten sich sittliche Einsicht und ontologische Argumentation?

II. Die ontologische Frage nach dem Einen

332   Wenden wir uns mit diesen Fragen zunächst an die Schrift *Das Gute oder das Eine* (VI 9 [9]). Plotin beginnt mit ontologischen Überlegungen zum Verhältnis des Einen und des Seienden; er zeigt, daß etwas in dem Ausmaß *ist*, als es *eins* ist (§§ 1–14). Etwas kann nicht sein, ohne eins zu sein; zusammen mit seiner Einheit verliert es sein Sein. Ein Haus oder ein Schiff, das in seine Teile zerfällt, ist kein Haus und kein Schiff mehr; ein Heer, das sich auf der Flucht auflöst, ist kein Heer mehr. „Wenn ein Einzelding das Eine verliert, dann ist es überhaupt nicht mehr" (§ 9). Den Graden des Seins entsprechen die Grade der Einheit: „ein geringeres Sein bedeutet also auch ein geringeres Einssein, und ein höheres ein höheres" (§ 5). Ein Heer, ein Reigen und eine Herde bestehen aus Individuen, die lediglich durch Regeln für ihr Verhalten zu einer Einheit verbunden sind. Die Einheit eines Hauses und eines Schiffs beruht auf deren Zweck; er bestimmt die Auswahl des Materials, die Gestalt der Teile und deren Anordnung zu einem Ganzen. Ein Stoff erhält seine Einheit durch das Mischungsverhältnis seiner Bestandteile. Der höchste Grad der Einheit in der sichtbaren Welt kommt schließlich den Organismen, den Pflanzen und den Lebewesen, zu; Ursache ihrer Einheit ist ein substantielles Prinzip, die Seele. Auch die Vollkommenheit eines Einzeldings innerhalb seiner Art entspricht seiner Einheit: „Gesundheit ist gegeben, wenn der Leib zu einer Einheit geordnet wurde, und Schönheit, wenn die Natur des Einen die Teile beherrscht; und die Tugend der Seele, wenn sie in eins und zu einer Übereinstimmung geeint ist" (§ 3).

Wenn alles Seiende in dem Grad, als es eins ist, *ist*, dann ist der Grund oder die Ursache der Einheit eines Seienden Grund oder Ursache dafür, daß es ist. „Alles Seiende", so beginnt daher die Schrift, „ist durch das Eine ein Seiendes" (§ 1). Die Frage nach dem letzten Grund der Einheit ist daher die Frage nach dem letzten Grund des Seienden. Die Stufenordnung des Seienden und des Einen, die wir betrachtet haben, legt eine Antwort nahe: Grund oder Ursache der Einheit ist die Seele. Es ist die Seele des Feldherrn, welche durch ihre Anordnungen die Soldaten zu einem Heer verbindet, die Seele des Choreographen, welche den Reigen schafft, die Seele des Architekten und Schiffsbauers, welche das Material zu einer funktionalen Einheit verbindet und nicht zuletzt die Seele der Organismen, die sie aufbaut und deren Einheit bewahrt.

Die Seele gibt, so wendet Plotin ein, die Einheit, aber sie ist nicht selbst die Einheit. Wenn der Architekt ein Haus baut, dann braucht er eine Idee des Hauses; er muß wissen, was ein Haus ist; er muß den Zweck eines Hauses kennen; er muß die Gesetze kennen, nach denen er die Teile anzuordnen hat, damit dieser Zweck erreicht wird. Die Einheit, welche die Seele des Architekten dem Material verleiht, ist also nicht aus ihr; sie ist dem Eidos zu verdanken, auf welches die Seele des Architekten hinschaut. Aber liegen beim Organismus die Dinge nicht anders? Ist hier nicht die Seele als Form oder Substanz Ursache der Einheit? Plotin gibt zu, daß sie in einem höheren Grad eins ist als der Organismus, den sie aufbaut und erhält; dennoch ist sie nicht die Einheit oder das Eine selbst, sondern auch sie hat nur, wenn auch in höherem Grad als der Leib, an der Einheit teil. Zwischen der Seele und dem Einen besteht nicht das Verhältnis der Identität, sondern das der Prädikation: Die Seele ist (wie der Reigen oder der Leib, wenn auch in höherem Grad) eins, aber sie ist nicht das Eine oder die Einheit. Außer diesem begrifflichen Unterschied ist ein zweiter Grund zu nennen: Obwohl die Seele das Prinzip der Einheit des Leibes ist, ist sie selbst ihrerseits nochmals vieles, wenn sie auch nicht aus Teilen besteht. Sie hat eine Vielzahl von Vermögen: Denken, Streben, Wahrnehmung. Worin besteht deren Einheit? Diese Vermögen und ihre Tätigkeiten können nicht als eine unverbundene Vielheit gedacht werden. „So führt also die Seele einem anderen das Eine zu, wobei auch sie durch ein anderes eins ist; auch sie erleidet dieses von einem anderen" (§ 6).

Plotin unterscheidet von der Seele den Geist; wie ihr Verhältnis genauer zu bestimmen ist, kann hier offenbleiben. Kann der Geist die letzte Ursache der Einheit und damit „das Erste" sein? Eine negative Antwort ergibt sich aus seinen Wesenseigenschaften, der Intentionalität und der Reflexivität (§§ 13–14). Denken schließt notwendig ein Denkendes und ein Gedachtes und damit eine Zweiheit ein. Der Geist denkt das Seiende oder sich selbst als alles Seiende, denn das Seiende erhält seine Wirklichkeit erst dadurch, daß es vom Geist erkannt wird (vgl. Aristoteles, De an. III

8). Indem er alles Seiende denkt, ist er eine Vielheit. Aber der Geist kann, indem er das Seiende denkt, sich zu sich selbst wenden; dann ist er selbst nicht nur das Denkende, sondern auch das Gedachte. Indem der Geist so auf sich selbst reflektiert, wendet er sich seinem Ursprung zu. Er erfaßt sich in der Reflexion als Zweiheit des Denkenden und Gedachten, und damit erfaßt er, daß er selbst nicht der Ursprung des Seienden ist, sondern von einem Einen und Ersten abhängt. „Und in der Tat muß man den Geist so ansetzen, daß er einerseits in der Gegenwart des Guten, des Ersten ist und auf ihn hinblickt, andererseits aber auch mit sich selbst zusammen ist und sich selbst denkt" (§ 14). Der Text unterscheidet zwei Weisen des Gegebenseins. Der Geist ist im Akt der Reflexion mit sich selbst zusammen (*suneina*): Er erfaßt sich selbst mittels seiner eigenen Tätigkeit, dem Denken. Zugleich ist er in der Gegenwart (*pareinai*) des Ersten oder Guten: Das Erste kann nicht mit dem Denken erfaßt werden. Im Denken kann der Geist nur seine eigene Zweiheit erfassen und einsehen, daß sie als solche nicht das Erste sein kann. Diese Erkenntnis der eigenen Abhängigkeit bringt ihn in die Gegenwart des Ersten.

333 Der ontologische Gedankengang wird an späterer Stelle (§§ 33–42) aufgegriffen. Im Mittelpunkt dieses weiterführenden Arguments steht der Begriff der Selbstgenügsamkeit; wir können es als eine Form des Kontingenzbeweises interpretieren. Plotin formuliert ausdrücklich die Voraussetzung, von der er ausgeht: Wer einen Materialismus vertritt und nur körperliche Ursachen zuläßt, kann keinen Begriff des Einen bilden. An ihn wendet Plotin sich nicht, sondern nur an die, „welche eine andere Wesenheit neben den Körpern annehmen und auf die Seele zurückgreifen" (§ 30). Die Seele verweist auf den Geist als die Ursache des Wissens, aber der Geist ist nicht das Erste, weil er nicht eins und einfach ist. Das Eine, das vor dem Geist liegt, wird „aus dem von ihm Erzeugten erkannt, dem Sein". Für Plotin ist der Geist ein ontologisches Prinzip; er ist die Gesamtheit der Formen oder Wesenheiten, durch die ein jedes Seiendes das ist, was es ist. Die Form und ihre Verwirklichung in der ihr entsprechenden Tätigkeit macht die Vollkommenheit eines Seienden aus. Der Geist ist die Vielheit der Formen und damit der Vollkommenheiten. Als Ursprung des Geistes muß das Erste alle Vollkommenheiten enthalten, aber sie müssen in ihm eine ungeschiedene Einheit bilden. Das Wesen des Ersten ist folglich derart, „daß es Quell des Vollkommensten ist, die Kraft, welche das Seiende erzeugt, wobei es aber in sich selbst beharrt und nicht vermindert wird" (§ 36).

Wie sollen wir diesen Ursprung nennen? Wenn wir uns über ihn verständigen wollen, brauchen wir einen Namen, und Plotin erläutert, weshalb wir ihn notgedrungen ,das Eine' nennen. Die Bezeichnung hat eine anagogische Funktion: Sie soll zu einer „ungeteilten Vorstellung" hinleiten und „die Seele zur Einheit führen" (§ 37). Plotin stellt eine Beziehung her zum mathematischen Gebrauch dieses Terminus. Der geometrische Punkt und die arithmetische Einheit gehören in die Kategorie der Quantität, welche die erste Kategorie, die bestimmt, was etwas ist, voraussetzt; wenn wir zählen, müssen wir zunächst angeben, was das für Dinge sind, die wir zählen wollen. Wenn wir dagegen den Ursprung als ‚das Eine' bezeichnen, machen wir keine Aussage in der Kategorie der Quantität, sondern wir verwenden den Terminus analog. Das Gemeinsame besteht darin, daß in beiden Verwendungen Vielheit, quantitative Größe und Teilbarkeit negiert werden. Aber das Prädikat ‚unteilbar' wird jeweils von etwas anderem ausgesagt. In der mathematischen Verwendung wird es ausgesagt von einer quantitativen Größe; so ist der Punkt im Unterschied zur Strecke unteilbar, und so setzt jede Zahl die Einheit voraus. Dagegen kommt dem Einen oder Ersten keine quantitative Größe zu; wenn wir von ihm sagen, es sei unteilbar, machen wir eine Aussage über seine Kraft (*dunamis*). So wie der Punkt oder die Einheit quantitativ nicht vermindert oder vermehrt werden können und in diesem Sinn unteilbar sind, so kann die Kraft des Einen nicht vermindert oder vermehrt werden. Wie der Begriff der Unteilbarkeit so kann auch der Begriff der Unendlichkeit analog ausgesagt werden. In der Mathematik können Operationen wie die des Teilens einer Strecke oder des Zählens unendlich fortgesetzt werden. Das Erste, die Quelle aller Vollkommenheiten, ist unendlich, weil seine Kraft nicht begriffen werden kann (§§ 37–40).

Ein Wesen, das über eine unendliche Kraft verfügt, ist auf kein anderes angewiesen und deshalb das „Selbstgenügendste von allem". Ein solches selbstgenügsamstes Wesen ist aber notwendig eins; wir können es nicht als ein Ganzes aus Teilen denken. Ein Ganzes bedarf seiner Teile. Keiner dieser Teile steht in sich selbst, sondern jeder ist wiederum vom Ganzen und damit von allen anderen Teilen abhängig. Das Ganze steht und fällt mit seinen Teilen, und die Teile stehen und fallen mit dem Ganzen. Wir haben bei einem Ganzen also eine innere wechselseitige Abhängigkeit des Ganzen von den Teilen und der Teile vom Ganzen. Wenn es ein vollkommen autarkes Wesen geben soll, dann muß es eins sein, denn nur die vollkommene Einheit kann diese innere Abhängigkeit aufheben. Ein vollkommen autarkes Wesen steht in keiner Beziehung der Abhängigkeit zu einem anderen Wesen. Aus der vollkommenen Autarkie folgt also auch die Einheit in dem Sinn, daß einem solchen autarken Wesen keinerlei relationale Bestimmungen zu anderen Seienden zukommen (§§ 41–42).

Damit ist die ontologische Argumentation an ihre Grenze gekommen. Sie hat zur Frage nach dem Ersten geführt und zugleich gezeigt, daß sie mit dem Mittel des Begriffs nicht beantwortet werden kann. „Was also könnte das Eine sein und welche Natur könnte es haben?" (§ 15). Der Weg der begrifflichen Erkenntnis ist nicht möglich, denn das Eine ist das „Formlose", und die Seele kann von ihm nicht gleichsam wie von einem Siegel geprägt werden (§ 16); so verliert das Denken sich ins Vage und Unbestimmte (§ 49). Aber auch der Weg der Schau erscheint zunächst als ungangbar: „Entschließt sich aber die Seele, sich rein für sich allein auf die Schau des Einen zu richten, dann sieht sie es, indem sie mit ihm zusammen und eins ist, und eben weil sie dann mit ihm eins ist, glaubt sie noch gar nicht zu haben, was sie sucht, weil sie vom Gedachten nicht verschieden ist. Dennoch muß eben in dieser Weise verfahren, wer über das Eine philosophieren will" (§ 17).

335 Die ontologische Argumentation hat eine Frage aufgeworfen und an eine Grenze geführt, die nur durch die Schau überschritten werden kann. Aber nachdem dieser Schritt, der uns später beschäftigen wird, getan ist, greift Plotin wiederum zum Mittel der Ontologie, um das zu bestimmen, was in dieser Schau gesehen wurde (§§ 21–23). Der Zusammenhang zwischen dem Geschauten und der begrifflich erfaßbaren Wirklichkeit wird dadurch hergestellt, daß das Geschaute durch negative Begriffe charakterisiert wird. Jede Charakterisierung des Ersten durch Prädikate welcher Kategorie auch immer wird ausgeschlossen. Wir können nicht mit Prädikaten der ersten Kategorie sagen, was es ist, z.B. ‚Es ist Geist', denn dann wäre es ein Seiendes unter anderen, so wie der Geist ein von der Seele verschiedenes Seiendes ist; als Ursache der Einheit und damit des Seins ist das Erste jedoch nicht ein Seiendes unter anderen; es ist vielmehr vor jedem Seienden. Jede Aussage in einer anderen Kategorie würde dem Ersten eine von seinem Wesen verschiedene Bestimmung zusprechen und damit seine Einheit aufheben.

Wenn wir es als „Ursache" bezeichnen, darf das nicht so verstanden werden, als stünde das Erste in einer Beziehung zu dem von ihm Verursachten, denn damit würden wir eine Vielheit in es hineintragen. Die Bezeichnung besagt vielmehr, daß wir in einer Beziehung zu ihm stehen, während es selbst ohne eine Beziehung in sich selbst ist. Können wir, wenn wir schon nichts vom Ersten prädizieren können, uns wenigstens mit logischen Eigennamen auf es beziehen, es also z.B. als „jenes" bezeichnen? Das würde besagen, daß wir von ihm verschieden sind; das Erlebnis der Schau zeigt jedoch, daß das Erste nur dadurch erkannt werden kann, daß der Unterschied zwischen dem Erkennenden und dem Erkannten aufgehoben wird. Wenn wir den Ausdruck „jenes" gebrauchen, so sprechen wir wiederum nur von uns, das Wort ist „die Auslegung dessen, was wir selbst, die wir das Eine gleichsam von außen umspielen, dabei erleben, indem wir ihm bald nahe bleiben, bald ganz zurückgeworfen werden" (§ 23). Wir werden erinnert an das Bild des Kreises. Das Eine ist unser eigener Mittelpunkt; wir können uns also nicht durch „jenes" auf es als etwas von uns Verschiedenes beziehen. Der Ausdruck dient vielmehr dazu, unsere jeweils unterschiedliche Nähe zu unserem eigenen Mittelpunkt zu bezeichnen.

346

Der negativen Semantik entspricht eine negative Epistemologie (§§ 24– 336
26). Das Bewußtwerden (*sunesis*) des Ersten geschieht nicht durch Wissenschaft (*epistēmē*), d.h. durch deduktives Folgern aus obersten, in sich einsichtigen Prinzipien (vgl. Aristoteles, Nik. Eth. VI 3), und auch nicht durch einen Akt der intellektuellen Einsicht (*noēsis*), in dem wir die Begriffe oder Formen und die obersten Prinzipien erfassen (vgl. ebd. VI 6), „sondern durch eine Gegenwärtigkeit (*parousia*), die höher ist als die Wissenschaft" (§ 24). Das deduktive Vorgehen der Wissenschaft hebt die vollkommene Einheit der Schau auf, und auch die intellektuelle Einsicht erfaßt, etwa in den Termini eines Prinzips, eine Vielheit. „Darum läßt sich von ihm weder reden noch schreiben" (§ 26; vgl. Platon, 7. Brief 341c5), denn jedes Reden und Sprechen bedient sich notwendig des Begriffs und der Prädikation. Dennoch hat die ontologische Argumentation eine positive Funktion: „wir reden und schreiben, um zu ihm hin zu geleiten und um aus den Argumenten zur Schau aufzuwecken, gleichsam um den Weg zu zeigen dem, der etwas schauen will; denn das Lehren geht so weit wie der Weg und die Wanderung, die Schau aber muß dann selbst vollbringen, wer bereits zu sehen gewillt ist" (§ 26).

III. Der Weg des Sehens

Das Argument soll zur Schau hinführen, und wir fragen, ob damit eine 337
notwendige Bedingung genannt ist. Kann den Weg zur Schau nur gehen, wer imstande ist, Plotins ontologischen Ausführungen zu folgen? Ist Plotins Mystik also eine philosophische Mystik, für welche die Arbeit des Begriffs die unerläßliche Voraussetzung ist? Wenden wir uns mit dieser Frage an Plotins früheste Schrift *Das Schöne* (I 6 [1]), und werfen wir zunächst einen Blick auf deren Aufbau. Es lassen sich ein reflektierender, analytischer und ein mystagogischer Teil unterscheiden. Die Schrift beginnt mit der Frage nach der Ursache der Schönheit, wobei sie unterscheidet zwischen den sinnlich wahrnehmbaren Gegenständen, die nicht aufgrund ihres Wesens, sondern aufgrund einer Teilhabe schön sind, und den Tugenden, die an sich schön sind (§§ 1–3). Diese Analyse des ästhetischen Erlebnisses und des moralischen Bewußtseins arbeitet mit ontologischen Begriffen. Mit der Aufforderung „Steigen wir also […] hinauf zum Guten, nach welchem jede Seele strebt" (§ 33) wechselt der Charakter des Textes. Nun geht es nicht mehr um Reflexion und Analyse; vielmehr wird jetzt ein Ziel vorgestellt, das jeder erreichen muß, der nicht unglücklich sein will (§ 36), und es wird der Weg beschrieben, wie dieses Ziel erreicht werden kann (§ 37). Was uns interessiert, ist das Verhältnis der beiden Teile. Wie verhalten sich die ontologische Analyse und die Beschreibung des Aufstiegs? Setzt der mystagogische Teil die Ontologie des analyti-

schen Teils voraus? Muß der Schüler diese Ontologie lernen, um zur
Schau gelangen zu können?

338 Das ästhetische Erlebnis wird nicht nur um seiner selbst willen analysiert;
Plotin hofft, hier Strukturen aufzeigen zu können, die sich auch im höheren Bereich des Schönen finden (§ 4). Die Analyse arbeitet mit der platonischen Zweiweltenlehre, dem aristotelischen Begriff des Eidos und der
platonischen Wiedererinnerung. Im erotisch-ästhetischen Erlebnis wird die
Seele ihrer selbst bewußt. Die Seele gehört der oberen Welt an, und es ist
„das Verwandte oder auch nur die Spur des Verwandten, dessen Anblick
sie erfreut und erschüttert; sie bezieht das auf sich selbst und erinnert sich
ihrer selbst" (§ 10). Die Dinge der sichtbaren Welt können ebenso wie die
Dinge der intelligiblen Welt schön sein, weil sie am Eidos teilhaben; das
Eidos ist Ursache ihrer Einheit und ihrer Schönheit. Die unteilbare Form,
etwa eines Hauses, wird in der Vielheit der Teile sichtbar. Die Erkenntnis
des Schönen beginnt damit, daß die Wahrnehmung das Eidos aus der
sichtbaren Vielfalt zu einer Einheit zusammenfaßt; sie „hebt es hinauf,
bringt es ein in das Innere als ein nunmehr Unteilbares" (§ 15). Das
Vermögen der Seele, welches im Besitz der Formen ist, vollzieht dann
einen Vergleich zwischen dem, was die Wahrnehmung ihm überliefert
hat, und seiner eigenen Form; es gebraucht seine Form zum Urteil über die
wahrgenommene Form „wie man an der Richtschnur das Gerade mißt" (§
13). Ontologie und Erkenntnistheorie zeigen, daß die Formen des erotisch-
ästhetischen Erlebnisses nur „Abbilder und Schatten" (§ 18) sind: Die
Schönheit der sichtbaren Dinge beruht darauf, daß sie an den intelligiblen
Formen teilhaben, und die Seele beurteilt die wahrgenommene nach dem
Maßstab der intelligiblen Form.

339 Der Aufstieg zum höheren Schönen, dem sittlich Schönen, vollzieht sich
nicht in einem diskursiven Prozeß, sondern er erfordert eine neue Weise
des Sehens. Wie ein Blindgeborener nicht über das sinnlich Schöne, das er
nie gesehen hat, sprechen kann, so kann über das Leuchten der Tugend
nicht sprechen, dem die Schönheit der Gerechtigkeit und der anderen
Tugenden nicht aufgegangen ist; „vielmehr muß man sehend sein mit dem
Vermögen, mit dem die Seele derartige Dinge schaut" (§ 19). Das höhere
Schöne wird also in der sittlichen Einsicht erfaßt. Alle Menschen werden,
jedoch in unterschiedlichem Ausmaß, von der Schönheit des Sittlichen
betroffen. Diese Erfahrung des Sittlichen wird von Plotin als ontologische
Erfahrung beschrieben. Wer die Schönheit der Tugenden sieht, weiß, daß
er hier im Unterschied zur Sinnenwelt der wahren Wirklichkeit begegnet.
„Denn es ist und zeigt sich, und niemals wird wer es gesehen hat sagen,
daß dieses etwas anderes sei als das wahrhaft Seiende (*ta ontôs onta*)" (§
23).
Plotin verdeutlicht seine Ontologie des sittlich Schönen von dessen Gegenteil, dem sittlich Schlechten, her. Hintergrund sind dabei der Dualis-

mus von Platons *Phaidon* und der aristotelische Begriff der Tugend. „Nehmen wir also eine häßliche Seele, zuchtlos und ungerecht, voll von Begierden, von vieler Wirrnis, in Ängsten aus Feigheit, in Neid aus Kleinlichkeit […] und so lebend, daß sie das Häßliche und alles, das ihr vom Körper widerfährt, als etwas Lustvolles empfindet" (§ 24). Die Laster entstellen das Wesen der Seele. Es „bedeutet also häßlich sein für die Seele nicht rein und ungetrübt sein wie Gold, sondern mit Schlacke verunreinigt" (§ 27). Sie ziehen sie hin zum Sinnlichen und hindern sie daran, in sich selbst zu bleiben. Tugend ist nach Aristoteles die Vollendung des Wesens und damit die Befähigung zur vollkommenen wesensgemäßen Tätigkeit. Entsprechend ist das Laster eine Wesensverfremdung. Die lasterhafte Seele „sieht nicht mehr, was eine Seele sehen soll, und sie hat nicht mehr die Ruhe, in sich selbst zu bleiben" (§ 25). Das sittlich Schöne wird als das wahrhaft Seiende erfahren, weil die Tugend der Seele die Einheit mit sich selbst verleiht und sie zur wesensgemäßen Tätigkeit als ihrem vollendeten Sein befähigt. Aus dieser ontologischen Bestimmung der Tugend ergibt sich eine asketische Folgerung: „Jede Tugend ist Reinigung" (§ 28). Der Aufstieg zum wahrhaft Seienden ist nur als sittliche Läuterung möglich. Die Tugend, die zu ihrem Ziel fortschreitet, so heißt es in der Schrift *Gegen die Gnostiker*, zeigt Gott; „wenn man ohne die wahre Tugend von Gott redet, so ist das ein leerer Name" (II 9 [33] § 148). Plotin erinnert an die Lehre von Platons *Theaitet* (176b2f.), daß Verähnlichung mit Gott darin besteht, gerecht und fromm zu werden (§ 31).

Der anagogische Teil beginnt mit der Beschreibung des Ziels (§§ 33–36). 340 Plotin unterscheidet eine zweifache Beziehung zu ihm: Es ist jeder Seele gegeben als das Gute, d.h. als das letzte Ziel des Strebens. Aber nur, wer es gesehen hat, weiß, daß es schön ist, und nur er kann verstehen, wovon die Rede ist. Das Erste wird beschrieben mit Prädikaten, die zugleich dem Bereich des Sehens und dem der sittlichen Läuterung angehören: Es ist „sonnenklar, einfach, rein". Die Schau ist Rückkehr und Einkehr zum Ursprung und Zielpunkt aller Lebensvollzüge und allen Seins: Was geschaut wird, ist das, „von dem alles abhängt, zu dem aufblickend alles ist, lebt und denkt, denn es ist Ursache von Leben, Denken und Sein" (§ 33). Beschrieben wird die affektive Reaktion auf die Schau: Liebe, Sehnsucht, der Wunsch, sich mit ihm zu vereinigen, Bewunderung, Staunen, Freude, Erschütterung. Der Charakter des Schauenden wird durch die Schau verwandelt: Er wird innerlich unabhängig und dem Geschauten ähnlich, denn „dieses macht die, welche es lieben, schön und macht sie liebenswürdig" (§ 35). Das Erste oder Ziel ist in der Sprache des Sehens und Erlebens beschrieben, und die Ontologie dient lediglich dazu, das Erlebnis dieser Schau von allen anderen derartigen Erlebnissen zu unterscheiden und vor ihnen auszuzeichnen. Sie soll verdeutlichen, daß der Schauende in die letzte Tiefe und zum Urgrund des Erlebens und Bewußtseins vorgedrungen ist. Plotin zitiert sinngemäß Platons *Symposion* (211d8–e2) und bedient sich damit zur Abgrenzung des Erlebnisses Platons Ontologie der reinen Form: „Was aber erlebt erst der, welcher das Schöne selbst schaut an und für sich und in seiner Reinheit, nicht mit Fleisch und Körper befleckt, nicht auf Erden, nicht im Himmel" (§ 34). Wie die sichtbaren Dinge an der reinen Form teilnehmen, ohne daß dadurch die Vollkommenheit der Form gemindert wird oder die Form etwas von den Dingen erhält, so „spendet Jenes allen, es gibt aber, indem es in sich bleibt und nichts empfängt" (§ 35).

Der Weg zu diesem Ziel ist beschrieben in der Sprache des Sehens. Es ist ein Weg von außen nach innen, vom Abbild, dem Schatten, der Spur zum Urbild. Die Erschütterung durch das erotisch-ästhetische Erlebnis beruht, so hieß es früher, darauf, daß die Seele etwas ihr „Verwandtes oder eine Spur des Verwandten" erblickt (§ 10). Jetzt kommt es darauf an, die Spur als Spur und den Schatten als Schatten zu erkennen, und die Metaphorik macht deutlich, daß die sichtbare Schönheit an sich selbst die Zeichen trägt, daß sie nur Abbild einer höheren Wirklichkeit ist: Wer einen Schatten oder eine Spur sieht, weiß, daß der Schatten nicht der Gegenstand ist, der ihn wirft, und die Spur nicht der Fuß, der sie eingedrückt hat. Die Unvollkommenheit der sichtbaren Schönheit wird im sittlichen Bewußtsein erfahren; die Seele erfährt die „Anziehung der Wahrnehmungsgegenstände" (§ 26) und wird durch sie hin- und hergerissen. Dennoch können Abbild und Schatten dazu verführen, sie für die Wirklichkeit zu halten. Plotin verweist auf den Mythos von Narziß: „der wollte ein schönes Abbild, das auf dem Wasser schwebte, greifen, stürzte aber in die Tiefe der Flut und ward nicht mehr gesehen" (§ 38). So sinkt, wer sich an die Schönheit der Leiber klammert, hinab in die Tiefe und lebt schon hier, wie dereinst im Hades, nur mit Schatten zusammen.

Die Hinwendung zur wahren Wirklichkeit ist ein Prozeß des Sehenlernens. Außer dem äußeren gibt es einen inneren Gesichtssinn. Jeder Mensch besitzt ihn, aber nicht jeder gebraucht ihn; er bedarf der Übung. Die Seele muß ihren Blick daran gewöhnen, die schönen Werke zu sehen, „nicht welche die Künste schaffen, sondern die Männer, die man gut nennt. Und dann blick auf die Seele derer, die diese schönen Werke tun". Der nächste Schritt ist die Einkehr nach innen, die Selbsterkenntnis und die Arbeit an sich. „Kehre ein zu dir selbst und sieh dich an; und wenn du siehst, daß du noch nicht schön bist, so tu wie der Bildhauer, der von dem Götterbild, das schön werden soll, hier etwas fortmeißelt, hier etwas ebnet […], bis er das schöne Antlitz an dem Götterbild zum Vorschein gebracht hat; so meißle auch du fort was unnütz und richte was krumm ist; das Dunkle säubere und mach es hell und laß nicht ab, an deinem Götterbild zu arbeiten, bis dir hervorstrahlt der göttliche Glanz der Tugend" (§ 41).

Die sittliche Läuterung scheidet alles Fremde aus und führt den Menschen zur Einheit mit sich selbst: „Bist du das geworden und hast es erschaut, bist du rein und allein mit dir selbst zusammen" (§ 42).

Ist das Argument, so wurde am Anfang dieses Abschnitts gefragt, not- wendige Bedingung der Schau? Ist Plotins Mystik eine philosophische Mystik, welche die Arbeit des Begriffs voraussetzt? Die Schrift *Über das Schöne* gibt eine negative Antwort. Sie betont, wie Kant, den engen Zusammenhang von Religion und Sittlichkeit. Der Weg zur Schau führt über das sittliche Bewußtsein und die sittliche Läuterung. Wessen Auge durch Schlechtigkeit getrübt ist, der „sieht auch dann nichts, wenn einer ihm das, was man sehen kann, als anwesend zeigt" (§ 43). Wer den Weg zur Schau gehen will, bedarf der Anweisung zu einem Leben der Tugend, aber nicht einer ontologischen Unterweisung. Die Tugend ist die Vollendung der Form oder des Wesens; sie bringt alle Fähigkeiten der Seele zu ihrer vollen Entfaltung. Der Aufstieg bedarf keiner ontologischen Argumentation, sondern einer Anleitung zum richtigen Sehen, und diese wird in der Alltagssprache gegeben. Auch die Alltagssprache enthält eine Ontologie; das wird vor allem in der Unterscheidung zwischen Urbild und Abbild, Schatten, Spur deutlich. Diese Ontologie *kann* reflektiert und ausdrücklich gemacht werden. So entwickelt Plotin eine Ontologie der Wahrnehmung und des ästhetischen Erlebnisses; die Kategorien, die er hier gewinnt, werden dann entsprechend auf den Bereich der sittlichen Erkenntnis übertragen. Entscheidend ist jedoch, daß die Anleitung ohne diese Reflexion auskommt; für sie genügen die Alltagssprache und deren Intuitionen. Die ontologische Reflexion kann den Prozeß beschreiben, verdeutlichen und in eine Beziehung zu entsprechenden Prozessen setzen, aber sie ist für ihn nicht konstitutiv im Sinn einer notwendigen Bedingung.

IV. Symbol und Schau

Wenn wir jetzt von der Schrift *Über das Schöne* zur Schrift *Über das* *Gute oder das Eine* zurückkehren, so zeigt sich, daß der Weg zum Ersten von verschiedenen Punkten ausgehen kann. VI 9 beginnt mit der Entsprechung von Einheit und Sein und fragt nach einem Einen, das jede Vielheit ausschließt; Ausgangspunkt in I 6 ist das erotisch-ästhetische Erlebnis. Jeder Weg muß konsequent zu Ende gegangen werden; der Weg der sittlichen Läuterung bis dahin, wo der Sehende mit sich selbst und dem Gesehenen eins und reine Sehkraft und reines, wahres Licht wird (I 6 [1] § 42). Der ontologische Weg muß an die Grenzen der Sprache, des Begriffs und des Wissens führen; der Mangel an überzeugenden Argumenten kann für den, der von ontologischen Überlegungen ausgegangen ist, zu einem Hindernis der Schau werden (VI 1 [9] § 29). Aber dieser Weg führt nicht bis zum Ziel, sondern er mündet ein in den Weg der sittlichen Läuterung; wenn die Grenzen des Begriffs erreicht sind, bleibt nur der Weg der Schau, und ihn kann die Seele nur gehen, wenn sie durch die sittliche Läuterung in sich eins geworden ist, denn nur so kann sie eins mit dem Einen werden.

343 Die Schrift *Über das Gute oder das Eine* beschreibt die Übung und den Prozeß des Einswerdens. Es gilt, sich von den Sinnendingen, welche das Letzte sind, hinaufzuführen, von aller sittlichen Schlechtigkeit frei zu werden „und eins aus vielem zu werden, weil man Schauender des Ursprungs und des Einen werden will" (§ 18). Wer zur Schau gelangen will, muß „allein" hinaufsteigen; er darf nichts mitnehmen, was ihn vom Ersten trennt, und er muß sich selbst zu einer Einheit sammeln (§ 27). Die Seele muß leer, von allen Eindrücken und Begierden frei werden; alles, was in ihr festsitzt, würde die Erleuchtung durch das Erste verhindern; sie muß sich auf das Eine hin konzentrieren. „Wie man nun bei den übrigen Dingen nichts denken kann, wenn man an etwas anderes denkt und auf dies andere achtet, vielmehr nichts anderes zu dem Gegenstand des Denkens hinzunehmen darf, damit man auch wirklich und allein das Gedachte werde, so muß man auch hier wissen, daß es unmöglich ist, während man den Eindruck von etwas anderem in der Seele hat, Jenes zu denken, während der Eindruck wirksam ist" (§ 50).

344 An die Stelle des Begriffs tritt das Bild oder Symbol. Es läßt sehen, was der Begriff nicht vermitteln kann; es führt den, der es meditiert, auf den Weg nach innen und zur inneren Einheit, und es ist für eine ontologische Interpretation offen. Dieses Symbol ist der Kreis. Bei allen ihren Tätigkeiten ist die Seele ihrer selbst bewußt. Die geradlinige, intentionale Ausrichtung auf einen Begriff, einen Sachverhalt oder einen äußeren Gegenstand ist für Plotin eine Abweichung von der naturgemäßen Bewegung der Seele, der Kreisbewegung des Selbstbewußtseins. Sie ist Bewegung um den Mittelpunkt, und der Mittelpunkt ist das, woher der Kreis stammt. Das alle Tätigkeiten begleitende Selbstbewußtsein ist also zugleich ein implizites Bewußtsein des eigenen Ursprungs. Die Seele vollzieht in dem Ausmaß die ihr wesenseigene Bewegung, als sie nicht um etwas Äußeres, sondern ihren eigenen Mittelpunkt, der ihr Ursprung ist, kreist, sich an ihn hängt und sich mit ihm in Übereinstimmung bringt (§ 54).

„Jenes Obere nun, da es keine Andersheit kennt, ist immer bei uns, wir aber sind bei ihm nur, wenn wir keine Andersheit haben. Jenes verlangt nicht nach uns, daß es etwa um uns wäre, aber wir nach ihm, auf daß wir um es sind" (§ 58). Das Erste ist von keinem anderen verschieden, denn eine solche Verschiedenheit wäre eine Beziehung und würde damit die Einheit des Ersten aufheben. Im Mittelpunkt des Kreises treffen alle Radien zusammen; insofern ist er von keinem der Radien verschieden; die Verschiedenheit der Radien untereinander und vom Mittelpunkt beginnt

erst dort, wo sie sich vom Mittelpunkt entfernen. Der Mittelpunkt gibt das
Gesetz für die Radien und die Peripherie vor; alle Radien müssen von ihm
ausgehen, und alle Punkte der Peripherie müssen von ihm denselben Abstand haben; in diesem Sinn verlangen sie danach, um den Mittelpunkt zu
sein. Die Punkte der Peripherie sind angewiesen auf den Mittelpunkt,
denn nur durch die Beziehung zu ihm können sie Punkte auf der Peripherie eines Kreises sein, aber der Mittelpunkt ist nicht angewiesen auf die
Punkte der Peripherie; er und nicht sie gibt den Ausgangspunkt der Konstruktion vor.

Das Bild eines Chors oder eines singenden Reigens, der um seinen Dirigenten oder Chorführer geschart ist, verbindet das Symbol des Kreises mit
der moralischen Forderung des Einswerdens. Plotin unterscheidet zwischen der seinsmäßigen und der willentlichen Ausrichtung auf den Mittelpunkt. „Um es sind wir immer, aber wir blicken nicht immer auf es hin".
Wenn die Tanzenden nicht auf den Chorführer schauen, wird die Harmonie des Reigens gestört; schön singt ein Chor erst dann, wenn alle auf den
Dirigenten schauen. So finden wir erst dann zur inneren Einheit und zum
inneren Einklang, wenn wir in der Schau auf Jenes hin leben. Wie der
Kreis vom Mittelpunkt und der Chor als Chor vom Dirigenten, so sind wir
in unserem Sein von Jenem abhängig: Wir sind „immer um Jenes, sonst
würden wir uns gänzlich auflösen und nicht mehr existieren können".
Wenn wir auf Jenes blickend Einheit und Einklang finden, dann vollenden
sich unsere Tätigkeit und unser Sein, so wie der Reigen als Reigen sich im
mühelosen, harmonischen Tanz verwirklicht; „dann sind wir am Ziel und
dürfen ausruhen" (§ 59).

Der Punkt ist unteilbar, und das Erste, so sahen wir (§ 333) ist in dem Sinn
unteilbar, daß seine Kraft und Vollkommenheit weder vermehrt noch
vermindert werden kann. Der Mittelpunkt ist Ursprung aller Radien, die
ausgedehnt und teilbar sind, ohne selbst eine Ausdehnung zu haben. So ist
das Erste Ursprung aller Formen des Guten, ohne selbst die Vielfalt dieser
Formen zu sein. „Man darf also auch nicht sagen, daß es das Gute ist, das
es gewährt, sondern daß es auf eine andere Weise das Gute ist, über allen
anderen Gütern" (§ 48). Der Weg von der Peripherie zum Mittelpunkt
führt über die verschiedenen Radien. So ist die Vielzahl der Güter Ausgangspunkt für den Weg zum Ersten. Nimm „deinen Standort in eben den
genannten Dingen und von da aus schau. Beim Schauen aber vergeude
deine Gedanken nicht in Richtung nach außen; denn es liegt ja nicht
irgendwo und läßt die übrigen Dinge seiner beraubt sein, sondern für den,
der es berühren kann, ist es dort gegenwärtig, aber für den, der es nicht
kann, ist es nicht gegenwärtig" (§ 49). Das Erste kann, wie wir sahen (§
335), von keinem verschieden sein, sonst würde es seine Einheit verlieren;
in diesem Sinn ist es in allem gegenwärtig. Der Weg zu ihm führt von der
Vielheit der Dinge, Güter und Vollkommenheiten zu deren von ihnen

verschiedenen, aber in ihnen anwesenden Ursprung. Der Mittelpunkt ist nicht wie die Radien ausgedehnt; das Erste ist keines von den vielen Gütern. Aber die *via negationis* ist zu ergänzen durch die *via eminentiae*: Die Vielzahl der Vollkommenheiten findet sich in ihrem Ursprung als deren ungeschiedene Einheit; wenn wir die unendliche Kraft des Ersten erfassen wollen, so bleibt uns nur der Weg, von dieser Vielheit nach innen zu deren ungeteiltem Ursprung zu gehen.

Der Blick nach innen, auf den Chorführer, ist daher der Blick auf „den Quell des Lebens und den Quell des Geistes, den Ursprung, die Ursache des Guten, die Wurzel der Seele". Denn wir sind nicht von Jenem getrennt, sondern wir „atmen und werden erhalten, nicht weil Jenes gab und sich dann abwandte, sondern weil es immer spendet, solange es ist, was es ist" (§ 61). Aber der Weg nach innen ist nicht nur ein Weg zum Mittelpunkt der eigenen Seele. Ist nicht, so fragt Plotin, „anzunehmen, daß noch etwas anderes sei, worin alle ‚Mittelpunkte' zusammenfallen und daß nur eine Analogie mit dem Mittelpunkt des Kreises hier unten besteht?" Die Wirklichkeit ist zu sehen als eine Vielzahl konzentrischer Kreise oder Kugeln mit einem ‚Mittelpunkt' aller Dinge. Wir verbinden, das ist das Ziel des Weges nach innen, unseren eigenen Mittelpunkt mit dem „‚Mittelpunkt' von allem". Wenn es danach heißt „und ruhen dann aus", so drängt sich das Bild eines Körpers auf, der von der Schwerkraft in den Mittelpunkt des Alls gezogen wird, wo seine natürliche Bewegung endet. Wir werden zum Urgrund des Seins als unserem letzten Ziel gezogen, so wie die Radien zum Mittelpunkt hinstreben. Der Mittelpunkt ruht, auch wenn die Punkte auf der Peripherie sich bewegen (§§ 55–56; vgl. § 71).

345 „Das alles sind Nachahmungen, und so deuten die Weisen unter den Auslegern an, wie jener Gott gesehen wird" (§ 77). Plotin spricht von der eigenen Erfahrung; er weiß, daß sie schwer zu beschreiben ist (§ 72) und daß nur der weiß, wovon die Rede ist, der es selbst gesehen hat (§ 67). Wenden wir uns deshalb abschließend der Phänomenologie der Erfahrung zu, die durch den Kreis symbolisiert wird. Plotin geht aus „von dem Göttlichen, welches die Seele schon vor der Schau haben kann" (§ 77). Er erinnert an die Mythen und Gemälde von Eros und Psyche, um zu zeigen, daß der Seele eine Liebe (*erōs*) eingeboren ist. „Denn da sie etwas anderes ist als Gott, aber aus ihm ist, liebt sie ihn mit Notwendigkeit". Solange die Seele droben ist, ist sie erfüllt vom himmlischen Eros; mit dem Eintritt in diese Welt wandelt ihre Liebe sich in eine irdische; die himmlische Aphrodite entartet gleichsam zur Hure. Durch die sittliche Läuterung kommt sie wieder in ihren naturgemäßen Zustand; sie liebt Gott „mit einer edlen Liebe", will mit ihm vereinigt werden und wird von Freude erfüllt (§§ 64f.).

Diejenigen, denen dieser Affekt unbekannt ist, verweist Plotin auf die analoge Erfahrung der irdischen Liebe. Sie sollen erwägen, was es be-

deutet, das zu erlangen, was man am meisten liebt, und „daß diese Gegenstände irdischer Liebe sterblich sind und Unheil bringen und diese Liebe
nur auf Nachbilder geht, und daß sie sich wandeln, weil sie nicht das
wahrhaft Geliebte und nicht unser Gut sind und nicht das, was wir suchen". Vom Gegenstand der irdischen Liebe wird „das in Wahrheit Geliebte" unterschieden; mit ihm ist eine Vereinigung in der Weise möglich,
„daß man an ihm teilhat und es wirklich besitzt, nicht nur es von außen
mit dem Fleisch umarmt". Wir verlangen danach, es „mit unserem ganzen
Selbst zu umarmen und keinen Teil zu haben, mit dem wir nicht Gott
berühren". Indem die Seele sich auf es hinbewegt, bei ihm anlangt und an
ihm Anteil erhält, bekommt sie ein neues Leben. Sie erkennt in diesem
Zustand, daß der Spender des wahren Lebens bei ihr ist und daß sie keines
anderen Dinges mehr bedarf und es nur darauf ankommt, „alles andere
abzulegen und in diesem allein Stand zu gewinnen und dieses allein zu
werden, alles übrige abschlagend, womit wir umgeben sind" (§§ 66f.). Die
Vereinigung ist ein Zustand der Ruhe „wie ein Liebender im Geliebten
ausruht" (§ 27).
Die Schau ist Aufgehen des Schauenden im Geschauten und Sichaufgeben
in das Geschaute; wer das Erste schauen will, muß „das Wissen von sich
selbst auslöschen" (§ 51). Die Schau des Einen und die Schau seiner
selbst sind nicht mehr unterschieden, weil der Schauende und das Geschaute Licht sind. Der Schauende schaut sich – wenn man hier noch von
‚schauen' sprechen darf – als „das Licht selbst, rein, ohne Schwere, leicht,
Gott geworden oder vielmehr seiend, entzündet in diesem Augenblick,
wenn er aber wieder schwer wird, gleichsam erlöschend" (§ 68). Durch
die sittliche Läuterung findet die Seele zu ihrem eigenen Wesen; insofern
sie mit Jenem verkehrt, wird sie, wie Plotin es mit Platons Sonnengleich-
nis (Staat 509b9) formuliert, „nicht Wesenheit, sondern jenseits der Wesenheit" (§ 78). Die Begegnung mit dem Ersten ist „kein Anblick, sondern
eine andere Weise des Sehens: aus sich treten und einfach werden und
sich selbst ausliefern und nach Berührung verlangen und still stehen und
bedacht sein auf Anpassung" (§ 76). Sie ist mehr als ein kognitiver Akt
und ein passives Erlebnis; sie ist zugleich ein Akt der Liebe, des Verlangens und des existentiellen vertrauenden sich selbst Aufgebens und Aus-
lieferns.

Literatur:

Arnou 1967   Hadot 1994
Hadot 1989   Kremer 1996
Halfwassen 1992   O'Meara 1996

Werke

Augustinus

–: Die Bekenntnisse, übers., eingel. u. Anm. von Hans Urs von Balthasar, Einsiedeln 1985

–: Bekenntnisse, lat./dt., übers. u. erläutert von Joseph Bernhart, Vorw. Ernst L. Grasmück, Frankfurt 1987 ([1]München 1955)

–: Bekenntnisse, Einl. von Kurt Flasch, hrsg., übers. u. Anm. von Kurt Flasch u. Burkhard Mojsisch, Stuttgart 1989

–: Confessions, übers. u. eingel. von James O'Donnell, 3 Bde., Oxford 1992

Cicero

–: Hortensius – Lucullus – Academici Libri, lat./dt., übers., hrsg. u. komm. von Laila Straume-Zimmermann, Ferdinand Broemser u. Olof Gigon, München 1990

–: De Natura Deorum – Vom Wesen der Götter, lat./dt.,übers., hrsg. u. erläutert von Wolfgang Gerlach u. Karl Bayer, Darmstadt 1978

David Hume

–: The Letters of David Hume, hrsg. von John Y.T. Greig, 2 Bde., Oxford 1932

–: Enquiries Concerning Human Understanding and Concerning the Principles of Morals, hrsg. u. komm. von Peter H. Nidditch, Oxford 1975

–: Dialoge über natürliche Religion, übers. u. hrsg. von Norbert Hoerster, Stuttgart 1981

–: Dialoge über natürliche Religion, bearb. u. hrsg. von Günter Gawlick, Hamburg [6]1993

–: Dialogues and the Natural History of Religion, hrsg., eingel. u. komm. von J.C.A. Gaskin, Oxford 1993

–: Eine Untersuchung über den menschlichen Verstand, hrsg. u. eingel. von Jens Kulenkampf, Hamburg 1993

–: Die Naturgeschichte der Religion, übers. u. hrsg. von Lothar Kreimendahl, Hamburg 2000

Ignatius von Loyola

–: Der Bericht des Pilgers, übers. von Burkhart Schneider, Vorw. von Karl Rahner, Freiburg 1979

William James

–: The Works of William James, hrsg. von Frederick H. Burckhardt, 17 Bde., Cambridge, MA 1975–1988:
Bd. 1: Pragmatism, Einl. von Horace S. Thayer, 1975
Bd. 6: The Will to Believe, Einl. von Edward H. Madden, 1979
Bd. 13: The Varieties of Religious Experience, Einl. von John E. Smith, 1985

–: The Letters of William James, hrsg. von Henry James, 2 Bde., London 1920

–: Some Problems of Philosophy – A Beginning of an Introduction to Philosophy, London 1948

–: Die Vielfalt religiöser Erfahrung, übers. von Eilert Herms, C. Sternhut, Vorw. von Peter Sloterdijk, Frankfurt a.M. 1997
–: Der Wille zum Glauben, in: Ekkehard Martens (Hrsg.): Pragmatismus – Ausgewählte Texte von Peirce, James, Schiller, Dewey, Stuttgart 1992, 128–160

Immanuel Kant
–: Kants gesammelte Schriften, hrsg. von der königlich-preussischen Akademie der Wissenschaften, 9 Bde., Berlin 1902–23 (ND 1968)
   Bd. 3 u. 4 Kritik der reinen Vernunft, 1904; 1903
   Bd. 4 Grundlegung zur Metaphysik der Sitten, 1903
   Bd. 5 Kritik der praktischen Vernunft / Kritik der Urteilskraft, 1908
   Bd. 6 Die Religion innerhalb der Grenzen der bloßen Vernunft, 1907
   Bd. 8 Über das Mißlingen aller philosophischen Versuche in der Theodizee, 1912/23

John Henry Newman
–: Ausgewählte Werke, hrsg. von Werner Becker, Mathias Laros u. Johannes Artz, 8 Bde., Mainz 1951–1969 :
   Bd. 5: Vom Wesen der Universalität. Ihr Bildungsziel in Gehalt und Gestalt, 1960
   Bd. 6: Zur Philosophie und Theologie des Glaubens. Oxforder Universitätspredigten, 1964
   Bd. 7: Entwurf einer Zustimmungslehre, 1961
   Bd. 8: Über die Entwicklung der Glaubenslehre, 1969
–: The Works, Westminster, Md., 28 Bde., 1966–77
–: An Essay in Aid of a Grammar of Assent, hrsg. u. eingel. von Ian Ker, Oxford 1985 (ND 2001)

Blaise Pascal
–: Pensées, hrsg. von Léon Brunschvicg, Paris 1897 (ND 1972)
–: Pensées, in: B. Pascal: Oeuvres complètes, hrsg. von Louis Lafuma, Paris 1952 (ND 1962), 493–641
–: Werke, übers. u. hrsg. von Ewald Wasmuth, Bd. I: Über die Religion, Heidelberg [5]1954 (ND [8]1978)
–: Gedanken, übers. von Ulrich Kunzmann, hrsg. von Jean-Robert Armogathe, Stuttgart 1997

Charles Sanders Peirce
–: The Collected Papers of Charles Sanders Peirce, hrsg. von Charles Hartshorne u. Paul Weiss, 6 Bde., Cambridge, MA 1965–67:
   Bd. 1 Principles of Philosophy, 1965
   Bd. 2 Elements of Logic, 1965
–: The Essential Peirce – Selected Philosophical Writings, hrsg. von Nathan Houser u.a., 2 Bde., Bloomington, Ind. 1992 u. 1998
–: Reasoning and the Logic of Things – The Cambridge Conferences Lectures of 1898, hrsg. von Kenneth Laine Ketner, Cambridge, MA 1992
–: Religionsphilosophische Schriften, hrsg. von Hermann Deuser, Hamburg 1995

–: Schriften zum Pragmatismus und Pragmatizismus, hrsg. von Karl-Otto Apel, Frankfurt a.M. 1991
–: Writings of Charles Sanders Peirce – a Chronological Edition, hrsg. von Max H. Fisch, 6 Bde., Bloomington, Ind. 1982–2000:
  Bd. 1 (1857–66), 1982
  Bd. 2 (1867–71), 1984

Plotin
–: Plotins Schriften, übers. von Richard Harder, 5 Bde. Hamburg 1956–60
–: Plotini Opera, hrsg. von P. Henry und H.-R. Schwyzer, Bde. I–III, Oxford 1964–82

Friedrich Schleiermacher
–: Kritische Gesamtausgabe, hrsg. von Hans-Joachim Birkner u.a., 22 Bde., Berlin u.a. 1980– (noch nicht abgeschlossen)
  Bd. I, 12: Über die Religion – Reden an die Gebildeten unter ihren Verächtern, 1995
–: Der christliche Glaube, nach der Ausgabe der 2. Aufl. (Berlin 1830/31), 2 Bde, hrsg. von Martin Redeker, Berlin 1960
–: Über die Religion – Reden an die Gebildeten unter ihren Verächtern, hrsg. von Rudolf Otto, Göttingen [7]1991

Baruch de Spinoza
–: Die Ethik nach geometrischer Methode dargestellt, übers. von Otto Baensch, Hamburg 1976

Teresa von Avila
–: Sämtliche Schriften der hl. Theresia von Jesu, 6 Bde., übers. von P. Aloysius Alkofer (Ord. Carm. Disc.), München 1963–80:
  Bd. 1: Ihr Leben von ihr selbst beschrieben, [5]1979

Thomas von Aquin:
–: Sancti Thomae Aquinatis Ordinis Praedicatorum Opera Omnia, 25 Bde., Rom 1882–1996 (Editio Leonina)
–: Summa Theologiae, vollständige, ungekürzte deutsch-lateinische Ausgabe, Salzburg u.a. 1933– (noch nicht abgeschlossen)
–: Summa contra gentiles libri quattuor, Editio Leonina Bd. XIII–XV / Summe gegen die Heiden, hrsg. u. übers. von Karl Albert, Paulus Engelhardt u.a., 4 Bde., Darmstadt 1974–96

Leo N. Tolstoi:
–: Volkserzählungen, Jugenderinnerungen, Darmstadt 1961

Simone Weil
–: Écrits de Londres et dernières lettres, Paris 1957

Ludwig Wittgenstein

–: Werkausgabe, 8 Bde., Frankfurt a.M. 1984
–: Briefe und Begegnungen, hrsg. von Brian F. McGuinness, Wien 1970 (Oxford [1]1967)
–: Briefwechsel, hrsg. von Brian F. McGuinnes und Georg H. von Wright, Frankfurt a.M. 1980
–: Conversations with Wittgenstein, Maurice O'C. Drury, in: Ludwig Wittgenstein: Personal Recollections, hrsg. von Rush Rhees, Totowa, N.J. 1981, 142–235 (zitiert nach der deutschen Übersetzung: L.W.: Porträts und Gespräche, übers. von J. Schulte, Frankfurt a.M. 1984, 112–189)
–: Some Notes on Conversations with Wittgenstein by Maurice O'C. Drury, in: Ludwig Wittgenstein: Personal Recollections, hrsg. von Rush Rhees, Totowa, N.J. 1981, 91–111 (zitiert nach der deutschen Übersetzung: L.W.: Porträts und Gespräche, übers. von J. Schulte, Frankfurt a.M. 1984, S.117–141)
–: Bemerkungen über Frazers Golden Bough, in: ders.: Vortrag über Ethik, Frankfurt a.M. 1989, 29–46
–: Ursache und Wirkung. Intuitives Erfassen, in: Vortrag über Ethik, Frankfurt a.M. 1989, 101–140
–: Vortrag über Ethik, in: Vortrag über Ethik, Frankfurt a.M. 1989, 9–19

Literatur

Albrecht, Christian: Schleiermachers Theorie der Frömmigkeit, Berlin 1993

Alston, William P.: Perceiving God – The Epistemology of Religious Experience, Ithaca u.a. 1991

–: The Distinctiveness of the Epistemology of Religious Belief, in: Brüntrup, Godehard/Tacelli, Ronald K.: The Rationality of Theism, Dordrecht 1999, 237–254

Anderson, Douglas R.: Strands of System – The Philosophy of Charles Peirce, West Lafayette, Ind. 1995

Arnou, R.: Le désir de Dieu dans la philosophie de Plotin, Rom ²1967

Arnswald, Ulrich/Weiberg, Anja (Hrsg.): Der Denker als Seiltänzer – Ludwig Wittgenstein über Religion, Mystik und Ethik, Düsseldorf 2001

Arrington, Robert L./Addis, Mark (Hrsg.): Wittgenstein and Philosophy of Religion, London u.a. 2001

Artz, Johannes: Newman und die Intuition, in: Theologische Quartalschrift 136 (1956) 174–198

–: Die Eigenständigkeit der Erkenntnistheorie J. H. Newmans, in: Theologische Quartalschrift 139 (1959) 194–222

–: Newman Lexikon, Mainz 1975 (Bd. IX von J. H. Newman: Ausgewählte Werke, hrsg. von Laros, M., Becker,W. u. Artz, J., 8 Bde., Mainz 1951–69)

–: Newmans philosophische Leistung, in: Newman Studien 10 (1976) 169–229

Badía Cabrera, Miguel A.: Hume's Reflection on Religion, Dordrecht 2001 (International Archives of the History of Ideas 178)

Barnard, G. William: Exploring Unseen Worlds – William James and the Philosophy of Mysticism, Albany 1997

Barrett, Cyril: Wittgenstein on Ethics and Religious Belief, Oxford 1991

Barth, Ulrich/Osthövener, Claus-Dieter (Hrsg.): 200 Jahre „Reden über Religion", Berlin u.a. 2000 (Schleiermacher-Archiv 19, Akten des 1. Internationalen Kongresses der Schleiermacher-Gesellschaft, Halle 14.–17. März 1999)

Baumgartner, Hans Michael/Waldenfels, Hans (Hrsg.): Die philosophische Gottesfrage am Ende des 20. Jahrhunderts, Freiburg/München 1999

Behrens, Georg: Peirce's „Third Argument" for the Reality of God and Its Relation to Scientific Inquiry, in: The Journal of Religion 75 (1995) 200–218

Berchtold, Christoph: Manifestatio Veritatis. Zum Offenbarungsbegriff bei Thomas von Aquin, Münster u.a. 2000

Biemer, Günther: Die Wahrheit wird stärker sein – Das Leben Kardinal Newmans, Frankfurt a.M. ²2002 (Internationale Cardinal-Newman-Studien 17)

Bird, Graham: William James, London u.a. 1986

Birkner, Hans-Joachim: Schleiermacher-Studien, hrsg. von Fischer, Hermann, Berlin 1996

Bonk, Sigmund: David Hume: Kritiker der „Volksreligion", in: Wissenschaft und Weisheit 61 (1998) 265–286

–: Abschied von der Anima Mundi, Freiburg 1999

Bouchilloux, Hélène: Apologétique et raison dans les Pensées de Pascal, Klinck-sieck 1995

Brown, Hunter: William James on Radical Empiricism and Religion, Toronto u.a. 2000

Butler, Ronald J.: Natural Belief and the Enigma of Hume, in: Archiv für Ge-schichte der Philosophie 42 (1960) 73–100

Cancik, Hubert/Gladigow, Burkhard/Laubscher, Matthias (Hrsg.): Handbuch der religionswissenschaftlichen Grundbegriffe, 5 Bde., Stuttgart u.a. 1988–2001

Clack, Brian R.: Wittgenstein, Frazer and Religion, London u.a. 1999

–: An Introduction to Wittgenstein's Philosophy of Religion, Edinburgh 1999 (zitiert als: Clack 1999a)

Clark, Gillian: Augustine: The Confessions, Cambridge 1993

Courcelle, Pierre: Les Confessions de Saint Augustin dans la tradition littéraire – antécédents et postérité, Paris 1963

–: Recherches sur les Confessions de Saint Augustin, Paris 1968

Cramer, Konrad: „Anschauung des Universums". Schleiermacher und Spinoza, in: Barth, Ulrich/Osthöver, Claus D. (Hrsg.): 200 Jahre „Reden über Religion", Berlin u.a. 2000, 118–141 (Schleiermacher Archiv 19, Akten des 1. Internatio-nalen Kongresses der Schleiermacher-Gesellschaft, Halle 14.–17. März 1999)

Culler, Arthur D.: The Imperial Intellect – a Study of Newman's Educational Ideal, New Haven 1955

Deuser, Hermann: Gott: Geist und Natur – Theologische Konsequenzen aus Charles S. Peirce' Religionsphilosophie, Berlin 1993

–: Gibt es wirklich ein ‚vernachlässigtes Argument' für die Realität Gottes?, in: Gestrich, Christof (Hrsg.): Gott der Philosophen – Gott der Theologen – Zum Gesprächsstand nach der analytischen Wende, Berlin 1999 (Beiheft zur Berli-ner Theologischen Zeitschrift 16(1999))

Dick, Klaus: Das Analogieprinzip bei John Henry Newman und seine Quelle in Joseph Butlers „Analogy", in: Newman Studien 5 (1962) 9–228

Dilthey, W.: Das Leben Schleiermachers, 2 Bde., hrsg. von Redeker, Martin, Berlin 1966–70

Ebeling, Gerhard: Schlechthinniges Abhängigkeitsgefühl als Gottesbewußtsein, in: ders.: Wort und Glaube, 4 Bde., Tübingen 1960–1994, Bd. 3, 1975, 116–136

Engelmann, Paul: Ludwig Wittgenstein. Briefe und Begegnungen, Wien 1970

Feil, Ernst: Religio – Die Geschichte eines neuzeitlichen Grundbegriffs, 3 Bde., Göttingen 1986–2001, Bd 1 (1986): Vom Frühchristentum bis zur Reforma-tion; Bd. 2 (1997): Zwischen Reformation und Rationalismus (ca. 1540–1620); Bd. 3 (2001): Im 17. und 18. Jh.

Fischer, Hermann: Schleiermacher, in: Theologische Realenzyklopädie, Bd. 30 (1999), 143–189

–: Friedrich Schleiermacher, München 2001

Fischer, Norbert/Mayer, Cornelius (Hrsg.): Die Confessiones des Augustinus von Hippo – Einführung und Interpretationen zu den dreizehn Büchern, Freiburg u.a. 1998

Förster, Eckart: Die Wandlungen in Kants Gotteslehre, in: Zeitschrift für philoso-phische Forschung 52 (1998) 341–362

Fries, Heinrich: Die Religionsphilosophie Newmans, Stuttgart 1948

Gadamer, Hans-Georg: Wahrheit und Methode, Tübingen [2]1965

Gaskin, J.C.A.: Hume's Philosophy of Religion, London 1978

Gouhier, Henri: Blaise Pascal – conversion et apologétique, Paris 1986

Guardini, Romano: Christliches Bewußtsein – Versuche über Pascal, Paderborn u.a. [4]1991 (ND von [3]1956; [1]1935)

–: Die Bekehrung des Aurelius Augustinus, Mainz u.a. [4]1989 (ND von [3]1959; [1]1935)

–: Anfang – Eine Auslegung der ersten fünf Kapitel von Augustins Bekenntnissen, München [2]1950

Guyer, Paul: In praktischer Absicht: Kants Begriff der Postulate der reinen praktischen Vernunft, in: Philosophisches Jahrbuch 104 (1997) 1–18

Hadot, Pierre (Einl., Übers., Kommentar): Les Écrits de Plotin – Traité 9 (VI, 9), Paris 1994

–: Plotin ou la simplicité du regard, Paris [3]1989

Halfwassen, J.: Der Aufstieg zum Einen, Stuttgart 1992

Hendel, Charles W.: Studies in the Philosophy of David Hume, Indianapolis u.a. 1963

Henry, Paul S.J.: Die Vision zu Ostia, in: Andresen, Carl: Zum Augustin-Gespräch der Gegenwart, Darmstadt 1962, 201–270

Hookway, Christopher: On Reading God's Great Poem, in: Semiotica 87 (1991) 147–166

Horn, Christoph: Augustinus, München 1995

Jäger, Christoph (Hrsg.): Analytische Religionsphilosophie, Paderborn 1998

Jenkins, I.: Knowledge and Faith in Thomas Aquinas, Cambridge 1997

Kemp-Smith, Norman: Introduction to Hume's Dialogues Concerning Natural Religion, Oxford 1935

Kenny, Anthony: What is Faith? Essays in the Philosophy of Religion, Oxford 1992

Ker, Ian: John Henry Newman – a Biography, Oxford u.a. [2]1995

Kerr, Fergus: Theology after Wittgenstein, Oxford 1986

Kienzler, Klaus: Gott in der Zeit berühren – Eine Auslegung der Confessiones des Augustinus, Würzburg 1998

Knauer, Georg N.: Psalmenzitate zu Augustins Konfessionen, Göttingen 1955

–: Peregrinatio Animae – Zur Frage der Einheit der augustinischen Konfessionen, in: Hermes 85 (1957) 216–248

Koritensky, Andreas: Wittgensteins Phänomenologie der Religion – Zur Rehabilitierung religiöser Ausdrucksformen im Zeitalter der wissenschaftlichen Weltanschauung, Stuttgart 2002

Kremer, Klaus: Plotin, in: Ricken, Friedo (Hrsg.): Philosophen der Antike, 2 Bde., Stuttgart 1996, 216–228, 298–302 (Bibliographie)

Kulenkampff, Jens: David Hume, München 1989

v. Kutschera, Franz: Vernunft und Glaube, Berlin u.a. 1990

Lamberth, David C.: William James and the Metaphysics of Experience, Cambridge 1999 (Cambridge Studies in Religion and Critical Thought 5)

Laube, Martin: Im Bann der Sprache – Die analytische Religionsphilosophie im 20. Jh., Berlin/New York 1999

Loichinger, Alexander: Ist der Glaube vernünftig? – Zur Frage nach der Rationalität in Philosophie und Theologie, 2 Bde., Neuried b. München 1999

Lott, Eric J.: Vision, Tradition, Interpretation – Theology, Religion and the Study of Religion, Berlin u.a. 1988

Malcolm, Norman: Wittgenstein: A Religious Point of View?, London 1993

Meijer, P.A.: Plotinus on the Good or the One (Enneads VI, 9), Amsterdam 1992

Mesnard, Jean: Les Pensées de Pascal, Paris 1976

–: Blaise Pascal, in: Die Philosophie des 17. Jh., hrsg. von Schobinger, Jean-Pierre, Bd. 2: Frankreich und Niederlande, Basel 1993, 529–570 (Grundriss der Geschichte der Philosophie, begr. von F. Ueberweg)

Mitchell, Basil: Faith and Reason: A False Antithesis?, in: Religious Studies 16 (1980) 131–144

–: Newman as a Philosopher, in: Ker, Ian/Hill, Alan G.(Hrsg.): Newman after a Hundred Years, Oxford 1990, 223–246

Myers, Gerald E.: William James – His Life and Thought, New Haven u.a. 1986

Niebuhr, Richard R.: Schleiermacher on Christ and Religion, London 1964

Niewöhner, Friedrich (Hrsg.): Klassiker der Religionsphilosophie, München 1995

Nowak, Kurt: Schleiermacher und die Frühromantik, Weimar 1986

–: Schleiermacher, Göttingen 2001

O'Connell, Robert J., S.J.: William James on the Courage to Believe, New York 1997

O'Meara, Dominic: Plotinus – An Introduction to the Enneads, Oxford 1996 ([1]1993)

Orange, Donna M.: Peirce's Conception of God – A Developemental Study, Lubbock 1984 (Peirce Studies 2)

Penelhum, Terence: The Analysis of Faith in St Thomas Aquinas, in: Religious Studies 13 (1977) 133–154

–: God and Skepticism, Dordrecht 1983

–: Themes in Hume – The Self, the Will, Religion, Oxford 2000

Perry, Ralph B.: The Thought and Character of William James, 2 Bde., Boston 1935

Pirillo, Nestore (Hrsg.): Kant e la filosofia della religione, 2 Bde., Brescia 1996

Plantinga, A.: Warranted Christian Belief, New York u.a. 2000

Proudfoot, Wayne: Religious Experience, Berkeley u.a. 1985

Putnam, Hilary: Wittgenstein on Religious Belief, in: ders.: Renewing Philosophy, Cambridge, MA 1992, 134–157 (Kap. 7)

Putnam, Ruth A. (Hrsg.): The Cambridge Companion to William James, Cambridge 1997

Raposa, Michael L.: Peirce's Philosophy of Religion, Bloomington, Ind. 1989 (Peirce Studies 5)

–: Peirce and Modern Religious Thought, in: Transactions of the Charles Sanders Peirce Society 27 (1991) 341–369

Rhees, Rush: Rush Rees on Religion and Philosophy, hrsg. von D.Z. Phillips, Cambridge 1997

Rich, Arthur: Pascals Bild vom Menschen, Zürich 1953

Ricken, Friedo: Nikaia als Krise des altchristlichen Platonismus, in: Theologie und Philosophie 44 (1969) 321–341

–: Sind Sätze über Gott sinnlos? Theologie und religiöse Sprache in der analytischen Philosophie, in: Stimmen der Zeit 193 (1975) 435–452

–: Zur Rezeption der platonischen Ontologie bei Eusebios von Kaisareia, Areios und Athanasios, in: Theologie und Philosophie 53 (1978) 321–351

–: Agnostizismus in der analytischen Philosophie, in: Schlette, Heinz R. (Hrsg.): Der moderne Agnostizismus, Düsseldorf 1979, 181–206

–: Zum wissenschaftstheoretischen Status theologischer Aussagen, in: Renovatio 36 (1980) 154–168

-: Staunen und Vertrauen. Zur Spiritualität Ludwig Wittgensteins, in: Entschluß 44 (1989/1) 27–29

–: Sprache und Sprachlosigkeit. Ludwig Wittgenstein über Religion und Philosophie, in: Stimmen der Zeit 207 (1989) 341–352

–: (Hrsg.): Klassische Gottesbeweise in der Sicht der gegenwärtigen Logik und Wissenschaftstheorie, Stuttgart 1991, [2]1998, Einführung, 7–15

–: Die Rationalität der Religion in der Analytischen Philosophie: Swinburne, Mackie, Wittgenstein, in: Philosophisches Jahrbuch 99 (1992) 287–306

–: Origenes über Sprache und Transzendenz, in: Honnefelder, Ludger/Schüßler, Werner: Transzendenz. Zu einem Grundwort der klassischen Metaphysik, Paderborn 1992, 75–92

–: u. Marty, Francois (Hrsg.): Kant über Religion, Stuttgart u.a. 1992

–: Kanon und Organon – Religion und Offenbarung im ‚Streit der Fakultäten‘, in: Ricken, Friedo/Marty, Francois (Hrsg.): Kant über Religion, Stuttgart u.a. 1992, 181–194

-: Religiöse Erfahrung und Glaubensbegründung, in: Theologie und Philosophie 70 (1995) 399–404

-: u. Muck, Otto: Gottesbeweise, in: Lexikon für Theologie und Kirche, 3. Auflage, Bd. 4 (1995), 878–886

–: Gotteserkenntnis – I. Philosophisch, in: Lexikon für Theologie und Kirche, 3. Auflage, Bd. 4 (1995), 908–910

–: Möglichkeiten und Grenzen der religiösen Sprache, in: Forum für Philosophie Bad Homburg (Hrsg.): Nachmetaphysisches Denken und Religion, Würzburg 1996, 33–48

–: Analogie der Erfahrung, in: Laarmann, Matthias/Trappe, Tobias (Hrsg.): Erfahrung – Geschichte – Identität (Festschrift f. Richard Schaeffler) Freiburg 1997, 91–109

–: Aristotelische Interpretationen zum Traktat De Passionibus Animae (Summa theologiae I II 22–48) des Thomas von Aquin, in: Thurner, Martin (Hrsg.): Die Einheit der Person – Beiträge zur Anthropologie des Mittelalters (Festschrift für Richard Heinzmann), Stuttgart u.a. 1998, 125–140

–: Glaube und Freiheit, in: Gestrich, Christof (Hrsg.): Gott der Philosophen – Gott der Theologen, Beiheft zur Berliner Theologischen Zeitschrift 16 (1999) 68–88

–: „Perspicious Representation" and the Analogy of Experience, in: Brüntrup, Godehard/Tacelli, R. K. (Hrsg.): The Rationality of Theism, Dordrecht u.a., 1999 (Studies in Philosophy and Religion 19), 161–175

–: William James on the Act of Religious Belief, in: Bijdragen. Tijdschrift voor filosofie en theologie 60 (1999) 419–435

–: Der christliche Glaube als Herausforderung an die Philosophie, in: Theologie und Glaube 90 (2000/3) 449–466

–: Der religiöse Glaube als Tugend, in: Knapp, Markus/Kobusch, Theo (Hrsg.): Religion-Metaphysik(kritik)-Theologie im Kontext der Moderne/Postmoderne, Berlin u.a. 2001, 127–144

–: Kant über Selbstliebe: „Anlage zum Guten" oder „Quelle alles Bösen", in: Philosophisches Jahrbuch 108 (2001) 245–258

–: Religionsphilosophische Interpretationen zu Wittgensteins *Bemerkungen über Frazers* GOLDEN BOUGH I, in: Schlette, Heinz R. (Hrsg.): Religion – aber wie? Religionsphilosophische Perspektiven, Würzburg 2002, 33–48

Schaeffler, Richard: Religionsphilosophie, Freiburg ³2002

Schmidt-Biggemann, Wilhelm: Blaise Pascal, München 1999

Schulte, Joachim: Chor und Gesetz. Zur „morphologischen Methode" bei Goethe und Wittgenstein, in: ders.: Chor und Gesetz – Wittgenstein im Kontext, Frankfurt a.M. 1990, 11–42

Seckler, Max: Instinkt und Glaubenswille nach Thomas von Aquin, Mainz 1961

Seifert, Paul: Die Theologie des jungen Schleiermacher, Gütersloh 1960

Sellier, Philippe: Pascal et Saint Augustin, Paris 1970

Silber, John R.: Kants Conception of the Highest Good as Immanent and Transcendent, in: The Philosophical Review 68 (1959) 469–492

–: Die metaphysische Bedeutung des höchsten Guts als Kanon der reinen Vernunft in Kants Philosophie, in: Zeitschrift für philosophische Forschung 23 (1969) 538–549

Smith, John E.: Purpose and Thought – the Meaning of Pragmatism, Chicago 1978

–: The Tension between Direct Experience and Argument in Religion, in: Religious Studies 17 (1981) 487–498

–: The Spirit of American Philosophy, Albany 1983

Streminger, Gerhard: David Hume – Sein Leben und sein Werk, Paderborn 1994

Swinburne, R.: The Existence of God, Oxford 1991

Wagner, Falk: Was ist Religion? Studien zu ihrem Begriff und Thema in Geschichte und Gegenwart, Gütersloh 1986

Walsh, W.H.: Kant's Moral Theology, in: Proceedings of the British Academy 49 (1963) 263–289

Wasmuth, Ewald: Der unbekannte Pascal, Regensburg 1962

Welte, Bernhard: Religionsphilosophie, Frankfurt a.M. ⁵1997 (¹1978)

Wenz, Gunther: Ergriffen von Gott – Zinzendorf, Schleiermacher und Tholuck, München 2000

Willam, Franz M.: Aristotelische Erkenntnislehre bei Whately und Newman und ihre Bezüge zur Gegenwart, Freiburg 1960

Wimmer, Reiner: Kants kritische Religionsphilosophie, Berlin u.a. 1990

Winch, Peter: Discussion of Malcolm's Essay, in: Malcolm, Norman: Wittgenstein: A Religious Point of View?, London 1993

Winter, Aloysius: Der Gotteserweis aus praktischer Vernunft, in: ders.: Der andere Kant – zur philosophischen Theologie Kants, Hildesheim 2000, 257–343

Wolf, Kurt: Religionsphilosophie in Frankreich. Der „ganz Andere" und die personale Struktur der Welt, München 1999

Wolf, Robert G.: Analytic Philosophy of Religion – A Bibliography 1940–1996, Bowling Green 1998

Wood, Allen W.: Kant's Moral Religion, Ithaca 1970

Wuchterl, Kurt: Analyse und religiöse Vernunft – Grundzüge einer paradigmen-
bezogenen Religionsphilosophie, Bern u.a. 1989

Yandell, Keith: Philosophy of Religion – a Contemporary Introduction, London
u.a. 1999

Namenregister

Sachregister